# 城乡一体化的苏州实践与创新

蒋宏坤 韩 俊 主编

中国发展出版社

# 序

回良玉

　　解决好"三农"问题,事关党和国家事业发展全局,也是一项长期艰巨的历史任务。党的十六大以来,党中央、国务院在实践基础上不断推进"三农"工作的理论创新、政策创新和制度创新,确立了把解决好"三农"问题作为全党工作重中之重的战略思想,提出了统筹城乡发展的基本方略,制定了工业反哺农业、城市支持农村和多予少取放活的指导方针,明确了加快形成城乡经济社会发展一体化新格局的根本要求,规划了建设社会主义新农村的宏伟蓝图,确立了走中国特色农业现代化道路的发展方向,构建了统筹城乡发展制度框架和强农惠农富农政策体系。通过全国上下的共同努力,粮食和主要农产品实现了历史罕见的"九连增",农民收入增长实现了前所未有的"九连快",农村面貌发生了翻天覆地的变化,创造了"三农"发展的又一个"黄金期"。农业农村发展的巨大成就,为促进经济平稳较快发展和社会和谐稳定提供了重要支撑,为推进人类历史上最大规模的城镇化提供了有力保障,为建成覆盖13多亿人的全面小康社会奠定了坚实基础,同时也为维护世界粮食安全和促进全球减贫事业作出了重大贡献。同时,我们也要看到,从根本上解决"三农"问题任重而道远,需要作出长期艰苦的努力。

　　苏州市委、市政府认真贯彻中央关于推进城乡发展一体化的决策部署,立足本地实际,大胆探索实践,积极推进体制机制创新,经济社会持续健康发展,城乡基本公共服务均等化水平不断提高,城乡社会保障全面接轨并轨,城乡差距显著缩小,初步形成了以工促农、以城带乡、工农互惠、城乡一体、共同繁荣的喜人局面,走在了全国前列,发挥了"带头、先导、示范"作用。

我曾多次到过苏州,亲眼目睹了这里城乡面貌和人民生活发生的巨大变化。希望苏州从新的历史起点出发,不断提高城乡发展一体化的水平和质量,努力把苏州市建设成为一个特色鲜明、充满活力、持续繁荣、和谐宜居的现代化城市,把苏州农村建设成为既有优美田园风光又具现代文明的社会主义新农村。

五年前,国务院发展研究中心与苏州市合作,撰写了《苏州农村改革30年》一书,我欣然为其作序。近年来,国务院发展研究中心在苏州建立固定调研基地,在长期跟踪和深入调查的基础上,又合作撰写了《城乡一体化的苏州实践与创新》一书。这本著作系统总结了苏州城乡发展一体化的历程,概括了主要经验和做法,在此基础上进行了比较深入的理论分析,提炼了一些规律性的认识。全国各地情况各不相同,苏州的具体做法不可能照抄照搬,但其在城乡发展一体化方面的探索、实践和创新,特别在此过程中展现的开拓勇气、求实精神和科学方法,对其他地区推进工作有重要借鉴意义,对国家有关部门研究制定政策也有参考价值。可以说,这本书既是实践经验的集成之作,也是一部份量很重的学术著作。在此,对该书的出版表示祝贺!

2013 年 6 月

# 《城乡一体化的苏州实践与创新》编委会

顾　问：陈锡文

主　任：蒋宏坤

副主任：韩　俊　周乃翔　徐建明　陈振一　王少东
　　　　蔡丽新　周玉龙　徐　明　陆留生

主　编：蒋宏坤　韩　俊

委　员：(按姓氏笔划为序)

王　悦　　王少东　　王永林　　王庆华　　王国荣　　王建国
冯仁新　　刘海东　　朱立凡　　朱国强　　邢文龙　　何宇鹏
吴　炜　　吴文祥　　吴健荣　　吴维群　　张　健　　张　娟
张月林　　张雪纯　　李永根　　沈国芳　　邵建林　　陆留生
陈　嵘　　陈振一　　陈雄伟　　周　伟　　周乃翔　　周云祥
周玉龙　　郁才根　　金锡奇　　凌　鸣　　唐晓鹰　　徐　刚
徐　明　　徐小青　　徐建明　　顾　杰　　顾月华　　高晓东
黄　戟　　黄正栋　　游　膺　　程　健　　程华国　　蒋宏坤
蒋来清　　蒋国忠　　蒋炜鼎　　韩　俊　　鲍东东　　蔡丽新
谭伟良　　戴锦明

## 编委会办公室

主　任：王国荣

副主任：高晓东　顾　杰

成　员：(按姓氏笔划为序)

王　宾　　王国荣　　任晓明　　邢建国　　沈石声　　顾　杰
高晓东

**编写人员：**（按姓氏笔划为序）

| | | | | | |
|---|---|---|---|---|---|
| 马立平 | 马唯杰 | 马红英 | 王 红 | 王 宾 | 王乐飞 |
| 王国荣 | 王建国 | 王健男 | 计永昌 | 邓正发 | 左广玉 |
| 石晓泉 | 艾永忠 | 任晓明 | 伊忠心 | 刘 海 | 刘伟民 |
| 孙敏彪 | 孙新研 | 朱存太 | 朱启松 | 朱学标 | 朱建华 |
| 朱春晓 | 朱维元 | 许珊瑶 | 邢建国 | 何保赴 | 吴建兴 |
| 吴洪斌 | 宋建华 | 张 茜 | 张 晨 | 张 蓁 | 张杏林 |
| 李 湛 | 李永根 | 李忠军 | 杨永清 | 沈卫良 | 沈石声 |
| 沈向东 | 邹家祥 | 陆 旸 | 陆文明 | 陆晓华 | 陆增根 |
| 陈文忠 | 陈建荣 | 陈剑平 | 陈振一 | 陈楚九 | 陈燕颜 |
| 单鹏飞 | 周玉龙 | 周建明 | 周建越 | 周澜源 | 侯爱敏 |
| 俞广建 | 俞鞠敏 | 姚喜新 | 施 旭 | 柳 娟 | 段健攀 |
| 胡 成 | 胡佳逸 | 贾成龙 | 贺升阳 | 赵悦雨 | 赵晓兵 |
| 倪志强 | 凌 鸣 | 唐远花 | 唐铮民 | 唐晓东 | 徐 明 |
| 徐允上 | 徐根章 | 殷 猛 | 秦建国 | 袁中金 | 袁德刚 |
| 顾 杰 | 顾云华 | 顾全荣 | 高伟江 | 高晓东 | 商中尧 |
| 接 晔 | 曹 莉 | 曹华蔚 | 黄 亮 | 黄晓伟 | 黄培君 |
| 温月清 | 游 膺 | 童建清 | 蒋宏坤 | 蒋来清 | 谢鸿娟 |
| 韩 俊 | 廖勇斌 | 蔡建璞 | 蔡跃进 | 戴国强 | 瞿 峰 |

# 前　言

　　苏州是全国改革开放的一面旗帜,也是全国农村改革发展的典型和前沿地区。改革开放以来,苏州始终坚持城乡协调发展方略,上世纪80年代乡镇企业异军突起和90年代开放型经济蓬勃发展,加快了工业化、城市化、经济国际化进程,特别是党的十六大以来,坚持以科学发展观统领全局,按照统筹城乡发展的要求,强化"三农"与"三化"互动并进,农村经济社会发生了积极变化,城乡统筹、城乡一体化发展已经成为苏州新的发展阶段的重要特征和战略选择。2008年9月,苏州被江苏省委、省政府确定为全省唯一的城乡一体化发展综合配套改革试点地区,并被列为国家城乡一体化综合配套改革联系点、农村改革试验区。

　　苏州市委、市政府紧紧抓住改革试点重大机遇,审时度势,科学谋划,系统安排,加快推进城乡发展规划、资源要素配置、产业布局、基础设施、公共服务、劳动就业和社会管理一体化,积极探索破除城乡二元结构现实路径,全面形成了城乡一体推进机制,着力构建了城乡一体政策制度框架,基本建立了城乡一体规划、富民强村、现代农业发展、生态环境建设、公共服务均等化等五个方面的长效机制。城乡一体化改革发展,有力促进了农业的转型升级和农村经济的快速发展,有力促进了农民共享改革发展成果,为加快转型、转变方式注入了强大动力,为扩大内需、推动发展作出了积极贡献,为改善民生、促进和谐提供了重要支撑。目前,全市90%的工业企业进入工业园,88%的承包耕地实现规模经营,48%的农户迁入集中居住点。全市农村集体总资产突破1200亿元,村均收入582万元,222个村收入超千万元。农民人均纯收入连续 10 年实现两位数增长,2012 年达 19396 元,位居全国 20 个主要城市首位,城乡居民收入比 1.93∶1,为全国最小地区之一。城乡一体化发展已成为苏州亮丽的名片、最大的品牌。

国务院发展研究中心和苏州市有着长期的合作,2006 年开始,国务院发展研究中心成立课题组,对苏州城乡发展一体化的实践进行了长期的跟踪调查研究。2011 年 10 月,在苏州城乡一体化改革试点三周年之际,国务院发展研究中心和苏州市委、市政府决定联合开展"城乡一体化的苏州实践与创新"课题研究,希望通过全面梳理近年来苏州城乡一体化改革发展的实践,更加明晰下一步的发展目标和工作重点,同时,向社会各界全方位、多维度地展示苏州农村改革发展的最新进展及新鲜经验,为全国深化农村改革、促进城乡一体化发展提供经验借鉴和启示。

苏州城乡一体化的实践与创新,得到时任中共中央政治局委员、国务院副总理回良玉的关心和肯定,并十分赞同"城乡一体化的苏州实践与创新"的课题研究。在《城乡一体化的苏州实践与创新》专著出版之际,还亲自作序,希望苏州从新的历史起点出发,不断提高城乡发展一体化的水平和质量,努力把苏州市建设成为一个特色鲜明、充满活力、持续繁荣、和谐宜居的现代化城市,把苏州农村建设成为既有优美田园风光又具现代文明的社会主义新农村。

国务院发展研究中心主任、党组书记李伟对本课题十分重视,要求相关领导和部门组织精干力量做好课题研究,并提出了具体的要求和意见。中央财经领导小组办公室副主任、中央农村工作领导小组办公室主任陈锡文同志先后三次听取课题项目进展汇报,充分肯定苏州城乡一体化的创新实践,并从政策、理论层面予以提炼,对研究大纲和一些重大政策问题提出了具体的指导意见。江苏省委、省政府主要领导也十分关心此项调研工作,省委书记罗志军,省委副书记、省长李学勇对专著中韩俊副主任撰写的总论"城乡发展一体化的苏州经验",均作了长篇批示,要求在全省迅速推广,以推动全省城乡发展一体化,提升到新的水平。

《城乡一体化的苏州实践与创新》一书力求突出思想性,兼顾资料性和可读性,既能为政府决策部门制定政策提供参考依据,也能为专家学者进行专题研究提供典型素材,还能为农村基层工作者和广大读者全面了解苏州城乡一体化改革发展历程提供丰富的资料。在内容安排上力求点面结合、多角度体现苏州城乡一体化发展的改革实践、重点领域、最新成效。全书共分综合篇、县区特色篇、典型案例篇三部分。综合篇,全面总结苏州城乡一体化改革发展的实践、探索与思考。包括总论:城乡发展一体化的苏州经验;四化同步:发展现代农业;四业并举:促进农民持续增收;三大合作:增强农村发展活力;三大并轨:城乡社保制度一体化;普惠一体:城乡基本公共服务均等化;双轮驱动:打造人文宜居新天堂;四规融合:统筹城乡规划;五位一体:加强和创新社会管理;三区三城:率先基本实现现代化。县区特色篇,主要从苏州下辖的四市六区实际出发,在全面系统总结基础上,突出各自特色与亮点,展示城乡一体化改革发展中的做法与经验。典型案例篇,主要聚焦镇、村现代化建设,通过深入典型、剖析典型,具体而生动地展现广大基层的实践探索。

　　回顾苏州城乡一体化发展综合配套改革试点工作,总的来看,最主要的是"五个坚持":一是坚持率先科学和谐发展的目标定位。坚持把城乡一体化改革发展摆上全局位置,作为争创科学发展新优势的重大机遇,作为推进经济社会转型升级的关键抓手,作为加快"两个率先"进程、推动苏州新一轮跨越的战略选择,以农村改革发展的新突破,推动全局改革,促进全面发展。二是坚持"三农"与"三化"互动并进的思路理念。坚持以新型工业化推动农村产业新发展,以城市化提升农村建设新形态,以经济国际化塑造农村发展新理念,以科学规划为引领,大力推动小城镇转型升级、做强做优,现代农业"接二连三"、融合发展,突破人口、资源、环境等瓶颈制约,促进城乡生产要素优化组合,拓展城乡发展空间,优化城乡空间布局,走生产发展、生活富裕、生态良好的文明发展道路。三是坚持富民优先的鲜明导向。始终把富民优先作为根本出发点和落脚点,通过认真落实"三个集中"、"三个置换"、"三大合作"以及城乡社保"三个并轨"等政策措施,推动农民市民化、农民股民化、农民职业化,从源头上消除城乡二元结构。四是坚持创新体制机制的改革实践。着力构建政策制度框架,相继制定了推进农村土地使用制度创新、深化农村投融资制度改革、强化公共财政支农、建立农业保险和担保、统筹城乡就业社保、建立生态补偿机制、发展现代农业、创新社会管理体制机制等 20 多项政策意见,相关部门出台了几十个配套文件,有力增强了改革发展内生动力,有效推动了城乡一体化改革发展进程。五是坚持统筹兼顾的根本方法。既突出重点,又统筹兼顾,加强城乡一体化改革发展的整体设计和系统安排,制定改革发展方案和三年行动计划,确立 23 个改革先导区,建立强有力的领导决策体制、工作推进机制和挂钩联系制度,切实保障城乡一体化改革发展有力有序推进。

党的十八大强调指出,解决好农业农村农民问题是全党工作重中之重,城乡发展一体化是解决"三农"问题的根本途径。我国各地自然条件、资源禀赋和经济社会发展水平差异很大,存在的矛盾和问题各不相同。促进城乡发展一体化,必然是起点有差距、进程有快慢、水平有高低、重点有不同。苏州是江苏也是全国发展的一个缩影。苏州的许多发展条件是全国很多地区无法比拟的,但苏州在城乡发展一体化方面的理念和创造的好经验,有重要的借鉴价值。我们期望这本书能为读者全面了解苏州城乡一体化改革实践提供参考,为国家制定深化农村改革政策和各级党委、政府推进城乡一体化发展提供有益的借鉴。

# 目　录

## 典型案例篇

综合篇 ◀

# 总论：城乡发展一体化的苏州经验

　　苏州农村过去 30 多年的变化是中国发达地区农村的一个缩影。改革开放以来，苏州农村经济体制改革的成果可以概括为"三大突破"，即上世纪 80 年代初全面实行家庭承包制、90 年代中期以后全面实施乡镇企业产权制度改革、进入新世纪以后全面推进农村"三大合作"改革；苏州农村经济社会发展的成就可以概括为"三次历史性跨越"，即上世纪 80 年代，乡镇企业异军突起，加快了农村工业化进程；上世纪 90 年代，开发区和开放型经济蓬勃发展，加速了城镇化步伐；进入新世纪，农业和农村现代化扎实推进，加快了城乡发展一体化步伐。

　　城乡发展一体化是党的十六大以来的 10 年苏州经济社会发展的突出亮点。苏州市的各级领导和广大农民群众，立足苏州实际，锐意改革创新，科学整合资源，形成了以工促农、以城带乡、工农互惠、城乡融合的崭新发展格局，在推进城乡发展一体化这场具有历史意义的改革实践中为贯彻落实中央重要战略部署创造了有益的经验。

　　2006 年以来，国务院发展研究中心成立课题组，对苏州城乡发展一体化的实践进行了长期的跟踪调查研究，全面总结了苏州的实践与创新，在深入解剖改革发展中涌现出的大量典型案例的基础上，系统总结了苏州加快推动城乡发展一体化的经验。

　　苏州城乡发展一体化的经验可以从三个方面进行观察：首先，促进城乡经济社会发展一体化，目的在于适应工业化、信息化、城镇化、农业农村现代化发展的新形势，构建平等协调的新型工农城乡关系，逐步缩小工农城乡差距,实现城乡共同繁荣。2011年,苏州农民人均纯收入17225.78元,城乡收入比降低到1.93︰1,远低于全国3.13︰1、江苏省2.44︰1的平均水平,成为全省全国城乡居民收入差距最小的地区之一,这是苏州城乡发展一体化成果的重要体现。其次,党的十七届三中全会提出,统筹土地利用和城乡规划、统筹城乡产业发展、统筹城乡基础设施建设和公共服务、统筹城乡劳动就业、统筹城乡社会管理。这"五个统筹"是破除城乡二元结构的重大战略举措,是促进城乡发展一体化的重要任务和抓手,是科学衡量城乡发展一体化水平的主要尺度。苏州加快促进基础设施向农村延伸,公共服务向农村拓展,社会保障向农村覆盖,现代城市文明向农村辐射,在城乡发展"五个统筹"方面远远走在了全国的前列。再次,城乡一体化既是发展问题,更是改革问题。城乡发展一体化的要旨所在,就是实现城乡要素平等交换和公共资源均衡配置。而要使这一要旨得以实现,关键在于加快完善城乡发展一体化的体制机制。推动形成城乡经济社会发展一体化新格局,既涉及公共财政、就业、土地、户籍等方面配套,也涉及农村自身的改革。敢于争先、走前人没走过的路,是苏州城乡发展一体化经验的精髓。2008年9月,江苏省委、省政府将苏州市确定为全省唯一的城乡一体化发展综合配套改革试点地区后,进一步激发全市上下改革创新的热情,不仅加快推进城乡发展规划、资源要素配置、产业布局、基础设施、公共服务、劳动就业和社会管理一体化,而且始终坚持把改革创新贯穿城乡发展一体化的各个环节,从体制改革和制度建设上着手拆除城乡分割的樊篱,促进生产要素在城乡之间合理流动,公共资源在城乡之间均衡配置,推动城乡经济社会发展融合度不断提高。加快完善城乡发展一体化体制机制是苏州经验的集中体现。

我国各地自然条件、资源禀赋和经济社会发展水平差异很大,存在的矛盾和问题各不相同。促进城乡发展一体化,必然是起点有差距、进程有快慢、水平有高低、重点有不同。苏州的许多发展条件是全国很多地区无法比拟的,但苏州在城乡发展一体化方面的理念和创造的好经验,有重要的借鉴价值。本章将从8个方面对苏州城乡发展一体化的经验进行总结和提炼。

### 一、统筹城乡产业发展，同步推进农业现代化

推动城乡发展一体化，必须统筹城乡产业发展，按照一、二、三产业协调发展的原则，着力形成城乡产业分工合理、生产要素和资源优势得到充分发挥的产业发展格局，走城乡经济发展融合之路。过去三十多年，苏州快速实现了以工业化为主体的经济腾飞，成为全球重要的制造业基地之一。苏州以提高自主创新能力为核心，通过大力发展新兴产业和高新技术产业，大力实施对传统产业的技术改造和技术升级，大力淘汰落后产能和低端装备，有序引导中低端业态向外转移，积极鼓励优势企业对外扩张，从而不断加快产业结构的优化升级。2011 年全市实现地区生产总值过万亿元，制造业形成了电子信息、装备制造、纺织、轻工、冶金、石化等 6 大超千亿元的主导产业，新能源、新材料、生物技术和新医药、节能环保、新一代信息技术、高端装备等战略性新兴产业产值占规模以上工业总产值的比重接近 40%。

发展现代农业是统筹城乡产业发展的重要内容。伴随着工业化、城镇化的快速推进，苏州农业赖以生存的土地资源大幅减少，农业在国内生产总值中占的比重越来越低，粮食等一些重要农产品对外部市场的依赖越来越高，农民收入增长转向越来越依靠非农产业。2011 年，苏州农业在 GDP 中的比重已降低到 1.7%。在工业化、城镇化快速发展的同时，苏州把现代农业作为不可替代基础产业、作为苏州率先基本实现现代化的重要内容，按照城乡统筹改革发展新要求，强化现代农业发展的科技支撑和物质装备条件，全面提升农业的科技化、信息化水平，拓展现代农业的发展空间和功能，优化现代农业发展的制度环境，加快落实以百万亩优质粮油、百万亩高效园艺、百万亩生态林地、百万亩特色水产为主要内容的"四个百万亩"产业布局，强化农业"接二连三"，大力发展农业加工业和农产品现代营销，不断延伸农业产业链，提升农产品附加值和产出效益，加快农业向集约化、高效化和规模化转型，成功走出了一条具有苏州特色的现代农业发展之路。在 2011 年全省的农业现代化进程监测中，苏州农业基本现代化得分为 80.46 分，高出江苏省监测平均得分 8.49 分，位列全省首位。

苏州现代农业发展的经验表明，在工业化城镇化快速发展过程中，农业的基本功能不断得到扩展和深化，农业不仅提供我们所需的农产品和就业，

还要提供良好的生态系统,提供生活、教育和文化载体等多样化的功能。经济发展水平越高,社会越是进步,农业功能的多样化趋势越是明显,农业将愈益起到不可替代的作用。苏州不断强化和拓展农业功能定位,建立永久性农业发展区,从2005年开始基本农田保有率一直保持在100%,突出农业生产、生态、生活等多功能性,大力发展有机农业、生态农业、绿色农业,在发挥农业食品保障、原料供给、就业增收等功能的同时,更加彰显生态保护、观光休闲、文化传承等功能,传承和展现江南鱼米之乡、优美田园风光,实现了农业经济效益、社会效益、生态效益的有机统一,为整个经济社会全面协调可持续发展提供了可靠的保障。

苏州发展现代农业的重要经验是,在工业化城镇化达到相当程度后,必须由农业支持工业、为工业提供积累转向工业反哺农业,加强对农业的保护和支持。苏州在健全工业反哺农业的政策保障机制上进行了有益的创新。一是强化财政投入,增加对农业基础设施投入力度、对农业科技、农业技术推广、农产品质量安全以及农业服务体系建设等支持力度、对农业龙头企业和农业专业合作组织扶持力度。二是加大以生态补偿为主的政策补贴力度。在积极落实国家粮食直补、农资增支综合补贴、良种补贴、农机购置补贴等惠农政策的同时,以基本农田、水源地和重要生态湿地、生态公益林为生态补偿重点,通过财政转移支付,对因保护和恢复生态环境及其功能,经济发展受到限制的地区给予经济补偿。三是扶持新型农业规模经营主体。张家港市从2006年开始,对流转土地按每年每亩300元给予补贴,一定10年不变,标准逐年增加;昆山市的补贴标准达到每亩400元,其他市区也都出台了相关的扶持政策。四是创新农业投融资体系。苏州注重培育适应"三农"发展需要的各类新型金融组织,积极探索政策性保险金融对农业发展的支持力度,加强财税政策与农村金融政策的有效衔接,充分发挥财政资金的导向功能,有效引导外商资本、民间资本、工商资本等多渠道、多形式、多层次筹集农业建设资金引导更多信贷资金和社会资金投向"三农"。

**二、统筹城乡就业创业,提升农民就业质量和创业能力**

就业是民生之本。推动城乡发展一体化,必须把农村就业纳入整个社会就业体系,逐步实现城乡劳动者就业政策统一、就业服务共享、就业机会公平和就业条件平等。在工业化城镇化快速发展过程中,苏州农民就业创业渠道不断拓宽,全市近90%的农村劳动力实现稳定非农就业。苏州在推进城乡一体化过程中,认真贯彻劳动者自主就业、市场调节就业、政府促进就业和鼓励创业的方针,不断优化城乡劳动力就业结构,拓宽就业创业渠道,积极探索建立城乡平等的就业制度。

一是建立城乡一体的就业和失业管理制度。苏州将农村就业纳入整个社会就业管理体系,建立健全了城乡劳动力资源调查制度和就业、失业的界定标准体系,规范了就业和失业登记管理,完善了城乡一体的就业和失业管理制度。

二是实行城乡统一就业促进政策。对劳动年龄内有就业愿望和就业能力的农村劳动力,发放统一的《就业登记证》,鼓励各类培训机构为农民开展多层次、多形式职业培训,提供免费的职业介绍和职业培训服务。

三是建立统一的城乡就业困难人员援助机制。苏州市以创建充分就业社区和充分就业村为载体,以城镇零就业家庭、农村零转移贫困家庭等困难群体为重点,将城镇就业再就业援助优惠政策向农民延伸,援助就业困难的农村劳动力和被征地农民就业。对农村就业困难对象,发放《再就业优惠证》,通过提供社保补贴鼓励用人单位吸纳农村就业困难人员就业。农村就业困难人员通过初次技能鉴定,可申领一次性职业技能鉴定补贴。拓宽公益性岗位的范围和规模,把农村"四保一协"(保洁、保绿、保通、保安和劳动保障协理员)的岗位纳入公益性岗位范畴,公益性岗位优先安置农村零就业家庭人员等就业困难对象。积极发展劳务合作社,主要吸收被征地农民和有劳动能力、有就业愿望但难以找到合适工作岗位的农村剩余劳动力参加,对外提供劳务、承接工程、参与社区服务等。

四是充分发挥失业保险对预防失业、促进就业的保障作用。苏州开展扩大失业保险基金支出范围试点,从失业保险基金节余部分提取资金,用于职业介绍补贴、职业培训及技能鉴定补贴、社会保险补贴、就业岗位补贴,以及小额担保贷款贴息等,进一步提高了失业保险基金使用效益。

五是鼓励农民投资创业。党的十七大提出了"实施扩大就业的发展战略,大力促进以创业带动就业"的战略部署,苏州市以被确定为首批国家级创建创业型城市为契机,制定了"政府推动创业,社会支持创业,市民自主创业"的方略和一系列优惠政策:降低创办个体工商户和小企业优惠门槛,给予创业引导性资金和租金补贴、税收优惠、融资信贷支持,给予引进的高层次创新创业人才优惠政策,给予有创业愿望人员免费创业培训,对成功创业人员实施社会保险补贴,对就业困难人员创业一次性创业补贴,建立创业服务体系等,营造了良好的城乡居民创业大环境。以本地特色产品为载体,鼓励通过结合区域经济特点开展"一镇一品"特色产业创业活动,发挥"一镇一品"的创业示范引领作用。创业带动就业的积极效应得以体现。苏州市个私经济实体总量从2008年的40余万户,增加到2011年的55万户;个私经济从业人数占全部从业人数比重,从2007年的30%,提高到2011年的近50%。创业拓宽了农民收入增长渠道,有力地促进了农民收入的增加。随着农村家庭财富逐步积累和投资领域逐步拓宽,以房屋出租、股息与红利、土地经营权入股为主体的多元化收入成为农村居民财产性收入的主要来源。2011年苏州农村居民家庭人均财产投资性收入6480元,占农民收入的比重从2003年的不足5%迅速上升到37.6%。

### 三、统筹发展中心城市、县域城市、小城镇,促进产业发展、就业吸纳和人口集聚相统一

城镇化是促进我国经济快速增长、推进经济结构战略性调整、提高人民生活水平的基本途径,是实现现代化的必由之路。推动城乡一体化发展,必须充分发挥城市对农村的带动作用,为农民转入非农产业就业创造更多的机会,为进城农民工在城镇落户定居、融入城市创造更好的制度环境。我国是世界上人口最多的国家,完成规模巨大的人口城镇化,不能将城镇化片面理解为发展大城市,也不能简单化为遍地开花发展小城镇,必须形成合理的城镇体系,促使大中小城市和小城镇协调发展。改革开放以来,苏州城镇化以前所未有的速度推进。经过上世纪80年代乡镇企业异军突起、90年代开发区和开放型经济蓬勃发展之后,到"十一五"时期,苏州城镇化率超过了60%,逐步进入成熟阶段。苏州走的是一条工业化和城镇化良性互动、城镇

化相对均衡发展的道路。作为城镇密集区,经历了30多年高速工业化和城镇化后,苏州形成了以苏州市区中心城市为核心,5个县级卫星城市①为枢纽,50个重点中心镇、历史文化名镇、较大镇为基础的城镇体系框架,逐步形成了一批规划有序、环境优美、各具特色的现代化新城镇,在此基础上形成了产业布局比较合理、公共服务基本均等、产业发展、就业吸纳和人口集聚比较协调的发展格局,这种格局在提升城市品质方面具有突出优势。

一是均衡发展中心城区与县级城市。一方面,苏州通过强化中心城区建设,发挥其吸纳高端产业要素的作用。另一方面,通过强县扩权,优化县级城市发展环境,增强其发展实力。苏州5个县级市全部位居全国百强县前十位,各县级市的城镇化率都在70%左右。苏州经济发展的最大特点之一,就是张家港、常熟、昆山、太仓、吴江5个县级市和苏州中心城区优势互补、良性互动,中心城区与县级城市之间形成共生共荣的关系,这与一些地区存在的城市之间层层吸纳资源与层层边缘化现象形成鲜明对比。

二是充分发挥小城镇沟通城乡、促进城乡一体化发展的独特作用。苏州通过乡镇合并、区镇合一、强镇扩权,在规划的引导下,过去数量过多、规模过小、过于分散的小城镇发展格局呈现出规模适度、合理布局、综合功能日益增强的趋势。大量发展活力充沛的小城镇的存在,形成了农村地区自下而上的要素集聚中心,避免了许多单中心城镇化地区出现的农村地区生产要素的过度外流现象;由于小城镇相对发达的基础设施和服务体系,使其成为城市资金、人才、技术等要素向农村扩散的平台;苏州的小城镇利用其优越的区位优势和积累的产业基础,八仙过海各显其能,通过兴建各类开发区,吸引了庞大的外来投资,更进一步增进了农村地区发展的活力。这三个方面,使苏州没有出现许多地区高速城镇化阶段城市对农村的过度剥夺、农村经济凋敝、生产力要素过度外流等现象。数量众多、且分布相对均衡的县城镇、中心镇、特色镇,成为城乡交流的纽带,成为苏州推行城乡基础设施和

---

① 5个县级市为张家港、常熟、太仓、昆山、吴江。2012年10月吴江撤市设区。

公共服务均等化供应的基础平台,在集聚人口和产业要素等方面发挥着巨大的作用,吸纳了全市半数的城镇人口和数量众多的外来人口,乡镇工业产值曾占据全市工业总产值"半壁江山"。

苏州在快速城市化阶段能在很大程度上避免出现城市人口过快膨胀带来的城市病,究其原因,就在于苏州注重发展壮大县级城市,积极培育中心镇,对一批有条件的经济发达镇创新管理体制、扩大管理权限、强化公共服务、增加发展活力,使其逐步发展成为人口集聚、产业集群的现代新型小城市,与现有大中小城市形成分工有序、优势互补的空间格局。苏州五个县级市和众多星罗棋布的小城镇长期承担了城镇化人口、工业发展缓冲器和蓄水池的作用,减轻了对中心城市的压力,使其得以"优雅"地发展。不仅如此,乡镇的工业小区还自觉承担起中心城市高等级开发区的配套、服务作用,使其得以实现向高层次产业的升级跨越。

### 四、协同推进城镇化和新农村建设,增强农村发展活力

农村的发展离不开城市的辐射和带动,城市的发展也离不开农村的促进和支持。推动城乡发展一体化,必须使城市和农村紧密地联系起来,实现城镇化与新农村建设"双轮驱动",在吸纳更多农村人口进城落户定居的基础上,增强乡村地区的活力,让留在农村的人口安居乐业,做到进城和留乡各得其所,促进城乡协调发展和共同繁荣。苏州打破"城市中心主义"的发展理念,按照"生产发展、生活宽裕、乡风文明、村容整洁、管理民主"的要求,统筹规划城市和农村建设,调整优化工业与农业、城镇与农村的空间布局,科学确定城市发展区、永久性农业发展区和生态保护区,加强农村基础设施建设,加大农村环境整治力度,改善农村人居环境,在空间形态上使城镇更像城镇、农村更像农村,农村既保持鱼米之乡优美的田园风光,又呈现先进和谐的现代文明。

一是努力打造彰显江南水乡特色的乡村风貌。长期以来,苏州100多万户农民分散居住在2万多个自然村,村镇缺乏统一规划、村庄布局零星散乱。农民住宅过于分散,不仅造成了土地资源的浪费,而且增加了基础设施建设和配套的成本,加大了农村环境卫生及治安管理的难度。无论从改善

农村人居环境、提高农民生活质量,还是从节约资源、顺应基本现代化要求来说,都应该积极推进农民居住的适当集中。苏州坚持分类指导,本着既要适度集中又要方便群众生产生活的原则,加快镇村合理布局与建设,对于地处工业规划区、城镇规划区的农户以及被拆迁农户,加快改造步伐,建设与城镇建筑风格相融合的新型社区;对于地处农业发展区、生态保护区的农户,加强环境综合整治,建设具有江南水乡特色、适合生产和人居的新型村庄;积极引导分散居住农户、新建翻建农户向城镇及其周边地区的新型社区集中居住,提高城镇人口集聚水平和资源利用效率;保护具有历史文化遗存和水乡特色的村庄,避免在建设中被破坏和灭失。通过上述措施,苏州避免出现"千村一面"的现象,涌现出一批基础设施配套、产业特色鲜明、生态环境优美、农民生活富裕的示范村。

二是创新农业经营体制和集体经济产权制度。苏州在整治村容村貌、改善农村的生产生活和条件的同时,注重改革创新,增添内生动力。苏州在稳定和完善农村基本经营制度基础上,以包括农民专业合作社、社区股份合作社和土地股份合作社三种基本类型在内的农村"三大合作"改革为抓手,把农村分散的资源、技术和资金等各类要素进行有效整合,引导农民走向新的合作和联合,让农民变股东,对集体资产、土地等生产要素的产权归属、配置使用和收益分配关系进行一系列创新。苏州农村"三大合作"的改革探索,符合党的十八大提出的"发展农民专业合作和股份合作"的精神,在促进农民增收、发展壮大新型集体经济、促进农民共同富裕中发挥着越来越重要的作用,为农业农村发展增添了新活力,为苏南模式赋予了新的内涵。

苏州发展农民专业合作社,带领农民开展专业化、标准化生产经营,起到了组织农民、落实政策、对接市场等方面的作用,提升了农民的市场竞争能力,让农民更多地分享了农产品加工和流通领域的利润。近年来,适应市场竞争的需要,苏州引导农民专业合作社联合发展、抱团进城,既畅通了农产品销售渠道,增强了合作社的营销能力,又减少了农产品流通中间环节,降低了农产品流通成本,增加了合作社收益,有利于促进农民持续增收。苏州经验表明,扶持农民专业合作社,就是加强统一经营和服务,就是扶持农业和农民。

　　发展各类农村股份合作组织,让农民变股东,是苏州"三农"工作的重要创新。一类是土地股份合作,就是引导农民把依法取得的土地承包经营权转化为长期股权,通过直接经营、参股经营或租赁经营等方式,获得收益并按股分配的一种土地经营制度的创新。目前,全市已成立土地股份合作社712家,土地入股面积111.4万亩,入社农户34.2万户。另一类是社区股份合作,就是将村级集体经营性净资产折股量化给本集体经济组织的成员,通过明晰集体经济的产权,完善集体收益的分配方式。早在2001年,吴中区就率先在金星村组建了江苏省第一家农村社区股份合作社。2010年金星村社区股份合作社农民人均分红10180元,户均2.7万元。截至2011年底,苏州市已累计成立社区股份合作社1243个,入社农户111.7万户,经营性净资产249.6亿元。在组建社区股份合作社量化集体资产的基础上,苏州又引导农民以现金出资,增资扩股,组建"富民合作社",主要利用集体非农建设用地,建造标准厂房等物业设施,取得出租收益,实现按股分红。从2001年初昆山陆家镇成立全市第一家富民合作社起,经过不断总结推广、发展和完善,富民合作社已遍地开花,成为促进农民持续增收长的重要载体。截至2011年底,全市已成立富民合作社339家,股金总额34.4亿元,涉及农户9.3万余户,占全市农户总数的8.1%,当年分红总额31950万元。苏州"富民合作社"与国际上以获取投资性收益为特征的"新一代合作社"的运作机理是完全一样的。近年来,苏州出现了一些以乡镇为单位组建的大型富民合作联社或实体,2012年2月成立的苏州工业园区唯亭富民集团公司,总资本达19亿元。富民合作社呈现出走向联合、抱团发展的趋势。作为我国经济最发达的地区之一,在快速工业化、城镇化过程中,通过引导农民发展股份合作,特别是盘活存量建设用地,落实集体留用地政策,在城镇规划区或经济开发区为股份合作经济预留非农建设用地,扶持农民股份合作组织介入农村集体经营性建设用地开发,按规划要求实行集中开发,统筹建设集贸市场、标准厂房、集宿楼、仓储物流设施、三产经营用房等一些效益好、见效快的投资性物业项目,让农村更多地分享了土地增值收益,不仅确保了集体资产的保值增值,促进了村级集体经济不断壮大发展,而且开辟了农民增加投资性收入、财产性收入的新渠道。2005年以来,苏州全市村级集体经

济收入始终保持两位数以上增长。2011 年,全市农村集体经济总量达 1050
亿元,村均集体收入突破 500 万元,村村收入超百万元,在全省处于领先水
平。全市一半以上的村净资产过千万元,其中 36 个村净资产过亿元;全市
共有 180 个村级单位收入超千万元,占 13.12%,其中 11 个村级集体收入超
过 5000 万元。村级集体在快速发展的同时,收入结构进一步优化。2011 年,
资产资源租赁收入已占到村级收入的 60% 以上,成为村级集体经济收入的
主要来源,以财产性、物业性收入为主的稳定性收入已占到村级集体总收入
的 76%。集体经济实力的壮大,为苏州城乡发展一体化提供了了巨额、持续
的资金来源。苏州农民收入约 1/3 来自财产性和投资性收入,这与各种股
份合作组织发展形成气候、多数农民持股有直接关系。苏州经验表明,在工
业化城镇化过程中给农民留一份土地,让农村股份合作经济组织有一笔土
地发展物业经济,让农民更多地分享土地增值的收益,是增强农村自身发展
实力的重要手段。

苏州在探索"三大合作"改革过程中,始终尊重农民的主体地位,让农
民唱主角,不损害农民土地承包经营权、宅基地使用权和集体经济收益分配
权,遵循了扶持但不包办、引导但不替代的基本原则,真正做到了"三大合
作"改革惠民、利民、富民。

### 五、健全城乡一体的公共服务体制,推动城乡基本公共服务均等化和社会保障并轨

统筹城乡基础设施和社会事业发展,为城乡居民提供均等化基本公共
服务,是城乡发展一体化的重要内容。自 2009 年开展城乡发展一体化试点
以来,苏州市加快城乡基本公共服务一体化建设,加快公共服务体系向农村
延伸,把更多的财力、物力投向基层,把更多的人才、技术引向基层,切实加
强基层公共服务机构设施和能力建设,使基本公共服务均等惠及城乡居民。

长期以来,在城乡二元体制大背景下,我国一直实行城乡分隔的二元公
共服务体制,城乡居民公共服务的提供机制不同,公共财政资源配置带有明
显的城市偏向,城乡居民享受的公共服务存在很大差异。苏州在城乡一体
化改革中,高度重视城乡基础设施的一体化建设。坚持"城乡共建、城乡联

网、城乡共享"的原则,积极推进城镇基础设施向农村延伸,重点推进城乡道路、供水和污水管网等公用设施的城乡一体化"无缝对接",统筹推进城乡道路、水利、电力、电信、环保、信息化等基础设施建设,促进城乡基础设施共建共享,形成了城乡基础设施一体化建设的格局。苏州在推进城乡发展一体化过程中,逐步打破了公共服务体制城乡"二元"分割状态,构建了城乡一体、普惠均等的基本公共服务制度。以教育为例,苏州统筹发展学前教育、义务教育、高中段教育,城乡学校做到统一管理体制、统一规划布局、统一办学标准、统一办学经费、统一教师配置、统一办学水平"六个统一",实现城乡学校"六个一个样",即学校校园环境一样美、教学设施一样全、公用经费一样多、教师素质一样好、管理水平一样高、学生个性一样得到弘扬。"六个统一"的教育体制极大地改善了教育的公平性。

城乡社会保障"三大并轨"是苏州近年来城乡发展一体化的最大亮点。从2003年起,苏州就在全国率先进行了建立农村社会保障体系的探索,对务农人员参保缴费实行财政补贴制度,县级市、区和镇级财政补贴50%~60%,突破了原先主要以个人缴费为主的筹资方式,从而激发了广大农民参保的积极性。2009年开展城乡一体化发展试点后,苏州加快推进各项社会保障的制度整合。在最低生活保障方面,2011年苏州市率先在全省乃至全国实行城乡低保标准并轨;在医疗保险方面,从2003年苏州就从制度设计上将进入乡镇村各类企业务工并与之建立劳动关系的农村劳动力,全部纳入了城镇职工医疗保险制度,自2009年开展城乡发展一体化试点后,加快将在城乡各类企业务工的非农就业的农民工全部纳入城镇企业职工医疗保险。在建立城镇居民医疗保险和农村新型合作医疗保险的基础上,苏州按照城乡统一的居民基本医疗保险制度框架,加快推进农村新型农村合作医疗与城乡居民医疗保险并轨步伐,努力实现城乡居民医疗保险政策制度一体化、待遇水平一体化、经办管理一体化以及医疗救助一体化。到2011年末,苏州市在实现了社会医疗保险制度城乡居民全覆盖的基础上,五市七区全部完成了新型农村合作医疗向城乡居民社会医疗保险转轨,建立了比较完善的一个体系两种制度并存的格局,即覆盖城乡全体社会成员的职工医疗保险、居民医疗保险和社会医疗救助"三位一体"的社会医疗保障体系,城镇职工医疗保险制度和城乡居民医疗保险制度并存发展,除常熟市仍由卫生部门管理外,均纳入了人力资源和社会保障部门统一管理,农村居民与城镇居民享受同等医疗保险待遇。在社会养老保障方面,苏州制定了农村和城镇基本养老保险关系转移接续办法,通过积极的财政补贴政策引导农村居民参加城保,对原参加本市农村养老保险的农村居民,按规定换算、转移后纳入城保体系,实行统一的城乡居民养老保险。2012 年,苏州全市全面完成了农村养老保障制度与城镇养老保障制度并轨,建立了比较完善的一个体系两种制度并存的格局,即覆盖全市城乡的统一的社会养老保险体系,城镇职工基本养老保险制度和城乡居民社会养老保险制度并存发展。苏州城乡社会保障"三大并轨"的探索在全国都处在领先地位。

城乡社会保障是社会公平的均衡器。我国社会保障体系的显著特征是"碎片化",城乡、区域、阶层和职业之间分别设置。社保体系的碎片化,特别是养老和医疗保障体系的碎片化,造成劳动力市场分割,严重影响人口的流动性。我国养老保险制度在省市甚至县市统筹管理运行,各地区之间制度不同,政策不统一,长期以来,养老保险关系难以互联互通,难以转移接续。各统筹地区之间缴费率不同,待遇标准和具体管理方式也不尽相同,加大了劳动力流动的难度。整合"碎片化"的社会保障体系,建立健全城乡一体、衔接良好的社会保障体系,是城乡一体化改革的难点所在。苏州积极探索创新,注重社会公平,突破城乡居民身份界限和制度壁垒,"三大并轨"的社会保障体系的构建,实现了城乡社保"制度合一"。苏州在进行社会保障城乡一体化体系设计时,还充分考虑城乡不同制度之间的无缝对接,积极探索城乡各项社会保障间的衔接和转换,从而使城乡居民无论处于何种状态,都能获得同制同权的社会保障,其个人权益都能获得认可和累计,从而为城乡居民共享经济与社会发展成果提供了通道,为其他地区提供了示范案例和有益经验。

**六、加强生态保护,建立城乡环境治理长效机制**

苏州温山软水的自然环境,河湖纵横、湿地遍布的水乡景观,造就了独具特色的人居天堂。苏州人耐心呵护、精心雕琢着以水、绿、湿地为突出特色的地域生态系统,在推动城乡发展一体化过程中,牢固树立生态文明理念,把生态建设放在突出地位,把良好生态作为最大财富,把改善生态融入城乡经济社会发展全过程,建立了生态建设的长效机制,优化了城乡生态环境,使苏州的天更蓝、地更绿、水更清,在更高层次上促进了人与自然的和谐相处、协调发展。

苏州因水而秀美,因水而富庶,面对工业化带来的环境危机,苏州市以水环境治理为主要抓手,促使城市水环境治理的管理机构、人才、技术、资金、设施向农村延伸,加快城乡一体的安全水利、生态水利、民生水利、现代水利及资源水利建设步伐,使苏州以"江南水乡"为本底的城乡人居环境特色与品位得到进一步提升。苏州在全国率先推行城乡统一饮用水水源、统一输水管网、城乡饮水同水同质,于 2011 年完全实现了城乡"一张网、一个价"的一体化供水目标。苏州高度重视水环境质量的提升,坚持不懈地通过城乡河道综合整治、控源截污、生态修复等工程手段,辅之以创新的运营、监管、长效管理等机制,促使城乡水环境质量实现稳步提升。城市化地区加快城乡并网的污水配套管网建设,村庄集中地区加快小型污水处理设施建设,纯农业地区积极探索生态化处理方式。为进一步提高农村地区污水处理水平,2011 年,全市集中式饮用水水源地水质 100% 达标,太湖、阳澄湖保护区农村生活污水处理率分别为 78% 和 72%,其他农村地区生活污水处理率达到51%。苏州通过实行城乡水务一体化管理机制创新,将众多相关部门承担的水利管理职能划归到水务局,实现了城市与农村、地下水与地表水、水质与水量、供水与排水、用水与节水等涉水事务的一体化管理。

森林、湿地、农田生态系统,是一个区域的"肺"、"肾",是城乡经济社会发展的生态本底。苏州市把"绿色苏州"建设提升到经济社会可持续发展的战略高度,以森林公园、湿地公园、生态园、现代农业园区等为板块,统筹推进生态绿化建设、森林资源保护、生态湿地恢复、林业产业发展等,加强沿江、沿湖、沿河、沿路等生态林网、经济林网建设,构建起一个布局合理、物种丰富、水绿相融、具有苏州特色的现代林业生态系统。全市森林资源总量从2003 年的 91.75 万亩增加到 2011 年的 183.25 万亩,翻了一番,平均每年增加面积超过 10 万亩,陆地森林覆盖率由 12.53% 上升到 25.03%。

在苏州这样的城镇密集地区,村庄是最为脆弱的,极易被现代城市文明所吞噬。从"十一五"开始,苏州市就将村庄环境整治作为新农村建设工作的重点,把农村生活污水、生活垃圾、河道疏浚、畜禽粪便、农业面源污染作为整治重点,农村环境面貌发生了很大的改变。在村庄环境整治中,苏州充分尊重城镇和乡村在产业结构、功能形态、空间景观、社会文化等方面的差异,努力打造彰显江南水乡特色的乡村风貌。苏州在通过集中整治解决突出问题的同时,加快推进村庄设施维护、河道管护、绿化养护、垃圾收运等体制改革,使村庄环境管理逐步走上制度化轨道。

### 七、创新城乡社会管理机制,促进社会和谐

城乡一体化不仅体现为城乡产业结构和空间地域的变迁,也是社会结构转型的过程。随着城乡之间要素流动愈加频繁,尤其是大量的本地农民集中居住和大量外来流动人口流入以后,给社会管理提出了新的课题。针对这些变化,苏州在完善城乡社会管理体制方面进行了有益的探索。

一是健全城乡社区管理体制,加强基层社区服务功能。社区是社会的有机组成部分,承担着繁重的社会管理服务和维护社会和谐稳定的任务,是社会管理体系的落脚点。适应社区管理扁平化的趋势,苏州加快转变基层政府职能,完善社区管理体制,建立了以村(居)委会为主体、社区管理服务站(综合服务中心)为平台、其他各类社会组织和社区居民广泛参与的新型社区管理体制。苏州把加强和创新社会管理同提高社区服务水平和服务质量紧密结合起来,把完善服务作为社区建设的根本任务,整合社区资源,按照功能完善、充满活力、作用明显、群众满意的要求,以社区服务中心为载体,建设以社区党员服务、养老服务、法律服务、就业服务、卫生医疗服务、困难群众帮扶服务等为内容的服务平台,形成"一站式"、"一条龙"的规范化服务体系,促进政府公共服务、居民志愿互助服务、商业性便民利民服务向社区覆盖,形成了"建设网络化、管理人性化、服务精细化、队伍专业化"的社区创新管理模式。

二是探索政社分开的社会治理新机制。随着城乡一体化的发展,利益主体日益多元化,社会结构的内在变化呼唤政府和社会各归其位。必须改

变社会是政府附属物的传统观念,明确政府与社会的边界,规范政府与社会的职能,促进社会各类角色的合理分化,让社会组织回归其应有的社会地位,使其在协调利益关系、维护社会秩序和增进社会合作中发挥更大的作用。苏州积极推进"政社互动"的实践探索,探索社会组织培育孵化机制,培育了一大批根植于本土的"接地气"的社会组织。2011 年,苏州全市社会组织登记备案 10634 个,其中,登记注册的社会组织有 3820 个,备案的城乡社区社会组织 6814 个,这些社会组织既有志愿者组织、文化组织,也包括调解组织等,它们广泛分布于基层各行各业,呈现出蓬勃的发展势头。

三是创新流动人口管理服务体制。苏州越来越显现出移民城市的鲜明特征,2011 年的户籍人口为 642.33 万人,常住人口为 1051.87 万人。许多外来流动人口在苏州扎下了根,成为名副其实的"新苏州人"。这些"新苏州人"为苏州的社会经济发展做出了重要贡献,与此同时,如何促进"新苏州人"融入苏州,这也给社会管理带来了挑战。2011 年苏州在全省率先实施流动人口居住证制度,实现了保障和服务的"一证通",保障了流动人口办理居住证后能够在社会保障、医疗卫生、计生服务、子女就学、住房政策、职业介绍、法律援助等方面和本地市民同等待遇,促进了各级政府把公共服务和公共产品向流动人口延伸,惠及广大流动人口。

### 八、建立城乡发展规划衔接协调机制,形成推动城乡一体化发展的规划合力

城乡规划的衔接是统筹城乡发展的前提。传统城市规划只是以服务于市区为主要任务,缺乏从城乡一体的高度全面规划人口发展、土地利用、城镇村落布局、产业聚集、环境保护、生态涵养等,不仅约束了农村发展,而且限制了城市的发展。苏州结合当地自然条件、经济社会发展水平、产业特点,合理开发、利用、保护村庄自然资源,科学规划指导乡村发展。在实现"村村有规划,城乡规划全覆盖"的基础上,苏州尝试了"四规融合"的创新探索。所谓"四规融合",即加强各类规划间衔接协调,将镇村布局、村庄建设、农业发展、乡村旅游、水网水系等规划紧密衔接,促进国土管理、城乡建设、产业和生态建设的协调发展。"四规融合"的规划体系层次分明,其中,土地

利用规划为各类规划的实施提供空间载体和支撑；城乡建设规划引领城、镇（乡）、村各类建设，是"四规融合"的中心；产业发展规划是"四规融合"的重要抓手，保证各项经济建设活动最终"落地"；生态建设规划着眼于城乡生态基底的保护和建设，为城乡一体化提供生态保障。

"四规融合"完善了城乡规划体系，强化了片区规划理念，优化了城镇、工业、农业、居住、生态、水系等规划布局。苏州按照生产空间、生活空间、生态空间分别明确区域功能，实现了全市基础设施、产业发展、环境保护的城乡协调；强调区域空间上的整体性，即在一定地域内的中心县级市和中小城镇在保持密集分布的条件下，加强相互间的资源分配和规划布局上的协调，使土地得到合理的使用并保持最大的节约；强调城乡发展的整体性，即城市与村镇的有机结合，使建设地区和农业、林业、畜牧业等地区以自然生态环境保护为前提达成有机结合。苏州对农业规划区、生态保护区地区，明确以现代农业为主要发展方向。在具体落实上，打破行政区域界限，有序推进"三集中"，为产业发展提供良好环境。目前，城乡空间布局明显优化，全市已有90%的农村工业企业进入工业园，48%的农户迁入集中居住点。"既保持鱼米之乡优美的田园风光，又呈现先进和谐的现代文明"的新农村，已经展现在世人面前。

# 四化同步：发展现代农业

2008 年以来，苏州市委、市政府坚持以科学发展观为指导，以城乡一体化发展为统领，认真贯彻中央和省关于加快现代农业发展的一系列决策部署，把现代农业作为一项基础产业、生命产业和不可替代产业，作为推进城乡一体化发展、提升经济社会全面协调可持续发展水平的重要内容，积极抢抓机遇，大力推进农业科技自主创新，加快提升农业集约节约、特色高效、规模经营水平，在工业化、信息化、城镇化快速发展的同时，同步推进农业现代化发展，成功走出了一条具有苏州特色的现代农业发展之路。

## 一、现代农业发展成效

现代农业是一个动态和历史的概念，相对于传统农业而言，是广泛应用现代科学技术、现代工业提供的技术装备和科学的经营管理方法进行的社会化农业。近年来，苏州农业坚持以城乡一体化发展为统领，以率先基本实现农业现代化为目标，以促进农业增效、农民增收为落脚点，按照生产、生活、生态、生物"四生"功能定位，在加快推进工业化、城镇化发展中，扎实推进农业现代化，为苏州经济社会的健康可持续发展提供了强有力支撑。

### (一)现代农业发展过程

"江南水乡、鱼米之乡、丝绸之府"，这是历史对苏州农业的最生动概括。改革开放后，苏州农业在党的各项"三农"政策激励和市委、市政府的正确领导下，凭借得天独厚的自然条件、精耕细作的生产传统和勤劳进取的广大农民，因地制宜，大胆探索，经过四个阶段的努力，成功走出了一条具有苏州特色的现代农业发展之路。

1. 稳定粮食生产，大力发展多种经营

上世纪 70 年代末到 90 年代中期，苏州按照有利于农业生产力发展的总要求，全面推行以家庭承包经营为基础、统分结合的双层经营制度，从根本上打破了"一大二公"的经营模式；探索拓宽集体建农资金来源渠道，建立了农业合作发展基金制度；在稳定发展粮棉油生产基础上，扩大经济作物，加快水产养殖业、畜牧业、蚕桑业等的发展，实施"菜篮子"工程，改革农产品流通制度，大力发展多种经营，健全"五有六统一"（有健全的组织、有固定的人员、有相应的农机、有配套的设施、有规范的制度，以村、组为单位统一作物部局、统一留种供秧、统一机械作业、统一水浆管理、统一防病治虫、统一肥药供应）村级社会化服务体系，全市农业呈现出崭新的发展面貌。

2. 注重优质高效，推进市场农业发展

上世纪 90 年代中期到本世纪初，苏州农业坚持以市场为导向，以结构调整为主线，以提升效益为中心，加快农业产业结构调整，种植业开始向高产、优质、高效转化，农业由只注重粮棉油生产向水产业、畜牧业转化，农副产品从单一追求高产向最终产品、高档产品转化；注重产业内部品种的改良升级和先进适用技术的更新推广，一大批拥有自主知识产权的新品种在大面积推广；加大了国内外种养新品种引进示范和推广应用力度，高效特色农业逐步形成。

3. 优化产业结构，提升农业整体效益

苏州市委、市政府围绕率先实现高水平小康社会和率先基本实现现代化这两个宏伟目标，于 2006 年提出了苏州要形成"四个百万亩"（百万亩优质水稻、百万亩特色水产、百万亩高效园艺、百万亩生态林地）和"一个百万头"（百万头优质家畜）的农业产业布局规划，同时深入推进新一轮农业结构战略性调整，大力提升农业科技发展水平，着力加快外向农业、质量农业、高效农业、生态农业发展步伐，全市农业的经营机制不断完善，管理能力全面增强，农业的生产布局结构、高效技术结构、经济功能结构进一步优化，整体产出效益明显提升。

4. 坚持"四生并举",拓展农业综合功能

2008年苏州被列为城乡一体化改革发展试点市后,全市农业从促进经济社会健康可持续发展的大局出发,坚持走生产、生活、生态、生物"四生"功能并举之路,认真落实"四个百万亩"农业产业布局,大力推进农业的园区化、合作化、农场化发展,在着力提升农业生产水平的同时,全力推动农业内部一、二、三次产业互动并进,以"特色鲜明、功能齐全、装备现代、管理先进、效益显著"为主要特点的农业现代化特征越来越鲜明。

**(二)现代农业建设成效**

在城乡一体化发展的统领下,苏州现代农业伴随着工业化、城镇化的快速推进取得了显著成效,农业部部长韩长赋给予了"发展水准高、科技含量高、服务水平高、综合效益高"的高度评价。在2011年江苏省的农业现代化进程监测中,苏州农业现代化得分为80.46分,高出全省平均得分8.49分,位列全省首位,其中,昆山、张家港、吴江、太仓、常熟五个县级市监测得分分别为86.42分、79.47分、78.37分、77.99分和77.30分,分列全省各县(市、区)第一、第三、第七、第九和第十位。

1. 主导产业布局基本形成

按照《苏州市"十一五"农业产业布局规划》,认真落实"四个百万亩"农业产业布局,基本形成优质水稻、特色水产、高效园艺、生态林地和规模畜禽等主导产业发展格局。2011年,全市粮食总播种面积228万亩,水稻、小麦单产分别达到611公斤和335公斤,均创历史新高。水产养殖总面积117万亩,其中特种水产养殖面积66.5万亩,实现渔业经济总产值153.6亿元、水产品总产值100.89亿元。园艺面积74万亩,其中蔬菜33万亩、花卉苗木17万亩、果茶19.5万亩、蚕桑4.5万亩。林地、绿地面积183.25万亩,陆地森林覆盖率25.03%。出栏生猪115万头、家禽3220万羽,存栏奶牛2.3万头。全市农民人均纯收入达到17226元。

2. 综合生产能力显著提高

按照灌排设施配套、土地平整肥沃、田间道路畅通、农田林网健全、生产方式先进、产出效益较高的工作要求,推进高标准农田(渔池)建设,建成高标准农田216万亩,高标准渔池18万亩;大力发展蔬菜、花卉苗木、果品设

施栽培和特种水产设施养殖,配套建设钢架大棚、智能温室、遮阳防虫、喷灌滴灌等各类设施,建成常年设施蔬菜基地 12.3 万亩、生猪发酵床 4 万多平方米,实施池塘循环水养殖工程近 10 万亩,适宜装备增氧机械的水面其装备水平已基本全覆盖;推进智能设施农业发展,吴江同里水稻精确管理、常熟董浜蔬菜节水灌溉、阳澄湖循环水在线监控等一批农业信息化样板和"12316"三农电话服务热线、水产疫病远程诊断、肉菜质量可追溯、蔬菜质量安全速测、网上农产品营销等一批农业信息化系统相继建成;加快农机化发展步伐,农林牧副渔综合机械化水平达到 83%,其中主要农作物生产机械化水平达到 92%,设施蔬菜土地耕整、植保和规模茶场加工、茶树修剪等主要环节以及规模养猪场已基本实现机械化,奶牛养殖关键的挤奶环节机械化水平达到100%,畜禽粪便机械化处理水平超过 70%。苏州市和张家港、常熟、吴江、太仓四个县级市先后被表彰为全省"率先基本实现水稻生产机械化"市和县。

3. 转型升级步伐明显加快

推进农业规模化、合作化发展,全市流转土地面积超过 180 万亩,农业适度规模经营面积接近 175 万亩,土地股份、社区股份、农业专业等"三大合作"组织 3043 家,入社农户超过 30 万户;推进农业园区化发展,建成万亩现代农业园区 23 个、千亩现代农业园区 78 个,总面积达到 60 万亩,昆山海峡两岸农业合作试验区、常熟农业科技园等 4 个园区被命名为国家级现代农业示范区,张家港、太仓、吴江、吴中等 5 家农业园区列为省级现代农业产业园区;推进农业农场化发展,形成了相城区虞河蔬菜等一大批百亩、千亩规模的特色农场和专业农场;推进农业外向化发展,2011 年实际利用外资 2.5 亿美元,实现农产品出口 4.14 亿美元,这两项省级考核指标均位于全省第一;推进农业新模式推广,培育国家、省、市、县(区)四级农业龙头企业 304 家,85% 的企业有固定的种养基地,95% 的企业采取"公司+基地+农户"、"公司+经纪人+农户"、"公司+合作社+农户"、"公司+农户"的生产经营新模式,年带动农户近 150 万户;推进农业科技发展,年科技入户项目近 20 个,先后吸纳生物农业科技人员近 200 人,27 家生物农业企业年销售额近 35 亿元,建成各类院士工作站 10 家、农业工程技术研究中心 24 家,发展农业科技型企业 71 家,全市农业科技进步贡献率接近 65%。

**4. 产品质量安全全面加强**

强化监管服务，全市涉农乡镇农产品质量安全监管公共服务机构 100%全覆盖，并在每个村明确 1 名农产品质量安全协管员；强化检测体系建设，张家港、常熟、太仓、昆山、吴江五个县级市农产品质量安全检测机构已经相关资质单位认证，63 个涉农乡镇、21 家蔬菜规模种植基地的农产品质量快速定性检测室将于 2012 年底建成运行，"苏州市农产品质量安全监测中心"检测能力覆盖农产品、农业环境、农业投入品等各个方面；强化标准生产，全市制定地方农业标准 209 项，"三品一标"（无公害农产品、绿色食品、有机农产品、农产品地理标志）数量达到 1601 只，无公害以上基地面积占比超过80%，建成省级以上农业标准化示范区 30 个、园艺作物标准园 11 个、畜牧生态健康养殖示范场 73 个、水产标准化生态健康养殖示范基地 23 个、农产品质量安全示范乡镇 2 个、全程质量控制示范基地 19 个；强化农业投入品控制，探索构建了"五统一"（统一采购、统一配送、统一标识、统一价格、统一服务）的农药集中配送体系，组建病虫害和"加拿大一枝黄花"专业化防治组织 1365 个、专业化防治服务队 1611 个，年完成防治面积 117 万亩次左右；强化农产品质量监管，指导种养户建立健全投入品管理、用药、销售等标准化生产档案，建成了一批农产品质量安全追溯管理应用试点单位，持续开展种植业、饲料、生鲜乳、兽药及兽药残留、"三品一标"等领域专项整治活动，每年出动执法人员 1 万余人次，检查场所 6000 多家（次），产品综合检测合格率超过 98%。

**5. 农村生态环境不断优化**

推进"绿色苏州"建设，着力构建以"生态、景观、休闲"为主要特征的森林生态系统。到 2011 年底，全市森林资源总量达到 183.25 万亩，陆地森林覆盖率上升到 25.03%，"一圈（城市森林圈）两网（道路林网、河湖林网）三园（生态花园、绿色家园、高效果园）"水绿相融的生态绿化格局初步形成。加强湿地保护管理，先后实施太湖流域湿地保护与恢复项目 9 个，建成省级以上湿地公园 8 个，于 2012 年 2 月 2 日颁布实施的《苏州市湿地保护条例》，对维护苏州的生态平衡、改善生态环境、实现人与自然和谐共处、促进经济社会健康发展具有十分重要的现实与长远意义。积极发展循环农业，总结推广了"森林养鸡"、"果桑养蚕养禽"、生物处理畜禽粪便、秸秆综合利用等一批种养结合、林农结合、生态循环高效的农业生产经营模式,启动实施了农业污染源普查动态更新调查工作,实施生态沟渠塘拦截工程近 90 万平方米,建设环湖(太湖、阳澄湖)生态农业圈(有机、循环)示范工程 1 万亩,稻麦秸秆机械化直接还田率达到 72.6% 和 82.4%,综合利用率达到 95.6%。严格控制农业面源污染,全市粮油作物测土配方覆盖率超过 80%,综合植保率 90% 以上,年化肥农药的使用强度下降 5% 左右,生物农药使用比例上升到 41.4%,有效保护了农业生产环境。

6. 农业产业水平有效提升

推进种质资源保护和种业发展,打造了"常优系列"、阳澄湖太湖大闸蟹、"太湖三白"、"长江三鲜"、洞庭碧螺春、苏太猪、湖羊、太仓白蒜、"水八仙"、香青菜等一大批拥有自主知识产权、市场前景十分看好的农产品品牌,如靠一只"鸭苗"引进繁育起家的江苏众诚鸭业有限公司在不到 10 年的时间内已成长为日产鸭苗 50 多万羽、年销售额近 12 亿元的国家级农业龙头企业,带动了当地和周边 120 多个中小哺坊和 5000 多户养殖户养鸭就业、增收致富;推进农产品加工业发展,形成了太仓市浏河水产品、吴江市同里粮油和张家港市杨舍镇农产品三个集中加工区;推进农产品流通服务业发展,形成了以批发市场、集贸市场为载体,以农民经纪人、运销商贩、中介组织、加工企业为主体,以定单农业、连锁经营、产品直销、市场专卖等现代物流模式和交易方式为补充,以产品集散、现货交易为基本模式的流通格局,仅苏州市南环桥和张家港市青草巷两个农副产品重点批发市场,2011 年交易额就分别超过了 150 亿元和 40 亿元;推进休闲观光农业发展,每年举办主要农事节庆活动 100 多个,到 2011 年底,已建成休闲观光生态园、休闲生态农庄、农业主题公园、农家乐专业村等各类农业休闲观光场所 150 多家,年接待游客 2000 多万人次,旅游收入超过 28 亿元,吴中区旺山村荣获"2011 江苏省最具魅力休闲乡村"称号。

7. 现代营销主体加快培育

大力发展基地直供,全市共有 42 个农业生产基地、专业合作社实现了与市场主体的直接对接,张家港常阴沙、常熟田娘、苏州绿天、吴中区东山雨花绿、相城区佳灵禽业、苏太企业、江苏众诚鸭业等在苏州城区设立各种类型直供网点 30 个,优质蔬菜、苏太品牌猪肉、佳灵禽蛋、众诚鸭业、远健、众仕达无公害豆芽等一大批优质、安全、新鲜的农产品加快进入城区零售和批发市场专营区;大力发展批发直供,至 2012 年 6 月,已先后建成 25 家农产品社区直供站,种类包括蔬菜、豆制品、冷冻素食、家禽、冷冻海鲜、保鲜猪肉、大米、水产、水果等 9 大类 140 余个品种,月营业额在 100 万以上,销售毛利率在 15% 左右,受惠居民超过 4000 户;大力发展新型营销,农产品网上营销、大篷车进社区等多种新型、快捷、高效的农产品营销新业态和"常熟配菜网"、"张家港配菜网"、"太仓配菜网"等多个利用企业第三方平台供求信息服务销售农产品的专业农产品销售网站已经建成;大力发展展示展销,内销上,每年通过举办夏季、冬季农交会以及组织企业参加全国、全省和兄弟市的农产品展销活动,助推苏州地产农产品的销售,外销上,积极组织企业参加"中国国际农产品交易会"、"中国国际食品展"、跨国零售集团采购会以及日本、美国、法国、巴西、台湾等国内外农产品、食品展示展销活动。

## 表 1    苏州现代农业建设成效统计表

| 类    别 | 2011 年实现值 |
| --- | --- |
| 农林牧渔业增加值(亿元) | 151.02 |
| 粮食亩产(公斤) | 480 |
| 高效农渔业面积(万亩) | 199 |
| 农民人均收入(元) | 17226 |
| 农业科技进步贡献率(%) | 63.47 |
| 持专业证书劳动力占农业劳动力比重(%) | 11.09 |
| 乡镇或区域农业公共服务体系健全率(%) | 76.97 |
| 农业信息化服务覆盖率(%) | 79.17 |
| 农户参加农民专业合作经济组织比重(%) | 58.7 |
| 农业适度规模经营比重(%) | 82.27 |
| 高标准农田比重(%) | 54.53 |
| 农业综合机械化水平(%) | 83 |
| 农业园区 | 万亩以上23个,千亩以上78个,总面积超过60万亩 |
| "三品"总数及面积占比(只,%) | 1601,81.04 |
| 陆地森林覆盖率(%) | 25.03 |

### （三）现代农业地位作用

伴随着工业化、城镇化的快速推进和城乡一体化的统筹发展,苏州农业赖以生存的土地资源日益减少,农业在 GDP 中的占比不断下降,但是,农业这一基础产业和"母亲产业"的地位和作用始终没有改变,在满足人民群众物质生活需求、增加农民收入、支持经济发展、保障生态环境、维护社会稳定等方面依然发挥着极其重要的基础性作用。

1. 保障了地产农产品的市场供给

从 2006 年开始,推动落实"四个百万亩"和"一个百万头"的农业产业布局规划,2007 年全面推进百万亩现代农业示范园区建设和高效设施农业发展,2010 年启动实施新一轮"菜篮子"工程建设,极大地提升了地产农产品生产能力。到 2011 年底,全市农业适度规模达到 82.27%;生猪、肉禽和奶牛的规模化率分别达到 89.8%、97.7% 和 99.9%;高效农渔业面积 199 万亩,设施农业面积超过 40 万亩;年粮食播种面积 230 万亩左右,总产超过22 亿斤;水产养殖面积 117 万亩左右,总产近 28.5 万吨;蔬菜播种面积 150万亩次左右,总产近 245 万吨;果树面积 16.2 万亩,产量 10.2 万吨。农业主导产业的发展,极大地丰富了农产品市场供应,特别是在遭遇重大自然灾害、突发性动物疫病和高温伏季、低温冬春等季节,地产农副产品在缓解市场供应矛盾、安定市民生活等方面发挥了不可或缺的作用。

2. 推动了二、三产业的有效发展

农业作为"原料产业",为农副食品加工业发展提供了丰富的原材料,2010 年全市农副食品加工业总产值达到了 262.5 亿元。与此同时,农业与第三产业的关系呈现同样的趋势,2010 年以农畜产品为原料的商品购销总额为 84.3 亿元;全社会消费品零售总额为 2402 亿元,其中限额以上餐饮业营业总额为 50.17 亿元,占消费品零售总额的 2.1%。2011 年全市实现农产品出口 4.14 亿美元,农业实际利用外资 2.51 亿美元;休闲观光农业从业人员 27872 人,带动农户 26500 户,年接待游客 2024 万人次,实现旅游收入28.1 亿元。

3. 保护了城乡居民生产生活环境

坚持把生态作为现代农业发展的首要任务和基本目标,大力发展生态农业、绿色农业,保护资源,改善环境,实现农业的可持续发展,促进人与自然、经济与环境的协调发展。一方面,森林资源总量迅速增长,2011年绿地林地面积达到183.25万亩,陆地森林覆盖率和林木覆盖率分别上升到25.03%和17.7%。另一方面,湿地保护管理力度明显加大,出台并施行了全省首个湿地保护地方性法规——《苏州市湿地保护条例》,建立了湿地生态补偿机制,创建了8家省级以上湿地公园,保护面积达到62347亩。据监测评估,仅林业和水稻每年提供的生态服务价值分别达到100亿元和40亿元。再者,农业面源污染得到有效控制,化肥农药使用强度年均下降5个百分点,生物农药使用上升到41.4%,粮油作物测土配方施肥覆盖率80%,推广了"果园养鸡"、"稻田养鸭"、"立体循环生产"等一批种养结合、生态循环模式,建设了一批池塘循环水清洁养殖工程、氮磷流失生态拦截系统,有效改善了城乡居民生产生活条件。

4. 促进了农民的增收致富

在城乡统筹发展中,从保护农民利益、促进农民增收高度出发,在全面落实中央和省各项强农惠农富农政策的同时,先后出台实施了市、县稻麦良种购种补贴、稻谷收购价外补贴、土地流转补贴等支农政策,在全国率先建立了规模水稻、生态公益林、重要湿地等生态补偿机制,率先启动实施了农业保险与农业担保,农民来自农业政策性和转移性的收入不断增加,农业产业结构不断优化,科技和产业化水平不断提升,高效规模设施农业快速推进,农业亩均产出率和经济效益也得到了大幅度提升,一大批亩效益超万元的渔业基地、超5000元的蔬菜与果品基地相继涌现,2010年全市就有17个水产专业镇养殖产值超亿元,有61个专业村养殖产值超1000万元,有效地提高了从业人员来自农业的收入份额。规模经营促进规模效益,2011年农业规模经营户的人均收益超过2.8万元。

**(四)现代农业发展经验**

回顾近年来苏州现代农业建设之所以能取得如此快速的发展,主要有以下四个方面的成功做法值得总结。

1. 坚持科学规划,优化现代农业产业布局

始终坚持"三农"与"三化"互动并进,把现代农业作为苏州率先基本实

现现代化、提升经济社会全面协调可持续发展水平的重要内容,按照统筹城乡发展的新要求,把农业规划纳入城乡一体化发展总体规划,与土地利用规划等有机衔接,逐步形成城镇建设区、农民集中居住区、工业发展区、农业保护区"四位一体"的城乡一体规划格局。制订实施《苏州市"十一五"农业产业布局规划》,认真落实"四个百万亩"农业产业布局规划,推动优势主导产业向农业保护区集中,不断优化产业结构,加快形成区域化、规模化、专业化的生产格局。

2. 坚持功能定位,提升现代农业基础地位

坚持农业多功能拓展,不断提升农业功能定位,赋予农业新的内涵。突出农业生产、生活、生态、生物"四生"并举,把生态功能作为苏州农业的首要功能,把生物科技纳入苏州农业的重要发展导向。在发挥农产品供给保障、原料供应、就业增收等功能的同时,更加彰显生态保护、观光休闲、文化传承等功能,不断实现经济效益、社会效益、生态效益的有机统一。注重产业融合,强化农业"接二连三",大力发展农产品加工业、农产品现代营销和休闲观光农业,不断延伸农业产业链,提升农产品附加值和产出效益。

3. 坚持转型升级,促进农业生产方式转变

加快农业生产方式转变,突破从"统"到"分"的经营机制,强化"合"的理念,按照"依法、自愿、有偿"的原则,采取入股、入社、入会(协会)等方式,积极推进土地承包经营权流转,引导农业向适度规模经营集中,逐步实现"让更少的农民经营更多的土地,获得更高的收入,过上更幸福的生活"。加快推进农业的"园区化、农场化、合作化"建设,加大现代农业规模化示范区建设力度,充分发挥示范辐射效应,实现"水稻规模化、蔬菜设施化、水产标准化、营销现代化"。

4. 坚持科技进步,增创现代农业品牌优势

坚持把高效设施农业作为发展苏州现代农业、挖掘农业内部增效潜力、促进农民增收的重要途径,重视扶持连片千亩、万亩以上的现代设施农业基地,大力发展蔬菜、花卉苗木、果品设施栽培和特种水产设施养殖,配套建设钢架大棚、智能温室、遮阳防虫、喷灌滴灌等各类设施,提高设施农业水平。充分利用丰富的名特优新物种资源,大力发展阳澄湖和太湖大闸蟹、苏太

猪、湖羊、太湖"三白"、长江"四鲜"、"水八仙"、香青菜、碧螺春茶、白沙枇杷等"苏字号"精品农产品，放大特色农业品牌优势。加大种子、种苗、种畜禽等种业研发力度，使种业成为现代农业中的一个重要产业。大力发展生物农业、质量农业、循环农业，推进清洁生产、健康养殖和标准化管理，推广集约、高效、生态种养技术。

## 二、"四个百万亩"产业布局

2001 年以来，随着苏州工业化、城镇化的加快推进，各类生产要素加快向优势行业、优势产业、优势区域积聚，农业赖以发展的土地、人才、资金等生产要素加速向二、三产业转移，"非农化"趋势日益明显；农业功能更趋多元化，一方面继续为提供优质农副产品和增加农民收入发挥作用，另一方面更要为社会创造良好的生活环境和优美的生态环境，还为开展科普教育、丰富文化内涵提供了条件；农业竞争日趋国际化，经济的开放度越来越大，被置于国际、国内二个市场一体化的大环境当中，面临前所未有的竞争。在此背景下，苏州市委、市政府从合理配置城乡资源、促进经济社会和现代农业健康可持续发展、提升生态文明建设水平、保持地产农产品一定的自给水平以及传承苏州历史文化、再现江南鱼米之乡独特风貌的高度出发，以空间规模适度、区域相对连片为原则，于 2006 年组织编制了以百万亩优质水稻、百万亩特色水产、百万亩高效园艺、百万亩生态林地为主要内容的"四个百万亩"农业产业布局规划，规划到 2010 年全市水稻面积稳定在 150 万亩左右、永久性保护面积 100 万亩以上，水产养殖面积稳定在 110 万亩左右，高效园艺总面积达到 80 万亩，生态林地总面积超过 100 万亩。全市各地以落实"四个百万亩"农业产业布局规划为抓手，积极推进农业的科技化、规模化、集约化、高效化、专业化发展，不仅保证了一定的地产农产品市场供应，助推了农业增效与农民增收，更重要的是给城乡居民生产生活创造了优美的环境，走出了一条沿海经济发达地区生态文明建设的新路子。

### （一）"四个百万亩"建设重点

1. 保护百万亩优质水稻

一是合理优质粮油区域布局。按照百万亩优质粮油布局规划，苏州市政府出台了稳定保护水稻面积的政策意见,下达各市、区的中、远期保护指标,各地结合实际,分别制定相应的中、长期保护任务,并按照相对连片、生态环境良好、灌溉水源水质较好、周边无明显污染源的工作要求,加大组织领导和行政推动力度,到 2011 年,全市小麦面积 102 万亩,秋熟水稻面积 125 万亩,油菜面积 16 万亩,张家港常阴沙、常熟古里、太仓双凤、昆山千灯、吴江同里、吴中区临湖、相城区望亭等一大批规模大、基础设施好、产出效益高的优质粮油基地相继建成。

二是抓好新品种、新技术推广。推广应用新品种,水稻常优系列、甬优 8 号、南粳 46、嘉 33 和扬麦 14、扬麦 16 等稻、麦良种覆盖率 97% 以上,油菜优质品种覆盖率超过 98%;抓好新技术推广,"水稻机械化育秧插秧"、"水稻精确定量栽培"、"杂交粳稻机械化种植配套"、"水稻病虫草害生物防控与农药减量使用集成"、"稻麦油作物测土配方施肥"等先进适用技术的应用,不仅使全市粮油作物单产水平稳定提升,而且实现了化肥、农药减量使用,还彻底解决了"面朝黄土背朝天,弯腰曲背几千年"的水稻人工插秧状况。

三是开展高产增效创建活动。2009 年,全市建成水稻万亩示范区 13 个(示范面积 14.7 万亩,其中包含 3 个部级和 6 个省级万亩示范区),40 个千亩示范片(示范面积 5.2 万亩),88 个百亩示范方(示范面积 1.5 万亩),9 个部、省级水稻示范区平均亩产 700 公斤以上,太仓双凤、昆山淀山湖、张家港塘桥 3 个部级水稻示范区实收产量分别达到 736.3 公斤、726.2 公斤和 709.9 公斤,高出大面积平均产量 30% 以上。2010 年,建成 4 个小麦、2 个油菜和 15 个水稻万亩示范片,昆山市千灯镇万亩小麦示范片平均亩产达到 537 公斤,太仓双凤、昆山淀山湖和吴江同里 3 个万亩水稻示范片平均亩产分别达到 747.4 公斤、746.4 公斤和 722 公斤。2011 年,承担 24 个水稻、4 个小麦和 1 个油菜部省级万亩粮油高产增效创建项目,创建方水稻、小麦和油菜平均单产分别达到 706.3 公斤、541.3 公斤和 231.2 公斤,分别比大面积单产增 95.4 公斤、206.4 公斤和 66 公斤。

2. 提升百万亩特色水产

一是推进高效设施渔业发展。全市高效渔业面积累计达到 64.9 万亩,占水产养殖面积的 55.5%,大闸蟹、虾类、常规鱼、龟鳖、鳜鱼等产业产值分别达到 26、17、15、8、3 亿元;规划建设的 10 个现代渔业示范区中,7 个已基本建成,建设总面积达 5 万亩,其中相城区阳澄湖现代渔业产业园已完成投资 5.76 亿元,建成面积 15000 亩,被评为首批省级现代农业产业园;总结推广了健康养殖、微孔增氧、靶向微生物制剂应用、池塘尾水处理等养殖新技术,翘嘴红鲌、黄颡鱼、泥鳅、"太湖 1 号"青虾等新品种养殖取得重大突破,2010 年繁殖"太湖 1 号"青虾虾苗 4 亿尾,养殖面积推广到 5200 亩。

二是实施渔业标准化生产。全市累计建成农业部健康养殖示范场 23 家,涉及养殖面积 20 多万亩;建立了渔药、饲料产品准入制,签订渔药合法经营责任书,形成了以 1 家国家级原种场、3 家省级良种场和 7 家省级良种繁育场为龙头,46 家苗种生产场为基础的苗种生产体系;打造水产品名牌群体,创建省级以上名牌产品 13 个,市级名牌产品 17 个,阳澄湖大闸蟹列入原产地保护,"太湖牌"大闸蟹被评为中国名牌农产品。

三是加快生态健康渔业建设。网围整治工程顺利实施,全面完成太湖、阳澄湖网围的综合整治,网围养殖面积控制在规划标准内;休闲渔业建设成效明显,累计建成休闲渔业基地近 5 万亩,年接待游客能力达 500 万人次以上,年经营收入 4 亿元以上;循环水养殖有效推动,承担省池塘循环水养殖项目 5.14 万亩,通过采取营造湿地、水循坏净化、生物转化等措施,达到养殖用水循环利用或达标排放,实现池塘养殖生态效益、社会效益、经济效益的有机统一;渔业资源增殖稳步推进,每年在长江及内河(湖泊)水域实施渔业增殖放流,对恢复水产资源、改善水域生态环境起到重要作用。

四是强化渔业生产指导服务。一方面,加强鱼病门诊服务,建立了 1 家市级、5 家县级鱼病医院及 9 家分院,完成了 5 个鱼病实验室建设,并在全国率先开展了手机短信服务、水质在线监测和鱼病远程诊断,提高了门诊服务水平;另一方面,加强了水产品流通服务,建有水产品专业市场 29 个,年交易量 25 万吨以上,拥有省级渔业龙头企业 7 家、省级成长型骨干企业 6 家、市级渔业龙头企业 15 家及一批县级渔业龙头企业,组建水产合作经济组织 93 个,每年组织优质水产品推介活动,开拓国际国内市场,提升了阳澄湖、太湖大闸蟹等水产品的国内外认知度。

### 3. 发展百万亩高效园艺

一是以实施新一轮"菜篮子"工程为抓手,推进蔬菜产业发展。紧紧围绕率先基本实现农业现代化总目标,以推进新一轮"菜篮子"工程建设为抓手,以突出增产增效、保障供应、加强监管、稳定菜价为重点,大力推广高效先进实用技术,不断扩大设施蔬菜种植面积,切实强化措施落实与服务指导,全力提高蔬菜生产保供水平,全市蔬菜产业得到稳步快速发展,张家港锦丰、常阴沙,常熟董浜、梅李,太仓陆渡、城厢,昆山玉山、张浦,吴江同里,吴中东山、甪直,相城望亭等一大批优质特色规模蔬菜基地相继建成。目前,全市常年蔬菜地34万亩,其中设施蔬菜面积达到12.3万亩,占比超过37%;年均播种蔬菜150余万亩次,其中设施蔬菜面积36.6万亩次,占比达到24.4%;蔬菜年总产近245万吨,总产值近50亿元。

二是以开展园艺高效示范园(基地)建设为抓手,推进茶果产业发展。加强规模基地建设,市级财政连续三年对连片100亩以上的梨、枇杷等高效林果基地进行补贴,全市百亩以上规模连片基地近200个,2012年又新增百亩以上高效林果基地13个,并扩大对50亩以上高效林果基地进行补贴,张家港凤凰水蜜桃、昆山巴城葡萄、相城黄棣新巷果品等基地相继建成;加强园艺标准园建设,实施了凤凰佳园水蜜桃、巴城葡萄等2个部级、5个省级园艺作物标准园建设,2012年又启动了市级园艺作物标准园创建,确保了产品质量安全;开展园艺作物高效示范评选,全市26家果树生产单位参与,参评果树亩均效益均在8000元以上,其中猕猴桃亩均效益高达30000元,起到了很好的高效示范引领作用;加快品种结构调整,将柑桔、青梅等传统、低效果品调整为枇杷、桃、梨等时令高效果品,重点引进葡萄、水蜜桃、翠冠梨、猕猴桃、大樱桃等特色果树新品种400多个、推广200多个,果品结构更加合理。

三是以提升蚕种示范园区建设水平为抓手,推进精品蚕业发展。坚持"精品蚕业"发展思路,围绕"保生产安全、保质量安全"工作重点,切实加强蚕茧生产服务指导,着力实施科技创新,努力稳定生产大局,全力推进现代蚕种示范园区建设,引导蚕桑综合利用,取得了市级蚕种示范区顺利投产和蚕茧生产丰产增收的好成绩。2011年,全市果树、茶叶、花卉苗木总面积37万亩,总产值22.1亿元,亩均产值5973元,发放蚕种量13307张,总产茧

557.43 吨,蚕茧总产值 2246.15 万元,园艺业已成为农业增效、农民增收的高效产业。

4. 构建百万亩生态林地

一是深入开展造林绿化。以加强生态建设、维护生态安全、创建生态文明、促进经济社会可持续发展为中心,从 2003 年开始启动实施"绿色苏州"建设,共完成 250 余项市级生态绿化重点工程,到 2011 年,全市森林资源总量达到 183.25 万亩,陆地森林覆盖率上升至 25.03%,林木覆盖率上升到 17.57%,林业生态服务价值超过 104 亿元,营造了环、带、廊、片、园等多种形式有机融合的布局合理、物种多样、水绿相融、景观优美、具有苏州特色的现代森林生态系统。两湖(太湖、阳澄湖)一江(长江)生态加快修复,共建成环湖沿江生态防护林 5.4 万余亩,阳澄湖、太湖森林覆盖率分别提高到 42.61% 和 20.05%;道路绿网加快形成,沪宁、苏嘉杭、沿江、绕城高速公路以及沪宁城际铁路等绿色通道相继建成,全市高等级公路绿网达 812 公里、增绿 9.2 万亩;生态片林加快集聚,建成 32 个 500 亩以上大型生态片林,为城市增绿肺、添景观,为人们提供了休闲的好去处;村庄绿化加快覆盖,以保留村庄和新建农民集中居住区为重点,以"环村林带、农民公园、家前屋后绿化"为抓手,创建绿化示范村、合格村 2275 个,全市村庄绿化达标率超过 70%;河道绿化加快美化,完成盐铁塘、海洋泾、苏州河、斜塘河等 72 条绿色水廊示范段建设,带动各级河道绿化全面展开,给水乡赋予了新的灵气;城镇绿化加快美观,在抓好单位、居住区绿化达标建设的同时,加强了休闲小游园建设,丰富了城镇生态文化,提升了城乡居民生活质量。

二是切实加强资源保护。加强生态公益林保护,截至 2011 年,全市共有国家、省、市级公益林面积 32.62 万亩,建成常熟虞山、吴中东吴、吴中西山、虎丘上方山、高新大阳山等 5 家国家级森林及吴中东山、吴中香雪海、吴江肖甸湖等 3 家省级森林公园和吴中光福自然保护区,总面积达 24.66 万亩,并在全省率先实施生态公益林补偿机制;加强森林防火,不断增强综合防控能力,先后建成防火通道 156 公里、隔离围栏 207 公里、林茶果间作的防火隔离带 70 公里和苏州市、吴中区、高新区、常熟市、石湖景区五个森林防火远程监控指挥中心,森林防火无线电通讯网已基本覆盖全市山区,以水灭火覆盖率达 60%,连续多年无较大森林火灾发生;加强林业有害生物防治及古树名木保护,建立并完善了 2 个国家级测报点和 20 个市级有害生物监测点,建档的 1347 棵古树名木全部纳入管理范围;加强野生动植物保护,率先出台《苏州市禁止猎捕陆生野生动物条例》,每年开展爱鸟护鸟,保护野生动物、保护生物多样性的"爱鸟周"、"野生动物科普宣传周"活动,建成 1 个国家级、4 个省级、10 个市级、30 多个县级候鸟监测站(点)。

三是积极推进林业文化。依托"江南水乡、鱼米之乡"特色,发挥丰富山水资源优势,建设繁荣生态文化。吴中区旺山村荣获首批"全国生态文化村"称号;东吴国家森林公园等 2 家单位、荷塘月色湿地公园等 14 家单位分别被命名为省级、市级生态文明教育基地。依托植树节、"爱鸟周"等宣传平台,各类生态文化活动蓬勃开展,"绿化庭院、美化家园"、"双百"行动、"太湖万人植树"、"保护母亲河"、"湿地 1+1"等绿色公益活动不断掀起高潮,营造了良好的社会氛围。

### (二)"四个百万亩"阶段性成效

到 2011 年底,全市共落实"四个百万亩"总面积 415 万亩。

#### 1. 主导产业结构不断优化

全市立足资源禀赋和产业特色,坚持长远规划与短期目标统筹兼顾、政府引导与市场调节有机结合,不断调整优化"四个百万亩"主导产业结构。一是百万亩优质水稻。到 2011 年底,全市优质水稻种植面积 125 万亩,单产突破 610 公斤,达到历史最好水平。二是百万亩特色水产。2011 年全市水产养殖面积 114 万亩,阳澄湖、太湖大闸蟹、"太湖三白"、"长江三鲜"等地方品牌不断发展壮大。三是百万亩高效园艺。至 2011 年底,全市高效园艺面积达到 74 万亩,形成了碧螺春茶叶、枇杷杨梅、水蜜桃、葡萄等一批特色品牌。四是百万亩生态林地。截至 2011 年底,生态林地面积 102 万亩,陆地森林覆盖率达到 25.03%。

#### 2. 产业发展方式不断创新

全市以"四个百万亩"为载体,积极推进农业的"园区化、合作化、农场化"发展,不断优化资源配置,集聚资金、科技、人才等优势,加快农业现代化发展进程。到 2011 年底,全市 82.2% 的耕地实现规模经营,建成万亩规模以上现代农业园区 23 个,千亩以上 78 个,总面积超过 60 万亩,其中国家级、省级园区分别达到 4 家和 5 家。农业综合机械化水平接近 85%,高标准农田比重超过 55%,农业科技进步贡献率接近 65%。同时,加快农业"接二连三",功能不断向加工、物流、营销、生态休闲观光、服务合作组织等方面延伸,农业产业发展活力越来越强。

3. 服务体系建设不断加强

以落实"四个百万亩"产业布局为抓手,积极构建以政府公益性为主体的农技推广服务组织,全市共有市、县、乡三级农技推广机构 238 个,编制定员 3474 人,实际从业人数 3151 人,所有涉农乡镇(街道)均建立农业服务中心(农业技术推广站)和专业动物防疫站;积极构建以专业合作社为核心的互助式服务组织,支持以农技部门、村集体经济组织、种养能手等牵头,联结在一个或几个农业生产领域,将从事同一农产品的产、销农户组建成的专业的新型农业专业合作组织,在生产、流通、技术、信息、资金等方面提供互助服务;积极构建以农业龙头企业为重点的专业性服务组织,探索实施"公司+基地+农户+市场"的利益链接机制和产销经营模式,先后涌现出了诸如苏州"三万昌"、张家港"梁丰"、常熟"海明"、太仓"温氏"、昆山"玉叶"、吴江"众诚"等一大批为农户提供产前、产中、产后服务,带动农民共闯市场、共同致富的农业龙头企业;积极构建以社会服务组织为补充的综合性服务组织,先后培育一大批农资经营、种子种苗、施肥用药、农机作业、动物诊疗、产品营销等社会化服务机构,提供全面、专业、有偿的服务,提升了农业生产经营和科技服务水平。

4. 科技创新水平不断提升

坚持把科技创新作为推进"四个百万亩"产业发展的重要支撑,一是加大农业科技攻关力度,2010 ～ 2012 年全市申报并落实各类农业科技项目近 200 个,获得创新技术近百项,苏州农业药械有限公司等承担的"高效施药技术研究与示范"等 14 个项目成果分获省科技进步二、三等奖;市农科院等完成的科技攻关项目"万亩水稻亩产 650 公斤优质高效栽培技术集成与示范",在常熟古里、辛庄等镇建立了 8 万亩核心示范区,亩均产量超过 650 公斤,亩净增效益超过 124 元;市植保植检站攻克的水稻条纹叶枯病发病规律及防控技术成果,解决了大面积水稻生产受条纹叶枯病影响而导致产量不稳定的突出问题。二是强化新品种选育与引进,常熟市农科所选育了"晚粳不育系武运粳 7 号 A 和常优系列新品种,苏州市蔬菜研究所选育了四大类(叶菜类、瓜类、豆类、茄果类)8 个系列(青菜、南瓜、豇豆、萝卜、西瓜、甜瓜、番茄、茄果)30 多个蔬菜新品种,全市先后引进蔬菜优良品种 200 多个,引进推广的南美白对虾、罗氏沼虾等特种水产占比超过 60%,太湖鹅、太湖羊、太湖猪的种质资源进一步加强,白沙枇杷、水蜜桃、葡萄、碧螺春茶叶等一批优质特色品种深受市场欢迎。三是推广应用新技术、新模式,"蔬菜新品种穴盘育苗"、"设施蔬菜水喷滴管"、"瓜类、茄果类蔬菜嫁接栽培"、"池塘微管增氧"、"青虾繁育及设施高产"、"河蟹池塘鱼、虾、蟹混养"、"生猪生态发酵床养殖"、"生猪疫病综合防控"和"浮罩式沼气发生装置及其保温"等的推广应用极大提升了产出效益。

5. 发展体制机制不断完善

2010 年,苏州市委、市政府制订了《关于建立生态补偿机制的意见》,在全国率先建立生态补偿机制,对规模水稻田、生态公益林、水源地和重要生态湿地村进行财政补偿。2010 年 4 月,苏州市政府专门下发了《关于下达永久性保护 100 万亩水稻面积的通知》,对各地分解下达了永久性保护水稻面积 104.56 万亩的任务。2012 年 2 月,苏州市人大颁布实施了《苏州市湿地保护条例》,为湿地资源的保护利用提供了法律保障。同时,苏州市财政还设立专项资金用于现代农业园区和林地绿地建设以及湿地保护恢复,并在全省率先启动农业保险、农业担保机制,为"四个百万亩"有效推进提供有力支撑。

### 三、政策保障与机制创新

苏州市紧紧围绕全市现代农业的又好又快发展和率先基本实现农业现代化的目标任务,坚持改革创新,在政策保障与体制机制上进行了很多积极有益的探索与创新,助推了现代农业的健康可持续发展。

#### (一)建立耕地保护机制

"十二五"以来,苏州对耕地的保护,除了对数量的严格控制,还加强了对土地的整治和管理,有效落实了耕地总量的动态平衡,有效保护了基本农田,基本实现了耕地的"占补平衡"。

### 1. 保护力度不断增强

全市上下广泛开展了以"坚守耕地红线"为主题的宣传教育以及相关法律法规知识的宣传培训活动,营造了一个全社会节约集约用地、自觉保护耕地的良好氛围,"十分珍惜、合理利用土地和切实保护耕地"这一基本国策已经深入人心,基本农田是"红线"不能碰已成为广大干部群众的共识。建立健全全市违法用地预防体系,加大违法用地查处力度。

### 2. 保护措施日益完善

一是规划保护。市、县(区)两级都制定完善了现代农业发展规划,并与土地利用、城镇建设规划等做好衔接,确保现代农业建设区得到有效保护。二是政策保护。加强对沿太湖、阳澄淀泖等粮食高产区优质耕地的保护,强化了对各类新增建设用地的控制和引导。各类新增建设确需占用耕地的,建设单位必须补充数量相当、质量相当的耕地。严格执行耕地占补平衡政策,开展占用和补充耕地质量评定,加强补充耕地质量建设,确保不因建设占用造成耕地质量下降。三是制度保护。出台了耕地保护考核办法,明确市、县、乡三级政府的一把手为本行政区耕地保护第一责任人,层层签订目标责任书,落实相关责任。一方面,及时更新基本农田保护台帐,做到定面积、定位置、定地类、定质量、定保护标志、定保护责任人、定保护措施"七个定";另一方面,建立基本农田监测员制度,每个行政村不少于一个监测员;再者,设立基本农田质量监测点,全市达105个。通过采取以上措施,提高农田规范化管理水平。

### 3. 保护成效显著提升

推进集约节约用地,全市在提高新增建设用地投入产出率、提高用地成本、完善征地程序等方面进行了积极有益的探索,取得了较大成效,2008 新增建设用地新增 GDP 达到 120.6 万元/亩,新增建设用地全社会固定资产投资额达到 367.7 万元/亩,均比前几年有较大幅度提高。推进土地复垦整理,积极开展土地整理复垦、万顷粮田建设,全市共实施各类土地整理项目近 1000 个,投入资金近 14 亿元,整理土地面积近 90 万亩,新增耕地近 20

万亩,很好地起到了开源节流、增加有效耕地面积、落实"占补平衡"、提高基本农田质量的作用。推进土地盘活利用成效显著,遵循"建设用地总量不增加、农用地(耕地)总量不减少"原则,建立了65个城乡建设用地增减挂钩试点项目区,已经省验收确认拆旧区复垦新增耕地5266亩,新建区已批准使用挂钩指标5328亩,既恢复使用了大量农用地(耕地),又解决了一大批经济社会发展重大项目必需的建设用地,促进了地方经济发展。

### (二)健全生态补偿机制

为贯彻落实科学发展观,加大生态环境保护,强化生态文明建设,统筹区域协调发展,探索有效保护生态环境的可行途径,苏州市委、市政府于2010年7月12日颁布实施了《关于建立生态补偿机制的意见(试行)》。《意见》明确,生态补偿是政府通过财政转移支付,对因保护和恢复生态环境及其功能,经济发展受到限制的地区给予的经济补偿。建立生态补偿机制坚持统筹区域协调发展原则,即以直接承担生态保护责任的乡镇政府、村委会、农户为补偿对象,增强其保护生态环境、发展社会公益事业的能力,保障生态保护地区公平发展;坚持责、权、利相统一原则,即谁保护、谁受偿,谁受益、谁补偿,谁污染、准治理;坚持突出重点、分步推进原则,即从苏州实际出发,因地制宜选择生态补偿方式,突出以基本农田、水源地和重要生态湿地、生态公益林为生态补偿重点,逐步加大补偿力度,完善补偿机制;坚持政府主导与市场调控相结合原则,一方面,通过财政转移支付,加大财政对生态保护的投入;另一方面,合理利用生态资源,探索多渠道、多形式的生态补偿方式,拓宽生态环境保护补偿市场化、社会化运作的路子。《意见》提出,各地加强对基本农田保护,建立耕地保护专项资金,根据耕地面积,每年按不低于每亩400元的标准予以补偿,对水稻主产区连片1000~10000亩的水稻田按200元/亩予以生态补偿,连片10000亩以上的水稻田按400元/亩予以生态补偿;加强对水源地的保护,对县级以上集中式饮用水水源地保护区范围内的村按每村每年100万元予以生态补偿;加强对重要生态湿地的保护,对太湖、阳澄湖及各市、区确定的其它重点湖泊的水面所在的村按每村每年50万元予以生态补偿;加强对生态公益林保护,对列为县级以上生态公益林的每亩每年按100元予以生态补偿;同时对水源地、重要生态湿地、生态公益林所在地的农民人均纯收入低于当地平均水平的由各市、区再给予适当补偿。各区生态补偿资金由市、区两级财政共同承担,其中水稻主产区,水源地及太湖、阳澄湖水面所在的村,市级以上生态公益林的生态补偿资金,由市、区两级财政各承担50%,其他生态补偿资金由各区承担;各县级市生态补偿资金由各县级市承担,市级财政对各县级市生态补偿工作进行考核并适当奖励。补偿机制建立两年多来,市及各市、区严格按照《意见》要求,精心组织,认真实施,生态补偿工作开展顺利,不仅有效地推动了"四个百万亩"特别是百万亩优质水稻的落实,还极大地提升了社会各界参与生态环境保护的积极性与主动性。

**(三)构建农民培训机制**

近年来,全市各地紧扣率先基本实现农业现代化总目标,加大了现代新型职业农民培训力度,年开展各级各类农业技术培训1300余期,培训农民11万余人次,2011年底,全市持证农民占农业劳动力比重达到11.09%。

1. 加强组织领导,促进培训工作有序开展

苏州市委、市政府早在2003年就出台了《关于加快实施现代农民教育工程的意见》,2004年成立了"苏州市现代农民教育工作领导小组",2010年出台了《关于加快实现城乡教育一体化、现代化的意见》,明确了"以县为主,城乡一体"的教育管理体制。以县(市、区)职业、成人学校为龙头,乡镇成人教育中心校为主体,村、企业农民(职工)文化技术学校为基础的农民教育载体建设得到空前加强。同时,加大了农民教育培训投入力度,每年投入的市级以上财政专项资金达到1.2亿元左右,保证了工作的有序有效开展。

2. 把握培训重点,确保受训农民教育效果

全市各地根据基层农业生产和地方主导产业发展需求,注意尊重农民的培训意愿,积极组织有关农技推广人员编印新型农民科技培训实用技术教材和"三新"技术培训资料,有针对性的开展各项实用技术培训,力求做到培训一个项目,形成一项产业,占领一方市场,带动一方经济,致富一方群众。如吴江市同里镇、吴中区东山镇分别以发展水稻和蔬菜、果茶产业为主,两地农业部门围绕水稻高产优质和蔬菜、果茶产业发展进行培训,收到很好效果。

### 3. 开展科技入户,推动技术农户直接对接

一是以农业科技入户项目为平台,组织科技指导员分片包干落实到村、到户、到人,每人负责 20-30 个农户的技术指导;二是利用农业部配备的"科技入户直通车"作为流动培训场所,每月开展农业科技培训;三是抓实习基地建设,全市建立了几十个教学实习基地,以"手把手、面对面、零距离"的田间(塘头)指导为手段,组织农户进行实践活动,做到学用结合,提高了培训的实效性。

### 4. 实施项目带动,推进农业科技教育培训

一方面,在实施"新品种技术推广"、"水稻高产增效创建"、"农业综合开发"、"测土配方施肥"、"蔬菜标准化示范"、"水产现代园区建设"等重大项目上,都把对农民科技教育培训作为一项基本内容,融入项目实施的过程之中。另一方面,依靠培训网络和推广体系,与种养农户进行沟通和联系,开展各项技术培训,提高农民掌握生产环节全过程的生产技能,保证了项目的实施质量,深受广大农户好评。

### (四)完善投入保障机制

#### 1. 强化财政投入

近年来,苏州市级财政将建立完善现代农业保障体系放在十分重要的位置,逐年增加对农业基础设施投入力度、对农业龙头企业和农业专业合作组织扶持力度和对农业科技、农业技术推广、农产品质量安全以及农业服务体系建设等支持力度,为全市现代农业又好又快发展提供了强有力支撑。2012 年,市级财政安排 5000 万元用于现代农业园区建设、450 万元用于农业产业化发展、450 万元用于农业专业合作组织建设、4000 万元用于农村绿化、3000 万元用于农产品质量安全体系建设、1450 万元用于农业科技创新,另外在森林防火、农机补贴、优质资源品种和农耕文化挖掘保护等方面还有不少财政投入。

#### 1. 强化政策支持

在积极落实国家粮食直补、农资增支综合补贴、良种补贴、农机购置补贴等惠农政策的同时,从 2005 年开始,苏州市出台实施了市、县稻麦良种购种补贴政策,市、县两级财政每亩水稻补 10 元,每亩小麦补 15 ～ 20 元;

2008 年,苏州市制定下发了《水稻价外补贴政策意见》,开始实施稻谷收购价外补贴,对水稻规模经营者按照每 50 公斤 6 元提高到 2012 年 10 元的标准给予直接补贴。同时,各地还不断加大对规模经营的扶持力度,张家港市从 2006 年开始,市、镇两级财政对流转土地的农户按每年每亩 300 元给予补贴,一定 10 年不变,标准逐年增加;昆山市的补贴标准达到每亩 400 元,其他市区也都出台了相关的扶持政策。

2. 创新金融体系

一是在全省率先成立农业担保公司。2007 年,在全省首家由政府全额出资 2 亿元成立苏州市农业担保公司,实行市场化运作。服务对象主要为农村合作经济组织、农业龙头企业、农业三资企业和各类农业生产、加工、贸易、物流、科研、农业基础建设、现代农业设施建设以及农户创业,对其提供融资或贷款担保。到 2011 年,全市累计担保贷款达到 96 亿元

二是在全省率先推出农业政策保险。2006 年在全省首家推出"委托代办"的政策性农业保险,到 2011 年,初步形成了能繁母猪、水稻、三麦、油菜、生猪、养鸡、养鸭、养鹅、林木、蚕桑等 24 个农业保险体系,全市累计承保风险达到 103 亿元。2012 年,苏州市进一步提升农业保险保障能力,政策性农业保险水稻、小麦和油菜的保险金额每亩提高 100 元,保险保障金额分别达到 600 元、500 元和 500 元,在不增加参保农民保费负担的前提下,参保农民的保障水平提高了 20% 以上;调整了能繁母猪、奶牛和育肥猪的保险保费补贴比例,农民负担由原来的 40% 下调为 30%;加大高效农业保险奖励力度,对县级市高效农业保险保费占总保费 20% 以上和 40% 以上时,苏州市级财政给予 10 万元、20 万元的一次性奖励,对市辖区开设的高效农业保险险种,苏州市财政给予 20% 的保费补贴;鼓励开设新险种,对各地根据农业生产实际新开办的地方农业保险险种,苏州市级财政给予 10 万元的一次性奖励。

三是创新农村金融体系。到 2011 年,全市建立农村小额贷款公司 61 家,累计发放贷款达到 213 亿元。同时,注重市场运作,苏州和太仓、张家港、吴中等都成立了现代农业投资公司,开展投融资等创新服务。

**(五)建立健全政策支撑体系**

按照城乡统筹发展要求和率先基本实现农业现代化工作目标,苏州市

委、市政府于 2011 年前后相继出台了《"十二五"现代农业发展规划》、《关于进一步加快推进现代农业园区建设发展的意见》、《关于率先基本实现农业现代化的实施意见》、《关于推进新一轮"菜篮子"工程建设的实施意见》等一系列政策文件,为加快推进全市现代农业发展、促进农业增效和农民增收,确保到"十二五"末在全省乃至全国率先基本实现农业现代化提供了强有力的政策支撑。

1. 构建了苏州特色的现代农业发展框架

坚持因地制宜,大胆实践,积极探索沿海经济发达地区现代农业发展路子。如,《"十二五"现代农业发展规划》明确,要在工业化、城镇化深入发展中同步推进农业现代化,把加快发展现代农业作为城乡一体化建设的优先领域、富民强村的重要途径和优化生态的战略举措,进一步强化农业生态、生产、生活、生物"四生"功能定位,突出发展科技农业、培养职业农民、建设生态农村,着力在生产方式转变、科技创新支撑、生态绿化建设、农业设施装备、产业融合发展、体制机制创新等方面取得更大突破,率先走出一条符合时代特征、具有苏州特色的基本实现农业现代化之路现代农业;《关于进一步加快推进现代农业园区建设发展的意见》明确,发展现代农业园区是苏州推进"三化"同步协调发展的成功实践和战略选择,要按照"政府主导、农民参与、市场运作、产业兴园"要求,以富民优先为导向,以科学规划为引领,以机制创新为关键,以产业升级为保障,进一步集聚优势资源,优化要素配置,拓展发展空间,促进一二三产业融合发展,全面提升现代农业园区可持续发展能力和水平;《关于率先基本实现农业现代化的实施意见》明确,要坚持富民优先、生态发展、科技创新、节约集约原则,围绕农业现代化体系的率先建立,进一步强化农业生态、生产、生活、生物"四生"功能定位,着力发展科技农业、培养职业农民、建设生态农村,加快构建以"生产发达、生态优美、生物集聚、产业融合、营销现代"为主要标志的现代农业发展体系;《关于推进新一轮"菜篮子"工程建设的实施意见》明确,要以加强农业基地建设、提升农业综合生产能力为基础,以完善流通保障体系建设、提高市场对接能力为依托,以强化生产和市场监管、保障农产品质量安全为关键,坚持市场调节和政府调控有机结合、能力建设和机制创新有机统一、维护农民利益与保障居民需求有机协调,重点抓好蔬菜、猪肉、禽蛋、奶类、水产等产品生产。这些都为苏州现代农业的更好更快发展指明了方向。

2. 构建了科学合理的现代农业工作框架

按照建设苏州特色现代农业发展要求,科学确定现代农业工作重点。如,《"十二五"现代农业发展规划》明确,"十二五"期间,进一步落实"四个百万亩"空间布局,优化结构,构建科学的产业布局体系;深入推进绿色苏州建设,积极推行环境友好型生产,大力发展生态休闲旅游产业,构建优美的生态环境体系;用现代科学技术改造农业,用现代知识武装农民,全面提升农业的科技化、信息化水平,构建现代的科技支撑体系;加快农业基础设施改造提升,大力发展适用型、可控型、环保型、科技型农业设施装备,构建完备的基础设施体系;坚持安全生产、质量检测、执法监督多管齐下,构建安全的产品质量体系;强化农业"接二连三",大力发展农业加工业和农产品现代营销,构建健全的市场营销体系;以为农民提供产前、产中、产后和生产、加工、营销等全方位生产经营服务为根本,构建高效的社会服务体系;以切实转变农业发展方式、促进农业产业转型升级为目的,构建完善的机制创新体系,围绕这"八大"体系的构建,重点实施新一轮"菜篮子"建设发展、优质粮油高产创建、现代农业园区建设、高标准农田建设改造、农业农村环境改善、优势种质资源开发、生物技术引进推广、农产品质量安全、农业产业化提升、农业机械化推进、社会化服务体系建设、职业农民培育等"十二大"工程;《关于进一步加快推进现代农业园区建设发展的意见》明确,苏州现代农业园区发展应坚持政府主导、彰显特色、保障农民利益、节约集约开发、注重效益原则,进一步强化规划引领、机制创新、连片开发、基础建设、科技兴园、产业融合和社会化服务等方面工作;《关于率先基本实现农业现代化的实施意见》明确,率先基本实现农业现代化要坚持富民优先、生态发展、科技创新、节约集约原则,大力实施"米袋子菜篮子"建设、生态环境改善提升、农业基础装备建设改造、农业产业园区建设拓展、农业科技创新、农产品质量安全、农产品现代营销、社会化服务体系改善、农业信息化推进和职业农民培育等"十大"工程。《关于推进新一轮"菜篮子"工程建设的实施意见》明确,推进新一轮"菜篮子"工程建设,要强化统筹规划布局、强化蔬菜基地建设、强化畜禽(水产)基地建设、强化流通市场建设、完善质量安全体系、完善应急调控体系、完善价格信息体系。

3. 构建了切实可行的现代农业目标框架

《"十二五"现代农业发展规划》明确,苏州现代农业坚持富民优先、生态发展、节约集约、科技创新和统筹兼顾原则,着力提升农业产业规模化、设施标准化、生态永续化、科技集约化、营销现代化、服务社会化、农民职业化水平,到"十二五"期末,在全省乃至全国率先基本实现农业现代化;《关于进一步加快推进现代农业园区建设发展的意见》明确,到"十二五"期末,全市现代农业园区建成面积达到130万亩以上,园区内高标准农田、农业规模经营、农业机械化、农产品质量安全、农业信息服务、现代流通业态实现全覆盖,农业科技贡献率达到80%以上,每个园区拥有高新科技农产品1个以上,职业农民比重达到60%以上,亩均效益达到8000元以上;《关于率先基本实现农业现代化的实施意见》明确,到"十二五"期末,全市农林牧副渔增加值达到206.6亿元,高标准农田占比达到75%,农业适度规模经营比重达到80%以上,陆地森林覆盖率达到27%,农业综合机械化水平达到85%,农业科技进步贡献率达到70%,农民人均纯收入超过25000元,在全省率先基本实现农业现代化;《关于推进新一轮"菜篮子"工程建设的实施意见》明确,到"十二五"期末,全市蔬菜总产量增加到260万吨以上,自给水平达到45%,生猪年出栏量增加到150万头,自给水平达到30%以上,家禽、蛋、奶类的生产总量保持稳定,自给率保持在30%左右,水产品在产需基本平衡基础上不断调优品种结构和均衡上市。

4. 构建了坚强有力的现代农业保障框架

围绕苏州特色健康可持续发展要求和率先基本实现农业现代化工作目标,从组织领导、财政投入、监督考核等方面明确了具体的保障措施。如,按照《"十二五"现代农业发展规划》要求,成立了现代农业领导小组,组建了专门的工作班子,相关部门各司其职,协调配合,在思路、政策、资金等方面给予全面支持,形成合力;发挥政府引导、行政推动作用,在发展生态农业、科技农业、品牌农业、农业基础设施、农产品流通市场、农业服务体系等方面实行政策倾斜,出台保护政策意见,制定相关的配套政策;贯彻中央提出的

"三个重点、三个确保"要求,加大惠农强农支持力度,确保用于农业农村的总量、增量均有提高,加大以生态补偿为主的政策补贴落实力度,促进粮食生产、生态发展和高效农业之间统筹协调;市、市(区)建立财政专项资金,明确资金使用内容,优化投资结构;进一步创新农业投入机制,更多地吸引外资、民资和工商资本投入农业,发展农业;及时了解掌握现代农业发展情况,树立先进典型,加强宣传与推广,促进互相交流,互助合作。《关于进一步加快推进现代农业园区建设发展的意见》《关于率先基本实现农业现代化的实施意见》和《关于推进新一轮"菜篮子"工程建设的意见》等政策文件也都从加强组织领导、加大投入力度、强化政策落实、实施督查考核、注重依法管理等方面明确了相应的落实保障措施,这些保障措施的提出,为苏州农业现代化的加快推进和经济社会的健康持续发展提供了坚强支撑。

# 四业并举：促进农民持续增收

苏州市在城乡一体化发展综合配套改革试点过程中,始终把实现好、维护好、发展好最广大人民群众的根本利益作为出发点和落脚点,坚持富民优先,通过产业富民、创业富民、就业富民、财产投资富民、社会保障富民、强村富民、政策转移富民等多个途径,千方百计促进农民持续快速增收。

## 一、农民增收进入新阶段

苏州市在推进城乡一体化改革发展中,切实增加农民收入,大力推进就业、创业、产业、物业的"四业富民"机制,积极提升保障和改善民生的水平,特别是创造性地把发展农村股份合作经济作为苏州城乡一体化改革发展的重要内容,通过股份化形式使发达的集体经济发展与致富农民真正挂起钩来,促进农村资源资产化、资产资本化、资本股份化,实现了"村村有物业、家家有资本、户户成股东、年年有分红",农村新型合作经济已经成为农民增收的重要途径。2011 年,苏州农民人均纯收入水平达到了 17226 元,连续 9 年实现了两位数增长,城乡居民收入之比为 1.93∶1,成为全国城乡居民收入差距最小的地区之一。

### (一)提速

2009 年以来,苏州抓住城乡一体化发展综合配套改革试点的历史机遇,坚持率先发展、科学发展、和谐发展,以率先基本形成城乡经济社会一体化发展新格局带动农民生活水平显著提高,农民收入由前几年总体保持 10%多一点的稳步增长转入了提速增长。2009 ~ 2011 期间,苏州农民收入从

11785 元增长到 17226 元,增加 5441 元,增长 46.2%,年均增幅达 13.5%。这三年,是苏州农民收入增量自改革开放以来最高的三年,也是苏州新世纪年均增幅最高的三年。2011 年,苏州农民收入增幅达了 17.5%,是 1996 年高通胀时代结束后增幅最高的一年。

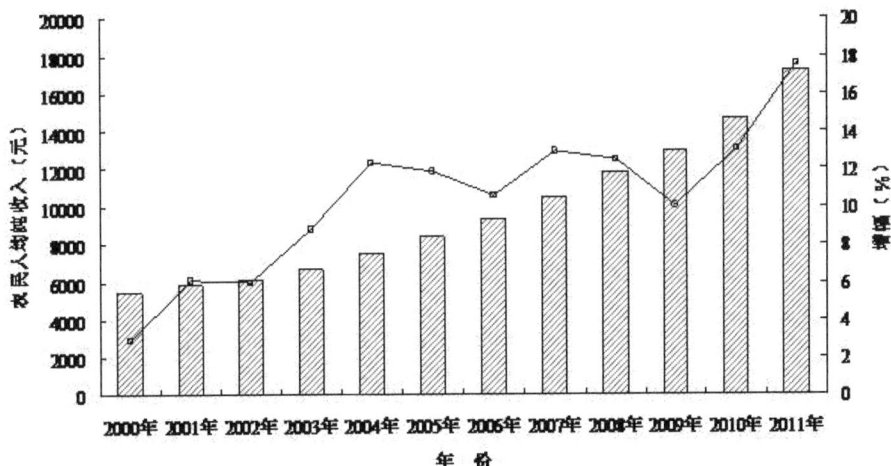

图 1 2000～2011 年苏州市农民收入及增幅

### (二)差距缩小

苏州市委、市政府从统筹城乡发展构建和谐社会的全局出发,引领苏州成为全国城乡差距最小的地区。2007 年以来,在全国、江苏省城乡居民收入差距有所扩大的同时,苏州城乡居民收入差距始终保持在 2.0 : 1 状态。2011 年,苏州农村居民纯收入增幅超过城市居民可支配收入,城乡收入降低到 1.93 : 1,远低于全国 3.13 : 1、江苏省 2.44 : 1 的平均水平,这也是苏州城乡一体化大力推进的成果体现。苏州在工业化、国际化和城镇化进程中,经济增长和人均收入都提高了几十倍,但并没有出现库兹涅茨所预言的倒"U"型差异。

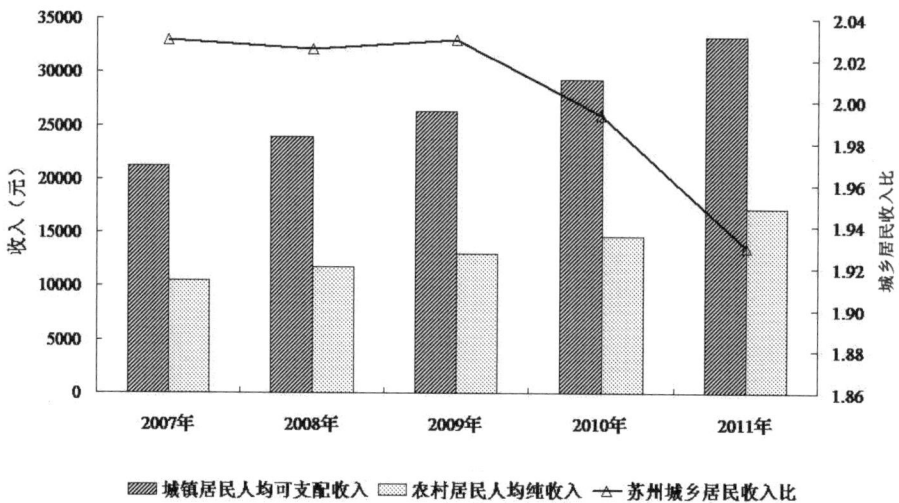

图2 2007～2011年苏州市城乡居民收入比

## (三)结构优化

苏州探索实践城乡一体化发展综合配套改革试点工作以来,在促进农民增收工作方面,重点建立、健全和完善了六项机制,即:村级集体经济发展利益的共享机制;现代农业建设的合作机制;城乡统一的就业机制;农民合作创业机制;城市支持农村的反哺机制;农村社会保障机制。这六大机制,有力地促进了农民在家庭经营性收入、工资性收入、财产投资性收入和政策转移性收入四个方面获得数量全面增长、比例结构逐步优化。

表1 苏州市农民人均纯收入构成情况(农经系统资料)

| 年度 | 家庭经营性纯收入 | | 其中第一产业 | | 工资性纯收入 | | 财产投资性纯收入 | | 政策转移性纯收入 | |
|---|---|---|---|---|---|---|---|---|---|---|
| | 所占比重(%) | 比上年增长(%) | 所占比重(%) | 比上年增长(%) | 所占比重(%) | 比上年增长(%) | 所占比重(%) | 比上年增长(%) | 所占比重(%) | 比上年增长(%) |
| 2007 | 18.91 | 10.82 | 12.90 | 6.04 | 44.96 | 12.46 | 28.26 | 13.24 | 7.81 | 13.45 |
| 2008 | 17.41 | 3.32 | 11.62 | 1.33 | 44.36 | 11.04 | 30.49 | 21.45 | 7.73 | 11.37 |
| 2009 | 16.16 | 2.24 | 10.87 | 3.07 | 42.48 | 5.49 | 33.20 | 19.94 | 8.15 | 16.25 |
| 2010 | 14.76 | 3.05 | 9.96 | 3.40 | 42.01 | 11.62 | 35.11 | 19.34 | 8.12 | 12.37 |
| 2011 | 13.44 | 7.03 | 9.07 | 6.99 | 40.13 | 12.26 | 37.62 | 25.92 | 8.81 | 27.56 |

2011 年苏州农民人均纯收入 17226 元构成中,家庭经营性纯收入 2315 元,占 13.44%;工资性纯收入 6913 元,占 40.13%;财产投资性收入 6480 元,占 37.62%;政策转移性收入 1518 元,占 8.81%,分别比 2010 年增长了 7.03%、12.26%、25.92% 和 27.56%。财产投资性纯收入,占农民收入的比重较大、增速较快、增量最大,占到了 2011 年全年农民人均收入增长总量的 51.93%,成为苏州农民收入增长最为关键的因素。财产投资性收入中,农民来自自主创业、房产物业出租、对外投资等方面的收入比 2010 年增长了 29.28%,来自银行存款利息等方面的收入比 2010 年增长了 10.71%,来自"三大合作"经济组织收益分配 50.68 亿元(包括福利分配),比 2010 年增长了 27.5%。依此发展态势,预计到"十二五"末,苏州农民人均纯收入中分别来自于家庭经营性、工资性、财产投资性和政策转移性的人均纯收入比例结构将接近 1∶4∶4∶1,并保持相对稳定的比例关系。

**(四)长效机制形成**

短短几年的城乡一体化综合配套改革试点实践探索中,苏州建立完善了促进农民持续增收三大长效机制。

1. 农民收入多渠的增收机制

苏州各地积极创新农民增收长效机制,大胆探索有效途径,总结推广了许多好的经验和做法。苏州农民收入总体上形成以家庭经营性收入为基本保障、工资性收入为支柱、财产投资性收入为亮点、政策转移性收入为补充的多元化构架,建立了增收的长效机制。

2. 城乡一体的就业创业机制

促进农村劳动力转移和非农充分就业和创业,是苏州农民增收的重点。全市上下通过建立就业信息平台,完善人才市场体系,着力构建城乡一体化的人力资源市场,形成信息互通、功能互补、竞争有序的大市场新格局,想方设法提高农民非农就业和创业比重。构建政府扶助、多元办学、面向市场的农村劳动力培训机制。加强培训,针对不同年龄层次、文化结构和从业特点,开展针对性和实用性强的技能培训提高劳动者素质,提升农村劳动力的素质和竞争力。加强政策帮扶,鼓励农民自主创业,建立创业扶持资金、孵化基地,对农村零就业家庭、低保家庭登记失业人员及残疾人创业,开设"绿色通道",落实优惠政策。

### 3. 城乡一体的社会保障机制

健全了农村基本养老保险、被征地农民养老保险、农村基本医疗保险、农村最低生活保险、农村特困人群救助等农村社会保障体系,加快实现城乡社会保障制度并轨,完善大病医疗保险制度,进一步提高筹资标准和报销比例,提高群众受益水平。2011年,苏州农村最低生活保障水平与城市实现了全面并轨,农村医疗保险、农民养老保险与城市并轨步伐进一步加快,农村最低工资标准的大幅提高,为苏州农民增收发挥了显著的效应。

### (五)倍增计划

收入倍增是我省经济社会发展的新要求,民生发展的新目标。国内外经验显示,虽然市场化和工业化对农民增收具有促进作用,但市场化过程容易造成农民和农业的边缘化,工业化在缩小城乡收入差距方面效应缓慢。苏州在城乡一体化推动下实现的收入倍增计划是更加注重城乡统筹发展、协调共进的倍增计划,是城乡居民收入增长"机会均等"、"机制趋同"的倍增计划。

### 1. 收入倍增计划的提出

2011年6月底,江苏省委、省政府出台《关于实施居民收入倍增计划的意见》,提出全省到2017年实现居民收入倍增。苏州作为全国农民人均纯收入最高、城乡收入差距最小的地区之一,经济社会发展水平位居江苏、全国前列,从苏州实际和老百姓的企盼出发,苏州市委提出城乡居民收入以2009年为基数6年内实现倍增的目标,即到2015年城镇居民人均收入超过5万元,农民人均纯收入超过2.5万元;争取达到城乡居民人均收入5.3万元,农民人均收入超过2.8万元。

### 2. 农民收入倍增计划的内容

苏州农民收入倍增计划,立足惠民富民、转变农村经济发展方式,深入贯彻落实"多予"、"少取"、"放活"的方针,实施民生优先、城乡一体、可持续发展的战略,解放思想、更新理念,深化改革、创新机制,强化政策扶持,拓展增收空间,促进苏州农民收入在较高水平基础上实现更快速度的持续增长,着力缩小苏州地区之间、城乡之间、行业产业之间、农民个体之间的收入差距。

3. 农民收入倍增计划的重点措施

一是建立低收入农户快速增收机制。按照"多予、少取、放活"和"政府主导、全面覆盖、分类施策、讲求实效"的原则,着力突破低收入农户增收的难点,促进苏州低收入农户在"十二五"期间家庭人均纯收入水平的增长速度每年高于全市平均水平 3～5 个百分点。二是加快农民转市民步伐实现共同致富。抓住城乡一体化改革发展的好机遇,创新体制机制,推动农村"三集中"、"三置换"在全市面上普遍展开,加快土地股份合作制改革,加快推进农业规模经营,加快农民转为新市民的步伐,至"十二五"末,全市直接从事农业生产的劳动力在 10 万人左右,在"十一五"期末基础上再减少 15 万人。使更多的农民放手土地,实现居住地转移和身份转变,率先实现"让更少的农民经营更多的土地,获得更高的收入,过上更幸福的生活"。三是率先基本实现农业现代化促进农民增收。以实施合作化组织方式、农场化经营管理和园区化规划建设,推动农业在组织方式、形态布局、经营方式、综合效益等方面取得重大突破。至"十二五"期末,全市万亩以上现代农业园区力争突破 40 个,经营的土地面积扩大到 130 万～150 万亩,高效农业种养面积的比重达 90% 以上,其中亩均效益超 5000 元的高效农业比例达到 60% 以上。四是完善农民工资性收入增长机制促进增收。充分发挥好行政与市场两方面的作用,把扩大就业和建立合理的工薪增长机制,作为农民收入增长的重要渠道,通过提高劳动力的技能和创业能力、鼓励农民创业、促进农民充分就业、发展劳务合作组织、推进职工工资集体协商机制、促进职工报酬水平信息公开、实现最低工资制度农村全覆盖等有力举措,切实保障广大农村"打工"人员的劳动报酬,切实提高多数农民家庭的实际收入水平,扩大中等收入群体。五是促进农民财产投资性收入保持快速增长。深化农村集体资产产权改革,支持农民发展房东经济,发展富民合作社,落实新型合作经济的优惠政策,推进村级组织"政社分离",鼓励村级集体经济联合发展,提升以"三大合作"为主的农村新型合作经济发展水平。六是加快推进城乡社会保障全面并轨,建立自然增长机制。在建立健全农村基本养老保障、被征地农民养老保险、农村基本医疗保障、农村最低生活保障、农村特困人群救助、农业保险等农村社会保障体系的基础上,2011 年城乡低保并轨,到 2012

年城乡养老保险和城乡医疗保险并轨,到 2015 年实现城乡保障"五险"并轨,并建立自然增长机制,着力提高保障水平,实现城乡社会保障一体化、同水平、全覆盖。大幅度提高老年农民养老标准,建立健全老年农民养老补贴与农民收入同步增长的机制,逐步提高老年农民的收入水平。

### 二、就业促增收

苏州在推进城乡一体化发展中,以把苏州打造成"就业和社会保障城乡一体化发展的先导地区"为目标,坚持就业是民生之本的理念,认真贯彻劳动者自主就业、市场调节就业、政府促进就业和鼓励创业的方针,推行更加积极的就业政策,千方百计创造充分的就业机会,努力营造公平的就业环境,着力提高劳动者的就业能力,不断优化城乡劳动力就业结构,拓宽就业创业渠道。在 2006 年被列为全国统筹城乡就业的试点地区并取得试点经验的基础上,积极探索就业城乡一体化发展的新路径,建立完善城乡一体化就业制度,把城乡劳动力资源开发利用、扩大城乡就业和降低失业率、农民就业创业、促进农村劳动力向非农产业和城镇转移就业等纳入统一的就业规划和管理,实现城乡劳动者就业政策统一、就业服务共享、就业机会公平和就业条件平等。2009 ～ 2011 年,苏州实际每年免费培训城乡劳动者 50 万人左右,全市共新增就业人数 44.8 万人。至 2011 年底,全市登记失业的农村新成长劳动力和被征地农民就业率达 94.03%;全市农村劳动力就地就近向城镇转移就业累计 152.9 万人;全市社会登记失业率为 3.52%,城镇登记失业率 2.72%;全市农村劳动力非农就业比例从 2002 年的 71.32%,提高至 2011 年的 91.5%。苏州市因此被评为"全国就业先进工作单位"。

#### (一)城乡一体化就业制度

1. 城乡统一的失业率统计

苏州将农村就业纳入整个社会就业体系,建立健全了城乡劳动力资源调查制度和就业、失业的界定标准体系,完善了城乡一体的就业和失业管理制度,规范了就业和失业登记管理,对劳动年龄内有就业愿望和就业能力的城乡劳动力发放统一的《就业失业登记证》,保障符合条件的城乡劳动者享受免费就业服务和就业扶持政策。2009 年 11 月,苏州市政府出台了《苏州市社会登记失业率统计工作试行意见》,从 12 月 1 日开始实施,苏州社会登记失业率的统计范围为本市户籍的城乡所有劳动力。 凡在劳动年龄内、有劳动能力、有就业愿望的城乡劳动力,均可按规定进行就业和失业登记。在法定劳动年龄内、有工作能力、无业且要求就业而未能就业的人员均登记为失业人员。与此相配套,苏州市组织开展了大规模、地毯式的农村劳动力资源调查,实行城乡劳动力资源信息并库,为实现城乡劳动者就业政策统一、就业服务共享、就业机会公平和就业条件平打下基础。

2. 城乡统一的就业政策规定

近年来,苏州市按照《就业促进法》要求,强化政府促进就业责任,把扩大城乡劳动力就业放在经济社会发展的突出位置,实施积极的就业政策,坚持劳动者自主择业、市场调节就业、政府促进就业的方针,多渠道扩大就业。乡镇级以上人民政府都把扩大城乡就业作为重要职责,作为经济和社会发展的重要目标,纳入国民经济和社会发展规划,并制定促进就业的中长期规划和年度工作计划;统筹协调产业政策与就业政策,通过发展经济和调整产业结构、规范人力资源市场、完善就业服务、加强职业教育和培训、提供就业援助等措施,创造就业条件,扩大就业;鼓励各类企业在法律、法规规定的范围内,通过兴办产业或者拓展经营,增加就业岗位;鼓励发展劳动密集型产业、服务业,扶持中小企业,多渠道、多方式增加就业岗位;鼓励、支持、引导非公有制经济发展,扩大就业,增加就业岗位;各级人民政府在安排政府投资和确定重大建设项目时,优先考虑安排就业计划,发挥投资和重大建设项目带动就业的作用,增加就业岗位;各级人民政府根据本地财政状况和就业工作目标,在财政预算中安排就业专项资金用于促进就业工作,实行有利于促进就业的财政政策,加大资金投入,改善就业环境,扩大就业。为深入推进城乡就业统筹,实行城乡一体化就业制度,苏州市于 2009 年 4 月由苏州市政府制定发布并实施了《苏州市城乡一体化发展综合配套改革就业和社会保障实施意见》,实行城乡统一的普惠城乡居民的就业促进政策。即对劳动年龄内有就业愿望和就业能力的农村劳动力,发放统一的《就业登记证》;对农村就业困难对象,发放《再就业优惠证》,鼓励用人单位吸纳农村就业困难人员就业,对商贸企业、服务型企业(国家限制的行业除外)和其他各类用人单位,招用持有《再就业优惠证》的农村就业困难人员的,给予享受社保补贴;对商贸企业、服务型企业(国家限制的行业除外)招用持有《再就业优惠证》的农村就业困难人员的和因失地农民由农保转为城保的人员给予享受税收优惠等就业扶持政策;对持有《就业登记证》的本地农民提供免费的职业介绍和职业培训服务;对持有《再就业优惠证》的本地农村就业困难人员灵活就业后,可按规定申请社会保险补贴。与此同时,明确了就业困难人员享受税收优惠政策。为认真落实国家促进就业税收减免政策,2011 年市人社局与市财政、国税、地税局联合下发了《关于贯彻有关支持和促进就业税收政策的通知》《苏州市"自主创业税收政策"和"企业吸纳税收政策"认定实施细则》,明确了促进就业税收优惠政策实施中的有关具体问题。

3. 城乡统一的充分就业创建

苏州市以创建充分就业城市、实现城乡劳动力充分就业为目标,积极推进充分就业社区(村)创建工作,制定出台"充分就业示范社区(村)"新标准,以创建充分就业社区(村)为有效抓手,通过服务载体构建、服务功能延伸、服务手段创新,不断完善就业服务,积极拓展就业渠道,着力提升就业质量,创建工作在江苏省率先,覆盖城乡社区和村、城乡统筹的就业创业工作取得长足进展。2010 年,苏州市按照"城乡一体化就业"的推进原则,建立完善目标责任制和考核体系,在创建充分就业社区和村原考核标准的基础上,制定了《苏州市充分就业社区(村)认定标准》,实现了创建充分就业社区和村的并轨。到 2011 年末,全市有 26 个社区被评为"充分就业示范社区",754 个社区、1061 个村被评为"充分就业社区(村)",充分就业村(社区)达标率达 98% 以上,全市连续 5 年实现动态清零。

**(二)农村劳动力就业渠道**

1. 农村劳动力向城镇转移就业

苏州市各级党委、政府实行城乡统筹的就业政策,建立健全城乡劳动者平等就业的制度,统筹做好城镇新增劳动力就业、农业富余劳动力转移就业和失业人员就业工作。特别是大力开展了创建农村劳动力充分转移就业乡镇活动,改善农村劳动者进城就业的环境和条件,引导农业富余劳动力有序向城镇转移就业。全市转移就业每个年度指标为 7 万人左右,创建农村劳动力充分转移乡镇累计达 98% 以上。

2. 农村劳动力就地向非农转移就业

苏州市乡镇以上地方政府在推进小城镇建设和加快县域经济发展中，制定小城镇建设规划和经济发展规划时，将本地区农业富余劳动力就地转移就业作为重要内容予以同步规划，建设发展做到能为本地农村劳动力就业提供相应岗位，并积极努力开发就业岗位，引导农业富余劳动力就地就近向非农转移就业，鼓励农民多渠道多形式就业。如昆山市千灯镇在农民转移就业方面，镇里除引进外资、发展民营企业增加就业岗位，使有技能的劳动力进入外资企业和民营企业外，还积极开发了社区服务、保洁保绿、河道清理、古镇保护、古镇旅游、生态园管理等就业岗位，安置 1000 多名农村就业弱势困难人员和 45 岁以上大龄妇女就业，镇级财政给予岗位补贴。全镇社会就业率达 98%，实现了充分就业。

3. 农村劳动力就地就近灵活就业

苏州市结合开展创建充分就业社区、充分就业村、农村劳动力充分转移乡镇活动，引导和鼓励农民从事以非全日制、家庭作坊式、承包经营生产等适合农村就业特点的灵活就业方式，并实行与之相适应的工资支付方式、劳动关系形式、社会保险政策，为灵活就业人员提供支持和服务。

4. 农村劳动力就地进入农业企业就业

由于苏州市在推进城乡一体化发展中大力实施"三集中"，全市 82.2% 的耕地实现规模经营，苏州农村包产到户、农户自耕自作的传统模式已被打破，取而代之的是农业种植业经营组织、农业生态园、养殖业经营组织、农机作业组织等。为解决出让集体土地承包经营权的农民的就业问题，苏州市各级政府除了引导农民向城镇和非农转移就业外，还积极安置农民就地进入到种植业养殖业实体就业，从而使农村劳动力完成从农民到农业职工的身份转换。

5. 发展农村劳务合作社组织起来就业

为了推进农村就业工作，开辟合适的就业渠道，帮助农村难就业的剩余劳动力找到适合自身情况的工作岗位，促进充分就业和稳定就业，切实增加农民收入，苏州市委办公室、市政府办公室于 2011 年 2 月发布了《关于加快发展农村劳务合作社的意见》，由镇、村（社区）集体牵头，主要吸收社区内被征地农民和有劳动能力、有就业愿望、但难以找到合适工作岗位的农村剩余劳动力参加，自愿联合，组成农村劳务合作社，对外提供劳务、承接工程、参与社区服务等，对内实行民主管理、自我服务、自我提高、利益共享，成为一种农村新型合作经济组织。这种农村新型合作经济组织是苏州市农村基层的创新和创造，它把农村相关劳动力组织起来，培训提高技能，能够有效地促进稳定就业、增加劳务收入。镇（村）域内村庄整洁、河道保洁、绿化养护、环境维护等日常业务，优先委托农村劳务合作社承揽，支持农村劳务合作社拓展企业后勤外包服务，依托镇村劳动就业服务体系，充分利用软硬件优势，提供劳务信息，对农村劳务合作社成员开展就业技能培训，逐步使农村劳务合作社成为农民学习培训、创业就业、自我管理的重要平台。

### （三）农业劳动人口就业保障机制

#### 1. 城镇就业优惠政策向农村延伸

为解决结构性就业矛盾造成的农村困难弱势群体人员就业问题，苏州市以创建充分就业社区和充分就业村为载体，以城镇零就业家庭、农村零转移贫困家庭等困难群体为重点，建立健全就业援助长效机制，重点将城镇就业再就业援助优惠政策向农民延伸，基本统一了城乡居民进行就业困难人员认定的条件和办法，援助就业困难的农村劳动力和被征地农民就业。2009 年起，为实施"确保城乡零就业和零转移贫困家庭实现 1 人以上比较稳定就业"的政府实事项目，加强就业重点援助对象的帮扶力度，苏州市制定了《就业困难人员认定办法》，调整、统一就业困难群体的认定，扩大就业困难人员界定范围，强化对零就业、零转移贫困家庭的就业帮扶；配套出台了《苏州市社会保险补贴办法》《灵活就业社会保险补贴》等，调整社会保险补贴的范围和标准，改定额补贴为全额补贴，同时将享受对象由原有"商服型企业"放宽至"各类用人单位"；保留灵活就业人员和创业培训合格人员社保补贴并确定补贴标准。凡符合条件的农村女 40、男 48 周岁以上失业人员、本地农村零转移贫困家庭人员和被征地农民可以与城镇居民同等享受就业扶持政策，并建立了对困难失业人员动态补贴的长效机制。对符合条件的、被认定为"就业困难人员"的农民，享受社会保险补贴、岗位补贴等就业扶持政策;对办理过失业登记的农民提供免费的职业介绍服务;本地农村就业困难人员灵活就业的,可按规定申请社会保险补贴。2011年,苏州市调整市区灵活就业社会保险补贴政策,进一步加大政策扶持力度和加强就业援助的针对性,对被征地农民提供就业援助服务。此外,还明确社会保险补贴的政策期限,规范执行就业扶持政策。通过实施就业再就业扶持政策,使一大批就业困难人员实现了就业。2009～2011年,全市发放各类城乡社会保险补贴13.6亿元,发放岗位补贴1.76亿元;全市城乡就业困难人员每年实现就业10万人左右。

2. 免费职业培训的普惠政策

苏州市完善"培训—考核—就业"相协调的运行机制,鼓励各类培训机构为农民开展多层次、多形式职业培训,有针对性地组织对农民进行就业指导培训、职业技能培训和创业培训等,提高农村劳动力的就业创业能力;将城镇劳动力职业培训优惠政策向农村延伸,把农村劳动力培训纳入城乡社会培训体系,形成城乡一体的职业技能培训普惠制,建立农村劳动力岗位职业技能提升培训机制,对认定开展农村劳动力岗位职业技能提升培训试点企业,享受政府相关培训经费补贴政策;根据中央、省对农村劳动力培训投入资金的政策导向,增加地方财政对本地农村劳动力培训配套资金的投入,免费对本地农村劳动力开展就业、创业和技能培训;对农村就业困难人员通过初次技能鉴定,可申领一次性职业技能鉴定补贴。2009～2011年,苏州市每年免费培训城乡劳动者50万人左右,其中技能培训10万人左右。城乡劳动者享受免费培训的总人数中,本地农村和外来劳动者约占70%。

3. 农村公益性岗位的托底安置

苏州市将开发公益性岗位的范围由城镇延伸至乡镇及村,加大政府购买公益性岗位的力度,拓宽公益性岗位的范围和规模,把农村"四保一协"(保洁、保绿、保通、保安和劳动保障协理员)的岗位纳入公益性岗位范畴,公益性岗位优先安置农村零就业家庭人员等就业困难对象,对就业困难人员实行托底安置。并适当提高公益性岗位工资水平,安排农村就业困难人员就业并符合条件的公益性岗位,可享受社会保险补贴和岗位补贴。2011年,苏州市制定出台《关于拓展社会公益性岗位范围的通知》,进一步拓宽了公益性岗位的范围,将村级集体资产出资成立的实体和政府定销房小区的社会服务岗位纳入公益性岗位。公益性岗位安排农村就业困难人员并与其签订1年以上劳动合同的,按实际招用的人数,在相应期限内给予社会保险补贴和岗位补贴。从而充分发挥了公益性岗位就近就地安排就业困难人员就业的托底安置功能。据统计,2009～2011年,全市开发公益性岗位3.61万余个。

4.扩大失业保险基金支出范围

根据国家人社部、财政部和省有关延长扩大失业保险基金支出范围试点政策的意见,苏州市2009年度至2011年度实施了扩大失业保险支出范围试点。全市每个年度从失业保险基金节余部分提取安排资金约6亿元左右,主要支出项目为:职业介绍补贴、职业培训及技能鉴定补贴、社会保险补贴、就业岗位补贴,以及创业引导基金、小额担保贷款贴息、创业见习(实训)生活补助,基层平台网络建设和公共实训基地能力建设。并做到合理安排资金的使用额度和支出结构。通过扩大失业保险基金支出范围试点工作,进一步提高了失业保险基金使用效益,对预防失业,促进就业起到了积极的保障和促进作用。

苏州市通过就业保障扶持政策的实施,使城乡登记失业人员多渠道、多形式实现就业再就业,并确保城乡零就业和零转移贫困家庭实现一人以上比较稳定的就业。

### 三、创业促增收

苏州市从2009年实施城乡一体化发展战略以来,认真贯彻落实党的十七大关于"实施扩大就业的发展战略,大力促进以创业带动就业"的战略部署,苏州市第十一次党代会明确提出,苏州要"完善创业鼓励政策,引导通过创业来促进就业,创建国家创业型城市,打造创业新天堂",以苏州被确定为首批国家级创建创业型城市为契机,坚持"政府推动创业,社会支持创业,市民自主创业"的方略,积极开展国家级"以创业带动就业的创业示范型城市"创建工作,全面构建创业工作的组织领导体系、政策支持体系、创业培训体系、创业服务体系和工作考核体系"五大体系",制定出台了《苏州市创建创业型城市促进创业带动就业实施意见》，从而使创业带动就业、创业促进农民增收的积极效应得到体现。创建创业型城市有力地促进了城乡居民特别是农民收入的增加。苏州市个私经济实体总量从 2008 年 40 余万户，增加到 2011 年 55 万户；个私经济从业人数占全部从业人数比重，从 2007 年的 30%，提高到 2011 年的近 50%。苏州市中小企业创业环境进一步优化，通过对全市范围 491 位中小企业创业人员的中小型企业环境及满意度调查，结果显示苏州市中小企业创业环境满意度高达 98%。苏州市被评为全国创业型先进示范城市，受到国务院的表彰。

**（一）完善创业优惠政策，鼓励城乡居民创业**

为营造良好的城乡居民创业的大环境，苏州市与积极就业政策相配套，制定实施了《苏州市创建创业型城市促进创业带动就业实施意见》，建立完善城乡一体的创业扶持政策体系，实施更加积极的创业政策，并将城镇居民创业扶持政策向农村延伸，实行城乡就业创业优惠政策普惠，逐步建立起有利于创业的体制和机制，加大对创业的投入力度，特别是在信息、公共服务和创业者能力培训上增加财政支出比重；对于创业活动给予税收优惠和一定的补贴与奖励，为合理配置创业资源、拓宽创业渠道提供条件，大力扶持城乡居民创业。

1. 给予创办个体工商户和小企业降低门槛优惠

鼓励有创业意向的城乡居民选择注册登记为个体工商户。工商、税务、财政、社会保障、城管等部门根据各自工作职责，充分发挥优惠政策的作用，大力支持发展个体工商户。对初创的小企业，按照行业特点降低公司注册资本限额，最低注册资本为 3 万元；注册资本在 3 万元以上的，可按规定分期到位。减免登记注册费用，实行名称登记注册即时办理制度；减少注册登记审查项目，放宽市场主体住所登记材料要求等，并放宽对农村居民从事个体劳动者的登记要求。

2. 给予创业引导性资金和租金补贴、税收优惠

"创业引导性资金"是政府在年度财政预算内安排的专项经费，用以引导、鼓励和扶持城乡居民的创业活动。建立创业资金筹措机制，2009 ～ 2011 年，创业引导性资金市本级每年不少于 1000 万元，各市、区每

年不少于 400 万元。创业引导性资金主要用于开发创业项目、建立创业孵化基地、开展融资服务、帮助开业登记、加强跟踪扶持等创业推动工作项目。充分发挥创业引导性资金作用,推进创业孵化基地建设。由各县市区及街道(镇)建立、报经市有关部门评估合格后建立创业孵化基地,按规定使用创业引导性资金。孵化基地安排当地创业人员进入。对创业孵化基地安排农村劳动力创业的,同样给予减免租金等优惠政策。对符合条件的创业人员,予以租金补贴和税收优惠,并对其提供开业指导、项目推介、专家评析、融资等服务。

3. 给予成功创业人员社会保险补贴

对创业培训合格取得结业证书并成功创业、按规定缴纳社会保险的创业人员,可按规定给予社会保险补贴。对持《再就业优惠证》的城乡就业困难人员从事个体经营或灵活就业且符合规定条件的,给予社会保险补贴。对吸纳本市持《再就业优惠证》的就业困难人员就业并签订 1 年以上期限劳动合同的企业或个体工商户等各类自主创业实体,可按符合社会保险补贴要求的实际招用人数,给予社会保险补贴。2011 年,继续做好创业人员社保补贴、一次性创业补贴等多项政策的落实工作,创业培训结业并自办实体人员月社会保险补贴标准提高了 15% 左右。到 2011 年末,市本级累计有 4.35万人次享受到创业培训合格人员社会保险补贴。2009 ～ 2011 年 3 年内,苏州市本级共受理创业人员社保补贴申请 3030 人,发放金额为 5528.68 万元。

4. 给予就业困难人员创业一次性创业补贴

本市在领失业保险金人员、政策上界定的城乡居民就业困难人员自主创业,办理营业执照后,可给予 2000 元的一次性创业补贴。补贴资金从就业专项资金中列支。本市低收入纯农户家庭及农村单亲家庭等农村就业困难群体,依法自主开办个体工商户,由就业专项资金给予每户 2000 元的一次性创业补贴。失业人员领取营业执照后,可以按规定一次性领取其可以领取的失业保险金。农村劳动力自办实体的,可享受与城镇人员同等的扶持待遇,按规定申请定额社会保险补贴和享受 2000 元的一次性创业补贴。2009 ～ 2011 年 3 年内,苏州市本级共发放一次性创业补贴 447 人,发放金额为 89.4 万元。

### 5. 给予持照创业人员融资信贷支持

建立小额担保贷款机制,是城乡各类失业人员创业起步的重要保障。小额担保贷款发放对象为持有人社部门核发的《再就业优惠证》的人员、持有市职业培训指导中心《创业培训合格证》的人员、具有一定创业能力、毕业后两年内未就业的大中专(技、职)校毕业生等。对这些人员自谋职业、自主创业,已开业并持有工商营业执照的,起初规定可发放小额担保贷款 3万～10万元。当年新招用持有《再就业优惠证》的人员达到企业现有在职职工总数的 30%及以上,并与其签订 1年以上期限劳动合同的企业,根据实际招用人数,按人均 3万～8万元的标准,结合企业实际情况,合理确定贷款额度,劳动密集型小企业最高不超过 100万元,合伙经营企业最高不超过50万元,贷款期限不超过 2年。为加强创业融资服务,进一步完善规范小额担保贷款机制,苏州市于 2009年出台了《苏州市劳动密集型小企业、合伙经营企业吸纳就业贴息贷款实施办法》,落实小额担保贷款和劳动密集型小企业的贷款政策,放宽了劳动密集型小企业贴息贷款的门槛。对符合条件的劳动密集型小企业发放最高不超过 200万元的贷款,采取"以奖代息"方式给予 50%的贴息。截至 2011年末,苏州全市设立小额担保贷款担保基金3115万元,代偿还贷 312万元;累计下拨贴息资金 425.5万元;全市累计发放小额担保贷款 11705笔,发放金额 9.49亿元,直接扶持自主创业人数16647人;全市累计发放劳动密集型企业贴息贷款 5927万元。

### (二)建立创业服务体系,扶持城乡居民创业

苏州市为积极推进创建国家级创业型城市工作,建立城乡一体化创业推动工作机制和协调机制,成立了市、县市区创业促就业工作领导小组,负责对创建国家级创业型城市工作进行统筹规划和管理协调。按照国家人力资源和社会保障部创建国家级创业型城市工作及绩效考核要求,新建立了苏州市创业指导中心,在市就业管理服务中心建立常设机构,统筹管理和指导全市创业工作。苏州市创业指导服务中心还建立了创业服务综合大楼,成为全市首个综合性创业服务平台,为创业人员提供创业培训、创业政策咨询、创业模拟实训等多项服务业务,其中创业大讲堂成为苏州市创业公益性讲座的一大品牌。县市区也都建立了创业指导服务中心,各级公共就业服

务机构承担着创业促就业的具体实施工作,既成为创业组织管理机构,又成为城乡居民创业公共服务平台。主要为城乡居民开展以下创业服务。

1. 实施"八位一体",形成帮扶机制

围绕政策咨询、创业培训、专家评析、项目推介、创业孵化、融资服务、开业指导和后续服务八个方面的内容,形成"八位一体"的帮扶机制。重点通过建立和完善"一站式"、"一条龙"服务制度,人社、工商、财政、税务、银行等部门和单位定期现场办公,各司其职,街道、镇及社区、村上门服务和跟踪服务等,帮助城乡居民自主创业人员用足优惠政策,规避经营风险,改善经营状况,提高创业成功率和稳定创业率,将创业者"扶上马,送一程"。

2. 开发创业载体,提供创业场地

各级政府利用社会资源,大力开发创业载体,积极解决缺少创业场地这一创业瓶颈和的难题。充分利用开发区、创业园、新城镇建设、招商平台等,发挥区位优势,通过各市(区)、镇(街道)等以"块"为主推进;结合创业需求,统筹兼顾,因地制宜,错位发展,建设市场型、门面型、楼宇型等多元化的创业载体。针对初始创业人员找"门面"难等突出问题,强化市场建设,多渠道、多形式地重点建设投资小、见效快,贴近市民生活的中小型服务类的市场型孵化基地。市本级财政重点支持市区内的区、街道、镇的创业孵化基地建设,重点补助区有一定规模的基地建设。

3. 提供对接平台,推介创业项目

为有利于城乡居民寻找到门槛低、上马快的创业项目,通过社会中介组织,广泛征集创业项目,在开发、论证的基础上,通过建立创业项目信息库等多种形式,联接项目与创业者的对接平台,畅通项目信息,改进咨询方式,降低创业成本,加快创业速度,提高项目成功转化率。对经招、投标承担项目推介、咨询讲座、网站服务等工作的中介组织,政府购买其有效成果。在建立项目开发、收集、评估、发布、跟踪服务的市场化推介模式基础上,逐步建立创业项目信息库并实现动态维护。2009～2011年3年内,全市共推介300多个创业项目,并促进项目与投资人的结合。

4. 强化专家指导,延伸创业服务

巩固和扩大专家志愿团队伍,建立健全由人社、工商、税务、财政、科技、金融、营销、法律、心理等专家组成的市、县级市(区)"创业咨询评审专家志愿团",对创业人员开展专场咨询、"门诊式"咨询等,通过个性化服务,帮助他们评析、修改和实现创业计划,帮助解决开业登记、贷款、招工、广告及业务经营等方面的具体问题,并对市、区、街道的项目推介进行评审把关。与此同时,苏州市加强高校创业就业指导站建设,在文正学院、工职院、农职院、常熟理工学院等20所高校建立了就业创业指导站。高校就业创业指导站主要为学生提供包括创业模拟实训、创业后续服务、创业专家团队培育等一系列服务,使大学与地方信息贯通。2011年已开设创业模拟实训班45个,有近2214名学生结业。

5．开展创业培训,提高创业成功率

按照专才与通才相结合的方向,建立创业型人才培训师资队伍;建立多种类型的创业培训基地,进一步巩固创业培训示范基地的成果,扩大创业培训覆盖面,加大创业培训的力度,扩大创业培训的规模,改进创业培训的手段,创新培训课程与培训模式,提高培训课程质量,积极组织开展包括城镇失业人员、被征地农民、农村劳动力等在内的免费创业SYB培训,切实增强他们的就业和创业能力。在进行SYB创业培训的基础上,开展了"扩大你的企业"(EYB)创业培训,并向更高一级的IYB培训探索拓展,使已创业者不断完善企业管理模式,提高创业实体的存活率和就业贡献率。2009～2011年3年内,全市创业培训33262人,培训合格率达95%左右。苏州市自1998年开始实施创业培训以来,全市累计培训了70076名创业者,经过创业培训的学员创业成功率高达65%。

6．树立创业典型,激发羊群效应

为加强创业宣传,树立创业先进典型,推进创业型城市创建工作,激发城乡居民创业热情并产生羊群效应,2011年末,苏州市人力资源和社会保障局与市委宣传部、苏州市广电总台联合举办了以创业为主题"创业天堂苏州骄傲"(第六届)大型公益活动,评选表彰了"精英创业之星"和"市民创业之星"各10名。这些创业明星,既有从事电子信息、智能传感仪器、新材料、生物农业、生物信息技术等项目的精英创业,也有成功从事刺绣、核雕、民族乐器等传统工艺等项目的草根创业。创业明星成为苏州城乡居民创业的"领头羊",在全市形成了创业的"羊群效应"。

**（三）建设创业孵化载体,推进城乡居民创业**

苏州市为给城乡居民创业创造良好的环境和基础条件,针对全市农民、失业人员、创业领军人才、大学生等各类创业群体、潜在创业群体服务对象,积极打造特色创业亮点品牌,示范引领创业;建立创业孵化基地载体建设,孵化培育创业;建立创业人才集聚载体,高端引领创业;建立青年创业见习(实训)基地,指导实训创业。从而取得了创业的显著成效。

1. 打造"一镇一品"特色创业品牌,示范带动创业

为加快城乡居民特别是农民创业步伐,苏州市从本地农村实际出发,对接苏州经济发展转型升级的现实要求,开拓农民创业就业与商品经济发展有机结合的途径,以本地特色产品为载体,鼓励通过结合区域经济特点开展"一镇一品"特色产业创业活动,发挥"一镇一品"的创业示范引领作用,通过农民创业有效地增加农民收入。2009 年,苏州市首批确定了镇湖刺绣、塘桥毛织等 9 个"一镇一品"项目。据统计,首批 9 个示范项目的从业人数合计超过 25 万人,其中本地从业人数达 11.5 万人,是当地农村劳动者的55.5% 左右。2010 年 9 月,苏州市召开了苏州"一镇一品"促就业创业活动推进会,总结首批 9 个"一镇一品"创业促就业的成功经验,对富有地方产业发展特色的第二批"一镇一品"的 11 个示范项目进行了布置,以特色项目为平台,以创业为重点,带动更多的农村劳动力创业就业。到 2011 年末,两批"一镇一品"示范项目共推出 20 个"品"。"一镇一品"创业活动成为江苏省的首创之举,对城乡居民创业发挥了示范引领作用,并成为影响全省、全国的创业品牌。苏州市的"一镇一品"创业活动,取得了创业示范、拉动就业和农民增收的效果。例如,苏州高新区镇湖街道(原为镇)党委利用镇湖"苏绣"历史悠久,民间艺术特色浓厚,群众基础广泛的优势,在绿色生活、低碳经济环境下,通过集聚产业优势,营造创业氛围,优化创业环境,发挥艺术大师示范作用,努力打造"苏绣"品牌,建成了全长 1700 米的绣品一条街,目前已入驻绣庄达 430 余家。全镇从事刺绣设计、生产、销售、电脑印花、花线、木工工艺等经营者约 1000 人,直接从事刺绣制作生产的绣娘有 8000 多人,号称"八千绣娘"闯天下。这一产业由此还催生了与其配套的一批油漆、

包装、运输等相关行业,带动农民就业超过 12000 名,镇湖的劳动力就业率超过 96%。随着刺绣产业的不断发展,已逐步成为镇湖主要经济产业,同时也使镇湖百姓逐步富裕起来。镇湖街道国民生产总值由 2002 年的 4.21 亿元,增加到 2011 年的 13 亿元,其中,70% 的产值来自刺绣产业。至 2011 年,镇湖农民人均纯收入中,刺绣占人均收入的 70%。苏州市开展创建创业型城市以来,"一镇一品"20 个项目年销售收入已达 1392 亿元,创业实体多达 2 万多个,从业人数达 52.5 万人,农民创业也在"一镇一品"活动中得到快速发展。

2. 建立创业孵化基地,孵化培育创业

苏州市各级政府结合区域特点和产业结构的发展,因地制宜地建立多层次、多渠道、多形式的创业孵化基地。按照全市各乡镇和街道至少建成 1 个规范标准化的创业示范基地的目标要求,积极开发组建符合国家产业政策和具有苏州特色、适合城乡创业者需求的创业项目库,重点推进高新技术园区、科技园区、创业园区等创业孵化基地建设。创业孵化基地各具特色。如统一机制多种模式、以市场为导向整合多方资源、以产业为导向体现地方特色、以需求为导向实现人岗匹配等。对创业孵化基地符合条件的创业人员给予租金补贴、社会保险补贴、创业见习(实训)补贴、开业补贴。根据苏州市创业引导性资金安排和使用情况,2010 年出台实施《苏州市区创业引导性资金使用管理办法》,适时调整了使用管理办法,发挥创业引导性资金对创业的引导作用。市、区级创业资金依据街道或乡镇出资按照三三制原则配套使用;对不能进入孵化基地创业的城乡居民也可配套给予租金补贴;可使用创业引导资金,对经评估后发布的创业项目,按照实际发布数,给予每个 200 元一次性奖励;对一年内成功转换的创业项目,给予每个 1000 元的一次性奖励等。截至 2011 年末,全市累计建成创业孵化基地 149 个。

3. 建立创业人才集聚载体,高端引领创业

苏州市在打造创业新天堂中,除了积极鼓励全民创业的"草根创业",也大力引进和支持创新型创业人才的"精英创业"。苏州市在经济转型发展中,产业向高新技术产业和现代农业、现代服务业转型,重点发展新能源、新材料、智能交通、高端制造、光机电一体化、现代农业、现代服务业。而这些领

域要获得重大突破,必须充分发挥创新创业人才的作用,让人才在创新创业过程中,成为苏州后续发展的重要引擎。引凤来栖,"巢"筑得好不好,决定着人才的多与寡、质与量。近些年,苏州统筹人才发展与产业发展,采取一系列人才战略推进措施,形成姑苏人才政策体系,以载体集聚高层次人才创新创业,注重加强科技创业园区建设,加强科研院所、研发机构以及加强孵化器建设等,带动城乡居民城乡创业和就业,有效促进了农民增收。

### 四、产业促增收

产业发展是城乡一体化改革的重要支撑,是农民增收致富的重要保障。在城乡一体化推进过程中,苏州市紧紧抓住"富民强村"这一核心,协调推进一、二、三产齐头并进,为促进农民充分就业、增收致富提供了良好的条件。

#### (一)产业发展是增收的重要基础

1. 农业产业化进程不断推进

农业是国民经济的基础,是人们的衣食之源、生存之本。在城乡一体化进程中,苏州市大力发展现代农业,农业产业化程度不断提升,2011年全市第一产业生产总值达177.75亿元。一是农业产业布局基本形成。认真落实"四个百万亩"农业产业规划,基本形成优质水稻、特种水产、高效园艺、生态林业和规模畜禽等主导产业发展格局。2011年,全市粮食总播种面积228.05万亩,水产养殖面积117.11万亩。全市高效农(渔)业面积计计199万亩,设施农业面积40万亩。二是农业适度规模经营水平逐步提高。2011年,全市农业适度规模经营占比82.2%以上。农业园区化发展不断提速,已基本建成万亩现代农业示范园区23个、千亩示范区78个,总面积达60万亩,国家级、省级以上现代农业园区总数达到8家。农业机械化水平不断提高,农业综合机械化水平超过80%,其中水稻种植机械化水平达到92%。三是农业产业化经营有序推进。农业产业化龙头企业规模不断扩大,经营范围日趋广泛。大力发展农产品精深加工,全市拥有国家级农业龙头企业4家、省市级农业龙头企业139家,农产品加工业年销售额达到1500亿元。

2. 民营工业企业加快转型升级

苏州市的民营工业企业的转型升级伴随着城乡一体化进程的加快而不

断深入。经过上世纪 90 年代的产权制度改革,苏州的乡镇工业企业已经逐渐转变为具有完善法人治理结构的民营工业企业,成为全市工业经济的重要力量。2011 年,全市规模以上民营工业企业实现工业总产值 8404.57 亿元,比上年增长 17.9%。一是规模总量进一步扩大。截至 2011 年底,全市私营企业登记注册户数达 20.8 万户,私营企业累计注册资金达 7288.2 亿元,个体工商户登记注册户数达 38.28 万户。全市私营企业完成进出口总额 345.14 亿元,同比增长 38.6%。二是发展品质进一步提升。全市民营企业共拥有世界名牌 1 个,中国驰名商标 35 个,中国名牌产品 56 个,全国质量奖 2 个。全市民营工业企业营业收入超亿元的有近千家,其中超千亿元 1 家、超百亿元 21 家;28 家企业进入全国民营企业 500 强,占全省的比重达到 23.73%。三是创新能力进一步增强。至 2011 年底,全市累计拥有国家级研发机构 17 家(其中国家级企业技术中心 12 家),累计省级以上研发机构达 763 家(其中省级以上企业技术中心 129 家)。全社会研发投入达到 260 亿元。目前,全市拥有省级备案的民营科技企业 3350 家,累计拥有国家高新技术企业 1347 家。民营工业企业的快速发展为农村居民就业和增收奠定了坚实基础。

3. 农村服务业发展方兴未艾

服务业是解决和扩大就业的重要渠道,是增加收入和提升物质文化生活水平的重要产业。近年来,随着苏州城乡一体化综合配套改革的不断推进,农村地区服务业发展呈现出欣欣向荣的景象,2011 年全市农民人均服务性消费支出 4164 元,同比增长 12.5%。一是农林牧渔综合服务业稳步推进。苏州市在建有乡镇农技站、畜牧兽医站、水产站、农机站等一批农业专业服务机构的基础上,农业服务业由单一的技术指导型向高一层次的综合服务型转变,走上了推广、服务、经营一体化的发展道路,创造了"五有六统一"的全国经验。二是农产品市场流通体系逐步建立。基本形成以农民经纪人、运销商贩、中介组织、加工企业为主体,以产品集散、现货交易为基本模式的农产品流通格局。最近几年,先后在市区范围内建立了 121 个无公害农产品直供网点,在城区建立了苏州国际农产品展销中心,在工业园区创造性地建立了全国首家绿色食品展销中心。三是农村金融服务体系日益完善。苏州市结合农村经济发展实际,大力发展农业小额信贷和政策性农业保险业务,农村金融在支农惠农方面的功能充分发挥。农业银行、农业发展银行和农村商业银行分别在资金支农和政策支农方面作出了重要贡献,农村小额贷款公司累计成立 69 家,贷款总额 280 亿元。农业风险保障的意识不断增强,农业保险累计承保风险 96 亿元。

**(二)产业促进:增收计划的重点**

1. 着力打造现代特色农业,为农村居民拓展收入空间

在苏州,"农民"已经成为一种职业分工。以现代农业产业园为代表的特色农业作为一种新型的农业生产经营形态,明显表现出市场的适应性、功能的多样性和发展的可持续性,成为有效延伸农业产业链的重要形式,为职业农民增收提供了可靠保障。苏州市的现代特色农业发展有以下特点:一是吸引民资参与建设。全市依托山水紧依的独特自然风光和底蕴深厚的人文景观,初步形成以国有、集体、民资、外资等为一体的多元投入格局,据不完全统计,各类观光农业园中,国有投资为主的占 27%、集体投资为主的占10%、民资投入的占 49%、外资投入的占 14%,民资已经成为生态观光农业开发的主体,成为职业农民增收的重要来源。二是功能定位多元。先后建成了 4 个国家级、4 个省级森林公园、1 个自然保护区、2 个国家级农业综合示范园区、20 多个休闲渔业垂钓区,以及一批湿地公园和生态农业园。形成了以森林生态景观为主的旅游观光型,以采摘垂钓为主的农事参与型,以人文历史、革命传统、农业"四新"技术展示为主的科普教育型,以名特优农产品品尝为主的美食餐饮型,以江南水乡、农家风俗体验为主的乡村度假型相结合的旅游产业格局。三是产业效益明显。苏州市目前建成生态休闲观光农业场所 200 多家,年接待游客数量 3000 万人次,2011 年实现直接收入超过17 亿元,带动相关产业实现收入 260 亿元,为农村地区职业农民增收奠定了坚实基础。

2. 大力发展乡镇"园区经济",为农村居民提供稳定收入

上世纪乡镇企业、开发区经济的发展和民营企业的腾飞,为农民提供了大量的就业机会。随着城乡一体化进程的不断推进,苏州的"园区经济"规模效应不断显现,农村居民收入快速增长。一是工资性收入稳定增长。

根据市统计局有关数据,2011 年苏州农村居民家庭人均工资性收入增长15.6%,工资性收入仍然是苏州农民收入的主体,占比达 40% 以上,工资性收入的提高正是得益于"园区经济"的带动效应。二是创业性收入比例不断提升。近年苏州市出台了一系列鼓励创新创业政策,苏州农村居民创业创新观念增强。由于"园区经济"的不断发展,产业集群效应日益显现,当地居民根据本地企业的产业需求,自主创办配套企业和家庭小作坊的人数日益增多,农村居民家庭创业性收入不断提升。民营企业、农村家庭小作坊等经营方式,成为农民增收致富的新渠道。

3. 稳步推进农村现代服务业,为农村居民增加收入来源

近年来,随着苏州城乡一体化综合配套改革的不断推进,农村服务业发展呈现出欣欣向荣的景象,在优化农村发展环境、提高农村居民收入等方面发挥了积极作用。一是提高了农村家庭经营性收入。农村服务业的持续发展,使从事乡村休闲旅游餐饮等服务业的农村家庭经营性收入逐年提升,占农民总收入的比例仅次于工资性收入。2011 年,苏州农民家庭经营性纯收入 2315 元,占 13.44% ;二是增加了农村家庭财产性收入。随着农村服务业的快速发展和农村家庭财富的逐步积累,使得农村居民的投资领域逐步拓宽,其中以房屋出租、股息与红利、土地经营权入股为主体的多元化收入成为农村居民财产性收入的主要来源。2011 年苏州农村居民家庭人均财产投资性收入 6480 元,增长 20.4%,比重提高到 37.6%。

**(三)产业促增收的政策支撑**

在苏州市城乡一体化进程中,政策扶持成为产业促进农民增收致富的重要支撑。早在 2005 年,苏州市委市政府便下发了《关于促进农民持续增收的意见》(苏发〔2005〕23 号),《意见》明确提出提高农业综合经济效益、促进农村劳动力充分就业和鼓励农民自主创业的政策措施。2008 年,苏州市委市政府下发了《关于深化农村改革,促进城乡一体化发展的意见》(苏发〔2008〕20 号),《意见》对加快建设现代规模农业、拓展延伸农村服务产业、巩固完善城乡统一就业制度、建立健全农村金融服务体系、切实完善"三农"投入保障机制作出了具体要求。同年底,苏州市委市政府又下发了《关于城乡一体化发展综合配套改革的若干意见》(苏发〔2008〕52 号),分别从创新

现代农业发展机制、深化农村金融体制改革、建立健全生态环境补偿制度等方面明确了对产业促进农民增收的具体措施。此后,苏州市委市政府《关于建立生态补偿机制的意见(试行)》、苏州市委市政府《关于增加城乡居民收入提高人民生活水平的实施意见》、《关于印发苏州市水稻良种补贴项目实施管理办法的通知》和《关于进一步推进"苏州农贷,富民强村"活动的通知》等政策文件,为产业促增收提供了全面的政策保障,为产业促增收奠定了坚实的政策基础。

**五、物业促增收**

农村物业是指在农村区域内已经建成并投入使用的各类房屋及其相配套的设备、设施和场地,发展农村物业经济是指采取出租等形式充分利用现有可用的农村物业取得租金收入,从而带动家庭经济和集体经济发展。改革开放以来,苏州乡镇企业异军突起,农村经济突飞猛进,带动了农村物业不断发展,为发展物业经济提供了可行条件,奠定了现实基础。尤其是随着工业化、城镇化、经济国际化和城乡一体化的推进,产业聚集进程加快,外来人口大量涌入,给发展物业经济带来了新机遇。迄今苏州农村物业经济已发展成为广大农民增加投资性、财产性收入的重要途径,成为促进农民持续增收、实现富民强村的重要保障。

**(一)发展形式**

1. 房东经济

改革开放以来,苏州市成为全国经济发达地区,各类产业集聚程度不断提高,吸引了大批外来经商务工人员,由此房东经济应运而生。从各地实际情况看,苏州农村房东经济大致有以下几种类型:一是在城乡结合部地区,二三产业发达,聚集着大量外来打工人员。不少城乡结合部区域的乡镇和村庄,外来人口超过本地人口,两者人口之比达到1∶1甚至2∶1以上。许多农村居民建有楼房,拥有住房面积较多,可腾出一部分房屋用来出租,收取租金。二是在推进"三集中"过程中,推行"拆一还一"城镇公寓房安置政策,每户农户通过原宅基地房屋可置换2~3套公寓住房,这样可有1~2套可用于出租,取得房屋出租收入。三是部分农村居民因种种原因外出,原有房屋闲置。如创业机会增加,许多苏州农民走上了外出创业致富的道路,原有房屋则出租给外地来苏打工人员居住,从而取得租房收入。

2. 联合置业

联合置业,是指利用农村集体建设用地或国有土地,由本集体经济组织成员自愿入股,平均或基本平均持股,通过组建富民合作社,按规划要求建设标准厂房、打工楼、商业用房等物业设施取得出租收入,并按股分享收益,实行风险共担、利益均沾、民主管理的物业经济。从2001年初昆山陆家镇成立全市第一家富民合作社起,经过不断总结推广、发展和完善,富民合作社已遍地开花,成为苏州农村发展物业经济、促进农民持续增收长的重要载体。截至2011年底,全市已成立富民合作社339家,股金总额34.4亿元,涉及农户9.3万余户,占全市农户总数的8.1%,当年分红总额31950万元。"三大合作"起步较早的吴中区,抢抓机遇,创新探索,因地制宜组建物业股份合作社,大力发展物业经济,全区共组建物业股份合作社64家,入股农户2.21万户,2011年物业股份合作社年股金平均红利率超10%,对快速提高农民投资性收入作用显著。

富民合作社创办发展方式大体有以下几种类型:

一是就地发展型。刚开始时,富民合作社都是利用本村本组的集体建设用地,建造标准厂房等出租。例如,最早建立富民合作社的昆山陆家镇车塘村、神童泾村就是如此。这样做的好处是,土地来源踏实,厂房出租稳妥,就近管理方便。

二是异地发展型。部分村组开始把目光放到各级各类开发区,以村为单位独立进区拍买土地建设标准厂房等,异地发展房东经济。例如吴中区旺山村从2003年开始,动员全村90%的农户入股,然后到5公里外的吴中开发区、吴中科技产业园等地建设标准厂房,实行异地发展。2008年,该村异地建设的标准厂房和集体宿舍楼面积已达到6万多平方米,村级收入超过1000万元,农民收入达到13000多元。

三是联合抱团发展型。此种类型多存在于发展提升阶段,实行联合投资、整合资源等方式做大做强富民合作社,以乡镇为单位组建大型富民合作联社或实体。2006年10月,相城区元和街道组织下属13个村的社区股份合作社共同出资 6000 万元,组建成立元联置业发展有限公司,率先跨出了抱团联合发展的第一步。6 年来,元联置业发展有限公司先后投资建设了油漆仓储中心、蠡口家具配载中心等 10 个大型项目,还参股成立了小额贷款公司,其经营范围从创办初期的物业项目开发、投资管理和集体资产租赁经营,拓展到了房产开发、金融投资、物业管理、绿化工程、楼宇经济等多个领域,已经发展成下辖 8 个子公司、总资产 13 亿元的集团型企业,其裂变效应令人震撼。以此为发端,联合成为苏州农村合作经济组织转型发展、物业增收的一种趋势和潮流。2012 年 2 月成立的苏州工业园区唯亭富民集团公司,总资本达 19 亿元,其资产规模、成员单位数量、惠及居民人数均创下了目前苏州富民集团之最。目前,全市抱团发展的合作联社(集团)已达 97 家。

**(二)发展政策**

1. 发展起步政策

2001 年,随着富民合作社在昆山陆家镇创办兴起,迅速引起了昆山市委、市政府的高度重视,并相继研究制定并出台了一系列扶持富民合作社发展的政策,要求全面实施"三有工程",即人人有技能、个个有工作、家家有物业。一是财政奖励政策。凡交纳的房产契税、租赁资产房产税、营业税、城建税、印花税、集体所得税和个人所得税等税种及市场调节基金、粮食风险基金、人民教育基金等基金,参照昆山市委、市政府二十八条富民政策,属地方实得部分由当地财政等额奖励给合作社。奖励金额由市财政局统一核算,市委农办、市财政局共同签署意见后报市政府审批,再由市财政局拨付给富民合作社。2011 年,昆山市落实富民合作社税费等额奖励资金 614 万元。二是规费减免政策。富民合作社在工商登记时,工商部门只收取工商企业查询费和注册费。项目报建时属建设、规划、国土和人防等行政事业单位向建设单位收取的规费实行免收。中介服务性收费实行减半收取,其他有关部门在行使管理职能中,涉及收费的,只收取工本费。三是土地使用政策。富民合作社所使用的集体非农建设用地,原则上由市农办、国土、规划等部门按昆办发(2003)38 号文件确定的村级预留地,优先供应,但必须实行有偿使用。国土部门对富民合作社所使用的集体土地不再收取土地管理费。四是分红奖励政策。富民合作社红利分配实行一年一次、年终结算兑付。

凡满50户以上的富民合作社,财政部门可按实际分配红利额给予20%奖励,其中市财政奖励10%,经审核后与税收奖励政策一并兑现,镇财政奖励10%,由市委农办出具证明后各镇财政所核拨。2011年,对富民合作社落实分红奖励资金474万元。

2. 完善提高政策

为了促进富民合作社规范、健康、有序发展,苏州市于2006年出台了《关于扶持发展农村富民合作社的意见》(苏办发〔2006〕86号),在扶持政策、发展要求等方面推出了一系列新举措,使富民合作社不仅在全市得到推广,而且通过完善提高跃上新的台阶。一是规范管理运作。坚持"民办、民管、民受益"原则,涉及项目投资、红利分配等重大事项必须由社员代表民主决策,不搞许愿分红和托底分红。昆山市还成立了富民合作社协会,各镇设立分会。为合作社提供业务指导、协调部门关系、接受信访咨询、探索发展思路,帮助其规范运作,规避经营风险。对于一些没有正常运作的富民合作社,通过年检等措施予以注销,保障了入股农民的资金安全。二是优化股权配置。在富民合作社起步阶段,不少农户心存疑虑,许多农户持观望态度。因此,大多由党员骨干带头入股。如昆山神童泾富民合作社建立时,经过反复动员才有25家农户入股。但是,随着扶持政策力度的不断加大,如果富民合作社不扩大惠及面,显然是不公平的,也是不合理的。为了让更多农民参股富民合作社,各地采取了一系列措施。《意见》明确,合作社以户为单位,80%的股份必须由农户持有,个人股最高不超过20%,以防止"富民"变成"富老板","富民"合作社变成"富人俱乐部";集体股逐步从富民合作社退出或减少份额,优先让渡给原来没有入股的集体经济组织成员;对农村家庭困难无力参股的农户,则通过送股、配股、借股等形式,让困难户也能在富民合作社拥有相应的股份,与其他农户一样增加财产投资性收入。三是提升发展水平。一村一社,往往资金实力弱,发展领域窄,项目层次低。为了整合资源,实现集约化经营,鼓励和引导股份合作经济组建联合发展平台,抱团发展。吴中区、工业园区、高新区等地纷纷组建镇级富民合作社,吸引全镇范围内的农民加入。如枫桥民发富民合作社是高新区第一家经工商注册的富民合作社,针对新就业人员及外来务工人员居住困难问题,投资建造了景山公寓,成为华硕电脑等外企配套建设项目,可容纳1.5万名企业打工人员。公寓内配置了淋浴房、卫生间、简单家具、管道煤气等生活设施,还有超市、网吧、浴室及各类文体设施,实行封闭式管理,安全指数高。入股农户达8365户,占枫桥街道农户总数的79.1%,入股总金额为3.19亿元。2011年,民发富民合作社兑现股红2871万元,分红率9%。

### (三)前景展望

物业经济的发展,开辟了农民财产性投资收入新渠道,成为促进农民持续增收的新增长点。近年来,在农业结构调整、外出务工增收作用难以大幅度提高的情况下,唯有投资性收入、财产性收入持续增长,呈几何级数快速增长。苏州农民的投资性、财产性收入从2003年的不足5%,迅速上升到目前的37.6%,有力证明了发展物业经济对促进农民持续增收具有重要推动作用。

物业经济的发展,壮大了农村集体经济实力。通过组建富民合作社形式发展物业经济不仅增加了农民收入,而且确保了集体资产的保值增值,促进了村级集体经济不断壮大发展。吴江市七都镇在全面完成村社区股份合作社工商登记的基础上,通过组建农村物业股份合作联社,着力构建村级集体经济抱团发展、统筹发展新机制。2011年,全镇新增村级集体经营性物业2.5万平方米,累计建成13.3万平方米,实现村级集体可支配收入2993.88万元,同比增幅达22.1%。2005年以来,苏州全市村级集体经济收入始终保持两位数以上增长。2011年,全市农村集体经济总量达1050亿元,村均集体收入突破500万元,村村收入超百万元,在全省处于领先水平。全市一半以上的村净资产过千万元,其中36个村净资产过亿元;全市共有180个村级单位收入超千万元,占13.12%,其中11个村级集体收入超过5000万元。村级集体在快速发展的同时,收入结构进一步优化。2011年,资产资源租赁收入已占到村级收入的60%以上,成为村级集体经济收入的主要来源,以财产性、物业性收入为主的稳定性收入已占到村级集体总收入的76.17%。

苏州农民,在改革中不断提升收入水平,在创新中不断拓展增收渠道,苏州已成为全国农民收入水平最高、城乡收入差距最小的地区之一。但是,面对着全市农民人均纯收入水平基数大而实现"倍增"的增量要大和率先实现基本现代化时序进程紧迫等高要求,面对农民收入农户之间落差大、平均数不代表大多数的突出现象,苏州农民增收致富,依然是个沉甸甸的主题。下一步,苏州要进一步解放思想,以促进农民收入持续快速增长为目标,千方百计谋求农民增收的有效途径,特别是要确立以保障农民财产权益、增加农民财产投资性收入为苏州农民增收的重点方向,进一步深化农村改革,加快推进农村集体土地的资产、股份化改革,建立严格意义上的土地股份合作社,确立农民集体土地的成员所有权,保障农民土地权益;确立农村居民住房的完整产权,使更多的农民在房屋出卖、出租、抵押、继承等流转中增加财产投资性收入;推进农村股权固化,建立农村产权交易平台,推动农村产权有序流转,壮大村级经济,增加农民来自集体经营的收益分配,积极创造条件让更多的农民富裕起来。

# 三大合作：增强农村发展活力

　　世纪之初，为统筹城乡发展，优化资源配置，促进富民强村，苏州市开始在苏南模式的基础上，探索农村"三大合作"改革，走出了一条新型股份合作经济道路。所谓"三大合作"改革，是指在农村集体资产、农村承包土地、农村生产经营等方面，通过合作或股份合作的形式，发展新型股份合作经济组织，促进富民强村的一系列政策措施的统称，其改革成果主要包括社区股份合作社、土地股份合作社和农民专业合作社三种基本类型。十多年来，新型股份合作经济以其形式新颖、机制灵活、管理民主、利民富民的魅力，正在苏州农村经济社会发展过程中展现出越来越强的生命力，在推进城乡一体化进程中发挥着越来越重要的作用，在促进农民增收、发展壮大集体经济、促进农村繁荣中创新发展了"苏南模式"。

## 一、"三大合作"发展概述

　　回顾苏州农村"三大合作"改革，经历了"十五"期初的应运而生和"十一五"的加快推进，到"十二五"转型升级的发展过程。中央有关部委和江苏省委、省政府对苏州发展新型股份合作经济的实践给予充分肯定，认为苏州按照资源资产化、资产资本化、资本股份化、股份市场化的思路，加快发展各类新型股份合作经济，创新和丰富了苏南模式的内涵，符合中国特色社会主义的改革方向，走出了一条共同富裕之路。

### （一）产生背景

　　"三大合作"改革在苏州农村不断推进，苗壮发展，并不是偶然的，而是在特定的历史、人文、经济、地理环境条件下,优胜劣汰,自然选择的结果,是在苏州经济社会率先发展过程中,对现实问题的求解尝试,是对"小农"生产方式的扬弃创新。考察新型股份合作经济的发展过程,产生的背景不外乎以下方面。

1. 创新有经验

苏州农村基层历来有独立潮头的勇气和敢于创新的精神。苏州农村社会经济发展的历史,就是农村基层改革创新的历史。改革开放30年来,苏州农村坚持解放思想、实事求是、与时俱进,通过改革推动,工业化、城市化和国际化带动,全面推进经济、政治、文化、社会建设和党的建设,先后实现了"农转工"、"内转外"、"量转质"三次历史性跨越,经济社会发生了翻天覆地的变化。80年代,大办乡镇企业,建设小城镇,推进农村工业化和城镇化,发展和形成了"苏南模式";90年代中期,为了适应市场经济发展的需要,针对乡镇企业产权不明、权责不清等问题,苏州启动了"静悄悄的变革",推进了乡镇企业产权制度的全面变革,为苏州民营工业的发展和集体经济的完善奠定了基础;世纪之初,按照统筹城乡经济社会发展的总体要求,基层创新和发展了农村"三大合作"改革,大力发展农村新型股份合作经济,走出了富民强村的新路子,成为城乡一体化综合配套改革的重要内容。

2. 改革有基础

农村家庭承包责任制的推行,打开了农村由"统"到"分"的体制大门,确立了分田到户、家庭经营、社会化服务、统分结合的双层经营体制,极大调动了农民的生产积极性,解放了农村生产力,实现了农业发展的第一次飞跃。经过三十年的改革开放,苏州农村社会经济得到全面发展,农民农外就业转移稳定充分,农村社会保障体系完善提高,村级集体经济实力不断增强。因此,农民组织化、农业规模化、产权明晰化和管理民主化成为苏州农村体制机制创新的一种必然选择。推进农村"三大合作"改革,发展新型股份合作经济,顺应了苏州农村经济社会的变化趋势和发展潮流,创新了农村经济发展形态,实现了由"统"到"分"再到"合"的螺旋式上升发展。农村"三大合作"改革正是在生产力发展到一定程度之后,对生产关系的一种主动调整。

3. 发展有需要

城乡统筹贯穿着苏州经济社会发展的始终。近年来,苏州城乡居民收入之比基本保持在 2∶1,是全国城乡差距最小的地区之一。2008 年 9 月,苏州被江苏省委、省政府批准为城乡一体化发展综合配套改革试验区。2011 年 12 月,又被列为"全国农村改革试验区"。在推进城乡一体化发展的过程中,需要按照市场化改革的方向,对资产、土地等生产要素的产权归属、配置使用和收益分配关系进行一系列创新,破解城乡一体化发展当中产权不明晰、配置不流畅的难题。通过深化"三大合作"改革,在不损害农民土地承包经营权、宅基地使用权和集体经济收益分配权的前提下,变过去的三级所有、队为基础,为现在的三级所有、股为基础,稳定和完善了农村基本经营制度,真正实现了让农民"持股进城,按股分红"。这也是农村"三大合作"改革在苏州得到创新和发展的重要原因。

**(二)主要成效**

十多年来,苏州坚持把推进农村"三大合作"改革作为富民强村的中心任务,作为创新发展"苏南模式"的重要内容,作为增强基层组织凝聚力、巩固党的执政基础的重要举措,推动了新型股份合作经济持续较快健康发展。发展特点主要体现在四个方面。

1. 合作形式多

在推进新型股份合作经济组织发展的过程中,各地根据实际情况,融合不同生产要素,努力创新合作形式。在社区股份合作、土地股份合作、农民专业合作的基础上,各地又创新发展了富民(物业投资)股份合作、农民劳务合作、农业旅游合作等股份合作经济组织,并逐步在面上推广,完善和发展了农村"三大合作"改革。目前,全市已成立新型股份合作经济组织 3654 家,其中社区股份合作社 1243 家,土地股份合作社 712 家,农民专业合作社 1235 家,富民合作社 339 家,劳务合作社 125 家。

2. 自身实力强

十多年来,农村"三大合作"改革以其形式新颖、机制灵活、管理民主、富民利民的魅力,展现出越来越强的生命力,实力得到明显增强,已经成长为苏州农村经济发展的重要增长极。在壮大合作社单体规模的同时,积极推动合作社走联合发展之路。2011 年,全市实现联合发展的新型股份合作经济组织已达 78 家,股金总额 43.9 亿元。吴中区以镇为单位组建了全省首批以合作社为投资主体的农民集团,主动参与市场竞争和城乡一体化建设,这也是新型股份合作经济信心和实力明显增强的最好体现。

3. 受益人群广

发展股份合作经济的根本目的是为了富民。因此,在具体导向上,苏州要求社区股份合作社按成员资格和农龄相结合量化股份,土地股份合作社以土地承包经营权入股,专业合作社实行劳动合作与资金合作相结合,富民合作社单个成员入股金额不得突破 5 万元,充分体现广泛性和均衡性,确保让更多的农民分享新型股份合作经济发展的好处。有些地方还创造性地建立扶贫合作社,对家庭经济困难、无力参与投资的贫困农户,由村集体或社会捐助资金无偿给予干股,共享新型股份合作经济的发展成果,缩小贫富差距。2011 年,全市持股农户比例达到 92% 以上,各种新型股份合作社高达 50.68 亿元(包括福利分配)。因此,股份合作经济也是"民本经济"和"和谐经济"。

**(三)新型股份合作经济:苏南模式的创新与发展**

1. 苏南模式的本质:集体经济与共同富裕

从苏南模式的历史变迁来看,无论是 80 年代的集体创办乡镇企业,90 年代的保留集体股份,到进入新世纪的通过资源资产化、资产资本化、资本股份化发展新型股份合作经济,都体现了苏州坚持一切从实际出发,解放思想、实事求是、抢抓机遇,创新和丰富了"核心是发展、精髓是创新、活力是走市场经济之路、精华是走共同富裕道路"的"苏南模式"的本质内涵。

第一,创新和发展"苏南模式",必须积极探索集体经济新的有效实现形式。没有创新就没有发展。在社会主义基本经济制度下,新型股份合作经济形成劳动与资本共享利益的企业制度和内在机制,实现了从上世纪八十年代的乡镇企业主要以集体资金作为出资要件,以直接经营为主要方式,形成了新型集体经济主要以集体资源为出资要件,以资源、资产、资金和劳动力入股的股份合作方式的间接经营,最终目的都是实现集体经济的发展壮大和广大农民的共同富裕。

第二,创新和发展"苏南模式",必须坚定不移地走共同富裕的发展道路。实现共同富裕是中国特色社会主义的显著特征,也是新型股份合作经济的目标所求。无论是专业合作、社区股份合作、还是土地股份合作,其分配都是以"股"为基础,方式上灵活多样,有按土地要素分配、有按资金股份分配、有按劳动量分配,也有按贡献进行分配,充分体现了分配的多样性和合理性,使合作组织成员各得其所,共同致富。目前,苏州农民收入结构发生了根本性变化,财产性收入已经成为农民收入的重要来源。苏州农村已基本实现"村村有物业、户户有股份、人人是股东、年年有分红",为实现共同富裕提供了体制和机制保障。

第三,创新和发展"苏南模式",必须持之以恒地优化农村"三资"的配置方式。现实告诉我们,传统的集体经济参与一般性竞争领域风险太大;而简单的一次性出让集体资源,只能获得一次性收入,缺乏可持续性。因此,必须积极挖掘利用集体现有资源,通过资源资产化、资产资本化、资本股份化、股份市场化的方式,探索一条发挥集体"三资"效用的渠道。资产只有参与实际经营才能变成资本。苏州采取多种办法让资产与资金合作参与经营,在临近城镇或工业区的村,建设商贸和工业用房,通过出租的方式参与工业化和城市化;远离城镇的偏远村,采用异地发展方式,在城镇周边和工业园区统一建造物业用房,增强薄弱村的自我造血能力。资本只有变成股份才能成为分配的依据,与集体和个人的利益紧密结合。通过股份合作制改造,折股量化到人,使新型股份合作经济组织作为一个优化"三资"配置的有效载体。把上述过程有机地结合起来,通过各种形式的联合与合作,把农村分散的资源、技术和资金等各类要素进行有效整合,提高了各类要素的利用效率。苏州在推进城乡一体化进程中,创新发展的新型集体经济,使物业经济异军突起,股份合作经济迅猛发展,土地上"长"出了财富。

第四,创新和发展"苏南模式",必须坚持不懈地加强农村基层组织建设。"基础不牢,地动山摇"。在大力发展新型股份合作经济过程中,苏州始终把创新基层民主管理形式,作为加强农村基层组织建设,构建和谐社会的重要方面。在制度上,依托新型股份合作经济的组织体系,有效调动农民参与农村基层民主管理的积极性,进一步丰富和完善农村基层民主制度,进一步彰显新型股份合作经济对促进经济社会和谐发展的重要力量。在实践中,通过资产量化、股份到人、合作经营,以股份分红、盈余分配为手段,在合作社和成员之间构建起更紧密的经济利益联系,改变了过去农民和村干部、政府之间的关系,培养了农民的民主管理意识,大大提高了农民的地位。事实证明,凡是股份合作经济搞得好的地方,农民心气就顺,基层组织就强,矛盾问题就少,社会基础就稳。

2. 股份合作:做大做强集体经济的制度创新

农村"三大合作"改革符合苏南农村的实际,适应农村生产力发展的客观需要,促进了集体经济的发展和广大农民的共同富裕,具有极强的生命力。

一是创新了农村经济运行机制。市场经济最根本的特征是明晰产权,农村"三大合作"改革的关键也在于明晰产权。其重大作用主要体现在,通过明晰产权,将农民分散的资产集中起来,按照股份化的机制来统一经营,按股分配。它的特征,既有家庭经营的延伸,更有集体经营的拓展,是家庭经营与集体经营的有机结合,优势互补,形成合力,相得益彰。这种新的运行机制,既不同于改革开放前的"统",也有别于改革开放初期的"分",充分展现了"合"的优势和活力,较好地解决了农民"想的是致富,盼的是服务,缺的是技术,愁的是销路"的困惑,取得了"民办、民管、民受益"的成效,是新形势下农村基本经营制度的创新和完善。

二是创新了农民增收长效机制。农村"三大合作"改革的富民效应十分明显,且具有可持续的功能。农民参加土地股份合作社可以拿到土地股权分红、打工收入和盈余分配。社区股份合作社每年通过资产经营为合作社的社员获取回报,有些镇或村拿出集体建设用地资源,农民出资入股,通过建造标准厂房、打工楼等物业设施进行出租,获取投资性收入。农民专业合作社,通过提供农业产前、产中和产后服务,大大提高了农产品的附加值,增加经营性收入。新型股份合作经济实现了让更多的农民进入城镇或成为农业工人,实现身份转换;让更少的农民种更多的田,成为职业农民,享受规模效益。2011年,新型股份合作经济组织直接分配增长37.4%。

三是创新了集体经济发展机制。新型股份合作经济组织的成长和发展,为市场经济条件下探索和发展集体经济的有效实现形式找到了新路。尤其是社区股份合作社,把集体存量资产量化给农民,非但没有削弱集体经济,反而通过股份量化使农民直接参与管理,规范二次分配,保障农民利益,调动了广大农民关心集体经济、发展集体经济的积极性,确保了集体资产的保值增值,促进了村级集体经济的稳步发展。2011年,农村集体资产突破千亿元,达到1050亿元,增长16%。村均集体收入达503万元,增长12%。较"十五"期初增长3倍多。村级总收入中,资源资产性收入比重已上升到60%以上,成为主要的收入来源。

四是创新了基层民主管理机制。传统的集体经济名义上是农民集体所有,实质上是干部说了算,农民并不关心,也无从关心,基层民主只是一句空话。新型股份合作经济通过资产量化、股份到人,以收益分配为纽带,使合作社和成员之间构建起了更紧密的利益联系,农民成为集体资产的真正主人。新型股份合作经济的组织体系和管理制度,从经济利益上调动了农村基层参与民主管理的积极性,使基层民主管理的落实有了制度保障。通过建立"三会"组织,健全"三会"制度,并辅之于村务公开、民主理财,有效保障了农民群众的知情权、参与权、表达权、决策权,开辟了农村民主管理的新途径,有效提升了农村基层民主水平,是对农村基层民主制度和基层基础建设的一种创新、丰富和完善。

3. 制度创新的基本经验

一是统一思想认识。2001年,苏州市第九次党代会首次正式提出了推进农村"三大合作"改革的目标要求。市委历任主要领导都高度关注新型股份合作经济发展,把其作为富民强村的重要载体和主要抓手。通过十余年的不懈努力,基层干部群众的思想认识得到统一,改革意识更加明确。二是加强指导服务。各级农村工作部门始终参与改革,在尊重基层创造的基础上,帮助设计方案、起草《章程》、组织参观,做好改革的"接生婆",基层的"服务生"。各级工商、财政和税务部门也从支持和帮助新型股份合作经济组织发展出发,及时提供指导、扶持和服务。三是构建政策体系。目前,社区、土地、专业、富民、劳务等五种类型的新型股份合作经济都有了相应的专项意见。同时,还先后就换届选举、收益分配和规范建设下发了文件,初步形成了一个政策指导体系,为全市加快推进改革、规范实施改革提供了政策依据。在此基础上,2011年9月,苏州市又制定出台了《关于加快股份合作经济转型升级的若干意见》,对新时期、新形势下新型股份合作经济转型升级、提质增效进行全面部署。四是加大支持力度。从 2004 年开始,苏州市级财政和各市、区每年都安排财政专项资金,扶持农民专业合作社发展。2005年,苏州市委、市政府《关于促进农民持续增收的意见》明确要求,对新型股份合作经济组织,在财政资金、土地使用、税收优惠等方面给予政策扶持。凡是农民持股达到80%以上的新型股份合作经济组织,减免相关规费,缴纳的地方税收、新增增值税地方留成部分,五年内由财政给予等额奖励。据统计,目前,全市已制定出台了税收优惠、规费减免、生态补偿、资源配置、集体留用地、项目扶持以及金融支持服务等 90 多个政策文件,有效促进了股份合作经济持续较快健康发展。五是鼓励改革创新。全市上下解放思想,大胆探索,创造了多项全省乃至全国第一,在苏州农村改革特别是农民合作经济发展史上,写上了浓墨重彩的一笔。同时,改革思路不断深化,改革形式不断创新,改革难点不断突破,改革空间不断拓展,竞争能力不断增强,加快了新型股份合作经济由社区型向企业型、封闭型向开放型、资源主导型向创新主导型、传统集体经济组织向现代企业制度转变,加快实现联合发展、异地发展、转型发展。六是加强规范建设。发展是前提,规范是手段。在扩面增量的同时,把工作重点转向规范和完善,积极引导新型股份合作经济走规范发展之路,坚持在规范中加快发展,在发展中不断规范。

## 二、社区股份合作社

### (一)应运而生的社区股份合作社

社区股份合作社主要是将原村级集体经营性净资产折股量化给本集体经济组织的所有成员,通过明晰产权,完善集体经济的实现形式和分配方式,让农民分享集体经济发展的成果,带有明显的社区性特点。

第一个吃"大闸蟹"的,是吴中区木渎镇金星村。金星村位于灵岩山脚下,紧靠木渎古镇。依托独特的区位优势,金星村村级经济得到快速发展。2001 年,该村村级净资产 4295 万元,当年可支配收入接近 300 万元。推进改革的动因主要有三:一是村办企业全面改制。80 年代初期,村里开始办企业,1996 年后,村办 20 多家企业全面实施产权制度改革,集体资产以动产拍卖、不动产租赁的形式进行改革,企业改为民营(私营)。村办企业改制以后,村级集体经济形成了一定的资产积累,为推行社区股份合作制改革创造了条件。二是产业结构调整。随着二、三产业的发展,村镇的工、商业占地和国家征用地增加,农业用地减少。全村农田只剩 200 余亩,而且全部流转种植经济作物,农民来自农业的收入不足年收入 8%,也迫切需要寻求其他的致富门路和收入来源。三是村情民意变化。至 1999 年,全村不管是无地组还是有地组,所有户籍一律由农业户转为非农业户,村民充分利用区位优势,从事非农产业。群众虽然各谋其职,各闯致富之路,但仍分享着村里的各项社会福利,对村级经济的发展很是关注,希望有一个新机制,给他们带来更多的实惠。

但说到底,经济体制改革是利益、权力的再分配,存在政府、村集体、农户之间的多方博弈。一开始,对于社区股份合作制改革,乡镇有畏难情绪,村干部怕失去权力,农民对改革不够了解,改革推进并不顺利。直到 2001年初,时任苏州市委书记陈德铭在"三个代表"学教活动中,蹲点金星村,他在调研中强调,在发展经济和加快城乡建设过程中,农村集体经济要创新体制机制,保障农民权益,加强民主管理,要求木渎镇和金星村率先探索,从而使社区股份合作制改革走上了快车道。改革的成效是明显的。农民得到了实惠,每股红利从成立之初的 413 元增加到了 2000 元。加上后来成立的富民(物业投资)合作社,人均分红达到 11180 元。集体经济实现了更快更好发展,村级总收入从 300 万元增长至 1500 万元,净资产则由 4295 万元增长至 20183 万元,都翻了几番。农民对合作社也更加关心,民主管理、民主决策、民主监督的机制更加完善。村干部在农民心中的威信也得到加强,用合作社理事长张国荣的话来说,"表面上看,因为民主决策,我似乎失去了百分八十的权力,但换来了老百姓百分之百的信任。"

为了加快社区股份制改革的发展,苏州市于 2002 年、2005 年先后出台了《关于农村社区股份合作制改革的实施意见(试行)》、《关于加快推进和完善农村社区股份合作制改革的实施意见》。截至 2011 年底,全市已累计成立社区股份合作社 1243 个,入社农户 111.7 万户,现有经营性净资产 249.6 亿元。

与此同时,富民合作社在苏州农村也异军突起。所谓的富民合作社,就是引导农民以现金出资,利用集体非农建设用地,建造标准厂房等物业设施,取得出租收益,实现按股分红。其实质是社区股份合作社在资产量化基础上,进一步增资扩股,是社区股份合作社的衍生。第一家富民合作社诞生在昆山市陆家镇。作为增加农民投资性、财产性收入的重要渠道,这一发展形式迅速引起了昆山、苏州党委、政府的高度重视,制定出台了一系列扶持富民合作社发展的政策意见。现在,富民合作社已经在苏州全市开花结果,截至2011年底,全市已成立富民合作社339家,股金总额34.4亿元,涉及农户9.3万余户,占全市农户总数的8.1%,当年分红总额31950万元。

### (二)社区股份合作社的基本特点

苏州在推进农村集体产权制度改革的过程中,经历了从学习借鉴广东等地经验、艰难而稳步的探索阶段,到主动糅合苏州农村实际情况、全面推进和完善提高阶段,形成了鲜明的苏州特色,具有以下基本特点。

1. 形式多样

目前,苏州农村社区股份制改革主要有三种类型。一是存量折股型。即将原村级集体存量经营性净资产,按一定的标准折股量化给村民,村民按所得的股份享有收益分配。目前,苏州采用的主要形式是存量折股型,占2/3强。二是增量扩股型。即在量化集体存量资产的同时,吸纳农民现金入股,增加股本总额,实现扩大再生产,使农民取得更多的投资收益。这种类型很少,但苏州有大量的富民合作社,实际上就是增量扩股的另外形式。三是资产保护型。主要针对村级资产较少,村级收入较低,仅能维持村级自身运转,尚不能进行股金分红的村,目的在于先明晰产权主体和界定组织成员,避免非组织成员享有资产、防止集体资产平调、流失,是权宜之计。随着近年来村级收入的快速增长,一些符合条件的村也逐步向第一种类型转化。

2. 注重创新

苏州的农村社区股份合作制改革,不仅表现在改革力度上不断加大,改革广度上加快拓展,同时在改革的具体形式和内容上也在不断创新,先后出现了四种改革模式。

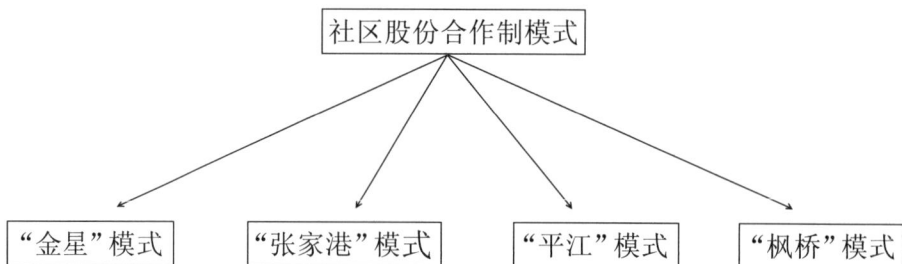

**图 1　苏州农村社区股份合作制的主要模式**

一是"金星"模式。苏州早期的社区股份制改革主要采取这一模式。它的主要特点是,保留一部分集体股,用于集体公益事业支出;股权设置以成员资格股为主,凡集体经济组织成员都享有一定股权,只享有收益分配权;股权结构为开放型,每 5 年调整一次。

二是"张家港模式"。张家港市在改革中突破了原有股份制改革"有条件"原则,在坚持"五个统一"前提下,根据资产和收益情况通过三种形式(即"确定股权,量化股值,按股分红;确定股权,量化股值,暂不分红;确定股权,界定社员,不量化股值")对传统集体经济组织全面推行了改革,闯出了产权制度改革新思路。

三是"平江"模式。突破量化办法,股份量化与贡献挂钩,农龄长、贡献大的成员,所得股份就多,而农龄短、贡献小的成员,所得股份就少;股权量化彻底,股权全部量化到人;允许股权继承,实行静态管理,生不增,死不减。城郊村大都采用这一模式。目前,集体股占比已大幅减少,股权设置日趋合理。

四是"枫桥"模式。高新区枫桥街道在推进社区股份合作制改革时,将福利事业等各项社会职能划交社区居委会,支出由街道财政承担,努力在政社分开上求创新突破,为加快推进合作社由传统农村经济管理向现代企业制度转变探索了新路。其实质是明确职责和细分职能,正确处理行政管理、资产运营和股金分配三者之间的关系,形成在村党组织领导下,村(居)委会抓行政事务,合作社抓经济事务的新格局。枫桥街道所探索的政经分离,一方面有利于明确各自分工,使村(居)委会能够把主要精力投入到社区日常事务管理,切实改善和加强社会管理。另一方面将社区事务或者公共品提供逐步改由各级财政承担,可以减轻社区股份合作社的经济负担,提高股金分配水平。枫桥街道通过推行政经分离,每年可为 24 个社区股份合作社节约支出 2500 余万元。同时,能够把成员的利益和社区股份合作社的发展更加紧密地结合起来,加快实现"三个转变"(即社区型向企业型、封闭型向开放型、传统集体经济组织向现代企业制度转变),切实增强社区股份合作社的市场竞争能力。另外通过政经分离,可以逐步割断集体经济组织成员和村(社区)的行政联系,努力加强社员和社区股份合作社的经济联系,使农民放手进城,放心进城,加快融入新型社区,更好地推进城乡发展一体化。

3. 操作规范

为确保全市农村社区股份制改革稳步推进,切实维护农民权益。在具体操作上,各地严格按照程序,手续公开透明,主要是较好地把握了"四个环节"。一是清产核资。由镇(街道)农经部门与村民主理财小组联合组成清产核资小组,对村集体所有的各类资产进行全面清理核实,搞实资产家底,其清产结果由村召开的全体成员大会或成员代表大会予以确认,并报市(区)农村集体资产主管部门审核。如需经中介机构评估资产的,应聘请具有法定资格的评估机构进行评估。确认的全部集体资产(可分生产性、非生产性和有证土地)应张榜公布。二是股权设置。在清产核资的基础上,依照农村的实际情况,合理确定折股量化的范围和股权设置的类型。折股量化的范围,原则上为村集体的经营性净资产,公益性净资产暂不列入折股量化的范围。股权设置的类型一般有集体股和个人股两种,鼓励不设集体股,推进股权固化。在股权设置中,也可以根据股份合作社发展的需要,增设现金投入股。三是股份量化。个人股中基本股的量化,依照实行社区股份合作制改革时户籍在村的实际人数,每人一股;贡献股依照年满 16 周岁后在村工作的时间(以下简称农龄)计股,有一年算一年,满半年

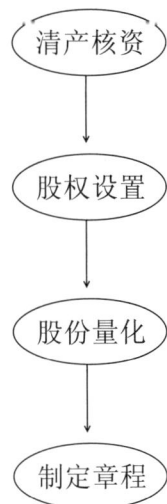

图 2　操作流程

折算一年。在校大中专学生和义务兵现役军人保留享有基本股、贡献股的权利。需量化的资产及享有股份的人员,经一定期限(一般一星期)张榜公布和经镇审核资产无异议后,以户为单位将净资产折算成股份后量化到人,记入《股权证书》,作为领取红利的依据。四是制订章程。章程是规范和管理股份合作社的文本。章程必须明确建立股份合作社的目的、性质、股权设置、社员资格、社员的权利义务、组织机构及其职能、财务管理与收益分配等内容。凡年满18周岁、持有基本股或干部岗位股的人员,均为股份合作社社员,具有选举权和被选举权。章程经社员代表大会讨论通过后生效。五是建立组织。明确所有改革的村都必须建立社员代表大会、董事会、监事会等"三会"组织,由"三会"制度替代村级传统的经济管理体制。社员代表必须经全体社员民主选举产生,不得指定,从制度上保证民主管理、民主决策、民主监督真正落到实处。

在市场经济条件下,社区股份合作社明晰了村级集体资产的权属关系,完善了集体经济的实现形式和分配机制,通过增加农民的资产性收入和资本性收入,使之逐步摆脱对农村和农业的依赖,为农民"持股进城、按股分红"创造了条件,为农民市民化、收入多元化、城乡一体化奠定了基础。

### 三、土地股份合作社

#### (一)艰难探索:土地股份合作社

2002年1月8日,江苏省第一家土地股份合作社在胥口镇诞生。

吴中区胥口镇位于苏州市西郊的太湖之滨,因春秋战国时期吴国宰相伍子胥而得名,迄今已有2500余年历史,素有"锦绣江南、鱼米之乡"之美誉。苏州太湖国家旅游度假区的核心区,就在胥口镇镇域范围之内。

也正因为如此,胥口镇土地股份合作社入股土地按照旅游度假区的总体布局,由合作社统一规划、储备和开发,实现资源的优化配置,变资源为资本,增加农民来自土地的收益。

创办伊始,合作社在城乡规划区内首批入股土地1360亩,用于发展二、三产业物业,涉及农户800余户。每亩土地折价1万元,镇集体资产公司参股100万元,总股本金1460万元。为了让农民吃上定心丸,合作社实行保底分红和按效益分配相结合的方式,即每年每股分配不少于 500 元。

但这一改革举措一开始就受到了质疑,个别媒体也进行了批评报道。问题的焦点集中在"变更土地使用性质上",1360 亩农业用地,变成了工业建设用地。其实,按照度假区的总体规划,这些土地已经纳入开发建设范围。与以往不同的是,过去是国家征用后请人来开发,而这次则是由农民组织起来,按规范要求办理农地转用手续后,根据规划自己进行开发。

胥口镇推行土地股份合作社的做法,引起了江苏省委领导的重视,专门组成了调查组,得出的结论是:胥口镇土地股份合作制改革,农民欢迎,用地合法,创新值得提倡。到 2011 年底,合作社已入股土地 14415 亩(其中,农业用地入股用于发展现代农业),总资产 1.66 亿元,入股农户 4209 户,每股分红已提高到 950 元。同时,农民不仅在合作社中拥有实实在在的资产,而且与其他被征地农民一样,由"农保"置换成了"城保",退休农民每月可以领取 500～800 元的养老金。

胥口镇土地股份合作社从事二、三产业开发,只不过是个特殊案例。苏州绝大多数土地股份合作社,是严格按照农地农用的原则,用于发展农业适度规模经营。从这个意义上说,2002 年春成立的常熟市李袁土地股份合作社,应该是苏州第一家真正意义上的农地股份合作社。

李袁村地处常熟东部沿江产棉区,农民素有种植蔬菜的传统。随着农村经济的发展,许多农民"洗脚上岸",转移到二、三产业,承包土地也逐步流转给了种养能手。过去,流转费采用的是"一脚踢"方式,好处是没有风险,缺点是农民不能分享农业生产经营环节的利润,容易因流转费多寡引起土地承包纠纷。为了确保农民在土地收益上获得稳定而有效的保障,在上级有关部门的指导下,李袁村积极探索,创新土地流转机制,首先引导有较强入股愿望的 108 户农民参与,155.5 亩连片土地入股组建合作社,以后随着农户认识的提高再逐步扩大范围。

在成员代表大会上,种植能手季保兴被推选为合作社首任理事长。合作社的股权设置也很有特点,主要以农户土地承包经营权为依据,吸纳资金、生产技术和市场信息共同入股经营。合作社设置总股份 316.5 股,其中农户土地股 155.5 股,每亩折算 1 股;村集体资金股 91 股,每 1 万元为 1 股;

季保兴以生产技术和市场信息入股,折合 70 股。合作社主要以生产出口蔬菜为主。组建以来,积极开展农业新品种的引进开发,农业新技术的推广应用。注重市场建设,加强与龙头企业的紧密合作,先后与常熟、上海、苏州、江西等地的近十个农产品加工出口企业建立了良好的产销关系,大力发展订单农业,取得了良好的经济效益。目前,李袁村已实现整村土地入股,在此基础上,又组建成立了粮油、蔬菜、葡萄和苗木四个专业合作社,初步形成了土地入股和专业合作相结合的农业生产经营模式。

### (二)土地股份合作社 :资源资本化的重大实践

在城乡一体化发展的过程中,必须创新体制机制,通过市场这只无形的手,促进资源要素在城乡间自由流动,让静止不动的资源变成增值增效的资本。苏州大力发展土地股份合作社,既是土地流转机制的探索创新,又是资源资本化的重大实践。

资源资本化的关键在于资源产权化,在明确农民土地承包经营权的基础上,通过土地股份社改革,使农民突破传统的物质资源经营体系,转向价值增值经营模式。这既是率先基本实现农业现代化的客观需要,也是推进城乡一体化发展的重要路径。有利于培育壮大农业市场主体,从而更好地带动农业农村经济发展 ;有利于让农民根据自己的意愿将农业资源用于投资,以资本所有者的身份分享土地等资源作为资本带来的收益 ;有利于城乡资源要素优化配置,加快实现"三个集中",推进农村城镇化进程。

1998 年,苏州全面开展了农村土地续包和确权发证工作,全市 95.59 万户农户领取了土地承包经营权证书,占应发证书农户总数的 99.2%,农民取得了长期而稳定的土地承包经营权。随着工业化、城镇化和城乡一体化的全面推进,农民非农就业充分稳定,农村社会保障健全完善,越来越多的农民选择将土地承包经营权流转出来。

其实,作为农民的一项重要的"安身立命之本",土地承包经营权具有资源和资产的双重属性。2007 年实施的《物权法》明确了土地承包经营权用益物权的法律属性,决定了土地承包经营权是一项财产权,这为土地承包经营权资本化奠定了基础。中国农村问题专家张晓山说,农民对土地的财产权利的实现过程,也就是土地要素逐步市场化的过程,城乡二元结构逐步消除、城乡统筹发展的过程。资本化的土地资源如果分配和使用得当,完全可以支付消除城乡二元结构、促进城乡经济社会协调发展、实现农业现代化所需的运作成本,从而使农民能真正享有其土地增值收益中应得的份额,合理分享城镇化的"红利"。这是最大的多予和少取。

苏州发展土地股份合作社,为土地承包经营权市场化搭建了制度平台,为资源资本化提供了崭新路径。无论是吴中区胥口镇土地股份合作社,还是常熟市李袁村土地股份合作社,都是引导农民把依法取得的土地承包经营权转化为长期股权,变分散的土地资源为联合的投资股本,通过直接经营、参股经营或租赁经营等方式,获得收益并按股分配的一种土地经营制度的创新。在稳定家庭承包经营制度,确保农民土地承包权益的基础上,农村土地股份合作社较好地解决了家庭联产承包与劳力非农就业、承包地块分散与适度规模经营的矛盾,促进了土地资源的优化整合,变革了农业生产经营方式,加快了"三个集中"进程,推动了城乡一体化发展。目前,全市已成立土地股份合作社 712 家,土地入股面积 111.4 万亩,入社农户 34.2 万户。结合土地承包经营权登记试点工作,苏州规划到"十二五"期末,农民入股土地占承包土地面积的比例要达到 80%。

为了破解"登记难"带来的"发展难"问题,苏州市委农办会同工商部门,在认真研究相关法律法规和政策的基础上,打破旧的框框,创造性地提出了对土地股份合作社开展工商登记工作的基本原则,即只要符合土地利用总体规划,不改变原有土地性质和用途,明确土地承包权益人,合理确定股权价值,就可依法进行注册登记,确立土地股份合作社的法人主体地位,将土地承包经营权资源资本化又向前推进了一大步。2006 年 3 月,吴中区横泾街道上林土地股份合作社率先办妥了注册登记手续,成为全国首家以农民土地承包经营权作价入股,并领取工商营业执照的土地股份合作社。

在总结吴中区经验的基础上,苏州工商局、苏州市委农办联合制定了《关于进一步规范各类农村合作经济组织工商登记管理的通知》(苏工商〔2008〕99 号)。文件明确,对具备农民专业合作社设立登记条件的农村土地股份合作社,也可以登记为农民专业合作社,核发《农民专业合作社法人营业执照》。针对各界土地股份合作社破产清算时,能否保障农民土地承包经营权的疑虑。创造性地提出,以土地承包经营权出资的成员退社以及合作社清算或者破产时,其土地承包经营权不得用于清偿债务或作为偿还债务后的剩余财产进行分配,应由该成员收回,其应分摊的偿债份额按比例以其作价出资的土地承包经营权的等额货币为限对本社承担责任。

工商部门向土地股份合作社颁发营业执照,为农民参与市场经济竞争搭建了平台,为农民致富发展开辟了绿色通道,具有深远意义。目前,全市已有200余家土地股份合作社进行了工商登记,领取了农民专业合作社法人营业执照,接近土地股份合作社总数的1/3。下一步,苏州将加快建立农村产权交易市场,从而形成土地承包经营权入股、土地股份合作社工商登记、开展农村土地承包经营权产权交易和金融部门提供配套服务一条完整链条,为资源资本化提供了更为广阔的空间。

### (三)土地股份合作社的运行机制

组建土地股份合作社,股权设置主要以农民的土地承包经营权为依据。土地股份合作社主要有两种形式。一种是农民单纯以土地承包经营权入股的合作社,土地一般不作价,原则上一亩折算1股,由合作社统一组织对外发包或租赁,所得收入按股分配,即内股外租型。另一种是以农民土地承包经营权入股为主,辅以资金、技术、其他实物等参股的股份合作社,入股土地应该作价折股,原则上经营收益按同股同利进行分配。土地作为自然资源性质的物权具有最高的价值,很难估量确定。因此,从苏州基层的实践看,折股标准大多以协商为主。主要有两种方法。一种按照土地征用时的补偿费作为折股依据,如胥口镇土地股份合作社。另一种是以每年的土地经营收益乘以土地承包经营权的剩余年限,作为折股标准,如上林土地股份合作社。无论采取哪种折股方法,都必须取得入股农民的同意方可实施。考虑到土地承包经营权兼有生产和保障的功能,为了保护农民的承包权益,在制度设计上,基本上实行保底分红和二次分配相结合的方式。土地股份合作社组建,一般要经过发出入股协议、建立筹备小组、组织草拟章程、召开设立大会和完善相关手续等五个环节,以规范操作程序,保障农民权益。随着改革的不断深化完善,苏州的土地股份合作社逐步形成了自己的特点。

1. 发展形式多样

在推进土地股份合作社过程中,各地坚持因地制宜,大胆探索,积极创新,在发展形式上不强求一致。从经营方式看,有的实行内租外股,有的开展自主经营;从经营内容看,在农保区内是从事农业生产,在城镇规划区内是发展二、三产业;从股权设置看,有的以纯土地入股,土地不作价,每亩为1股,有的吸收资金、技术入股,土地按一定标准作价入股。不管采取何种形式,一切以尊重农民意愿为依归,一切以维护农民土地承包权益为核心。近年来,吴中区还积极探索将土地承包经营权入股农民专业合作社,即在专业合作社中设置土地股,社员以其经营的土地承包经营权,经折价后入股,与现金股享有同等的分红权利,土地资产变成了土地资本。同时,在不改变社员经营现状的情况下,由专业合作社牵头,对所有经营权入股的土地进行整体规划,整治改造,提高综合生产能力。这一做法既使社员得到了实惠,也完善和创新了双层经营体制,推进了现代农业的发展,效果明显。

2. 推行整村入股

整村入股的最大好处,是有利于统一农业布局规划,并与城乡一体化规划相衔接,实现农业可持续发展。近年来,苏州市在推进土地股份合作制改革过程中,坚持以整村土地入股为重点,通过选择一些村级集体经济实力较强、农户非农就业转移稳定、农户流转土地占比较高的村,鼓励和引导农户将剩余承包土地全部流转入股,组建整村型土地股份合作社。实行合作社机构与村行政组织脱钩的运作机制,单独建账核算,提升土地股份合作社规范化建设水平。2011年,土地股份合作社社均入股土地面积为1473亩,而2006年仅为596亩,规模扩大了将近1.5倍,整村性入股不断增多。昆山市土地入股占比达到92%,基本上每个农业村都实现了整村入股。

3. 创新经营方式

为了建立合理、持续的入股分红增长机制,完善农民与合作社的利益联结关系,各地还积极创新土地股份合作社经营机制。太仓市大力发展合作农场,探索以土地合作、资金合作和劳动合作相结合,建立更加合理的利益分配关系。张家港市、常熟市则稳妥发展土地股份合作社自主经营,努力提高合作社经营效益,确保农民土地收益持续增加。吴江市同里镇北联村,全村 5500 余亩土地已全部加入土地股份合作社,另外还分别组建了粮油、水产、农机、蔬菜等专业合作社。在土地发包合同中约定,除上交土地租金外,还明确专业合作社收益的 20%,要返还给土地股份合作社,用于土地股份合作社二次分红,让入股农民也能获得农业经营环节的增值效益。

### 四、农民专业合作社

苏州最早的农民专业合作组织,实际上是以农民专业技术协会为主,主要从事技术交流和推广活动,它是应家庭联产承包的推行而逐步产生。就总体而言,合作领域窄、经营层次低,会员与协会没有经济利益联结,关系比较松散。世纪之初,一部分专业协会在技术推广的基础上,开始慢慢向经济合作过渡、升级。除了提供生产技术服务外,还为会员提供生产资料供应、市场信息、产品销售、农产品贮藏及运输等服务,形成了较为稳定、紧密的合作关系,具备了合作社的基本特征,成为苏州首批专业合作社。2002 年,苏州出台了《关于发展农村专业合作经济组织的意见》(苏办发〔2002〕74 号);2004 年,在全省率先设立了农民专业合作组织财政专项扶持资金,引导苏州农民专业合作社健康、规范、有序发展。到 2011 年底,全市已组建农民专业合作社 1235 家,入社农民成员 17.4 万人。

对于苏州而言,专业合作社有效解决了农民专业与兼业的矛盾,带领农民开展专业化、标准化生产经营,优化了农业区域布局,推动了农业特色主导产业的发展和农业产业化经营,促进了农业产业向向二、三产业延伸,加快了农村经济结构的调整过程。在很大程度上提升了农民的市场竞争力,促进了资源在城乡之间的统一配置,拓展了农业结构调整的新领域和新空间,缩小了城乡之间的发展差距,使城乡一体化发展成为现实。

### (一)第一张营业执照

农民专业合作社在国外发展比较成熟,自英国罗虚代尔公平先锋社诞生以来,国际合作社运动已经历了 160 多年的发展历程,形成了较为完善的法律、法规和政策支持体系。而在我国,农民专业合作社还是一个新生事物,许多农民,甚至许多部门,对专业合作社也很不了解,合作社出生伊始便"先天不足"。在 2007 年《农民专业合作社法》出台之前,我国对专业合作社的组织设立、登记注册、解散程序和组织性质、宗旨没有明确规范，导致登记注册和管理工作无法可依、无章可循。

苏州的一些专业合作社经过几年的发展，已经不再仅仅满足于对成员的生产技术服务，迫切希望申领营业执照，取得市场主体资格，放开手脚开展生产经营。2005年初，吴中区西山镇衙甪里村的马国良，向吴中区工商部门提出申请，希望能领取营业执照，使已经成立的合作社取得合法地位，统一收制碧螺春茶卖到市场上，帮助解决乡亲们卖茶难的问题。

苏州市、吴中区二级工商部门在认真调查研究的基础上，分别出台了相关政策，为合作社注册登记打开了通道。3月12日，吴中工商局向西山衙甪里村38位农民共同发起设立的茶叶股份合作社颁发了江苏全省第一张营业执照。合作社由该镇6个村38个股东出资36.5万元组建，另有200户茶农成为合作社松散层成员，茶园面积近1000亩。股份合作社实行利益分享、风险共担、民主管理、按股分红的运作方式。

在市场经济大潮的洗礼下，许多专业合作社开始茁壮成长。吴中区东山吴侬碧螺春茶叶专业合作社、相城区佳灵禽业专业合作社，成立之初销售收入才100余万元，通过五六年的努力，销售收入已分别达到1600万元和2500余万元，带动了更多的农民增收致富，起到了很好的示范引导作用。

**（二）从农民的联合到合作社的联合**

单个合作社往往发展规模偏小，经营人才匮乏，在品牌打造、渠道建设、设备投入方面处于天生的弱势地位。从国外的经验看，合作社发展到一定程度，必然要走联合之路，这是大势所趋。不过，国外的合作社，发展规范而且成熟，联合社大抵是自上而下形成的，如日本的农协。我国的《农民专业合作社法》并没有涉及联合社，法律总是存在滞后性。不过，法律不涉及并不代表现实不需要。吴中区在联合发展方面，又进行了有益的尝试。

榜样的力量是无穷的，加入合作社的好处被农民看在眼里、记在心里。短短几年时间，吴中区洞庭东山、西山一下子就涌现了30多家茶叶合作社。入社农户分工合作，把原本很是分散的各家各户的种植、加工、销售集中起来，降低了制售成本，提升了茶叶品质，提高了销售价格，茶农获得了真正的实惠。像东山镇，加入合作社的茶农已占到该镇农户总数的60%以上。

2012年,该镇碧螺春茶叶专业合作社实现总产值约6530万元,较上年增长10%,茶叶销售约占全镇春茶销售总额的70.5%。仅茶叶一项,茶农户均收入就达到10894元。但是,单个合作社大都以村为单位,规模小、品牌杂、产品标准单一,缺少专业的营销队伍。由于人力、物力、财力有限,茶叶销售大都局限在本地,市场拓展能力很弱,始终无法在外地取得更进一步的发展。而且,同一个区域,合作社多了,又容易引起无序竞争,互相压价,损害合作社和茶农的利益。

因此,当政府倡导组建茶叶合作联社的消息传出后,深受分散之苦的许多合作社就积极要求加入。2008年3月22日,苏州洞庭东山碧螺春茶叶专业合作联社、苏州洞庭西山碧螺春茶叶专业合作联社正式成立,分别拥有17家和12家合作社成员,联社成员单位已覆盖80%的行政村,50%左右的茶农成为联社成员,经营土地面积也占两镇茶叶种植面积的50%以上。联社为成员单位提供产前、产中、产后的服务,实行"六个统一"的运作机制,即"统一确定品牌、统一宣传策划、统一质量标准、统一销售窗口、统一指导服务、统一开发三产",在整合洞庭山碧螺春茶叶的资源和产业优势,提升碧螺春品牌,促进成员单位规范运作,拓宽茶叶销售渠道等方面发挥了积极作用。目前,全市已组建专业合作联社17家,涉及成员单位176个,有效解决了单个合作社规模小、品牌杂、销售难等瓶颈,为整合资源、提升附加值、做大做强做优合作经济、创造最佳的经济效益走出了一条新路。

### (三)抱团进城

从苏州农民专业合作社发展的情况看,在生产技术的服务方面已经没有太大问题,最薄弱的环节还是在农产品的营销上。为此,全市各级政府和相关部门有意识地引导农民专业合作社加强营销能力建设,切实解决农产品"卖难"问题。在每年发布的专业合作社财政专项申报指南中,都明确"对农民专业合作社加强营销能力建设项目予以优先扶持"。鼓励农民专业合作社进城开设直销门店,凡进城开设直销门店符合标准的,每个予以10万元奖励。

但是,单个合作社进城开设门店,存在实力不强、经验不足、成本过高等问题。2010年,江苏省农委倡导农民专业合作社"抱团进城、直销产品、服务市民、做响品牌",要求各地支持农民专业合作社在市区开设直销店、直销窗口或自营超市,明确每个直辖市必须组建一个以上的农产品销售专业合作联社。

以此为契机,2011年3月,由苏州本地农业龙头企业趣普仕农业发展有限公司发起,来自苏州各市、区的11家农民专业合作社参加,组建成立了苏州市第一家"苏合"农产品销售专业合作联社,首家直销门店也在市中心的竹辉路正式开业。过去,单个农民专业合作社进城开店运营成本较高,一年10多万元的租金,再加上运输费、员工工资、水电等固定开支,合作社仅仅靠销售自产农产品所得的收益,基本上"花钱买吆喝",有的甚至血本无归。现在,联社由12家成员单位共同出资成立,每年的店面租金和固定开支等也共同分担,这使得单个合作社原先所需承担的风险大大降低,能够确保合作联社持续良性运行。在运作机制上,联社与成员之间将实行代销的方式,即由成员提供给联社农副产品,并确定基准价格,再由联社根据产品种类的不同,综合考虑经营成本和市场营销走势等因素,并最终确定对外销售价格。在分配方式上,将按交易量分配和成员单位的毛利贡献相挂钩,即供货价格越合理,产品销售越多,毛利贡献越大,二次返还越多,从而使联社和供货成员在定价取向上达到一致。销售量和毛利额的计算由联社为每个成员建立成员账户,并予以记载,接受审核监督。

联社的出现也受到了市民的欢迎。日常生活离不开农产品,对苏州人而言,质量好、安全性高的地产农产品最配他们的胃口。但农产品利润比较低,农民要自己种养、自己销售,显然很困难,可能连摊位费都做不出来。有了"苏合"这样的农产品销售专业合作联社,地产农产品就可以轻松走上市民餐桌了。对消费者而言,联社的出现也是大好事——因为减少了中间环节的"盘剥",消费者可以在得到质量保证的基础上,享受到更多的实惠。在苏州市推进农产品平价商店建设稳定"菜篮子"价格工作会议上,"苏合"农产品销售专业合作联社竹辉路店被市政府列入首批农产品平价商店名单。

受此启发,地处太仓市的江苏省仓润农产品专业合作联社,在全省率先推出流动平价农产品直销车,从田间地头采摘的农产品装车后,直接开进社区,利用社区空地或闲置停车场,为居民提供新鲜、安全、价廉的蔬菜,解决了一些地区平价农产品零售网点不足的问题,成为名副其实的"汽车蔬菜超市"。最近,该联社又分别在苏州市、太仓市等地连续开出了近20家直销门店。推进合作社联合营销,让农民抱团进城,既畅通了农产品销售渠道,有利于解决农产品销售"最后一公里"问题,又减少了农产品流通中间环节,降低了农产品流通成本,增加了合作社的收益,有利于促进农民持续增收。

**(四)农民专业合作社的衍生——劳务合作社**

2001年,太仓市浮桥镇将被征地农民组织起来,创办了全省第一家劳务合作社,既实现了农村富余劳动力的稳定就业,又为用工企业提供了优质的劳动服务,取得了良好的经济效益和社会效益。在太仓市委、市政府的高度重视下,这一新型农民经济组织形式在太仓得到了迅速发展。2011年初,苏州市在总结太仓经验的基础上,制定出台了《关于加快发展农村劳务合作社的意见》(苏办发〔2011〕17号),在全市面上进行推广。

1. 组建动因

所谓劳务合作社,是指由镇、村(社区)集体牵头,主要吸收社区内被征地农民、"4050"人员等有劳动能力,但难以寻找到合适就业岗位的农村闲置劳动力参加,自愿联合,对外提供劳务、承接工程等,对内实行民主管理、自我服务、自我提高、利益共享的一种新型合作经济组织。创办和推广劳务合作社,主要有以下几个方面的考虑。一是农民有需要。随着工业化、城市化进程的加快,土地被大量征用,出现了大量的被征地农民。这些被征地农民中,有劳动技能、综合素质较高的中青年农民就业相对容易。但是,一些年龄大、文化低、技能弱的农民找工作就难得多。同时,农村中还有大量老年农民,有一定的劳动能力,却难以寻找到合适的就业岗位。这些农民为了增加收入,改善生活,有着强烈的就业愿望,希望政府帮助就业。二是市场有需求。近年来,苏州经济发展日新月异,吸引了大量企业到苏州落户。这些企业的卫生保洁、物业管理、绿化养护等,需要大量能够从事简单劳动的中老年农民。但是,企业不愿直接将这些辅助人员招聘为正式员工,而更多的是需要有组织的"中介服务"。劳务合作社的产生,契合企业和劳动者各自的需求和利益,受到了双方的欢迎。同时,新农村建设的推进和大量政府公益性工程的实施,客观上也为劳务合作社的发展创造了条件。三是政府有责任。虽然政府对被征地农民实行"土地换保障",消除了后顾之忧,但对于未达到退休年龄的被征地农民,特别是"4050"的中老年农民,如果找不到合适的工作,游离于社会之中,一方面增加其本身生活困难,另一方面也给政府社会管理增加了难度。因此,帮助扶持包括被征地农民在内的广大农村闲置劳动力,通过劳务合作社这一新的载体,把这些弱势群体组织起来,提供劳动岗位,增加工资收入,让他们安居乐业,是政府应尽的责任。

2. 主要做法

一是强化政策扶持。作为改革的新生事物,劳务合作社从一开始就得到了各级政府的高度重视和精心呵护。在工商登记、税收优惠和政府公益性工程发包上对劳务合作社优先予以扶持和帮助,提供宽松的发展环境。凡由公共财政支付的绿化养护、卫生保洁等工程,在同等条件下,优先由劳务合作社承担。建立劳务合作社补助制度,每建立一个劳务合作社,财政给予一定金额补助;对促进就业贡献突出的劳务合作社,政府给予奖励。赋予劳务合作社农民就业培训职能,政府根据就业人数,按一定标准给予财政补助。针对合作社成员大都为"5060"人员,年龄偏大,打工就业的风险也相应增加,按照现行的保险制度一般都不给办理保险,太仓市专门协调有关保险公司和管理机构,并组织提供专项财政资金,为这部分人办理保险,保障其能安心工作和承接有关劳务工程。同时,认真总结发展经验,加强舆论宣传力度,提出明确发展目标,使劳务合作社从"星星之火"逐步形成"燎原之势"。

二是强化质量管理。劳务合作社成立后,有关部门和单位在给劳务合作社提供各种劳务工程机会时,要求其严格管理,按照市场化办法和相关质量标准对待劳务合作社提供的劳务服务,促进劳务合作社提高劳务服务的质量和水平。

三是强化能力建设。劳务合作社围绕劳务服务需求,着重开展四个方面的能力建设。开展专业培训。由合作社牵头,对社员开展各种专业和岗位培训。有的特殊工种还得参加部门考核,取得资格方可上岗。提供就业岗位。合作社一般先从村里的河道保洁、绿化管理、卫生保洁做起,再把业务逐步拓展到城镇和外资企业,以合作社名义统一对外承揽工程、实施劳务派遣、提供物业管理等,为社员创造就业岗位,维护社员劳动权益。完善劳动保障。为减轻社员的后顾之忧,对符合职工社会保险条件的,由合作社统一缴纳社会保险基金;对被征地农民等有"农保"或"城保"的,由合作社统一购买医疗、工伤意外等补充保险,让社员吃上"定心丸"。健全各项管理。合作社根据就业岗位,采取岗前培训、跟踪管理、分月考核、年终评比等现代管理方式,对社员实行岗前、岗中、岗后的全程考核管理。

四是强化规范运作。明确组建劳务合作社必须具备"四有"条件,即有明确的发起人和一定数量的成员,有共同的专业生产经营项目和具体的合作内容,有比较规范的合作社章程,有一定的经营要素基础。在操作程序上,接受农村工作部门具体业务指导,提出组建申请,经审批后,到市工商行政管理局办理登记手续,颁发营业执照,取得法人资格。

3. 主要成效

组建劳务合作社,不需要大的投资,但效果却很明显,农民比较欢迎。一是拓展了农民劳动力和资本合作的新领域。劳务合作社不仅是市场经济主体,同时也具有明显的公益性质,是政府公共服务的延伸。社员以劳动要素作为加入合作社的基本条件,社员与合作社之间不是简单的一次性的劳务中介关系,合作社以服务社员为宗旨,具有明显的合作特征。社员在基本工资之外还有盈余分红,与劳务合作社经济利益联结较为紧密。二是促进了农民充分就业和增加收入。劳务合作社把农村大量闲置劳动力组织起来,进行各种劳动技能的培训,再对外承揽业务,为社员提供工作岗位,帮助他们实现了就业,增加了农民工资性收入。大仓市城厢镇东林村,抓住金仓湖生态公园开发建设的契机,因地制宜,组建了东林劳务合作社,下设物业管理、园林绿化、家政服务、生态养殖、净菜配送、卫生保洁、劳务中介等 7 个部门。成立以来,合作社积极跑企业、闯市场,努力拓宽就业渠道。城厢镇东林劳务合作社已先后帮助本村 400 个闲置劳动力就业,约占总数的 50%。三是提高了农民组织化程度和抵御风险能力。劳务合作社把分散的农民聚集起来,以合作社的名义对外承接各项业务、提供劳务服务,既可以优化配置劳力、技术、信息等资源,又能够提高谈判地位,争取较好的劳动福利条件,增加社员工资收入,维护社员劳动权益,有效地提高了农民的组织化程度。农民加入劳务合作社后,在面对市场竞争、就业压力时,可以通过合作社这一"经济共同体"来共同应对,增强了抵御各种风险的能力。合作社为每个社员购买社保或人身意外保险,消除了社员的后顾之忧。由合作社向业务单位收取劳务费用,直接发放给社员,向业务单位收取一定数额的管理费用,到年末有了盈余,再向社员进行二次分配。浮桥镇的华金劳务合作社,目前拥有社员 573 人,多数是失地的"4050"人员,合作社根据当地企业提供的就业岗位,采取岗前培训、跟踪管理、分月考核、年终评比的方式,实行岗前、岗中、岗后的全程服务。2011 年,社员人均收入超过 3 万元。同时,该合作社不仅为社员购买了社保,还为社员投保了意外保险,在每年的盈余中也会提取一定比例的风险基金,用于合作社生产经营活动中遭遇经济损失时的补贴。四是助推了城乡一体化进程和农民生活质量的改善。政府通过大力扶持村级劳务合作社发展,将有劳务需求的农民组织起来,承接城市绿化工程、道路养护、物业管理、农业生产服务等工作,实现了充分就业,促进农民稳定增收,推进了城乡一体化发展和农民生活质量的改善。目前,全市已成立劳务合作社 125 家、吸纳成员 13844 人。参加劳务合作社的人员,绝大多数是农村"5060"人员,他(她)们每月的劳务收入登记在社员证上,由于从事劳务项目的不同,工资收入从 800 元到 3000 元不等。这些收入加上农保、被征地养老保险金,年平均收入 24000 元左右,如果再加上社区股份合作社的分红,实际的收入水平更高。通过劳务合作社,这些农村闲置劳力特别是被征地拆迁的农民实现了稳定就业,收入水平有了明显提高,生活质量有了明显改善,更好地融入了城市生活。

### 五、创新"三大合作"发展机制

经过 10 多年的探索、创新和发展,苏州新型股份合作经济的组织形式不断丰富,内涵外延不断拓展,自身实力不断增强,但也受到发展空间、发展方式、税收资金等各种因素的制约,需要在"十二五"时期进一步深化改革、加快创新、积极调整,更新发展理念,拓宽发展思路,创新发展方式,开阔发展空间,不断优化资源配置,拓展资本营运,提升产业层次,强化竞争能力,推动新型股份合作经济组织加快转型升级和提质增效步伐,努力在更广领域携手合作、向更高层次拓展延伸、到更高平台联合发展,真正实现由数量增长向质量提高的关键转变。

**（一）创新"三资"管理打造"航母"级合作经济体**

2005 年，苏州市委、市政府出台了《关于促进农民持续增收的意见》（苏发〔2005〕23 号），明确了一系列扶持和发展农村"三大合作"改革的政策，如地方税收、新增增值税地方留成部分财政等额奖励等，由此迎来了新型股份合作经济发展的春天，基层亲切地称之为"23 号文件"。2005 年，全市新型股份合作经济组织 899 家，至 2007 年，已发展为 1694 家，接近翻一番。到 2011 年，全市 95% 以上的村完成了社区股份合作制改革，55% 以上的承包土地加入了土地股份合作社，98% 以上的农户成为了新型股份合作经济组织的成员，其中 92% 拥有股份。

但是，随着城乡一体化的推进，农村"三个集中"进程的加快，再搞"村村点火、户户冒烟"，小打小闹，既不经济，也无可能。因此，农村"三大合作"改革必须创新"三资"管理方式，优化城乡资源配置，走异地发展、联合发展和转型发展之路，推动新型股份合作经济转型升级，提质增效。

平江区城北街道属于古城区，随着城市化的发展，许多社区股份合作社的物业越拆越少，优质资产变成了货币资金。面对与日俱增的发展要求和分红压力，城北街道选择了"走出去"的发展方式，分别在苏州新区、工业园区、相城区投资购地 293 亩，建设标准厂房 16 万平方米，建立工业小区 6 个，完成对外投资 3.2 亿元，年租金 2209.46 万元。2011 年，城北街道社区股份合作社分红为 2624 万元，户均接近 5000 元，处于全市领先水平，"走出去"战略功不可没。

吴中区临湖镇湖桥村走的是联合发展之路。2010 年 11 月，由社区、土地、专业三个合作社共同出资 5600 万元，组建苏州湖桥集团，成为全国首家依托农民合作社成立的集团公司。吴中区随之大力推广湖桥做法，全区共组建镇（街道）级集团公司 14 家，累计注册资本 13.7 亿元，实现了镇级集团全覆盖。

强村公司是昆山市联合发展的又一创新。最早成立的淀山湖镇强村发展公司，由该镇 10 个村的社区股份合作社共同投资组建而成。成立之初，政府给予了精心呵护、大力扶持，资金高度优先安排，优质资源优先配置，政府项目优先考虑。在具体运作上,实现了"四个化"。一是企业制度现代化,做到产权清晰、权责明确、政企分开、管理科学。二是管理方式规范化,清晰组织架构,完善制约机制,健全管理制度。三是产业经营多元化,公司下设四个全资子公司,分别是和之然物业管理、悦之然园林艺术、泰之然市政建设、礼智信文化传播,实现多元化经营。四是管理人才专业化。公司拥有高素质专业人才70余人,其中1/3以上具有中高级职称。以淀山湖镇强村公司为代表,合作社在稳定发展物业经济的同时,积极探索新的发展形式,触角慢慢延伸到服务、金融、文化等产业,正在走上转型发展、创新发展之路。

据统计,到2011年底,苏州全市已成立各类合作社联合发展载体78个,股金总额接近60亿元,涉及各类合作社768家。

**(二)进一步解放思想:合作经济发展前景展望**

随着苏州城乡发展一体化的全面推进,"三大合作"改革的不断深化完善,农村新型合作经济将迸发出更加强劲持久的生命力。2011年8月出台的《关于加快股份合作经济转型升级的若干意见》(苏办发〔2011〕75号),为我们勾画了新型股份合作经济新的发展蓝图:"十二五"期末,全市新型股份合作经济总资产超过1500亿元,资产收益率年均增长10%以上,对农民增收的贡献率提高10个百分点以上。

1. 提升资源配置水平

坚持集约发展。充分发挥规划对城乡空间资源配置的引领作用,在进一步优化城镇空间规划,完善村镇布局和土地利用总体规划,实现城乡规划全覆盖的基础上,加快"三个集中",推进股份合作经济集约发展。落实发展载体。认真落实集体留用地政策,在城镇规划区或经济开发区为股份合作经济预留非农建设用地,按规划要求实行集中开发,统筹建设集贸市场、标准厂房、集宿楼、仓储物流设施、三产经营用房、写字楼等一些效益好、见效快的投资性物业项目,为发展壮大股份合作经济提供发展空间和有效载体。盘活存量资产。按照资源资产化、资产资本化、资本股份化、股份市场化的思路,对现有闲置或低效使用的办公用房、老校舍、厂房、仓库、堆场等各类集体资源资产进行优化整合,通过功能置换、回购储备等途径,科学配置城乡资源,优化城乡产业布局,盘活存量建设地,拓展新的发展空间。

2. 提升组织创新水平

创新发展方式。鼓励和引导股份合作经济,打破行业和地域界限,整合资源、资产、资金,通过参股、联营、长期投资、异地投资等多种方式,扩大联合与合作,组建联合发展平台,抱团发展,实现资源共享、优势互补,形成规模和集聚效应,不断提升经济实力和市场竞争力。加速层级整合。积极探索以股份合作制等形式,在镇域乃至市(区)域范围内进行土地和项目开发,建立"市(区)、镇(街道)主导开发,市(区)、镇(街道)、村(社区)三级分利"的发展模式,引导股份合作经济在行政区域内外配置资源,在更大范围和更高层次上推动转型升级。强化组织集合。在明晰产权、自愿互利的基础上,鼓励和支持相同产业的农民专业合作社组建专业合作联社、营销合作联社或农产品行业协会,提升组织化水平。鼓励和引导社区股份合作社、富民合作社以镇(街道)为单位组建合作联社,共同投资开发,收益按股分配。优化股权结构。进一步优化均衡股份合作经济组织股权结构,鼓励农民以现金入股,实行劳动合作与资金合作相结合。鼓励股份合作经济组织为满足成员从事与本组织业务有关的生产经营活动的资金需求,在本组织内部成员间开展资金互助。

3. 提升产业发展水平

优化产业形态。鼓励和支持股份合作经济以市场为导向,在符合城市总体规划的前提下,通过"优二进三"、"退二进三"、"接二连三"等途径,对现有产业形态进行优化整合,做优一产、做强二产、做大三产,促进农村产业结构更趋优化合理。拓展产业内涵。鼓励和支持股份合作经济引进资金、技术等生产要素,与社会资本合作兴办新的产业或企业,壮大经济实力。鼓励和支持股份合作经济以"合作化、农场化、园区化"为方向,进一步创新现代农业经营形式和生产组织方式,实行标准化生产,品牌化营销,产业化经营,做大产业规模,实现产加销一体化发展,更多地分享加工流通环节的增值效益。鼓励和支持股份合作经济组织利用"四荒"、水面、经济林木等资源,建设特色农产品种养基地,加大乡村旅游规划的实施,积极发展"农家乐"、生态休闲观光农业。注重市场营销体系建设,健全农产品储运保鲜、冷链物流、展示展销、安全质量监测和动植物检验检疫等新型社会化服务体系,延伸农业产业链,提升农产品附加值。

4. 提升资产营运水平

理顺产权关系。明确资产财务登记主体,指导农村集体经济组织向农村社区股份合作社移交财产,并依法办理权属登记。强化经营管理。切实加强"三资"管理,提高资产使用效益,防范资产经营风险。全面推行委托代理记账,提高财务管理水平。坚持采用公开拍卖、招标、招租、发包等市场运作方式,规范股份合作经济组织资产处置行为。健全民主理财组织,抓好预算决算、财务公开和内部审计,建立健全行之有效的监管体系,全面落实股份合作经济重大事项审查制度,确保"三资"管理合理、公开、有效。创新管理方式。引导股份合作经济合理选择金融产品,发起设立或参与组建小额贷款公司、村镇银行、消费金融公司等,把注意力从集体"三资"的物质形态管理转到物质形态管理与价值形态管理并重的轨道上来。各类新增经营性资产建设项目或其他重大投资决策,必须充分调研,对项目可行性进行科学评估,并按重大事项决策程序民主决策。积极引入经济责任制、成本核算制以及职业经理人制度,实现从粗放的传统管理向规范的现代企业管理转变。

5. 提升民主管理水平

加强规范建设。不断完善组织机构,建立健全成员(代表)大会、理事会、监事会,规范"三会"运行制度。切实加强以"服务成员好、经营效益好、利益分配好、民主管理好、示范带动好"为内容的"五好"示范社创建,不断提升股份合作经济的发展水平。推进社务公开。健全社务(财务)公开制度,按季公开财务收支,及时、准确地将财务等相关资料予以公开,提高财务收支和收益分配的透明度,切实保障社员的知情权、参与权、表达权和监督权。规范收益分配。正确处理好核心成员与普通成员、股东成员与非股东成员的关系,切实提高分配水平,增强股份合作经济对农民的吸引力和凝聚力,使其成为新形势下改善干群关系的平台,促进农民增收的渠道。强化民主监督。推进和完善民主管理制度,尊重社员意愿,坚持民主协商,实行民主决策、民主管理和民主监督,重大事项由社员(代表)大会讨论决定,不断提高广大社员参与合作社事务的积极性。

# 三大并轨：城乡社保制度一体化

自苏州市开展城乡一体化综合配套改革试点以来,市委市政府将城乡社会保障体系建设放到了全局的高度和战略发展的地位,坚持以"城乡统筹、协调发展、全力推进、全民保障"指导思想,突出以人为本,积极探索、不断创新完善城乡一体化的社会保障制度,以制度一体化确保社会保障城乡统筹目标的真正实现。经过多年的发展,苏州已建成以城乡最低生活保障并轨、城乡社会养老保障并轨、以及城乡医疗保险并轨为主体的"三大并轨"运行的社保制度体系,让城乡人民共享经济与社会发展成果。2012年,苏州市荣获"全国新型农村和城镇居民社会养老保险工作先进单位"国家级荣誉称号,受到国务院表彰。

## 一、城乡社会保障制度历史演变

苏州市的社会保障制度改革起步于1983年,首先从建立企业职工养老保险制度开始,实行了企业职工养老金社会统筹,以后逐步扩大到社会医疗、工伤、生育、失业社会保险险种,以及城乡居民最低生活保障,历经近30年时间,逐步建立起一个覆盖城乡劳动者和居民的社会保障体系。但苏州市在开展城乡一体化发展综合配套改革试点前,社会保障制度长期处于城乡分割的"二元化"状态,分别建立实施了城镇和农村养老保险、医疗保险、合作医疗、居民最低生活保障等城乡不统一的专项制度。在此基础上,先是逐步实行社会保障城乡统筹,然后再向社会保障城乡并轨一体化发展过渡。这里,分别概述一下苏州开展城乡一体化发展综合配套改革试点前城乡社会保障各项制度建设情况,以及历史沿革演变。

**(一)建立完善城乡居民最低生活保障制度**

1. 建立实施城乡最低生活保障制度

1996年11月12日,苏州市政府批准了由市民政局、财政局、劳动和社会保障局、总工会等5个部门制定的《苏州市区城镇居民最低市区城镇户籍的居民,家庭月人均收入低于低保标准(1996年的低保标准为180元)生活保障暂行办法》,全市城镇居民最低生活保障正式实施。《办法》规定,凡具有本市的均属保障对象,生活上可得到民政部门或所属单位的差额救济。此后,昆山市、太仓市分别于1997年1月、12月建立城镇居民最低生活保障制度。常熟市于1997年7月建立城乡居民最低生活保障制度,并成为苏州市第一个实施城乡一体化最低生活保障制度的县级市。苏州市郊区、高新区、苏州工业园区和吴江市、吴县市于1998年5月前,相继建立城乡最低生活保障制度。至此,苏州市所辖6市(县)、6区城乡全部建立最低生活保障制度。1999年,市民政局等5部门制定下发了《苏州市困难企业特困职工家庭最低生活保障制度实施办法》,明确市区破停产企业特困职工家庭最低生活保障归民政部门管理,保障资金由市财政、市慈善基金会承担。2001年10月,市政府颁发新的《苏州市城镇居民最低生活保障制度实施办法》,改变过去对城镇低保对象实行"谁家的孩子谁抱走"的多头管理体制,建立低保范围全覆盖、低保对象全部归民政管理、低保资金全部由财政统一解决的"三全"运作机制。农村低保工作,各县市、区通过调整低保资金分担比例,减轻了村级经济的负担,使一部分应保未保的困难家庭纳入保障范围。2002年12月,《苏州市农村居民最低生活保障制度实施办法》出台,农村最低生活保障进一步规范。农村最低生活保障是在扶贫基础上发展起来的,是农村对特困户"定补"的制度化、规范化和法制化。

被征地农民困难家庭纳入城镇最低生活保障。为了保护被征地农民和农村集体经济组织的合法权益,切实保障被征地农民的基本生活,加强对征地补偿和基本生活保障安置工作的管理,苏州市政府于2004年4月颁发了《苏州市征地补偿和被征地农民基本生活保障试行办法》,明确"符合城镇居民最低生活保障条件的被征地农民,应当纳入城镇居民最低生活保障的管理范畴"。同年,出台了《苏州市区征地补偿和被征地农民基本生活保障实施细则》,具体明确了困难被征地农民办理申请城镇低保有关程序和所享受的待遇。

2. 建立重点困难对象重点救助的分类救助制度

2005 年、2008 年,苏州市政府分别出台了《关于进一步完善苏州市城乡社会救助体系的实施意见》《关于进一步加强社会救助体系建设的意见》,进一步整合、规范、加强了低保等社会救助工作。为体现重点帮扶重点困难对象的分类救助原则,苏州市明确,在生活救助上,低保中的三无对象按低保标准的 140% 全额救助,重度残疾人按低保标准 120% 全额救助,白血病、尿毒症、癌症、血友病、再生障碍性贫血、系统性红斑狼疮、器官移植后抗排异药物治疗、艾滋病等 8 类重病患者按低保标准 100% 全额救助,一般残疾、单身、70 岁以上老人、持独生子女父母光荣证人员、少数民族、先进模范、原工商业主、爱国华侨等对象的生活救助标准增加 20%。

3. 建立城乡居民低保标准自然调整制度

苏州市于 2007 年建立了城乡低保标准自然调整机制。调整的基本原则是:城乡低保标准随当地经济社会发展水平、财政承受能力、物价上涨指数、最低工资、城镇人均可支配收入、农民人均纯收入和城镇低保家庭基本生活实际支出指数等因素的变化而适时调整。城乡低保标准分别按照当地上年度城市居民人均可支配收入和农民人均纯收入 20% ~ 25% 的比例,综合确定当年最低生活保障标准。同时,适当保持低保标准与最低工资标准和失业保险金标准之间的距离,以鼓励引导、促进有劳动能力的困难对象就业和再就业。另外,在市区建立城镇低保家庭基本生活支出指数抽样调查制度,由市统计局抽样 100 户~ 200 户城镇低保家庭,对其基本生活实际支出进行记账式调查,得出低保家庭基本生活支出的相关数据。市委农办、市财政局、市统计局、市劳动和社会保障局、市物价局等相关部门分别按各自的职责分工,于每年 6 月份提供上一年的相关数据。尔后,由市民政局会同市相关部门对上述数据进行分析测算后,提出当年调整或不予调整的建议方案,报市政府批准后公布实施。该机制的建立,标志着苏州低保标准的制定进一步走向科学化、制度化。

4. 建立鼓励再就业的"救助渐退"制度

为加大鼓励低保家庭中有劳动能力人员积极就业的政策导向力度,进一步引导和提高失业、无业人员就业脱贫和劳动自救意识,使城市低保救助政策和再就业政策的衔接更加合理,以推进建立就业与城市低保工作联动机制,苏州市于 2007 年建立了鼓励低保对象就业脱贫的"救助渐退"机制,明确低保对象就业后符合退出低保条件的,家庭人均收入在低保标准 1.5倍以下、以上的家庭,可分别继续享受低保 6 个月、3 个月。在享受救助渐退期间,仍视其为低保家庭,并继续给予保留享受有关优惠政策。同时明确,人社部门应将此类人员作为就业和再就业的重点,优先组织就业培训,推荐再就业机会。民政部门对家庭中有劳动能力的失业人员,以是否积极参加职业技术培训、努力求职寻找工作,作为申请和接受低保待遇的重要条件之一。并规定,凡低保家庭中在就业年龄段且有劳动能力的人员,三次无正当理由拒绝有关部门所提供的就业培训和就业机会,将取消其本人低保资格。

5. 实施医疗、住房、教育等专项制度

2002 年,苏州市政府出台了《苏州市区特困人群医疗救助管理办法》,在全省率先实施医疗救助,所有低保对象可享受医疗救助,医疗费用享受50% 的补贴。至 2007 年,医疗救助比例提高到 80%。同时,明确第三人民医院、第五人民医院、广济医院、普济医院、儿童医院为公惠医疗机构,到 2011年底,市区共有 21 家医院可以实施医疗救助。张家港市、常熟市等地区,医疗救助机构延伸到社区(村)卫生服务站,大大方便了低保等困难对象的医疗。2003 年,苏州市政府出台了《苏州市市区居民低保家庭住房保障办法》,明确低保家庭无房户或者住房使用面积低于住房保障起点标准的,可申请廉租房、租房补贴、廉租租金,应保尽保。教育上,低保家庭子女九年制义务教育期间学杂费全免;在非义务教育期间包括幼儿园、普通高中、职业中学、中等专业学校、技工学校、市属大专院校、成人高等学校就学期间的学、杂费(按公费生收费标准)减免 50% 以上或酌情全免。2004 年起,考入高中和大学的学生,可享受慈善教育救助(2012 年救助标准,高中 4000 元、大学 5000元),切实保障每个低保家庭子女不因经济困难而失学。

城镇和农村居民最低生活保障制度的建立和实施,以及最低生活保障标准的逐步提高,为城乡居民最低生活保障制度及标准并轨奠定了基础。

**（二）建立完善城乡统筹的社会养老保险制度**

苏州市社会养老保险制度,起步于 20 世纪 80 年代初的企业职工离退休基金社会统筹,以后逐步扩大形成企业职工基本养老保险、企业年金、事业单位基本养老保险、农村基本养老保险、被征地农民基本生活保障和城乡老年居民养老补贴等在内的城乡一体的社会养老保障体系。到 2011 年末,苏州全市企业职工基本养老保险缴费人数为 345.6 万人,其中农民工、个体私营及灵活就业缴费人数分别为 97 万人和 73.9 万人,覆盖率为 99%;2011年,参保职工月人均缴费工资 1755 元,基金征缴收入 244.6 亿元,基金收缴率为 99.6%;参保离退休人员 90.4 万人;机关事业单位养老保险缴费人数为 6.6 万人,参保离退休人员 2.7 万人,基金收缴率 100%;截至 2011 年末,全市农村基本养老保险参保 12.9 万人,参保覆盖率为 99.9%,农村老年居民享受基本养老待遇或养老补贴的覆盖面率达到 99.9%,被征地农民全部纳入社会保障。

1. 城镇企业职工养老保险

20 世纪 80 年代初,为配合劳动制度改革、搞活经济,苏州市对企业职工养老保险制度进行了多种形式的改革尝试,先后对新办集体企业职工、劳动合同制工人、外商投资企业中方职工试行新的社会养老保险办法,对农村户口合同制工人试行生产生活补助金办法,对全民和集体企业固定职工及离退休人员试行离退休费用社会统筹等。这些办法,对解决企业离退休费用负担畸轻畸重、保障离退休人员按时足额领到养老保险金起到了很好的作用,也为以后的养老保险制度改革积累了丰富的经验。为完善企业职工养老保险制度,根据国务院、省政府的有关精神,结合本市情况,苏州市政府于1993 年 6 月出台了《关于深化企业职工养老保险制度改革的意见》,决定从1993 年 1 月 1 日起,全民、集体企业固定职工、合同制工人、外商投资企业中方职工等实行统一的计缴基数、统一的计缴比例、统一的结算办法、基金统一使用、由苏州市社会保险局统一管理的苏州市企业职工养老保险制度。在改革企业职工养老保险制度的同时,苏州市也对机关事业单位职工养老保险制度进行了改革的尝试。通过多年的扩面工作,苏州市将城镇职工、灵活就业人员、个体工商户、农民工以及外国人、华侨和台港澳人员都纳入了参保范围。按照社会统筹和个人账户相结合的原则,在积极扩大养老保险覆盖面的同时,不断完善养老保险制度,为每位职工建立了基本养老保险个人账户。养老保险缴费办法:从 1993 年 1 月 1 日起,苏州市所有参保企业,统一按本企业全部职工工资总额(外商投资企业中方职工实得工资总额)的 21% 缴纳养老保险费;从 1998 年 7 月 1 日起,根据江苏省人民政府苏政发〔1998〕75 号文件规定,企业缴费比例调整为 20%;从 1993 年 1 月 1 日起,苏州市企业参保职工统一按本人工资总额的 2% 缴纳;此后逐步调整至 2003 年 1 月 1 日起根据国家规定的职工个人缴费比例的上限为本人缴费工资的 8%。苏州市在不断调整完善养老保险政策的同时,适时调整各类人群养老保障待遇标准,不断提高养老保障水平。2011 年 1 月 1 日起,对全市 82.5 万企业退休人员继续调整了基本养老金。调整后全市企业退休人员人均基本养老金为 1254.1 元,其中市区为 1750 元。

2. 农村社会养老保险

苏州市从 20 世纪 80 年代开始,对农村农民探索试行多种形式的养老保险。从 2003 年起,在全国率先进行了农村社会保障的探索,正式建立实施农村社会保障制度。苏州市政府于 2003 年制定颁发了《苏州市农村基本养老保险管理暂行办法》,实行城乡一个体系两种办法。即将农村企业及其从业人员纳入城镇企业职工社会保险;对从事农业生产(种植业、养殖业)为主的纯农民建立农村基本养老保险制度,确立务农人员为农保的参保主体;对男满 60 周岁、女满 55 周岁及其以上未参加过农保的老年农民,实施社会养老补贴制度。在参保缴费上,对务农人员参保实行财政补贴制度,构建了稳定的筹资机制。县级市、区和镇级财政补贴 50% ～ 60%,突破了原先主要以个人缴费为主的筹资方式,从而激发了广大农民参保积极性。在基金管理上明确实行收支两条线,规定农保基金进入财政专户管理,在客观上形成了财政兜底机制。苏州全市农村社会养老保险参保人数,2003 年当年为 91.5 万人,2007 年高峰时达到 182 万人。与此同时,苏州市建立完善各类养老保障待遇标准的正常调整机制,逐步提高城乡居民的社会保障水平。对参加农保符合退休条件的老年农民,不断调整农保基础养老金发放标准,并改革农村基本养老保险待遇计发办法,建立早参保、多缴费、多得养老金的机制;探索建立农村居民补充养老保险制度,采取个人缴费与财政补贴相结合的办法设立农村居民补充养老保险基金,进一步提高农村居民养老保障水平。截至 2011 年末,全市参加农保 12.9 万人,参保覆盖率为 99.9%;领取农保养老金 16.4 万人,60 岁以上农村老年居民领取基础养老金 50.1万人,基础养老金领取率 100%;农保基金收入 16.7 亿元,支出 20.2 亿元,累计结余 15.7 亿元;全市农保养老金平均水平为每人每月 260 元;全市未参加过农保的老年农民社会养老补贴平均水平为 180 元每人每月。

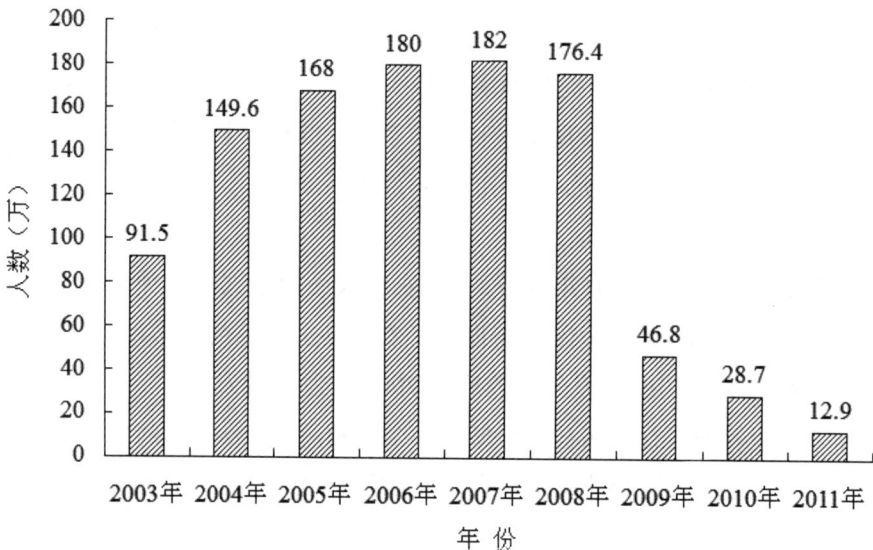

**图 1　苏州市农保参保人数变化情况**

3. 城镇老年居民养老补贴

为切实解决城镇非就业无收入老年居民的老有所养问题,对无固定生活来源的城镇老年居民提供社会养老资助,逐步提高市区城镇非就业老年居民生活水平,苏州市从 2007 年 1 月起实施了《苏州市区城镇老年居民养老补贴暂行办法》。规定城镇非就业老年居民养老补贴的发放对象为:男年满 60 周岁、女年满 55 周岁;取得市区原城镇居民户籍满 20 年;未享受按月领取社会养老保障待遇；按规定已参加市区居民医疗保险。符合条件的城镇老年居民，从 2007 年 1 月起可按月享受 150 元城镇老年居民养老补贴。城镇老年居民养老补贴所需资金由市、区两级财政分别承担。由市、区社会保险经办机构负责城镇老年居民养老补贴的业务经办及社会化发放工作。当年，苏州市区已有 3600 多人按月领取城镇居民养老补贴，分享了全市经济社会发展的成果。到 2008 年，符合条件的市区城镇老年居民享受社会养老补贴覆盖率达到 100%。为逐步提高老年居民社会保障水平，共享改革发展成果，从 2011 年 1 月 1 日起，市区城镇老年居民养老补贴标准提高到 240 元。

城镇职工社会养老保障制度、农村社会养老保障制度和城镇老年居民养老补贴制度的建立和完善，为城乡社会养老保障制度并轨奠定了基础、创造了条件。

### （三）建立完善城乡统筹的社会医疗保险制度

苏州市社会医疗保险制度，起步于 1997 年 4 月的城镇职工医疗保险制度试点。随着职工医疗保险制度建立与完善，2004 年起在国内率先探索将医疗保险制度向非就业人员覆盖，先后将被征地人员、60 年代精减退职人员、城镇居民、少年儿童以及在苏州就业的外国人及港澳台人员纳入社会医疗保险保障范围；2007 年开始，在全国率先整合了原分散各部门的医疗救助政策，建立了由社会保障部门统一管理，覆盖城乡所有参保人员的社会医疗救助。从而在制度层面上实现了医疗保险制度城乡居民全覆盖，建立并形成比较完善的一个体系两种制度并存的格局，即覆盖全市城乡的社会医疗保险体系，城镇职工医疗保险制度和城乡居民医疗保险制度。截至 2011年底，全市由人社部门管理的社会医疗保险的参保总人数达到了 621.7 万人，其中参保职工 437.6 万人（含外来农民工 106.2 万人）；其中参保居民有261.9 万人（城镇居民 184.1 万人，其中城镇老居民 117.4 万人，学生 66.7万人），农村居民参保共有 77.8 万人。职工医保和居民医保的参保覆盖率均达到 99% 以上。不仅在制度上率先实现"人人享有基本医疗保障"，更从体系上率先探索实现"人人平等享有基本医疗保障"，促进了苏州医疗保险事业的健康稳定和可持续发展。

1. 率先创新建立城镇职工医疗保险制度

苏州作为全国城镇职工基本医疗保险制度改革扩大试点城市,从 1997 年 4 月 1 日启动试点。试点阶段,苏州市结合本市实际进行了积极的探索,积累了经验,为医疗保险工作的整体推进奠定了基础。2000 年,根据国家和省关于城镇职工基本医疗保险制度改革的意见,按照"低水平,广覆盖,多层次,保稳定"的指导思想,制定实施了《苏州市城镇职工基本医疗保险暂行办法》等一系列政策文件;职工医疗保险制度在全市范围内,县市联动,整体推进,确保了新老制度的平稳衔接。2002 年 10 月实现了职工医疗保险制度的全覆盖,全市用人单位(包括机关事业单位)应保尽保。在职工医疗保险制度改革进程中,苏州市不断完善创新制度体系,建立了具有苏州特色的基本医疗保险、大额医疗费用社会共济、地方补充医疗保险和社会医疗救助"四位一体"的职工医疗保障体系。参保范围和对象逐步扩大到个体工商户及其雇工、灵活就业人员、60 年代精减退职人员;在本市办理就业登记的外籍人员和港、澳、台人员,也可以按规定参加职工医疗保险。苏州职工医保内容如下。①门诊待遇:首先使用个人账户,账户用完后可享受地方补充医疗保险待遇,即在职自负 400 元、退休自负 600 元,超过自负段的门诊费用,在职职工在 2800 元限额内、退休人员在 3300 元限额内分别由地方补充医疗保险基金结付 70%、80%,其中如在社区医疗机构就医结付比例提高 10%;门诊特定项目如尿毒症透析、恶性肿瘤化疗放疗、器官移植后的抗排异药物治疗、再障、血友病在门诊进行特定治疗的费用由统筹基金结付 90%,重症精神病在 3000 元范围内 100% 由统筹基金结付。②住院待遇:参保职工在定点医疗机构发生的符合规定的住院费用,起付标准按不同等级医院设定(800～200 元),超过起付标准以上的部分,退休人员 95% 由医保基金结付,在职职工 4 万元以下的部分医保基金结付 90%,4 万元以上部分医保基金结付 95%,住院费用无封顶限制。

按照国家深化医药卫生体制改革要求和统筹城乡医疗保障的工作目标,苏州市社会医疗保险在创新完善制度、扩大参保范围、提高保障待遇、提升管理服务水平等方面继续进行了积极探索。苏州市于 2009 年提出通过三年努力,统一城镇职工基本医疗保险制度,实现全市职工医疗保险的覆盖范围、保障项目、待遇标准、医疗救助、管理制度的"五统一"。到 2011 年末，各统筹地区职工医保覆盖范围、保障项目和医疗救助的统一工作已全面完成，待遇标准趋于相当，管理制度趋于规范，各统筹地区参保职工待遇水平进一步提高。"五统一"工作取得成果，为全市九个统筹地区实现医保异地划卡实时结算夯实了制度基础。苏州市在逐步完善城镇职工基本医疗保险制度的同时，伴随苏州市经济快速发展，建立了医保长效筹资机制和参保人员待遇稳定增长机制，逐步提高城镇职工社会医疗保障待遇水平。苏州市职工医疗保险参保人员医疗费用个人现金负担率，已由 2000 年的 40% 以上逐步下降为目前的 22% 以下，达到国际上公认的合理负担比例水平。

2. 率先创新建立城镇居民医疗保险制度

苏州市在在积极推动城镇职工基本医疗保险制度建设进程中，还在全国率先探索建立城镇居民医疗保险制度，扩大参保范围。为保障被征地人员的基本医疗需求，于 2004 年 12 月，制定出台了《苏州市征地保养人员基本医疗保险实施办法》，将被征地农民中按月领取生活费和征地保养金的人员纳入社会医疗保障范围。为做好其他各类非就业人员的医疗保障工作，苏州市于 2005 年苏州市在全国率先制定出台了《苏州市少年儿童住院大病医疗保险试行办法》，从 2006 年开始实施；于 2006 年在全国率先制定出台了《苏州市市区居民医疗保险试行办法》，从 2007 年开始实施，在制度层面上实现了全覆盖。即：将在本市中、小学校和幼托机构在册的所有学生儿童；本市户籍 18 岁以下不在校学生；本市户籍无用人单位，未享受医疗保险待遇的男 60 周岁、女 50 周岁以上的居民；无医医疗保障的重症残疾人等非就业人员纳入社会医疗保险范围。2007 年以后，居民医疗保险政策进一步整合完善，将包括学生少儿、老年居民、重症残疾人、征地保养人员、失业人员、三线人员全部归并为居民医疗保险参保对象。居民医保个人缴费不高于保费的 40%，其余部分由财政予以补助。居民医疗保险待遇内容如下。①门诊费用：居民自主选定医疗保险定点社区医疗机构签约，社区门诊，符合规定的 600 元以内可享受居民医疗保险基金 50% 的医疗补助；门诊特定项目同职工医疗保险基本一致，报销水平相同，费用最高支付限额为 20 万元；②住院待遇：参保居民在定点医院发生的符合规定的住院费用，参保居民中的参保学生和少儿住院起付标准为 500 元,其他参保居民按职工医疗保险在职职工标准执行;超过起付标准,在 4 万元以下的部分,居民医疗保险基金按 70% 的比例结付;4 万元以上至 10 万元的部分,居民医疗保险基金按 80% 的比例结付;10 万元以上至 20 万元以内的部分,居民医疗保险基金按 90% 的比例结付。住院医疗费用最高支付限额为 20 万元。本市职工子女(不含大学生)在享受居民医疗保险待遇的同时,其门诊和住院自负费用可在父母所在单位享受职工子女医疗费用补助待遇。

3. 率先创新建立农村居民医疗保险制度

1955 年农业合作化高潮时期,苏州常熟县归市乡(现常熟市董浜镇归市村)新民农业生产合作社,为提高社员福利,与乡诊所签订了医疗合同,规定社员在乡诊所看病,可在合作社公益金中报销 40% ~ 60% 的医药费,这是我国农村合作医疗的雏型。60 年代农村合作医疗基本覆盖了苏州所辖县、村。80 年代受当时农村经济结构调整的影响,农村合作医疗覆盖面与保障水平有所下降。90 年代苏州郊区、太仓市、昆山市、常熟市、吴江市、张家港市等地均在市(区)财政资助下,先后建立了以市(区)为统筹单位的农村大病风险型合作医疗制。2003 年 5 月苏州市以政府规章的形式,出台了《苏州市农村合作医疗保险管理办法》。此《办法》在指导思想、保障水平、运作模式等方面都有所突破,为建立城乡统一的社会基本医疗保险模式向前迈出了一大步。

苏州的农村居民医疗保险,起步于建国初期创建并实施半个多世纪的农村合作医疗。2003 年 5 月苏州出台了《苏州市农村合作医疗保险管理办法》,在指导思想、保障水平、运作模式等方面都有所突破,形成了新型农村合作医疗,为实行农村居民医疗保险制度、建立城乡统一的社会基本医疗保险模式奠定了坚实的基础。为保障农村居民的基本医疗需求,提高农村医疗保障的统筹层次和水平,苏州市政府于 2007 年制定出台了《苏州市社会基本医疗保险管理办法》,要求各统筹地区应当建立居民医疗保险制度。苏州从 2008 年开始,在新型农村合作医疗保险的基础上,积极进行实施农村居民医疗保险制度的探索,开始推进新型农村合作医疗保险制度向居民医疗保险制度过渡。将具有本市户籍、未享受职工医疗保险待遇的从事种植业、养殖业的纯务农人员,以及以及男年满 60 周岁、女年满 50 周岁以上的农村老年居民列为参保对象。农村居民医疗保险基金筹资,由农村居民个人、村级集体经济组织和县市区、镇财政三方分担,其中个人缴费为 30% ~ 40%,其余部分由集体经济和地方财政分别予以补贴;居民医疗保险基金当年不足支付的,由市、区财政统一弥补,形成了财政兜底机制。自 2003 年至 2011 年,全市各级财政对务农人员的参保(含养老、医疗)补贴额达到 50 亿余元;每年财政补贴约占全市地方一般预算收入的 1% 左右。农村居民医疗保险基金筹资标准,起步时为平均每人每年 200 ~ 260 元;2011 年,苏州 9 个社保统筹区筹资标准平均为每人 420 ~ 510 元。农村居民医疗保险的享受待遇为:参保居民在一个医保年度内发生的符合医疗保险报销范围的门诊医疗费用,连续累加计算,先从个人帐户中划卡结付;超过自负段以上符合医疗保险报销范围的门诊医疗费用,由统筹基金在门诊医疗费定额内按比例补助支付;参保居民在一个医保年度内发生的符合住院政策范围内的医疗费用,医保基金结付比例达到 70% 以上。有的县市区封顶线在 22 万元以上,昆山市、太仓市已取消封顶线。

4. 率先创新建立社会医疗救助制度

苏州市积极探索建立医疗救助制度。2002 年,苏州市先后制定出台了《苏州市市区困难人群医疗救助管理办法》、《苏州市市区医疗保险参保人员医疗救助暂行办法》,明确持有民政部门发放的低保证,或患恶性肿瘤、白血病、精神病、尿毒症等严重疾病,且共同生活的家庭成员月人均收入在城市居民最低生活保障标准两倍以内,无力支付医疗费用的非参保者由有关部门予以医疗救助;参保人员中个人负担过重的大病患者由劳动保障部门负责救助。2007 年 10 月,苏州市政府在《苏州市社会基本医疗保险管理办法》中整合了原分散在各部门的医疗救助资源,明确享受社会基本医疗保险救助待遇的对象应当按照规定参加相应的社会基本医疗保险,医疗救助对象为经民政部门、总工会、残联与人力资源和社会保障行政部门审定的困难人员,包括低保人员、低保边缘人员、三无人员、五保人员、特困取工、重症残疾人、参加职工医保中个人负担过重的人员及市政府确定的其他救助对象。卫生部门负责做好为医疗救助对象的医疗服务工作,会同人力资源和社会保障部门负责对医疗服务行为的监管和公惠医疗机构的认定。医疗救助资金的筹集渠道,由政府财政每年预算安排,社会医疗保险统筹基金上年度结余部分按不高于5%的比例划转,福利彩票公益金和残疾人保障金资助、以及公民和法人捐赠等。医疗救助的方式包括保费补助、实时救助、年度救助和专项医疗救助制度。

城镇职工社会医疗保障制度、农村社会医疗保障制度和城镇老年居民医疗保障制度的建立和完善,为城乡社会医疗保障制度并轨奠定了基础、创造了条件。

**(四)建立完善失业、工伤、生育保障制度**

苏州在全面推进城乡基本养老、医疗保障一体化的同时,积极完善失业、工伤、生育保险制度。

1. 失业保险制度

苏州市于1986年建立失业保险制度,此后社会失业保险覆盖面不断扩大,失业保险基金稳步增长,失业保险待遇水平稳步提高,充分发挥了失业保险"保生活,促就业"的双重功能作用。2006年4月,苏州市在全国率先创新完善失业保险制度,在城镇用人单位就业的所有城乡劳动者,统一缴纳失业保险费,同等享受失业保险待遇,并根据经济社会发展水平、在岗职工平均工资水平、物价指数等综合因素,适时调整待遇标准。自2011年7月起,苏州市失业保险金最低标准提高到650元/月,最高标准提高至1140元/月,全市人均月享受失业保险金标准达737元。苏州市自2009年起积极开展扩大失业保险基金支出范围试点工作,加大在社会保险补贴、小额贷款贴息、创业引导、公共就业服务平台信息网络建设、公共实训基地能力建设等方面投入。为完善失业人员在领取失业保险金期间的医疗保障,苏州市创新失业保险对接医疗保险办法,从2011年7月1日起,失业人员在领取失业保险金期间,统一参加城镇职工医疗保险,由劳动就业管理服务机构按月向社会保险经办机构申报办理职工医疗保险参保手续,应当缴纳的职工医疗保险费从失业保险基金全额、按月直接划拨至职工医疗保险基金,失业人员个人不缴费;失业人员在领取失业保险金期间,按规定享受职工医疗保险在职待遇,降低了失业人员面临的医疗风险。

### 2. 工伤保险制度

苏州市于 1997 年 7 月 1 日出台了《苏州市职工工伤保险暂行办法》，开始实行工伤保险制度。经过十多年的改革发展历程，苏州市工伤保险制度由过去单一的工伤补偿模式转变为工伤预防、工伤补偿、工伤康复三位一体的完整制度体系，工伤保险的覆盖范围已扩大到本市行政区域内的各类用人单位和有雇工的个体工商户的职工或者雇工。在严格做好工伤认定和劳动能力鉴定工作的基础上，苏州于 2010 年启动工伤康复工作，制定出台了《苏州市工伤康复管理暂行办法》，全面规范工伤康复政策和管理，建立了省、市级工伤康复定点医疗机构，探索制定了工伤康复评估评价制度，完善了工伤康复医疗费用与定点医疗机构结算办法及康复考核、评估体系，全面提高苏州工伤康复工作水平。2011 年进入工伤康复治疗的工伤职工康复后伤残等级平均下降 0.76 级，减少了工伤保险基金赔付金额；有 98.22% 的工伤职工不同程度地改善或恢复了身体功能。

### 3. 生育保险制度

苏州市 1989 年制定出台了《苏州市女职工生育费用补偿暂行办法》，1997 年 7 月 1 日正式实施《苏州市职工生育保险暂行办法》，建立生育保险基金，按属地原则，实行生育保险费用的社会统筹，并不断完善社会生育保险制度。2010 年，苏州市制定出台了《苏州市灵活就业人员参加生育保险办法》，实施了灵活就业人员生育保险，将所有育龄女就业人员均纳入了生育保险范围。2011 年 7 月，苏州市调整了参保人员享受生育保险待遇的条件，参保人员只需参加生育保险并正常缴纳生育保险费，且符合国家有关生育政策即可享受相应待遇，取消了原来必须不间断连续缴费满 10 个月以上的规定，降低了享受生育保险待遇的"门槛"，使参保女职工和女灵活就业人员生育得到更好的保障。

### （五）社会保险基金的征收与管理

2000 年 8 月，苏州市政府办公室根据国家和省政府有关文件，发布了《关于贯彻省政府办公厅关于社会保险费改由地方税务部门征收的通知的实施意见》（苏府办〔2000〕64 号），明确从 2000 年 9 月 1 日起，各项社会保险费（包括基本养老、基本医疗、失业、工伤、生育保险费）改由地方税务部门征收。同时明确了在社会保险费征收过程中各有关部门的职责。从此，苏州市城镇职工社会保险费实行"委托地税部门征收、社会保障部门发放、财政部门监管"的社会保险基金运作体制模式,构建完善社会保险基金从征缴、发放、监管、三位一体的安全运行机制,全面增强社会保险抗风险能力和民生保障能力,在保证社会保险基金收支平衡的前提下稳步提高社会保障水平,大力保障和改善民生。

1. 社会保险基金的地税征缴

根据《江苏省社会保险费征缴条例》、《省政府办公厅关于社会保险费改由地方税务部门征收的通知》(苏政办发〔2000〕56号)的精神,从2000年9月份开始,苏州市社保费征缴工作由社会保障部门直接征缴改由苏州市地方税务局承办。全市各级地税机关把社保费征缴工作作为一项重要的政治任务来对待,作为全市地税部门的中心工作之一来抓,大力规范社保费征缴机制,积极探索创新社保费征缴方法,加大社会保险费强制征缴工作力度,严格审核缴费基数,认真做好社会保险费征缴稽核和清欠追偿工作,确保应收尽收。到2011年底的12年间,共计征缴社保费1365.27亿元,其中养老保险费共计征缴838.8亿元,医疗保险费共计征缴382.28亿元,失业保险费共计征缴88.28亿元,工伤保险费共计征缴24.81亿元,生育保险费共计征缴31.1亿元。全市社保费年收入,由1999年年收入20.74亿元,增加到2011年年收入286.51亿元,年均增长26.96%。

2. 地方财政对社会保障的支持

多年来,苏州市各级政府财政部门积极调整财政支出结构,多方筹集资金,加大对社会保障的投入,特别是落实土地出让金优先安排用于被征地农民基本生活的补偿政策;认真做好各类保障对象社会保险缴费补贴的财政资金安排,让更多的人得到补贴纳入社保并提高待遇水平;针对苏州人口老龄化和高龄化程度持续加深的趋势,考虑到老龄人口特别是高龄人口身体健康水平相对较低,医疗支付能力较弱,注意适当增加地方政府财政对老年参保人员医疗保险的投入力度。近年来,苏州市不断加大地方政府财政对城乡社会保障的投入,全市社会保障财政支出突破年50亿元,有力地保障了社保民生项目。

### 3. 社会保险基金的监督管理

市财政部门及各县市区社保统筹区财政部门按照"预防为主,监管并重"的原则,完善社会保险基金监管规章制度,从源头上防范社会保险基金风险,实现对各项社会保障基金及专项资金运营的全过程监管。市社会保险经办机构在已出台 68 项管理制度的基础上,进一步强化规章制度的建立完善,编印了《苏州市社会保险业务经办规程》,按照"登记申报结算、个人账户管理、关系转移、待遇支付、证卡管理、合作单位管理、社会化管理、稽核内控、财务信息、公共服务"等十个方面,连贯"统筹城乡、全民保险、诸险合一"的所有经办业务操作,推动了社保经办事业精确化、规范化、专业化进程。同时,加快推进全市各级社保经办机构业务流程、协议管理、统计分析、稽核监管、公共服务等方面的统一规范管理,统一社保业务经办操作。与此同时,建立社会保险基金风险预警机制。结合苏州市产业转型升级、城乡一体化发展以及人口老龄化、待遇刚性化等特点,加强对社会保险基金的预决算管理,研究建立社会保险基金风险预警机制,确保社会保障事业的健康运行和可持续发展。

## 二、城乡居民最低生活保障并轨

苏州市十分重视最低生活保障对丁城乡一休化的基础性作用,在积极做到对城乡居民应保尽保和不断提高低保标准、不断增加救助项目的同时,各级政府积极探索最低生活保障城乡一体化建设,推进实现城乡居民低保标准并轨。

### (一)最低生活保障城乡一体化的基础性作用

"低保城乡一体化"是落实科学发展观,实现统筹城乡发展的必然趋势,是消除制度性贫困、实现底线公平的必然要求,是突破改革瓶颈,促进低保制度可持续发展的现实需要。

低保城乡一体化是指在同一部法律、法规或规章中对城乡居民最低生活保障做出统筹规定,政府对城乡居民的最低生活承担同样的政府义务,向不能满足自身或家庭基本生活需求的城乡居民同等提供最低生活保障。而原最低生活保障制度存在城乡二元差别,制度、办理流程、救助标准、相关联的其他救助项目都存在差异,农村居民享受的社会保障程度远低于城市居民。探索城乡最低生活保障一体化的路径,最终建立城乡一体化的最低生活保障制度,是消除城乡差别、实现农民享受同等国民待遇的必要举措,既有利于贫困群体基本生存权益的保障,也有利于促进最低生活保障制度的可持续发展。

苏州市作为沿海经济发达地区,经济社会发展水平较高,总体经济实力雄厚,区域发展能力强劲,民生改善不断提高。政策的支持、经济发展的支撑和制度运行的实践基础,使苏州市已经具备了实行低保城乡一体化的条件。低保在政策统一、资金保障基础上,由标准有别,到逐步缩小差距,最后达到标准并轨,实现城乡低保一体化。

对于农村居民来说,低保标准城乡一体化不仅是多了一份资金保障,更为重要的是体现出了一种与城镇居民平等的地位。因此,城乡低保标准并轨可谓意义深远。首先,低保标准的大幅提升将使农村低收入群体的生活得到较大的改善,特别是保障了农村贫困家庭的基本生活,有利于农村社会的稳定,从而促进城乡协调发展。其次,有利于促进农村地区其他各项工作的开展。随着农村低保的规范化、制度化、一体化,农村居民的供养难题得到有效解决。最低生活保障的一体化,为全市城乡整个大社会保障包括养老保险(被征地农民保养)、医疗保险、失业保险、工伤保险、生育保险和社会救助等提供了参考依据和基础标准,从而有力地推动社会保障城乡一体化建设。因此可以说,最低生活保障一体化是苏州城乡一体化的"起跑线",也是苏州全市保障和改善民生的基准线。

**(二)通过缩小城乡差距为低保并轨创造条件**

2009年,市委市政府将城乡低保一体化作为全市城乡一体化建设目标之一,并明确2012年前实现城乡低保一体化。从苏州市2005年以来城乡低保一体化建设整体情况来看,除标准上还存在差别外,基本制度、操作流程城乡完全一致,工业园区和昆山市已实现标准并轨。尽快推进城乡低保一体化建设,重点是缩小城乡低保标准差距,最终达到低保标准并轨。为此,明确两个原则:一是城市低保标准涨幅不能降。城市低保标准调整幅度不能低于上年度城镇人均可支配收入的20%;二是就高不就低。农村低保标准要加快提升,城乡低保标准差距逐年缩小,逐步向城市低保标准靠拢,最后达到低保标准并轨。据此,从 2009 年开始,苏州城镇低保标准在按不低于上年度城镇人均可支配收入 20% 幅度调整的同时,农村低保指导标准调整幅度加大,分别达到上年度农村人均纯收入的 26.6%、31.5%、41.1%,城乡低保标准差距逐年缩小,分别为 120 元、80 元、50 元、0元。

### (三)鼓励县(市、区)探索城乡低保统一

苏州在城乡低保一体化建设上,首先是制度上实现城乡一体。1997 年,常熟市建立城乡一体的最低生活保障制度,成为苏州市首个建立城乡一体的最低生活保障制度的县级市。尔后,各地先后建立了与城镇低保制度相一致的农村低保制度,除标准有差距外,申办程序一致、申请条件一致、分类救助比例一致、享受社会帮扶一致。

由于财政体系不同,苏州市在推进各地城乡低保一体化进程中没有一刀切,而是积极鼓励各县级市(区)根据当地实际,推进当地城乡低保一体化建设,条件成熟的先行。2005 年,苏州工业园区在实现城乡困难对象"应保尽保"后,在全国率先实行城乡一体的最低生活保障标准,150 户 400 余名农村低保对象开始享受与城镇低保同标准待遇。2008 年,经济实力名列全国前列的昆山市实现城乡低保标准并轨,4000 余户近万农村低保对象与城镇低保对象享受相同待遇。2009 年相城区、2010 年吴江市及高新区、吴中区,先后实现城乡低保标准并轨。至此,全市 12 个县级市(区)中,9 个地区自行实现了城乡低保标准并轨,为全市实现最低生活保障一体化探索了经验,起到了较好的引领作用。

### (四)以"并轨"促农村低保待遇提高

苏州市在积极探索城乡低保一体化建设并取得成功经验的基础上,全面实行最低生活保障并轨。2011 年,苏州市最低生活保障于年初、年中两次提高了标准,从 7 月份开始,城乡低保标准分别由 450 元、400 元统一提高至500 元,率先在全省乃至全国实现城乡统一的高标准的最低生活保障目标,完成了市委市政府提出的"三年三大并轨"中城乡居民低保标准并轨的任务。以此为根据,苏州全市低保边缘救助标准、残疾人救助标准也随低保标

准同步并轨运行,实现真正意义上的社会救助城乡一体化。

与此同时,苏州市还探索对特殊群体供养(补助)标准城乡并轨的路子。2009 年,首先对两类特殊对象的供养(补助)标准实行城乡并轨:一是农村五保供养对象的供养标准提高到城市三无供养标准,即按当地城镇低保标准的 140% 享受。二是对上世纪 60 年代初精减退职职工生活补助标准实行城乡统一,当年为每人每月 540 元,2011 年提高到每人每月 750 元,2012 年提高到每人每月 855 元。

### 三、城乡社会养老保障并轨

苏州市在已领先于全国统筹城乡社会保障、初步建立覆盖城乡居民的社会保障体系的基础上,积极实施《苏州城乡一体化发展综合配套改革就业和社会保障实施意见》,加快推进城乡社会保障制度一体化建设,积极探索社会保障城乡一体化发展的新路径、新机制,着力规范各类养老保险之间的转移衔接办法,将非农产业就业的农村劳动力及劳动年龄段被征地农民纳入城镇养老保险,通过积极的财政补贴政策引导农村居民参加城保,农保转城保工作进展顺利,社会保障体系建设逐步向纵深推进,逐步实现城乡社会养老保障制度一元化。经过农村养老保险与城镇职工养老保险并轨运行,以及实行统一的城乡居民养老保险,已建立形成比较完善的一个体系两种制度并存的格局。即覆盖全市城乡的统一的社会养老保险体系,城镇职工基本养老保险制度和城乡居民社会养老保险制度并存发展,各类参保人员养老保障水平稳步提高。

#### (一)城乡基本养老保险的制度衔接

苏州市于 2009 年开展城乡一体化发展试点以来,各统筹区农保接轨城保在设计相关政策时,从城乡一体化的发展高度,从服务民生惠民利民的角度,兼顾不同时期,努力营造公平、自愿和利民的政策体系,加快建立完善农民纳入城镇社会养老保障的政策制度,规范各类养老保险之间的转移衔接办法,通过积极的财政补贴政策引导农村居民参加城保,实施城乡一体的社会养老保险体系,将非农就业的农村劳动力纳入城镇企业职工基本养老保险制度。

1. 基本养老保险的统一

根据苏州市政府制定的《苏州市农村基本养老保险管理暂行办法》关于"将农村企业及其从业人员纳入城镇企业职工社会保险"的规定,加快将在乡镇村各类企业务工并与之建立劳动关系的农村劳动力,全部纳入城镇企业职工基本养老保险制度范围内。

2. 农保与城保制度衔接办法

苏州市制定了农村和城镇基本养老保险关系转移接续办法,对原参加本市农村养老保险的农村居民,按规定换算、转移后纳入城保体系。即农村基本养老保险参保人员参加城保后,其基本养老保险关系转移接续采取"折算"的办法,由农保经办机构负责将其农保各年的缴费金额,统一按所对应的历年城保缴费基数下限,以及单位和个人的合计缴费比例换算为城保的缴费年限。职工换算年限和个人账户与本人参加城保的缴费年限和个人账户合并计算。职工到达法定退休年龄时,缴费年限不足城保按月领取养老金条件的,允许其补缴其换算的城保年限与原农保缴费年限之差的基本养老保险费后,享受城镇企业职工养老保险待遇。

3. 鼓励涉农资源置换成社会保障

采用折算参保年限办法,鼓励农户将集体土地承包经营权、宅基地及住房,置换成城镇社会保障。对置换社会保障的农村居民,在劳动年龄段内的,通过采取免费培训、就业岗位补贴、社保补贴等扶持政策,引导和鼓励其就业创业,纳入城镇社会保障体系。

4. 对灵活就业农民实行补贴参加城镇企业职工基本养老保险

通过采取积极的财政补贴政策,引导鼓励灵活就业符合条件的农村居民直接参加城镇社会保障。

由于苏州市积极探索农村养老保障制度与城镇养老保障制度并轨,从制度建设创新、政策鼓励引导等方面助推,加速了农保转城保进程,农保参保人员总数从 2007 年高峰时的 182 万人下降到 2011 年末的 12.9 万人。截至 2011 年末,全市累计农保转城保人员已达到 169.1 万人。2012 年,苏州全市全面完成了农村养老保障制度与城镇养老保障制度并轨。

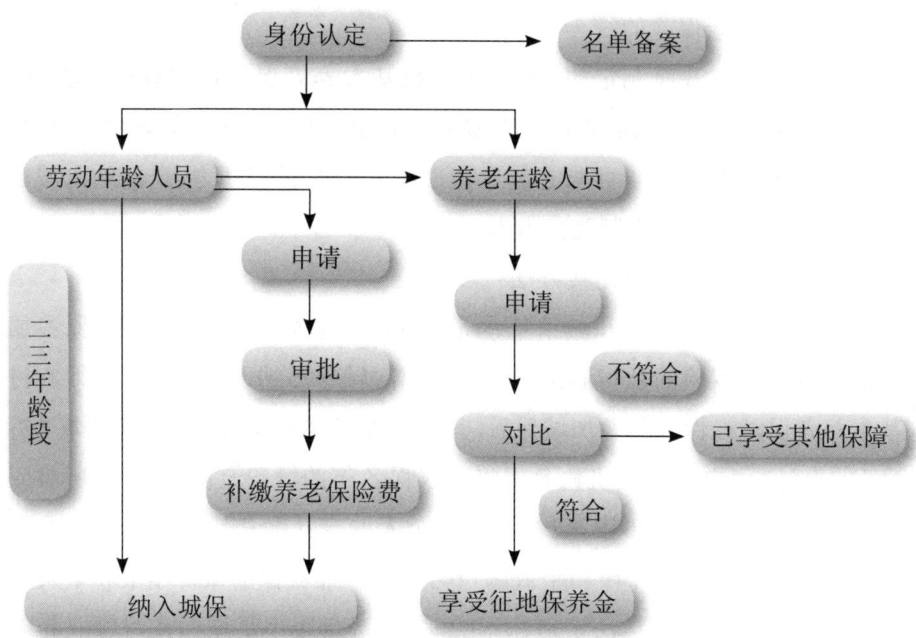

**图 2　苏州市农保转城保流程图**

### （二）被征地农民的养老保险制度

为维护被征地农民合法权益,保障农民被征地后的基本生活,苏州市政府于 2004 年起先后出台《苏州市征地补偿和被征地农民基本生活保障试行办法》,以及《关于调整苏州市区征地补偿和被征地农民基本生活保障办法的意见》等文件规定,在充分测算论证且财力许可的前提下,采取征地补偿账户换算、实行缴费补贴政策等措施,将劳动年龄段被征地农民全部纳入城镇企业职工基本养老保险体系。即对被征地农民实施"即征即保"的同时,将 2003 年底前的被征地农民纳入城镇社会保障,建立了征地补偿和基本生活保障待遇适时调整机制。结合各级政府财力和职工基本养老保险基金积累实际,按照"土地换保障"的总体思路,将劳动年龄段(男 16 周岁～60 周岁、女 16 周岁～55 周岁)被征地农民逐步纳入城镇企业职工基本养老保险制度范围内。即对被征地农民建立基本生活保障基金专户,由基本生活保障个人账户和社会统筹账户组成。以征地补偿安置方案批准之日为界限,将被征地农民划分为 4 个年龄段,其中,第二年龄段(女 16 周岁～36 周岁、男 16 周岁～ 46 周岁）被征地农民统一纳入城保；第三年龄段（女 36 周岁～ 55 周岁、男 46 周岁～ 60 周岁）被征地农民可自愿选择参加城保。纳入城保的被征地农民，由社保经办机构对其基本生活保障个人账户，在分别扣除应发 2 年失业补助费或可领取的生活补助费后变更为纳入城保的"城镇保险换算账户"。纳入城保的被征地农民按其年龄段划分时城保缴费基数下限、企业与职工个人缴费比例之和换算建立"城镇保险换算账户"，确认城保缴费年限；劳动适龄被征地农民按换算后不间断续保，到达法定退休年龄时，预计缴费年限尚不足 15 年的，允许其按被征地农民年龄段划分时城保缴费基数下限和补缴年度企业与职工个人之和的缴费比例，一次性补足缴费年限差额部分基本养老保险费。纳入城保的被征地农民符合养老待遇领取条件时，按城镇企业养老保险参保职工规定计发基本养老待遇。到 2011 年末，全市被征地农民参保 166.8 万人，被征地农民社会保障覆盖率为 100%，其中领取第四年龄段保养金 57.4 万人。被征地农民社会保障问题彻底得到了妥善解决。2011 年，苏州市被征地农民基本生活保障第四年龄段保养金，按不低于城镇居民最低生活保障的标准确定为每人每月 510 元，2012 年提高至每人每月 590 元。

**（三）实施统一的城乡居民社会养老保险制度**

按照《社会保险法》要求以及国家、省关于开展城镇居民社会养老保险的政策规定，结合苏州实际，苏州市政府于 2011 年末制定了《苏州市居民社会养老保险管理办法》及实施细则，于 2012 年 1 月 1 日起实施，对城乡居民实行统一的居保制度。该制度涵盖的对象更加广泛，把新农保制度、城镇老年居民补贴制度等统一纳入居民社会养老保障制度框架之中，将仅剩的 12.9 万名农保人员全部纳入城乡统一的居保。并通过财政补贴建立了居民补充养老保险制度，以进一步提高居民养老保障待遇。

1. 参保范围和对象

同时符合以下条件的居民，可以参加居民基本养老保险：本市市区户籍，年满 16 周岁（不含在校学生）；非国家机关、事业单位、社会团体工作人员，未与各类企业、民办非企业单位存在劳动关系，非个体工商户及其雇工；未享受离退休待遇以及国家规定的其他养老待遇；未参加企业职工基本养老保险,或参加基本养老保险后中断缴费。

2. 社会保险基金筹集

个人缴费标准和办法为:居民基本养老保险费实行按年缴纳,缴费标准为每人每年800元、1200元、1600元、2000元四个档次,参保人员可自主选择缴费标准,市人力资源和社会保障局根据国家、省规定以及苏州市区居民人均收入情况适时调整缴费标准。居民补充养老保险费实行一次性缴费,由参保人员在办理缴费时公布的居民基本养老保险个人缴费最高档或次高档标准中选择确定缴费标准的60%一次性缴纳15年。政府对符合领取条件的参保人员,全额支付基础养老金,居民基本养老保险个人账户储存额和补充养老保险储存额支付完毕后仍应支付的个人账户养老金和补充养老金,以及一次性丧葬补助金。政府对参保人员个人缴纳居民基本养老保险费实行分年龄段给予相应补贴;政府对重度残疾人、低保人员参保缴费时,政府按最低个人缴费标准为其代缴,重度残疾人由市残联确定,低保人员由市民政部门确定。居民补充养老保险实行一次性缴费补贴,补贴标准按参保人员对应个人缴费标准的40%一次性补贴15年;集体经济组织应通过民主程序确定补助对象、补助标准。参保人员参保缴费后,社会保险经办机构按照参保人员的身份证号码为其建立终身记录的居民养老保险个人账户。

3. 享受待遇的条件

参保人员同时具备以下条件的,可从到龄的次月起,按月享受居民基本养老保险待遇:男年满60周岁、女年满55周岁;本市市区户籍;居民养老保险缴费年限满15年; 未享受养老待遇。居民补充养老保险参保人员自缴费次月起按月享受补充养老保险待遇。

4. 待遇的计发标准

居民养老金包括基础养老金、个人账户养老金,按月支付终身。基础养老金标准根据参保人员本市市区户籍累计年限、居民基本养老保险缴费年限确定。个人账户养老金的月计发标准为个人账户累计储存额除以计发月数。居民补充养老金为个人缴费与政府补贴之和,按照缴费时年满55周岁、60周岁、65周岁、70周岁、75周岁、80周岁分别除以240、220、200、180、150、120计得,按月支付终身。

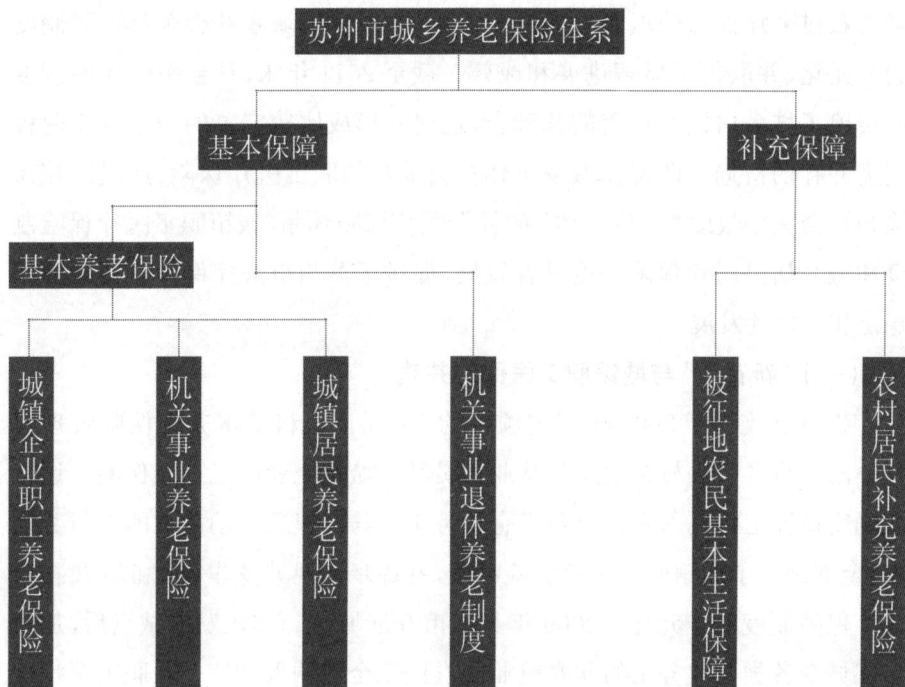

**图3　苏州市覆盖全民的城乡社会养老保障体系**

5. 居民养老保险与其他养老保障制度的衔接

参保人员在参保缴费期间如符合企业职工基本养老保险的退休条件的,在其办理基本养老保险退休时,参照《苏州市农村和城镇基本养老保险关系转移接续办法》规定,办理居民养老保险转入企业职工基本养老保险的接续手续。领取居民养老保险待遇期间办理基本养老保险退休的,将其居民养老保险个人账户余额中非政府补贴资金部分一次性支付给本人,同时终止居民养老保险关系。

**四、城乡居民医疗保险并轨**

在城乡社会医疗保障体系建设过程中,由于管理体制而导致的城乡医疗保障制度发展的不均衡,矛盾逐渐突显,统筹城乡医疗保障、实行城乡居民医疗保险制度并轨成为大势所趋。苏州市积极探索破解城镇职工医疗保障与农村医疗保障的城乡二元分割局面,力求实现城乡社会医疗保障制度的一元化,并取得了显著进展和成效。截至 2011 年末,社会医疗保险制度在实现了城乡居民全覆盖的基础上,已建立形成比较完善的一个体系两种制度并存的格局。即覆盖城乡全体社会成员的职工医疗保险、居民医疗保险和社会医疗救助"三位一体"的社会医疗保障体系,城镇职工医疗保险制度和城乡居民医疗保险制度并存发展,促进了苏州市医疗保障事业的健康稳定和可持续发展。

### (一)"新农合"与城镇职工医保的并轨

苏州市政府于 2003 年制定颁发的《苏州市农村基本养老保险管理暂行办法》,将乡镇农村企业及其从业人员纳入城镇企业职工社会保险。这就从制度设计上将进入乡镇村各类企业务工并与之建立劳动关系的农村劳动力,全部纳入了城镇职工医疗保险制度,并逐步实现城乡非农就业人员社会医疗保障制度的一元化。2009 年苏州市开展城乡一体化发展试点后,加快将在城乡各类企业务工的非农就业的农民工全部纳入城镇企业职工医疗保险。农村自主创业、灵活就业的居民,也可参照城镇灵活就业人员自愿选择参加城镇职工医疗保险。到 2011 年末,全市在乡镇村各类企业务工的 169 万名本地户籍农民工,大规模成批转入了城镇职工医疗保险。

### (二)实行农村居民医保(新农合)与城镇居民医保并轨

为实现全市城乡医疗保障的一体化,苏州市在建立城镇居民医疗保险和农村合作医疗保险的基础上,按照城乡统一的居民基本医疗保险制度框架,加快推进农村居民医疗保险(新型农村合作医疗)与城乡居民医疗保险并轨步伐,实行城乡一体化的居民医疗保险制度,努力实现城乡居民医疗保险政策制度一体化、待遇水平一体化、经办管理一体化以及医疗救助一体化。2007 年,昆山市、吴中区率先将新型农村合作医疗保险整体划转入社会保障部门管理,将城乡所有非就业人员纳入统一的居民医疗保险制度。2007 年 10 月,苏州市政府颁布实施了《苏州市社会基本医疗保险管理办法》(苏州人民政府令第 102 号),以保障全体社会成员的基本医疗需求,统筹城乡医疗保障,建立与全面小康社会相适应的可持续发展的社会医疗保险制度,促进经济和谐发展为出发点,整合了职工、居民、学生等医疗保险政策,以政府规章提出"各统筹地区应当建立居民医疗保险制度,积极推进新型农村合作医疗保险制度向居民医疗保险制度过渡"的目标。2009年4月苏州市政府印发的《苏州市城乡一体化发展综合配套改革就业和社会保障实施意见》,提出全面实施城乡居民基本医疗保险制度,逐步完成新型农村合作医疗保险制度向社会基本医疗保险制度的衔接。苏州市十大民生工程,将逐步实现新型农村合作医疗与城乡居民医疗保险制度框架的统一列入保障工程。此后其他县市、区在建立农村居民医疗保险的基础上,纷纷将农村居民医疗保险与城镇居民医疗保险并轨,实行城乡统一的居民医疗保险制度。

2010年,苏州市政府制定实施了《市政府关于整合完善苏州市区居民医疗保险政策的意见》(苏府〔2010〕111号),规定居民医疗保险筹资标准由各统筹地区根据当地经济社会发展水平和各方面承受能力,合理确定,其中居民个人缴费不得高于40%,其余部分由财政予以补助。政府财政补助办法为:政府财政对参保老年居民、中小学生与少儿、大学生和"三线"人员按平均每人每年180元的标准进行补助。2011年度市区参保居民财政补助标准由原每人180元提高至200元。财政补助后的实际筹资标准分别达到每人每年约590元、490元、470元和590元。对重症残疾人等免缴对象按规定参加居民医保的,个人免缴医疗保险费,由财政全额补助。2012年度苏州市区参保居民筹资、财政补助标准:老年居民和"三线"人员参加居民医疗保险筹资标准由每人每年380元提高至420元,其中财政补助标准提高至220元;中小学生和少儿参加居民医疗保险筹资标准由每人280元提高至320元,其中财政补助标准提高至220元;大学生参加居民医疗保险筹资标准由每人260元提高至300元,其中财政补助标准提高至220元;失业人员和2007年1月1日后户籍迁入本市不足10年,无养老金与医疗保障的老年居民参加居民医疗保险筹资标准由每人380元提高至420元,由个人全额缴纳;重症残疾人等免缴对象参加居民医疗保险筹资标准由每人380元提高至420元,由财政全额补助。

2011年末,苏州市政府印发了《关于加快推进城乡养老保险与居民医疗保险并轨的通知》,明确提出了城乡居民医疗保险并轨目标。即:"在2012年末确保新型农村合作医疗保险整合纳入居民医疗保险,统筹建立城乡居民医疗保障体系,参保覆盖率达到99%。"苏州市在各级政府的推动下,新型农村合作医疗向城乡居民医疗保险转轨取得了突破性进展。到2011年末,苏州市五市七区全部完成了新型农村合作医疗向城乡居民社会医疗保险转轨,除常熟市仍由卫生部门管理外,均纳入了人力资源和社会保障部门统一管理,农村居民与城镇居民享受同等医疗保险待遇。截至2011年末,苏州全市参保居民184.1万人,其中城镇老居民117.4万人,学生66.7万人,农村居民77.8万人。此外,由卫生部门管理的参加新农合人员尚剩余54万人。

苏州(五县市)城乡居民医疗保险运行情况见下表。

**表1  苏州市2011年五县市城乡居民(新农合)医疗保险统计分析表**

| 地区 | 筹资标准(元) | 参保人数(人) | 年门诊率(%) | 住院率(%) | 百门诊人次住院率(%) | 政策补偿比(%) | 实际补偿比(%) | 住院封顶线(元) |
|------|------|------|------|------|------|------|------|------|
| 常熟 | 428 | 524424 | 509 | 15.89 | 3.12 | 65.44 | 48.28 | 12万 |
| 太仓 | 500 | 181249 | 448 | 14.62 | 3.26 | 70.3 | 58.3 | 不封顶 |
| 昆山 | 428 | 207800 | 511 | 12.21 | 2.48 | 71.28 | 56 | 不封顶 |
| 张家港 | 420 | 443068 | 600 | 13.44 | 2.24 | 70 | 48.8 | 35万 |
| 吴江 | 500 | 418794 | 364 | 11.89 | 3.27 | 68.35 | 61.76 | 22万 |

根据上表统计,居民医疗保险有明显的优越性,常熟市新农合住院率明显高于其它县市,补偿比低于其他县市。

**(三)实行城乡居民医保与职工医保之间的转接**

苏州在进行覆盖城乡医疗保障体系设计时,还充分考虑城乡不同制度之间的无缝对接,积极探索职工医保、城乡居民医保"两大板块"之间的衔接和转换,建立起居民医保和职工医保互相转移的双向通道和制度间年限折算机制,所有参保人员随时都可以根据自己的就业状态,办理居民医保与职工医保险种之间的转移衔接手续,实现在两个险种之间通过个人账户转移衔接,使农民进入各类企业就业时,能顺利转入城镇职工社会医疗保险。从而使城乡居民无论处于何种状态,都能获得医疗保障,其个人权益都能获得认可和累计。

（四）实行城乡统一的困难人群社会医疗救助

为建立完善城乡一体化的医疗保险体系，苏州遵循社会保障机会公平的原则，全市城乡医疗保障在普遍提高待遇的基础上，积极探索医保由普惠向特惠的转变，坚持政策调整的"四个倾斜"，即向在基层医疗机构就医人群倾斜，向低保、低保边缘等特殊困难人群倾斜，向大病、重病患者倾斜，向老年人倾斜。苏州从2008年起，整合分散的医疗救助资源，在全国率先建立了由社保部门统一管理的城乡统筹的社会医疗救助制度，城乡医疗救助由普惠型向特惠型迈进，社会医疗救助资金向贫困家庭倾斜。对参加职工医疗保险、城乡居民医疗保险所有参保人员，经有关部门认定的参保困难人群，均按同一标准认定救助对象，同一救助程序、同一救助方式，享受同一标准的医疗救助待遇，包括保费补助、实时救助、年度救助和专项医疗救助。

保费补助。为确保城乡低收入人员免费享受社会医疗保险待遇，医疗救助对象中除已参加职工医疗保险的人员外，其他低保人员、低保边缘人员、三无人员、五保人员、特困职工、重症残疾人以及持有《中华人民共和国残疾人证》且父母没有工作的残疾学生，按规定参加居民医疗保险和学生医疗保险时，个人免缴医疗保险费，其医疗保险费由各统筹地区本级财政全额补助。

实时救助。持有《低保证》、《低保边缘证》、《三无救助证》、《五保供养证》的人员和持有《特困职工证》并患重病的医疗救助对象作为特困人员，持本人医疗保险就医凭证和特困证件，在定点医疗机构就医时可享受医疗实时救助待遇。实时救助待遇为城乡救助对象直接减免85%以上的自负医疗费用，彻底改变了先垫付后补偿的旧模式。

年度救助。对上年度因个人自负医疗费用超过一定金额、负担过重的所有正常参保人员，每年年初由市社保部门会同财政、民政、卫生等部门，根据医疗救助基金的实际承受能力，确定对其中自负医疗费过重的重病和大病患者的医疗救助标准，由社保部门负责对城乡居民中自负费用负担过重的大病重病患者进行一次性再补助。

专项救助。苏州在实施全程一体化医疗救助的基础上，为解决部分高额医疗费用支出的低收入家庭不能享受医疗救助、导致家庭生活困难的问

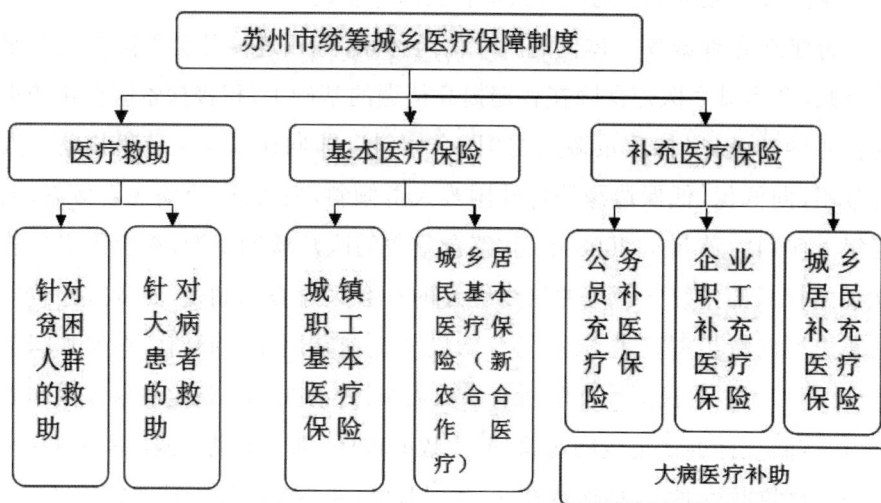

**图4 苏州市城乡社会医疗保障制度总体框架图**

题,苏州于2010年底建立年度专项医疗救助制度,对未享受实时医疗救助、家庭人均收入在最低生活保障标准2倍以内、且有较大医疗费用支出的低收入人员,实施年度专项医疗救助。

苏州市社会医疗救助实现了城乡医疗救助范围对象的一体化,救助标准的一体化,经办管理的一体化,有效降低了困难家庭的医疗费用负担,遏制了因病返贫现象,促进了社会的和谐发展。2011年仅苏州市区发放各类医疗救助资金达4442.33万元,比上年度增长29.9%,救助人群制度内个人负担比例仅为8%。由人社部门扎口管理的城乡一体化医疗救助体系,成为苏州社会保障鲜明的特点,使老百姓充分感受到医保制度的优越性。通过城乡医疗救助体系的全面推进,目前全市九个统筹地区逐步实现参保职工医疗救助和参保居民医疗救助标准统一运行。

**五、苏州社会保障城乡一体化发展基本经验**

苏州市之所以能在全国率先建立城乡一体化的社会保障制度体系,实现社会保障全覆盖,关键在于各级党委政府高度重视民生保障工作,在于全市人力资源和社会保障系统的各级领导和业务工作人员不等不靠、锐意进取的工作作风,在于苏州人敢于创新精神和对社会保障内在发展规律较好的把握能力。苏州建立城乡一体化的社会保障制度体系有以下几点经验。

**（一）党委政府高度重视，是实现社会保障城乡一体化的关键**

首先是各级党委政府高度重视社会保障工作，把民生保障作为经济社会发展的一个重要组成部分同步推进。制定出台了一系列统筹城乡社会保障的政策文件，使苏州市在经济发展的同时，社会保障事业迅猛推进，并与之协调发展。如为了实现把苏州市建设为"城乡一体化发展的先导区"的战略目标，苏州市将社会保障制度配套改革作为一项重要内容，在苏州市已领先于全国建立覆盖城乡的社会保障体系的基础上，进一步统筹城乡社会保障体系建设与发展，积极探索社会保障城乡一体化发展的新路径。2009年4月，市政府正式出台《苏州城乡一体化发展综合配套改革就业和社会保障实施意见》，实行普惠城乡居民的就业和社会保障政策及均等的公共服务，进一步提高社会保障水平，让城乡居民共享经济、社会发展成果。正是由于党委政府的高度重视，制定了城乡一体化发展的目标并出台了一系列政策措施，才使得苏州市社会保障城乡一体化加快推进，并向一元化迈进。

其次是各级党委政府主要领导推动和鼓励社会保障的大胆探索和创新，为社会保障在全国超前发展提供了坚强后盾。市委市政府主要领导，明确要求人社局在社会保障领域每年都要有新突破，或提高标准，或增加项目，让百姓获得实惠，并承诺由财政对社保创新给予支持。正是由于政府主要领导的大力支持和明确要求，才使得苏州市近十年来的社保创新不断地顺利推进。

第三是各级党委政府下大决心，从财政上对社会保障探索创新给以大力支持。社会保障的任何创新几乎都需要财政基础的支撑。如在农保转城保过程中，实际上政府财政拿很多的钱来解决这个问题。比如说农民参保，两级政府给予缴费补贴50%～60%。现在乡村的支出当中，社会保障的支出，也就是养老缴费补贴和城乡居民医疗保险的投入占到乡镇整个财政支出的比例非常高。苏州工业园区唯亭镇年可用财力7个亿，而2010年仅补贴被征地农民参保就要花6个亿，分5年筹资到位。这充分说明各级党委政府对社会保障这一民生大事的高度重视并落实在具体行动上。

### （二）积极探索制度创新，是实现社会保障城乡一体化的关键

在本世纪初我国社会保障制度体系还不够健全、基本安全网还有缺漏的情况下，苏州市不是坐等国家和省的政策出台，而是坚持不等不靠，不断创新，根据本地社会经济发展需要进行社会保障制度创新。2003年，苏州市政府就出台文件，在全国率先建立了农村基本养老保险制度，以及老年农民养老补贴政策。这一创新为此后其他地区的类似实践和当前国家新农保的基础养老金政策奠定了实践基础。2004年，苏州市在全省率先出台了被征地农民社会保障政策，创造性地将第二年龄段人员纳入城镇社会保险体系；随着社会经济的发展和城乡一体化的加快，又将第三年龄段也纳入了城保体系。2009年至2011年，苏州市又开展了农保向城保并轨的创新探索，也取得了积极的成效。

2009年开展城乡一体化发展试点以来，为推进城乡养老保障、医疗保障一体化，苏州市加快建立完善了农民纳入城镇社会保障的政策制度，将非农就业的农村劳动力和劳动年龄段的被征地农民纳入城镇企业职工基本养老保险、医疗保险。具体内容是，将在城乡各类企业务工并与之建立劳动关系的农村劳动力，全部纳入城镇企业职工基本养老保险、医疗保险；对原参加本市农村养老保险的农村居民，于2004年制定了农村和城镇基本养老保险关系转移接续办法，按规定换算、转移后纳入城保体系。农村基本养老保险参保人员参加城保后，其基本养老保险关系转移接续采取"折算"的办法，由农保经办机构负责将其农保各年的缴费金额，统一按所对应的历年城保缴费基数下限，以及单位和个人的合计缴费比例换算为城保的缴费年限。职工换算年限和个人账户与本人参加城保的缴费年限和个人账户合并计算。职工到达法定退休年龄时，缴费年限不足城保按月领取养老金条件的，允许其补缴其换算的城保年限与原农保缴费年限之差的基本养老保险费后，享受城镇企业职工养老保险待遇。苏州还在全市范围内将新农合与城镇居民医疗保险纳入一体化管理，实施统一的城乡居民医疗保险。在实施城乡一体化发展中，市政府还实行了鼓励农户将集体土地承包经营权、宅基地及住房置换成社会保障的办法，对置换社会保障的农村居民，在劳动年龄段内的，通过采取免费培训、就业岗位补贴、社保补贴等扶持政策，引导和

鼓励其就业创业,纳入城镇社会保障体系。由于制度建设创新、政策鼓励引导,实施积极的财政补贴政策,加速了农保转城保进程,农保参保人员总数从 2007 年高峰时的 182 万人下降到 2011 年的 12.9 万人。到 2012 年末,苏州的城乡居民养老保险(新农保)制度将基本不再有参保缴费人员,城乡职工和居民养老保险制度初步实现一元化。苏州市城乡社会保险一元化的实践,将引领全国其他地区城乡社会保障一体化的探索,为其他地区提供示范案例。

苏州市的很多政策创新来自县级市的探索,而这反过来又推动了全市性政策创新的开展。如针对老年农民的老年补贴政策是 2003 年昆山市率先实施的,这一政策创新得到了其他 4 个县级市的认同和效仿,于同年下半年相继推行了这项创新政策。又比如,农民补充养老保险政策是太仓市率先建立的,而这一政策创新得到苏州市人社局的认可,市里在出台居民养老保险时将补充养老保险作为其中一个不可或缺的部分,在全市推广。

制度创新如此,苏州市在经办服务方面的创新也不落后。如苏州市就业和社保服务网络在四五年之前就全部延伸到村,在其他地方努力实现镇镇通的时候,苏州已经实现了村村通,实现了农民社保"六个不出村"。

**(三)突破城乡地域界限,是实现社会保障城乡一体化的根本**

苏州市在社会保障体系建设和保障实施过程中,始终把社会公平作为最基本的原则,较好地把握了社会保障的内在本质。首先,该市在制度准入上对涉农群体平等对待,各类涉农群体均可选择参加城保制度,不仅没有歧视,甚至反而更加优先、优惠。其次,城乡一体化的制度设计在制度顶层上突破了城乡地域和身份界限,保证了城乡公平。目前,苏州市职工养老与医疗保险、居民养老与医疗保险两类基本社会保险制度,均不分城乡,只分别针对职业人群和非职业人群,农民有条件的可以参加城保,城镇老居民能力不及的,也可以参加居保(即原来的新农保、新农合)。城乡一体化的制度设计,最大限度地保证了原为弱势群体的农民的利益,彰显了社会公平。在经办管理体系建设和服务提供方面,苏州也努力打破城乡界限,建立了城乡一体的公共服务体系。在镇村建立劳动保障管理服务机构,拉近农民与社保经办机构的地理距离;将许多原本要在市里办理的经办业务下放到镇村劳动保障机构,从而极大地方便了农民的参保和待遇享受;通过互联网、移动通讯或广播电视网络等技术手段为城乡居民提供参保、信息查询或政策咨询类服务,为广大农民提供"六个不出村"的劳动保障服务。

**(四)加大地方财政投入,是实现社会保障城乡一体化的支撑**

随着社会经济的不断发展和各级政府财力增强,苏州市坚持公共财政为民所用,让人民群众分享改革发展成果。2011年,苏州市可用财力1100亿元,而全市社会保障投入,在没有中央和省里支持的情况下,仅靠地方财力就突破了50亿元,这在全国市一级地方政府中是比较少见的。财政投入的具体项目包括:财政为居民养老保险、居民医疗保险给予大量普惠性的补贴,包括入口参保补贴和出台待遇支付或缺口兜底性补贴,为农保参保人员、征地保养人员农转城提供大量补贴。为鼓励农民参加城保以享受更高水平的养老保障待遇,财政原对参加农保给予的补贴照样发放。此外,为防止困难群体断保或无力参加城保,公共财政加大对特殊困难群体参保的扶持力度,承担了相当的补贴责任。如对残疾人、低保对象等弱势群体在参加养老、医疗保险方面给予全额补贴。正是由于公共财政对居民参保给予的各类补贴,使更多的老百姓特别是弱势群体有条件参加各类保障,而不是流落在社会保障大门之外,同时使更多的农民、被征地农民等群体有条件享受更高水平的保障,使人民群众充分分享了苏州市改革发展的成果。

国家人力资源和社会保障部社会保障研究所在苏州进行统筹城乡社会保障专题调研后,在调研报告中对苏州城乡一体化社会保障的成功经验做了充分肯定的结论:"苏州市建立了比较完善的城乡一体化的社会保障体系,社会保障待遇水平逐步提高,基本满足人民群众的保障需要;公共财政加大对社会保障的投入,初步实现基本公共服务均等化的目标;人民群众享受了便捷的社会保障公共服务;社会保障适应并推动了社会经济的发展。苏州市在社会保障方面的许多经验与创新做法,如将被征地农民纳入城镇社会保障制度、推动以农民工为主体的本地农村人口向城镇职工基本养老保险、基本医疗医疗保险制度转移与并轨、建立农民补充养老保险、建立不分城乡和不分职工及居民身份的一元化医疗救助制度、工伤保险覆盖包括机关事业单位在内的所有职业人群、促进城乡制度公平、加大财政对涉农群体社会保障支持力度、努力实现城乡公共服务均等化等许多方面的制度创新和实践探索,为我国社会保障制度改革提供具有借鉴和推广价值的成功经验,有利于促进我国各地区社会保障制度改革与发展"。

### 六、深化完善城乡一体化社会保障体系目标和对策

下一步,苏州市将深入推进社会保障城乡一体化发展,在完善农村社会保障与城镇社会保障并轨运行机制、探索破除城乡社会保障二元结构的新举措方面,继续走在全国前列,不断实践和创新,取得社会养老保障城乡一体化发展的新突破、新成绩。为此,苏州市在 2012 年末基本实现农村养老保险与城镇职工养老保险并轨、新型农村合作医疗与城乡居民医疗保险并轨的基础上,计划从 2013 ～ 2015 年,全市企业养老、基本医疗、失业、工伤、生育五大社会保险参保覆盖率保持在 99% 以上,社会保险基金征缴率巩固在 99% 以上。到 2015 年,全市城镇退休职工养老金替代率按社会保险缴费工资计算达到 60%,全市职工养老保险待遇水平年递增 10% ～ 15%;全市职工医疗保险个人负担水平每年控制在 24% 左右的合理水平;全市城乡居民养老保险覆盖率达到 99% 以上,老年居民享受基本养老待遇覆盖面达到 99.9% 以上,城乡居民养老金替代率按城乡居民可支配收入计算达 40%;全市城乡居民医疗保险覆盖率达到 99% 以上,个人负担水平控制在 40% 以内;企业退休人员和城乡老年居民社会化管理服务覆盖率达到 100%。主要有以下工作重点和政策措施。

#### (一)着力完善城乡社会保障体系,确保社保全面并轨健康运行

继续推进社会保障城乡一体化发展,所有城乡劳动者均参加职工养老、医疗等项社会保险,城乡非职业人群则参加居民养老和医疗保险,即对所有职业人群和非职业人群,不分城乡,分别都有对应的一个保障制度;在社会医疗保障方面重点推进城乡居民医疗保险全面并轨,城镇职工医疗保险与城乡居民医疗保险制度可以转换衔接;要完善社会医疗救助办法,科学界定医疗救助对象,按照社会医疗救助政策由普惠向特惠倾斜的原则,切实科学合理配置医疗救助资金资源,加大对特殊困难人群的医疗救助力度,使真正急需的困难人群得到更多的救助;建立各项社会保障待遇与经济社会发展

水平相适应的调整机制,逐步缩小城乡、区域、群体之间的待遇差距;深层次推动基本养老保险、医疗保险的城乡并轨运行,最终实现城乡职工和城乡居民社会保险制度的一元化。

**(二)着力完善待遇正常调整机制,提高城乡居民社保待遇水平**

在社会养老保障待遇方面,要积极探索企业职工基本养老保险待遇与其他各类保障对象待遇之间的合理梯度设计,根据全市经济社会发展情况以及参保人员的参保缴费情况,适时调整个人缴费、政府补贴标准,建立与缴费挂钩的正常调整机制;建立完善被征地农民保养金标准正常调整机制,符合办理企业职工基本养老保险退休条件的,其基本养老金实行最低保证数制度,合理确定和调整保养金标准并适当拉开与低保的差距;要建立城乡居民补充养老保险制度,通过加大财政补贴力度等方式,引导符合条件的城乡老年居民参加居民补充养老保险。在社会医疗保障待遇方面,为保证城乡居民医保制度的持续平衡运行,建立与经济发展、人均收入相关联的稳定的筹资机制,制订科学合理的政府与个人的筹资分担比例,以进一步提高医疗保障待遇水平。

**(三)着力加大财政投入比重,推动城乡社保体系现代化建设**

为进一步推动城乡就业和社会保障一体化建设,建立与经济发展和政府财力增长相适应的就业社保财政支出增长机制,适度加大财政对就业社保的投入比例,重点加大对低收入群体、困难家庭、低保边缘家庭、农民的投入;要完善公共财政预算,优先安排预算用于就业社保基本公共服务,尤其是基层就业社保公共服务平台建设和维护。

**(四)着力构建社保公共服务平台,提升为民服务能力和水平**

重点是逐步推行公共就业社保服务基层平台标准化建设,促进各地基层平台建设的平衡发展;纵深推进市、县市区、镇(街道)、行政村(社区)四级人力资源和社会保障服务网络建设,实现城乡公共服务平台有效对接;巩固加强基层劳动保障协理员队伍建设,保持村级劳动保障协理员专职化率100%,并进一步提高协理员专业水平;加快推进"金保工程"信息化建设步伐,进一步完善覆盖市、县市区、街道(乡镇)、社区(村)的四级信息网络系统,纵深推进"网上数字化工程"建设,构建全方位、多渠道、一体化的网上办事服务体系,实现网上社保等各项网络化功能;加快推进统一的"社会保障卡"(市民卡)工程建设,实现社会保险经办服务的信息化、智能化;推进"苏州人社"数字电视有线频道建设,通过数字电视有线频道向城乡居民提供社保信息服务。

# 普惠一体：城乡基本公共服务均等化

公共服务均等化是党的十六届五中全会提出的重要命题,十七届五中全会再次将其定为重大发展目标。十八大进一步提出,到2020年实现基本公共服务均等化。公共服务是指由政府主导提供的,有利于促进城乡居民物质文化生活改善的公共产品和服务,包括基础设施、教育科技、就业保障、环境卫生、文化体育、公共交通、社会治安、消防救灾、市场监管、信息服务等。本章所指仅限于具有福利性及非物质形态的公共服务,属于基本公共服务范畴,主要包括公共设施、基础教育、就业保障、医疗卫生和文化体育等内容。近年来,苏州市加快城乡基本公共服务一体化建设,打破行业分割和地区分割,大力推进区域间制度统筹衔接,加大公共资源向农村和社会弱势群体倾斜力度,把更多的财力、物力投向基层,把更多的人才、技术引向基层,切实加强基层公共服务机构设施和能力建设,促进资源共建共享,极大地提高了基本公共服务水平。

## 一、"六个统一"的教育体制

"六个统一"指统一管理体制、统一规划布局、统一办学标准、统一办学经费、统一教师配置、统一办学水平,是苏州为推进城乡教育一体化,实现教育公益性、公平性提出的发展目标。

### (一)"六个统一"的基础及其必要性

近年来,苏州教育快速发展,教育改革成效显著。"十一五"期间,全市教育经费总投入达到620亿元,其中预算内教育经费达到405亿元,分别比

"十五"时期增长了138.9%和 154.7%,年均国家财政性教育经费增长率超过18%。2007年,在全省率先通过教育现代化建设水平评估,基本实现教育现代化。

一是教育发展速度快。全市学前三年教育毛入园率、残障儿童入学率均超过98%,小学、初中入学率、巩固率、高中段教育毛入学率保持100%,高等教育毛入学率达到63%。从业人员继续教育年参与率达到58%,老年教育普及率达到15%,主要劳动力年龄人口受高等教育的比例达到18%,新增劳动力受教育年限达到15.2年。2006年在全国率先实施免费义务教育。现在,基本形成了具有苏州特色、充满生机活力的现代国民教育体系和终身教育体系,教育整体水平和综合实力居全省、全国前列。

二是优质教育资源占比大。全市现有幼儿园405所,其中省、市优质幼儿园占80%;小学334所、初中189所,全部建成苏州市教育现代化学校;普通高中68所,全部建成省三星级高中,其中四星级高中达32所,占47%;中等职业学校36所,其中省级以上重点职业学校比重超过97%;普通高等学校24所,其中本科院校4所,独立学院4所;省级以上社区教育实验区12个,率先在全省实现全覆盖,其中国家级实验区4个、国家级示范区1个。

三是教师整体素质好。全市幼儿园、小学、初中、高中、中等职业教育教师学历合格率分别达到99.95%、99.96%、98.92%、98.82%、92.54%。全市在职教师中有市中小学学科带头人及其以上优秀教师近1800名,其中省人民教育家培养对象4名、教授级中学高级教师43名、省特级教师162名、市名教师211名、名校长70名。全市"双师型"职教师资比例达到50%以上,500多名教师受到国家级和省级表彰奖励,苏州市被评为江苏省师资队伍建设先进市。

四是教育信息化水平高。加强信息技术与课程教学整合,教师、学生信息素养不断提升,苏州在全省率先建成覆盖城乡的教育城域网,实现了独立建制中小学100%建有多媒体教室,100%建成校园网。苏州获得教育部《教育管理信息化标准》应用示范区、全国电化教育先进单位等称号。

现在,苏州的教育发展到了转型升级、提档升格的关键时期。随着苏州率先基本实现现代化目标的提出,教育现代化成为首要任务,加快教育现代化,有条件、有必要突出教育的公益性和公平性,让现代化成果惠及全体市民。

**（二）抓住三个关键推动"六个统一"**

为加快城乡教育一体化进程,苏州市委、市政府出台了《关于加快实现城乡教育一体化、现代化的意见》,通过创新管理体制、均衡配置师资、开展示范带动,大力推进"六个统一",教育的公益性、公平性得到充分体现。

一是教育管理体制的城乡合一。按照"以县为主,城乡一体"的要求,深化学校管理制度改革。统筹考虑城乡经济社会发展状况、未来人口变动情况和人民群众的现实需要,建立县级人民政府为主的义务教育管理体制,统一学前教育和高中段教育办学制度,区域内公办幼儿园、小学、初中、高中段学校和特殊教育学校由各市、区教育行政部门统一管理。教师和校长全部由各市、区教育行政部门统一录用、统一任免和调配。区域内的教师专业培训进修由各市、区教育行政部门统一规划、实施和考核。所有公办幼儿园、小学、初中、高中段学校的撤并、新建、迁建、改扩建均由市、区教育行政部门会同相关部门商定。苏州工业园区以"达标升级"的模式,用三年时间统一了城乡学校管理制度,义务教育均衡发展迈上了一个新台阶。各县级市直接将乡镇学校上收,按照事权统一原则,调整县、乡两级政府财政分配比例,或者在乡镇学校上收之后,由县级财政按统一标准,向学校集中拨付办学经费,年终由县级财政分别与各乡镇政府进行结算。通过理顺管理制度和投入机制,城乡学校建设得到同步加快,基本实现城乡学校校园环境一样美、教学设施一样全、公用经费一样多、教师素质一样好、管理水平一样高、学生个性一样得到弘扬。

二是城乡师资力量的均衡配置。一方面大力增加财政对教师培训的投入,另一方面全面开展学校之间、城乡之间教师特别是骨干教师交流,全市各级各类学校师资趋于均衡。各地财政设立的教师培训专款不低于中小学教师工资总额的 1.5%,各农村中小学安排的教师培训经费不低于学校年度公用经费预算总额的 5%;城乡之间教师交流比例每年不低于专任教师总数的 15%,骨干教师交流比例不低于骨干教师总数的 15%。截至目前,全市城乡幼儿园、小学教师本科及以上学历占比超过 65%,初中教师本科及以上学历超过 98%,城乡各级各类学校骨干教师比例和职称水平大致相当。

三是示范带动全面推进。在全市范围内开展城乡教育一体化示范区创建活动，以点带面推进各级各类学校均衡发展。全市85%以上的幼儿园达到市优质幼儿园建设标准，70%以上义务教育学校达到市高水平现代化学校建设标准，90%以上的乡镇（街道）成人教育中心校和老年大学达到市现代化建设标准。市、区教育公共财政保障体系、教育财政统筹和运行机制全面建立，城乡中小学的人员经费、建设经费、校舍维护经费、设备购置经费、日常公用经费、师资培训经费标准统一。城乡教育发展主要指标均达到发达国家本世纪初平均水平，教育综合竞争力位居发达地区同类城市前列。

**（三）完善政策措施**

第一，修订区域教育资源专项规划。各市、区政府（管委会）结合编制区域城乡经济社会一体化总体规划，修订完善区域教育资源专项规划。根据农村"三个集中"带来的社会成员聚居结构新变化，科学规划并及时调整教育布局，合理配置城乡教育资源，推动优质教育资源要素向农村流动。

第二，依法保障教育经费"三增长"。加大政府教育公共财政的保障力度，改革教育财政运行机制中不适合教育经费统一标准、统一拨付的方式和环节，确保各地教育财政拨款增长高于财政经常性收入增长，确保按在校学生人数平均教育费用、教师工资和学生人均公用经费逐步增长。

第三，按统一编制标准实现中小学教职工统一配置。各市、区政府（管委会）在核定的教职工编制总量内，合理调剂区域内城乡学校之间的编制，并逐步向农村学校倾斜，确保区域内中小学教职工按统一编制标准实现统一配置。

第四，加大义务教育学校校长、教师的轮岗交流力度。将校长轮岗交流情况列入当地教育行政部门考核范围，并作为进一步任用、提拔的必备条件。对乡镇及以下学校教师、有支教经历的城区教师实行职称评定、评优评先等倾斜政策，凡晋升中级以上职务和参加县级以上评优、评先的教师，必须有在乡镇学校工作一年以上的经历。市、区教育行政部门可在全市教师绩效工资总额的框架内统筹安排，设立扶持农村义务教育专项资金，为到乡镇学校进行支教和交流的教师发放相关补贴。

第五，加强对农村义务教育学校教师的培养培训。制定轮训规划，落实保障经费。市、区财政按不低于中小学教师工资总额 1.5% 的标准设立教师培训专款,并优先保证农村义务教育教师免费参加专项培训。各农村中小学按不低于学校年度公用经费预算总额的 5% 安排教师培训经费。

## 二、覆盖城乡的医疗卫生与人口计生

医疗卫生与人口计生城乡一体化是统筹城乡经济社会发展的重要组成部分,是创新医疗卫生与人口计生管理体制和运行机制,促进城乡服务均等化的有效途径。苏州各级党委、政府坚持把推进城乡医疗卫生与人口计生一体化发展纳入统筹经济社会发展的重要内容,同布置、同检查、同考核,二元化卫生与人口计生发展模式逐步消失,城乡医疗卫生与人口计生一体化的雏形已经显现。

### (一)医疗卫生城乡一体格局基本形成

坚持在规划引领下,积极探索医疗资源纵向整合模式,统筹城乡卫生资源,调整市(区)、镇、村三级医疗服务网络,实施农村医疗卫生一体化管理,完善基本医疗卫生制度,基本形成覆盖城乡的公共卫生服务体系。

1. 调整规划布局

适应城乡一体化背景下大力发展小城镇的实际需要,将过去城乡二元结构背景下“市、县、乡、村”四级规划布局,调整为 “市、县、乡”三级配置。在配置标准上打破国家“市、县、乡”分别配设“三、二、一”级医院的模式和思路,按照实际人口、服务需求、经济水平、技术能力、装备标准等因素来确定医院创建等级。根据地理环境、产业结构、区域差异、卫生基础等特点,将重点放在南、北、东三个边角地带和中心城区方面,将基层存量卫生资源调整收缩,对增量卫生资源向郊区、新城区、边缘区、开发区、居民区和规划区引导,推进资源“均衡、合理、公平”配置。

2. 统一管理制度

在行政管理上,将过去“城三乡四”(城市实行“市、区、街道”三级管理体制,农村实行“市、县、乡、村”四级管理体制)管理体制统一调整为市、县(市、区)、乡(镇、街道)三级管理。根据《医疗机构管理条例》,对辖区内所有医疗卫生机构依法实行卫生全行业管理,对医疗卫生机构统一实行属地化登记注册,定期校验,监督检查。在经营管理上,打破部门行业、行政管理、产权隶属、地理区域等限制,从医疗卫生专业、经营管理角度组成科研、医疗、卫生、保健、监督等战略联盟,在大区域、大卫生、大联合、大集团、大发展的空间层面,推进集团化管理、集约化经营、优质化服务、一体化发展。在行业管理上,结合"同城一体化"和"机构同质化"属性特点与发展趋势,将原"苏州市厂矿卫生协会"、"苏州市社区卫生联合协会",通过换届选举改组为"苏州市基层卫生协会",这样既包含农村,也包含城市,既体现基层医疗卫生机构"六位一体"服务属性,更反映了社团集约化管理的新理念、新思路。在业务指导上,充分发挥并利用市立医院及市专科医院、市疾病预防和控制中心、市妇幼保健所、市卫生监督所、市爱国卫生与健康促进委员会办公室、市计划生育技术指导中心等平台和力量开展业务指导和技术管理,消除城乡二元技术指导差异性。

3. 完善服务体系

科教服务先行,集中优势力量,针对城乡医疗卫生一体化过程中遇到的突出问题进行研究探索,在卫生改革、健康城市、医院管理、新知识、新技术等方面取得了一批成果,如:《苏州城乡居民基本医疗卫生服务可及性研究》、《城市边际型农村卫生工作研究与探索》、《东部沿海五市卫生发展差异性研究》、《住院病人医药费用按病种结算研究》、《新农合在不同管理平台运行效果差异性分析》、《苏州企事业单位卫技人员现状分析》等等,为城乡医疗卫生一体化发展提供了技术支持和智囊服务。

延伸卫生服务,以苏大附一院和市立医院及市专科医院为首,分别组建区域医疗服务集团,延伸服务范围,将优质医疗卫生资源向城郊农村及边缘地带部署,让农村居民也能享受一体化所带来的优质、均等服务。针对城乡一体化"农村变城市,农民变居民,农民工变新市民"背景下"社会性、突发性、均等性"发展需要,市疾控中心联合各市(区)疾控中心为纽带、镇(街道)社区卫生服务中心(防保所、公卫所)组建"专网服务"体系,市妇幼保健和市计划生育技术指导中心推出了"资源重组、两网合一,三级服务、户为基础"的服务模式,让全体市民都享受到了一体化所带来的优质、均等服务。强化用药保障,按照"保基本、强基层、建机制"的总体要求,在对城乡医疗卫生服务内容和标准统一后，又对基本用药目录及相关的计划内疫苗等生物制品保障和医用材料供应进行规范，保障了人民群众用药"安全、有效、廉价、便捷"。

在城乡采供血方面，由苏州市中心血站牵头总负责，实行统一定点、统一检测、统一管理、集中供应，满足了城乡临床科学用血需求。加强卫生监督，将过去主要局限在市、县两级的监督职能向下延伸，变两级为三级卫生监督，目前，苏州 58 个镇已全部建立了市（区）卫生监督分所或派出机构，有效地适应和保障了城市化、城乡一体化背景下基层卫生监督需求发展的新变化、新特点、新趋势。重视信息服务，将分散在医院、社区、预防、保健、医保、办公等各条线、各地区卫生网络资源进行区域整合、规范联网，按照国家卫生部卫生信息中心有关建设标准进行系统梳理，做到城乡对接、资源共享，权职明晰、安全保密，互联互通、方便使用。通过网络信息化服务，强化人员素质，提升服务质量，缩小服务时空，提高服务效率。

4. 统一医保政策

苏州城乡医疗保险制度源于农村合作医疗。创办于 1955 年常熟县归市乡的苏州农村合作医疗，是我国举办较早较好的，50 多年来从未中断，并不断创新和发展，统筹和管理的层次也随着经济社会的发展而不断提升，由当初的"村办村管"→"村办乡管"→"联办乡管"→"乡办乡管"→目前的"联办县管"，即：由省、市、县、镇四级财政和个人共同出资，由县（市、区）统筹管理的新模式。城市居民医保从无到有并发展到与农村合作医疗并轨运行。现在，除基本医保外，各类保障全面发展，基本实现城乡全覆盖：城乡困难人群除免费参加农村合作医疗外，还专门建立了市（区）级困难人群医疗救助制度，在管理分工上也由过去的民政、卫生、社保等多头管理，逐步发展到由人社部门统一管理新模式；职工医保也随着国企改革和现代企业制度的建立，逐步由厂内转向厂外，并促进了社会保障体系的建立与完善，企业职工医保从"自保"走向"社保"。

一是统一管理模式。2003 年 4 月，市政府修改颁发了《苏州市农村合作医疗保险管理办法》，明确将未参加城镇职工医保的城镇居民统一纳入农村合作医疗保险范围，允许长期居住并自愿意参加当地农村合作医疗保险的外来农民工可纳入保障对象,农村合作医疗正名为农村合作医疗保险,为将来城乡融合发展预留接口。2003 年 10 月,市政府批转市卫生局、市民政局、市财政局、市农林局四个部门关于《苏州市农村特困人群医疗救助管理办法》(苏府〔2003〕174 号),建立了苏州市城乡特困人群医疗救助基金,将医疗救助与合作医疗保险有机结合,实行"保障＋救助"的新模式,进一步体现保障的公平性和对困难人群的关爱。昆山市在试点的基础上,于 2003 年颁发《昆山市农村居民基本医疗保险制度实施意见》(昆委〔2004〕4 号),率先将农村合作医疗保险制度改为"农村居民基本医疗保险制度",随后,其他地区也陆续更名,至此,苏州除"城镇职工基本医疗保险"外,就是"城乡居民基本医疗保险",再没有其他医保制度,彻底将过去"农民医保、居民医保、职工医保、公费医疗、学生医保、儿童医保、大病保险"等医疗模式进行整合。在区域管理分工方面,"地区割据、市县分立"的局面于 2012 年整合提升为"市区＋县市"的管理新模式。

二是统一保障标准。在提高城乡居民医疗保障统筹水平的基础上,对保障范围、内容、项目、水平,起报线、封顶线、结报比例、结报方式、医疗救助、监管形式等十大内容和标准进行规范统一,对医疗保障"透明化、公平性、全覆盖、便利化、多层次、高效率"服务也提出了新的标准和要求。

三是调整经办机构。苏州医保先后有过企业管理、工业公司管理、民政局管理、卫生局管理、公费办管理、社保局管理及人社局管理等多种经办模式,根据社会发展和国家新医改要求,我们逐步聚集为"2＋1"模式,即:卫生部门负责"新农合",人社部门负责职工和居民医保,民政部门负责医疗救助。2003 年苏州市政府批转苏州市卫生局、苏州市民政局、苏州市财政局、苏州市农林局关于《苏州市农村特困人群医疗救助管理办法》(苏府〔2003〕174 号),将城乡困难人群医疗救助纳入农村合作(居民基本)医疗保险范围。这样一来,苏州社会医保经办机构主要分为两大部分,一是人社部门管理城镇职工医保(包括:公务员、事业单位、自主执业者及古城区居民),二是卫生部门负责城乡居民医保和医疗救助工作。2003 年 8 月吴中区政府为提高效率,节约资源,降低成本,规范监管,在全国率先将农村合作医疗保险经办机构整合到社保部门,充分发挥"保障网、保社会"的功能,其后,昆山市、太仓市、新区、园区、吴江市、张家港市、相城区等也先后跟进。目前唯有常熟市仍在卫生部门管理,但居民医保也整合其中,实行统一管理,预测不久的将来也会统一。

**(二)人口计生服务全市一盘棋**

1. 健全管理机制

始终将人口计生事业纳入城乡经济社会发展总体规划,纳入党委、政府改善民生的总体部署,做到同规划、同部署、同考核。充分发挥各级人口和计划生育领导小组作用,形成统筹协调、齐抓共管的工作机制。深化人口研究,整合地方高校和科研院所资源,组建苏州大学人口研究所,五市两区设立人口研究基地,恢复成立苏州人口学会,创办《苏州人口资讯》,形成"政研结合、市县联动、课题竞标、服务决策"的工作新机制。根据部门职能转变,上下联动增设人口研究处和流动人口计生管理机构,按常住人口规模配备基层人口计生工作人员,建立人口计生执法队伍,形成以县区执法大队为主体,委托乡镇执法中队执法的人口计生行政执法新体系。财政投入逐年递增,2011年财政人口计生事务支出达人均36元,"十一五"以来,各级财政累计投入62815万元。建成全员人口数据库和苏州人口公众查询信息系统,形成了人口数据多部门共建共享的工作机制,并率先在全市各部门中建成市、县(区)、乡(街道)、村(居)四级人口计生纵向业务专网,有效发挥信息引导在基层服务管理中作用。

2. 完善政策体系

积极探索和实践,结合本地实际开展完善城乡一体生育政策一揽子计划研究,提出城乡一体化生育政策框架及预案,并适时修订《苏州市人口和计划生育办法》,为平稳实现城乡一元政策探索路径、创造条件。健全城乡兼顾的利益导向政策。在农村全面实施部分计划生育家庭奖扶制度,"十一五"期间累计向4万多农民发放奖扶金1.19亿元。在城市共向24.86万独生子女父母兑现《独生子女父母光荣证》企业退休人员一次性奖励金8.95亿元,实现老年计划生育奖励全覆盖。2007年实施计划生育家庭特别扶助制度以来,累计向6600多人发放了3664万元。苏州计划生育公益金制度救助规模达17486户计生困难家庭,累计救助金额达3170万元。

深入开展"生育关怀"行动,投入资金 483 万元,惠及 13990 人(户)。对持证的苏州户籍的低保和低保边缘家庭的救助标准在当地低保标准的基础上提高 20% 并建立动态增长机制,惠及全市 2.5 万名救助对象。创新覆盖城乡的计生养老帮扶机制,在试点基础上鼓励全市县、乡两级政府层面出台涉及养老、医疗、社保等关爱帮扶政策,建立长效、持续、稳定的关爱帮扶机制,使独生子女家庭的老人在社会保险补贴、老年介护服务、公办养老入托方面实现优先优惠,率先形成了计划生育家庭养老帮扶模式。开展"生育关怀爱心大走访"活动,由政府领导亲自带队,市、县、镇、村四级计生干部开展入户走访,了解计生特殊家庭在生产、生活、健康、就医、参保等情况,全市共走访家庭 1756 户,发放慰问资金达 82 万余元。同时注重精神层面的扶助,以镇(街道)为单位建设"连心家园",给"失独"家庭提供相互倾诉、相互交流的平台,建章立制确保可持续,开展丰富活动确保组织活力,切实帮助"失独"家庭重燃生活信心、重新回归社会。

3. 提升服务水平

在全省率先实现人口计生"世代服务"全覆盖,"世代服务"机构标准化建设覆盖率达 95%,村级世代服务室覆盖率达 98%,城区社区卫生服务中心世代服务建设覆盖率达 83%,世代服务岗覆盖率达 100%。推进 0～3 岁科学育儿项目,全市建成科学育儿项目点已达 232 个,基本形成了覆盖全市城乡科学育儿指导服务网络。建成各级各类人口文化园 1175 个,人口文化图书角 780 个,配置人口文化传播机 421 台。实施人口出生缺陷干预工程和母婴阳光工程,全面推行婚姻登记、免费婚检、人口计生宣传"一站式"服务,建立优生健康券制度,实行免费婚检、免费筛查、免费参加优生优育疾病险,截至 2011 年底,全市婚检率上升到 91.81%,新生儿疾病筛查率达 98.19%,出生缺陷发生率从"十一五"期初的 8.86‰下降到 6.31‰。对全市符合生育政策并计划怀孕的夫妇,免费提供不低于 240 元/对的孕前优生健康检查服务,构建覆盖城乡居民的孕前优生促进模式。努力推进"新苏州人"均等化服务管理,首创苏州市非户籍人口计划生育管理服务卡制度,各级财政共投入 8488 万元,为 127.03 万人次提供免费服务项目和长效避孕节育措施奖励。连续开展流动人口计划生育专项治理行动,坚决查处流动人口"两非"案件,城乡生育秩序得到进一步规范。连续两年开展流动人口计划生育"均等服务百日行"活动,并将一些创新性优惠性的服务项目不断向流动人口延伸。积极推进流动人口管理服务"一盘棋",与全国516个县市区签订了双向服务管理协议书,区域协作得到加强。建立"新苏州人俱乐部"、计划生育协会等自治组织,探索实践了流动人口自我管理、自我监督、自我服务新模式。

### 三、延伸到村的就业社保服务

近年来,苏州市在积极推进就业和社会保障城乡一体化发展、实行普惠城乡居民的就业和社会保障政策的过程中,积极创建"人才优先,民生为本"的服务品牌,以"均等、普惠"为标准,按照城乡公共服务均等化的方向和要求,整合、拓展就业社保公共服务资源,加快将就业和社保公共服务体系向农村延伸,建立完善覆盖城乡各类人群的公共就业社保服务体系,夯实城乡就业社保服务基础,为城乡居民直接提供均等化的就业创业、职业培训、参加社会保险等方面的服务。特别是乡镇(街道)、村(社区)基层劳动保障工作平台,在为城乡居民提供均等化的公共服务方面发挥了重要的作用,真正使就业社保公共服务均等惠及城乡所有居民。

#### (一)建设服务平台

1. 服务经办机构全部设置到村

按照"以人为本、重心下移、服务前移"的要求和机构、人员、经费、场地、制度、工作"六到位"的标准,健全市、县级市(区)、乡镇(街道)、村(社区)四级人力资源和社会保障服务网络管理平台,城乡公共服务入村到户,100%实现就业社保平台"村村通"。各镇(街道)建有劳动保障所,各村(社区)建有劳动保障服务站,并在村(社区)设立人力资源和社会保障专职干部,全面实行村级劳动保障服务站工作人员专职化。如常熟市在村委会领导班子设立社会保障委员,兼任劳动保障工作平台的负责人,实现工作业绩挂钩考核。截至2011年,共有24个街道、61个乡镇、773个社区和1106个村的工作平台建设,基本实现了"六到位";全市镇(街道)级平台共有工作人员1192人。其中,镇级机构平均为17人,编制内人员平均为53.2%,大专以上学历

的占 72.1% ;街道机构平均为 5.6 人,编制内人员占 53%,大专以上学历的占
83.6%。全市村级平台工作人员 1240 人,专职率为 89.1%,大专以上学历的
占 62.8%,获职业资格人员占 87.1% ;全市社区平台工作人员 976 人,专职率
为 100%,大专以上学历的占 65.2%,获职业资格人员占 92.6%。全市村(社区)
劳动保障协理员人数共有 829 名,其中持三级职业资格证书的占 33%。此外,
苏州市在乡镇率先建立了劳动监察中队和劳动争议仲裁分庭,将执法维权
机构延伸到农村。

2. 在基层服务平台建设协理员队伍

各地在加强乡镇(街道)、村(社区)就业社保基层服务平台劳动保障协理员队伍建设方面,逐步推行公开招聘,强化业务培训,注重激励引导,鼓励互助交流,不断增强协理员队伍的素质,提高服务能力和水平。常熟市由各镇政府向社会公开招聘包括劳动保障协理员在内的工作人员,统一分配到各基层社区 ;昆山市制订《昆山市劳动保障协理员人员管理办法》,对目前持证上岗的大专以上文化程度的协理员进行统一招考,重新择优录用,不足部分面向社会公开招聘,努力实现协理员文化程度和业务能力的融合提高,储备协理员队伍的发展后劲 ;工业园区采取镇政府组织、人力资源社保所招聘的做法,社区劳动保障协理员与镇人力资源社保所订立劳动合同,作为镇人力资源社保所派驻人员在村(社区)工作,并与村(社区)就业条线专职人员互为 AB 角。这种管理模式层次清晰,各乡镇对村(社区)的业务指导畅通。各市、区还积极开展村(社区)基层劳动保障协理员业务培训工作,在对劳动保障协理员骨干进行集中培训的基础上,因地制宜组织了各层次的业务培训,建立起以点带面、扩面成片的协理员培训制度。吴江市每年都开展大规模业务培训,对新录用的协理员实行为期 1 个月的培训制度,对在岗的协理员进行业务知识更新培训,切实提高协理员劳动就业和社会保障等方面的政策水平与业务能力。

**(二)强化服务职能**

按照城乡一体化劳动就业和社会保障服务的要求,加强机构职能建设,形成了"五大体系"架构,在服务城乡居民就业创业和社会保障方面发挥了积极的作用。

### 1. 就业创业公共服务体系

制定城乡统一的社会登记失业率统计制度,按照就业和失业的界定标准,将本市劳动年龄内有就业愿望、有就业能力的农村劳动力纳入登记范围,发放统一的《就业登记证》,实行统一的就业服务,享受统一的优惠政策。培育和完善城乡统一开放、平等竞争、规范有序的人力资源市场,做好市场供求情况分析预测工作,开展多层次、多专场、多种规模的公益性招聘活动,充分发挥市场配置人力资源的作用。建设公共职业中介机构,加强职业中介机构的管理,优化中介机构组织,充分发挥人力资源中介协会的行业自律作用,为人力资源和用人单位提供公平、公正的服务。完善公共就业服务场所窗口服务功能,拓宽免费服务范围,提高服务质量。利用劳动保障基层服务平台建立了就业岗位采集队伍及"就业岗位储备库",从大量就业岗位中筛选适合农村劳动力就业的岗位,通过把公益性招聘专场开到村(社区)以及通过职介超市两种形式将岗位送到农民家门口,以及通过劳动保障四级网络平台提供的网上招聘市场岗位信息,使农民不出村(社区)就能了解各大招聘市场的用工信息。与此同时,苏州市以创建国家级创业型城市为契机,制定实施了《苏州市创建创业型城市促进创业带动就业实施意见》,全面构建创业工作的组织领导、政策支持、创业培训、创业服务和工作考核体系。就业创业服务机构开展了政策咨询、创业培训、开业指导、创业项目推介、专家评析、融资服务、创业孵化、后续跟踪等"八位一体"的创业服务。

### 2. 社会保障公共服务体系

社会保险经办管理服务机构以专业化、标准化、规范化为目标加强能力建设,不断创新公共服务模式,拓展服务内容,创新服务手段,形成"保障对象全员化、待遇享受多元化、管理服务社会化、公共服务人性化"的经办管理服务特色,在全市范围内建立起了"统筹城乡、覆盖全民、管理规范、流程科学、服务到位"的社会保险公共服务体系。按照"数据向上集中、服务向下延伸"的设计,通过"社会保险社区管理服务平台",将社保经办工作向乡镇(街道)劳动保障事务所、村(社区)劳动保障服务站延伸,形成"两级政府,三级管理,四级网络"的管理服务体系。建立科学有效的标准化管理体制,苏州市社保中心被列为《社会保险服务总则》国家标准制订工作组成员单位,建立了 68 项管理制度,包括行政、业务、财务、审计等方面。制定了《苏州市社会保险经办业务规程》,形成了横贯五大险种、纵连四级经办机构的标准化工作链,从而向城乡参保单位和城乡居民提供便捷化、均等化、可及化的社保公共服务。社保经办机构大力实施"数字社保"工程建设,以门户网站、168 声讯电话、咨询台、LED 大屏显示系统、电子触摸屏、有线数字电视"六位一体"的社保公共服务平台、"社保通"短信平台、自助打印系统、网上"e 化"服务为主体的"数字社保"工程,启动实施了全市统一的信息化、智能化"社会保障卡"(市民卡)"金保工程"计划,提升了社保经办公共服务能力,为参保人员提供了多元化、特色化的公共服务,保障了城乡各类参保人群的社保资讯和公共服务需求。截至 2011 年末,全市共发放各类社会保险待遇 295.6 亿元,其中养老待遇 190.3 亿元,医疗保险待遇 70.1 亿元,工伤保险待遇 6.6 亿元,生育保险待遇 4.5 亿元,失业金 13.1 亿元,居民医保待遇 11 亿元。

3. 职业培训公共服务体系

根据"合理布局、突出特色、服务就业、择优选取、招标定点"的原则,建立了以市及县级市(区)人力资源社会保障(职业)培训指导中心为龙头,各乡镇(街道)劳动保障所为依托,乡镇(街道)成教中心和定点职业培训机构为基础,社会办学机构和用人单位为补充的城乡统一的职业培训体系,共同开展就业再就业培训、农村和外来劳动者培训和企业内在岗职工培训,大力促进城乡劳动者素质就业。完善"培训—考核—就业"相协调的运行机制,鼓励各类培训机构为城乡劳动力开展多层次、多形式就业指导培训、职业技能培训和创业培训等,提高城乡劳动力的就业创业能力。以充分体现公共性和公益性为原则,在苏州市本级和各市、区分别集中建设高水平的综合性公共实训基地,整合现有行业、企业、学校的教学设备资源,建立多个专项技能公共实训基地,形成两级公共实训服务体系,面向农村所有劳动者提供高水平的职业技能培训公共服务。

4. 劳动权益维护公共服务体系

充分发挥劳动监察网格化管理和劳动争议仲裁院实体化建设的服务功能作用,将劳动监察协调服务和劳动争议仲裁调解服务延伸至乡镇,实行企业和劳动者的"双维权",促进劳动关系的和谐稳定。全面推行劳动保障监察网格化管理,建立了劳动监察一、二、三级网格,全市共有一级网格 12 个,二级网格 110 个,三级网格 794 个。建立健全网格内处理简单劳动纠纷的协调机制,帮助企业协调处理劳资纠纷,将劳资纠纷化解在萌芽状态,保持劳动关系的和谐稳定。与此同时,巩固完善市本级和各市、区劳动人事争议仲裁院实体化建设,建立了乡镇劳动人事争议仲裁派出庭和仲裁办事处,以及企业劳动争议调解组织,区域商会调解组织、行业性调解组织,将劳动争议调解仲裁延伸至乡镇(街道)、村(社区),按照"公正、简便、快速、灵活"的要求,为职工与企业提供双维权服务;建立维权服务一站式机制,成立了由劳动保障监察、仲裁院、人调委、法律援助组成维权调解中心;建立各市、区及乡镇(街道)劳动纠纷处理联动协调机制,以及人力资源和社会保障部门与法院、工会建立融审判、仲裁、执法、调解为一体的劳动纠纷处理工作联系协调机制,形成对劳动关系的大协调机制,以利于对集体劳动争议、重大劳资纠纷的快速协调处理。

5. 信息网络公共服务体系

根据国家"金保工程"网络建设要求,建立全市统一、网络互联、信息共享、安全可靠的包括城乡劳动就业、社会保障以及综合管理等应用内容的信息服务网络。市本级和各市、区人力资源和社会保障系统网络向乡镇(街道)及村(社区)延伸,在全面实现"村村通"的基础上,加快形成覆盖市、区县市、乡镇(街道)、行政村(社区)四级人力资源和社会保障信息化网络系统,实现了城乡劳动力资源、就业服务、职业培训和社会保障的统一管理和动态管理。苏州社保系统还突破传统的窗口经办模式,积极探索创新,为参保企事业单位建成"网上服务大厅",在"网上申报、网上转移、网上就医结算、网上属地管理、网上资格认证"五网业务的基础上,增加"网上待遇支付"项目,参保单位足不出户可随时随地办理缴费基数申报、参保人员增减、社保关系市内转移、数据查询、社保费用结付等业务。此外,还通过建立数据异地交互平台,在全市实施"网上异地业务"及网上转移模式,在全省率先完成医疗费用联网结算,苏州全市范围内实现了就医费用网上结算、就地报销,以及异地居住企业退休人员属地化管理。

### （三）加强村级服务

镇（街道）劳动保障所统一履行劳动就业、社会保障、职业培训、权益维护、劳动保障事务代理、退休人员社会化管理等主要业务职能，并按照业务下沉、服务便民的思路，将部分劳动保障业务延伸到村（社区）劳动保障服务站，基层劳动就业社会保障服务有序开展。

1. 村（社区）劳动保障服务站对辖区人员情况做到"六清"

村（社区）劳动保障服务站工作人员发挥贴近本地居民的优势，通过串门入户近距离的调查研究，对本村（社区）劳动就业社会保障做到"六清"，即家庭情况清、经济情况清、择业意向清、就业能力清、就业状况清，社会保障清。通过开展充分就业村、社区活动，建立和应用各类台帐、表册，全面关注就业困难人员，广泛进行排查、摸清底数，建立援助跟踪卡，并运用计算机信息系统，实行动态管理。

2. 村（社区）劳动保障服务平台对辖区人员开展"三送八进"服务

村（社区）劳动保障服务站依托劳动保障四级网络平台，对本村（社区）居民实施送政策、送技能、送岗位，以及进入居民家门开展就业创业政策咨询、就业创业指导、失业登记、《就业失业登记证》发放、失业金发放、就业困难人员认定、灵活就业申报、社会保险补贴初审等进门就业服务。

3. 村（社区）劳动保障服务平台对辖区人员开展就业援助服务

镇、街道以及村、社区劳动保障服务平台，优化就业服务流程，提供"一条龙"、"一站式"服务；利用辖区优势，开办镇（街道）劳动力招聘洽谈会，对有劳动能力、有就业愿望的适龄劳动力提供就业服务，解决失业、失地人员再就业问题；进一步发挥基层劳动保障工作平台就业服务和就业援助功能，落实各项促进就业和创业扶持政策，对未就业大学生、被征地无业农民以及大龄失业人员等就业困难群体实施重点帮助，通过劳动保障协理员的登门对口服务，提供菜单式培训、网上职介超市、申报公益性岗位，以及建立援助基地等个性化服务，实现了就业再就业，动态消除城镇"零就业家庭"与农村"零转移贫困家庭"。

4. 村（社区）劳动保障服务平台对辖区人员开展创业促就业服务

村（社区）劳动保障服务平台对辖区人员通过对创业人员申请小额担

保贷款的贷前摸底、贷后跟踪,以及送创业政策、创业项目、创业孵化基地信息、扶持创业典型等,提供创业促就业服务,帮助辖区内有创业意向的失业人员通过成功创业实现就业。

苏州市劳动就业和社会保障公共就业服务体系的建立和完善,特别是市、县级市(区)、乡镇(街道)、村(社区)四级就业社保服务网络平台对接,为城乡居民提供了真正意义上的亲民、便民和利民服务,已经初步形成城乡一体的就业社保服务新格局,使城乡居民享有均等的公共服务,城乡就业创业、社会保障、劳动关系协调等方面都取得了显著的成效。

**四、繁荣兴盛的文化体育事业**

**(一)公共设施建设成效显著**

1. 文化设施覆盖城乡

以创建国家公共文化服务体系示范区为抓手,按照公益性、基本性、均等性、便利性的原则,全面建立起覆盖城乡、结构合理、功能健全、实用高效的公共文化设施网络体系,全市公共文化设施每万人拥有量达到 3000 平方米,人均公益性文化设施面积进入全国同类城市领先水平。市和各县级市、区都建有大批重点文化项目,如现代传媒广场、非物质文化遗产展示中心、苏州艺术剧院、"中国昆曲"剧院、苏州高新区文化艺术中心、吴江传媒大厦、中国长江文化博物馆、江南文化艺术中心、虞山诗派艺术馆和科举馆、文博园等。苏州市区以苏州图书馆和若干区级图书馆为总馆,按照《国家公共文化服务体系示范区(项目)创建标准(东部)》和《公共图书馆建设标准》,每 3 万～4 万服务人口建有一个公共的图书馆要求,建设 100 个社区分馆;4 个县级市以各市图书馆为总馆,建设 100 个镇(街道)分馆,形成资源共享、协同采编、统一检索、一卡通用的城乡公共图书馆总分馆体系。建设苏州城乡一体的全媒体应急广播系统。评弹书场(票友活动场所)实现镇(街道)以上行政区域全覆盖。加快基层现代化广电站建设,高水平实现数字广播电视户户通,4 个县级市所属广电站和省广电网络公司苏州分公司所辖广电站全部达标。

2. 体育设施全面兴建

高标准建成市、县两级综合性体育场馆,投资 7 亿元历时三年建成的新市体育中心总占地面积 21 万平方米,集大型体育场、体育馆及综合性健身馆为一体。各县级市、区按照江苏省"新四个一工程"(一个标准塑胶跑道田径场、一个 3000 座的体育馆、一个标准室内游泳池、一个 3000 平方米以上的全民健身活动中心)要求,投资数亿元的综合性体育场馆均已建成且颇具规模,已多次承办国际国内单项比赛。提升镇级文体活动中心功能,全市58 个镇全部建成镇级文体活动中心。村(社区)体育健身设施遍布,以"一片篮球场、一套健身路径、一个棋牌室和两张乒乓球台"为标志的农民体育健身工程全面建成。

**(二)群众文化活动丰富多彩**

文化服务逐步实现由"送文化"向"种文化"转变,激发群众的文化自觉,"要文化"、"办文化"的积极性空前高涨。

1. 文化惠民

统筹开展城乡联动的"群星璀璨"文化惠民系列活动,年均各类公益性展演展示活动不低于 3 万次。做优做强"苏州阅读节",推动全民阅读。开展文化下乡和文化"三送工程"、舞台艺术和数字电影"四进工程",发挥苏州市文艺家志愿者队伍和苏州文联艺术团作用,定期举办"送欢乐到基层"、"苏州百名书画家惠民进万家"活动,开展昆曲、评弹、少儿喜剧、古琴等优秀艺术为在校学生公益演出活动,组织开展形式多样的针对未成年人、老年人、残疾人及进城务工人员的文化服务,年均向基层送书 10 万册、送戏 3000场次、送电影 1.3 万场次以上。完善农村数字电影流动放映体系,实现数字电影放映"一村两月三场"。

2. 民间文艺

完善对民间文艺团队、民营演出团体的扶持激励机制,确保各县级市、区有一支以上特色鲜明、素质优良、技术全面、在全省乃至全国有影响的文艺团队,各镇(街道)有一支以上在全市、全省有影响的文艺团队。推进群众文艺创作,充分发挥人民群众文化主体作用,挖掘各地传统优势和文艺资源,重点推进一批反映苏州城乡一体化建设、具有浓郁社会生活风情以及反映普通百姓所思所想的优秀群文作品创作,在全国、省"群星奖"、"五星工程奖"评比中取得好成绩,保持苏州群众文艺创作全省同类城市先进水平,并进入全国同类城市第一方阵。活跃群众文化活动,充分发挥各地历史文化优势,因地制宜鼓励举办各类民间文艺节、农民文化艺术节和镇、村、社区文化节,广泛开展"一镇一品、一镇多品"以及"一村一品"特色群众文化活动,加强"民间文化艺术之乡"、"特色文化艺术之乡"和"文化示范镇、文化先进镇(街道)"建设,全市 50% 以上的镇(街道)建成文化示范镇、文化先进镇(街道)。

### (三)"五大工程"助推全民健身

国务院颁布的《全民健身计划(2011—2015 年)》指出:到 2015 年,城乡居民体育健身意识进一步增强,参加体育锻炼的人数显著增加,形成覆盖城乡比较健全的全民健身公共服务体系。结合苏州实际,围绕构建全民健身公共服务体系,提高公共服务能力,苏州市推出了大力实施包括全民健身组织服务工程、全民健身设施服务工程、全民健身活动服务工程、全民健身指导服务工程、全民健身信息咨询服务工程在内的全民健身"五大工程"。

1. 组织服务工程

高度重视群众体育组织和队伍的建设,发展和加强为全民健身服务的组织力量,基本形成了以市全民健身工作指导委员会、市(县)、区全民健身工作指导委员会、全民健身工作领导小组为统领,各级体育健身俱乐部为点、体育社团为主线的建制完整、覆盖各类人群的全民健身组织网络。成立全民健身工作指导委员会,各市、区全部成立体育总会,共有各级体育协会152 个、体育俱乐部 140 个。大部分市、区的篮球、乒乓球协会已延伸到社区和行政村,组建篮球队、乒乓球队 1500 多支;张家港市的单项协会延伸到镇,老年体协和农民体协覆盖到村。目前,全市各类体育社团共有团体会员1865 个、个人会员 48 万余人。在全省首创体育俱乐部备案准入制,成立健身俱乐部 299 个。全市共有晨(晚)练健身站(点)3486 个,每个站(点)均已配备社会体育指导员,指导百姓科学健身。

2. 设施服务工程

全市 55 个镇全部建成镇级文体活动中心,1068 个行政村和 928 个社区居委会全部建有体育健身点。在全省率先对使用年限满 6 年的健身器材进行统一报废、更新。成立器材维修站,实行 24 小时报修服务,并建立志愿者巡查队伍,对健身器材定期检查保养。制定完善学校体育场馆开放办法,引导学校体育设施创造条件向社会开放。在全省率先建设城乡一体的"10分钟体育健身圈"。

3. 活动服务工程

坚持在"全民"上做文章,在"健身"上下功夫。苏州成功承办了全国第三届体育大会和速度轮滑世锦赛、国际环太湖轮滑马拉松等重量级赛事,轮滑已成为苏州的一张城市名片。在整合社会资源、打造有苏州特色的全民健身活动品牌上进行尝试,创立了"假日体育"、"全民健身节"、"外商投资企业运动会"等品牌。积极推动"一镇一品"、"一校一品"建设,创建了48所"特色体育项目学校", 16个"特色体育乡镇", 3个"特色体育街道"。昆山市甲、乙级篮球和足球联赛采用升降级制度,每个周末均有比赛,已连续举办10余年。工业园区中小学校全部有自己的特色体育项目。

4. 指导服务工程

把全民健身志愿服务活动引入全民健身事业发展实践,以全市21670名社会体育指导员为依托,建立以社会体育指导员和各体育协会骨干为基础,以"全民健身系列大课堂"定点教学为点、全民健身志愿服务小分队为线的互为补充的全民健身志愿服务体系。在市区建立10个"全民健身系列大课堂"免费授课点,每周三次免费在公园、广场指导市民健身,每期参与人数约2000人。成立多支市全民健身志愿服务小分队,把科学健身知识和指导服务送到群众身边。在各市、区组织开展国民体测送健康巡回服务活动,免费开展体测,提供健身咨询,发放健身手册,引导科学健身。于2007年实施医保卡结余资金用于全民健身改革,首创"阳光健身卡"一卡通服务。2003年起,市区以市体育中心综合健身馆为龙头,整合系统内部5家体育场馆和30家民办优秀体育经营单位作为"市全民健身活动中心定点健身场馆",实行"阳光健身卡"一卡通服务,引导群众健身。2006年起,在市社保部门支持下,市民医保卡的结余资金可申办阳光健身卡用于体育健身,截至2012年,已申领健身卡6万余张。

5. 信息咨询服务工程

拓宽全民健身的宣传渠道,加强和各类媒体的合作,通过新闻载体、公益广告、科普活动等方式广泛传播科学健身知识。加快全民健身数字化、信息化步伐,启动了"10分钟体育健身圈"电子地图制作,市民可以通过数字苏州网站进行健身设施、健身指导内容等信息的搜索和查询。在苏州日报、苏州电台分别开辟了"苏州体育"、"全民健身在线"等专栏,定期发布健身知识、活动信息、健身咨询等,加强与市民的沟通交流。2008起,通过手机短信方式,按照季节、气候、人群特点等定期发送各类健身知识,年发送体育健身信息70多万条。市体育信息网加大了健身信息传播力度,丰富各类健身内容、加快更新速度,已成为通过现代传媒方式传播体育信息的重要渠道。

# 双轮驱动：打造人文宜居新天堂

改革开放 30 多年间,中国以人类历史上从未有过的规模和速度推进着城市化,并于 2011 年历史性地突破 50% 的城市化率,城镇人口首次超过农村人口。快速的城市化为中国社会经济发展提供了强大的动力。然而,在快速城市化的进程中,中国所面临的挑战也是史无前例的 :庞大的半城市化人口考验着社会稳定,巨大的半城市化区域中资源的闲置浪费与管制薄弱带来的经济社会失序并存,实用主义的粗放城市建设高速吞噬着地域文化和自然生态环境,交通拥堵、城市贫困、社会冲突等城市病的蔓延,日益显现的土地、能源、环境约束以及气候变化问题,以及乡村的衰败,农业的停滞,城乡差距的拉大等问题都意味着“城市化已驶入敏感区域”,迫切需要发展模式的转型与优化。

作为城乡一体化发展综合配套改革试点区,苏州锐意改革、大胆创新,立足于长期精细呵护的生态环境和文化基因,通过“双轮驱动”,以根植于地域特色并随发展阶段适时更新的新型城镇化为一轮,以内涵不断深化拓展的新农村建设为一轮,互促共进,以城镇化增强新农村建设的能力和动力,以新农村建设提升城镇化的内涵和品质,共同打造出城乡一体的人文宜居新天堂。其相对均衡的城镇化格局,不断缩小的城乡差距,持续提升的城市品质和优雅迷人的乡村景观,以及乡村地区活力的激发和农业现代化的推进、资源配置效益的持续提升,为全国城乡一体化改革发展提供了有益借鉴。

### 一、苏州新型城镇化及其优势

城镇化既是通过要素集聚实现资源节约、集约发展的过程,又是人类文明由低级向高级不断发展、社会不断进步的过程。在这个过程中,人类社会的生产方式、生活方式和思维方式持续走向现代化,同时伴随着生态状况和生活质量的改善。苏州的城镇化进程自改革开放后进入加速发展轨道,先后经历了乡镇企业造镇阶段—开发区造城阶段—网络型城市群发展阶段,正在向以提升城市品质和功能为核心的内涵式城镇化转变。城镇化过程,是苏州做大、做强、做优、做美的过程,苏州在这一进程中的均衡性和规划引领、"四化同步"、注重文化传承等特征与做法,不仅转移了农民,富裕了农民和农村,完善了城乡基础设施和公共服务,强化了城乡人居环境的特色与内涵,提高了城乡生态环境质量和生活质量,更重要的是推进了城乡经济、社会、文化的融合,共同造就了一个经济繁荣、科教发达、生活富裕、环境优美、民主和法制健全、社会文明、特色鲜明的"人文宜居新天堂",真正实现了"生活更美好"。

#### (一)苏州城镇化道路"新"在何处

1. 城镇化发展新阶段:内涵式城镇化道路

所谓内涵式城镇化,就是要由过去片面追求城市规模扩大和空间扩张的粗放型城镇化模式,改变为以提升城市的文化、公共服务等内涵为中心,真正使城镇成为高品质的宜居、宜业、宜商、宜游之所的城镇化模式。这正是苏州新阶段城镇化努力追求的方向。

苏州走上内涵式城镇化道路,既是苏州城镇化发展阶段的客观要求,又是内外环境推动的必然结果。经过 80 年代的乡镇企业造镇、90 年代的开发区造城和 21 世纪初的网络型城市群发展阶段之后,到 2011 年,苏州城镇化率达到 71.3%,逐步进入成熟阶段。从世界城市化历史来看,这一阶段,城市化增速变缓,作为增长极的城市必然出现要素效率下降、资源环境和空间约束加剧等多重问题,使其一方面必须加快低端要素向外扩散以拓展和优化发展空间,同时也必须进一步整合高端要素以推动自身发展效率的提高。从外部形势看,金融危机的持续发酵迫使经济转型升级必须加快步伐;以上海为龙头的长三角巨型城市带已逐渐由孤立发展走向区域一体化,在高速公路、铁路、城际轨道的牵引下,区域空间格局正在重塑,各城镇节点的功能分工和层级分化正在形成。城市的规模、品位、人居环境、服务能力、创业氛围决定了城市集聚高端人才、研发机构和高端服务业等要素的能力,进而决定了城市在重塑区域功能分工和层级分化中的地位,强者恒强。从城镇化动力来看,苏州已进入工业化后期并向后工业化转变,工业化对城市化的拉动作用逐渐变弱,而服务业对城市化的拉动尚处于蓄积期。从资源环境看,苏州城镇化规模的扩张已遭受到资源环境瓶颈,城市扩张的空间有限。

在这种形势下,苏州因势利导调整城镇化战略,从以往的重视城市规模、城镇化率的外延式发展模式,逐步走上了更加注重提升产业层次、更加注重优化城市功能、更加注重提高生活质量、更加注重城市价值观和城市精神构建与认同,更加注重城乡一体化发展的新型内涵式城镇化之路。苏州各县(市)无不在不断调整优化发展战略,强化内涵建设,瞄准高端要素争夺:苏州工业园区"十二五"提出了"新城市、新产业、新人才"的战略,并大手笔投资文化设施;常熟调整城市发展方向、向南拥抱18.2平方公里昆承湖,打造人居、创新、商务新城;昆山市规划了近500平方公里的城区,大力加强城区综合服务功能;苏州太湖新城各片区的定位也都瞄准了对高端人才、高端服务等要素的争夺。在乡镇层面,则通过区镇合一、强镇扩权等体制创新,不断强化内涵提升,推进出"镇"向"市"的转型。

2. 城镇化发展的新模式:均衡发展

众所周知,苏州的城镇化走的是一条相对均衡的独特道路,突出表现为两个方面。一是中心城区与县级市城镇化发展比较均衡。苏州下辖县级市的综合实力全部进入全国百强县(市)前十位,各县级市的城镇化率都在70%左右,全市差别不大。且城市之间的关系是共生共荣,这与环渤海地区"核心"与"边缘"区域,以及城市之间差距拉大的现象形成鲜明对比。二是数量众多的小城镇在集聚人口和产业要素、沟通城乡等方面发挥着巨大的作用,吸纳了全市半数的城镇化人口和数量众多的外来人口(部分工业和商贸型城镇的外来人口已远远超过当地人口),乡镇工业产值曾占据全市工业总产值"半壁江山",小城镇是经济社会的重要载体。如今,苏州通过几番乡镇合并,初步形成了以苏州市区中心城市为核心,4个县级卫星城市为枢纽,

50多个重点中心镇、历史文化名镇、较大镇为基础,以及1268个新型农村社区(含600多个古村保护及保留村庄)的四级城乡体系框架,在此基础上形成了生产力、人口、基础设施和公共服务基本均衡、互为联动的格局,这种格局在缩小城乡差距、优化空间品质和资源配置、提升城市品位、降低区域发展不平衡等方面具有突出优势。

3. 城镇化发展的新路径:产城融合

回顾苏州发展历程,可以清晰地发现,产业发展的不同阶段,出于发展要素的不同来源,要求不同的区域空间格局为其服务,苏州便不断调整城镇化战略重心与之适应,产业与城镇高度融合,互为依托,共同发展。在乡镇企业大发展阶段,劳动力、资金、土地等要素主要来自农业剩余,因此镇、村被赋予了较大的发展权限。在外向型经济发展阶段,为承接国际产业转移过来的高端要素,需要完善的硬件设施、优惠的政策、充足的人力资源等,而且越是高端的产业要素,对载体条件的要求越高,这些条件在镇、村层面难以得到满足,因此,苏州一方面通过城区和主要交通干线的大型高等级开发区的建设来供应高等级载体,另一方面通过乡镇合并、区镇合一等体制创新,并尝试通过中心镇、新市镇、专业镇等制度创新,以差异化的政策体系,引导小城镇的职能分化、规模扩大、载体提升,提高资源利用效益。进入到创新驱动、服务业驱动的发展阶段后,高端人才、研发机构、金融、保险等高端服务业要素成为争夺的焦点,这些要素对城市的规模、品位、人居环境、服务能力、创业氛围提出了更高的要求,苏州一方面通过强化中心城区的内涵建设,瞄准高端要素争夺,另一方面也通过强县扩权、强镇扩权等制度创新,不断强化内涵提升,优化镇域发展的制度环境,增强乡镇政府提供公共产品和公共服务的能力,完善功能,提升品质,实现由"镇"向"市"升级。

4. 城镇化发展的特色:"三古"保护

城镇化、全球化进程中对地域文化的荡涤和破坏,在全球很多地区都留下了无可挽回的损失与教训。苏州是我国的历史文化名城,拥有传承2500多年、闻名于世的古城,也拥有数量众多的古镇、古村。苏州古城历史悠久,有着精巧的路网和小桥流水人家的水乡风貌,星罗棋布着众多古典园林、古城墙、古河道、古街巷、古塔、古桥、古建筑群。苏州现有国家级历史文化名镇 10 个：周庄、同里、甪直、木渎、东山、千灯、锦溪、沙溪、沙家浜、凤凰；省级历史文化名镇 4 个：光福、金庭、震泽、汾湖。在村落方面，苏州拥有陆巷、明月湾等 2 个中国历史文化名村，还有控制保护的古村落 14 个，其他具有历史文化遗存的村庄 55 个。如此高的比例和密度，在全国亦属罕见。除此之外，苏州还保留了很多历史文化遗存丰富和传统风貌较好的历史街区。在城镇化进程中，苏州十分注意对古城、古镇、古村三位一体的保护和对历史文化的传承，重视功能提升、风貌保全、文化传承的多重统一，形成了传统文化与现代文明相得益彰的良好局面，使苏州的城乡人居环境拥有独特的内涵和鲜明的特色。

5. 城镇化发展的新引领："四规"合一

规划科学是最大的节约，规划不好是最大的浪费。苏州始终把强化规划作为城乡建设的重要前提，按照统筹城乡发展的要求，加快推进城乡规划一体化，促进城镇规划、土地利用规划、产业发展规划、生态建设规划"四规"有机融合，推动工业、农业、居住、生态、水系等专项规划有机衔接，编制完成了城乡融合、相互衔接、全面覆盖的城市总体规划、镇总体规划、村庄规划以及古镇古村保护规划，科学确定城市发展区、农业发展区和生态保护区，形成全方位、多层次、开放式的城乡空间网络结构。统筹兼顾生产、生活、生态功能，调整优化工业与农业、城镇与农村的空间布局，充分发挥规划的导向和调控功能，注重展示吴文化、水文化的传统风貌和深厚底蕴，充分展现江南水乡的地方特色。

**（二）苏州新型城镇化的优势**

1. 有利于缩小城乡差距

2011 年苏州农民人均纯收入在全国 20 个大中城市位居首位，城乡收入比为 1.93：1，大大优于全国平均水平。在人均收入提高和生活质量提升的同时，苏州农村居民与城市居民在政治、经济、社会、文化、基础设施、人居环境等方面的差距，在总体上呈不断缩小的态势，并且已经出现由发展性缩小转向体制性缩小的趋势。这些成就的取得，离不开均衡型的城镇化道路。首先，农民收入的提高需要减少农民、转移农民，同时实现农业的规模化和现代化。苏州早期"离土不离乡、就地转移"的城镇化模式即是最低成本、最小阻力的转移和富裕农民的进程,这为后期推行的"三集中"、"三置换"等改革创造了良好条件;由于大多数农民逐渐降低了对农业、耕地的依赖,使耕地的规模化集中得以顺利实施,提高了农业的经营效益,为农业的现代化和农业人口收入的提高进一步扫除障碍;农民收入中工资性收入的比重持续提升,同时工业向城镇的集中(也就意味着就业岗位的集中),减少了农民向城镇集中的阻力,而城镇的繁荣反过来又提供了更多的非农就业机会,加上城镇与农民地域相邻、文化相通,转移的社会成本和经济成本相对较低,便于吸引更多的农民集聚,形成良性循环。其次,农村地区大量活力充沛的小城镇的存在,一方面形成了农村地区自下而上的要素集聚中心,避免了许多单中心城镇化地区出现的农村地区生产要素的过度外流现象,为农村的发展留存了资本;另一方面,由于小城镇相对发达的基础设施和服务体系,使其为城市的资金、人才、技术、信息等要素向农村扩散提供了平台,进一步提升了农村地区的发展条件;此外,苏州地区的小城镇在外向型经济发展时期,利用其优越的区位优势和乡镇企业时期积累的产业基础,八仙过海各显其能,通过兴建各类开发区,吸引了庞大的外来投资以及伴随而来的技术工人、经验和信息等资源,更进一步增强了农村地区的发展活力。这三个方面,使苏州没有出现许多地区高速城市化阶段城市对农村的过度剥夺、农村经济凋敝、生产力要素外流等现象,长期维持了较小的城乡差距。

2. 有利于城乡基础设施和公共服务布局均等化

有人形象地说,中国一些地方"城市像欧洲、农村像非洲",存在"黄河边的中国"与"黄浦江边的中国"的对立,这更多体现为城乡人居环境,尤其是基础设施与公共服务的差距。苏州则不存在这一问题,这与其独特的城镇化模式不无关系。在苏州,数量众多、经济发达且分布相对均衡的小城镇,形成了广大农村地区的组织和服务中心,它们不仅整合区域和全球资源,形成强大的经济实力以支撑自身基础设施和公共服务建设,服务于周边农村地区,更重要的是作为城乡交流的纽带,为推行城乡基础设施一体化和公共服务均等化供应提供了依托平台。苏州通过做大县城镇、做强中心镇、做优特色镇,集中力量完善小城镇的基础设施和公共服务建设,使财政资金能够更加有效地惠及广大农村地区。试想,如果没有小城镇这一纽带,大城市的

苏州独具特色的城乡垃圾处理一体化

全市形成了城乡一体化的垃圾处置的"村收集、镇转运、市处理、一个炉子焚烧"定式流程：城乡生活垃圾每天经过居民门前卫生箱—村垃圾收集点—镇垃圾中转站—市垃圾焚烧发电厂，最终被无害化处理。在垃圾产出多的村、镇，建设运送垃圾能力强的压缩式中转站；在垃圾量相对少的村镇，建设箱式、拉臂式或地槽式中转站。每个村建设一个垃圾集中点，各家各户分发一个卫生箱，在垃圾产出量较大的公共场所或小摊点配备大容量的垃圾桶。市、镇、村三级统一配置清运车辆和保洁人员，垃圾转运使用环卫专用车辆，喷绘统一标志并编号备案，还安装有 GPS 监管设备，对垃圾转运过程进行实时监控。

基础设施和公共服务直接向广大农村地区的延伸将需要更大的成本、更长的时间。

3. 有利于人居与产业和生态完美整合

首先，城乡规划的融合，使城乡空间布局得到了优化，形成了"中心城市—县级城市—特色（市）镇—新型社区（自然村落）"的四级城乡一体化发展格局，人口和产业得到了有序转移和集聚，生产力布局相对均衡，缓冲了对中心城市的压力，缓解了高速城市化阶段中心城市人口过快膨胀可能带来的问题。其次，城乡产业和城镇规划的合一，理顺了人居空间与产业空间的关系，既克服了以往生产空间影响人居环境品质的问题，又使就业岗位和居住布局相互协调，提高了就业率，降低了长距离通勤比例，并使外来就业人口能够得到更多更好的生活服务。第三，城乡生态建设规划与城镇规划、产业规划的融合，一方面有利于从全市层面上统筹生态基础设施的建设，为区域、城乡之间的生态补偿、强弱帮扶等机制的建立铺平了道路，最大限度地有利于生态环境的保护；另一方面使生活、生产和生态空间、游憩空间体系实现科学整合，进一步提高了人居环境的品质和品位，将有望避免"一代人造几次房"的反复拆建现象，实现集约、节约和可持续发展。第四，从城乡一体的层面实现的规划融合，为城乡之间资源的优化配置创造了条件，使城市基础设施和公共服务向乡村地区延伸，使自身建设能力不足的农村地区能够实现人居环境的较快提升。譬如在乡村垃圾收集处理这个高度影响人居环境的老大难问题上,苏州通过城乡统筹规划和建设,得到了较为妥善的解决。

4. 有利于中心城市品质和品位的提升

大城市病是由于城市人口、工业、交通运输过度集中而造成的种种弊病,主要表现为人口膨胀、交通拥堵、环境恶化、住房紧张、就业困难、治安混乱等。经历了 30 年高速工业化和城镇化,人口激增的苏州之所以能够较好地处理这些问题,并且还最大限度地降低了城镇化、工业化对古城风貌的破坏,原因就在于下辖县级市和众多星罗棋布的小城镇长期承担了城镇化人口、工业发展缓冲器和蓄水池的作用,减轻了对中心城市的压力,使其得以"优雅"地发展。不仅如此,乡镇的工业小区还自觉承担起中心城市高等级开发区的配套、服务作用,使其得以实现向高层次产业的升级跨越。

5. 有利于促进区域之间平衡发展

除中心城区之外,均衡型的城镇化模式造就了苏州围绕多个县级市、重点中心镇以及特色乡镇等发展中心的多中心发展格局,宽松的体制环境和鼓励创新的发展氛围使各个发展中心并没有简单遵循单一的发展模式,更没有简单地通过"等、靠、要"来获取有限的存量发展资源,而是紧密围绕每一个阶段发展的内外环境形势和核心资源集聚的需求,面向全国、全球市场来整合人才、资金、技术、市场等发展资源,从各自的实际出发,形成了"张家港精神"、"昆山之路"、"园区经验"等三大法宝,主观上你争我赶、竞争激烈,客观上却又互相配套、共同进步,造就了特色鲜明却又相对均衡的区域发展格局。

## 二、新农村建设:打造优美新家园

随着高速城市化和现代化的推进,农村无法替代的生态资源、地域文化资源、景观资源、物产资源、空间资源的价值更加凸显,农村的生态服务、文化传承、人居、游憩、市场、教育、战备、防灾等多重功能也日渐受到重视。可以说,没有农村的繁荣和发展,城镇化最终难以持续,现代化的实现更将是一句空话。因而,世界各国在现代化进程中无不重视农村的建设和保护,我国新农村建设战略的提出亦是基于此。

村庄是农村地区的服务中心、组织中心、人居中心。在高速城市化、现代化进程中,村庄经历的人口流失、老龄化、空洞化、劳力不足、生态恶化、景观单一或异化等衰败景象,是一个世界性的难题,也是农村的繁荣和持续发展必须克服的关键难题。因此,早在"十一五"时期,国家就把村庄整治作为工作重点,并把它作为我国全面建设小康社会和社会主义新农村建设的关键。然而,由于城乡二元结构制约,村庄整治工作既无资金来源,又缺稳定的推进机制和管理机构,更缺乏标准、技术和规范的指引,加上很多工作没有与村民的实际利益挂钩,无法调动群众的积极性,导致村庄整治工作推进迟缓,有的地方短期取得成效之后迅速反弹恶化,有的地方甚至出现自然和文化遗产被拆除等"建设性破坏"。苏州在村庄整治工作中,对化解这些难题,进行了积极的探索,取得了可喜的成绩。

**(一)苏州新农村建设进入新阶段**

1. 村庄环境整治是苏州新农村建设新阶段的重点

根据不同时期城镇化、工业化及社会经济发展相关背景和群众的突出需求,苏州的新农村建设经历了四个阶段。在四个阶段中,尽管新农村建设的内涵不断丰富、手段更加完善,新农村建设在发展全局中的地位和作用持续提升,但村庄环境整治始终是重点。

第一阶段是十一届三中全会到80年代末,依靠乡镇企业、集体经济富裕起来的农民,自发地拆旧房建新房、拆平房建楼房,农宅产生了"从瓦房到楼房"的改变。但由于基础设施和公共服务、规划管理和社会保障的滞后与缺位,村容村貌差强人意,甚至出现室内室外两重天的极大反差。室内木地板,室外泥水坑;室内窗明几净,室外环境脏乱差;室内鸟语花香,室外蚊蝇肆虐。

第二阶段是20世纪90年代,在外向型经济的驱动下,苏州城市经济迅速发展,城镇化水平大幅度提高,政府主导和财政支持的新村建设与老村改造全面实施,着力改造农村的生活环境。要求凡是财政和经济实力较强的镇、村,都要重新规划建设中心村;集体经济薄弱的村和已经形成产业规模、基础条件较好的村,都要进行老村改造,并加强环境保洁长效管理。在较短时间内,全市就涌现出一批新村建设和老村改造的典型。然而,由于缺乏城乡统筹和工农业协调发展的思想观念,导致多数农民新村形式和内容相似,规划建设水平不高,公共设施缺乏,尤其是环境污染治理和卫生医疗保健不够健全,农村不像农村,城镇不像城镇,缺乏新意,没有特色。

第三个阶段是始自 2003 年的城乡统筹时期。这一阶段,在"内外并举、双轮驱动"的发展战略下,苏州城市经济实力持续增强、交通等基础设施不断完善,生产力布局进一步优化,政府适时通过城乡统筹加快促进基础设施向农村延伸、公共服务向农村拓展、社会保障向农村覆盖,使现代城市文明向农村辐射,城乡联系更加密切,城乡差距逐渐缩小。国家新农村建设战略提出以后,苏州新农村建设进入快车道,村庄环境整治工作进一步加强。2005 年全市确定了 121 个市级新农村建设示范村,依照区域发展规划和实际情况,分城市社区型、乡村别墅型、整治改造型、自然生态型和古村落保护型 5 种模式建设新农村。2006 年 10 月全市农村环境建设工作会议之后,着力开展了"三清"、"三改"、"三绿"和六项整治工程,农村环境面貌发生了很大改变。尤其是以绿色通道、绿色基地、绿色家园为主要内容的农村"三绿"工作极大地提升了农村的生态环境和人居环境。全市新增农村绿地林地 30000 公顷,建成全国环境优美镇 36 个,省级环境优美镇 10 个,省级生态村 338 个。

第四个阶段是始自 2009 年的城乡一体化综合配套改革阶段。在这一阶段,苏州力求突破发展瓶颈,解决城乡二元结构所造成的资源配置效益低下、发展空间匮乏、城乡生态建设不协调、人居环境改善乏力等问题。在本阶段,苏州作为江苏省唯一的城乡一体化发展综合配套改革试点城市,更进一步强化了村庄整治工作,并将其提高到影响全局战略的高度。《苏州市农村环境综合整治"十二五"规划和 2011 年工作计划》确定了水污染防治、生活垃圾处理、村庄规划与建设、农业面源污染控制、工业企业污染防治、科技示范和生态创建、农村环境连片整治等 7 大类、43 项重点工程。2012 年 3 月,根据江苏省总体部署,苏州制定了《村庄环境整治两年行动计划》,计划用 2 年时间,对照"一、二、三星级村"和"环境整洁村"四个标准,在全省率先完成全市 10160 个自然村落的环境整治任务。为此,苏州成立了村庄环境整治领导小组,强化组织保障,加强部门联动,着力政策扶持,注重广泛参与,全面推动村庄环境整治工作,并将其作为政府实事工程列入目标考核。

2. 新时期苏州村庄环境整治的基本目标

在苏州看来,村庄环境整治不仅仅是简单地改善村庄的环境和面貌,更重要的是要将其作为推进城乡一体化改革发展和改善民生的重要抓手,作为不断提升城乡功能配置、力争率先基本实现现代化的有力保障。因此,苏州把村庄环境整治与城乡一体化、"三农"建设发展结合起来,与公共设施配置、公共资源布局、社会管理服务一起推动,确立了五个更加的目标:更加注重科学规划,着力完善城乡空间布局;更加注重特色塑造,着力优化现代城乡形态,注重文化保护和历史传承,打造特色乡村风貌,充分彰显粉墙黛瓦、鱼米之乡的韵味;更加注重公共服务,着力提升公共服务水平,推动更多的城市优质资源进入农村,实现公共资源在城乡之间均衡配置;更加注重生态建设,着力改善农村人居环境,打造"水清、畅流、岸绿、景美"的村庄水环境,积极推动农村生活垃圾分类收集、源头减量、资源利用;更加注重长效管理,着力巩固环境整治成效,建立符合农村实际、得到农民支持、真正起到效果的村庄建设管理模式。

2012年年底,为巩固村庄环境整治成果,苏州市政府制定了加强村庄环境长效管理的实施意见,把构建和完善村庄环境长效管理机制作为统筹城乡协调发展、改善村民居住环境的根本性措施来抓,并通过"政府推动、分级负责、社会参与、市场运作"的思路,动员全社会力量,积极参与村庄环境的管理,提高村庄环境管理的高效化、专业化、社会化水平,力争实现垃圾日产日清、道路保洁干净、河道确保清洁、院落保持整洁、绿化养护到位、公共设施完好、村容村貌洁化、田容田貌美化等八项目标,创建生态宜居、环境优美、规范有序、文明和谐的城乡人居环境。

**(二)兼顾共性与特色的村庄整治内容与标准**

在实际操作中,村庄发展状况千差万别,很难用单一的标准去要求。因此,苏州在《江苏省村庄建设整治工作要点》、《江苏省村庄环境整治工作考核办法(试行)》的基础上,依据前述目标要求,对不同类型的村庄实行规定内容、差异标准的整治策略,并允许各地根据自身情况,在完成"规定动作"

前提下,制定出符合当地特色的"自选动作"。

1. "六整治、六提升"为基础、兼顾特色的整治内容

"六整治、六提升",即重点整治生活垃圾、生活污水、乱堆乱放、工业污染源、农业废弃物、河道沟塘,着力提升公共设施配套、绿化美化、饮用水安全保障、道路通达、建筑风貌特色化、农村环境管理水平,这是苏州村庄环境整治的基本内容。在此基础上,不同地方和不同条件的县级市、区、乡镇坚持从自身实际出发,充分尊重不同地域村庄在产业结构、空间景观、社会文化等方面的差异,制定各自的整治内容,充分展现乡土风情,避免出现"千村一面"的现象。譬如,除坚持"六整治、六提升"要求外,张家港、常熟等地提出了"八整治、八提升",增加了家居环境、乱搭乱建"两整治"和健康素养水平、居住安全水平"两提升"等"自选动作",进一步提升了整治质量。吴中区则在"六整治、六提升"标准上,提出"村落整洁好、道路硬化好、村庄绿化好、路灯亮化好、河道洁净好、垃圾收集好、公厕建管好、污水处理好、文体设施好、管理机制好"的十好要求。

2. 实事求是的差异化整治标准

在全市层面,村庄环境整治标准并没有一刀切,而是充分尊重各地特色和发展基础,执行三个分类标准:一是规划保留村庄,按照"六整治、六提升"的要求,必须按省定二星以上标准创建"康居乡村",其中创建三星级"康居乡村"的比例不少于20%;二是列入非规划保留的重点窗口地带村庄,主要是高速公路、高速铁路、城际铁路沿线两侧,以及城镇、重要工业区(开发区)、省级以上(含省级)风景名胜区周边,也要按照"六整治、六提升"要求,力争达到一星级以上"康居乡村"标准;三是其他非规划保留村庄,按照"三整治、一保障"为主要内容,即整治生活垃圾、乱堆乱放、河道沟塘等环境卫生,保障农民群众基本生活需求,达到《江苏省村庄环境整治分类标准》中的"环境整洁村庄"标准。

**(三)苏州村庄环境整治的基本经验**

1. 规划引领,突出特色和典型示范

科学编制村庄整治规划和制定村庄整治方案,是苏州推进村庄环境整治工作的第一步,是村庄环境整治任务按时保质完成的有力保障。为加快

推进全市村庄环境整治工作,苏州坚持以城乡规划为龙头,综合考虑推进城镇化和乡村特色保护等因素,调整优化镇村布局规划,统筹安排村庄建设与保护自然资源、弘扬历史文化等工作,切实发挥规划对村庄环境整治的调控引领作用。按照"因地制宜、分类指导、尊重基层、尊重实践"的原则,市规划部门全面开展各县(市)、区的村庄整治规划编制和村庄整治方案的制定工作,以及市内高速公路、高速铁路、城际铁路等沿线村庄环境整治的规划工作,并对整治规划编制方案进行联合会审,严把规划审核关。各县(市)、区在村庄整治工作中,都高度重视规划的龙头作用。譬如,昆山专门出台了《昆山市保留村庄规划建设意见》,有关区镇在规划部门的指导下,聘请和委托专业单位,按照《江苏省节约型村庄和特色村庄建设指南》要求,完成了全部120个保留村庄的规划,每个保留村庄都开展了村域用地规划设计、村庄规划总体设计、村庄道路交通规划设计、村庄公共服务设施规划设计、村庄市政设施规划设计、村庄住宅设计等。在常熟市古里镇苏家尖村,先后三次专题召开村庄环境整治规划论证会,市整治办、绿委办、规划局、城投公司等相关部门组成的指导组对苏家尖村庄环境整治规划进行了深入的规划论证,对村庄建筑风貌、村庄净化、绿化、美化和道路硬化、污水处理等专项整治工作提出具体方案。

在村庄整治规划与建设中,强化特色被提高到核心地位。强调要充分尊重城镇和乡村在产业结构、功能形态、空间景观、社会文化等方面的差异,综合考虑自然资源、文化底蕴、产业发展、基础设施等因素,注重形态、建筑、颜色、立面等设计,彰显粉墙黛瓦、鱼米之乡的情趣和韵味,打造彰显江南水乡特色的乡村风貌。譬如,常熟苏家尖村在建设中,结合江南水乡元素,以河塘、水栈、船只、船舫、路桥和民居为重点,从现状着手,见缝插绿,突出苏家尖村的历史人文景观和建筑风貌,充分体现小桥、流水、人家江南水乡特色,彰显清新、淡雅的乡村大自然美景。又如,吴中区按照"小而精、大而全、自然生态、文化保护"四大特色,因地制宜优化农村环境:横泾街道新齐村、甪直镇淞南村,突出实用简约原则,小而精致;东山镇三山村、光福镇香雪村整治,依托独特的自然资源,人与自然相得益彰;金庭镇明月湾、东山镇陆巷村整治,重点保护历史文化和古建筑,文化韵味十足……

　　为确保村庄整治工作的顺利推进,苏州高度重视典型示范作用。几乎每种类型的村庄,都会首先选取典型的村庄开展试点示范,在试点中总结经验教训,不断完善工作方案,通过示范激励引领类似村庄的整治工作。譬如,吴中区结合村庄的不同规模、区位、资源和经济条件等情况,分类打造出木渎白象湾、胥口马舍村、横泾新路、东山陆巷等各具特色的整治典型,对其他地区的村庄整治工作起到了很好的带头示范效果。

　　2. 彰显文脉,在古村落保护上谋良策

　　古村落是民族深厚历史和文化的载体,被誉为"藏在深闺中的瑰宝",拥有质朴的原生态风貌和无可替代的民间文化魅力。苏州的古村落数量多、保存完整、价值大、文物密集,是苏州最重要的文化遗产之一。苏州深刻认识到保护开发古村落对于地域文化传承和现代文明持续建设的重要意义,

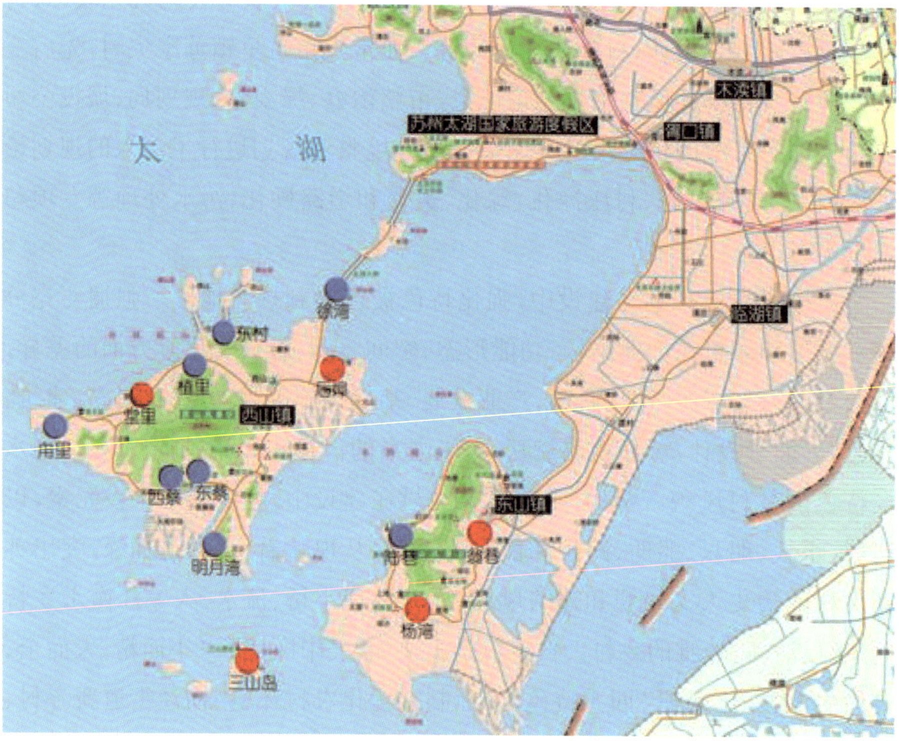

**图1　苏州东山、西山古村落区位图**

资料来源:苏州东山、西山古村落保护与村庄建设规划。

在理念、政策、法规、机制、运作和监督管理等方面不断创新、完善,切实加大投入和推进力度,已取得了明显的成效;陆巷、明月湾 2 个古村落已被列为中国历史文化名村;陆巷古村完成修复的惠和堂等 5 处明清古建筑,已被一并纳入古村落旅游路线;陆巷、明月湾和三山岛分别被列为全国旅游示范点,成为长三角著名的休闲度假胜地;张家港塘桥金村庙会被列为省级非物质文化遗产。这些成绩的取得离不开苏州在古村落开发保护方面艰辛而又创新性的持续探索。

首先,苏州高度重视古村落开发保护的立法工作。在相关的《苏州市古建筑保护条例》以及《苏州市古建筑抢修保护实施细则》等基础上,2005 年出台了全国第一个地方性政府条例《苏州市古村落保护办法》,明确了古村落的保护地位、保护内容和保护措施,明确了村民委员会和村民在古村落保护中的权利和义务,并对古村落的保护开发予以积极的政策扶持;2012 年,《关于加强苏州市古村落保护和利用的实施意见》出台,从政策上打破了民间资本参与古村落保护的政策"瓶颈"。古村落最为集中的吴中区还结合自身实际制定了《古村落保护贷款贴息和经费补助办法》、《古建筑抢修贷款贴息和奖励办法》等相关条例。

其次,政府在古村落保护中承担主导作用。专门成立了历史文化名城名镇保护管理委员会,由市长担任主任,分管副市长担任副主任。为加强对古村落保护和利用工作,苏州还成立了市古村落保护和利用领导小组,由分管市长担任领导小组组长。同时,市政府与各市、区政府,文物部门与各文物保护责任单位分别签订了保护管理责任书,明确保护要求和保护责任。部分市(区)、镇成立了专门的工作班子和运作公司。譬如,吴中区成立了古村落保护开发工作协调领导小组和苏州太湖洞庭古村旅游开发有限公司,对全区古村落统一规划、统一管理、统一筹资、统一保护,使各古村落的保护、利用、开发协调发展,形成一个互补互利的有机整体。

第三,在广泛深入普查的基础上,科学编制古村落保护规划,确保风貌统一。2000 年以来,苏州市先后多次组织开展古村落和文物普查工作,对古村落的传统街巷格局与形态、水系驳岸、地貌遗迹、古文化遗址、古建筑、石刻等文化遗存进行了重点调查,掌握了大量第一手资料,发现了一批有较高价值的古村落、古建筑,先后将吴中区陆巷、杨湾、三山岛、明月湾、东村、堂里、角里、东西蔡、徐湾、植里、后埠,张家港市恬庄、金村,常熟市李市村,吴江盛泽的龙泉嘴村、溪港村、南库村等 17 个古村落列入古村名村保护名录。在此基础上,编制了《苏州古村落保护规划》,单个古村落的保护规划也相继完成。统一的规划,确保了古村落整体风貌的统一和保护、开发工作的科学进行。

**图 2　苏州东蔡西蔡、植里古村落规划总平面图**

资料来源:苏州东山、西山古村落保护与村庄建设规划。

第四,多元化筹措资金,加快保护进度。资金的短缺,是古村落保护过去、现在乃至将来的长期困扰。仅 2009 年苏州太湖 11 处古村落综合整治项目,就需要资金 23.7 亿元。面对如此大的资金需求,苏州尝试用多元化的投资结构来满足需要。一是由各级政府财政安排专项资金进行抢救和修复;二是尝试引进民资投入;三是包括国有、集体、农户所有的古建筑经评估作价备案,待时机成熟,成立股份公司。通过多元化的资金支持,苏州古村落的保护开发正在走向新的时代。

第五,创新模式,古村落保护与发展旅游、改善民生、环境整治、文化传承相结合,走出一条多方参与的可持续发展之路。与旅游业发展相结合,实现了保护与利用的有机结合,旅游业获取的利润可以反哺古村落保护,旅游业提升了"农家乐"等第三产业,增加了农民收入,使得到实惠后的农民能自觉投入古村落保护,从而实现古村落保护—利用—再保护的良性循环。古村落保护与环境整治相结合,改善了古村落的生态环境和人居环境,使周边环境更好地衬托古村落的文化精髓和文化内涵。古村落与农民增收的结合,体现在诸多方面:古宅作价入股可实现按股分红;有些民居在征得老百姓同意后作为景点开放,原屋主可以得到政府支付的租金;村里门票收取及其他管理员岗位全部提供给本村村民,使村民多了一份工资收入;"农家乐"等第三产业的兴旺,拓宽了农民的就业渠道,并使其农副产品扩大了销路,提高了价值。农民收入的提高也带来了苏州古村落不同于其他地区的另外一个效应——村民并没有搬离生活的古村落,反而在很大程度上保持了原有生活状态,使苏州的古村落成为"活"的古村落。

3. 着眼长远,在落实长效管理上下功夫

村庄环境管理是一项长期任务,在某种意义上看,村庄环境整治容易、管理难,这是由传统二元结构下村庄环境管理的机构、机制、人员、资金、意识等缺位所造成的。苏州在通过集中整治解决突出问题的同时,强调把村

苏州各具特色的农村环境长效管理模式

吴中区探索出了一条集农村村庄、河道、公路主干道"三位一体"的农村长效管理模式,全区共配备农村保洁员 2239 名,河道保洁员 777 名,公路保洁员 356 名,为各村庄提供"细水长流"式的服务;在河道管理上,还制定了《吴中区农村村庄生活污水处理设施长效管理暂行办法》,组建农村村庄生活污水处理设施长效管理考核小组,采取定期和不定期结合的方式对各示范区已建项目运行维护管理和考核,强化规范管理。张家港市每完成一个村庄整治,立即跟进落实长效措施,努力做到"整治一个、管理一个、巩固一个",推动村庄环境面貌持续改善。常熟市古里镇建立了由保洁员、卫生巡管员和治安巡查员组成的 3 支队伍,并实行了网格式管理,由 20 ~ 30 个农户组成网格,并在网格设置中心组,进行家庭卫生的星级评定,以此强化日常管理,不出现整治效果的反弹,做到运行有效、管护到位、群众满意。苏州工业园区则着力将环境整治与加强长效管理相结合,各镇均建立由创建办、综治办、市容监察队、城管办、农服中心、环卫站等部门参与的联合管理机制,部门巡查信息共享,确保遇到问题第一时间处置。

庄环境长效管理作为一项重大课题进行研究,加快推进村庄设施维护、河道管护、绿化养护、垃圾收运等体制改革,使村庄环境管理逐步走上制度化、规范化和长效化轨道。各县(市)、区以开展村庄环境整治为契机,重点针对整治过程中发现的问题和薄弱环节,建立完善村庄环境管理专项制度和机制,制定实施农民群众普遍接受和遵守的村规民约,大力加强村庄设施维护、河道管护、绿化养护、垃圾收运等队伍建设,建立责任包干制度,努力做到运行高效、管护到位。同时,积极开展村庄环境卫生知识教育普及,引导农民群众形成健康文明的生活方式,探索农民参与和自主管理村庄环境的有效途径,使广大群众积极参与到村庄环境整治、维护和长效管理中来。在实践中,各地充分发挥创造性,探索出了各具特色的长效管理模式。

4. 发动群众,促进多方参与

村庄整治关系千家万户,若无群众的广泛参与,无法取得真正的进展。苏州自村庄整治工作启动之始,就高度重视通过深入的宣传营造氛围,吸引社会各界的广泛参与。苏州市整治办印发了《关于加强苏州市村庄环境整治宣传工作的实施意见》,从制度上确保进一步加大宣传力度,营造整治氛围,并在《苏州日报》等媒体通报各市、区村庄整治进展情况,让社会监督各地村庄整治的时序进度。各市、区在宣传动员、群众参与方面各出奇招,也都尝到了甜头。

常熟市通过多个途径确保多方广泛参与:一是充分发挥市、镇、村各级干部的主导作用。通过建立村庄环境整治的市、镇、村三级组织网络、层层出台村庄环境整治工作实施方案、签订目标责任书,明确各级干部的责任。通过分片包干、填报进度报表、进行现场督导、逐一考核验收等工作机制,充分发挥他们在整治规划、督促指导、组织实施等方面的主导作用。二是积极组织青年、中小学生、妇女参与村庄环境整治。实施青年志愿者村庄环境整治"彩虹行动",组织大学生村官、青年志愿者及"好青年"、少先队员等人员,通过"1+1+1"模式,在广泛宣传、村容整洁、交通维护、植树护绿、垃圾清理、水质提升、烟尘监控等方面参与村庄环境整治工作。通过"小手牵动大手,共建美好家园"主题教育实践活动,组织全市中小学生从身边小事做起,并影响和动员自己的家人和朋友,争做环境整治和环境保护的志愿者、宣传员

常熟市古里镇苏家尖村在三个方面下功夫力促人人参与村庄整治

一是在人人参与上下功夫。制定了让全村百姓共同参与、共同管理、共同享受的卫生激励机制。发挥该村《新苏报》的宣传沟通纽带作用,固定专门版面,图文并茂地宣传环境整治政策、意义和效果,倡导文明的卫生行为。通过党员示范带头、邻里组长监督、评选卫生户等方式,潜移默化增强百姓卫生意识,引导养成良好习惯,共建美好家园。

二是在点面联动上下功夫。通过百姓共同参与、新增保洁员、提高保洁员工资待遇、调高工作标准,对已改造区域实行全天候、常态化保洁,做到垃圾日产日清,引导百姓有序堆放杂物。

三是在责任考核上下功夫。按照"建一个良好的村庄环境,有一支固定的清洁队伍,定一套切实的村规民约"总体要求,设立村环境卫生巡查员制度,建立健全保洁员考核制度、星级户评比制度,制定以保洁员行为规范、保洁质量、绿化管护、病媒防治为主要内容的考评细则。采取自查、互查、抽查等方式把责任与年终分配挂钩,对保洁员采取末位淘汰制,提高保洁效率和质量。以照片资料形式建立一户一档环境卫生档案。成立由村民组长、保洁员共同组成的村级卫生巡访考核团。设立每户每年200元卫生共管奖励金,每季考核,规范运作。同时,对村民合理化建议进行奖励,使全村百姓都成为环境整治的宣传者、实施者、监督者,激发全村百姓参与的热情。

和监督员,以饱满的热情投身村庄环境整治,呵护美好家园。通过"庭院清洁行动",组织发动广大妇女开展庭院环境整治。三是广泛动员广大村民投身村庄环境整治和长效管理。通过各种贴近村民的宣传教育和激励措施,发动村民开展清理宅前屋后乱堆放、拆除乱搭建、绿化庭院等整治工作。同时,因地制宜地组织村民参与村庄环境长效管理,巩固和发展整治成果。

张家港市把发动群众作为重中之重,开展"小手拉大手"、环境卫生志愿者行动、"示范评比促村庄整治"等活动,通过村委印发告村民书、村干部上门宣讲、村民主动参与整治,广泛听取群众意见,发动群众自觉参与整治保持长效管理的积极性。吴江区深入镇村,运用"民生访谈"等群众喜闻乐

吴江最美乡村评选

　　为展示村庄环境综合整治成果,增进群众参与热情,吴江市多部门联合主要媒体举办了"吴江最美乡村"评选活动,评选出十大"吴江最美乡村"、十大"吴江魅力乡村",极大地激发了广大人民群众建设家乡、美化家乡的热情,同时起到了积极的示范、推动作用。图为投票网站局部。

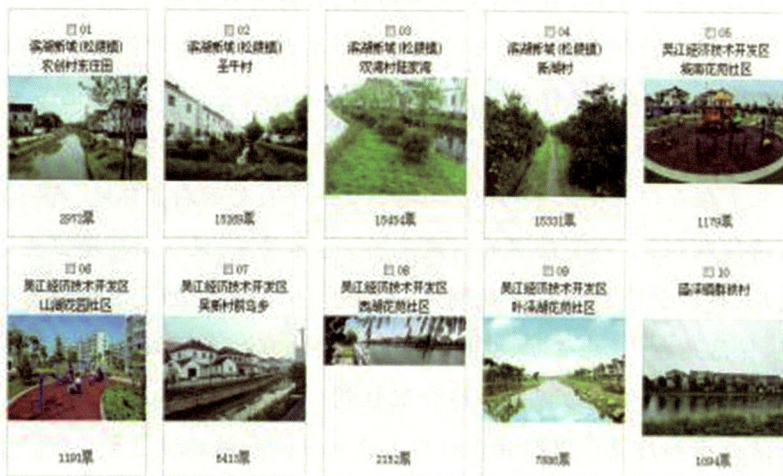

　　见的形式,让村民现身说法,充分反映村民对生产生活环境改善后的喜悦心情,掀起广大村民"投身环境整治、建设美好家园"的热潮,让党员干部、大学生村官利用双休日开展村庄整治义务劳动,使党员干部成为村庄环境整治中的主力军,并得到了村民的积极响应,营造了良好的整治氛围。

　　苏州还充分发挥各级人大和政协的监督作用。各级人大、政协多次组织视察活动,查看整治进展情况,提出改进村庄环境整治工作的意见和建议,促进村庄环境整治工作的开展。

　　5. 优化机制,构筑强有力的科学推进体系

　　第一,通过强化领导、组建机构,建立起推进和考核机制,确保村庄整治工作顺利推进。为明确村庄整治工作的重要地位,强化对村庄整治工作的推进力度,苏州市在十四届人大五次会议上,正式将推进村庄环境整治工作列入2012年为民办实事工程之一,在谋划工作时优先考虑,在资金安排上

优先保证,在项目审批上优先开辟"绿色通道"。在机构和网络建设上,成立由市委书记和市长任组长的村庄环境整治推进工作领导小组,市、县(市、区)、镇(街道)从工作部门抽调工作能力强的人员进行集中办公,全面建立了三级村庄环境整治组织机构,明确了分管领导、工作班子及联络员,形成了三级工作网络。依托这些机构网络,苏州不断强化村庄整治领导工作,许多地方都把环境整治作为"一把手"工程,主要领导亲自过问,分管领导靠前指挥,镇村干部一线工作,有力地保障了村庄整治工作的推进。在推进机制建设上,依托全市工作网络和制度基础,各市(县)、区、镇在实践中形成了各具特色的推进机制,包括部门村庄环境整治推进工作联系乡镇(街道)制度、村庄环境整治月报制度、督查考核制度、部门联动机制等等。

第二,建立了稳固的资金保障。缺乏稳定、充足的资金来源是我国许多地区新农村建设和村庄整治工作难以落实的重要原因,苏州在村庄整治工作中同样必须克服这一难题。仅2011年,要完成80%的整治任务,就需要近50亿元的资金投入。因此,在资金投入上想办法、找突破、谋创新成为苏州村庄整治工作成败的关键。苏州首先在不断扩大财政支持的基础上,通过市、镇、村共同努力,落实"以奖代补"等具体办法,不断提高资金的使用效益;其次,高效整合其他相关资金,围绕村庄整治总体目标及任务,环保、水利、农委等相关业务主管部门加大涉农资金整合力度,通过分工负责、共同推进的方式,支持村庄环境整治工作;第三,努力拓宽资金筹措渠道,引导集体经济组织、企业、村民、其他社会组织以各种形式参与村庄环境整治;第四,加大向上争取资金力度,积极争取省级扶持资金。

第三,搭建了强大的技术支撑和人才培训体系。村庄环境整治工作面广量大,专业性强,不仅需要强大的技术支撑,而且要仰仗一线干部群众对村庄整治工作的认识及其对相应的目标、规范和技术的掌握程度等,一旦出现偏差,轻则影响到整治的效率和效果,重则可能出现建设性破坏。因此,苏州在村庄整治工作推进中,高度重视强化技术指导和人才培训,力争让一线干部群众明白"为什么整,整什么,怎么整"。首先,通过多种途径的培训提升从事村庄环境整治工作骨干的业务能力,通过培训使业务骨干尽快统一思想,正确理解和牢牢把握村庄环境整治与苏州率先基本实现现代化和

张家港市三大举措提升村庄整治一线队伍业务能力

张家港市自开展村庄整治以来,市村庄整治办就把加强队伍业务能力建设放到首位。一是高度重视,健全学习制度。制订学习计划,利用每周例会时间,组织集中业务学习;发动个人通过上网、图书馆查阅资料等形式开展自学;组织业务讨论。二是多措并举,提升培训实效。一方面,走出去。多次组织全体工作人员到周边兄弟城市考察学习村庄整治的先进经验。经常性察看村庄整治施工现场,召开现场分析评估会议,发现不足,总结经验;另一方面,请进来。邀请规划、建设、水利、环境卫生等方面的专家,举办专业业务知识讲座,举办整治标准解读专题培训班。三是严格考核,注重一线实践。提出"人人学习业务,人人接受测试",建立健全学习制度、测评制度、反馈制度,不定期组织考试,检验学习成果,确保学习培训取得实效。同时实施"定镇进村入户、倾情服务基层"行动,明确每名工作人员都定一个镇(区),负责该镇(区)范围内的村庄环境整治的业务督导指导,在工作实践中运用和检验学习成果。

城乡一体化改革发展实践的关系、村庄环境整治与统筹规划和特色塑造的关系、村庄环境整治与加大投入和长效管理的关系,有利于一线工作人员在整治工作中吃透标准,结合苏州特色运用标准、创新标准,圆满完成村庄环境整治的工作任务。其次,建立与市(区)、镇、村挂钩指导制度,有针对性对联系点整治工作提供技术指导,帮助协调解决问题。此外,通过建立村庄环境整治信息网络体系,及时发布整治动态,推广工作经验,发挥示范作用。

### 三、生态文明建设提升人文宜居品味

生态环境,是区域人居环境发展演化的基础,直接影响着甚至限定了区域人居环境的特色和品味。苏州温山软水的自然环境,河湖纵横、湿地遍布的水乡景观,造就了独具特色的人居天堂。因此,为建设"生态环境优美的最佳宜居城市",苏州在推进城乡一体化过程中始终把生态文明建设放在突出地位,耐心呵护、精心雕琢着以水、绿、湿地为突出元素的地域生态系统,并将其融入经济社会文化等各方面和全过程,追求人与自然的和谐。

### （一）"四水"一体，凸显"江南水乡"特色

苏州因水而秀美，因水而富庶，因水而闻名天下，水是苏州的特色，苏州的灵魂。占全市面积 42.5% 的水域，滋养着苏州的丰饶，包容了一座座精美绝伦的园林，哺育了"湖鲜"、"江鲜"、"水八仙"，孕育了苏州充满诗情画意的农耕文明。如今的苏州，立足于祖辈们几千年治水经验，依托发达的物质文明，以规划为龙头，以立法为保障，以凸显水乡特色、提升人居品位为目标，统筹水资源、水安全、水环境、水文化等"四水"建设于一体，打破城乡二元体制，促使城市水环境治理的管理机构、人才、技术、资金、设施向农村延伸，加快城乡一体的安全水利、生态水利、民生水利、现代水利及资源水利建设步伐，取得了显著成效。水资源保障、水安全屏障、水环境保护和水文化挖掘传承等方面均得到发展和提高，使苏州以"江南水乡"为特色的城乡人居环境得到进一步提升。

1. 强化"水资源"保障

为确保城乡居民生产生活用水，苏州不断强化供水体系建设，形成了以地表水为主要供水水源，地下水为战略储备水源，长江、太湖与内部河湖多源供水的格局，并在江苏省率先推行城乡统一饮用水水源、统一输水管网、饮水同水同质，于 2012 年完全实现了城乡"一张网、一个价"的一体化供水目标，实现了城乡居民自来水同质同网同价。农业灌溉主要从河道内取水，工业从河道内取水或区域集中供水，城乡生活用水主要依靠区域集中供水。全市集中式饮用水源水质达标率为 100%，区域集中自来水普及率达 96% 以上，农村供水管网完善，供水的可靠性和安全性得到确保。供水的应急管理及处理突发供水事件能力基本完备，在全国率先建成具有预处理和深度处理工艺的示范工程。在水源地建设方面，苏州高度重视第二水源地的建设，市区及各市（县）全部建立应急备用水源，并构筑完成了"原水互备、清水联通、井水应急"的多水源保障体系，全市城乡供水网络实现互联互通，区域供水基础设施实现共享，在饮用水水源地取水口形成了由内向外三条防线、四级预警、天地一体化的蓝藻监测预警体系，确保水源地水质安全。

为进一步提升水资源保障经济社会发展的能力，苏州"建"、"管"并重，制定落实了最严格的水资源管理制度。首先，实施用水总量控制。以行政区

域为基础,协调安排生活、生产和生态环境用水,保障饮水安全,实施区域总量控制;以太湖、长江等清洁水源为依靠,完善水资源调度方案和应急调度预案;以取用水户为抓手,落实单元用水总量控制制度,严格建设项目的水资源论证和取水许可审批管理,严禁引入高排污项目,建立用户终端控制,实行分级监管。其次,实施用水效率控制。制定实施不同区域、不同行业和用水产品的用水效率指标,引导经济布局和产业结构调整,加强用水定额和计划管理,开展节水型社会载体创建活动,实施节水"细胞"工程,推进节水型社会建设,苏州市区及各市(县)均为国家级节水型城市,成为全国第一个国家节水型城市群。落实建设项目节水设施"三同时"制度,加强取用水计划管理,落实超计划或者超定额累进加价收费制度和阶梯式水价,推行用水大户用水审计,提高用水效率。2012 年,全市万元 GDP 用水量为 67 立方米,万元工业增加值用水量为 16.7 立方米,农田灌溉水有效利用系数达到 0.63。

2. 构筑"水安全"屏障

安全,是人居环境发展的根基。苏州自然环境优越,除水患之外,境内没有大的自然灾害。因此,防洪排涝成为苏州防灾减灾体系建设的重点。近年来,苏州通过加强流域、区域性骨干河道治理及内部河网整治、联圩并圩等工程建设,实施以长江堤防加高加固、节点整治、环太湖治理为重点的流域防洪工程和以淀山湖堤防续建为代表的区域骨干工程以及圩区达标治理工程等,构筑了苏州中心城区防洪大包围圈,完善了防汛信息系统,基本形成了洪涝分治、高低分开的防洪格局,大幅提高了全市的防洪除涝减灾能力。区域防洪标准总体达到 20 年一遇。其中,苏州城市中心区主要控制节点防洪标准达到 200 年一遇,河道排涝标准达到 20 年一遇;下辖市(县)、区等城市防洪能力基本达到 50 ～ 100 年一遇标准,太湖流域达到防御 1954 年型洪水的能力。通过大规模的圩区治理、多轮次的河网水系整治、高标准的农田基础设施建设和规范化的水利管理,基本建成了防洪、排涝、灌溉、引水、降渍等农村水利工程体系,为苏州农村经济发展和城乡一体化建设提供了有力的水利支撑。

3. 同步改善城乡"水环境"

水环境问题,不仅关系到城乡居民的饮水和食品安全、身心健康及生存环境,更影响甚至决定了苏州这一个品牌水乡的形象和价值。因此,苏州高度重视水环境质量的提升,坚持不懈地通过城乡河道综合整治、控源截污、生态修复等工程手段,辅之以创新的运营、监管、长效管理等机制,促使城乡水环境质量实现稳步提升。

其中,工程手段主要包括控源截污、河道换水、整治杂船、打通水系、河道保洁、清淤轮浚、生态修复等。从 1997 年开始,全市先后开展了三轮大规模河道疏浚整治工作,并按照"疏浚一条河道,畅通一片水系,复耕一块土地,增加一块绿地,整治一村环境,造福一方群众"的要求,逐步形成了县级河道 10 ~ 15 年、镇级河道 5 ~ 8 年,村级河道 3 ~ 5 年的轮浚机制。为早日实现"河畅、水清、岸绿、景美"的江南水乡特色,全市不断加快河道综合整治,推进河道生态建设和水土保持工作,并针对不同区域特点不断优化工作内容和手段,对城市河道综合整治以黑臭河道综合整治、打通断头浜和恢复沟通水系为重点,河道保洁市场化运作实现全覆盖;对农村河道综合整治以河道疏浚、畅流工程、长效管理为重点,通过拆坝建桥、改造束水闸、涵、消灭断头河、清除沉废船只等手段,解决填、堵、束问题。为修复遭受破坏的河湖生态系统,苏州大力度拆除太湖、阳澄湖的围网养殖,通过一大批湿地、河道生态修复工程,以沿湖滨带植被种植、废弃鱼塘改造、沿河湿地恢复等方式,使水岸湿地生态系统得到逐步恢复,使太湖、阳澄湖等湖泊的水质和湿地生态环境质量得到不断提升。

水环境的"管护"问题则靠机制的创新。一是通过实行城乡水务一体化管理,将众多相关部门承担的水利管理、水资源开发建设、供水排水、节约用水、污水处理、防汛防台防旱、水环境治理以及城市防洪和城市河道管理职能划归水务局,实现城市与农村、地下水与地表水、水质与水量、供水与排水、用水与节水等涉水事务的一体化管理,结束了多年以来涉水事务"多龙管水、政出多门、职能交叉、各自为政"的混乱局面,在宏观上为苏州治理水环境提供了体制保障。二是建立并不断完善河道长效管理机制,各地按照市(区)有机构、镇级有组织、村级有专人,形成了较为完善的管理网络,建立"政府主导、部门协作、整体联动"的工作机制,建立健全河道长效管理机构,公开招聘专业河道管护员,形成了完善的长效管理体系,每年落实经费超过 1 亿元,逐步实现了"投入公共化、保洁市场化、装备现代化、宣传经常化、考核制度化、管理人性化"的"六化"目标。三是污水处理城乡共建、联网、共享。城市化地区加快城乡并网的污水配套管网建设,村庄集中地区加快小型污水处理设施建设,纯农业地区积极探索生态化处理方式。对乡村地区的污水管道和污水处理设施建设成本,采取镇级为主、市(县)区配套、省市补助的方式,对于经济薄弱乡镇,则降低出资比例。为进一步提高农村地区污水处理水平,当前正在探索农村及分散生活污水处理的"五个统一",统一本地区农村生活污水治理的相关标准、统一进行农村生活污水治理项目的设计、统一进行工程招标和设备采购、统一制定本地区农村生活污水治理的长效管理机制、统一建立和完善农村生活污水治理设施建设和运行维护资金的投入与拨付机制。

工程与"管护"措施双管齐下,使城乡水环境质量得到了同步改善:2012年,全市太湖流域23个国家考核断面水质达标率为95.7%,城镇生活污水处理率达到95%,太湖、阳澄湖保护区农村生活污水处理率分别为87.2%和83.1%,其他农村地区生活污水处理率达到56%。由于截污力度加大,河湖水质明显改观。尚湖水质总体达到 III 类水标准;独墅湖、阳澄湖和金鸡湖总体为 IV～V 类水体。农村水环境质量的改善进展尤为可喜(见表1),2011年农村环境功能区水质断面达标率为100%,乡镇及以上河流水质断面达标率为90.3%,行政村河流水质断面达标率为79.4%。许多河道两岸垂柳映绿,河水清澈,呈现一派新农村气象。

**表1　2011年度苏州全市农村地表水环境质量综合达标率统计表**

单位:%

| | 张家港 | 常熟 | 太仓 | 昆山 | 吴江 | 吴中 | 相城 | 高新区 | 全市 |
|---|---|---|---|---|---|---|---|---|---|
| 功能区断面 | 100 | — | 100 | 100 | 100 | 100 | 100 | — | 100 |
| 乡镇及以上河流断面 | 100 | 100 | 100 | 63.64 | 90 | 100 | 100 | 75 | 90.33 |
| 行政村河流断面 | 86.19 | 85.31 | 90.00 | 62.36 | 71.10 | 91.31 | 87.17 | 83.07 | 79.41 |
| 地区综合达标率 | 97.24 | 92.66 | 98.00 | 85.20 | 92.22 | 98.26 | 97.43 | 79.03 | 93.95 |

注:各地区综合达标率是由功能区断面、乡镇及以上河流断面、行政村河流断面的达标率按照6:2:2的比例计算而得(无功能区断面的,则为后两项达标率的算术平均值)。

4. 重视"水文化"开发

水文化是吴文化的鲜明特征和个性标志。苏州在水利工程建设中,重视深度挖掘治水文化、亲水文化、求水文化等水文化素材,保护各种物质和非物质水文化遗产,在保护中开发,在开发中保护。在现代水利工程建设中,苏州深入挖掘、努力寻找优秀传统水利遗产与现实水利实践相结合的交汇点,高度重视水利工程在除害兴利功能之外的景观营造、文化传承功能,把人文风情、河流历史、传统文化等元素融合到水利工程设计中,实现水利与园林、防洪与生态、亲水与安全的有机结合,提升水利工程的文化内涵和文化品位,展示吴文化的深厚底蕴,开发培育水文化旅游景点,形成和完善水文化产业,使历史文化在当代水利实践中得到传承和发扬。

**(二)"绿色苏州"建设,营造城乡"肾肺"**

森林、湿地、农田生态系统,是一个区域的"肾"和"肺",在保护环境、维护生态安全、减轻城市发展对自然生态系统的压力、减缓生态赤字增长、提升区域生态承载力等方面具有无法替代的作用。基于这一认识,苏州自2003年即启动了声势浩大的"绿色苏州"建设行动,其核心目标是在全市范围内建成"总量适宜,分布合理,特色明显,景观优美,功能齐全,稳定安全"的绿色生态系统,主要任务是加快推进"绿色家园、绿色通道、绿色基地"建设,以中心城区和各市和区的城区及各类开发区绿化为中心,中心镇、村绿化为基点,沿路、沿江、沿河(湖)绿色通道为骨架,以森林公园、湿地公园、生态园、现代农业园区等为板块,构建起路连林隔、林水一体、林中有城、城中有林的城乡绿化新格局,为苏州城乡人居环境建设提供坚实的支撑。

1. 绿色苏州建设成效

自"绿色苏州"建设以来,苏州坚持重点项目带动战略,通过250余项市级生态绿化重点工程建设,典型示范,以点促面,使全市森林资源总量从2003年的91.75万亩增加到2011年的183.3万亩,翻了一番,平均每年增加面积超过10万亩,陆地森林覆盖率由12.5%上升到25%,林业生态服务价值与经济产值均超过100亿元,总量适宜、布局合理、物种多样、水绿相融、景观优美,具有苏州特色的城乡绿色生态体系初步建成。其突出成就体现在八个方面。一是太湖、阳澄湖、长江等"两湖一江"生态修复进程不断加快,共建成环湖沿江生态防护林 5.4 万余亩,阳澄湖、太湖森林覆盖率从 2005 年的 28.6%、15.4% 分别提高到目前的 42.6%、20.1%,形成湖滨江岸旖旎的风景线。二是道路绿网相继建成。全市高等级公路绿网达 812 公里、增绿 9.2 万亩,实现了绿化全覆盖。近年来,绿色通道加快了向镇村道路、现代农业园区、农田林网延伸,构建了大绿量、多层次的绿网骨架。三是建成了 32 个 500 亩以上大型生态片林,为城乡增绿肺、添景观,为人们提供了休闲的好去处,有效带动了周边商业、地产的发展。四是村庄绿化达标率提高到 70% 以上。以保留村庄和新建农民集中居住区为重点,以"环村林带、农民公园、家前屋后绿化"为抓手,结合林果、花木产业,创建绿化示范村、合格村 2275 个。五是沿河湖绿化给水乡赋予了新的灵气。完成盐铁塘、海洋泾、苏州河、斜塘河等 72 条绿色水廊示范段和阳澄湖、昆承湖、三角咀等 42 项湿地林带示范区建设,带动各级河道和湖泊绿化全面展开,水清、岸绿、景美,给水乡赋予了新的灵气。六是城镇绿化加快美观。城镇绿化在抓好单位、居住区绿化达标建设的同时,加强了休闲小游园建设,丰富了城镇生态文化,提升了城乡居民生活质量。七是森林公园、湿地公园等绿色斑块不断扩展。建成虞山国家森林公园等 8 个国家级、省级森林公园和太湖湿地公园等 9 个国家级、省级湿地公园,建成各类生态休闲观光农业场所 150 多家,极大地提升了城乡生态系统的生态服务功能。八是森林质量加快提升。2011 年,苏州全面启动森林质量提升工程,以丘陵山区和绿色通道为重点,示范先行,点面结合,完成了东吴国家森林公园、吴中区七子山、沪宁高速公路绿色通道相城段等一批省级森林经营示范工程,森林质量进一步提升。

2. 绿色苏州的基本经验

作为一项长期系统工程的"绿色苏州"建设至今已历时 10 年,其成功推进首先离不开全市上下的高度重视和持续加大的投入,更与机制创新、法律保障和社会参与密不可分。

首先,苏州市把"绿色苏州"建设提升到经济社会可持续发展的战略高度,将提高森林覆盖率列为"两个率先"和贯彻落实科学发展观的重要考核内容,并纳入国民经济和社会发展规划。各级各部门分工明确,建立了"绿色苏州"建设工作责任制,形成一级抓一级、层层抓落实的工作机制和主要领导亲自抓、分管领导全力抓的组织指挥体系,有力地保障了绿色苏州的各项建设活动。

其次,不断加大投入力度,强化政策扶持与引导,形成了多层次、多元化的林业投资新格局。通过稳定的财政以奖代补政策,充分调动基层加快发展林业积极性。2003 年以来,苏州市级财政连续 9 年对农村绿化进行 4000 万元的以奖代补,各市(县)、区级财政也建立了相应的补贴政策。出台了林果产业结构调整政策,对林果土地流转实行资金补助,对规模种植户给予资金补贴奖励,推动了特色高效林果基地建设。在市财政的引导下,自 2003 年来,全市共投入 268 亿元用于造林绿化建设,其中以股份造林等模式吸引社会资金 29.1 亿元,有力地促进了林业发展。

第三,重视改革和创新,是"绿色苏州"发展历程中的一大亮点。"十五"期间,苏州在全省率先全面推行工程化造林,严格实行规划设计制度、施工招投标制度、工程监理制度、考核验收制度和管护制度,实行市场化运作,广泛引进竞争机制,高起点规划,高质量建设生态景观林。在省内率先实施数字化动态管理机制,建立林业地理信息平台,大幅提高了林业管理水平。率先建立市级森林、湿地、农田生态补偿机制,补偿力度和标准居全省、全国前列,激发了基层和林农保护生态的积极性。2010 年苏州市还在全省率先全面完成集体林权主体改革任务,进一步明晰了产权,明确了经营主体,有效保障了林农的合法权益,推动了林业产业的发展。

第四,强有力的法律法规保障,是绿色苏州建设的又一大法宝。继 2002 年在全省率先出台《苏州市古树名木保护管理条例》后,又先后颁布了《苏州市禁止猎捕陆生野生动物条例》、《苏州市湿地保护条例》、《关于建立生态补偿机制的意见(试行)》等相关条例,为"绿色苏州"建设提供了强大的保障。

第五,通过植树节、国际湿地日、"绿化庭院、美化家园"、"双百"行动和"爱鸟周"等公益活动,不断掀起绿色高潮,营造了爱绿、护绿,保护自然、保护生态的良好社会氛围。

(三)生态苏州建设,迈向人与自然的全面和谐

随着人们认识水平的提高,加上低碳、生态、环保、可持续理念的提出,

"绿色苏州"也逐渐被赋予了新的涵义,从最初的单纯种绿到生态布局,从重视绿化覆盖率向绿色、湿地、大气、水协调共生转变,从以绿化种植业为主走向经济、社会、生态循环共生的绿色产业,从城市中心主义向城乡生态一体化推进,逐步实现了"绿色苏州"向"生态苏州"的升华。

1. 生态创建持续升级,人与自然在更高层次和谐相处

继 2003 年、2004 年先后成功创建国家环保模范城市群和国家生态示范区之后,苏州先后建成"全国绿化模范城市"、全国首个"国家园林城市群"和国家可持续发展试验区,"国家生态市"通过考核验收。所辖四市及吴江、吴中、相城区先后建成"国家生态市(区)";苏州工业园区、苏州高新区、张家港保税区、昆山经济技术开发区建成"国家生态工业示范园区";苏州市及四市五区成为全国生态文明建设试点地区,苏州市及四市、苏州工业园区、苏州高新区、吴江区生态文明建设规划全部通过论证。全市建成全国环境优美镇 55 个、国家级卫生镇 37 个、国家级生态村 10 个、省级生态村 501 个、省级卫生村 1049 个,生态示范创建走在全省、全国前列。

在覆盖面广、影响深远、不断提升的生态创建活动中,苏州实现了"既要金山银山,又要绿水青山"向"有了绿水青山,才有金山银山"发展理念的升华,探索出一条从"边发展、边治理"到"防治结合、全防全控"再到"生态立市、环保优先",具有时代特征和苏州特色的生态建设新路子,加速了"依靠环境换取增长"向"保护环境优化增长"的历史性转变,不仅优化了城乡生态环境,使苏州的天更蓝、地更绿、水更清、城更美、居更佳,增强了城市综合竞争力,提升了城市的品味和形象,使古老的苏州焕发出勃勃生机,而且在更高层次上促进了人与自然的和谐相处、协调发展,让全市人民都能幸福地生活在宜业、宜商、宜居、宜游、怡人的"生态乐园、人间天堂"中。

2. 全力呵护湿地系统,打造全国最大的"城市湿地群"

苏州现有大小湖泊 323 个,其中万亩以上湖泊有 14 个,自然湿地总面积 403.1 万亩,占市域面积的 31.7%,是全国水面占比最大的城市之一,其中湖泊湿地 281.8 万亩,占 69.9%;河流湿地 93.1 万亩,占 23.1%;沼泽湿地 28.3 万亩,占 7.0%。湿地不仅在苏州地域文化起源与传承、文明演化进程中发挥着无法替代的作用,同时也持续不断地为苏州的生产生活提供着

**图 3　苏州湿地掠影**

气候调节、物产供应、灾害缓冲、景观塑造等必不可少的生态服务。几千年前的良渚文化、崧泽文化等吴地文化遗存,无不透露出苏州人居环境演化与湿地环境无法分割的联系。

因此,苏州市高度重视湿地保护工作,2009 年市人大在全省率先将《湿地保护条例》列为立法项目,经两年时间的起草修改完善,《湿地保护条例》已于 2012 年 2 月 2 日起实施。《条例》重点对湿地的定义、湿地保护管理体制、重要湿地认定、湿地征占用管理等方面作了具体的规定,对认定的重要湿地和一般湿地的征占用设定了前置审批,理顺了湿地保护行政管理体制,还增加市级重要湿地的保护范围,拟将大于 0.5 平方公里的自然湿地作为市级重要湿地条件之一,进一步提高了全社会对湿地保护重要性的认识,促进全市湿地保护管理工作走向法制化、科学化和规范化。根据全市湿地调查,目前有 63 个 1 平方公里以上的湖泊湿地,101 个 0.5 平方公里以上的湖泊湿地(94 个列入江苏省湖泊保护名录),17 个 1 平方公里以上的河流湿地,49 个 0.5 平方公里以上的河流湿地,作为苏州湿地保护的重点和今后湿地

苏州建立起生态补偿机制

2011年7月,苏州出台《关于建立生态补偿机制的意见(试行)》,在全省率先建立"谁保护谁受益、谁污染谁治理"的生态补偿机制。该机制以基本农田(水稻田)、水源地、重要生态湿地等为补偿重点,以直接承担生态保护责任的乡镇政府、村委会、农户为补偿对象,由苏州市、区两级财政共同承担补偿资金。其中耕地保护专项资金专项用于土地复垦复耕、土地整理、高标准农田建设及对土地流转农户、经营大户的补贴。通过生态补偿,使因保护生态环境,经济发展受到限制的区域得到经济补偿,增强其保护生态环境、发展社会公益事业的能力,保障生态保护地区公平发展权,使地区间得到平衡发展。2010和2011年两年间,苏州全市共拨付生态补偿资金5亿元,惠及31个镇,204个行政村(其中水源地村22个,生态湿地村96个),接受生态补偿的水稻面积近4万亩,生态公益林24万亩。

生态补偿重要对象。目前,苏州已建成4个国家级、5个省级湿地公园以及3个国家城市湿地公园,编制完成沿江地区综合开发生态环境保护规划,全力保护长江滩涂和湖泊水域湿地,初步形成多点位、多层次、多等级的湿地保护系统,全国最大的"城市湿地群"已初具雏形。

3. 生态保障机制创新,支撑生态文明发展

首先,从理念上将城市和乡村作为一个整体,以城乡一体的理念指导生态建设,统筹整合和优化配置城乡资源,形成了以政府公共财政为主体、城乡一体的多元化投入机制,确保了生态建设的资金支持。譬如,昆山市采用BOT机制引入社会资本市场化经营管理北部生活污水处理厂,由社会企业投资8000万元人民币建设污水处理厂,政府将按一定标准给企业资金补偿,企业拥有30年特许经营权,此后全部设施交还政府,这是苏州利用社会资金解决公共设施建设资金难题的一次成功尝试。其次,加强环境保护和生态建设的政策制度建设,在全省率先建立生态补偿机制,率先出台百万亩水稻永久性保护政策意见,率先颁布实施地方风景名胜区管理条例。第三,创

新管理手段,发挥绿色金融、信贷和保险的功效,大力推行企业污染责任保险,开展排污权有偿使用,发挥绿色金融调控功能,建立了"绿色信贷"系统,倒逼排污单位整改环境违法行为,按要求完成治污工作。

# 四规融合：统筹城乡规划

城乡规划作为政府指导和调控城乡建设与发展的基本手段,通过对城乡空间的统筹利用、城乡用地的统筹布局,规划引导形成良好的城乡人居环境,是城乡一体化的核心之一。近年来,苏州市针对过去规划中存在的"城乡分治"、"部门分割"、"规划执行乏力"等弊病,在城乡一体化实践中,尝试了在国民经济和社会发展规划指导下,以产业发展规划为抓手,城乡建设规划为核心,土地利用规划为保障,生态建设规划为基础的"四规融合"的创新探索,逐步形成了"强化顶层设计,构建协调机制,鼓励基层创新,注重指标衔接,强化空间落实,突出产业支撑"的"四规融合"的城乡规划体系。该体系的实质是多层次、多角度、全方位地进行沟通协调,建立起各类规划之间全面、系统、有效的衔接协调机制,以取得最终总体利益的平衡,形成推动经济社会发展的"规划合力"。

## 一、"四规融合"的规划体系

### (一)"四规融合"的提出和内容

1. "四规融合"的提出过程

城乡一体化的基本要求就是实现城乡联动、互通、协作、融合。推进城乡一体化的着力点就集中在城乡产业发展与布局、城乡劳动就业与人口布局、城乡基础设施与居民社区建设、城乡生态与环境保护、城乡社会管理与公共服务等方面的一体化。显然,"四规融合"是城乡一体化的内在要求。

自 2004 年苏州市被国家发改委列入"三规合一"试点市（县）<sup>①</sup>以来,苏州在 2008～2011 年间先后被批准为江苏省"城乡一体化综合配套改革试点城市"、"中澳管理项目试点城市"、发展改革委"城乡一体化综合配套改革试点城市联系点"、"农业部农村改革实验区",肩负起了城乡一体化改革探路"排头兵"的历史使命。为落实上级政府在苏州开展试点工作的重大决策部署,加快推进城乡一体化发展,苏州市委、市政府制定了《城乡一体化行动计划》,设立了 23 个城乡一体化发展综合配套改革试点工作先导区。全市和各先导区在"三规合一"的探索的基础上,创新规划理念,推进了"城乡规划有机融合,做到城镇建设、土地利用、产业发展、生态建设'四规融合'"的规划创新,走出了富有苏州特色的"四规融合"的规划改革之路。

2. "四规融合"的主要内容

所谓"四规融合",即通过制度创新,加强各类规划间的融合与协调,充分发挥规划在区域发展和城乡建设中的龙头作用。具体就是以国民经济和社会发展规划为依据,将土地利用规划、城镇规划、产业发展规划、生态建设规划有机融合,通过部门之间互通信息,镇村布局、村庄建设、农业发展、乡村旅游、水网水系等规划紧密衔接,促进国土管理、城乡建设、产业和生态建设的协调发展。"四规融合"的规划体系层次分明,各规划的内容明确,职能更加明晰。其中,土地利用规划为各类规划的实施提供空间载体和保障;城乡建设规划引领城、镇（乡）、村各类建设,是"四规融合"的中心;产业发展规划是"四规融合"的重要抓手,保证各项经济建设活动最终"落地";生态建设规划着眼于城乡生态基底的保护和建设,为城乡一体化提供基础。昆山市和相城区渭塘镇对此进行了有益的探索。

"四规融合"的内容主要包括以下方面:一是指标衔接。根据人口指标要求,对经济增长指标和土地资源和能源需求指标进行衔接,分析资源环境支撑能力、公共服务需求,平衡空间容量、环境容量等指标;通过城乡建设用地增减挂钩等方式,解决城镇化、工业化进程中对建设用地的需求指标;对规划指

---

① "三规合一"六个市县试点为江苏苏州市、福建安溪县、广西钦州市、四川宜宾市、浙江宁波市和辽宁庄河市。

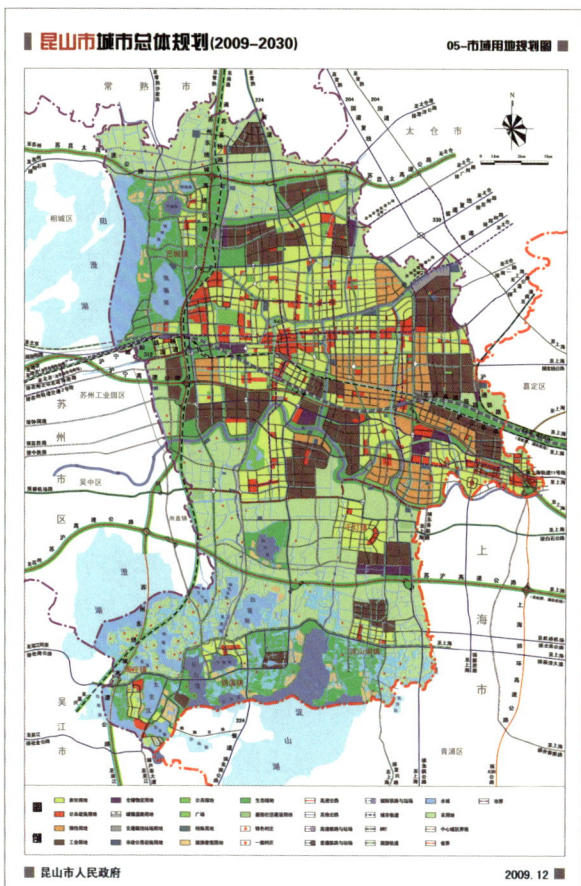

**图 1　昆山市城乡一体化总体规划**

标进行分类,明确指导性、指令性、约束性指标;对产业发展规划提出的产业结构、经济发展指标,在城镇建设规划时落实第一产业、第二产业和第三产业用地,同时根据城镇建设用地规模和地均产出,反过来校核产业发展规划中经济发展指标的合理性。二是项目对接。对单项规划提出的项目和工程分类对接;突出重大基础设施项目和重点产业布局项目的对接,力求实施一个重大项目带动一片城乡发展、实现一方城乡统筹;突出统筹城乡发展的互动平台项目对接;强化教育、医疗、文化等公共资源城乡共享项目的对接。三是空间协调。实施空间开发分类指导,优化建设、产业、生态三大空间结构。依法加强对各级各类自然、文化资源保护核心区域以及其他需要特殊保护的区域

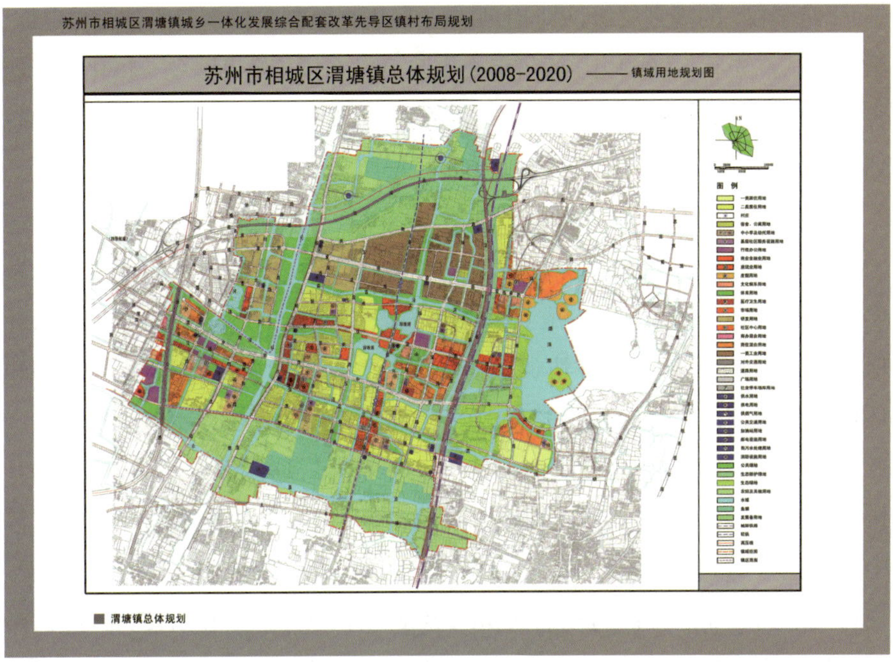

**图2 苏州市相城区渭塘镇先导区城乡一体化总体规划**

的强制性保护,依法保护基本农田,严格控制优化开发区域建设用地的较快增长,促进产业结构和空间结构优化,提高高端要素集聚能力;制定并实施与主体功能区规划相配套的差别化的财政、投资、产业、土地、环境、人口等区域政策,增强可持续发展能力;突出功能分区、基础设施、产业发展、社会事业建设重点及布局等重大问题规划;注重抓好功能定位,分区联动,优化结构,有序控制;着力探索解决重点开发所需空间资源不足的途径,进一步优化空间布局结构,努力通过集约节约开发,城乡一体开发等多种形式,高效益利用空间资源。

**(二)规划编制中的创新做法**

1. 加强顶层设计

首先,苏州市把"四规融合"的编制作为实现城乡规划全覆盖,深入推进城乡一体化发展的重要手段,强化了"规划是城乡一体化改革发展的龙头"地位。第二,明确了规划编制的指导思想、原则、规划重点和时序,要求"四规"做到"同步开展、同步完成、同步验收"和"相互衔接、相互融合、相互协调"。第三,构建了规划编制部门之间的协调机制,纵向上强调了"一级政府、一级规划、一级事权"的规划层级,横向上明晰了各规划编制主体部门的分工和定位。第四是试点先行。2009 年,苏州市委市政府发布了《苏州城乡一体化发展综合配套改革三年实施计划》,要求 23 个先导区首先修编产业发展规划、城镇规划、土地利用规划和生态建设规划,为市域层面实现"四规融合"积累经验。

2. 构建协调机制

按照城乡一体化发展综合配套改革的总体要求,成立了城乡一体化发展综合配套改革领导小组,成员涉及市发改委、市农办、规划局、国土局、环保局等单位,负责规划总体协调工作;市发改委、国土资源管理局、规划局和环保局等四部门牵头分别调整修改既有的土地利用规划、城乡建设规划、产业发展规划、和生态保护规划;各部门在各专项规划修编过程中,注重相互协调、密切配合;吸纳大专院校专家参与前期研究,委托规划设计研究院等中介机构参与"四规融合"综合实施方案编制工作。通过各部门进行协调,使得规划的编制过程成为规划共识的形成过程。根据"相互衔接、相互融合、相互协调"的工作思路,进行了实地考察和补充调研,阶段工作成果征求各部门意见,使规划更加符合实际。

3. 鼓励基层创新

规划政策的生命力总是源于实践。"四规融合"的编制必须在加强顶层设计的同时,尊重群众的首创精神,鼓励地方大胆探索,重视基层鲜活实践,确保"顶层设计"符合实际。

以"乡镇十五分钟上高速"为例,早在 1996 年沪宁高速公路苏州段全线贯通前,沿线乡镇就紧紧把握机遇,在规划建设中非常注重基础设施特别是交通规划与沪宁高速这条黄金干道的衔接,从而抓住了"道口效应"和"高速经济",增强了乡镇的竞争力。基于基层的这一鲜活的实践创新,苏州市提炼了"乡镇十五分钟上高速"交通规划理念,为之后苏嘉杭高速、沿江高速、沪苏浙高速、绕城高速公路沿线乡镇交通规划提供了借鉴。"四规融合"的编制中汲取了"乡镇十五分钟上高速"成功经验,从城乡基础设施一体化的高度要求所有乡镇 15 分钟上高速,实现中心城市 30 分钟到达各县级市城区,60 分钟到达上海边界,120 分钟内到达长三角地区任一城市,逐步完成公路网从适应型向功能型的转变,从而促进资源要素在城乡之间、区域之间流通、集聚和优化配置。

此外,像"十五分钟文化圈"、"十五分钟健康圈"、"农村社区服务中心一站式服务"等规划理念都是苏州基层规划实践的生动总结。尊重基层创新就必须重视和鼓励规划的公众参与。《苏州市城乡规划条例》以立法的形式深化了公众参与城乡规划具体方式,公众可参与规划制定、修改和实施全过程,要求市、县级市人民政府设立城乡规划委员会,建立专家咨询制度。

4. 强化空间落实

规划龙头作用能否得到充分发挥的关键在于规划能否落地。苏州"四规融合"的编制非常重视规划的"落地"问题。首先,"四规融合"以国民经济和社会发展规划为依据,强调了空间上的对接,在规划界限、功能区划、用地指标等空间指标上实现了无缝对接,确保"四规融合"在空间上"落地"。其次,"四规融合"实现由技术型规划向综合型政策规划转变,将关注点转向促进和维护社会的公平、和谐、可持续发展上来,实现城乡发展效益的最大化、最优化,能够促进城乡社会经济协调发展。

图3 苏州市相城区渭塘镇项目落地示意图

5. 突出产业支撑

规划引领产业发展,产业支撑规划落实。没有产业或项目支撑的规划只能是蓝图,很难"落地"。苏州市"四规融合"的重要创新做法就是突出了产业规划的抓手作用。当前苏州处于经济社会发展的重大拐点,构建以服务业经济为先导,新兴战略产业和制造业为支撑,现代农业为基础的现代产业体系,实现产业转型升级,推动经济发展方式由资源依赖向创新驱动转变,成为当前的紧迫任务。"四规融合"以国民经济和社会发展规划为依据,突出了产业发展规划的重要性。《三年实施计划》要求各先导区必须编制产业发展规划,没有编制产业发展规划的先导区在绩效评估中将被一票否决。

图4 苏州市相城区渭塘镇产业布局规划

**（三）规划实施中的创新做法**

1. 制定实施路径

第一,加大"四规融合"创新理念的宣传力度,通过提高对规划实施的认识,切实解决好"重规划制定、轻规划实施"的问题。第二,做好年度实施计划的制定。"四规融合"的实施,是一个长期的过程。不仅要根据相关规划制定近期建设规划,还要将近期建设规划"分解"成一个个年度实施计划,将"蓝图式规划"转变为"滚动式规划",将规划的技术文件转化为管理文件,从而使规划通过年度实施计划(行动计划)安排予以落实。第三,完善相关政策法规体系。苏州市制定的《苏州市城乡规划条例》和为推进城乡一体化综合配套改革而制定的一系列政策文件为"四规融合"的推进实施提供了政策保障。第四,理顺"四规融合"实施管理的体制。完善规划委员会的决策机制,坚持规划集中统一管理,设立规划管理机构,充实必要的人员并将"四规融合"编制和实施管理所需的经费纳入财政预算,切实为"四规融合"实施管理提供坚强的人力、物力和财力的保障。第五,试点先行。设立先导区推进"四规融合"的编制和实施,先行先试,为"四规融合"的全面推广积累经验。

2. 健全基层管理机构

"四规融合"在实践过程中积极探索新形势下乡镇规划管理方法,提高规划管理人员素质,加强规划队伍建设,强化规划实施,确保"四规融合"有序推进,服务城乡一体化综合配套改革的大局。

随着苏州市经济社会的快速发展,城市边界逐步向乡村扩展,在大量征地、拆迁过程以及行政审批和行政诉讼案件中,出了缺乏规范的管理手段和专业化的人员等原因,导致资金浪费和工作效率的低下,苏州抓住"四规融合"规划编制的机遇,加大了对乡镇规划机构的改革力度。

3. 严格目标考核

"四规融合"注重规划的动态性,把规划期内确定的目标、任务,分年度落实,分步推进;组织专家以"四规融合"的新理念编制考核指标体系,加大了对规划编制、实施效果的评价力度;通过各项目标年度完成情况的跟踪分析和监测,对规划实施进行中期评估,检查规划实施效果及各项政策措施落实情况,找出实施中存在的问题,分清责任,进一步推动完善和规划目标的实现。

**(四)"四规融合"的实施效果**

1. 优化了城乡空间开发格局

"四规融合"完善了城乡规划体系,强化了片区规划理念,优化了城镇、工业、农业、居住、生态、水系等规划布局,全市规划建设水平进一步提升。"四规融合"加快了"三集中"、"三置换"的进展,落实了"四个百万亩"农业规划布局,盘活存量乡村建设用地,完善镇村布局规划,优化资源配置。坚持把小城镇作为城乡一体化的重要载体,积极实施"区镇合一"、强镇扩权改革试点,推动一批经济发达镇逐步发展成为现代新型小城市;城乡资源配置更趋合理,城乡空间开发格局明显优化。

2. 引导人口和产业有序转移

"四规融合"注重产业支撑,促进了产业发展规划和土地利用规划的有机融合,有利于科学合理地配置土地、资金、劳动力等生产要素和教育、文化、医疗、社保等各类资源,以促进城乡经济社会协调发展。城区、镇区规划提高了城镇综合实力,完善了镇区内部基础设施、市政公用设施建设,增强对二、三产业的集聚力、对周边农村的辐射力和对农民的吸引力;新型农村社区规划、工业园布局规划、农业用地的适度规模经营、现代农业园区建设,引导农村人口、产业的有序转移。

3. 改善城乡人居环境

"四规融合"有利于统筹安排村庄建设与保护自然资源、弘扬历史文化等工作,使苏州"既保持鱼米之乡优美的田园风光,又呈现先进和谐的现代文明",推进了农村生态环境建设与特色塑造相结合,充分尊重城镇和乡村在产业结构、功能形态、空间景观、社会文化等方面的差异,努力打造彰显江南水乡特色的乡村风貌,改善了城乡人居环境。

## 二、土地利用规划

### (一)土地利用规划的战略意义

回顾改革开放以来苏州土地利用模式的变迁不难发现,苏州城乡一体化水平高、城乡差距全国最小的根源主要在于做好了土地利用的文章。

20世纪改革开放之初,各种消费品供给短缺,乡镇企业应运而生。苏州农民自发地将土地参与到工业化和城镇化进程中,分享了城镇化与工业化的成果,开创了著名的"苏南模式",为农村工业化以及后来民营企业的蝶变腾飞奠定了基础。

进入 20 世纪 90 年代后,在"出口导向,开放带动"战略指引下,苏州通过制度创新设计、吸引外资、土地规模经营、人才和劳动力引进等策略促进了苏州经济的再次腾飞。在此阶段,土地工业化的集聚利用成就了外向型经济发展的道路。

随着经济的快速增长和城市化进程的加速,苏州发展与资源环境之间,尤其是与土地资源保障之间的矛盾日益加剧,人地矛盾日益突出,资源环境进入全面约束期。作为高度城市化地区,苏州耕地和基本农田的保护一直得到高度重视,目前在城市开发建设巨大利益驱动下,耕地和基本农田地块碎小、布局零散,与城市发展转型的空间结构优化产生较大冲突,耕地和基本农田保护压力日益加大。

产业升级转型凸显土地主体标准;各类建设用地的投资强度、生产经营规模、效益产出等指标规定需进一步严格;缺乏合理有效的建设用地推出机制,又不能引导各类用地主体升级改造,导致土地利用效益不高;发展金融、物流等高端服务业、高新技术产业的区域合作用地政策、配套制度等。

农村居民点占地偏多。改革开放以来,苏州农村经济迅速发展,村镇建设发展快,农民的居住条件得到了明显改善。但村庄规模不断扩张,宅基地面积超标,远高于国家规定的人均 150 平方米的标准,急需提高农村居民点土地利用集约水平和强度。

进入 21 世纪后,苏州在城乡一体化的实践中逐步找到了"三集中""三置换"等富有苏州特色的土地利用模式来解决工业用地过度、城市用地无序扩张的问题,使城乡建设用地得到高效利用,实现了城市和乡镇共享土地工业化和城市化的增值收益。

**(二)土地利用规划:从重"用"到重"利"**

改革开放以来,市场经济体制逐步确立,伴随着土地管理改革的深入,逐步确立了土地利用总体规划在土地管理工作中的"龙头"地位。《土地管理法》赋予土地利用规划的权威性,使土地利用管理走向法制化。在新的土地管理制度中,规划是实行土地用途管制的前提,是土地管理工作的关键环节。土地利用年度计划制定,基本农田保护区划定,土地开发整理,建设项目用地预审,农用地转用和建设用地审批,土地执法检查等等工作,无不以规划为依据。

1. 探索城乡建设用地增减挂钩

苏州土地利用的方式,从 20 世纪 80 年代发展乡镇企业时的"占地"模式、90 年代兴建开发区时的"圈地"模式,到现在以土地流转、置换为路径的"换地"模式。在新模式中,以土地资本化为基础,农民首先将自己的土地入股土地股份合作社,获得土地股份分红,同时通过土地整理,获得增量建设用地。然后,农民以资金入股"置业股份合作社"(又称富民股份合作社),在增量建设用地上建造厂房,出租给工商企业,获得租金回报。此过程中,实现了土地由"资源"到"资产"再到"资本"的转变,实现了土地资源价值增加的"利益"功能。

2. 强化用途管制

在全面分析土地利用现状的基础上,进行各类用地的空间分类和等级划分,制定适应城市发展和管理需求的高度城市化地区土地分类标准。探索以全市域和功能片区双层土地利用规划管理体系。编制功能片区土地利用空间管制规划,确立土地利用分区的选址、划定标准、红线界定等,突出城市用地、工业用地和耕地等重点土地类别,并明确城市用地、工业用地、农村居民点用地和耕地等管制的具体措施,作为用地管理的依据。

3. 严格耕地保护

苏州市耕地保护不但涉及粮食安全,而且涉及生态环境问题。苏州对耕地的保护,在严格控制数量的基础上,加强了土地整治力度。为保持"鱼米之乡"的特色,加强了对沿太湖、阳澄淀泖等粮食高产区优质耕地的保护,并增强对各类新增建设占地的控制和引导,建设项目少占或不占耕地,确需占用耕地的,尽量占用质量等级较低的耕地;各类新增建设确需占用耕地的,建设单位必须补充数量相当、质量相当的耕地。严格执行耕地占补平衡政策,开展占用和补充耕地质量评定,加强补充耕地质量建设,确保不因建设占用造成耕地质量下降。充分发挥各类农用地和未利用地的生态功能,完善并创新农用地生态补偿机制。

4. 重视土地二次开发

探索监理规划控制、收益共享、运作高效的土地二次开发利用机制。统筹安排城乡更新改造。借鉴城市更新中盘活存量土地的思路,编制城市重点发展区域建立以存量土地为主,以结构优化、功能提升、利益共享为目标的整体开发方案。

积极盘活存量建设用地,加大对城镇闲置、低效土地的内涵挖潜,积极处置批而未供的土地;建立激励机制和责任追究机制,积极推进盘活挖潜工作。强化土地节约集约利用,提高建设用地效率;严格控制非生产性建设用地的比例,推广多层通用厂房,提升各开发区和园区用地效率和效益。

### (三)土地利用规划实施

1. 健全规划管理机制

建立规划实施评估与反馈机制及规划实施考核机制。制定苏州市土地利用总体规划实施情况评估办法和标准,对土地利用总体规划实施情况进行定期检查和评估,及时反馈信息,据此动态调整土地利用年度计划实施步骤。每实施五年进行系统全面的检查,规划期末总结本轮规划方案的实施情况,为下一轮规划编制提供科学的依据;明确政府管理责任,确定政府主管领导是对土地利用总体规划实施和管理的第一责任人。规定耕地保护考核目标和履行情况报告制度、动态监测和预警制度、定期检查和考核制度。

强化规划实施的制度保障及行政管理,并制定规划实施的激励政策,提出有关规划实施机构管理程序、实施效果评价监督管理、违反规划的强制措施等具体规定,保证各级规划的落实。强化各级政府和领导的土地规划意识,将土地利用总体规划的实施管理纳入各级政府的国土资源管理目标考核体系。

2. 实行差别化管理

实行适应城市发展转型和产业结构优化升级的差别化供地政策,完善体现差别化供地的地价控制标准,健全国有土地使用权供应体系。对产业用地的供地方式和供地年限探索实行差别化管理,并建立操作规范。

重点结合产业细分及升级转型需要,根据不同产业的生命周期、企业规模和行业特点,在供应方式、供应年限、地价标准等方面研究制定差别化供地政策。一方面重点探索对现代产业用地的出让年期不再统一采用最高年期,而是采用弹性年期制度,提高土地循环利用效率。另一方面探索在地价适用标准、土地收益途经、权能限制、交纳方式等方面,建立差别化的地价标准。

### 三、城乡建设规划
#### (一)城乡一体的规划思路
##### 1. 强化城乡统筹

苏州市城乡一体化规划强调了以下方面:按照生产空间、生活空间、生态空间分别明确区域功能,实现了全市城乡规划全覆盖;加强经济发展的整体性,向城乡融合型的经济发展,完善合作型的经济网络;强调区域空间上的整体性,加强资源分配和规划布局上的协调,使土地得到合理的使用并保持最大的节约;强调城乡发展的整体性,使城市与村镇的有机结合。

##### 2. 突出空间规划

苏州市通过强化空间布局与功能片区规划,努力打破城乡和行政区划限制,促进城乡建设、土地利用、产业发展、生态建设等规划的有机融合,形成科学指导城乡一体化发展的规划体系,走紧凑型、集约化发展道路。苏州市确立了"十字轴带、五楔渗透、多心多点、绿廊相通"的城市总体空间结构。

##### 3. 注重乡村发展

实现"村村有规划,落实规划全覆盖"是苏州市推进城乡一体化的主要抓手之一,也是保障苏州市城乡一体化改革顺利进行的重要环节。苏州市规划部门在进行乡村规划时,结合当地自然条件、经济社会发展水平、产业特点,划定不同类型的村庄,分类规划、分类建设,并加强村庄规划编制的指导工作。始终坚持"尊重普通农民的利益,尊重当地的历史沿革和地域文化,尊重自然地形地貌和生态环境"三大原则,合理开发、利用、保护村庄自然资源,以科学规划指导乡村发展。

##### 4. 加强保护性规划

苏州市在城乡一体化规划中特别强调保护性规划,主要从生态保护和文化保护二者来体现。通过落实最严格的耕地保护和占补平衡制度,生态保护修复明显加强。以改善农业生产环境为抓手,加强农业面源污染控制。深入开展太湖流域水环境整治工作,层层分解落实责任,水环境明显改善。苏州市发展以垃圾处理和废弃资源回收利用为核心的城市静脉产业,消除环境污染、缓解城市资源短缺问题。

随着城乡一体化的发展推进,非物质文化遗产所依存的社会和自然环境发生深刻变化,非物质文化遗产的有效传承面临挑战。苏州市贯彻"注重真实性、整体性和传承性"保护的精神,根据其非物质文化遗产资源具有不同区域同类或近类集聚分布明显的特点,一是与城乡一体化规划相衔接,在非物质文化遗产资源相对集聚的各分布区建设有代表性的"文化生态保护实验区";二是将已经纳入保护规划的古村古镇、市镇老街保护与非物质文化遗产区域性整体保护有机融合;三是结合目前自然村落环境整治工作保存水乡风貌,保护文化的自然肌理。由此,构建科学保护、有效传承和合理利用非物质文化遗产保护的规划体系。

**(二)城乡建设框架重构**

从战略视野看,苏州的城乡一体化,实际上是作为城镇密集区的城乡一体化发展。既遵循城乡一体化的一般规律,又有苏州自身的特殊性。如果说过去一轮城乡经济发展是以工业化推动型为主的经济、社会发展,那么,新一轮城乡经济增长可以说将是以城乡一体化推动型为主的经济社会发展。所以,苏州审时度势,加快空间布局和结构调整,改变过去低层次、分散式集镇化的做法,向高层次的集中城镇化推进,逐步形成了一批规划有序、环境优美、各具特色的现代化新城镇;重点实施以高速公路和轨道交通网为主体的基础设施建设,形成了多方式、多层次、多功能的城乡一体化的现代综合交通体系,优化了城乡一体化的空间形态格局。

**1. 中心城区重新定位**

目前,苏州市中心城区已形成老城区、高新区、工业园区、相城区和吴中区五个组团。各组团根据自身区位优势、产业优势重新定位各自功能。老城区重点发展旅游服务、文化博览、零售商业功能,建构苏州主城文化旅游服务中心;高新区主要发展高技术产业功能,保育太湖山水的生态资源和人文环境,努力打造国际著名的旅游度假胜地和风景名胜区;将东部工业园区打造成为联系上海的长三角次级商务办公和总部中心；北部相城区以辐射苏北的交通枢纽、商贸物流、居住为主要功能；吴中区以地域性生态旅游服务、文化教育、居住为主要功能。吴江区将加强与苏州市区的规划衔接和基础设施一体化建设，建设成有较强综合竞争力和鲜明江南水乡特色、深厚丝绸古镇文化底蕴的现代化乐居城区。

2. 打造特色县级市城区

增强县级市城区枢纽功能，形成特色鲜明的中等城市。其中，张家港：发挥"港口驱动"与"高铁驱动"东西两翼双驱发力的叠加效应，加快把张家港建设成"富有独特精神、临港产业发达、长江文化汇聚、生态优美宜居、各种文明形态高度协调"的现代化港城。常熟：依托国家历史文化名城，加快建设现代化商贸和风景旅游城市，努力使常熟成为同类城市中环境最为秀美、文化事业最为繁荣、富民强市最为协调的现代江南名城。太仓：着力构建以低碳经济为导向和以港口经济为特征的现代产业体系，精心培育以创新驱动和内生增长为核心的竞争新优势，加快建设经济发达、港口繁荣、环境优美、社会和谐、人民幸福的国际化新兴港口城市、现代化生态宜居城市。昆山：发挥对台沿沪优势，全力打造产业发展、人才科技、城市建设、民生和谐、绿色发展、体制机制等各项工作新亮点，加快使昆山成为现代化建设的样本区、创新型经济的先导区、可持续发展的示范区、全社会和谐的首善区。

3. 突出小城镇特色

苏州市对一批有条件的经济发达镇创新管理体制、扩大管理权限、强化公共服务、增加发展活力，使其逐步发展成为人口集聚、产业集群、结构合理、体制创新、环境友好、社会和谐的现代新型小城市，与现有大中小城市形成分工有序、优势互补的空间格局。试点镇被赋予县级经济社会管理权限，乡镇行政管理体制摆脱行政序列束缚，与经济社会发展挂钩，促进经济发达镇发展。

苏州市通过撤乡并镇，促进了各类资源的整合互补，优化了区域的规划布局，精简了机构，促进了城乡一体化的发展。被撤并镇应突出特色，明确功能定位；更新物质环境，配套基础设施，完善公共服务；尊重历史环境，传承历史文脉；改革管理体制，创新机构设置。

### 4. 建设优美乡村

加强村庄规划，分类指导村庄建设，加强乡村建设空间的集聚与优化。苏州市结合当地自然条件、经济社会发展水平、产业特点，划定不同类型的村庄，分类规划、分类建设。以农民集中居住点为例，苏州设计了五种模式：现代社区型、集中居住型、整治改造型、生态环境型和古村保护型。随着大量的本地农民、外来人员向农村新型社区集中居住，苏州市着力突出农村新型社区建设，通过理顺社区管理体制，强化社区服务功能，促进城市社区水平提升、农村社区转型升级。

"让乡村更像乡村"，苏州全力推进村庄环境整治，建设了一批康居乡村。坚持整治与产业发展、文化传承、保护生态、促进旅游相结合，展示村庄特有风貌。切实保护具有较高历史价值以及自然景观价值的村落。为了防止城市化对乡村的过度"侵害"，苏州在全国率先以人大立法的形式出台古镇、古村保护法规，对其进行严格保护。

### （三）城乡建设规划的实施

#### 1. 理顺管理体制

苏州市规划部门根据"先规划，后建设"和"城乡一体化发展"的原则，改革以往建立在国有、集体土地性质上的城乡规划管理两层皮制度，打破城乡规划管理壁垒，建立和完善镇级规划管理机构，构建"市—区—镇"和"县级市—镇"两层级的"城乡一体、分工协作、职责明确"的规划管理网络体系。向各镇下派工作人员，驻镇政府办公，负责所在镇规划编制的指导、建设项目的接件、规划相关的法律法规和技术标准的咨询、规划批前公示和批后公布的督查、重大项目前期指导等工作。通过下派工作人员，延伸服务，实现了岗位前移，重心下移，统筹管理，提高了城乡一体化规划的服务效能。

#### 2. 延伸服务平台

苏州市将规划的范围从城市（镇）延伸到农村，有效实施规划编制、规划审批和规划监察等管理职能，确保城乡规划在城乡建设发展中的战略导向、统筹协调和空间资源配置作用得到充分发挥。

苏州市规划部门为保证一体化相关规划编制的顺利进行,依据《苏州城乡一体化发展综合配套改革三年实施计划》,制定了三年规划目标和年度任务。组织村庄规划编制研讨会,拓展村庄规划编制的深度和思路。

规划审批职能不断深化,主要通过"一书三证"体现。相比之前苏州市核发的"一书两证"(其中"一书"指建设项目选址意见书,"两证"指建设用地规划许可证、建设工程规划许可证),新增了"乡村建设规划许可证",使乡村建设跟城镇建设接轨。

为加强违法建设查处工作,规划监察将直接深入到镇级别,由镇政府负责;并加快规划监测监管队伍的建设。例如常熟市成立了城乡规划监察大队,主要对镇区范围内各类违法违章建设行为进行监察。

3. 加强信息化管理

苏州市通过完善和提升空间地理信息数据库和地理信息共享平台,为城乡一体化规划提供信息支撑。加强城乡精细化管理,加快数字城管技术成果推广,促进遥感、地理信息系统和全球定位系统等信息技术在城乡一体化建设与管理中的应用,构建智能化城乡管理综合平台。整合城市规划、交通、市政、环保等领域的信息资源,推进规划高效能管理。

4. 强化公众参与

苏州不断深化公众参与,并将实践操作的具体措施上升为规范性文件。《苏州市城乡规划条例》中规定:在城乡规划中,公众可通过新闻媒体、市规划展示馆、规划局网站或现场公示、公示意见箱等不同方式,参与规划制定、修改和实施全过程,提出的反馈意见将作为参考。市、县级市人民政府设立城乡规划委员会,负责审议、协调城乡规划制定、修改和实施中的重大事项,为同级人民政府规划决策提供参考依据;市、县级市人民政府建立城乡专家咨询制度,在城乡规划制定、修改和实施中的重大事项中提出意见。

**(四)城乡建设规划实施效果**

1. 构建三级城乡发展框架

构建了"中心城市—小城镇—乡村"的城乡发展框架。中心城市已形成五个组团,各个组团根据各自的区位优势和产业优势,错位发展,形成"中核主城、东进沪西、北拓平相、南优松吴、西育太湖"的发展格局。各中心镇根据不同的区位、资源、人口及经济发展水平和潜力因素,科学规划城镇布局,建成工业型、农业型、商贸型、旅游型、资源开发型等各具特色的小城镇。适应乡村发展的需求,将农民集中居住区划分为不同类型;理顺社区管理体制,强化社区服务功能,促进农村新型社区转型升级;坚持村庄整治与产业发展、文化传承、保护生态、促进旅游相结合,建设了一批康居乡村,展示村庄特有风貌;严格保护古镇古村、风景名胜区,防止城市化带来的破坏。

2. 形成特色化空间格局

苏州市城乡产业一体化布局基本形成。对城镇规划区,明确以现代服务业为主要发展方向,提升城市化发展质量;对工业基础较强、人口较多的地区,明确以新型工业化为主要发展方向,加快就地城镇化步伐;对农业规划区、生态保护区地区,明确以现代农业为主要发展方向,推动一产与二、三产业融合发展,加快农业现代化步伐。在具体落实上,打破行政区域界限,有序推进"三集中",为产业发展提供良好环境。目前,城乡空间布局明显优化,全市已有 83% 的农村工业企业进入工业园,70% 的承包耕地实现规模经营,38% 的农户迁入集中居住点。

3. 保护、传承文化遗产

形成了由历史建筑、各级文物保护单位、历史文化名城、名镇、名村的保护工作框架;健全了规划、文物、建设等多部门协调的工作机制,进行了大运河苏州古城核心点段环境整治工程、桃花坞历史文化片区环境综合整治工程和江南水乡古镇综合申遗、民办、公办博物馆城、唐寅祠维修工程等大型工程项目。

建立了科学合理的"金字塔式"四级名录保护体系和传承人保护机制。拥有人类非物质文化遗产代表作 6 项(位居全国各类城市之冠);人类非物质文化遗产国家级项目 29 项,江苏省级项目 79 项,苏州市级项目 118 项;拥有国家级人类非物质文化遗产传承人 28 位,江苏省级传承人 76 位,苏州市市级传承人 225 位。

4. 提升农村活力

通过积极转变农业发展方式,促进城乡三次产业协调发展;通过把实现农民持续增收作为核心任务,大力推进农民向非农产业转移就业;覆盖城乡、重心下移的基层医疗卫生服务体系基本建成,"15分钟健康服务圈"已基本建立;率先开展了"四位一体"(村图书室、农家书屋、党员远程教育、文化信息共享)农村综合信息服务体系建设试点工作,"15分钟免费文化圈"在苏州城乡基本实现;通过加快农村土地制度改革,推动农村投融资机制创新,促进城乡发展互动并进。农村经济发展步伐明显加快,农村生产生活条件明显改善,农村发展活力明显增强。

### 四、产业发展规划

#### (一)产业发展基本情况和面临挑战

过去30多年,苏州市快速实现了以工业化为主体的经济腾飞,成为全国重要的制造业基地之一。近年来,全市加大经济结构战略性调整力度,高技术产业、先进制造业发展水平明显提高,现代服务业、现代农业加快发展,三次产业协调发展不断取得新进展。2011年全市实现地区生产总值过万亿元,制造业形成了电子信息、装备制造、纺织、轻工、冶金、石化等6大超千亿元的主导产业,新能源、新材料、生物技术和新医药、节能环保、新一代信息技术、高端装备等战略性新兴产业产值占规模以上工业总产值的比重接近40%。农业主导产业规模保持稳定,高效农业比重占55%。

目前,苏州总体上呈现出"两轴三带"的市域产业布局,"两轴"即沪宁发展轴和苏嘉杭发展轴,是苏州产业集聚成长、快速提升的核心地区。"三带"即沿江、沿沪浙和沿湖三条产业带,是承接国际重化工产业转移、接轨上海、对接浙江以及提升农业和服务业发展水平的主要区域(图5)。

但是,由于缺乏城乡一体的整体规划等原因,产业的结构性矛盾日渐凸显:一是各自为战的经济发展格局没有根本性改变,以行政区为特征的经济形态、要素配置效率不高的格局有待进一步打破;二是产业布局仍较分散,经济集聚效应待强化;三是现代服务业发展相对滞后,产业协同效应不强,整体竞争力不高;四是产业集中在产业价值链低端,结构趋同现象严重。

#### (二)产业规划的新思路

1. 明晰规划定位

城乡产业布局一体化,是城乡一体化的抓手,是城乡有序发展和功能差异化的重要内容。推进苏州城乡产业布局一体化,是顺应经济全球化和区域一体化趋势,提升苏州经济综合实力和整体竞争力,更好地参与国际经济合作与竞争的战略选择。通过编制各类别和各层次的产业一体化发展规划,引导增量、优化存量,促进资源向优势地区和重点产业集聚,形成空间集聚、产业集群、功能集成、高度协作的产业一体化空间布局。突出明确"两轴三带"、"6大核心板块"内部产业发展定位,建立开发区内部和不同层次开发区之间产业融合机制,促进资源要素优化高效配置,加快改变各重要发展空间之间定位不清、产业同构、无序竞争状况。构建条带清晰、错位发展、互补互促的市域产业发展格局,推进产业协同发展,把苏州建设成为带动区域经济发展的更为强大的引擎。

2. 确立主导产业体系

对苏州产业结构进行研究,分析区域产业空间布局、产业分工协作及其总体竞争力情况及产业结构、产业合作存在的突出问题;提出构建开放合作、产业关联、错位发展、互补互促的城乡产业布局一体化的新思路、目标和主要任务。形成了苏州产业发展的总体战略:"培育壮大新兴战略产业,改造提升优势主导产业,加快发展现代服务业,积极发展现代高效农业",并进一步提出各产业未来发展重点特别是产业链和产业技术发展方向、路径。

3. 加大产业融合力度

研究国际国内区域产业分工协作机制,借鉴国内外先进经验,提出既遵循以市场为导向、企业为主体原则,又具有较强的可操作性、引导性的苏州产业融合框架。主要包括:区域分工融合。优先扶持各县(市)、各开发区最有基础和条件、现实市场需求大的战略性新兴产业项目,集中力量,发展2~3个重点领域和产业链的重点环节,形成各市和开发区特色鲜明、错位发展、融合有序的新兴战略产业发展格局。规划各市和开发区发挥优势,围绕重大项目配套延伸产业链。以产品升级换代打造产业设计中心和营销中心;规划国家级开发区加强组织周边地区有序承接制造环节,重点发展相关配套产业链和产品。

产业重组融合。鼓励以产业联盟合作引导产业配套协同发展;规划鼓励和支持优势企业围绕主业跨区域实施行业并购和重组,提升产业集中度 ;鼓励以资金、技术和人才等方式并购、重组、参股企业 ;在发展总部经济、分离发展服务业、加快发展生产性服务业、重点建设现代物流、科技研发、软件信息、创意设计等现代服务业集聚区的过程中,促进服务业和制造业的融合互动。

产业链群融合。把一产农业与二产工业和三产服务业实现"接二连三"的产业融合,体现产业服务化和创新化特色,推进产业机制体制改革,能够真正实现用工业和服务业改造农业、用科技和信息化提升农业发展水平。智能化、网络化建设使信息手段与生产制造、技术创新、现代服务、节能环保等产业链环节延伸配套,拓宽了产业融合发展空间。

4. 优化产业布局

研究苏州产业集聚区、产业集聚带发展情况及其优劣势 ;坚持大项目、大基地带动,从区域(城市)主体功能出发,提出主要产业重大项目和重要产业基地布局思路 ;明确了充分发挥开发区要素集聚功能,实现开发区从形态开发向特色开发、功能提升转变,从政策优惠向体制优化转变,打造全市产业升级主增长极的空间组织路径。

5. 强化支撑体系建设

研究包括产业政策、智力支持、科技创新、投资融资、中介服务、基础设施、利益协调机制等产业支撑体系建设情况,提出进一步建设完善的思路与对策,促进苏州产业在加快发展中实现融合化、一体化 ;鼓励企业、院校和科研机构共建产学研创新联盟,扶持创新联盟实行实体化运作,建立共同投入、联合开发、利益共享、风险共担的运作机制,集中力量解决行业发展中的共性问题和技术瓶颈 ;鼓励跨市的公共技术、检验检测、仪器设备共享、成果转化、物流等服务平台共建和资源共享。

**(三)产业发展规划的实施**

1. 打造产业园区载体

高起点建设了苏州信息产业国家高技术基地、国家高技术服务产业基地、国家纳米技术产业基地、国家级苏州软件园和中国光伏产业示范基地 ;充分发挥开发区先行先试的体制优势,大力推进重点开发区板块"二次创

**图 5　苏州市产业布局示意图**

业", 引导开发区从产业集聚向能级提升转变, 从政策优惠向体制优化转变,
把苏州工业园区等 10 个国家级开发区打造为全市转型升级的主增长极; 组
建昆山花桥国际商务城、张家港保税物流园等 18 个省级服务业集聚区; 开
展"百万亩现代农业规模化示范区"建设, 建成千亩以上农业园区 88 个, 其
中万亩以上 18 个, 面积达到 49.5 万亩。

2. 组建政府产业引导基金

引导基金是政府支持苏州经济发展、解决中小企业融资难题的重要手
段, 同时也是政府培育各类产业发展的重要手段。从 2006 年国内最早的苏

州工业园区创业投资引导基金设立至今,苏州政府引导基金经历了探索起步(2004～2007年)、快速发展(2007～2009年)、规范设立与运作(2010年至今)3个阶段的发展。据不完全统计,目前设立了重点产业调整和振兴专项引导资金、新兴产业创业投资引导基金、服务业引导基金、文化产业发展专项引导资金、体育产业发展引导资金等类别。

3. 发布产业结构调整指导目录

鼓励发展现代服务业、先进制造业和高技术制造业,提高劳动密集型产业准入门槛,限制"两高一低"产业。对不符合产业政策的项目不予核准、备案,不予办理符合产业政策的证明文件;进一步明确不同区域的鼓励、限制、禁止类产业。按照主体功能区域规划等政策文件要求,在突出招商引资的背景下,研究制订全市重点开发区域、生态发展区域的产业结构指导调整目录。

4. 严格市场准入

对不同的区域实行不同的约束性导向指标进行调控,按照市"十二五"期间确定的调控目标,分解确定行业的单位增加值电耗、单位增加值水耗、投资强度、全员劳动生产率、单位工业用地总产值、资本密集度、"三废"排放和生态保护等约束性标准。

5. 制定产业走出去路线图

苏州市主动承接国内外先进制造业、现代服务业、战略性新兴产业等资本密集型、知识密集型产业,鼓励劳动密集型产业走出去;对不符合重点生态功能区和农产品主产区主体功能定位的现有产业,鼓励其退出或跨区域转出,实施产业、人口、布局的联动调整。落实"走出去"的国际战略,支持企业开展国际化经营,鼓励优势企业在全球范围内进行专业化、集约化和规模化发展。鼓励企业设立境外加工企业、建立海外零售网点和进入国外主流流通网络;鼓励行业协会整合行业的整体力量在国外建立营销渠道;鼓励本地优势传统企业对外输出技术、管理、装备,利用内地及周边地区的成本优势,建立生产基地,进一步巩固本地企业的核心竞争力。与宿迁、盐城等异地共建产业园。

### 五、生态保护规划

#### （一）生态保护规划框架

苏州生态环境优良，四通八达的水系连接城乡，素有"鱼米之乡"的美誉。但近年来，苏州环境污染问题突出、资源环境约束凸显，区域协调、有序、持续发展面临重大挑战。需要打破行政区划限制、加强部门联合、创新体制机制、加快推进环境保护一体化，以环境建设促进城乡产业一体化、提升区域可持续发展能力。

1. 城乡生态规划一体化

生态环境规划一体化是破解苏州环境难题的重要途径，是推进城乡一体化的重要内容，是实现区域可持续发展的重要保障。苏州生态规划站在城乡一体的高度，以保护水生态系统、培育稳定的绿色基质为重点，合理利用土地资源，根据景观生态学原理，确定不同层次土地利用的空间布局。这种方法可以解决单纯环保技术解决不了的生态问题，如城乡绿化网络破碎、水域连续性降低、自然基质退化等，并且从土地利用角度，对城乡水域、绿化网络、水陆交替通道、湿地等主要自然空间因素的布局形式与网络关系进行统筹安排，规避生态敏感地带进行建设，以实现最佳的社会、经济、环境效益。这种方法不仅对苏州城乡现状生态环境的保护与修复有着现实意义，同时对城乡一体化进程中避免发生新的生态环境问题有着积极的引导意义。

2. 构建城乡一体生态安全格局

根据苏州市"十二五"规划，城市规划区2597平方公里中的1614平方公里为禁建区，318平方公里划为限建区。根据生态功能控制性规划原则，在土地利用规划中，将全市划为5个一级生态功能分区，49个二级生态功能分区。禁建区包括基本农田、重大湖泊及周边用地、山体、森林公园、生态湿地等生态敏感区。对禁建区原则上禁止任何城镇建设活动，同时把其他生态敏感区划定为限建区，严格限制各类开发建设活动。

苏州市"十二五"规划把森林覆盖率等列为经济社会发展的重要指标，规定了城乡生态绿化建设、森林资源保护、生态湿地恢复、林业产业等重要内容，加强沿江、沿湖、沿河、沿路等生态林网、经济林网建设，构建起一个布局合理、物种丰富、水绿相融、具有苏州特色的现代林业生态系统。充分考虑苏州的自然生态用地和农村生态系统,在太湖、阳澄湖、长江以及较大湖泊沿线等重点区域设立湿地保护区,规划新增林地、绿地 30 万亩,林木覆盖率达 19%,陆地森林覆盖率达到 27%,构建"四带两圈"生态安全框架,坚守生态"红线"。"四带"即苏州市东北部长江沿岸生态安全防护带,张家港—昆山农业生态安全防护带,张家港—常熟城间农业生态安全防护带和苏州常熟城间农业生态安全防护带,"两圈"是指以太湖、阳澄湖、淀湖为主题,结合东西山风景区的环形生态安全防护圈和包括阳澄湖、澄湖、吴淞江、石湖、木渎等景区的环城生态安全防护圈。

3. 建设城乡宜居空间

苏州坚持把生态市建设贯穿于统筹城乡发展、推进城乡一体化的全过程,把宜居空间的建设作为苏州城乡建设规划的重要内容。建设国家生态市,就是建设良好的自然生态环境和优美的人居生活环境,构建完善的生态文明建设体系,实现经济社会与生态环境的全面协调可持续发展。积极推进全国环境优美镇创建工作,吴江、吴中、相城区已建成国家生态区,市区、张家港、常熟、昆山市创建国家生态园林城市通过考核验收。吴江、常熟市先后获得中国人居环境奖。力争到 2015 年,全市建制镇全面建成国家级生态镇,80% 以上的行政村建成苏州市级以上生态村,其中 60% 以上的行政村为江苏省生态村。

4. 构筑低碳生产、生活

推进产业结构的生态化重组和低碳产业体系建设,大力推行清洁生产,促进资源节约利用、集约利用和综合利用;实施绿色产品战略,促进产品深度加工与升级换代,提升产品的附加值;打造资源共享和废弃物再生利用的循环经济园区和示范企业,促进产业共生发展;综合运用法律、经济、技术、宣传教育等多种措施,以政府绿色采购和创建绿色社区为抓手,完善促进生产与消费互动的循环经济发展政策,推广使用节能、节水和环境友好型的技术和产品,开发绿色市场需求,延长绿色产品供应链,促进可持续消费。

**（二）生态保护规划思路**

1. 农村环境连片整治

根据苏州农村环境的特点，编制并实施农村环境连片整治，把农村生活污水、生活垃圾、河道疏浚、畜禽粪便、农业面源污染作为整治重点，计划到2015年底，全市太湖流域一、二级保护区规划布点村庄实现连片整治全覆盖，农村环保工作实现"三清"（清洁家园、清洁田园、清洁水源）、"两化"（村庄绿化、环境美化）、"一长效"（环境管理长效）的整治目标。规划布点村庄、生态敏感区域、重要窗口地带、交通干线沿线以及城镇周边村庄为整治重点，非规划布点村庄计划根据实际按照"三整治、一保障"的标准进行整治。

2. 凸显湿地规划

苏州市湿地资源十分丰富，按照国家湿地调查分类标准，苏州的自然湿地资源分为沼泽湿地、湖泊湿地和河流湿地。2009年苏州完成湿地调查统计，率先开展湿地保护立法，启动湿地保护工作。退耕还湖，沿湖种植水生植物，恢复和建设主要湖泊湖荡湿地，促进湿地生物多样性恢复；构建完成沿长江带、环太湖带、阳澄淀泖带等一批湿地项目建设；探讨湿地公园向民众开放的形式，普及保护湿地的意识，同时充分挖掘湿地的社会经济功能、带动湿地休闲游的兴起，促进湿地旅游业的发展。

3. 规划生态经济体系

围绕推进产业结构调整、加快发展方式转变，推动产业转型升级，充分发挥环境保护对产业的调控作用，严格落实生态分区控制要求，统一协调重大建设项目布局，实施更严格的行业和区域污染物排放标准，加快淘汰落后产能，积极发展低碳经济，促进城乡产业结构和布局优化调整。

以节能减排为抓手，积极引导低投入、低消耗、低排放和高效率的现代产业发展；大力发展节能、降耗、减污、增效的先进制造业，提高先进制造业在工业中的比重；大力发展金融、会展、旅游、文化、传播媒体、信息服务等市场潜力大、能耗低、污染少的现代服务业，积极发展生产性服务业；改造提升优势传统产业，推行绿色制造，大力发展绿色经济、循环经济，促进节能环保产业发展；通过体制机制创新、技术工艺革新、产品生态设计改造及新材料新能源等新兴产业发展，构建资源循环利用的产业链。通过合理调整工业布局,污染集中处置,产业聚集发展,发挥各工业区的产业特色和优势;建立种植、养殖、休闲观光于一体的生态农业园,提高单位土地的产出效益、推进生态农业、生态养殖、生态旅游等示范园区和基地建设。以农业产业链构建为重点,推进绿色有机农产品建设工程,森林养鸡、稻鸭共作、立体循环生产等农业循环经济全面展开;在企业、产业、区域和社会四个层面上发展循环经济,促进产业共生发展,构建优质高效、操作规范、环保安全、布局合理的城乡产业体系;定期发布淘汰、限制落后生产能力、工艺和产品的目录,制定落后产能退出的财政奖励、转型后土地使用权及出让、贷款贴息、税收优惠、生产配额和排污权交易等经济激励或补偿政策,鼓励重污染企业主动退出。

4. 水和大气联动治理

①水环境综合治理。以保护饮用水源为重点,优化水环境功能区划,加强水源地环境风险监管,确保区域持续性供水安全;加强上下游协调,落实保护与治理责任,集中力量,综合治理,解决跨界水污染问题;修编实施太湖蓝藻防治应对预案及水源突发安全事件预警和应急预案,全市集中式饮用水源水质达标率为100%,区域集中自来水普及率达96%以上,市区及五市全部建立应急备用水源;加快污水处理厂建设,强化管网建设、污水处理设施建设,城乡生活污水处理能力和工业废水利用率显著增加;规范污水处理厂污泥处置,编制《苏州市污泥处理处置规划》,建设生态隔离带,实施生态清淤,严格控制省界断面附近河道的纳污总量。

②大气环境综合治理。全面实施清洁空气行动计划,从注重重点行业减排向全面防控转变,从单因子治理向多污染因子综合控制转变,多手段联合推进,稳步提升脱硫成效,全面推进降氮脱硝,构建世界先进的大气复合污染综合体系,逐步解决区域大气复合污染问题;编制实施环境保护"蓝天工程"方案,城市环境空气质量达到国家二级标准,空气优良率大于90%;落后产能加速淘汰,鼓励使用清洁能源,所有电厂和热电厂均使用脱硫设施;深入开展机动车尾气污染防治工作,出台《优先发展公共交通三年行动计划》、《苏州市机动车尾气防治管理办法》,整治高污染排放汽车,严格控制建筑施工场所的扬尘污染,全面实施"绿色施工",全过程落实防尘措施。建立区域大气污染联防联控机制,积极参与长三角地区大气污染联防联控;继续

开展灰霾物监测,逐步增加细颗粒物(PM2.5)、臭氧、挥发性有机物等指标,逐步建立区域大能见度、灰霾天气监测、预报、预警体系。

**(三)生态保护规划的实施**

1. 创新体制机制

在全国率先建立环保"三个一"制度,落实环境保护"一把手"负责制、建设项目环保"第一审批权"、评先创优环保"一票否决权";建立市、县市(区)、镇(街道)、村(社区)的四级联动机制,强化部门协作;建立重大事项集体决策、重要问题专家咨询、重点项目社会公示制度,提高环保参与综合决策的能力;建立长三角区域环境合作机制、苏沪联合治水、苏锡互帮互助、市内联防联控机制,推动太湖流域水环境、大气环境联防联治、环境设施资源及信息共建共享等领域进行全面合作,保障省、市、县交界地区的环境安全;建立区域执法监管、环境预警、信息共享平台和区域上下游环境补偿机制,实现区域生态环境的共保和共建;健全政策扶持机制,开展绿色信贷、绿色保险、绿色证券、绿色贸易、绿色税收、绿色采购的试点工作;探索排污权有偿使用和交易试点,编制实施方案,确定400多家企业开展试点,开展排污指标网络申购。

2. 实施生态补偿

2010年启动生态补偿政策,出台了《关于建立生态补偿机制的意见》并确定了"谁来补,补给谁,怎么补,补多少"的一套生态补偿机制。2011年,下辖的五个县级市、四个区相继出台政策,全面推行生态补偿。市、区通过财政预算、土地出让(土地出让纯收益的15%要全部用于农业)、上级专项补助等渠道设立生态补偿专项资金。2010年,苏州市、区两级财政共核拨约1.1亿元生态补偿基金,涉及204个行政村,包含22个水源地村和96个生态湿地村。2011年,苏州各级财政投入约15亿元,其中用于基本农田的生态补偿为10亿元;惠及105个生态湿地村、29个水源地村。

3. 落实"细胞工程"

实施"碧水""蓝天""宁静"等工程;引导社会各界参与建设绿色社区、绿色学校、绿色机关、绿色饭店、绿色企业等活动;构建以生态文化、生态环境、生态经济、生态人居和生态制度五大系统为核心的生态苏州。累计建成

全国环境优美镇 50 个,占建制镇总数的 90%;建成 4 个国家级生态村;建成
482 个省级生态村。

4. 建设能力保障体系

严格执行《苏州市产业发展导向目录》等政策,新建项目一律"入园进
区",全市 80% 以上的工业企业集中进入 10 个国家级和 7 个省级开发区;建
立以环境监察中队为监管主体、乡镇(街道)为单位的网格化管理模式,实现
环境监管重心下移、城乡全覆盖;以构建环境业务和环境地理两大信息中心
平台为基础,依托现代科技,苏州加强市环境监测预警体系建设,优化环境
质量监测网络,形成了涵盖水、气、声、放射源的立体自动监测网络和电磁辐
射移动检测系统;建成了集信息采集、存储管理、污染控制、网络办公和环境
决策指挥为一体的"智慧环保"系统。

**(四)城乡一体化生态体系基本形成**

1. 绿色生态系统

2010 年底,苏州市区绿化覆盖率、绿地率和人均公共绿地面积分别达到
42.7%、37.2% 和 14.9 平方米／人。建成省、市绿化示范自然村 2220 个,森
林资源总量达 173.4 万亩;布局合理、物种多样、水绿相融、林水一体、林中
有城、城中有林的苏州城乡绿化生态系统。

2. 城市湿地群

苏州现有大小湖泊 323 个,其中万亩以上湖泊有 14 个,1 平方公里以上
的湖泊湿地 63 个,湿地总面积 537.13 万亩(不包含 128 万亩水稻田),形成
"环太湖湿地保护区"、"北部沿江湿地保护区"、"阳澄淀泖湿地保护区"、"南
部湖荡湿地保护区"四大湿地功能区;编制完成了沿江地区综合开发生态环
境保护规划,全力保护长江滩涂和湖泊水域湿地;建成包括苏州太湖湿地公
园在内的 3 个国家级城市湿地公园和 4 个省级湿地公园,建成市级以上湿
地公园 20 个,初步形成多点位、多层次、多等级的湿地保护网络。

3. 生态人居体系

加大城市社区的管理,推动绿色建筑建设,以打造新社区,改造旧社区
为目标,逐渐实现城市居住区的绿色、安静和低碳。坚持把生态环境建设作
为城乡建设规划的重要内容,树立"可持续发展"意识,围绕建设"最佳宜居

城市"目标,按照现代社区型、集中居住型、整治改造型、生态环保型、古村保护型等五种模式,推进示范村和新社区建设。创建一批新的全国环境优美镇、国家级生态村、省级生态村。进一步改善全市生态环境,为精神文明建设营造良好的空间发展环境。

# 五位一体：加强和创新社会管理

呼应当前我国加强和创新社会管理这一时代主题，苏州立足自身实际，放眼推进城乡一体化进程和率先基本实现现代化的大局，提出构建"五大体系"加强和创新社会管理的体系化创新举措，即创建和谐的社会管理体系、建设城乡统筹的基层党建工作体系、构建有序的公共安全体系、培育健康的社会组织体系和健全"新苏州人"服务管理体系。构建"五大体系"实质是推动形成"党委领导、政府负责、社会协同、公众参与、法治保障""五位一体"的社会管理格局，不断提升社会管理科学化水平。

## 一、社会管理面临的挑战

改革开放以来，我国社会经济各方面迎来了大发展，工业和信息化建设成绩斐然，经济结构调整成效卓然，人民生活水平稳步提升，构成了绚丽辉煌的发展图景。21世纪的头20年是我国发展的重大战略机遇期，这一机遇期关乎我国国运。与此同时，社会转型时期在经济体制、社会结构、利益格局和思想观念等诸多方面发生了深刻变化，改革发展进程中累积下来的矛盾也逐渐凸显。随着改革开放以来非公有制经济发展潜力的释放，大量新的经济组织如雨后春笋般涌现，形成了多种经济成分并存的所有制结构。与此同时，社会结构也在发生大变化，社会阶层不断分化和重组，利益分化加剧，新利益群体不断出现，经济主体参与的经济事务日益复杂，不同的利益诉求不可避免地带来利益群体之间的矛盾和纠纷。从社会需求来看，虽然我国的社会建设支出水平在稳步提升，但是资源紧张、分配不均等问题依然严重,还远远不能够满足人民群众日益增长的物质文化需要,还没能跟上社会经济发展的步子,现实形势使得加强和创新社会管理提上日程。

改革开放以来,身处我国改革开放前沿的苏州,充分利用自身区位优势,依托深厚的人文基础和经济资源以及国家政策支撑,紧抓机遇谋发展,展现了强劲的发展势头,许多方面都走在了全省全国前列。高速发展的同时,苏州也面临诸多问题和矛盾,诸如就业、交通、环境、治安和能源等压力,以及城乡一体化进程中的土地动迁、农民出路、过渡型社区治理等问题,这给苏州的社会管理带来了严峻的挑战。

**(一)城乡一体化进程中凸显的阶层群体冲突加剧**

城乡一体化进程的加速,一方面加速了不同利益群体间的相互融合,另一方面也使得不同利益群体之间的碰撞和冲突加剧。城市是一个大容器,集聚了众多不同的利益群体,随着城乡一体化进程的加速,利益群体分化和重组,新的利益群体不断产生,不同利益群体间的利益整合与博弈增添诸多新的因素。一个显著的问题就是大量农民工流入城市,并在城市生产生活过程中形成新的利益群体,他们在这当中经历着一个长期的身份转变过程,在市场经济的逻辑下,以利益为导向的竞争和有限的社会资源分配必然引发不同利益群体间的摩擦,由于政策滞后和自身技能缺乏、难以适应新工作等方面的原因,也容易催生和引发这一群体的失落感乃至不同程度的抵触心理,加之局限于政策制度等方面的原因,他们在劳动就业、医疗保险、子女教育、社会认同等方面遭遇到更多现实问题,所带来的被剥夺感和无助感的增加则推动和加剧了利益群体间的冲突。此外,城乡一体化的一个显著特点是城市化的发展,城市规模在不断扩大,随之而来的是对城市建设用地需求的增加,征地动迁必然牵涉到部分城乡居民的利益。土地是农民赖以生存和保障的来源,这当中,征地补偿安置、失地农民出路等一系列难题往往也是催生和引发群体冲突的领域,在实际过程中,由于政策制定滞后于城乡一体化进程、农民利益补偿机制不够完善、群众利益表达和诉求机制不够畅通、传统观念和现代城市文明理念碰撞等多方面原因往往引发群体冲突乃至群体性事件。城乡一体化进程中凸显的利益群体冲突加剧给已有的社会管理带来严峻的挑战。

### （二）城乡一体化进程中要素流动性增大

城市一体化进程也是城乡要素流动性增大的过程。城乡之间人口、物资、资金、技术和信息等要素流动愈加频繁,这当中首推人口快速流动。截至 2011 年底,苏州市流动人口登记数已达 648 万,而苏州市 2011 年的户籍人口为 642.33 万人。苏州的流动人口既有来自苏州市农村人口向城市转移,也有来自全国各地。流动人口构成苏州人口总量的重要组成部分。人口流动性的增加产生影响城市社会稳定的不利因素,不同地区风俗习惯存在差异,流动人口在流入地面临新的环境,加之适应新形势的流动人口管理体系还不够健全和完善,对流动人口的管理相对滞后,客观上容易引发一定程度的社会失序问题,体现在流动人口犯罪增多、流动人口计生工作缺位,流动人口涌入城市引发"城市病",产生社会秩序混乱、环境污染和资源消耗等问题,对公共安全、居民生活和城乡建设等造成不利影响,这些都是苏州不得不面对的问题。外来劳动力中包含数量可观的流动人口,以苏州的劳动力资源统计数据来看,外来劳动力正成为苏州劳动力增量的主力,为苏州的经济发展注入了活力,但整体呈现了文化素质偏低、年龄偏小等特点,这也从侧面说明苏州流动人口的一些特点,对苏州的社会管理带来了挑战。

### 表 1　2010 年苏州市劳动力资源年龄结构

单位:万人

| 年龄 | 常住劳动力 | | | 户籍劳动力 | | | 外来劳动力 | | |
|---|---|---|---|---|---|---|---|---|---|
| | 合计 | 男 | 女 | 合计 | 男 | 女 | 合计 | 男 | 女 |
| 总计 | 779.41 | 414.93 | 364.48 | 390.72 | 205.89 | 184.83 | 388.69 | 209.04 | 179.65 |
| 16～19 | 70.97 | 33.93 | 37.04 | 26.69 | 13.43 | 13.26 | 44.28 | 20.50 | 23.78 |
| 20～29 | 265.04 | 134.56 | 130.48 | 84.71 | 40.59 | 44.12 | 180.33 | 93.98 | 86.35 |
| 30～39 | 183.92 | 97.33 | 86.59 | 91.84 | 45.28 | 46.57 | 92.08 | 52.05 | 40.03 |
| 40～49 | 175.65 | 90.92 | 84.73 | 116.38 | 57.63 | 58.75 | 59.27 | 33.28 | 25.99 |
| 50～59 | 83.83 | 58.19 | 25.64 | 71.10 | 48.96 | 22.14 | 12.73 | 9.23 | 3.49 |

表2　2010年苏州市本地、外来劳动力资源文化程度对比表

| 文化程度 | 本地劳动力 | | 外来劳动力 | | 本地-外来 | |
|---|---|---|---|---|---|---|
| | 总量(万人) | 比重(%) | 总量(万人) | 比重(%) | 总量(万人) | 比重(%) |
| 合计 | 390.72 | 100 | 388.69 | 100 | 2.03 | - |
| ①大专及以上 | 97.38 | 24.9 | 42.71 | 11.0 | 54.67 | 13.9 |
| 大专 | 54.72 | 14.0 | 29.87 | 7.7 | 24.85 | 6.3 |
| 本科 | 39.03 | 10.0 | 11.92 | 3.1 | 27.11 | 6.9 |
| 研究生及以上 | 3.63 | 0.9 | 0.92 | 0.2 | 2.71 | 0.7 |
| ②高中 | 94.44 | 24.2 | 91.17 | 23.4 | 3.27 | 0.8 |
| ③初中 | 144.92 | 37.1 | 209.37 | 53.9 | -64.45 | -16.8 |
| ④小学 | 52.95 | 13.5 | 43.81 | 11.3 | 9.14 | 2.2 |
| ⑤未上学 | 1.03 | 0.3 | 1.63 | 0.4 | -0.60 | -0.1 |

### (三)城乡一体化中的因环境变动的不适应性

　　城乡一体化既体现为空间地域的变迁,又表现为生产生活方式的变迁,人在城乡一体化进程中面临物理环境、生态环境、制度环境、心理环境和文化环境等多重变动,也即自然环境和社会环境的深刻变动。城乡一体化加速了农民向城市的迁移,由此开启了失地农民向市民转变的进程,而现实中农民转市民的过程并非简单的"洗脚上楼"就完成了身份转换,这是一个渐进长期的过程。在这过程中,农民身处城市,但是农民的观念意识和生活习惯的转变却是长期的过程,尤为明显的是,失地农民脱离了赖于生存的土地和农村环境,城乡一体化带来的环境变动,把已有的熟悉环境场景置换为相对陌生的环境,环境的变动必然会深刻地影响到人的主客观方面,并遭遇因环境变动引起的不适应性。这些不适应体现为农民变市民过渡期的不适应,表现在现实生产生活的各个层面,这当中又常常体现为农民与现代市民身份、传统与现代、城乡之间的碰撞。实际上,城乡一体化中的因环境变动引起的不适应性的影响凸显在社会管理领域,诸如因环境变动的不适应所致的陌生感的增加,因环境变动的不适应性所带来的挫折感和失落感的增强,包括因环境的不适应性所引发的价值观念的扭曲等,在实际中会引发诸多社会层面的问题,这些都对现有的社会管理方式造成极大的挑战。

### （四）城乡一体化进程中的社会失范现象

社会失范是指社会现存规范失去了约束人们行为的应有的权威和效力，直观的体现着社会行为规范的瓦解和行为的失范等方面。社会失范体现在社会的方方面面，诸如社会责任感、助人为乐的美德丧失和道德滑坡等道德失范现象，严重的失范行为诸如以不正当手段获取自身利益时损坏他人利益，包括偷窃、抢劫、诈骗、贩毒和拐卖妇女儿童等犯罪活动，甚至形成有组织的犯罪集团，对人民群众生命和财产安全造成极大的危害。再有，社会失范与社会矛盾存在紧密关联，随着社会失范的加剧，对于利益冲突的整合就会失去效力，当社会行为失范到达一定程度时就容易演化成大规模行动，随着行动强度和范围的扩展，就容易滑向社会冲突和对抗的局面。城乡一体化的进程也是新的社会结构要素重组更新的一个过程，这个过程实际上也是从"熟人社会"转向"陌生人社会"的过程，这当中，原有的秩序结构增添了不稳定性因素，原有规范体系的权威和社会控制力量也受到一定的冲击，加之新的规范结构的建立有一个相对迟缓的滞后期，这期间对利益冲突的规范和约束相对不足，从而使得社会失范的问题凸显。随着苏州城乡一体化进程的加速，诸如人口等要素流动性增强、农村劳动力转移，以及相关利益保障和法律法规的暂时性缺位，加之旧有的社会管理模式难以覆盖到各个角落，对失范行为的监管相对乏力，致使形成一定的监管真空区，也间接为社会失范提供了一定的土壤环境，这也警示我们必须通过加强和创新社会管理遏制社会失范的进一步生成。

归结而言，苏州的社会管理创新所面临的问题是城乡一体化进程中必然产生的问题，也必须遵循事物发展规律在城乡一体化进程中加以解决，要切实有效地加以破解，苏州所面临的这些矛盾和挑战，则必须加强和创新社会管理。

面对社会建设与管理中的新情况和新问题，苏州市委市政府不断完善政策措施，整合协同各方力量，积极探索形成具有中国特色、时代特征、苏州特点的社会建设和管理基本框架。2011年下半年召开的苏州市第十一次党代会，明确提出了建设"宜居新苏州、创业新天堂、幸福新家园"的社会发展总目标；确定了苏州"六个走在全国前列"的主要目标之一就是"社会和谐程度走在全国前列"，明确提出要加强和创新社会管理。在推进城乡一体化建设过程中,苏州紧紧围绕事关人民群众福祉的"五大体系"加强和创新社会管理,以此奠定了苏州加强和创新社会管理的全新局面。

### 二、创建和谐的社会管理体系

#### (一)健全社区管理体制

社区承担着繁重的社会管理服务和维护社会和谐稳定的任务,是社会管理体系的落脚点。健全社区管理体制是着眼加强社区建设、保障和改善民生、密切党群干群关系、巩固基层政权和维护社会稳定之举,也是创建和谐的社会管理体系的中心环节。苏州按照和谐品牌社区管理有序、服务完善、文明祥和的总要求,积极做到"四个有":有一套规范有序的管理体系,有一支热心服务的工作队伍,有一笔稳定持续的保障资金,有一个功能完善的服务中心。以城乡实现"四个有"为契机,优化公共资源在城乡社区的配置,加强城市社区管理服务站和村级综合服务中心建设,基本实现城乡社区服务中心全覆盖,逐步形成了以社区党组织为核心、社区居委会为主体、社区工作站(管理服务中心)承接政府公共服务、社区社会组织蓬勃发展、社区居民广泛参与的工作格局。

#### (二)深化基层民主自治

发展基层民主,保障人民享有切实的民主权利,人民依法直接行使民主权利,管理基层公共事务,实行自我管理、自我服务、自我教育、自我监督,是人民当家作主最有效的途径,也是当前改革的重要议题。

1. 强化社区居委会自治能力

社区居委会是加强基层民主自治能力的细胞和基石,苏州坚持强化社区居委会的自治能力,在完善自治组织体系、明确自治工作职责、优化自治工作队伍、理顺自治各方关系、集中自治精神能力和保障自治组织领导等七个方面入手,积极发挥居民的公共参与能动性和创造力,加强机制建设,着力推进居民自治的制度化、规范化、程序化,实现党的领导、人民当家作主和依法治国的有机统一,确实有效地保障了基层民主自治的有效运转。

2. 推进村民自治

推进村民自治是深化基层民主的重要内容,苏州重视以法治带动基层民主自治,在全市范围内积极推进法治示范村建设。法治示范村坚持以民主法治为进路,严格按照民主选举、民主决策、民主管理、民主监督和村务、政务两公开的"四民主两公开"村民自治模式,因地制宜建设民主法治制度,极大地提高了依法治村的水平,以民主公开新模式带动了"阳光村务"的实现,充分保障了村民的知情权、参与权、决策权和监督权,极大地激发了村民参与村级事务的热情。以张家港为例,诸如通过采取"无候选人一次性直接选举"方式选举村委会成员;建立健全村民委员会年度工作报告制度、村民评议"两委会"成员制度及村情发布会制度;推行一事一议的民主议事会、党群议事会制度,对涉及村民利益和公共生活等重大问题的民主与依法决策,使农村民主选举、民主决策、民主管理、民主监督落到了实处。

### (三)探索大型集中安置居住社区管理新模式

随着苏州城市化进程的加快,城市规模急剧扩大,大量的农村土地被征用,原来的"城郊村"在政府规划指导下,实行了"村改居"工程,大型集中安置居住社区迅速发展。为实现集中安置区的有序发展,苏州坚持以科学理念为先导,在大型集中安置居住社区管理新模式进行了积极的探索和创新。

1. 紧扣大型社区管理理念的新变化,贯彻人本主义的服务理念

大型集中安置居住社区作为近年来在政府推动下出现的新型社区,起步较晚,从规划到管理存在一些重建设轻规划、重管理轻治理等现象,如何规范和创新这种新型社区管理模式,直接关系到农民对城市的认同感、归属感和农民身份转化的顺利实现。再者,社区是农民迁入城市后落脚的地方,是劳动生活以及心理归属的地带,社区管理直接关涉居民的感受。相较而言,人本主义的服务理念坚持以人为本,以人为核心,重视实现人的生存和发展,呼应人的向上发展的需求,社区管理中的人本主义的服务理念贴近居民心声和诉求,特别是农民和流动人口在新环境下面临就业、生活等方面的压力,必须直面他们的切身需求。为此,苏州在探索大型社区管理新模式过程中始终坚持了人本主义的服务理念。

2. 增强"归属感",提升"幸福感"

苏州在探索大型社区管理新模式的过程中极其重视增强居民"归属感",促进农民和流动人口顺利融入到城市中,提升他们对苏州的认同感,共

同为苏州的美好明天而努力。同时,"归属感"也将提升"幸福感",幸福感指数不仅是一个数据,也形象地描画出了人的心理状态。幸福感提升,人的心情也将保持舒畅,工作也会干劲十足,有利于聚合形成人心安定、人心思齐和积极向上的良好氛围,并最终惠及每个人,而这也是苏州贯穿其中的服务理念落脚点,基于此,苏州探索出了几种大型集中安置居住社区管理模式。

### (四)"政社互动":社区治理新机制

社区是社会的有机组成部分,社区的治理水平决定了社区建设的程度,而社区治理有赖于有效治理机制的形成。改革开放以来,苏州的基层政府财政能力逐步增强,社区也迎来了新的发展空间,为了改变基层组织"行政化"的现状,根据党的十七大关于完善"基层群众自治制度"精神,为贯彻落实中央、省委和市委关于加强社会建设和创新社会管理的一系列决策部署,进一步增强社会自治功能,保障基层群众自治权利,规范政府行政行为,推进法治苏州、法治政府建设,实现政府行政管理与基层群众自治有效衔接和良性互动,苏州积极推进"政社互动"的实践探索。要形成政社互动局面则必须按照社会事务管理规律推动"政社分离",明确政府与社会的边界,规范政府与社会的职能,促进社会各类角色的合理分化,让社会组织回归其应有的社会地位,使其在协调利益关系、维护社会秩序和增进社会合作中发挥更大的作用,进而真正形成"政社互动"的良好局面。为此,苏州走出了坚实的步伐。

2008 年,苏州太仓率先开展了政社互动的实践探索,太仓政社互动实践是规范政府与社会关系的制度化过程。为此,太仓先后出台《关于建立政府行政管理与基层群众自治互动衔接机制的意见》、《基层群众自治组织协助政府工作事项》和《基层群众自治组织依法履行职责事项》等一系列法规,向社会明确表达了"尊重自治权力,建设有限政府"的先进法治思想和"共同参与、和谐善治"的最新管理理念。2010 年 4 月,以双凤镇为先行试点,探索建立政府与基层自治组织"一揽子契约式服务"的运作机制,2010 年 8 月 13 日,全国第一份《基层自治组织协助政府管理协议书》在太仓市的试点镇正式签署,政社互动实现了从理论向实践的跨越。经过近三年的探索实践,"政社互动"取得明显成效:政府与自治组织的关系从"领导"变成"指导"、从"单向"变成"双向",基层自治组织的非法定义务劳动从"无偿"变成"有偿"。"政社互动"新模式,得到社会各方的充分认可。

实践表明,"政社互动"是对政府与基层群众自治组织共同参与社会管理,形成政府与社会协同配合、良性互动治理模式的概括,达到了"政社分离中合作,合作中共赢"的效果。"政社互动"的最终目标就是构建党委领导、政府负责、社会协同、公众参与的社会管理新格局,通过努力,基本形成政府调控同社会协调互联、政府行政功能同社会自治功能互补、政府管理力量同社会调节力量互动的新型社会管理模式。

### 三、构建有序的公共安全体系

公共安全关涉老百姓切身利益,对于维护社会稳定和保障广大人民群众生命财产安全,提升老百姓安全感和幸福感,推动苏州城市文明进步具有重大意义。为此,苏州大力推进构建有序的公共安全体系,紧扣率先基本实现现代化目标不断深化"平安苏州"建设。

#### (一)构建立体的公共安全防控体系

苏州积极推进构建立体的公共安全防控体系,延伸公共安全监控网络,做到最大可能覆盖,从而切实提升人民群众安全感。

1. 以"大防控"体系构筑公共安全防线

完善公共安全"大防控"体系建设。为此,苏州充分整合资源,积极完善健全舆情监控和社情民意搜集网络,增强监测预警能力建设,针对社会治安和公共卫生事件频发多发领域,积极推进警民联动,充分依托各方力量和科技支持,推动公共安全防控体系建设。以健全完善社会面、社区、内部单位、卡点和科技等五大防控网络为契机,打造现代治安防控体系,全面推进技防建设,建成了覆盖全市主要交通要道、省市际卡口,以及重点单位、要害部门、社区场所的视频实时监控系统,并实现互联互通,形成多种形式报警、监控和卡口围堵的警务流程,织就了全方位多维度的社会治安监控网络。在打造技术防控的同时,进一步推进防控据点网格化,注重在人口相对集中、治安状况复杂街道、路口地段布建警务室,全面负责辖区内巡逻布防、警情处置、信息采集和日常管理等工作,警力主动延伸至基层街道路口,切实有效地提高了掌控治安动态能力和对不法分子的震慑效果。此外,苏州力推公共安全防控的社会化,全面加强以治安中心户(楼)长、红袖标队伍等为代表的群防群治队伍建设,同时以开展等级评定为载体,加强镇(街道)综治工作中心、村(社区)"五位一体"综治办规范化建设,积极整合基层各类资源,筑牢了维护社会稳定的第一道防线。

2. 构建城乡一体的公共安全管理体系

构建有序的公共安全体系,首先得强化基层公共安全监控主体基础建设,公共安全监控主体能力才能得到保障和提升,进而使得公共安全监管有力。长期以来,由于农村建设相对滞后,加上城乡之间公共安全管理资源分配的不平衡,以及人们对农村的公共安全管理意识相对淡薄等多种原因,我国的农村公共安全管理体系建设缺位现象严重。苏州也有类似情况,突出的表现在农村公共安全管理体系不够完善健全,为此,苏州在财政上加大对农村公共安全管理体系和基础建设的投入,为进一步挤压公共安全监管和治理的盲点,苏州坚持把公共安全行政执法力量下沉到城乡最基层,在城乡基层中深入务实推进综治办、派出所、司法所、法庭和派驻监察室的建设,强化以实战型警务室为主体"五位一体"村(社区)综治办建设,保证行政执法力量实现有效覆盖。与此同时,在危机应急管理和指挥体系的建设方面,苏州出台多种措施,理顺管理指挥结构职责,推进行业专业联动整合,实现各种应急组织力量行动的协调统一。近年来,苏州持之以恒的沿着构建城乡一体的公共安全管理体系目标前进,极大地促进了城乡一体的公共安全管理体系的日臻完善和发展,成为维护城乡和谐稳定的坚强后盾。

**(二)健全综合的矛盾预防化解机制**

转型时期也是矛盾纠纷多发时期,随着苏州城乡一体化进程的加速,加速了利益的交织碰撞,加速了隐形矛盾的形成和显性矛盾的爆发。针对这一现实,苏州着眼建设健全综合的矛盾预防化解机制,以长效机制保障社会和谐稳定。

1. 以"大调解机制"深化"平安苏州"、"法治苏州"建设

调解是化解矛盾纠纷、维护社会稳定的第一道防线和有效途径,也是最受人民群众欢迎的矛盾纠纷解决方式。苏州历来重视探索矛盾纠纷化解长

效机制建设,形成了在各级政府领导下各职能部门联动,指导和帮助各级人民调解组织处理矛盾纠纷的"大调解机制"。大调解是对原有的调解方式的创新,其充分重视了调解在社会矛盾纠纷解决的地位以及人民调解、司法调解和行政调解的衔接机制,构筑起了防止矛盾纠纷进一步扩大化的稳固"防火墙"。苏州相继出台了《关于深入推进社会矛盾纠纷大调解机制建设的实施意见》、《苏州市社会矛盾纠纷调解工作指导办公室工作制度》等一系列法规制度,不断健全完善和指导大调解机制规范建设,有力地指导了基层调处机构建设和专业化建设以及矛盾纠纷排除工作的开展,为切实将矛盾纠纷化解在基层和萌芽状态,为深化"平安苏州"、"法治苏州"建设,实现苏州经济社会又好又快发展创造和谐稳定的社会环境创造了良好环境。

2. 积极发挥社区稳定社会的功能

社区是市民日常生活的共同体,具有贴近民生、反映民情的独特优势,苏州立足市情,致力于发挥社区稳定社会的功能,着力解决基层社区调处机构遇到的资金问题,加强基层矛盾纠纷调处机构建设和专业化建设,加强对调解员的业务培训和分类管理,通过制定等级评定、持证上岗、考核奖励等配套制度,培养更多调解专家、调解能手和首席调解员,不断提高调解队伍的职业化、专业化水平,有力地推动了大调解机制建设的进度。

3. 开展社会稳定风险评估工作

要主动排查矛盾纠纷,不能等到矛盾积压成"火山喷发"状态转而酿成灾难性后果。苏州积极推进征地拆迁、医患纠纷、环境保护、企业改制、公共卫生等重点领域的社会稳定风险评估工作,制定风险应对策略和化解预案。苏州自 2010 年 5 月全面启动了社会稳定风险评估工作,当年共完成 92 个稳评工作试点项目,走访群众 20819 人,举行听证会和专家论证会 92 次,化解各类社会矛盾 122 起,党委政府维护社会稳定的能力和水平得到了切实提高。 此外,苏州积极开展社会矛盾纠纷大排查活动,创新社会矛盾纠纷排查信息化平台,建立健全社会矛盾纠纷大排查活动运行机制。通过构建健全综合的矛盾预防化解长效机制,美丽的苏州更添平安祥和与魅力。

**四、培育健康的社会组织体系**

社会组织是人民群众参与社会管理和实行自律管理相统一的组织形式。

随着社会经济的发展,利益主体日益多元化,社会结构的内在变化呼唤政府和社会各归其位。必须改变社会是政府附属物的传统观念,加快政府的职能转变,促进政府与社会互动,推进社会管理创新,推动社会组织在社会整体格局中发挥更加重要的作用。为了进一步加强社会组织建设和管理,充分发挥社会组织积极作用,根据国家有关法律法规和苏州市委、市政府出台《关于进一步加强全市社会组织建设的意见》等一系列文件精神,明确了苏州社会组织体系建设原则和目标。苏州提出培育健康的社会组织体系的目标,与此同时,随着城乡一体化进程的发展,城乡社区建设不断深化,客观上需要更多城乡社区社会组织参与到社会管理中,苏州有重点地加强培育城乡社区社会组织。

## (一)完善社会组织培育机制

社会组织的发展壮大离不开一定的"土壤"环境,需要一定的外力支持,实质而言即要有完善的社会组织培育机制。通过完善社会组织培育机制,苏州培育了一大批根植于本土的"接地气"的社会组织,这些社会组织包括志愿者组织、文化组织、调解组织等,它们广泛分布于各行各业,呈现了蓬勃的发展势头。

### 1. 探索社会组织培育孵化机制

2011年,苏州全市社会组织登记备案10634个,其中,登记注册的社会组织有3820个,备案的城乡社区社会组织6814个,全年新登记、备案社会组织1743家,相当于平均每天诞生近5家社会组织。除了运用原有的一整套行之有效的社会组织培育方法与手段,苏州市不断改革和创新公益性社会组织的登记和管理方式,在全国率先将"民间组织管理处"更名为"社会组织管理处";提出了建设社会组织"孵化园"和"苏州公益园"的目标,探索社会组织培育孵化机制;积极构建社会组织评估体系等举措,极大地健全完善了社会组织培育机制。

### 2. 着眼社会组织孵化器建设

2010年,苏州市委市政府下发《关于进一步创新完善社会建设管理体制的若干意见》,进一步强调了理顺社会组织管理体制、发挥社会组织积极作用的精神,建议苏州借鉴上海、南京和深圳等地创立社会组织孵化机构的经验,筹建民间非营利性质的"苏州市公益孵化园"。发挥培育社会组织、推进政府购买服务、集聚社会工作专业人才、推进专业服务的作用,并逐步将公益孵化园打造成苏州公益窗口、社工实训基地、慈善互助平台,促进社会组织健康发展,推动苏州公民社会的发展。2011 年,苏州市首家社会组织孵化器——张家港市公益组织培育中心登记成立,该中心在政府护航引导下,坚持"政府引导支持、社会力量兴办、专业团队管理、社会各界监督、人民群众受益"的发展思路,整合社会资源,积极引入有符合社会需要和具有发展前景的处于萌芽期和初创期的公益性社会组织,为它们提供场地设备、小额补贴、注册协助、组织规划、项目管理、教育培训、能力评估等一系列服务,协助它们建立健全以章程为核心的信息披露、财务管理、内部治理等各项规章制度。"快乐蒲公英"工作室、新市民共进协会、爱心义工分会、华夏夕阳红老年俱乐部等四家机构成为首批入驻单位,在组织发展、项目策划和理念运作方面得到培育中心有力的支持,成效明显。良好的发展势头支撑培育中心发展壮大,吸引了众多社会组织申请入驻,其中市 52 爱心联盟等三家机构经中心评审后签约入驻,使市公益组织培育中心培育的机构达到七家。张家港社会组织培育中心的蓬勃发展,成为一张亮丽的名片,充分说明了苏州社会力量兴办公益性组织的良好环境和潜力。在此基础上,苏州在全市范围内加快了孵化力度,进一步推动了社会组织的繁荣发展。

3. 探索建立规范的社会组织评估体系

2010 年苏州市民政局出台了《苏州市社会组织评估实施办法(试行)》、《苏州市行业性社会团体评估细则(试行)》、《苏州市民办非企业单位评估细则(试行)》等一系列法规,成立了社会组织评估委员会,建立了社会组织评估专家组,社会组织等级评估标准内容有 100 多项,大到组织机构设置、资产管理、社会评价等,小到差旅费开支、印章使用等都有评价标准,通过社会组织评估委员会,给予社会组织不同的评价等级,从高到低依次为 1A ~ 5A 五个等级,推动了社会组织增强自我诚信度和能力建设的积极性,推进社会组织的规范建设、诚信建设、活力建设进一步完善,也使得社会组织的公信力得到保障,促进了社会组织健康发展。

**(二)增强社会组织服务功能**

苏州积极稳妥地推进深化社会组织服务职能,把政府从纷繁复杂的社会事务"沼泽地"中解放出来,在推进政府购买社会组织服务、设立社会组织发展专项资金、启动公益创投和公益项目招标、运用市场竞争机制等方面进行了有益的探索。

随着政府职能转变的推进,原先由政府直接承担的社会服务,通过政府购买服务的方式转移到社会组织身上,成为当前政府职能转变和社会组织发育发展的一个大趋势。引导社会组织深化服务职能,政府责无旁贷,苏州市政府明确提出建立购买社会组织服务的机制,藉此逐步将决策咨询、标准制定、行业统计、行业规范、资格认证等部分公共服务职能,以及社区事务性、公益服务性等工作转移或委托给相关社会组织承接。通过政府购买社会服务,社会组织服务职能得以更好的发挥。以2011年成立的沧浪区"南山驿站"为例,沧浪区政府通过"购买服务"的方式委托它作为辖区居民提供居家养老服务的第三方,"南山驿站"作为托老所,由政府出资解决"南山驿站"的用房建设,有专门的厨师为老人们做饭,街道办的工作人员和志愿者担任义工,老人们在里面颐养天年。经过一年多来的运行,"南山驿站"的服务得到了辖区内广大居民的赞誉,相对于原先的政府服务模式,"南山驿站"减轻了公共财政负担的同时达到了更高效和更优质的服务,从一个侧面昭示着苏州政府购买社会组织服务所取得的成效。

社会组织的发展壮大和深化服务面临的最大的瓶颈是资金问题,为此,苏州在深化社会组织公共服务职能方面创先性地启动公益创投模式。2011年12月19日,苏州首届公益创投活动举行签约仪式,苏州市从福彩公益基金中划拨1000万作为种子资金,公开征集公益服务项目,全市142家社会组织申报了192个项目,经评审委员会打分、复议和公益创投活动领导小组批复等程序,后期项目优化后,最终有52个涉及新生代农民工融入城市、自闭症儿童康复支持等重大社会问题的项目中标,这些公益项目获得资金支持共778万元。苏州在公益创投的尝试,展示了依托政府招标和社会组织投标,以优质项目实施带动团队成长的广阔前景。通过公益创投,社会组织在项目管理、服务能力拓展方面拥有了充裕的资金保障,进一步推动了社会组织服务职能的深化和组织的健康有序发展。

### (三)创新社会组织参与机制

近年来,苏州贯彻构建"党委领导、政府负责、社会协同、公众参与"的社会管理格局的要求,积极强化"政社互动"机制,推动政府与社会协同治理,激活社会组织活力,共同推进社会管理创新。苏州通过积极启动社会组织能力提升工程,探索一体化管理机制,创新枢纽型管理模式和规范备案社区社会组织,为社会组织广泛参与社会事务奠定了良好条件。

1. 强化社会组织参与城乡社区事务与服务

针对城乡一体化进程中农村社区的新变化,苏州积极促进城乡社会组织参与社会管理,重视农村社会组织在参与乡村治理、农村社区建设中的积极作用,同时积极引导社会组织参与到农村公共产品和公共服务工作中,支持和推动社会组织延伸至农村社区。经过不懈努力,苏州的农村社会组织建设有了长足的进步,以张家港为例,村一级组织已成立多家基金会,并且在养老济困、赈灾慈善和公益建设等方面发挥了积极作用。苏州积极探索"三社联动"的社会管理新思路,即以社区为实现基层服务管理的基础平台,以社区社会组织为承接政府转移公共服务职能的重要载体,以社工和志愿者为解决社会问题的骨干力量,三者互联互补互动构成社区服务管理的有效机制,搭建起覆盖社区的保障屏障,促进经济社会协调发展和切实增进民生幸福。作为"政社互动"先行典型的太仓还专门制定了《太仓市"三社联动"实施计划》和《关于建立"三社联动"工作联席会议制度的通知》等一系列文件,有力地指导了太仓的"三社联动",取得了明显的成效。

2. 推动城乡社区参与惠民工程

苏州积极探索城乡社区社会组织参与惠民实事工程,"爱心超市"是其中之一,爱心超市连锁店以政府出资引导为主,以超市的形式开展经常性的慈善捐助活动,重点惠及困难家庭。如苏州市泰元社区的"爱心超市",这个以社区为法人和管理主体、以市场化模式经营的公益性社会组织,所获盈利实行"三三制分账",即三分之一用于企业发展,三分之一用于社区治理,三分之一用于社会公益,从而保障了社会组织的可持续发展。枫桥街道在马浜、康佳、白马涧三个社区设立了爱心超市点,以提供油、米和日常生活用品为主,按月为低保户、低保边缘户家庭发放免费的"爱心购物券",持券居民可以在爱心超市里自由选购所需的日常生活救助物品,首批被确定为爱心超市的服务对象就是该街道所属的137户低保户,极大地惠及了社会弱势群体。"爱心超市"的苏州的实践,取得了很大成效,赢得了良好的社会声誉,带动了社会对惠民实事工程的关注和投入。

3. 加快社会组织人才队伍建设

为尽快改变社会组织专业人才相对缺乏的状况,苏州市积极探索社会工作者人才队伍建设的渠道,整合社会资源,通过与高校合作制定社会工作者人才队伍建设规划,积极推动专业人才队伍建设。2011年11月4日,由苏州市公安局、司法局、民政局、总工会、团市委、妇联、残联等7家单位共同发起的"苏州市社会工作者协会"在苏州大学独墅湖校区成立,协会的成立标志着苏州市社会工作者从此有了自我管理、自我发展的行业自治组织,社会工作人才队伍建设也将朝着职业化、专业化方向迈进。

**五、促进社会融合,健全"新苏州人"服务管理体系**

苏州是江苏省流动人口第一大市,2011年底苏州市登记流动人口达到了648万人,许多外来流动人口在苏州扎下了根,成为名副其实的"新苏州人"。这些"新苏州人"为苏州的社会经济发展作出了重要贡献,与此同时,如何促进"新苏州人"融入到苏州社会,这也给政府和社会的治理带来挑战。苏州积极破解难题,创新理念,按照"公平对待、抓好服务、合理引导、完善管理"的工作方针,扎实有效地推进人口服务管理工作,健全完善人口服务管理体系,经过多年探索和实践,苏州探索出了一条独具特色的"新苏州人"服务管理体系,并在实际中不断加以完善健全。

**(一)深化户籍制度改革,健全流动人口服务政策制度**

近年来,苏州出台了《苏州市社会治安综合治理委员会关于进一步加强全市流动人口服务和管理工作的实施意见》等一系列政策法规。《实施意见》明确提出要改革管理制度,实现人口流动由不稳定到相对稳定的转变。这为流动人口服务管理打下制度保障基础,这些政策制度直击流动人口服务管理的重点难点,为切实有效地解决流动人口问题提供了指导方向。

1. 推进管理服务卡制度,助力解决流动人口计生工作

由于流动人口的流动特性,也给计生工作带了很大的挑战。据统计,2008～2010年流动人口在苏州的出生总量连续三年超过户籍人口,其中二

孩及以上孩次占 51%,出生人口性别比持续偏高。这当中,违法生育现象丛生和出生人口结构不合理,给苏州的流动人口计生工作带来严峻挑战,苏州及时出台了《苏州市流动人口计划生育工作办法》《非户籍人口计划生育管理服务卡》《苏州市非户籍人口计划生育信息采集奖励制度》等一系列政策法规,为解决流动人口计生工作带来了希望。苏州的流动人口计划生育工作办法的一大亮点是管理服务卡制度,流动人口凭管理服务卡可以免费享受国家规定的基本项目的计划生育技术服务,苏州市规定的计划生育、优生优育、生殖健康等服务,享有落实长效避孕节育措施的奖励等政策优待和公共服务项目,既体现了国家规定要求的标准性,又强调了苏州率先增项扩面的创新性,有效保障了流动人口的合法权益,也将从整体上改观苏州的人口结构。

2. 推进流动人口综合信息采集系统建设

为充分掌握流动人口综合信息和活动状况,强化流动人口服务管理,苏州大力推动非户籍人口综合信息采集系统建设,充分依托电子政务网和因特网,依靠社会相关基层组织,全面落实"谁用人、谁采集、谁更新、谁输入"的原则,全面采集流动人口及房屋出租信息,并把信息采集输入工作直接分解到村(社区)以及与流动人口有广泛接触的物业、中介等企事业单位,努力提高流动人口及房屋出租信息采集的全面性、及时性、准确性。依托先进科技,苏州创造性地实行"新苏州人信息综合管理系统"的建设,市政府于 2006 年把该项目列为市政府实事工程,公安机关自主研发了社区民警移动警务通系统,给广大民警配上先进的社会化采集装备,具备实时信息录入和实时比对功能的"警务通"以及同步录音录像的"数码鹰",保证了非户籍流动人口综合信息采集的高覆盖面和即时性,从而真正实现了将公安信息化延伸至社区,极大地提高和满足了苏州非户籍人口综合信息采集的需求。在"新苏州人信息综合管理系统"试点取得显著成效的基础上,全市开始全面推广并于 2008 年 9 月起实现了苏州全市联网,目前全市流动人口信息社会化采集率达 100%,系统的联通运行标志着苏州市流动人口服务管理工作取得了突破性进展。通过不懈努力,"新苏州人信息综合管理系统"所采集的信息已逐步实现与劳动保障、人口与计生、工会、妇联等部门共享,从而实现多部门联动,极大地推动了苏州流动人口工作步入稳步有序的快车道,为"新苏州人"管理体系的完善健全作出了实实在在的贡献。

**(二)实施居住证制度,提升流动人口服务管理水平**

相对于以往依靠发放暂住证来管理和服务流动人口带来的一系列问题,苏州进行了不懈的努力和制度创新,于 2011 年 4 月 1 日在全省率先启动流动人口居住证制度。流动人口居住证制度实现了保障和服务的"一证通",一张小小的居住证承载了公安行政管理、政府业务增效、综合分析导向、流动人口服务四大功能,居住证持有人享有依法参加社会保险,按规定享受职业技能培训和公共就业服务,子女接受义务教育,实行计划生育的育龄夫妻免费享受国家规定的基本项目的计划生育技术服务,传染病防疫和儿童计划免疫保健服务,参加专业技术职务的任职资格评定或考试等国家和居住地人民政府规定的权利待遇,从而保障了流动人口办理居住证后能够在社会保障、医疗卫生、计生服务、子女就学、住房政策、法律援助等方面实现和本地市民同等待遇。苏州作为全省居住证制度试点城市,已实现符合申领条件的流动人口居住证发放全覆盖。总体而言,通过实现流动人口居住证制度,促进了各级政府把公共服务和公共产品向流动人口延伸,惠及广大流动人口,从实践上推进了公平和正义。

"暂住证"和"居住证"虽然只是一字之差,但意义却大不相同,居住证淡化了户籍概念,强化了"居住"概念,打破了身份之别,流动人口享受到市民的平等待遇,增加了流动人口的归属感和认同感,居住证制度为"新苏州人"营造了宾至如归的感受,拉近了"新苏州人"的感情,促进了苏州市民相互之间的融洽关系,从而减少社会矛盾纠纷调解、新型社区服务管理等方面的摩擦和阻力,也进一步推动着各级政府部门以更加开放和包容的胸襟,更加注重公平正义的实现,从而调动各方力量为共创和谐苏州作出更大贡献。

**(三)强化"以证管人、以业管人、以房管人"相结合的流动人口服务管理体制机制建设**

强化"以证管人、以房管人、以业管人"相结合的流动人口服务管理体制机制建设,是苏州在提升流动人口服务管理水平上做出的重要部署。"以证管人"主要是指通过对流动人口实施居住证制度管理,实现有效的管理;

流动人口进城后以住房为落脚点,"以房管人"是指对流动人口的居住地点的强化管理,主要是对出租房屋的管理;"以业管人"是指通过对流动人口的就业层面的管理,包括实施产业结构和就业政策实现对流动人口的有效管理。

通过全力推进流动人口居住证制度,不断完善健全"以证管人"新模式,推动了流动人口管理体系臻于完善。苏州积极推进"以业管人"落到实处,坚持多管齐下促进流动人口就业,各级劳动保障部门以"春风行动"为抓手,将流动人口就业纳入城乡就业管理体系,围绕创新培训机制、改善就业环境,兼顾转移规模,推动流动人口就业。苏州坚持以强化流动人口就业信息为导向,为流动人口免费提供就业服务,各级劳动保障部门及时向社会公布用工需求情况抽样调查报告,推动公共职介机构免费开放,为流动人口求职提供信息服务和创造实在的就业机会;通过积极指导就业推介服务,对公益性职介发放补助金,对民营职介加强管理,将通过年审的职介机构由媒体向社会发布,为外来人员创造安全可靠的就业;对外来流动人口加大培训力度,仅 2007 年,全市共培训外来人员 31.9 万人,极大地提高了流动人口的就业能力。与此同时,苏州积极推动开展与各地的劳务交流活动,加强对口劳务交流与合作,引导劳动力的政策转移。

建立健全出租房屋管理长效机制是落实"以房管人"的重要举措。2008年 5 月 1 日,《苏州市居住房屋出租管理办法》正式开始实施,标志着苏州的出租房屋管理进一步规范化。苏州在建立健全出租房管理长效机制上有许多创新之处,苏州市各级政府成立了专门的居住房屋出租管理工作领导小组,领导小组囊括了综治、公安、财政、规划、市容市政(城市管理综合执法)、房管、人口计生、政府法制、地税、工商、国土资源等部门,与流动人口服务管理办公室合署办公,负责对居住房屋出租管理工作的指导、协调、检查和督促。在居住房屋出租管理措施层面出台三大举措:一是集中委托,综合管理;二是整合资源,信息共享;三是建章立制,长效管理,有力地提升了居住房屋出租管理水平。依托先进科技条件,苏州在"新苏州人信息综合管理系统"中开发了"出租房屋户管理模块",为破解出租房屋管理难题提供了新路子。在全市范围内统一出租房屋编号,采取了"以房管人、人房一致"的办法,公安机关以《治安管理处罚法》、《出租房屋治安管理规定》等法律法规为依据，与所有房屋出租业主签订《治安责任保证书》。近年来全市《治安责任保证书》签订率达 100%，这些举措将原来的"人户关联"升级到"人室关联"，最大程度实现出租房屋管理责任延伸至个人，截至 2011 年底全市共输入房屋出租户信息 87.3 万条，出租间数 343 万间，租住人员 332.4 万人，人室关联率达到 100%，为强化出租房屋管理提供了精准的信息保障。苏州已实现对流动人口出租房屋的等级化管理，对私房出租情况进行逐户登记、逐间见底，一户建立一本档案，做到人来登记，人去注销，根据房东管理意识、配合程度，入住人员身份、生活来源、有无违法犯罪嫌疑等状况，将出租房分为"四个等级"，将流动人口进行分类管理；积极推进镇、村、小区物业和房管部门全面参与到对流动人口的登记管理工作中；对绝大多数有正当职业、固定场所和工作生活比较稳定的流动人口，纳入本地人口管理规划，规范服务范围；对用工单位的流动人口，则按照"谁用工、谁管理"的原则，落实用工单位和雇工业主的责任。在派出所警务平台设置"居住房屋等计划管理"模块，实行分级分类管理，从而实现了针对出租房屋管理的科学有效性。苏州在探索建立出租房屋长效管理机制时，积极引入"出租屋超市"的模式强化出租房屋管理，由社区民警组织协管员和社区工作人员免费担任中介，统一开展本社区出租房屋租赁管理，有效地解决了"二房东"问题，规范了房屋租赁秩序，为社会治安营造了良好的环境。苏州探索的出租房屋管理长效机制的实践经验，为保障和维护社会稳定和谐大好局面作出了切实的贡献，也将在今后发挥更大的作用。

# 三区三城：率先基本实现现代化

2005年底苏州率先完成了省定全面建成小康社会建设指标,近年来正努力巩固小康成果,进入到了率先向基本实现现代化新高峰攀登的关键时期。在探索率先基本实现现代化的征程中,苏州不断丰富苏州特色的基本实现现代化的内涵,2008年苏州市委十届十次全会明确提出,要加快把苏州建设成为科学发展的样板区、开放创新的先行区、城乡一体的示范区,成为以现代经济为特征的高端产业城市、生态环境优美的最佳宜居城市、历史文化与现代文明相融的文化旅游城市作为战略目标。

"三区三城"既是对苏州未来发展形态的一种描述,更是在经济全球化大背景下实现苏州经济转型升级的高点定位;既是对苏州未来经济社会发展特色和优势的一种谋划,更是以科学发展观为指导、创新发展思路与发展举措的重大实践。

## 一、"三区三城":苏州特色的现代化之路

### (一)苏州率先基本实现现代化战略基础与挑战

改革开放以来,苏州市先后抓住农村改革、乡镇企业发展与转型、浦东开发开放和建设全面小康社会等重要发展机遇,实现了"农转工"、"内转外"、"量转质"的三次跃迁,并不断根据新的形势要求,与时俱进丰富现代化的目标内涵,于2009年8月明确提出了"三区三城"总战略,全面加快转型升级、创新发展步伐,经济社会保持又好又快发展,为率先基本实现现代化奠定了坚实基础。

### 1. 转型升级推进快

近年来,苏州市积极应对国际金融危机等严峻挑战,致力于率先发展,不断加快转型升级步伐。目前,已基本实现发展动力、产业结构、发展方式等多个转变,特别是2011年地区生产总值突破1万亿元,按常住人口计算,人均 GDP 已超过1.3万美元,相当于新兴工业化发展国家的中等偏上水平。财政收入、工业总值、居民收入等主要指标均高速增长,这些都为苏州率先基本实现现代化夯实了基础,创造了条件。

### 2. 城乡一体水平高

基本实现现代化需要城乡协调发展的基础。多年来苏州市在推进工业化、城市化与农业现代化的过程中,形成了城乡一体发展的可喜局面。农民收入持续增长,生活质量稳步提升。农业现代化水平上了一个新台阶。农村公共服务和社会保障水平高。农民集中居住率高,村庄环境优美。城乡居民收入比为1.93∶1,苏州成为全省乃至全国城乡差距最小、发展最协调的区域之一。

### 3. 科技创新活力强

科技创新核心战略地位日益凸显,科技投入持续增长,全社会研究与试验发展(R&D)投入占 GDP 比重从2005年的1.46%提高到2011年的2.8%;全市专利申请量和授权量分列全国大中城市第一位和第二位,科技人才集聚优势日益凸显,全市人才总量达到100万人,每万人拥有人才数1461人,在全国同等城市中位居前列;高新技术产业和战略性新兴产业发展势头强劲,高新技术产值突破万亿,占规模以上工业总产值的比重达38%;科技载体建设成效显著。初步形成以独墅湖科教创新区、苏州科技城、昆山阳澄湖科技创新区为代表,县区重点布局、梯度推进建设的一批科技创新园区;国家级技术创新平台达到22家;创新创业环境持续改善,率先在省内出台科技金融结合政策;全市聚集各类创投机构60余家,占全省的50%。

### 4. 和谐发展成效大

苏州在率先基本实现现代化征程中的最大特色是城乡联动,全面协调和谐发展,不仅取得了物质文明建设的巨大成果,而且打造了新时期苏州城市的文化精神,取得了精神文明的丰硕成果。形成了一种昂扬斗志、催人奋进的当代城市精神;弘扬和培育城市精神,在全体市民中树立起共同的城市理想和精神支柱,兼容并蓄、多元共荣;强化污染治理,大力进行生态环境保护与建设,促进人与环境的和谐;创造了"政社互动"的社会管理新模式,形成社会多元主体协同管理体系,构建了良好的社会发展秩序;根据社会经济发展的特定阶段,努力提高居民的幸福感。

虽然苏州推进现代化的起点较高、转型升级推进较快、城乡一体水平较高、科技创新活力较强、和谐发展成效明显,但要完成率先基本实现现代化和建设"三区三城"的目标仍然面临一些矛盾和瓶颈制约。现代化建设的经济增长动力减弱,苏州前期依靠工业投资、外资增长和出口带动的增长能力弱化,消费还未成为经济发展主导动力;社会建设滞后,相对苏州在中国城市中经济总量排名位次而言,居民富裕状况落差明显,各类人群特别是农村居民公平享受基本公共服务的需求与地方政府财力不足矛盾加大;自主创新能力不足,缺少本土创新型企业,缺少具有核心竞争力的产业,缺少复合型高层次的管理人才,缺少高技能领军人才,科技创新引导生产方式转变的动力机制尚未形成;资源环境约束加剧,土地资源紧缺,水环境问题突出,空气环境质量不容乐观,节能减排压力依然很大。这些问题都需要苏州在实现基本现代化的征程中给予破解和突破。

**(二)探索具有苏州特色的基本实现现代化之路**

根据苏州经济社会所处的发展阶段以及面临的挑战和制约因素,苏州市委市政府适时提出"三区三城"发展目标,围绕经济现代化、城市现代化、社会现代化、民生现代化、生态现代化,以转型升级的领跑者、城乡一体的示范者、科技创新的推动者、和谐发展的实践者,全面探索走出一条符合时代特征、具有苏州特色的基本实现现代化之路,为全省、全国现代化建设提供借鉴和示范。

1. "三区三城"建设是苏州基本现代化的特色体现

"三区三城",是苏州当前经济社会发展的具体目标,即科学发展的样板区、开放创新的先行区和城乡一体化的示范区,以及高端产业城市、最佳宜居城市和文化旅游城市。"三区"和"三城"所表述的其实都只是同一个客观事物,是立体勾勒苏州愿景图的三个重要支撑点。"三区三城"目标是在全新的时空维度上对苏州经济社会发展进行立体、综合、动态的定位。"三区三城"的核心目标,是把苏州建设成为一个具有鲜明特色、充满活力的城市,一个具有综合优势、比较优势的城市,一个可以持续发展、持续繁荣的城市。

"三区三城"是苏州结合自身发展实际对基本现代化的形象描绘,率先基本实现现代化与建设"三区三城"是目标一致、内涵统一的。要以"三区三城"建设的新要求来丰富率先基本实现现代化的新内涵,以"三区三城"建设的新举措来落实率先基本实现现代化的新任务,以"三区三城"建设的新成效来检验率先基本实现现代化的新成果。

2. "三区三城"战略为苏州在区域竞争中谋出路

改革开放 30 多年来,苏州实现了从一般的地级城市走向全国闻名的经济大市,从以传统轻工业为主地区走向现代制造业基地,从区域经济相对封闭走向全方位、高层次、宽领域开放格局,从城乡分隔走向城市现代化、城乡一体化,从温饱不足走向生活品质不断提升的小康社会,实现了历史性跨越,走在了全省、全国的发展前列。但苏州的发展也面临巨大的挑战:一方面,苏州的发展很大程度上是总量扩张,在产业竞争力、科技竞争力、人才竞争力等方面同深圳、上海等地相比还存在很大差距;另一方面,近年来,中央先后批准上海浦东新区、天津滨海新区、深圳市以及重庆市、成都市、武汉都市圈、长株潭城市群为各类综合配套改革试验区,相继批准实施广西北部湾经济区、江苏沿海地区、辽宁沿海经济带等发展规划,并出台了支持福建建设海峡西岸经济区、推进上海"国际金融和航运两个中心"建设等政策意见,由此将深刻改变区域发展格局,苏州面临的竞争压力巨大。在当前国内区域竞争发展格局发生深刻变化的态势中,苏州只有确立新的战略部署,谋划新的发展思路,才能在新一轮竞争中占有一席之地。苏州市委市政府适时提出"三区三城"战略,是应对挑战的主动谋划,是打造苏州新特色、新优势的超前规划。

3. "三区三城"战略推进苏州特色基本现代化的建设

①科学发展的样板区。现代化是世界各国的目标与追求,但实现现代化的路径与方式千姿百态,迈向现代的征程充满风险与陷阱,区域现代化之路同样面临挑战与风险,探索如何处理现代化过程中的各类矛盾,选择合理

的路径非常重要。苏州在保持区域经济持续快速增长的同时,更好地实现速度、质量、结构、效益相统一,经济与人口、资源、环境相协调,增长与富民、发展相一致,全面推进经济建设、政治建设、文化建设、社会建设和生态文明建设,努力率先走出一条生产发展、生活富裕、生态良好的文明发展道路,成为全国的样板。最近几年,苏州紧紧围绕中央和省委的决策部署,把"两个率先"作为贯彻落实科学发展观的最大实践,努力创新创优,推动经济社会加快转入科学发展轨道,初步彰显了协调发展、和谐发展的特色。

②开放创新的先行区。落后国家赶超先进工业国,适应现代世界经济社会的发展环境,开放国门,让现代化之风吹遍社会各个阶层与各个行业,开放是思想能量的引进,是促进社会变革的动力引进,是外源型现代化之路的动力之源。创新是一个国家与地区真正现代化的开始,追赶到一定程度后必然是要发展自主创新能力与持续发展能力。苏州改革开放以来所取得的成绩充分印证了这一原理。开放是苏州最大的特色和优势,创新是苏州发展的不竭动力和未来制胜的关键所在。所谓开放创新的先行区,应该包括对外开放和推进创新两个层面,即进一步保持并放大对外开放的领先优势,提升对外开放水平,同时加快推进自主技术、体制机制、思想观念、工作思路、发展路径等各个方面的创新,使创新成为发展的重要引擎。在新的历史条件下,进一步实现开放与创新的相融、互动,以开放促进创新,以创新提升开放。具体而言,就是要在提高对外开放水平中增强自主创新能力、加快体制机制创新进程,在全球范围集聚科技创新资源,加大集成创新和工作创新力度,形成既借助外力又以我为主、创新成果为我所用的有利格局,促进苏州自主创新能力的跨越发展,加快建设具有核心竞争力的国家创新基地。同时根据经济全球化趋势和市场经济要求,切实加大对经济建设、社会事业、城市管理等重点领域和关键环节的改革攻坚和先行先试力度,创出全国认可、以科学发展为特征的新苏南模式。

③城乡一体的示范区。现代化的一个重要特征是工业化、城市化和农业现代化程度的不断提高,总体而言一个国家或地区在向现代化迈进的过程中会经历几个典型的发展阶段,城乡一体化是在工业化和城市化程度比较高的阶段典型特征。目前苏州工业化和城市化在全国处于领先水平,苏

州又是江苏省唯一的城乡一体化发展综合配套改革试点城市,又是全省乃至全国城乡差别最小的地区,最有条件、最有基础率先实现城乡一体化。所谓城乡一体的示范区,应该是城市的龙头和主导作用得到充分发挥,8488平方公里"大苏州"形成布局合理、分工有序、功能提升、互动发展的现代化城乡一体格局。具体而言,应率先在城乡发展规划、资源配置、产业布局、基础设施、公共服务、就业社保和社会管理等"六个一体化"方面取得突破,使先进生产要素加快向农村流动,基础设施加快向农村延伸,公共服务加快向农村覆盖,现代文明加快向农村传播,实现城乡的全面对接与互动,实现城市带动农村、工业反哺农业,为全国创造新经验、提供新示范。

④以现代经济为特征的高端产业城市。产业是城市发展的核心,是区域综合竞争力的重要体现,同时产业的发展水平与规模是国家或区域现代化的基础,没有产业支撑的现代化是空中楼阁。目前苏州经济总量已处全国大中城市前列,但产业结构偏重、产业层次偏低的矛盾依然比较突出,必须加快推进结构调整和转型升级。所谓以现代经济为特征的高端产业城市,就是苏州要成为拥有符合全球产业发展趋势、在世界产业分工中处于高端位置、具有产业国际竞争力的产业结构和产业体系的重要城市。从苏州的情况看,应加快形成先进制造业和现代服务业互动并进格局,大力发展高新技术产业和服务外包、金融保险、信息物流、创意研发、总部经济等现代生产性服务业,实现产业链、价值链向两端攀升,制造业和服务业、工业化与信息化、高新技术产业与传统产业高度融合,新兴产业和战略产业规模化、优势产业高新化、传统产业品牌化,在全球高端产业分工和创新型经济体系中占有一席之地。

⑤生态环境优美的最佳宜居城市。社会现代化与民生现代化需要生态环境作为基础。注重生态文明建设,着力优化人居环境、建设宜居城市,是贯彻落实科学发展观、坚持以人为本发展的重要体现,也是苏州改善投资环境、集聚高端要素尤其是高层次创新创业人才的必然要求。所谓生态环境优美的最佳宜居城市,就是天蓝水清、充满绿意、环境优美,而且舒适、便捷、安全的城市。从生态环境狭义角度看,即城市的空气质量优、水体水质好、绿化覆盖率高、生态景观和谐;从广义角度看,即以生态环境优美为核心,同

时城市的人文环境和自然环境相协调,经济持续繁荣,文化氛围浓郁,公共设施舒适齐备,适宜居住、工作和发展,在社会文明度、经济富裕度、环境优美度、资源承载度、生活便捷度、公共安全度等方面具有显著优势和特色。

⑥历史文化与现代文明相融的文化旅游城市。打造区域特色的现代化,需要借助区域的资源禀赋与文化特质。苏州既具有深厚的历史文化积淀,又具有丰富的旅游资源,最有条件和优势建成文化旅游城市。所谓历史文化与现代文明相融的文化旅游城市,就是历史文化与现代文明兼容并蓄、相得益彰,同时文化与旅游又互相作用、优势叠加,成为真正的文化与旅游强市。从文化看,城市的历史文化资源得到充分的保护、传承与弘扬,并与现代文明相融形成新的文化优势,使城市更富文化底蕴和文化魅力;文化产业与文化事业、文化设施与文化产品、文化人才与文化市场得到同步、协调发展,文化成为不可或缺的软实力。从旅游看,城乡的吃住行游购娱等旅游要素与资源得到有效整合提升,区域内外旅游项目实现良性互动,城乡旅游品牌竞争力形成,旅游业成为拉动区域经济的重要支柱。从文化旅游互动看,文化与旅游互为支撑、互相促进,文化赋予旅游以更深的内涵、更强的吸引力,旅游为文化提供载体,使文化的影响力得到更大的提升,文化与旅游的结合与互动,使苏州城市更具魅力和竞争力。

## 二、立足"三区三城"的战略高度看城乡一体化

"三区三城"发展战略的提出,是在苏州地区经济与社会发展成果的基础上,从苏州改革开放发展趋势出发,对苏州未来发展所作出的科学布局,是科学发展观在苏州的具体实践。"三区三城"作为苏州落实科学发展观的战略部署,不仅昭示了苏州经济与社会发展的新蓝图,也为我们准确把握新时期城乡关系的再造提供了新的思路。改革开放以来,苏州经济与社会的发展突飞猛进,已从改革开放初期的"解放生产力"为主要任务的初级阶段,进入到率先基本实现现代化的新的发展阶段。纵观人类社会发展史,经济与社会的每一次跃迁,实际上都面临着生产力和生产关系调整的双重任务。只有实现生产力与生产关系的重大变革,才有可能推动社会的进步。但是,不同的地区或不同的发展阶段,由于其发展基础、发展目标和发展路径的差

异,社会生产力的变革与生产关系的调整将面临着不同任务。"三区三城"发展战略审时度势,立足于科学发展和改革创新的发展思路,准确界定了在率先基本实现现代化的攻坚阶段,苏州生产力现代化和生产关系调整的战略重点:城乡一体化是现阶段苏州社会生产关系调整的核心;以高端产业群为支撑的产业结构优化是苏州生产力现代化的关键环节。推动生产关系调整和加速生产力的现代化,是"三区三城"发展战略的主要贡献之一。

**(一)城乡一体化是完善生产关系的抓手**

改革开放以来,是苏州经济与社会发展最快的历史时期。特别是在高度外向型经济的驱动下,社会经济结构迅速调整,资源配置效率显著提高,城乡居民收入稳定增长,从而城乡一体化进程得以不断加速。不过,应当看到的是,在经济高速发展的过程中,从根本上消除城乡二元结构仍是苏州现阶段面临的基本任务。

按照西方经济学的解释,发展中国家在由传统农业经济向现代工业经济过渡的历史进程中,必然出现农村相对落后的生产生活方式与城市不断进步的现代生产生活方式之间的不对称的组织形式和社会存在形式,即所谓的"城乡二元结构"。按照刘易斯的分析,在二元结构状态下,工业化过程实际上就是城市工业部门对"边际生产率为零"的农村剩余劳动力的吸收过程。因此,加快城市工业部门的扩张,是消除城乡二元结构的关键。在刘易斯模型的基础上,二元结构理论取得了一系列突破。拉尼斯、费景汉强调"农业剩余"对工业化的贡献,指出一旦农业所提供的剩余产品不能满足工业部门扩张的需求,农村剩余劳动力转移过程将终止。而以乔根森和托达罗等人为代表的新古典二元结构理论,则不仅放松了边际生产率为零的假设,而且将收入的心理预期作为农村剩余劳动力转移的决定因素之一。可见,西方二元结构理论模型虽然不断被改造,但其宗旨仍然是解决农村剩余劳动力,加速城市工业部门的扩张。很显然,苏州城乡关系调整的主要任务与西方二元结构理论有着完全不同的涵义,即现阶段苏州城乡关系的完善已经超越了剩余劳动力转移的初级阶段,进入到以"一体化"为目标的高级阶段。

根据苏州城乡一体化改革发展研究院"苏州城乡一体化测评指标体系

研究"课题组的研究成果(具体成果参加本书附录),区域城乡一体化发展大体可以划分为五个阶段:①二元结构阶段,城乡一体化发展指数小于 40 分。②起步发展阶段,城乡一体化发展指数在 40 ~ 60 分之间。③初步发展阶段,城乡一体化发展指数在 60 ~ 80 分之间。④提升优化阶段,城乡一体化发展指数在 80 ~ 90 分之间。⑤协调发展阶段,城乡一体化发展指数在 90 ~ 100 分之间。2010 年苏州城乡一体化综合得分达到 80.6 分,刚刚进入提升优化阶段。该阶段的重要特点有:长期经济快速增长所带来的结构失衡越来越显著,传统经济增长方式越来越难以维系,人口红利和制度变革所带来的增长效应越来越趋于平衡,快速城镇化也面临着拐点提前到来的威胁等因素,解决经济社会发展中的深层次问题,实现以区域协调、社会和谐、资源节约、环境友好为目标的城乡一体化,由于涉及一系列体制机制改革的深化,关系到众多利益集团关系的调整和相关配套措施的整体落实,难度会愈来愈大。换言之,城乡一体化既是制约苏州社会经济发展的"瓶颈",又是苏州经济与社会实现跨越式跃迁的支撑点。因此,"三区三城"战略将城乡一体化作为完善生产关系的抓手,反映了苏州经济与社会发展的客观要求。

### (二)"高端化"产业转型升级模式与城乡一体化

在"三区三城"的战略格局中,城乡一体化并非孤军深入,而是与苏州生产力结构调整和建立现代生产力体系密切相关,或者说,苏州城乡一体化的发展,是生产力结构性调整的客观要求和必然结果。

"三区三城"发展战略始终把生产力现代化作为科学发展、创新发展的战略目标,因而"高端产业"在苏州城市经济发展中占有突出地位。值得注意的是,在资源紧张、环境污染加剧的条件下,产业转型升级本质上就是使经济资源向高端产业和产业高端集聚。可以说,"高端化"既是产业转型升级的现代路径,更作为生产力现代化的一种新模式而成为世界各国竞争的战略重点。在"高端化"产业发展模式下,一国或地区的经济发展潜力和发展前景,并不取决于该国和该地区在某一产业的要素集聚规模,而是取决于生产要素被集聚于何种产业或产业的何种地位。"三区三城"发展战略明确提出苏州高端产业发展的目标指向,顺应了"高端化"这一现代经济增长方式,抓住了苏州生产力现代化的要害。

世界经济发展史表明,在工业化发展的初期,尤其是在制造业规模扩张的初级阶段,农业剩余劳动力和农业剩余产品曾经发挥了不可替代的支撑作用。但在现代经济增长模式下,传统农业的剩余劳动力和农业剩余产品已难以适应"高端化"产业发展模式的要求。高端化产业和产业高端化对高级生产要素具有高度依赖性,而低级生产要素甚至成为高端产业发展的阻滞因素。"资源诅咒"或"比较优势陷阱"正是在这种背景下生成的。因此,实现对传统农业的根本改造是发展城市高端产业的必要前提。如果说初级工业化只能在城乡分离的条件下运行,那么,产业高端化必须在城乡一体的环境中生成。这是高端产业发展与工业化初期最显著区别之一。在产业结构的转型升级过程中,实现城乡关系的"转型升级",是现阶段苏州城乡关系调整的重要特征。

"三区三城"发展战略是从现代生产力结构与生产关系结构的新型模式中,将城乡一体化作为支撑苏州高端产业城市经济发展的必要基础,本质上是对城乡一体化提出了更高的要求:作为高端产业城市框架下的城乡一体化,不仅仅是城乡居民收入的一体化,更重要的是城乡生产要素的匀质化、要素市场的一体化,从而使得城乡生产要素在推动苏州生产力结构现代化的过程中发挥同等重要的作用。这是城乡居民共享经济发展成果的最为可靠的基础。由此可见,在"三区三城"发展战略中,城乡关系已经彻底摆脱了是农业"支持"工业,还是工业"反哺"农业的"二元结构"思维模式,是城乡一体化的一次"转型升级"。

### (三)"三区三城":走向效率与公平的均衡

不同地区在经济与社会发展的不同阶段,所面临的条件和任务是各不相同的。"三区三城"发展战略则是对苏州经济与社会发展实际的经验总结,也是对苏州地区特色的基本描述,构成苏州经济与社会发展的一个特色鲜明的战略框架。这一战略框架隐含着效率与公平均衡的发展思路。

生产关系的调整和社会生产力的现代化,是推动社会进步的客观要求。而公平与效率则是衡量社会进步的两个相互关联的基本维度,也是社会发展的两大基本目标。首先,公平作为一种基本的社会权利,不仅体现的是经济主体在经济地位上的无歧视的平等关系,也体现着社会经济发展成果共享的正义要求。从这个意义上说,公平(equity)与平等(equality)、与正义(justice)是等价概念。而按照公平原则的观点,经济地位的平等性和经济发展的正义性,不仅是激励经济主体提高经济活动效率的内在诱因,而且也是避免社会动荡、稳定经济秩序必要条件。因此,对公平原则的偏离过程,实际上也就是对经济效率的否定过程。其次,按照福利经济学的解释,广义的效率是指资源的"配置效率",即任何形式的资源重新配置,都不可能使至少有一人受益而同时又不使其他任何人受到损害。当一个经济体不可能进行这种"帕累托改进"时,资源配置达到最优状态,社会经济福利总产出趋向于最大化。不可否认,经济活动中的平等性和正义性的实现程度是以经济福利的产出能力为给定前提的。换言之,资源配置效率是为平等与正义搭建更高平台的前提条件。最后,公平与效率不仅互为前提,而且相互包容。这种相互包容性表明,只有在经济主体地位的平等性和经济发展的正义性得以维护的条件下,资源配置才是有效率的;而维护每一经济主体在资源配置过程中的合法权益,既是公平的要求,又是效率的体现。由此可见,公平与效率原则本质上相容的。

但是,公平原则与效率原则的"相容性",并不排除二者之间在"优先性"上的政策抉择。从政策层面来看,通常,在社会发展目标多元化情况下,受政策目标实施条件、实现手段乃至政府偏好等多种因素的约束,对多元政策目标的合理排序,就成为实现政策选择的有效方法。在公平与效率双重目标条件下,政策目标排序所要解决的问题是,在社会经济发展的特定时期,是以公平促进效率,还是以效率促进公平。因而,是对政策目标实现路径的选择,而不是对目标的取舍。经验表明,政策目标排序往往受到多种因素的制约,而特定时期社会发展的主要矛盾以及经济增长的主要任务,则是决定目标排序的关键因素。或者说,公平与效率的优先性是同经济发展的特定阶段相联系的,是由各个时期社会经济发展的特殊矛盾和基本任务决定的。

我国经济体制改革初期,社会生产效率低下,经济剩余的产出能力受到传统体制的严重束缚。因此,改革开放初期,我国社会面临的基本任务是解放社会生产力,经济工作的重点是通过市场化改革,提高资源配置效率。从而,效率优先就成为我国改革开放初期宏观经济政策目标排序的一种理性选择。但是,经过 30 多年的改革开放,我国经济资源配置效率显著提高,社会发展的主要矛盾也随之发生变动。这主要表现在:一方面,长期的效率优先的政策导向,使得社会公平问题日益突出,尤其在收入分配领域,收入差距持续扩大已构成社会发展的潜在危机。社会公平体系的重建已经成为效率改进的基本前提。另一方面,经济的快速发展也为社会公平的重构奠定了重要的物质基础,即社会可以利用在效率优先政策环境下所形成的巨大经济成果,在更高的平台上实现经济主体的平等性和社会发展的正义性要求,重建社会公平体系。可以说,当前我国社会发展的基本任务是解决经济发展过程中的公平问题,这不仅关系到社会的稳定,而且也直接关系到资源配置效率的改进。

"三区三城"发展战略,一方面,将城乡关系一体化作为重建社会公平体系的关键环节;另一方面,又将生产力结构的高端化和现代化作为苏州城乡关系和谐发展的主要支撑。这意味着在"三区三城"的战略框架下,资源配置效率的帕累托改进,是以公平的城乡关系的同步建设为特征的。因此,公平与效率的均衡是"三区三城"发展战略的精髓。

### 三、苏州城乡一体化趋势与展望
#### (一)苏州城乡一体化已站上新的起点

统筹城乡发展,缩小城乡差距,实现经济、社会、生态、文化的全面一体化是历届政府重点关注的发展战略,也是苏州建设"三区三城"并率先实现现代化的主要抓手。经过几年的不懈努力和共同奋斗,苏州已鲜明确立城乡一体发展导向,全面形成城乡一体推进机制,基本建立城乡一体政策体系,农村经济和农民收入结构、农村经济体制和运行机制、农村生产生活条件和环境面貌、农民权益保护和农村基层政权建设等方面都发生了积极变化。同时,城乡一体化的快速发展有力地促进了农业的转型升级、农村经济的快速发展和农民共享改革开放成果,为加快转型升级、转变发展方式注入了强大动力,为扩大内需空间、推动经济发展作出了积极贡献,为保障民生改善、促进社会和谐提供了重要支撑,对苏州的整个现代化进程产生了巨大的推动作用。可以说,苏州城乡一体化发展已经达到较高的水平,成为新时期新阶段苏州"最大的品牌、最大的特色、最大的优势",苏州已经成为领跑全国的、具有示范意义的城乡统筹示范地区。

**（二）苏州城乡一体化总体发展趋势**

根据现代化的发展规律和苏州"三区三城"建设的进程特征,苏州的城乡一体化建设需要从富民强村提升到对民众幸福和生活质量的追求,从重点关注经济和产业优化提升到经济社会协调发展体系的打造,从新农村建设提升到包括乡村地区文化传统、文化景观等在内的优美乡村建设,从基础设施标准等"物"的建设提升到对人的现代化的追求,从城乡空间格局的一体化上升为对空间品质提升和功能完善的追求。

1. 提升生活品质,追求民众幸福

根据现代化发展规律和"三区三城"建设要求,未来的苏州在继续追求农村的物质丰裕、富民强村的基础上,必须高度重视提升农民群众对社会进步的幸福感和满意度,进而提升全社会的幸福指数。

首先,要实现增长与民富相一致,继续将提高农民收入水平与共同富裕作为城乡一体化改革中必须长期坚持的目标追求。要进一步健全农业投入保障制度,完善农业补贴机制和农产品价格保护制度,加快建立与市场经济相适应的农业发展体制机制,积极构建科学的产业布局体系、优美的生态环境体系、现代的科技支撑体系、完备的基础设施体系、安全的产品质量体系、健全的市场营销体系、高效的社会服务体系、完善的支持保护体系。提升农村社区股份合作、土地股份合作、农业专业合作等"三大合作"改革和发展水平,有效发挥各类合作组织在农村经济转型升级中的作用。在农村土地使用制度改革上,着力构建土地增值收益合理分配机制,让农民更多地分享土地增值收益;促进农村资源资产保值增值,增强集体经济发展造血功能,增加农民财产性收入。建立农村产权交易市场,推动资源资产化、资产资本化、资本股份化,构筑农民与集体经济更为紧密的利益联结机制。加大培训力度,拓展就业空间,改善创业环境,搭建创业平台,促进农民就业创业,加快促进农民职业化。

其次,要进一步提升基础设施和公共服务的一体化水平,强化公共资源均衡配置。要进一步提高交通、通信、信息、供水、供电、环保、环卫等基础设施体系的一体化水平,建立长效稳定的资金投入、管理维护等机制;同时,继续推进城乡社会保障一体化、城乡基本公共服务均等化等体制机制改革,加大公共财政投入力度,并强化公共资源在城乡之间均衡配置,完善城乡一体就业社保、医疗卫生、教育文化、养老事业等公共服务体系,加大优质公共服务资源向农村延伸的力度,不断提升城乡公共服务均等化水平。

第三,要强化基层民主和社会管理改革。为确保在高速现代化进程中的社会稳定,化解社会矛盾,必须大力加强社区建设,着力创新社会管理,重视基层民主改革,强化参与、保障公平。健全基层组织,重点是健全基层党组织和社会公益组织,加强规范化、制度化建设,发挥基层组织植根基层、贯通社会、联系群众、直接做群众工作的重要作用,不断提高基层组织服务群众、管理社会的质量和水平;此外,要重视从内在功能和外部环境两个方面进一步完善城乡居民自治制度,强化社区社会管理的民主政治基础。一是要逐步形成内生性的城乡居民自治组织运行机制,摆脱村民自治的行政依附性存在状态。二是形成具有操作性的法律制裁规定和法律救济制度,促进公平正义的实现。三是细化城乡经济社会管理规定,压缩自我裁定权力行为的空间。

## 2. 培育新型农民,实现人的现代化

"人"的现代化才是一个国家和区域现代化建设中最关键的事业。如果执行和运用现代化制度和生产方式、管理方式的人,自身还没从心理、思想、态度和行为方式上经历一个向现代化的转变,失败和畸形发展的悲剧结局是不可避免的。因此,苏州的现代化建设,要求城乡一体化建设必须把人和人的现代化放在第一位,培养出有知识、有能力、有个性、有道德和有参政议政监政能力和意识的新型农民。为实现农民综合素质提升,在从生产方式、生活环境、社会环境等领域全面建设的同时,应抓住农民的职业化、农民职业教育体系和内容的改革、农村文化设施建设、农村社会组织的重构等几个重点推进。首先,应逐步建立农民职业准入制度,逐步剥离农民、农村岗位与户籍、居住地的联系,实现农民和农村岗位职业化,实现城乡劳动力双向流动,有效解决农业劳动力老龄化、知识和能力落后、数量不足等问题。其

次,强化教育在人力资源培养中的作用,完善基础教育体系,在此基础上,要完善农村职业技术教育体系,构建终身学习的农村成人教育目标,形成以政府主导的多样化的职业农民教育机构和培训体系,结合市场经济的各个环节,不仅培养相应的农产品的生产、经营、管理、运输、储存、信息搜集处理等多方面的知识与能力,造就各种农业与市场法则相结合所需要的人才,还要培养农村组织管理、服务、创新创业人才,使劳动力中研发、管理、高技能人才比重持续上升。第三,为农民提供非物质方面的福利,大力加强农村文化设施建设,积极开辟农村文化活动阵地,不断增强舆论传媒对农村的现代化辐射功能,使农民更多更好地接受现代精神文明气息的熏陶,从农民的价值观、消费观、管理意识、文化理念、环保意识等方面改变传统观念,提升现代化程度。第四,鼓励建立和培育现代化性质的农村社会组织,使农民由血缘、地缘和姻亲为纽带的社会互动模式转为建立在理性和契约化基础上的社会互动,提高农民的组织化程度,优化乡村秩序。

3. 优化资源配置,坚实产业支撑

优化要素配置,城乡二元的土地、资本、劳动力相关的制度改革是重中之重。首先,要积极探索农村土地制度改革。加强政府的土地管理和服务职能,创新土地流转形式,规范土地承包经营权流转行为,稳步发育土地市场,建立城乡一体的土地市场运作机制,逐步探索集体建设用地进入市场、逐步放开宅基地流转。培育和发展各种类型的土地承包经营权流转服务中介组织,设立土地承包经营权流转信息库和信息网络。其次,要加强农村金融改革,建立农村新型金融制度。积极发展由政府农村信贷机构、私营金融机构、合作农业信贷系统和个人及其他组织组成的农村金融体系。积极发展农村政策性金融,大力发展农村合作经济组织金融。积极创新农业贷款担保模式,解决农业贷款担保难问题,建立农户信用评价体系,培育农民信用意识。加快发展农业保险。第三,构建城乡一体的就业市场,促进农民职业化,改革和创新制约劳动力双向流动的户籍制度、就业制度、社保制度、教育培训制度,实现城乡劳动者就业政策统一、就业服务共享、就业机会平等、就业条件统一。

此外,对于经济转型升级、建设高端产业体系所必须的科技创新来说,苏州城乡一体化改革需要在四个方面助跑：一是要加强对散落在乡村地区的传统"技能"、"技艺"等无形资产的保护和传承，并使其逐渐融入现代产业体系；二是要通过大力建设优美乡村、原味江南，保护好城乡生态本底，为高端人才的集聚创造条件；三是要通过教育的一体化，优化配置城乡教育资源，提升相对落后的农村地区人口的教育水平，提高城乡劳动者的教育程度，促进知识的生产，助力经济增长；四是要通过保护好地产特色农林渔业产品资源，为生物、材料等众多领域的科技创新提供条件。

4. 建设优美乡村，打造诗意江南

首先，要更加重视乡村地区的文化保护与传承，留住江南水乡的"原风景"。随着物质财富的丰富，时尚繁华的大都市中的人们将更加追求精神层面的充实，对文化艺术复兴的追求必然日益增强。文化的产生、存在和发展，既出于生存的需要，更在于保证生活的充实和幸福，在于使人获得艺术化的生存——"更加诗意的栖居"（海德格尔语）。在这种情形下，传承于农村地区的充满活力和个性的地域文化资源受到高度重视，农村的建设从被忽略，到关注自然风景的改造，再到重视文化风景建设，成为世界各国的普遍规律。因此，在苏州城乡一体化建设中，首先要充分发掘整理苏州乡村地区的物质和口头文化遗产、人文资源、传统文化、民俗文化、民间艺术资源，建立科学有效的民族民间文化遗产的保护传承机制。同时，要高度重视地域文化景观的保护和传承，不仅对农村传统文化生态保持较完整并具有特殊价值的村落进行动态整体性保护，更要努力打造彰显江南水乡特色的乡村风貌，建设人们心目中的"水乡江南"原风景。

其次，推进城乡生态建设一体化和乡村人居环境建设，建设优美乡村，为最佳宜居城市建设奠定坚实基础。围绕建设"最佳宜居城市"、"文化旅游城市"等目标，将城乡生态系统作为一个整体，实现城市的生态建设规划、资金、管护网络、人才等等向农村延伸，农村进一步提升完善对城市的生态服务功能，实现城乡生态建设高水平一体化。按照现代社区型、集中居住型、整治改造型、生态环保型、古村保护型等五种模式，推进示范村和新社区建设；在高水平完成村庄整治的基础上，进一步完善各条线长效管理维护机制，确保稳定的资金投入。抓住水利现代化建设的重大机遇，着力加快农村水环境综合整治,全面构建"水资源、水环境、水安全、水文化"四位一体新格局。以"四沿(沿路、沿水、沿村、沿城镇)两点(单位、庭院)一区(生态片林示范区)"为重点,全面推进农村生态绿化建设,加强全市湿地资源保护,把环太湖、环阳澄湖周边建成全市最大的湿地、森林生态区。创建一批新的全国环境优美镇、国家级生态村、省级生态村。启动建设农村再生资源回收利用体系,组建再生资源股份有限公司,实施再生资源产业园区建设规划。进一步理顺环保行政管理体制和监管执法责任机制,健全市、县市(区)、镇(街道)、村(社区)四级环保监管体制,完善环境保护科技和经济政策体系,建立多元环保投融资体制,进一步完善生态补偿机制,支持发展绿色经济、循环经济。

5. 完善空间功能,升级城市品位

四规融合使苏州初步形成了城乡一体化的生产、生活、生态空间格局,下一步,除了在城乡一体的平台下对"三区三城"和基本实现现代化目标引领下的总体战略与空间体系的匹配进行进一步的优化外,应将重点转移到通过空间品质的提升、功能的完善、组织管理的创新来实现城市总体功能、效益和品位的升级。

第一,要强化经济发展方式转变与城乡产业空间优化的同步化,重视城乡传统产业空间的价值提升,新兴产业空间的供应,具有全球和区域竞争力、能够提升城市能级的产业空间的打造,以及产业空间体系与人居、生态、游憩空间体系的整合等。

第二,强化战略性空间的品质提升,提升城市的品质和效益、功能,使城市成为真正意义上的区域城市,助推城乡双向一体化的实现,使主要由镇、村空间组成的农村真正成为克服城市病和社会动荡的稳定器和蓄水池。一是中心城区,重点是将空间的增量扩张转变为对存量空间的品质优化和价值提升,做好现代服务业空间、新兴创新创意产业空间、多样化和混合型的人居空间、高品位的游憩空间的规划,提升城市能级,在交通便捷化、虚拟网络和通信技术等带来的分散压力下,不断提升中心城区的集聚辐射能力。二是重点镇区空间,大力推进强镇扩权,优化镇域发展的制度环境,增强乡镇政府提供公共产品和公共服务的能力,使"镇"级空间品质向"市"级空间品质跃升。三是乡村人居空间,在物质环境整治的基础上,持续提升基础设施和公共服务水平,从制度上逐渐实现居民在城乡间双向流动。四是环太湖、环阳澄湖地区,作为生态保育、高端与低端并存的人居空间、重要游憩空间和生产空间,重点是协调各类空间的矛盾、提空间品质,同时作为长三角城市群环绕的巨型绿心,规划要为休闲经济时代的到来做好铺垫和储备。五是城市外围高等级交通轴沿线上具有优越人居资源的空间,包括高铁站点周围、沿机场主要轴线、高速公路交汇地带、城际轨道换乘枢纽周边等,规划引导发展各类区域级的专业化边缘城市、办公园、技术郊区。

第三,要在划分生态敏感区的基础上,构建区域开发强度体系、开敞空间体系、生态廊道体系、基本农田保护体系等空间系统。

第四,从城乡一体、区域一体的视角,高度关注经济社会转型中的四种需求:作为大城市群内区域级优质人居空间的追求、产业升级后白领和创造阶层的集聚对人居空间的需求、步入老龄化社会后银发阶层对人居空间的特殊需求、为固化青壮年外来人口所需要的中低价位人居空间需求等,精细化设计多层次、个性化、功能各异的优质人居空间体系,并协调人居与产业、游憩等空间的关系。

第五,跳出单纯发展旅游产业的狭隘视角,从文脉传承、品位提升、新兴高端产业培育及相关人才的吸聚、宜居城市建设、强化苏州在区域城市体系中的特色分工等的需求出发,重新审视文化和游憩资源,理清区域发展的文脉,优化城乡的文化和游憩空间。

县区特色篇

# 张家港市：在城乡一体化进程中续写文明新篇章

在城乡一体化进程中，以全国文明城市著称的张家港市十分注重城乡文明的联动和对接，形成了城乡一体文明的鲜明特色，实现了城乡之间各种文明形态的均衡发展和交融互补，将城乡一体化改革发展推上了新的高度。

## 一、实践的起源

张家港市城乡一体文明建设有着深厚的历史渊源和实践基础，它与"两个文明建设一起抓"、"全国文明城市创建"一脉相承，随着中国特色社会主义理论体系的不断丰富完善而逐步深化升华。它是伟大理论的成功实践、人民群众的伟大创造和张家港精神的生动体现。

张家港市城乡一体文明建设的起源可以追溯到 20 世纪 80 年代。改革开放以后，张家港市依托上海、苏州、无锡等周边大中城市的辐射带动和自身滨江临港的地理优势，以"无农不稳、无工不富"的理念，发扬"四千四万"精神，在夹缝中求生存，大力发展乡镇工业，实现了乡镇企业的异军突起，迅速改变了贫穷落后的面貌。在实践中，张家港市的党员干部认识到，就经济抓经济是抓不好经济的。精神文明上不去，即使物质文明一时上去了，最终也不能获得持久健康的发展。因此，在注重物质文明建设的同时，把精神文明建设放到了更加突出的位置。"以经济建设为中心，两个文明一起抓"，使张家港走上了持续健康快速发展的道路，不仅综合经济实力跃升至全国百强县（市）前三位，而且收获了精神文明的累累硕果。1995 年 10 月 18～21日，中宣部、国务院办公厅在张家港市召开全国精神文明建设经验交流会，人民日报为此发表评论员文章:《伟大理论的成功实践——学习张家港市坚持两手抓的经验》。

成为全国两个文明一起抓的典型后,张家港市在率先提出并创建成为全国卫生城市、国家卫生城市、全国环保模范城市的基础上,又自我加压,率先提出创建"全国文明城市"这一新的目标,并结合以往创建实践探索建立了全国第一套文明城市评价指标体系,内容涉及经济、政治、文化、社会、环境等方方面面,从而实现了从卫生城市等单项创建到以文明为统领的全方位创建的新跨越,连续三届荣膺"全国文明城市"桂冠,在全国同类城市中唯一获此殊荣。

城乡一体化改革发展为城乡一体文明建设提供了新机遇、拓展了新空间。市委、市政府深刻认识到,城乡一体文明是精神文明建设内涵的拓展和境界的提升。没有农村的文明,文明建设就不完整、不彻底;文明建设也要全面发展、均衡发展。只有加快消除城乡之间的文明差别,加速推进广大农民"价值观念、思维方式、生活理念"的城市化,充分保障城乡居民同等享有"经济、政治、文化、社会"等各方面权益,才能让全体人民生活得更加幸福、更有尊严。城乡一体文明也是推动经济加快发展的强大动力。文明建设和经济建设,犹如车之两轮、鸟之双翼,只有同步发展,才能互相促进、加速向前。城乡一体文明水平是检验区域发展成就的重要标准。文明不仅是一种社会发展形态,也是一种可转化的生产力要素,更是城市发展水平的衡量尺度。城乡一体文明水平,综合、直观地体现出一个地区的市民素质是否优良、生态环境是否宜居、社会治安是否稳定、市场秩序是否规范、社会发展是否公平、公共服务和社会保障是否优质均衡、人民群众是否幸福。从这个意义上说,城乡一体文明建设是龙头工程,抓住了这个龙头,就能起到"激活全局、促进发展"的巨大作用。

**二、积极的探索**

长期以来,我国城乡发展不平衡、不协调是一个不争的事实,制度性障碍造成的城乡二元结构根深蒂固,客观上带来了社会不公,影响着社会和谐。推进城乡一体化改革发展,就是要从根本上打破城乡二元结构,实现城乡共同发展。张家港市以争当全省乃至全国城乡一体化改革发展排头兵的志气和勇气,站在城乡一体文明的高度审视和谋划综合配套改革,从打造城乡一体的物质形态、人文环境、文明主体等多方面进行积极探索,取得了阶段性的可喜成效,展现了中国特色城镇化道路的光明前景。

**(一)以推动转型升级为核心,打造城乡一体物质形态**

没有城乡融合的物质形态,城乡一体文明就没有牢固的根基和依托。张家港市坚持以科学规划为先导,以推动转型升级为核心,整体优化空间布局,加快推进新市镇、新街道、新社区"三新"工程,加大城乡基础设施建设和生态环境保护力度,着力打造城乡一体的物质形态,切实提高了对城乡经济社会发展一体化的承载力。

1. 城乡空间布局有机衔接

全市通过连续四次行政区划调整,城镇数由 26 个减至 10 个,行政村数从 436 个减至 165 个。2011 年初启动了新一轮《张家港市城市总体规划(2011 ~ 2030)》修编,2012 年 10 月获省政府批准。新版规划纲要突出城市转型主题,把城乡一体化改革和发展的总体框架纳入张家港城市发展中。纲要明确提出,充分发挥中心城区和片区中心镇基础设施比较完善的优势,全力推进农民居住向城镇和社区集中。

张家港市把城市性质确定为创新发展的现代化港口城市、长三角区域重要的节点城市、文明生态的宜居城市,将过去"一城双核五片区"优化调整为"整体城市、一城四区"的市域空间结构。"整体城市"即全市域作为一个整体城市,"一城"指杨舍—塘桥中心城区,规划形成"一核、两组团"的空间结构,"一核"指黄泗浦生态核,"两组团"指杨舍组团和塘桥组团。"四区"包括金港片区、锦丰片区、乐余片区和凤凰片区。"一城四区"功能定位清晰,互为支撑,错位发展。如金港片区定位为现代化保税港区、长江下游重要的物流中心、市域副中心,充分发挥深水港口与现代化保税港区政策优势,形成以临港物流贸易为中心,以新材料、再制造为特色的产业园区;锦丰片区定位为临港高端制造业基地、国际冶金物流贸易中心,重点发展重型装备制造基地、冶金工业基地和冶金物流园。

目前,张家港市已经形成"层次分明、相互衔接、完整统一"的城镇规划体系,城乡规划实现了"四个全覆盖",即市域规划全覆盖、各乡镇总体规划全覆盖、重点区域的控制性详规全覆盖、各项专业规划全覆盖,城乡空间布局实现了有机衔接。张家港市以城乡一体文明为鲜明导向的规划体系,体现出"城市更像城市、乡村更像乡村、园区更像园区"的空间布局理念,各模块功能凸显、发展错落有致,打破了那种"村村点火、处处冒烟"的因行政化发展主体而导致破碎化的发展格局,切实提高了均衡发展水平。目前,全市95%的工业企业进入了工业园区,92.5%的承包耕地实现了规模经营,57%的农民集中居住在新型社区,城乡资源配置更趋合理,城乡空间布局明显优化。

2. 城乡基础设施延伸配套

在科学规划的引领下,张家港市统筹城乡道路交通、绿化美化、供水排水、电力通信等基础设施布局,不断优化城乡资源配置,实现"城乡共建、城乡联网、城乡共享"。近3年,市财政用于各镇区、办事处街景改造和基础设施建设的补贴就达10亿元。

城乡发展,道路先行。早在20世纪90年代初期,张家港市的干部群众就有了"大路大发、小路小发、无路不发"的理念,在财力十分紧张的情况下,想方设法筹措资金建设张杨公路、沿江公路、沙锡路等交通大动脉,拉开了大开发、大发展的道路框架。在综合经济实力逐年增强的同时,近10年累计投入36亿多元加快构建大交通体系,"五纵五横一环一高一连一接"的市域现代化交通网络,把散布的张家港保税港、张家港经济技术开发区等各类工业集中区连接成一个有机整体,各镇至市区、镇村至一级以上公路的车程缩短至15分钟以内。为切实改善农村居民的出行条件,张家港市统筹城乡交通运输发展,目前已编织成了由58条公交线路、776辆公交车(含学生公交专线车121辆)、44个公交场站、1059个候车亭(市区372个,乡镇687个)、2248个站牌组成的全域式公交网,2005年在全省率先实现了公交"村村通"。

给排水工程是一项事关民生的重大基础设施项目。为确保城乡居民都能喝上清洁的自来水,早在1998年8月,张家港市委、市政府就决定分步实施总投资超过4亿元的市域集中供水工程,建立城乡供水一体化和同网同质同价的供水体系,经过多年努力,至2006年6月,市域供水实现了全覆盖。与之相配套,在长江之滨建成了日供水能力达 40 万立方米的市第四自来水厂。与此同时,生活污水处理设施先市区、后集镇、再农村,逐步延伸,市区先后建成的四个污水处理厂分兵把守东西南北,到 2012 年底,全市生活污水收集率达 97.9%,日处理能力达 13.5 万吨;到 2012 年底,规划新建的 6 个区(镇)生活污水处理厂已全部竣工,新建泵站 20 座,铺设主干污水管道 230 多公里。农村保留村庄或采用有动力地埋式装置或采用生态湿地法,对生活污水进行有效处理。此外,张家港市近三年每年投入 3000 多万元,疏浚市、镇、村、组四级河道 1176 条 642 公里,完成土方约 587 万方;拆坝 1032 条,建桥涵 1009 座,建成了三大独立的水循环体系和通达顺畅的河网水系。

为切实改善农村的办学条件,张家港市于 2005 年启动了农村薄弱校改造工程。当年,市、镇两级财政投入 6900 余万元,通过老校原址改建、资源置换改造、撤并易地新建等三种模式,完成了第一批 13 所村校的基本现代化建设;2006 年又投入 5000 多万元,对最后 8 所学校进行改造,从而使村小和市镇中小学校一起实现了办学条件的基本现代化。和教育设施城乡同步改善一样,城镇卫生、文化、服务设施也同步延伸辐射至村(社区)。大型超市、便利店也开进了区镇、农民集中居住区。

3. 城乡生态环境同步改善

张家港市很早就有了生态文明建设的自醒与自觉,并把建设生态宜居城市作为重要目标之一。一直以来,始终坚持用铁的手腕治污,对环评未获通过的项目实行一票否决制以及项目建设与污染治理设施建设"三同时"制。在获得全国首个环保模范城市荣誉称号的基础上,又在建设生态市、生态文明市方面进行积极探索,大力发展循环经济,连续实施并全面完成两轮环保"三三三"工程,分别是:2006 ~ 2008 年,第一轮大气污染防治三年行动计划、第一轮化工行业专项整治三年行动计划、乡镇生活污水管网建设三年规划;2009 ~ 2011 年,第二轮大气污染防治三年行动计划、第二轮化工行业专项整治三年行动计划、水环境综合整治三年行动计划。

2008 年,张家港市编制完成了国内首份《生态文明建设规划大纲》,按照生态发展规划,一是严控底限,构建生态安全格局。严格控制重要生态功能区和耕地底线,形成"基质—廊道—斑块"生态格局,即以生态农业开发区为生态基质,沿道路、河流形成生态廊道,以公园、山体、湖泊等构成生态斑块和节点。二是功能复合,提升生态空间效益。通过对人文景观、水域风光、生物景观、遗址遗迹等生态景观进行保护,适当安排生态旅游、会议度假、休闲娱乐、康体疗养设施。三是节能减排,塑造低碳宜居环境。单位 GDP能耗年均降低 5%,同时构建绿色交通体系,优先发展公共交通;推广建筑节能设计,开展建筑节能改造;优化资源利用设施,倡导低碳生活方式;塑造优美景观环境,完善城市绿地系统。

在实践中,张家港市通过扎实开展园林城市、生态城市、健康城市和卫生村镇、文明村镇、文明小区、文明家庭等创建活动,把城区环境长效管理模式和生态建设理念向农村延伸辐射。农村按村总人口的 3% ～ 5% 比例配备卫生保洁员,建立起"组保洁、村收集、镇运转、市处理"的对接城市的垃圾处理体系。同时,在农村广泛宣传低碳、科学、节俭、文明的生活理念。目前,在全市建立起 64 个无公害农产品、绿色食品和有机食品基地。在全面实施农村环境整治、推行清洁生产的同时,大力实施农村道路硬化、小区绿化、路灯亮化、环境净化、整体美化等"五化"工程,切实改善居民生活质量。统筹城乡社区生态绿地布局,在农村道路与河道两侧建设绿色通道、滨河绿地,构筑了中心城区、片区中心镇、农村社区和农田相互协调的生态坏境系统。全市城乡呈现出庭园绿、河道清、建筑美、气象新的生态文明景象。张家港市大力倡导"绿色出行",建成投用免费的公共自行车便民服务系统,成为江苏省首个批量使用 LNG 清洁能源公交车的城市。"倡导绿色出行"项目获WHO 健康城市优秀实践奖。目前,全市建成区的绿化覆盖率达到 45.6%,人均绿地面积达到 13.6 平方米。全市的空气指数优良率达 94.5%,饮用水水源水质达标率为 100%,农村生活垃圾无害化处理率为 100%。

**(二)以促进社会和谐为目标,优化城乡一体人文环境**

和谐是城乡一体文明的题中之义。长期以来,城乡之间公共服务、社会保障、社会管理等方面的落差,成为影响社会和谐的重要因素之一。张家港市以维护公平正义、促进社会和谐为目标,通过完善各项政策措施,消除各类制度障碍,不断优化城乡一体人文环境,让城乡居民共享改革发展成果。

1. 城乡公共服务均等提供

在城乡社区建设全覆盖的基础上,张家港市在全省率先全面建成"行政办事和服务、医疗保障、文化活动、商贸服务、警务治安"五大中心,形成了一套包括"社会福利、医疗卫生、计划生育、法律维权、文体娱乐"等8大类72个项目的社区公共服务体系,成为首批"全国农村社区建设实验全覆盖示范单位"。全市城乡社区都建立了综合服务大厅和纠纷调解室、文体活动室、图书阅览室、卫生服务站等公共服务设施,社区居民不出社区就可享受到委托代理、文体娱乐、医疗卫生等基本公共服务。为满足城乡居民日益增长的公共服务需求,张家港市在全省率先建立了独立建制的便民服务中心,依托覆盖广泛、运作高效的"12345服务热线"和"张家港便民服务网 www.zjg12345.com",为城乡居民提供信息咨询、生活求助、订餐叫车等全天候、全方位的服务。

张家港市大力推进农家书屋、村图书室、党员远程教育、公共电子阅览室和文化共享工程基层服务点"五位一体"的基层综合信息服务体系建设,与市级中心点实行联网共享、通借通还,基本形成了资源丰富、服务便捷、覆盖城乡的数字文化服务体系。还在原市、镇、村(社区)三级服务网络的基础上,创新实践网格化公共文化服务模式,实现了公共文化资源由"分散、分割"向"整合、一体"转变,文化服务方式从"单一供给"向"多元供给"、"交互供给"转变,文化服务对象从"被动接受"向"主动参与"转变。

在易地新建全国县级市一流的老年公寓的同时,加大对民办养老机构建设的扶持与监管力度,仅2012年就新增养老床位2717张(总床位7432张),千名老人拥有床位数达38张。坚持把城乡社区作为居家养老服务的重要阵地,建立健全立足社区、面向老人、布局合理、方便实用的养老服务设施和活动场所。同时,积极筹建集养老服务、信息管理、老年人居家呼叫服务和应急救援服务于一体的网络系统。

现在,在张家港城乡还活跃着10多万名志愿者,根据服务对象的具体需求,通过实施"学雷锋志愿服务伙伴计划"等方式,长期开展有针对性的志愿服务活动。

2. 城乡社会保障全面并轨

退休后有养老金,在过去很长一段时间一直是城镇职工的专利,守着几亩甚至几分薄田的农民只能依靠"养儿防老"。早在20世纪90年代初,张家港市就在全国率先探索建立农村基本养老保险制度,城镇职工和农村居民养老保险的双轨制也就此形成。在推进城乡一体化改革发展中,张家港市较早地将亦工亦农的乡镇企业职工纳入城镇职工养老保险范畴,又将被征地农民以"土地换社保"的方式纳入到城镇职工养老保险体系,通过连续多年"社保扩面"和全面推进"农保转城保",使21.6万农民全部纳入城镇职工养老保险体系,在全国率先实现了城乡养老保险并轨,目前最低标准达560元/月。

在实现城乡养老保险并轨的基础上,张家港市积极实施居民医疗保险与城镇职工医疗保险的政策接轨、平台合轨、管理并轨,目前全市城镇居民医保筹资标准提高到600元,政策内补偿75%以上。失业保险金的最低享受标准为650元/月,全市社会保险参保覆盖率、老年农(居)民养老待遇发放率超过99.5%。还在全省率先实行城乡低保一体化,并落实增长机制,目前标准为每人每月600元。

就业乃民生之本。张家港市搭建城乡统一的劳动就业服务平台,提供"一站式"免费就业服务。在全省率先将就业扶持政策从城镇延伸到农村,将八类城乡就业困难对象全部纳入政策扶持范围,近三年来扶持的就业困难人员超过5万人,年补贴超9000万元(2012年为1.02亿元)。实行农村劳动力职业技能培训普惠制,年培训农村劳动力8000人次。在全省率先实现特困家庭劳动力就业、本市籍应届大学毕业生就业"两个99%",社会登记失业率始终控制在3%以内。

张家港市不断完善新型社会救助体系。除实行城乡低保统一标准以外,针对全市城乡困难家庭学生实施"阳光午餐工程",为他们免费提供午餐。由政府出资,为全市城乡居民家庭购买自然灾害民生保险。自2012年6月第四轮民生保险实施以来,全市已有489户受灾户得到赔付救助,共赔付82.05万元。为切实解决好困难群众的住房困难,还在全市范围内实施城乡困难群众"安居工程",按安居类别(拆迁、预拆迁、帮建、帮修等)分类给予1～8万元不等的补贴。

3. 城乡社会管理创新引领

城乡一体化改革发展给社会管理提出了新的课题,尤其是大量的农民集中居住以后,以地缘为界的传统村落形态已经打乱,村民分散居住在新建的动迁小区,陌生感和紧张感大大增加。针对这些变化,张家港市积极探索城乡一体化条件下的社会管理模式与方式。2011 年 7 月,市委下发《关于进一步加强城乡社区建设管理的意见》,重点规范社区规划设置、分类管理、队伍建设、资金保障等,并探索实施网格化、扁平化、准入制等工作模式,创新城乡社区管理服务机制,在城乡社区全面推行"一委一居一站一办"(社区党组织、社区居委会、社区服务站、综治办),完善社区组织架构,对社区目前承担的各项工作进行全面梳理,合理划分社区党组织、社区居委会和社区服务站的职能职责,提高社区工作效率和服务水平。在城乡社区平台建设的基础上,张家港市充分发挥社会组织和社工队伍协同参与作用,构建现代社会基层管理服务新格局。目前,全市已有注册登记备案的社会组织 1924 个,其中社区社会组织 1488 个,全市"持证"社工 784 人,每万人拥有社会工作者 6.2 人。

基层党组织是城乡社会管理的主心骨,为充分发挥基层党组织在推动科学发展、促进社会和谐、服务城乡居民中的主导作用,张家港市打破城乡、条块界限,创造性地提出了"小区域、大党建"的工作思路,把地域相近、利益相关的社区、企业、党政机关、条线部门等联合起来,按照"组织联建、阵地联办、活动联搞、党员联管、责任联担"的方式方法,构建条融于块、优势互补、资源共享、双向受益的区域化党建工作新格局。在区域化党建取得初步成效的基础上,又在城乡社区创造性地推出了"网格化管理、组团式服务、社会化考评"的基层党建工作模式,将党建小区域划分成若干个网格状的单元,组建服务团队包干服务每个网格单元,并由基层党员群众来考核评判活动成效,真正实现了基层党员干部联系群众的全覆盖、服务群众的经常化。

**(三)以提高人的素质为根本,培育城乡一体文明主体**

人是城乡一体文明的根本性、决定性的因素。没有人的文明,城乡一体文明就如无源之水、无本之木。在推进城乡一体化改革发展的探索实践中,张家港市始终以育人为根本,加快农民向市民、市民向文明市民的转变,着力培育城乡一体的文明主体。

1. 强化市魂塑造，倡导共同价值追求

"团结拼搏、负重奋进，自加压力、敢于争先"的十六字张家港精神，自20 世纪 90 年代初形成以后，成为张家港跨越式发展的强大精神动力，催生了张家港速度，创造了张家港奇迹，得到了江泽民同志的充分肯定，并亲笔题词。伴随着伟大理论在张家港的成功实践，张家港精神红遍大江南北，享誉全国，成为以改革创新为核心的时代精神的重要组成部分和苏州率先发展的三大法宝之一。对于这一宝贵的精神财富，张家港市历届领导班子都十分珍视，把大力弘扬张家港精神作为攻坚克难、再创辉煌的有力武器和致胜法宝，并根据各个不同时期的发展要求，赋予其新的时代内涵，使其生生不息、永放光芒。

20 年来，张家港市持续不断强化市魂塑造，把与时俱进弘扬张家港精神作为一条主线贯穿于"两个率先"全过程，使之成为全市人民的强大精神内核和共同价值追求。张家港市第十次党代会报告明确提出，"大力建设以张家港精神为第一要义、以实干创业为核心内涵、以永争一流为鲜明导向、以文明进步为显著特征的张家港特色文化"。在江泽民同志为张家港精神题词 15 周年之际，张家港市委、市政府隆重举行"大力弘扬张家港精神、再创科学发展新辉煌"座谈会，设立"伟大理论的成功实践——张家港精神展览馆"，并在全市范围内部署开展"张家港精神再教育、再弘扬、再实践"活动，提出了新时期、新阶段大力弘扬张家港精神的十五字新要求：善创新、重实干、敢突破、勇担当、创辉煌，再次掀起了"大力弘扬张家港精神、率先基本实现现代化"的热潮。2012 年 7 月 19 日，人民日报刊发《论张家港精神的社会主义价值意蕴》，对张家港精神做出新的理论概括。

一直以来，张家港城乡居民将张家港精神内化于心、外化于行。不甘落后、顽强拼搏，创新有为、样样争先，成为张家港人最为显著的精神特质。

2. 突出教育引导，促进行为方式转变

行为方式是人的文明素养的外在表现。为帮助城乡居民包括外来人员养成文明的行为习惯，引导他们说文明话、做文明事、当文明人，张家港市制定了《关于建立健全深化全国文明城市创建长效机制的意见》《市民素质提升工程实施计划》，在全国县级市中率先进行城乡公共文明指数测评，测评分数纳入乡镇千分考核。2011年,又把城乡公共文明指数作为一项特色指标,纳入"率先基本实现现代化指标体系",使城乡一体文明建设与率先基本实现现代化有机融合、互为促进。

在实践中,张家港市从根本性的带有普遍性的问题抓起。为切实解决思想道德领域存在的突出问题,在全市城乡普遍开设"道德讲堂",紧紧抓住几年前涌现出的"张闻明"爱心助学典型,组织开展"张闻明好人现象研讨"、"寻访身边好人张闻明"道德风尚行动,广泛发动群众寻找、推荐身边好人,并进行集中宣传,在全市形成了"学习好人、争当先进"的浓厚氛围。在编发《文明市民读本》、开展文明市民普及性教育的同时,着力打造未成年人思想道德教育品牌,通过"小手牵大手",推动文明家庭创建,优化社会文明细胞。以"讲文明、树新风"为主题,深入开展"文明礼仪百家讲坛"活动,目前全市城乡已有30多万人次接受了文明礼仪知识培训。为引导城乡居民多读书、读好书,养成读书学习的良好习惯,在全国县级市中率先制定下发《关于深入开展全民阅读活动加快建设"书香城市"的实施意见》,发布全国首个《"书香城市"建设评价指标体系》,有力地推动了各级各类阅读活动的蓬勃开展,促进了人文素质的稳步提升。

张家港市还从创造城乡优美环境入手,大规模、高标准地开展城乡大环境整治,落实卫生保洁长效管理机制,让优美的环境影响和改变城乡居民的生活习惯。更从制度层面规范人的行为,如在新市民中推行积分管理制促进新老市民融合;南丰镇永联村推行"奖文明"制,把村民福利待遇发放与文明考核结果挂钩,有效地推动了"他律"向"自律"的转变。

3. 注重文化育人,发挥熏陶浸染功能

文化是民族的血脉,是人民的精神家园。在推进城乡一体文明建设中,张家港市始终把文化建设放在与经济、政治、社会、生态环境建设同等重要的位置,在不断加大城乡公共文化设施建设力度、不断完善城乡公共文化服务体系的同时,注重挖掘、整合特有文化资源,致力于文化创造与文化育人,充分发挥了先进文化的熏陶浸染功能。

自2004年以来,张家港市联手长江流域12省(市、区),连续九年成功举办了中国(张家港)长江文化艺术节,将灿烂的长江文化通过说、写、画、唱、舞、颂等多种形式集中展示在世人面前,被誉为"小县城扛起了弘扬民族文化的大旗"。与长江文化品牌相辉映,张家港各区镇还从本地实际出发,着力培育"河阳文化"、"沙上文化"、"东渡文化"等各具特色的地方文化品牌,如大新镇突出"和"、"孝"文化根基,精心打造"和孝文化";南丰镇以"德润南丰"为主线,精心打造"感恩文化",都因为与基层群众有着强烈的思想情感共鸣而产生了极好的社会反响。

本着文化惠民的宗旨,张家港市政府采取委托经营管理的模式,将新建成的张家港大剧院交由保利公司整体运营,成为保利院线的其中一员,使国内外一流的音乐、舞蹈等高雅文艺节目也能够常年不断地在张家港演出。按照"三贴近"的要求,张家港市常年开展公益文艺"村村演"、千场电影"月月映"、广场文艺"周周唱"、文明书场"天天说"等丰富多彩的群众文化活动。目前,建成拳操队、腰鼓队、舞蹈队等各类业余群众文艺团队 252 支,参加人数达到 1.36 万人。"新市民文明绿卡"行动和"真心英雄"年度人物评选等活动,寓教于乐、寓教于随,增强了文化的渗透性、艺术性和可接受性。所有这些,在充分满足城乡居民精神文化需求的同时也使人的素质在潜移默化中得到提升。

### 三、有益的启示

统筹城乡经济社会发展,加快形成城乡经济社会发展一体化新格局,是全面贯彻落实党的十八大精神、全面夺取中国特色社会主义新胜利的必然要求。作为城乡一体化发展综合配套改革试点区,张家港市以破除城乡二元结构为核心,以创新体制机制为关键,以优化配置城乡资源为重点,努力先行先试,大胆创新实践,积极探索具有张家港特色的城乡一体文明建设之路,给我们诸多有益启示。

**(一)城乡一体文明建设,必须坚持立足长远,科学规划,推动社会生产生活方式根本转变**

城乡一体文明是促进城乡居民生产、生活和居住方式根本转变的过程,是城乡经济、社会、文化和生态差距缩小、协调发展的过程,必须因地制宜,立足长远,科学规划,稳步推进。张家港市作为一个县级市,城市化进程起步较晚,农业、农村、农民问题是城乡一体文明建设面临的艰巨任务。破除城乡"二元结构"、统筹城乡经济社会发展,既是促进社会生产生活方式转变的基础和前提,又是城乡一体文明建设的重要目标内涵。张家港市按照"以工业化为动力,以城市化为途径,以人的素质和生活质量的全面提高为内涵"的城乡统筹发展思路,科学规划城乡发展布局,充分尊重各区域的差异性,坚持因地制宜、体现特色的重要原则,对市、镇实施统一规划,形成了层次分明、相互衔接、完整统一的城镇规划体系。按照发展定向、功能定位、布局定点的要求,通过行政区划调整,使农村有限的资源趋于集中,彻底改变了"重城轻乡、城乡分治"的传统观念和做法。通过统筹推进城乡规划建设,促进了公共资源在城乡之间均衡配置,生产要素在城乡之间自由流动,使城乡发展有机衔接、相互融合,并互为资源、互为市场,最终实现了城乡之间经济、社会、文化、生态等各个文明形态的同步协调发展。

**(二)城乡一体文明建设,必须坚持与时俱进,创新理念,促进经济社会协调发展**

城乡一体文明是新的时代背景下农村城镇化的一个全新阶段,是一个动态发展、渐进累积的过程,必须与经济社会发展的要求相适应,与广大人民群众物质文化生活水平不断提高的要求相适应。面对城乡一体文明建设过程中出现的新情况、新问题,张家港市不断解放思想、更新理念,坚持以时间为轴线,逐步、分阶段实现城乡一体文明的总体目标。短期目标是,致力于制度创新,消除城乡对立的制度壁垒,促进城乡产业发展、基础设施建设、公共管理和社会保障等方面的融合;中期目标是,进一步发挥城市的辐射和带动作用,逐渐消除城乡经济和社会发展水平的差距;远期目标是,真正实现城乡经济、社会、文化和生态的完全融合,形成一体化的网络型系统。张家港市从"两手抓、两手硬"起步,到全国文明城市创建,到城乡一体文明的构建,到实现人的全面发展和经济社会全面发展的"两个全面发展",都充分体现了与时俱进、创新理念的原则和要求。面对新的形势和任务、新的矛盾和挑战,只有坚持与时俱进、改革创新,不断激发城乡一体文明建设的内在活力,才能找到符合自身实际和科学发展要求的新思路、新办法,不断增强城乡一体文明建设的针对性和有效性。

**（三）城乡一体文明建设，必须坚持以人为本，惠民利民，把提升民生水平作为根本出发点和落脚点**

城乡一体文明建设的最终目标是破除城乡二元结构、缩小城乡差距，实现城乡一体发展，最终的受益者是全体城乡居民。城乡一体文明建设只有坚持以人为本、惠民利民，才能得到广大人民群众的拥护与支持。张家港市坚持把提升民生水平作为推进城乡一体文明建设的根本出发点和落脚点，始终把城乡一体文明建设放在全市经济社会发展的战略高度，作为推动主导产业升级、城市功能升级和人文素质升级的一条主线来抓，采取切实有效的政策措施，推动"三集中"和"三置换"，创新社会管理、完善社会保障、优化公共服务、促进收入增长。牢牢把握资源要素向农村配置这个重要着力点，加快建立有利于资源要素向农村配置的激励机制，改革农村公共服务供给制度，建立城市支持农村、工业反哺农业的投入制度，促进城乡社会保障和公共服务均等化，形成更加科学合理的二次分配机制。把城乡一体文明建设过程，变成城乡居民改善生活质量、转变生活方式、实现自我价值的过程，变成替群众办实事、做好事、解难题的过程，努力让人民群众在得实惠中激发出更大的参与热情，较好地实现了从政府的"一头热"到政府与群众的"两头热"，使得城乡一体文明建设获得了最广泛的群众基础。

# 常熟市：强化生态文明建设　打造现代江南名城

## 一、现代城市与美丽乡村和谐交融，牢固树立生态文明理念

素有"人文昌盛之邦，文物著于江南"、"七溪流水皆通海，十里青山半入城"等诸多美誉的常熟市，近年来，在致力发展经济的同时，大力加强生态环境建设，取得了令人瞩目的成绩。"世上湖山，天下常熟。"这一语双关的盛情赞誉，是汪道涵先生在常熟登临虞山、泛舟尚湖后欣然提笔写下的真切感受。今天，更多来到常熟的八方宾朋，无不被常熟优美的生态环境所吸引，徜徉于粉墙黛瓦之中，流连于青山绿水之间，魂牵梦萦的江南记忆，从未像在常熟这里一样被猝不及防地激活过，从未像在常熟这里一样被真真切切地亲近过。

如今的常熟，一个生产发展、生活富裕、生态文明的锦绣江南名城呼之欲出。常熟古城三湖环抱，山、水、城融为一体的独特城市格局得以保留传承，古城区内，琴川河穿城而过，小桥流水举步可见，雅园幽巷点缀其间，构成了一幅独特的江南水乡风情画。城市绿化覆盖率达 51.6%，人均公共绿地 19.5 平方米，虞山尚湖、昆承湖风景区、沙家浜芦苇荡、古城观光、沿江生态等生态旅游景区由点成片，尚湖、昆承湖、南湖在生态修复后更显蓬勃生机，目前已拥有 5 家国家 4A 级景区，并正在努力争创 1 家国家 5A 级景区。近年来，常熟先后获得"国家环保模范城市"、"中国人居环境范例奖"、"中国十大文化生态旅游城市"等荣誉，是全国同类城市中首家"国家园林城市"、"绿化模范城市"、"国际花园城市"、"中国品牌城市"，也是全国首批"国家生态市"。

**（一）风朗气清环境特色日益彰显**

常熟积极实施可持续发展战略,大力推行绿色发展,不断优化产业布局、坚决淘汰落后产能、全面开展污染减排,全市工业污染大幅削减、生活污染全面治理、农业面源污染全面控制,城乡环境质量全面提升,天蓝、水清、地绿、城美已成为常熟的鲜明特色。"十五"时期以来,常熟经济总量每年以10%以上的速度增长,排污总量却以5%左右的速度逐年下降。常熟的环境空气质量状况持续优良,始终保持在国家空气质量二级标准,主要监测指标年均浓度均优于标准限值,蓝天天数年均超过362天,2012全年空气质量优良天数比例达98.91%,河道功能区达标率达100%。

**（二）山水城林景观特色原色呈现**

**1. 城市之"肺"活力四射**

除虞山国家森林公园外,昆承湖城市森林公园、南湖森林公园、滨江森林公园等一大批城市森林相继建成,城镇绿化覆盖率提高到44.02%,陆地林木覆盖面积207.1公顷,覆盖率提高到18.41%,其中生态公益林面积超过4万亩,常熟城市空气中的负氧离子含量比同类其他城市高出30%～50%。

**2. 城市之"肾"生机勃勃**

常熟境内湿地对于城市生态功能的重要作用得以充分发挥,一个以湿地为主的120平方公里城市核心生态圈已基本形成,其中尚湖是常熟的生态之湖,水质主要指标常年保持在二类以上水平,成为全国首批国家城市湿地公园,同时也是江苏生物多样性保护的示范基地;五年投入10亿元对常熟境内水域面积最大的昆承湖全面实施环境综合整治,水质已从劣五类恢复到三类水,大批水生动植物恢复性增长,湖泊生态系统得到有效恢复,已吸引各类禽鸟超过30多种;沙家浜、南湖等一大批生态湿地也正在加快建设,常熟已成为江苏湿地保护最好、修复力度最大的地区之一。

**3. 城市之"脉"畅通无阻**

通过对以琴川河和七弦河为骨干的城区河道和乡村河道实施污水截流、河道疏浚、引流循环以及生态驳岸等"畅流工程"系统整治,城市水脉畅通、水质提高,成为改善城市生态环境,诠释城市历史文脉,美化城市景观的重要元素,基本实现了常熟城乡河道"水清、流畅、岸绿、景美",常熟也因此被住建部评为"城市水环境保护示范城市"。

### （三）循环低碳产业特色蔚成大观

#### 1. 生态农业蓬勃发展

截至 2012 年底，常熟建成 8 个有机食品生产基地和数十个绿色食品基地，有机食品、绿色食品生产面积占全市种养面积的 25%。全市先后建成董浜现代农业示范区等多个生态农业基地，并在全省率先建成节水灌溉示范市。水产养殖总面积超过 17 万亩，9 万多亩池塘推广采用虾蟹混养生态养殖模式，主要湖泊消灭围网养殖，养殖污染大大减少。沙家浜建成了全省首个低碳养殖示范基地，目前已有近 400 亩养殖池塘上方建设了太阳能发电站，探索出一条可持续生态养殖新模式。

#### 2. 生态工业初具规模

作为江苏省首批循环经济建设试点城市，常熟市循环型企业、循环型园区建设走在全省前列。到 2011 年底，全市有 75 家企业被苏州市授予"循环经济试点企业"，国家级常熟经济技术开发区、江苏省常熟高新技术产业开发区、新材料产业园均建成了以循环经济为特色的生态工业示范园区，其中国家级常熟经济技术开发区已列入国家试点；以阿特斯阳光电力、腾晖电力等企业为代表的新能源板块走在苏州前列；以三爱富中昊化工有限公司、海科化学有限公司等企业为代表的碳减排项目走在全国前列，其中三爱富中昊 F23 减排项目是目前国内最大的温室气体减排项目，年减排温室气体相当于 1043 万吨二氧化碳当量，被世界银行列为减排交易的示范项目。一个以新能源、可再生能源、节能新材料等低碳产业为特色的低碳产业城市正在崛起。

#### 3. 生态旅游方兴未艾

常熟坚持生态为先、永续利用，大力度显山、露水、增绿，用生态理念发展旅游事业，使"山水常熟"、"生态常熟"成为旅游的金字招牌，走出了一条旅游融合发展、带动转型、推动保护的特色之路，成为全国旅游强县、江苏生态旅游示范城市。"十一五"期间，全市旅游业收入年均增长 31%，接待游客人数年均增长 14.5%。近三年，为显山、露水、增绿，全市旅游投资 30 亿元，实现了十里虞山"全入城"、五个湖泊"全整治"的目标，2012 年全市旅游总收入突破300亿元,占到服务业增加值的35.8%,支柱产业地位不断巩固。旅游业的快速扩张,带动了商贸业繁荣提升,促进了生态农业加快发展,增强了城市吸引力,为集聚创新创业人才创造了更好条件。

今天的常熟,城乡大地尽情舒展着一幅现代城市与美丽乡村和谐交融的绚美画卷。细细深思,这幅画卷却并非天生如是,因而值得分外珍惜、精心呵护。

### 二、牢固树立生态育市理念,把良好生态作为最大财富

欣然题写"世上湖山,天下常熟"的汪道涵先生也许并不知道,他所见到的虞山尚湖,已是劫后重生的模样。在那个"以粮为纲"的年代,尚湖曾被抽干了湖水,"围湖造田"大搞粮食生产。但由于缺少了水的滋润,虞山森林成片死亡,鸟兽几乎绝迹,而湖底并不肥沃的硬泥粘土又每每辜负人们丰收的渴望。1985年,常熟市委市政府痛定思痛,以"退田还湖"的壮举,终于把一片蓬勃生机又还给了虞山尚湖,也把一个恬淡空灵的自然生态福地还给了常熟市民。如果说"围湖造田"是过分强调"人定胜天"导致生态灾难的惨痛教训,那么在改革开放前期"家家点火、村村冒烟"式的发展冲动与环境生态之间的冲突,则是常熟真正从人与生态的本质关系来认识、思考,并迅速转向自觉开展环境保护和生态修复的一个触发器。

毋庸置疑,常熟迎着改革开放的东风,较早地以建办乡镇企业、建设新型集镇为契机,成功闯出了农民"离土不离乡,进厂不进城"的"碧溪之路",民营经济率先发展的"富民之路",成为"苏南模式"的杰出代表,为实现常熟经济"由农转工"、"由内转外"、"由单转多"三大历史性跨越奠定了坚实基础,极大地促进了全市人民的思想大解放和生产力的大发展。但与此同时,由于认识不足,重视不够,以及经济实力、技术能力等方面的制约,乡镇企业数量多、规模小、技术低、布局散等问题长期存在,特别是大量小电镀、小蓄电池、小化工、小印染、小造粒、小炼油、小开毛、小五金企业以及数量更多的个体工商户,在生产过程中对生态环境的污染破坏达到一个高峰期。如常熟境内面积超过18平方公里的最大湖泊——昆承湖,由于周边小企业林立,以及受到张家港河上游客水污染源影响,在20世纪90年代到2004年以前

大面积仅达到 5 类及以下水质标准，"虞山十八景"中"藕渠渔乐"的美景淡出了人们的视线。同时，日益增加的环境问题也影响到了社会和谐稳定以及百姓身体健康、安居乐业，环境污染问题日渐成为百姓关注的社会热点。现实拷问着各级党委、政府的智慧：到底要发展还是要环境？是先保发展还是先保环境？两者矛盾是否不可避免？能否做到既发展好又环境好？

事实上，常熟在环境保护方面的工作自 20 世纪 80 年代初即已起步，但那时总体上仍无法很好地对生态环境影响进行全面控制。在今天科学发展的新阶段，面对城市蓬勃发展的新态势，如何正确处理好增长速度与发展质量、经济结构与产业层次、经济增长与生态环保、生活水平与社会进步等相互关系，推进经济社会又好又快发展，更迫切需要我们作出率先探索和回答。

2001 年，常熟市委、市政府从可持续发展的高度出发，提出了创建全国生态市的宏伟目标，在创建全国文明城市暨生态城市动员大会上，市委主要领导提出，要统一思想，牢固树立"生态立市"理念。这一理念是在经济发展与生态保护的矛盾中率先突围，是对"高投入、低利用、强排放"的粗放型经济增长方式的根本变革。建设生态城市，决不是简单的天蓝地绿、山清水秀；发展现代农业，不是简单的粗放式经营，而是吸收国外先进技术，减少污染，提高产出率和附加值。生态育市关键要形成一种和谐共生的科学发展模式，让常熟处处有个好环境，让市民人人有个好身体，让百姓天天有个好心情。2006 年市委提出要按照"生态环境良好、配套设施完善、商务环境优越、城市管理规范"的目标，推进人口向城镇集中、居住向社区集中、工业向园区集中、农业向基地集中，努力把常熟建成最适宜生活居住的休闲名城、最适宜投资创业的工商名城。2009 年颁布的《关于加强生态文明建设的实施意见》提出，把建设生态城市作为改善投资环境、促进持续发展、提高生活质量、构建和谐社会的重要抓手，大力推进环境友好型、资源节约型社会建设，以生态环境的提升带动全市美誉度的提升。《常熟生态市建设规划》突出围绕"富民强市"、率先基本实现现代化的目标，以增强城市综合竞争力为主线，以建设最适宜创业发展和生活居住的宜居城市为着眼点，坚持以人为本，良性循环，以实现人与自然的和谐统一、人文环境与自然环境的有机融合，为城市经济与城市环境的全面、协调、可持续发展构筑保障体系。

决不能让有限的生态环境容量与传统粗放式发展之间的矛盾继续累积，常熟市委、市政府清醒地认识到，新一轮城市之间的竞争突出的表现就是环境的竞争。环境质量的好坏，已经成为衡量一个地区综合竞争力的重要标志。生态，就是一串数字前面的"1"，发展就是后面的"0"，缺少前面的"1"，后面再多的"0"也是枉然。破坏了生态，百姓不买账，外来优质投资者同样不买账，甚至连本地的优质资源都留不住。保护生态不再被看成是发展的负担，而是一笔财富，是加快经济结构调整、发展层级提升的"催化剂"；为百姓建设一个生态良好的栖居地，也是让百姓共享改革发展的实实在在的体现。正是因为常熟较早确立"环境立市、生态育市"理念，率先做好生态文章，坚定不移地通过创建国家环保模范城市、国家级生态示范区和国家生态市，有力地为增创常熟新优势、打造生态新常熟，为全面、协调、可持续发展构筑了一个很好的平台，持续强化的生态建设也让县域经济的科学发展、率先发展有了一个更加广阔的空间。

近年来，常熟以科学发展观为指导，坚持"以人为本"这个核心，从人口密集、资源紧缺的市情实际出发，把加快发展的着力点从主要依赖物力资本向依赖人力资本转变，从大力集聚劳动密集型产业向集聚知识密集型产业转变，作为落实科学发展观，实现又好又快发展的根本途径，走出一条科技支撑、创新驱动、资源节约、生态良好的新型发展道路，推动全市产业向产出效率效益更高、环境损害影响更小的产业链、生态链"微笑曲线"两端迈进。在常熟的"经济版图"上，这条"微笑曲线"的两端还在不断地向上翘起、延伸……

### 三、始终坚持市域一体规划，把改善生态作为头等大事

#### （一）统筹规划市域空间结构，构建科学合理的生态发展空间体系

1. 划分合理的生态功能区

将全市域 1264 平方公里纳入城市总体规划范围，结合城市发展现状和趋势，《常熟市城市总体规划（2010 ～ 2030）》将常熟市域划分为生态保育区、生态过渡区和生态建设区。并根据各自的功能定位有针对性地进行建设，以保证区域环境质量的稳定与改善。《常熟生态市发展规划》在全国县级市中率先通过国家环保总局组织的专家评审，各镇均编制生态城镇规划，

形成完善的市镇两级生态规划体系,实现生态规划"全覆盖";编制了《常熟市循环经济发展规划》等生态专业规划以及水资源保护规划、生态农业规划、生态工业园区规划、区域性生态修复规划等子规划和《常熟生态市建设三年行动计划》,对生态建设实践起到重要的指导和促进作用。

2. 构建合理的城镇空间结构

根据生态环境容量、经济社会承载力、人口增长速度及流动规模,结合城市总体发展目标与发展基础,常熟市积极构建"一城四片区"的城镇格局,"一城"即主城区作为国家历史文化名城、现代化商贸城市、文化休闲旅游城市、重要的旅游目的地,将发挥全市政治、经济、文化中心的作用,建成充满活力、宜居的现代化城市。"四片区"即支董片区发挥高速公路对产业发展、商贸物流的带动作用,促进该片区成为市域东部的增长极;海虞片区作为市域西北部工业集中建设点,建设新材料产业园;辛庄片区结合区位优势,与苏州高新技术产业战略目标相吻合,建立以新能源、生物产业为主的产业园;沿江片区主要依托港口与现有产业基础,建设成为临港工业新城。

3. 统筹合理的城乡发展布局

常熟市把握区域开发建设的进度和节奏,合理确定空间开发的适宜性及其管治力度。优先发展区域主城区、四大片区核心区、省级以上开发区和工业集中区。实行严格的建设用地增量控制制度,不断提高土地集约利用水平。重点完善区域包括农村社区、特色村庄、省级以下新兴工业集中区。调整优化用地结构,进一步加大基础设施和公共服务设施的建设力度,改善投资创业环境,加快城乡组团功能发育。

**(二)统筹规划市域产业布局,构建持续发展的产业支撑体系**

1. 集聚产业发展空间

常熟市积极置换回收零散工业用地,以农业基地、工业园区及服务中心为载体,打造"两区、两园、七大工业集中区",积极提升产业承载空间。进一步优化"两区两园"和乡镇工业集中区工业有机融合、错位发展的产业空间布局,注重资源的有效整合和集约利用,促进产业集聚和企业集群。

2. 强化产业政策引导

在推进城乡一体化过程中,进一步界定农业用地范围,对农用地实施分类管理,认真落实生态补偿等相关政策,保障农业土地资源高效利用。严格控制用地多、能耗高、污染排放严重的工业建设项目,鼓励发展土地利用效率高、高端人才集聚、资本密集的现代服务业项目,优先安排软件和服务外包、科技研发、现代物流等生产性服务项目用地。

### 3. 加快优势产业集群

按照"规划引领、业态升级、空间集中"的思路,进一步明确镇级工业集中区的产业定位和专业特色,加大基础设施投入,提高载体配套水平。以产业为纽带,以配套促集聚,重点培育高端装备制造、汽车及零部件、新能源等若干个集聚度高、产业链长的支柱产业。围绕转型升级目标,培育和壮大一批特色产业基地。通过集聚生产要素,完善功能配套,大幅度提高产业集中度和投入产出率,增强区域的产业竞争力与集群水平。

### (三)统筹规划市域基础设施,构建有力有效的环境保护体系

#### 1. 统筹城乡交通,引导集约集聚发展

优化道路功能、等级结构和断面设置,以交通分区引导城市用地布局及开发强度控制,以交通走廊引导城市发展方向,以公共交通走廊支撑城市有序扩展,以交通枢纽带动城市中心体系建设,注重交通与土地利用、城市发展的有效互动。构建了"外畅内达、集约高效、生态绿色、城乡一体的综合交通系统"。

#### 2. 统筹供水排水,促进设施共建共享

以节约保护为重点,新建与改造、扩建相结合,充分发挥现有工程体系的作用,以水资源优化配置和高效利用为核心,完善骨干供水网络,建设供水水量检测、控制系统,强化水资源统一管理,建立一体化的水资源利用和调控系统。2011年,常熟成功创建国家节水型城市。

#### 3. 统筹环境卫生,强化生态保护功能

加快形成"科学合理的固体废物资源回收利用、收集、运输和处理处置系统"、"节能高效的城市保洁系统"、"种类齐全、布局合理的环境卫生公共设施系统"等环境卫生体系建设,以城市化带动乡镇卫生基础设施建设,实现城乡生活垃圾的收运处置、其他垃圾收运处置、公共厕所建设、长效保洁、环卫经费等一体化建设,率先实现城乡垃圾统一收集处理和生活垃圾无害

化处理全覆盖。

**（四）统筹规划市域生态区建设，构建协调有致的生态景观格局**

1. 整合生态空间，提升城市景观品质

常熟市规划打造以虞山、尚湖、昆承湖、南湖为核心的 120 平方公里城市核心生态圈，形成了"青山入城，七溪贯城，三湖映城，绿扇润城、一江耀城"的市域生态空间格局。充分整合市域内的河、湖水网、生态湿地、风景名胜区等生态资源，继续保持沿江水源保护区，建设沿江湿地。开发虞山尚湖风景区，着力加强沙家浜芦苇荡风景区、昆承湖生态景区建设，注重绿化观赏性能及人的休闲功能。

2. 完善绿地系统，打造生态宜居环境

常熟通过整合，形成点、线、面有机结合，大、中、小规模配套，功能完善、指标先进、结构合理、生态良好的城市绿地系统。充分利用水系、山林等自然要素，主城区进一步强化常熟中心城区"山、水、城、林"融为一体的城市绿地系统。重点突出"一山"、"二环"、"三湖"、"七带"的城市开放空间系统，构筑"青山绿林环名城，七溪碧水联胜景"的绿地系统结构。

3. 彰显城市个性，打造生态品牌形象

常熟市因地制宜打造常熟的"亲水"形象，按照水体建设总体规划加快城市绿地建设，构建水湿生态绿化系统。提出将常熟现有景区划分为生态景观风貌区、传统景观风貌区、现代景观风貌区、景观风貌协调区以及相对独立的休闲景观风貌区。将山水文化、乡村文化、建筑文化融为一体，逐步提升城市的景观品质与生态宜居的特色，打造一个具有江南水乡特色的、宜居的山水生态城市。

**（五）统筹规划美丽乡村建设，凸显优美宜人的江南水乡特色**

1. 完善村庄布点规划

《常熟市城市总体规划（2010 ～ 2030）》将农村的社会经济发展纳入整体规划，合理引导城市文明向农村延伸。引导村庄适度集聚，提高公共设施和基础设施的统筹共享与利用效率，改善村庄人居环境。2011 年，全市各镇完成了总体规划、产业规划、土地利用规划、城乡一体化村庄规划等城乡一体化规划的"四规合一"。

2. 细化村庄整治规划

常熟积极组织编制完成高速公路的常熟段沿线村庄环境整治规划,制定村庄环境整治分布图,为高速公路沿线村庄的环境整治提供规划依据。落实三星级康居乡村的村庄整治规划,注重对村庄地域特色、文化积淀、自然生态的挖掘,成为全省村庄整治示范市。

近年来,常熟在村庄布点和整治规划的引领下,大力开展以清理脏点死角、清理乱堆乱放、河道疏浚、河岸绿化等为主要内容的城乡环境综合整治,使村容镇貌焕然一新,城乡环境大为改善。

## 四、持续加快转型升级步伐,把保护生态作为重要标杆

常熟市围绕城乡一体化建设的需要,坚持把工业转型发展和优化升级作为一项重大战略工程,全面加快产业转型升级步伐,为生态城市建设提供保障。

### (一)产业转型减少生态影响

1. 加快工业转型

常熟过去以传统轻纺、机械、服装等行业为主导,分散化、小型化现象比较突出,占有资源较多,产出贡献较小。为转变经济发展方式,常熟坚持把培育壮大新兴产业作为主攻方向,针对本地经济特点和社会发展趋势,制订了装备制造、汽车及零部件、电子信息、新能源和生物医药等"五大新兴产业"振兴规划,不断加大培育和扶持力度。围绕冶金、轻纺、服装、造纸和化工"五大传统产业"规划,以技术改造为主要动力,全面提升改造传统产业的能力。大力发展循环经济,编制《循环经济建设规划》,提出了建设生态产业园、循环经济等发展目标,对城市污水处理厂以及六大行业的 366 家单位实施提标改造和除磷脱氮工程,关停取缔各类污染企业 262 家。过去 6 年中,全市累计劝停、拒批耗能高、污染大的项目 400 多个,项目总投资额近30 亿元;同时对全市 800 多家化工、印染、电镀、造纸等"六小一无"企业实施了环境专项整治,做到淘汰一批、转移一批、提高一批。"十一五"以来,常熟节能减排工作取得显著成果,COD 排放量由 2005 年的 2.05 万吨下降到 2011 年的 1.55 万吨,净削减 24.4%(2012 年预计为 1.41 万吨,净削减

31.2%），$SO_2$ 排放量由 2005 年的 5.23 万吨下降到 2011 年的 3.72 万吨，净削减 28.9%（2012 年预计为 2.55 万吨，净削减 51.24%），单位 GDP 能耗下降 29.16%，常熟被列为省级循环经济试点市。

2. 加快农业转型

坚持走"高产、优质、高效、生态、安全"的现代农业发展道路，推进"一中心、两园区、多基地"的国家农业科技园区建设，加快实现"水稻规模化、蔬菜设施化、水产标准化、营销现代化"，依托物联网大力推广节水灌溉技术，全市形成 33 万亩水稻、17 万亩水产、15 万亩蔬菜连片基地，其中高效节水灌溉面积达 6 万亩。随着农业规模化、设施化、品牌化、产业化的发展，目前已建成 20 多个各具特色的农业生态链和 153 个有机食品、绿色食品、无公害食品基地，稻麦秸秆和畜禽粪便综合利用率分别达到了 99.5％和 95.6％，稻麦秸秆机械化还田率达到 82.5％。

3. 发展服务经济

与制造业相比，服务业以占用资源少、产出效益高、税收贡献大，常熟目前按常住人口计算，全市人均 GDP 已达 2 万美元，进入到经济结构深刻转型和实现腾飞的新阶段。为此，市委、市政府及时提出要加快构建以现代服务业为主导，现代服务业、高新技术产业和先进制造业融合发展的现代产业体系，坚持把服务业转型升级、大力发展现代服务业作为加快生态城市建设的重要保障，建立现代服务业发展考评体系，深化"江南商都、人居天堂、旅游胜地"的发展定位，积极鼓励、大力推进现代物流、金融保险、商务会展、总部经济、服务外包、文化创意等新兴服务业态发展，同时对传统服务业加快改造提升，建起了一批专业化商贸流通中心、休闲度假基地、地区性商务服务中心、服务外包基地，着力打造区域性现代服务业高地。目前常熟已拥有中国常熟服装城和常熟国家大学科技园 2 家省级现代服务业集聚区，常熟科创园、常熟国际物流园、沙家浜江南水乡影视产业园和虞山尚湖旅游度假区等 4 家苏州市级服务业集聚区。

**（二）城市转型提升生态功能**

1. 以环境友好为前提，策应生态文明

常熟市重点在调整产业布局、加快集约集群、加强节能降耗和推进循环经济等方面加大力度,使生态产业培育与生态文明建设紧密结合起来,把进一步优化产业布局、加快产业转型升级作为生态文明建设的重要内容,积极推行绿色发展,把淘汰落后产能、加快传统产业转型升级作为生态文明建设的重要抓手。同时着力推进城乡生活污水、生活垃圾等环境基础设施建设,2009 年组建常熟江南水务公司,全面负责全市各镇生活污水处理项目的建设和运行管理,投资 20 多亿元,按照"统一规划、统一建设、统一运行、统一监管"的要求,加快推进各镇污水收集管网、污水提升泵站和污水处理厂建设,铺设收水主管网由 2009 年底的 104 公里提高到 670 公里,新建 5 座污水处理厂,使全市生活污水处理厂总数达到 17 座,并建成农村生活污水分散式处理设施 327 个,受益农户超过 4 万户,城区生活污水处理率提高到 97%,镇区提升到 88%,农村提升到 60%。目前,全市已建成投运压缩式垃圾转运站 32 座(其中乡镇、开发区 20 座),城乡生活垃圾收集设施和收运车辆已基本配套到位,"组保洁、村收集、镇转运、市处理"的城乡生活垃圾一体化处理模式初步形成,城乡生活垃圾无害化处理率提高到 100%,其中集中焚烧处置能力 720 吨 / 日。

2. 以集约集群为途径,优化生态布局

常熟市把规模化、集约化发展作为优化生态布局的重要途径,全面推进以园区工业和镇级工业区载体建设,为集约化发展创造了条件。"两区两园"(国家级常熟经济技术开发区、江苏省常熟高新技术产业开发区、虞山高新技术园和新材料产业园)已成为全市新兴产业的集聚高地,一大批内外资项目落户开发区,新能源、新材料、节能环保、汽车及零部件、IT、精密机械等产业向园区结集,并已初具规模,形成了以"两区两园"为龙头、镇级工业集中区为羽翼的框架,产业集聚和承载能力进一步提高。集约化程度的提高大大提升了产出能力,减轻了环境压力,提高了规模效益。

3. 以整治搬迁为手段,改善生态环境

常熟市多次组织专项整治行动,按照"总量控制、优化结构、改造提升、入园进区"的整治总目标,采取严治违法、依法淘汰、调整布局、严格准入的原则,全面推开整治活动,累计关停小化工企业 229 家,共关停 870 家"六小一无"企业,共腾出土地 546 亩,分流劳动力近 7000 人;展开城区工业企业

"退二进三"工作,通过实施提高性搬迁,共交付土地 3355.6 亩,提高了土地资源的配置效益,为生态文明城市建设起到了助推作用。

4. 以加大投入为关键,提升生态功能

用于生态建设和环境整治方面的投入逐年增加,累计投入超过 60 亿元,有效支撑了区域生态修复、污染减排、城乡绿化等重点工程建设,促进了环境质量的持续改善。积极推进"统一规划、统一建设、统一运行、统一监管"的城乡一体化生活污水处理工程,实现污水处理设施的广覆盖,努力实现城乡环境基础设施共建共享。通过开展市局与乡镇的合作共建项目,努力打造了一批生态文明建设的新亮点,工业企业绿色低碳意识和机制不断得到增强。

**（三）生活转型强化生态意识**

1. 倡导绿色低碳生活方式

常熟坚持把绿色低碳作为核心,通过强化宣传导向、加强政府引导和开展推广行动等手段,增强全民生态意识,形成保护生态共识,使绿色低碳成为人们生产、生活的行为准则和自觉行动。培育示范典型,强化宣传引导,落实低碳行动,加大节能产品推广工作。

2. 开展绿色生态创建活动

全面推动生态文明镇(村)、绿色学校家庭创建等一系列绿色创建活动,全市各镇全部获得"国家生态镇"称号;扎实推进了各镇生态文明镇的建设进度,全市已有 2 个国家级生态村获得正式命名,建成 175 家省级生态村,154 所绿色学校,235 个绿色社区,300 个绿色家庭,形成了一个"金字塔"式的绿色网络,进一步扩大了农村生态文明建设载体,成为推进生态文明建设的重要阵地。

3. 发挥"智慧城市"平台作用

围绕"智慧城市"建设,面向未来构建在信息化条件下的全新城市形态,实现政府决策智能化、公众服务自主化、交通管理智能化、城市规划仿真化、城市治安预警化等智能服务,同时推动和提升社区和农村信息化水平,重点整合劳动保障、民政、公安、计生、卫生、司法、科技、教育、商务、旅游、气象、家政、娱乐等相关部门的业务系统和资源,形成统一的平台,促进社区政府服务、社会公益性服务和便民商业服务的信息化,推进智能化小区建设示范工程,推广智能楼宇、智能家居,发展智慧生活,使市民生活更方便、绿色、快捷,助力低碳城市建设。依托"智慧城市"平台,强化对环境、水资源、住房、能源、物流、食品、药品、森林等的智能化实时动态监测与应急预防,真正使"智慧常熟"成为推动城乡一体创建生态文明的强力引擎。

### 五、始终坚持生态文化熏染,让维护生态成为市民自觉行动

常熟市在贯彻落实可持续发展战略中,大力加强生态文化建设,努力唤起市民的"生态良知",紧紧围绕"建设生态名城、促进绿色发展"的总体目标,坚持把生态文明作为推进城市发展的核心动力,把污染减排作为改善环境质量的重要抓手,积极探索一条物质文明、精神文明、生态文明和谐发展的道路。

#### (一)生态修复与文化建设有机融合

1. 生态修复出形象

历史上的围湖造田使生态环境失去平衡,自然生态遭到极大破坏。为恢复尚湖生态平衡和山水景观,常熟市委市政府毅然决定退田还湖。常熟市大力推进城市核心生态圈建设,先后实施了虞山"亮山工程"、昆承湖实施生态修复工程、尚湖生态修复工程、南湖湿地生态修复工程、沙家浜国家城市湿地公园等多个生态修复重点工程,其中尚湖生态修复工程获得"联合国迪拜改善居住环境最佳范例奖"。为了提高农村河道引排能力,改善水生态水环境,近年来,常熟大力实施"碧水蓝天工程",对城乡河道进行全面整治,确保将全市主要河道断面Ⅲ类以上水质比例提高到60%以上,目前累计疏浚河道4909条(次),长3300公里,占区域河道总长的72%,完成土方3877万方,共建有河道护岸372公里。

2. 文化建设增内涵

近年来,常熟在虞山实施亮山增绿生态修复工程,修建适宜市民休闲生态化的石梅文化广场,又投入1亿多元,对彩衣堂、崇教兴福寺塔、赵用贤宅、仲雍墓、言子墓、瓶隐庐、拂水山庄、维摩山庄等一大批文保单位及控保建筑实施了全面维修和修复。建成了"元四家"之首黄公望纪念馆、"清代画圣"

王石谷纪念馆、介绍常熟地方文化历史、文化遗存、艺术流派的江南文化展示馆，连同之前建成的博物馆、图书馆、美术馆，形成了以书院街为中心的文博特色街区，极大地提升了城市的文化内涵，也使环虞山一带成为市民游客感受吴文化和江南文化的重要区域。常熟还精心编制了南泾堂、西泾岸、琴川河、南门坛上四个历史文化街区的保护利用规划，逐步恢复埋、淤积的七弦河，再现七溪流水汇入琴川河的常熟古城状如古琴的格局以及"七溪流香穿郭过，半山飞绿进城来"的诗意景观。同时，全市各镇也结合生态保护，对历史文化名镇、名村和古村落进行保护性修复修缮，为江南水乡景致增添了新的亮点。

### （二）生态产业与文化产业互动发展

#### 1. 大力发展文化产业

常熟紧紧围绕产业升级转型，将文化产业放在重要位置，实现了生态产业与文化产业的良性互动发展。每年安排1000万元文化产业发展专项引导资金，鼓励扶持文化产业发展，并在江苏省县（市）中率先实现产业规划、扶持政策、引导资金"三到位"。确立"一核多区"的发展理念，即以江南文化为核心，充分利用地域文化资源、文化人才、文艺作品等要素，重点发展文化旅游、创意设计、动漫影视等产业门类，着力打造旅游文化产业、创意文化产业等集聚区。目前，全市有文化产业企业2000余家，文化产业从业人员4万多人。近年来，常熟文化产业增加值以年均25%以上的速度增长，2012年占全市GDP的比例超过6%，已成为常熟经济新的增长点。

#### 2. 大力开发生态旅游

常熟大力发展生态农业，积极开发绿色生态旅游产业，走上了旅游旺家的康庄大道，先后推出了"新农村考察游"、"学生教育游"、"农家乐趣游"、"田园风光游"和"休闲生态游"等五大旅游项目，市内外宾客纷至沓来，现已成为全国农业旅游示范点。集爱国励志"红色教育游"、观光休闲"绿色生态游"、品尝水产"金色美食游"、古镇文化"影视文化游"于一体的沙家浜风景区，久享盛誉，成为江苏省首批文化产业示范基地。虞山尚湖风景区拥有丰富的人文景观，融合尚湖牡丹花会、端午龙舟赛、宝岩杨梅节、尚湖金秋秀水节等丰富多彩的节庆活动，成为市民游客观景寄情的极佳去处。生态旅游产业的发展繁荣大大提升了常熟文化的知名度,也推动着文化产业的转型升级。

### (三)生态教育与文化教育相互促进

生态文明意识的牢固树立和生态文明自觉行为的养成,离不开持之以恒的教育引导。近年来,常熟以社区、学校、家庭等为阵地,建立起多维度的生态教育体系,使生态教育涵盖了各个层面包括学校教育、社会教育、职业教育,几乎覆盖了政府、企业、学校和其他社会组织,实现了全民开展生态教育,营造了全社会共同推进生态文明建设的良好氛围。同时在全社会通过积极创建"绿色学校"、"绿色社区"、"低碳社区"、各级生态文明教育基地,使保护生态的理念更加深入人心。生态文明不是一时之需,而是要代代相传,让世代共享。为了让广大青少年从小培养环保意识、资源概念和法制观念,常熟市在全市中小学编印发放绿色环保规范宣传手册,开展"资源节约校园行"主题活动、"校企互动环境教育"活动,成立青少年环境友好使者服务团,举行生态文明建设青少年行动启动仪式,举办了全市中小学生环保征文、书画比赛和环境教育教案、活动方案设计比赛等活动。目前,全市中小学校已全部建成绿色学校,并启动开展国际生态学校创建工作。

## 六、不断推进体制机制创新,让生态文明成为城市金字招牌

### (一)建立科学有效的决策战略

#### 1. 提高科学决策水平

全面实施了环境与发展综合决策制度,聘请了一批"两院院士"和国内著名专家担任生态建设的长期顾问,并建立起了专家参与的科学决策机制,对经济发展、城乡建设、生态环境保护等重大事项,不经专家科学论证和环境影响评价不决策、不拍板、不实施。同时,始终坚持环境保护"一把手"亲自抓、"环保第一审批权"和评先创优的"环保一票否决权"。

#### 2. 加快基础设施配套

一是逐步完善现代化交通网络。全面完成204国道常熟段改道、沿江一级公路常熟西段等重大交通基础设施建设,进一步优化常熟对外交通环境。大力实施"公交优先"战略,切实缓解机动车快速增长带来的城市交通

压力。二是继续完善市政设施建设。进一步加快城镇污水处理、生活垃圾处理设施建设,强化电力、通信和管道天然气工程建设,加强城市防洪、消防和急救设施建设,全面提高基础设施的服务水平。三是配套完善城市功能。加快配套完善商业、教育、文化、体育、卫生等各类设施,尤其是重视和加强农村服务设施的配套工作。四是实施绿色民生工程。极倡导绿色发展理念,重点实施了一大批与广大市民日常生活关联度较大的绿色民生工程,如绿色公交系统、太阳能路灯与太阳能屋顶以及废旧电器回收、公共自行车等工程。

### 3. 统筹城乡协调发展

常熟市在统筹城乡经济社会发展中,始终统筹城乡生态环境保护,构建城乡一体化的生态环境保护新格局。坚持以科学规划为统领,着力构建以城区为中心,小城镇为节点,新农村示范村为基础,其他中心村为支撑的"四位一体"城乡发展空间格局;不断完善新农村规划,科学编制农村建设产业发展规划、村镇建设规划和社会事业发展规划;切实加强城乡规划管理,统筹安排经济社会发展各个方面的工作,重点突破,整体推进,促进城乡联动发展。

### (二)形成生态保护长效机制

#### 1. 环境保护常态化

2001年建成国家环保模范城市以来,常熟市及时提出"巩固提高创模绩效,加快建设全国生态示范区,早日实现创建全国生态市"的重点目标,全力打造"山水城"、"园林城"、"生态城"。近年来,常熟市每年直接用于生态环境保护的投入超过20亿元,环保投入占全市GDP的比重始终保持在2.5%以上,充分显示了在生态环境保护上的"大气魄、大手笔、大投入"。

#### 2. 生态监测制度化

常熟市已建成空气质量、交界断面水质、交通主干道噪声、工业污染、饮用水源地水质等五大自动监控系统,形成了覆盖全市的全方位、全天候环境自动监控网。在全国县级城市中率先建立大气质量预报日报制度,率先形成PM2.5监测能力,每天通过电视、电台、互联网等媒体向市民发布空气质量日报、预报,为及时采取措施降低污染提供了依据;投资100多万元建成长江饮用水源地水质自动监测系统,对水质 8 项特征性指标进行 24 小时自动监控,确保饮用水符合国家标准;投资 1800 多万元的工业污染源远程监控系统,可以实现对多个污染企业实施排污数据和排污环境图像的双重实时监控,同时还能在企业设施停运转、超标排放时进行报警,大大提高了企业达标排放率。

3. 生态管理法制化

一是完善全天候的环境执法机制。坚持开展夜间双休日执法检查,不定期开展深夜突查,完善多层次、全天候的现场监察执法活动,开展重点地区、重点流域、重点行业的专项和联合执法行动。二是严格执行《排污费征收施用管理条例》,完善排污费征收机制,规范征收程序,拓展征收面,公开征收标准。三是建立起环境执法责任制、排污审计制和水污染防治流域联动制。四是高度重视环保信访调处。

4. 环保行动全民化

常熟市始终把创建生态文明镇村、低碳社区、环境友好型企业、国际生态学校、绿色家庭等作为建设生态文明的重要载体,充分发挥每个单位、每个家庭、每个公民在践行生态文明方面的积极作用,共同建设美好生态家园,伸得生态文明的理念社会化,形成“全民参与、全民共享”的局面。建立绿色环保全民教育机制,完善绿色环保公众参与机制,建立绿色消费文化氛围。现在,常熟每年都举行“年年有余,回报长江”渔业资源增殖放流活动,且规模逐年增大,累计放流超过 200 万尾,仅 2011 年就放流白鲢鱼种 23000 公斤,花鲢鱼种 22800 公斤,以及特种长江珍贵鱼类胭脂鱼种 6950 尾,东方暗纹豚 10000 尾,有效改善长江渔业资源与生态环境。放流活动得到全市社会各界的大力支持和积极参与,既成为保护长江环保行动的标志性活动之一,又成为常熟生态文明教育的生动课堂。

**(三)构建绿色低碳发展模式**

1. 产业转型升级夯实生态文明城市建设基础

一是进一步提升了制造业水平,加快发展现代制造业和高新产业。二是全面壮大服务业规模,特别是把做大专业市场和做强旅游产业作为服务业发展的重中之重,使常熟市服务业特色更特,优势更优。三是充分发挥资源优势,合理整合旅游市场,重点打好"虞山牌"、"尚湖牌"、"沙家浜牌"和"历史文化牌",努力培育生态旅游产业,以提升常熟生态旅游的知名度和影响力。

2. 循环经济发展增添生态文明城市建设动力

着力推进循环经济发展,积极探索符合本市实际的循环经济发展模式。截至 2012 年底,常熟有 75 家企业被苏州市授予"循环经济试点"企业,清洁生产审计企业 342 家,ISO14000 环境管理认证企业 484 家,中国环境标志产品 18 个。常熟市作为江苏省首批循环经济试点市,确立了"346"的循环经济发展框架,从 3 个层面、分 4 个阶段、在 6 个重点领域全面推进循环经济建设,加快传统产业的生态化改造。大力推进农业标准化建设,加快传统农业向生态农业转变,涌现出蒋巷村生态种养园、常禾生物有机肥公司、尊龙公司蚯蚓消化造纸污泥和畜禽粪便等循环农业典型。

3. 文脉保护传承丰富生态文明城市建设内涵

常熟市在 21 世纪之初就把"文化强市"作为一种提升城市竞争力的战略、作为一种改善民生的方略提出,并在文化遗产的保护和利用上,不断探索和创新,使常熟进入了全国文物工作先进市的行列,使常熟以仲雍、言子为代表的吴地文化,以虞山琴派、虞山诗派、虞山画派、虞山印派和虞山藏书派为代表的名人文化,以虞山尚湖为代表的山水文化,以燕园、曾园、赵园为代表的古典园林文化,以老街古巷、水市商埠为代表的历史建筑文化,延续着常熟悠久绵延的历史文脉,持续发挥着独特的文化功能,服务于和美雅致的市民生活,也使生态文明城市建设有了文化因子的注入。

党的十八大宣布将科学科学发展观和生态文明写入党章,并郑重宣示,要"努力建设美丽中国,实现中华民族永续发展",为全面推进中国特色社会主义伟大事业提供了行动新指南。"问渠哪得清如许,为有源头活水来。"对于今天的我们来说,良好的生态环境就是科学发展、和谐发展、可持续发展的"源头活水"。建设生态文明,关系人民福祉,关乎民族未来。今天,深谙自然之道、和谐之道、创新之道的常熟人,正在为了让处处绿树芳草、花光水影的花园之城、生态之城永葆她的青春容颜,为了让常熟人世世代代传承生态文明、享受生态之美而辛勤劳作,在他们和后续者们的手中,一座全国同类城市中"城市环境最为秀美、文化事业最为繁荣、富民强市最为协调"的现代江南名城必将更加熠熠生辉!

# 太仓市：坚持"四化"同步推进　提升"三农"发展水平

农业是安天下、稳民心的战略产业,是国民经济和社会发展的基础,任何时候都不能动摇和削弱。党的十八提出："促进工业化、信息化、城镇化、农业现代化同步发展。"这是党中央统揽全局、着眼长远、与时俱进作出的重大决策。太仓市始终坚定不移地把农业发展放在了十分重要的位置,充分利用改革发展的先行优势,遵循现代化建设规律,把农业现代化作为"四化"同步的重要任务,积极推进农业转型升级,构建以现代装备为基础、现代科技为支撑、现代经营为特征,资源利用率高、土地产出率高、劳动生产率高、综合效益高的现代农业经营体系,现代农业发展取得显著成效。

## 一、"四化"同步发展的成效

近年来,太仓市认真贯彻落实中央、省、苏州市关于加强"三农"工作的方针政策,统筹推进工业化、信息化、城镇化和农业现代化,大力实施城乡发展一体化战略,加快转变农业发展方式,扎实推进社会主义新农村建设,连续8年保持了粮食增产、农业增效、农民增收、农村发展的好形势,"四化"同步发展取得了显著成效。

### (一)现代农业发展取得新突破

一是高效设施农业快速发展。全市高效农业面积达 26.36 万亩,占比为 67.6%,其中设施农业面积扩大到 7.2 万亩。2006 ～ 2011 年连续 6 年被评为全省高效农业先进县(市),并被认定为国家现代农业示范区。二是休闲观光农业渐成亮点。先后建成了恩钿月季公园、现代农业展示馆、花卉园艺展示馆、鹭园生态湿地、玫瑰庄园等一批景点和太仓市现代农业园区、金仓湖生态湿地公园、园花园山庄、郑和公园、天竹园等一批规模较大、档次较高的生态园。全市建设各类农业生态园17个,2011年接待游客145.1万人,农业旅游收入2.58亿元,成为长三角地区休闲观光旅游新热点。三是农业经营模式不断创新。探索形成了"园区化、合作化、产业化、农场化"发展模式。加快推进了"1+7"市、镇两个层次的农业产业园区建设。大力发展农民专业合作,全市农民专业合作社发展到245个。培育壮大农业龙头企业,2011年全市农业龙头企业销售收入达80亿元,实现净利润4.45亿元,辐射带动本地农户7万户。在全国首创发展合作农场,全市共组建合作农场96个,经营面积15.1万亩。四是农业基础设施得到加强。全面推进14万亩的农田基础设施改造工程。按照"排灌设施配套、农田平整肥沃、田间道路畅通、农田林网健全、生产方式先进、产出效益较高"的建设要求,切实加强农业基础设施建设,实现田间路网、林网、水网、电网贯通,农田相对集中连片、格田成方,高标准农田建成面积累计达25.86万亩,占比达62.3%。五是农业科技水平持续提高。加强与高等院校、科研机构的合作,组建专家团队,重点开展生物农药、生物肥料、生物饲料的研发创制和生物育种及组培快繁技术的研究推广工作。启动了生物农业科技产业园区建设。注册成立了江苏省安丰生物源农药工程中心有限公司。引进了台湾安佑(中国)动物营养研发有限公司。扶持戈林农业科技有限公司建成串番茄良种繁育基地和高档花卉、蔬果组培公共服务平台。成功获得了高垄营养液滴灌栽培技术发明专利。市育种中心太空棉育种已培育出了一个高品质棉新品系"太5001",并参加了2012年江苏省棉花新品种区域试验。自主研发的静电喷雾器被纳入国家农业机械推广目录,在省内外得到广泛应用。推广新品种129个、新技术19项,全市稻麦良种覆盖率达100%,创新发酵床健康养猪模式等8种先进种养技术。农业科技进步贡献率达63%。六是农业机械发展步伐加快。在巩固耕整、栽插、排灌、植保、收获等基本实现机械化的基础上,向粮食生产全程机械化目标迈进。在现代高效农业、设施生态农业、高效渔业及畜禽高效养殖等方面实现机械装备基本配套。全市拥有农机总动力16万千瓦以上。全市水稻机插秧率达90.8%,农业综合机械化水平达到

82%。先后荣获国家"平安农机示范县"、省"率先基本实现水稻生产机械化县(市)"和省"秸秆机械化还田先进单位"等荣誉称号。七是农业服务体系逐步健全。深入开展"百名农技人员进百村"活动。切实提高农技推广、动植物疫病防控、质量安全监管等服务能力。做好新型农民培训工作,重点开展农民实用技术培训、农民创业培训等。不断提高社会化服务水平,培育发展农资经营、种子种苗、施肥用药、农机作业、动物诊疗、产品营销等社会化专业化服务组织,不断提高农业的组织化、规模化和产业化水平。

### 表1    2007～2011年高效农业、休闲生态农业情况

| 年份 | 高效农业 | | | 休闲生态农业 | |
|---|---|---|---|---|---|
| | 年末高效农业总面积（万亩） | 高效农业占比（%） | 年末设施农业总面积（万亩） | 当年参观人次（万人） | 当年生态农业旅游收入（亿元） |
| 2007 | 16.2 | 41.5 | 3.24 | 52.1 | 0.82 |
| 2008 | 19.4 | 49.7 | 4.26 | 70 | 1.5 |
| 2009 | 21.8 | 55.9 | 5.47 | 85.1 | 1.7 |
| 2010 | 24 | 61.4 | 6.1 | 103 | 2.1 |
| 2011 | 26.36 | 67.6 | 7.2 | 145.1 | 2.58 |

### （二）农村改革取得新突破

城乡一体化发展综合配套改革积极推进,"三集中"、"三置换"步伐加快,加快农民居住向新型社区集中、农村工业企业向工业园区集中、农村土地向适度规模经营集中,全市农民集中居住率为52.8%,全市87%以上农村工业企业进入工业园区。农村土地流转面积达到32.78万亩,占比为93%。其中规模经营面积比重达82%以上。农村各类新型合作经济组织发展到675个。

### （三）农民收入增长取得新突破

积极采取产业富民、创业富民、就业富民、物业富民、投资富民、保障富民、财政转移支付富民、开发式扶持富民等"八项措施",认真落实强农惠农各项政策,促进农民收入持续较快增长。依托市职教中心和健雄职业技术学院中德培训中心"双元制"教育模式,采取政府购买服务的方式,开展农民技能培训和就业创业培训,已经实施20多个培训项目,每年培训3000多

人次,培育各类新型职业农民,促进农村劳动力转移和农业现代化建设。全市农民人均纯收入从 2005 年的 8401 元增加到 2011 年的 18540 元,年均增长 14.1%。

**(四)村级经济发展取得新突破**

鼓励和引导各地发展资源开发型、资产经营型、资本运作型、异地发展型、为农服务型、服务合作型等多种形式的村级集体经济,支持村集体经济组织发展合作农场和做大做强农村劳务合作社,切实加强农村集体"三资"管理,并不断加大对村级集体经济发展的政策支持力度,采取税收奖励、收费优惠、减轻负担等措施,有力地促进了村级集体经济的快速发展。全市村级可支配收入从 2005 年的 8563 万元增加到 2011 年的 5.28 亿元(村均达到 508 万元),年均增长 35.4%。

**(五)新农村建设取得新突破**

2006 年太仓建立了新农村建设工作推进机制,6 年来先后确定了 80 个村为新农村建设示范村,采取领导挂村、干部挂职、部门挂钩的办法,扎实推进新农村建设。6 年累计落实示范村重点建设项目 871 个,完成投资额 31 亿元,市级财政拨付新农村建设"以奖代补"专项资金 1.6 亿元(每个示范村 200 万元)。市级机关挂钩单位共支持示范村项目资金 3627 万元。争取到苏州市财政支持城乡一体化发展和新农村建设重点项目建设资金 2506 万元。根据各示范村的现实形态、经济基础、物质条件和个性特点,进行分类指导,以实施"八大工程"为抓手,以项目建设为重点,分项细化工作指标,年初定目标、年中抓督查、平时抓进度、年末抓考核。通过典型示范和辐射带动,全市新农村建设亮点频现,展示出经济发展、生活富裕、环境优美、居住舒适、社会和谐的新面貌。

**(六)农村水利建设取得新突破**

"十一五"期间,太仓在全省率先完成了《水资源综合规划》,并做好了防洪、治污、供水、排水等专业规划的编制。积极打造民生水利。投入 2.46 亿元疏浚整治市、镇两级河道。全市 2843 条河道全面落实长效管理。实施水环境综合整治,金仓湖获得"国家级水利风景区"称号。完成了 7.37 公里以海堤标准加固的长江堤防建设,沿江 50 公里堤防实现全线道路硬化、堤坡高标准绿化,沿江闸站实现控制自动化,防洪工程管理实现信息化和远程监控。对49平方公里的圩区进行综合整治,投入1.63亿元完成了新建、改造、维修排涝闸站和圩堤标准化建设。形成了"东部能挡、西部能排、中部能疏"的防汛减灾工程体系。大力加强农村水利基础设施建设,提高农业综合生产能力,建设农田水利配套小型建筑物818座,灌溉面积30万亩。

### (七)农村环境建设取得新突破

不断加大农村环境建设力度。自来水实现"村村通"。生活污水处理网络延伸至镇村,农村生活污水治理率达56.3%。农村地表水环境质量综合达标率90%。健全了"组保洁、村收集、镇转运、市处理"的垃圾处理系统。深入推进"绿色太仓"建设。重点实施大型片林工程、城镇绿化工程、道路绿化工程、河道绿化工程、村庄绿化工程和绿色产业工程等六大工程。全市陆地森林覆盖率逐年提高。积极实施农村环境综合整治和全市水环境综合治理工程,农业面源污染得到有效控制,循环农业逐步推广,对道路、河道、村庄、农村社区环境卫生实施长效管理,全市农村环境面貌发生了新的变化。

## 二、"四化"同步发展的思路

推进"四化"同步,就是既要加快工业化、信息化、城镇化,又要扎实推进农业现代化。这"四化"是相互联系、相互影响、相辅相成的,工业化是城镇化的加速器,城镇化是工业化发展的必然结果,工业化、信息化、城镇化为农业现代化提供支撑和保障,农业现代化是实现工业化的基础。

在长期的发展实践中,太仓市委、市政府充分认识到新型工业化、城镇化和农业现代化同步发展是经济社会发展的必然趋势,是现代化建设必须牢牢把握的客观规律。推进农业现代化,体现了保障粮食安全和农产品供给的必然要求;体现了农业多元化的特色,农业不仅能提供农产品,而且为城市提供了最大的生态环境;体现了农民增收致富的愿望,通过提高农业劳动生产率来增加农民的收入;体现了建设社会主义新农村的理念,让农村和城市一样美好,城乡居民生活一样幸福。

当前,太仓已进入"以工促农、以城带乡"新阶段,具备工业反哺农业、城市带动农村的经济社会基础,必须强化农业的战略性、基础性地位,切实加大对"三农"的投入和支持力度,在指导思想、政策导向和工作措施上充分体现让全市农民共享改革发展成果,努力使农业成为农民增收的现代产业,使农村成为农民享受幸福生活的现代社区,使农民成为具有文明素养的现代公民。

**(一)明确"一个定位"**

太仓在实践中不断理清"四化同步"发展的思路,牢固树立城乡一体化的发展目标,把城乡一体作为统领太仓经济社会发展的"五大战略"之一,是"十一五"、"十二五"期间的一项全局性重点工作,全力推进城乡发展规划、产业布局、基础设施、公共服务、就业保障和社会管理一体化。进入新的发展阶段后,2011年太仓根据已有的经济基础、现实条件,充分发挥自身优势和特色,明确功能定位,确立了建设现代田园城市(既有现代城市功能、发达的工商业,又有优美的田园风光,并体现丰富的历史文化内涵,形成城乡一体、产城融合、田在城中、城在园中的美好宜居城市)的新目标,以更高的标准、更深的层次推进"四化"同步发展,加快形成城乡经济社会发展一体化新格局。

**(二)探索"一条路径"**

太仓市把加快"三个集中"作为推进城乡一体化发展、"四化"同步发展的根本方法和有效路径,把加快推进农民集中居住作为"三个集中"的突破口和切入点,出台《加快城乡发展一体化,推进农民进城(镇、区)集中居住的实施意见》,通过鼓励和引导农民进城、进镇、进新型社区集中居住,为城乡资源要素的合理流动、优化配置创造条件,为新型工业化、城镇化腾出空间,为实现城乡基础设施一体化和公共服务均等化提供可能,带动和推进工业向园区集中、土地向规模经营集中,从而实现"四化"同步发展。

**(三)加快"六个转变"**

促进农业增长由主要依靠土地、劳动力投入向依靠科技、投资、提高劳动者素质和管理创新转变;农业生产由主要依赖自然条件生产向依靠设施、发展可控、提高物质技术装备水平转变;农业经营由分散的家庭经营向专业的适度规模经营转变;农产品生产由主要追求数量扩张向注重质量安全、结构优化、品质效益转变;农业发展由注重农业的一产向促进农业的一、二、三产协调发展转变;农业功能由以农产品生产为主向生产生活生态功能并重转变。着力提升农业"六化水平",围绕壮大优势特色产业,提升农业规模化水平;围绕构建现代农业产业体系,提升农业产业化经营水平;围绕加强农产品质量建设,提升农业标准化水平;围绕提高土地产出效益,提升农业集约化水平;围绕提高劳动生产率,提升农业机械化水平;围绕提高农业产业层次,提升农业信息化水平。积极探索"经济高效、经营集约、产品安全、功能多样、资源节约、技术密集、环境友好"的农业现代化道路。

### 三、"四化"同步发展的经验

在推进"四化"同步发展中,太仓经过多年来的探索和实践,主要的经验是走好"三条路"、做到"四个强化"。

#### (一)走好"三条路"

①在发展现代农业上,走园区化、合作化、产业化、农场化"四化发展"之路。明确现代农业发展定位,优化生产力布局,注重基本农田保护,规划建设永久性基本农田保护区,加快形成现代粮油业、现代蔬菜业、现代水产业、现代园艺业和现代畜禽业的现代农业格局。园区化,探索形成了"1+7"市、镇两个层次的园区化发展现代农业新模式。通过建立和完善"政府主导、企业带动、农民参与、科技立园、市场运作"的园区建设机制,"企业+合作社+基地+农户"的园区运行机制,为更高标准、更快速度推进现代农业发展探明了路径。合作化,为提高农业生产组织化程度,大力发展农民专业合作社,实现生产与市场的有效对接。探索组建合作联社,太仓市仓润农产品专业合作联社由33个农民专业合作社联合组成,拥有近万亩核心生产基地,农产品成功配送上海、苏州等城市及联华、时代、大润发等大型超市,2011年实现销售收入2亿元以上,辐射面积1.5万亩,平均每亩效益2000元以上,带动农户2000多户。产业化,发展壮大农业龙头企业,全市拥有省、市、县(市)级龙头企业35个,培育出太仓广东温氏家禽有限公司、苏州口水娃食品有限公司等一批年销售收入超亿元的农业龙头企业,有效地促进了农业产业链延伸,提高了农产品附加值,实现农业增效、农民增收。农场化,太仓发展合作农场,开全省先河。随着城乡经济社会发展一体化步伐的加快,促

成了大批农民向城镇和新型社区集中,有较多的农户通过"三置换"转变为市民。如何经营好集体土地、解决土地由谁来种的问题,需要确立农业生产新的组织形式和培育新的经营主体。太仓作为我国东部沿海经济发达地区的县级市之一,其农业的发展与全国状况有很大的关联性,农业发展的资源环境约束趋紧,由于农民收入和居民消费水平较高,带来了农业劳动力成本高、消费要求高等特点,这就决定了太仓发展现代农业不能照搬照套发达国家曾经走过的农业现代化路子,既不能学美国、加拿大等人均耕地资源多、主要追求高劳动生产率的大规模经营、大机械作业模式,又不能学日本、韩国等高度工业化城市化国家靠补贴来维持小规模生产的高收入和农产品高价格的做法。从2010年初开始,太仓重点探索并推进合作农场发展,通过两年来的实践,发展合作农场的成效已开始显现。农村土地规模经营得到推进,经营规模最大的小桥农场达4400亩,合作农场形成规模化经营、标准化生产、机械化耕作,提升了现代农业发展水平。农业经营机制得到创新,合作农场内部探索采用"大承包"、"小包干"的形式,合理进行利益分配,充分调动生产者和经营者的积极性。新型职业农民得到培养,合作农场为培育职业农民提供了新的载体和平台,让"更少的农民种更多的地"变为现实,较好地解决了农业兼业化问题和农业后续劳动力不足的矛盾。村级集体经济收入渠道得到拓宽,兴办合作农场,为发展村级集体经济和增加农民收入开辟了新的路径。农民从村级集体经营资源性资产中能获得一定收益,将土地承包经营权入股能获得分红(或租金),参与合作农场生产劳动能获得劳务收入。

②在创新体制机制上,走社区股份合作、土地股份合作、农民专业合作、投资富民合作、农村劳务合作"五大合作"之路。坚持把深化农村改革、推进体制机制创新作为"三农"工作的重要内容,大力推进农村"五大合作"改革,把合作经济组织规范化建设摆在更加突出的位置,加大扶持促发展、完善制度促规范、服务农民强功能、拓展领域增实力,推动全市农村新型合作经济组织又好又快发展。农村新型合作经济组织的不断发展,有力地促进了农民持续增收。2011年各类合作社总收益20.88亿元,可分配收益8.48亿元,入社农户平均每户收益9422元。劳务合作社是太仓的创造,开创了

全省先河,劳务合作社把分散的农民聚集起来,以合作社的名义对外承接各项业务、提供劳务服务,既可以优化配置劳力、技术、信息等资源,又能够提高谈判地位,争取较好的劳动福利条件,增加社员工资收入,维护社员劳动权益。劳务合作社的发展,有效地提高了农民的组织化程度,切实解决了一些四五十岁以上就业困难群体的就业问题,促进了农民充分就业和农民收入的增加,同时又满足了市场的用工需求,为用工企业提供了优质的劳动服务,取得了良好的经济效益和社会效益。2011年底,全市已成立劳务合作社90家,入社农民超过1.1万人,2011年劳务总收益达1.27亿元,平均每个社员年劳务收入超1万元。如太仓市城厢镇东林村,抓住金仓湖生态公园开发建设的契机,因地制宜,组建了东林劳务合作社,下设物业管理、园林绿化、家政服务、生态养殖、净菜配送、卫生保洁、劳务中介等7个部门。成立以来,合作社积极跑企业、闯市场,努力拓宽就业渠道,已先后帮助本村400多个闲置劳动力就业,约占总数的50%(女50~70岁,男60~70岁)。

③在统筹城乡发展上,走发展规划、产业布局、基础设施、公共服务、就业保障、社会管理“六个一体”之路。规划布局不断优化,科学确定城镇规划区、工业生产区、农业发展区、农民居住区和生态保护区,全市已完成镇村布局、生产力布局、水资源、土地利用、农民集中居住区等规划的编制。统筹安排城乡建设、基本农田、产业集聚、生活居住、生态保护等空间布局,推进土地向规模经营集中,工业向园区集中,农民居住向新型社区集中。公共服务日趋均等,把基础设施建设、公共事业建设作为改善农村民生的重点,切实抓好农村道路、桥梁、河道等基础设施建设,行政村公路通达率100%,各镇(区)在15分钟内就近上高速公路。农村家庭实现了义务教育、居民医疗保障、最低生活保障、养老保险和扶贫帮困“五个全覆盖”,农村劳动力社会养老保险参保率达99%以上,农村老年居民养老补贴覆盖率100%,基层卫生服务机构镇村一体化管理率达100%。办学标准城乡统一,促进城乡教育优质发展。加强农村医疗卫生服务能力建设,加快发展农村文化体育事业。抓好电力通讯设施建设,通过了国家“新农村电气县”验收和省“户户通”有线数字电视县创建验收。推进广电网、电信网、互联网“三网融合”,充分发挥信息化为农服务作用。加快农村社区服务中心建设,高标准地建成集行政

办事、商贸超市、社区卫生、警务治安、文化娱乐、体育健身、党员活动等多功能于一体的农村社区服务中心 104 个,占比为 100%。坚持统筹城乡就业创业,加快推动扶持城镇就业创业的政策和服务向农村延伸,充分就业行政村(社区)达标率 100%。

**(二)做到"四个强化"**

①强化组织领导。太仓市委、市政府始终站在全面推进现代化建设的高度,坚持和不断强化农业的战略性、基础性地位,把率先基本实现农业现代化摆上重要位置。市委、市政府主要领导和各镇(区)党委、政府主要领导特别关心支持农业现代化建设,在政策扶持、体制创新和财力支持等方面给予优先考虑,切实承担起领导责任。市委、市政府分管领导和各镇(区)分管领导积极推动和落实具体工作任务。成立了由分管农业的领导为组长、各相关职能部门主要领导和各镇(区)分管领导为成员的推进率先基本实现农业现代化建设领导小组,并专门组建工作班子。建立工作推进机制,把发展现代农业列为城乡发展一体化重点考核内容。明确目标任务,加强督查考评,从而确保了农业现代化各项工作有力有序推进。

②强化政策配套。在认真贯彻落实国家、省、苏州市各项强农惠农政策的基础上,先后出台了率先基本实现农业现代化、推进农民集中居住、促进农民持续增收、农村土地承包经营权流转管理、发展合作农场、农作物秸秆综合利用、现代农业设施用地管理、高标准农田建设、促进农业机械化发展、建立生态保护建设补偿机制、水利现代化建设、扩大农业保险范围、农资集中配送等方面的政策措施,激发各类农业经营主体的积极性和创造性,凝聚起推进率先基本实现农业现代化的强大合力。

③强化农业投入。不断加大对农业现代化支持和倾斜力度,财政每年的支农增幅高出一般预算支出增幅。以 2011 年为例,市级财政安排支农资金 5.56 亿元,比上年增长 18.7%,确保了农业现代化建设的顺利推进。建立农业多元化投入机制,鼓励和引导工商资本、民间资本投资参与发展现代农业,2011 年规模以上农业招商项目投资额达 10.1 亿元。

④强化科技引领。建立健全农业科技创新体系和农业技术推广体系。在市现代农业园区内成功兴办了安佑(中国)动物营养研发有限公司、太仓

戈林农业科技有限公司和安丰生物源农药工程中心有限公司等农业科技企业,生物饲料、生物肥料、生物育种、生物农药等一批科技成果正在逐步转化并得到推广应用。加强了基层公益性农技推广服务,增强了乡镇农技站农技推广服务能力。注重抓好农村实用人才队伍建设,有针对地做好培训工作,提高了科技素质和职业技能。

### 四、"四化"同步发展的启示

"四化"同步发展,有利于转变经济发展方式,促进三次产业协调发展;有利于增加农民收入,繁荣农村经济,促使城镇化与新农村建设双轮驱动;有利于合理利用资源,保护和改善生态环境,实现城乡经济社会统筹发展、人与自然和谐发展。在具体推进"四化"同步发展过程中,得出以下四点启示。

#### 启示之一:统筹城乡规划是"四化"同步发展的前提

"四化"同步是一项复杂的系统工程,涉及到经济、社会、文化等多个领域,因此必须坚持全市一盘棋思路,加强各部门的沟通协调、上下联动,统筹城乡经济社会发展规划,高度重视规划的引领和导向作用,要注重把顶层设计与基层实际紧密结合,科学确定城镇规划区、工业生产区、农业发展区、农民居住区和生态保护区;要注重规划的前瞻性、系统性、科学性和可行性,促使各规划相互衔接、有机融合,确保"四化"协调有序、统筹推进。

#### 启示之二:加快农业现代化是"四化"同步发展的重点

没有农业农村的现代化,就不可能有全市的现代化。要建立以政府为主导的多元化农业投入机制,切实加强以高标准农田为主的农业基础设施建设,解决农业的投入问题;加快农村实用人才培养尤其是新型职业农民的培训,着力培育一批有文化、懂技术、会经营、善管理的新型职业农民,着力解决"谁来种地、种好地"的问题,为农业现代化提供强大的人才和智力支持;健全完善农业社会化服务体系,加快农业科技进步,提升农业科技化水平,加快农业科技推广尤其是基层农技推广体系建设,着力解决"最后一公里"问题。只有这样才能提高土地产出率、劳动生产率、资源利用率,加快推进农业现代化。

### 启示之三 :惠民富民是"四化"同步发展的宗旨

推进"四化"同步发展,实质上是要处理好工农、城乡关系,因此要始终把实现好、维护好、发展好最广大人民群众的根本利益作为"四化"同步发展的出发点和落脚点,加大对"三农"的投入和支持力度,在指导思想、政策导向和工作措施上充分体现让全市农民共享改革发展成果的原则,不断完善农村社会保障,建立农民增收长效机制,促使城乡公共服务均等化,切实保障和维护农民权益,让广大农民在"四化"同步发展中得到更多的实惠。

### 启示之四 :创新体制机制是"四化"同步发展的关键

"四化"同步发展的核心和难点是打破原有陈旧的体制机制障碍,增强改革发展的内生动力,因此,只有坚持创新思路、创新政策制度、创新管理体制、创新经营机制,着力破除城乡"二元"结构,促使城乡资金资源要素合理流动和优化配置,才能形成工业化、城镇化带动农业现代化与农业现代化支撑工业化、城镇化的互动机制,才能有效推动"四化"同步发展的进程。

# 昆山市：创新体制机制　推进社会保障一体化

　　党的十一届三中全会以来,昆山坚定不移地推进对外开放,以开放促发展、促改革、促创新,走出了一条以改革开放为时代特征、以"三创"精神为强大动力、以全面小康为显著标志、以人民幸福为不懈追求的率先发展、科学发展、和谐发展的"昆山之路",率先达到江苏全面小康社会水平,成为江苏科学发展的排头兵、全国18个改革开放典型地区之一。

　　"昆山之路"主要经历了五个阶段:第一,20世纪80年代,"昆山之路"开始了奠基阶段,实现"农转工"的历史性跨越。昆山抓住国家实施沿海开发开放战略的机遇,以极大的胆魄自费开辟工业小区,适时提出"东依上海、西托'三线'、内联乡镇、面向全国、走向世界"的思路,工业发展基础得到奠定,对外开放开始起步。第二,1992年小平南巡谈话前后,"昆山之路"步入开创阶段,实现"内转外"的格局性转变。紧紧抓住浦东开发开放、昆山开发区获国家批准等重大机遇,大力实施开放带动战略,利用浦东效应打时间差、空间差,以大规模基础设施建设为重点,迅速形成以开发区为龙头,带动乡镇工业小区的开放格局。第三,1997年亚洲金融危机之后,"昆山之路"进入拓展阶段,实现"散转聚"的阶段性变化。面对亚洲金融危机的严峻考验,强化"昆山就是开发区、开发区就是昆山"的理念,作出"主攻台资、巩固日韩、拓展欧美"的招商策略,大规模引进台湾IT产业,并由分散发展向各类园区聚合。第四,党的十六大后,"昆山之路"处于提升阶段,呈现"低转高"的发展新态势。作为江苏全面小康指标的样本区和全面建设小康社会的先行区,昆山全面贯彻科学发展观,以"加快转型升级,增强自主创新能力"为新的历史任务,着力优化产业结构,持续提升发展层次,高水平推进全面小康社会建设。第五,党的十七大以来,"昆山之路"处于提质阶段,呈现"大转强"的发展新趋势。根据党的十七大的新要求、发展阶段的新变化、人民群众的新期待,以新的思想解放为强大动力,不失时机地开启率先基本实现现代化新征程,奋力开创改革发展和各项事业新局面,努力谱写科学发展新篇章。2011年,全市完成地区生产总值2432.3亿元,工业总产值8001.6亿元,服务业增加值900亿元,全口径财政收入602.2亿元,公共财政预算收入200.2亿元,进出口总额855.3亿美元,社会消费品零售总额421.8亿元,全社会固定资产投资646.2亿元,城镇居民人均可支配收入35190元,农村居民人均纯收入20212元。2012年完成地区生产总值2725.3亿元,比上年增长12%;公共财政预算收入220.3亿元,增长10%;工业总产值8520.5亿元,增长6.5%;服务业增加值1069.6亿元,增长18.8%;实际利用外资18亿美元,新增注册内资251亿元;完成固定资产投资770亿元,增长19.2%;社会消费品零售总额493.6亿元,增长17.3%;进出口总额865.7亿美元,其中出口555.2亿美元,均比上年略有增长;城镇居民人均可支配收入39740元,农村居民人均纯收入23186元,分别增长12.9%、14.7%。

城乡一体化是经济社会发展到一定阶段的必然要求。对昆山而言,一体化发展是昆山率先基本实现现代化的重大战略,加快形成城乡经济社会发展一体化新格局,是推动城乡生产要素优化组合、促进城乡协调发展、缩小城乡差别、实现城乡共同繁荣的根本途径。一体化发展是昆山加快转型发展的关键抓手,通过综合配套改革,着力改变二元经济和社会结构,科学合理配置资源,破除发展瓶颈制约,加快转变发展方式,拓展新的发展空间,增创科学发展新优势,推动昆山发展实现新的跨越。一体化发展是昆山保障和改善民生的必然要求,通过构建城乡一体政策制度,促进持续增收,实现保障制度并轨,享受均等公共服务,让广大农民更好地共享改革发展成果。

党的十六大以来,昆山全面贯彻落实科学发展观,坚持从制度创新和政策设计入手,持续加大社会保障投入,不断完善社会保障体系,全力推进社会保障一体化进程,着力打破和消除城乡二元结构,积极探索城乡一体化发展的新路径,促进了城乡协调发展、共同繁荣,为率先基本实现现代化打下了坚实的基础。突出抓好以下三方面工作。

**一、以实现城乡均衡为主旨,健全社会保险体系**

昆山始终坚持普惠均衡,不断提升各类社会群体的民生福利,基本形成了"应保尽保"和"人人有保障"的局面。

**（一）创新机制,社保体系不断健全**

按照"低水平、广覆盖、可持续和城乡统筹"的要求,全面建立城镇企业职工基本养老保险和基本医疗保险制度,畅通灵活就业参保渠道,不断拓宽覆盖面,提高参保率,同时,积极推动社会保障制度向农村延伸,向城乡一体化方向发展。一是养老保障方面,自2003年起,实施新型农村基本养老保险,与城镇居民基本养老保险合并实施,实施之初所有男满60周岁、女满55周岁以上的老年农民不需缴纳一分钱即可零门槛领取基础养老金,基本实现全民养老目标。二是医疗保障方面,2004年,昆山突破原农村合作医疗框架,率先启动农村居民基本医疗保险,农村居民与城镇职工一样实行刷卡就医,有效缓解了农村居民"看病贵"的难题。2007年,昆山又率先建立居民基本医疗保险制度,把具有本市户籍、不在城镇职工基本医疗保险范围内的全部人员,包括农村居民、城镇老居民、少年儿童、60年代精减下放人员、残障居民等全部纳入参保范围,从而实现真正意义上的医疗保险全覆盖。居民基本医疗保险制度与城镇职工基本医疗保险制度相呼应,将昆山市整个行政区域全面覆盖在一张社会医疗保障网内,形成全市统一管理、统一协调发展的社会医疗保障体系。同时,建立城乡统一的大病医疗保险补充基金,并于2009年4月1日起实施社会医疗救助办法,形成了完整的基本医疗保险、大病补助基金和社会医疗救助"三位一体"的社会医疗保险体系,基本构建起一道抵御大病风险能力强、保险水平高的城乡居民大病保障网。目前,各项保险覆盖率均超过99%。可以说,只要是昆山户籍居民,不论是在就业状态还是在非就业状态下,不论是在城镇还是在农村,城镇职工基本医疗保险和居民基本医疗保险两扇大门都敞开着,随时都可以获得基本医疗保障,险种之间通过个人账户互接,可以随时办理转移,确保了基本医疗保险待遇的连续性和长期性。三是生育保险方面,自2009年起,实施居民生育保险,对未享受职工生育保险待遇的本市户籍女性生育居民发放生育补贴,填补了农村社会保障体系中生育保险空白。

### (二)统筹城乡,保障水平显著提高

随着社会保障体系的不断健全,社会保障水平也在同步提高,特别是为弱势群体撑起了一把坚实的"保护伞"。一是养老保险方面,七年间实现城镇职工养老保险金八连涨,总体待遇水平增长了一倍多,同时,全面推行企业退休人员社会化管理服务,开展免费健康体检和定期走访慰问,并经常性举办各类文体娱乐活动,真正实现老有所养、老有所乐、老有所为。农村养老保险金发放水平从2003年的70周岁以下100元/月、70周岁以上130元/月,提高至2012年的70周岁以下370元/月、70周岁以上400元/月,增长了三倍多,养老金发放率常年保持100%。二是医疗保障方面,同步提高职工医保和居民医保保障水平。2012年,居民医保筹资标准达每人每年550元(其中,市财政补助200元、区财政补助180元、村级集体经济补助20元,参保居民个人缴纳150元)。大病医疗保险补充基金与职工医疗保险并轨营运,5万元以上的报销比例与职工医疗保险相同,最高报销额由最初的4万元增至20万元,并从2011年起上不封顶,全市所有参保职工和参保居民都享受到同等的大病补助待遇。此外,昆山市还充分发挥社会医疗救助基金对特困患者的救助作用,将五保户、低保人员、低保边缘人员、城镇"三无"人员、特困职工、重残人员以及本市所有年度个人自负医疗费用超过一定金额的人员等八种对象全部纳入医疗救助范围,构建"保费补助、实时救助、年度救助、专项救助"四位一体的全程式救助体系,救助水平逐年提高。自2009年4月以来,社会医疗救助基金累计支出8000多万元,"因病致贫、因病返贫"的现象在昆山基本得到消除。2012年,昆山在普惠民生的基础上,逐步推动社会保障待遇向特困人群倾斜、向特殊病种人员倾斜,实行重性精神疾病患者免费服药和服药后安全监测项目,并积极探索建立全市统一的困难人员住院自费医疗费用补贴制度,提高特困人群的医疗保障水平。

### (三)有效接转,互通渠道更加顺畅

按照"城乡有别、相互衔接、逐步一体"的总体思路,将农村各项社会保

险与城镇职工社会保险有机联系,便于转移衔接。一是在实施农村基本养老保险时,将参保范围扩大至本市户籍、年满16周岁以上、未参加城镇职工基本养老保险的所有人员,并将缴费基数按照城镇职工基本养老保险缴费基数的50%确定,缴费比例与城镇职工基本养老保险一致;当转移参加企业职工基本养老保险后,农保缴费按照"2年折算1年、个人账户按实转移"的标准转移折算成相应的缴费年限和个人账户,这样就贯通了农村养老与城镇养老的转换通道。2005年7月起,通过实施灵活就业人员参加城镇社会保险办法,把农民务农也看作是一种"职业",是灵活就业的一种形式,允许农民通过灵活就业人员参保平台加入到"城保",从而形成了凡是本市户籍未达到城镇职工基本养老保险退休年龄,不管从事何种职业的人员都可以作为灵活就业人员参加城镇社会保险的新局面。同时,对以灵活就业个人身份参加城镇职工基本养老保险的原农保人员,仍按原农保缴费市镇两级财政补贴标准补贴给他们。这一政策让更多的农民加入了城保,累计灵活就业参加城镇社会保险人员超过15万人。2012年农村基本养老保险更名为居民社会养老保险。二是在制定居民基本医疗保险时,与城镇职工基本医疗保险相配套,同样实行个人账户和统筹资金管理,个人账户资金主要用于支付门诊医疗费用,统筹医疗基金主要支付住院大病医疗费以及门诊医疗费用的补助,执行相同的药品目录,一样划卡看病;当参保人员转移参加城镇职工基本医疗保险时,个人账户可以累计,4年的参保年限可以折算为一年的城镇职工基本医疗保险参保年限,通过建立这种居民医保和城镇医保互相转移的双向通道,使所有居民无论处于何种状态,都处于连续参保状态,都能获得基本医疗保障。三是在制定被征地农民保障制度时,被征地农民经本人同意自愿选择参加城镇职工基本养老保险后,其征地保养个人账户可按城镇职工基本养老保险的缴费基数和缴费比例转移折算成相应的缴费年限和个人账户,待其达到退休年龄时与正常的缴费合并后统一按照城镇职工基本养老保险规定计发养老待遇。

### (四)搭建平台,经办服务全面延伸

建立城乡统一的三级社会保障服务平台,优化公共社会保障服务,满足群众日益增长的社会保障需求。一是市级层面成立昆山市社会保险基金管

理中心,挂牌昆山市行政服务中心人力资源和社会保障分中心,不断强化效率效能建设,提高服务水平,荣获全国人力资源和社会保障系统优质服务窗口。2012 年以来,中心不断加强信息化建设,开发完善社保网上申报平台,方便城乡居民办理社保业务。二是在各区镇建立劳动和社会保障所,承办辖区内社会保险经办工作,指导协调所辖社区(村)做好居民医疗保险、养老补贴等相关工作,配合做好社保扩面、参保、缴费及待遇发放服务,受理咨询、查询和举报、政策宣传、情况公示等工作。三是在全市 256 个社区(村)建立劳动就业和社会保障服务站,公开招聘专职劳动保障协理员 288 名,配合做好辖区人员的社会保险经办服务工作及企业退休人员的社会化管理工作,从而建成"15 分钟社会保障公共服务网",城乡居民可就近办理社会保险各项业务。

**(五)加快并轨,一体发展持续提速**

全方位构建城乡各项保障并轨的政策制度和运作机制,不断加快城乡社会保障并轨步伐,完善城乡一体的社会保障体系。一是全面建立失地农民社会保障。2005 年起,大力开展被征地农民进城保工作,鼓励未到退休年龄的被征地农民选择参加城镇职工基本养老保险,征地保养个人账户进行转移折算,待其达到退休年龄时按规定享受城镇职工基本养老保险金。截至目前,全市已实际转移折算进城保的被征地农民超过 10 万人,愿意折算率 97%,形成了农保与城保相互衔接、相互推动、相互促进的良好局面。2012 年,昆山又将全部失地(并轨)进城保退休人员全部纳入社会化管理。截至 2012 年底,昆山全市农保缴费人数仅剩 1.2 万人。二是在制定居民基本医疗保险制度时,从制度设计、管理模式、定点布局等各方面,全面实现城乡接轨。在制度设计上,居民医保实行起付封顶报销的门诊待遇,与城镇职工基本医疗保险实现了统一,只是补偿比例有所区别。在管理模式上,居民医保建立了个人账户管理体系和以医保 IC 卡、社会保障卡为载体的参保居民就医管理系统。在定点布局上,实现与城镇职工基本医疗保险一个网络、一个系统、一个窗口、一个平台的统一管理模式,合理利用了资源,节省了投入。三是积极探索老年居民并轨城镇社会保险政策。2009 年下半年开始,实施补足最低缴费年限参加职工医疗保险工程,目前已有超过 6 万名老年居民从居民基本医疗保险转移参加城镇职工基本医疗保险,享受高水平的企业退休人员职工医疗保险待遇。

### 二、以保障弱势群体为重点,健全社会救助体系

近年来,社会救助工作按照整合资源、统筹城乡的发展要求,在制度安排上取消城乡差别,在资源整合上注重均衡发展,不断健全救助体系,提升救助水平,为困难群众构筑了一个以城乡最低生活保障制度、农村五保供养制度为基础,以医疗、教育、就业、住房、法律等专项救助为辅助,以临时救助、社会帮扶、慈善互助为补充,覆盖城乡的社会救助体系。2008 年,建立昆山市社会救助工作联席会议制度,市政府出台了《关于加强社会救助体系建设的意见》。

### (一)最低生活保障不断加强

昆山实施城乡最低生活保障制度始于 1996 年。16 年来,先后 12 次调整城镇低保标准,10 次调整农村低保标准。2007 年,昆山城乡低保标准在全省率先突破人均日均消费 1 美元的国际贫困线标准;2008 年,出台《昆山市居民最低生活保障制度实施办法》(昆政发〔2008〕73 号),城乡低保率先实现一体化目标,全市统一标准、统一申报、统一审批、统一发放。最低生活保障工作已基本步入了科学化、规范化、机制化、信息化的轨道,动态管理得到全面贯彻落实,建立了与经济发展、人民生活水平相协调的低保自然增长机制,有效维护了困难群众的基本生活权益。2012 年 7 月 1 日起,昆山城乡低保标准调整为每人每月 590 元。2012 年 5 月底,全市在册低保对象 3939 户 9902 人,发放低保补差资金 1157 万元。其中城镇低保 1332 户 3019 人,发放补差资金 416 万元;农村低保 2607 户 6883 人,发放补差资金 741 万元。

### (二)五保供养水平不断提高

认真贯彻执行国务院《农村五保供养工作条例》,针对"五保"供养工作在实践中面临着对象认定难、财产处理遭遇尴尬、供养经费管理不统一等情况,出台了《关于进一步加强城乡五保对象供养工作的意见》,进一步明确了认定标准,理顺了经费渠道,规范了申请审批和经费发放程序。出台《关于规范五保对象供养工作的通知》,开展"五保"对象认定梳理工作,实行动态

管理,建立"五保"对象进出月报制度,明确供养经费计算方式,规范"五保"供养工作档案管理。对符合"三无"条件的老年人、残疾人实行"五保"供养,供养标准按照低保标准140%全额计算;对符合"二无"条件,收入低于供养标准的的老年人、残疾人也实行"五保"供养,供养标准按照低保标准140%差额计算。全市现有五保对象768人,其中集中供养374人;分散供养394人。供养标准随低保标准调整同步增长,目前供养标准为721元/月。

**(三)低保边缘救助深得人心**

2009年,出台《关于对城乡低保边缘对象给予生活救助的实施办法》,对本市户籍家庭月人均收入在本市居民低保标准2倍以下且患癌症、白血病、尿毒症、器官移植后抗排异药物治疗、再生障碍性贫血、血友病、系统性红斑狼疮的本人和重度残疾人(持有县级以上残联核发的《中华人民共和国残疾人证》,且登记为1~2级肢体残疾、智力残疾、精神残疾、盲视力残疾);特困职工,参照低保同类对象标准实施救助,本人无固定收入的按低保标准全额救助,有固定收入的实行差额救助。2012年(截至6月份),全市在低保边缘救助对象3314人,发放生活救助金459万元。

**(四)残疾人救助实现普惠**

2008年,出台《关于对无固定收入和固定收入低于城乡低保标准的重残人员给予生活救助的实施办法》,对具有本市户籍,经市残联认定且登记为1~2级肢体残疾、智力残疾、精神残疾、盲视力残疾,无固定收入和固定收入低于低保标准且未纳入最低生活保障和低保边缘救助的重度残疾人进行生活救助。救助标准为无固定收入重残人员,按低保标准全额享受生活救助金;有固定收入重残人员,其本人收入低于低保标准的,按低保标准实行差额救助。2010年,出台《昆山市特殊困难残疾人生活救助实施办法》,对家庭成员间具有法定的赡(抚、扶)养关系且共同生活,家庭人均收入在低保标准2倍以内的家庭,有2名(含)以上残疾人,或残疾人由父母供养且父母有一方达到法定退休年龄,或依法由祖父母、外祖父母、其他亲属供养且供养人有一方达到法定退休年龄的,对其家庭中的残疾人给予生活救助。救助标准为低保标准的60%。2012年(截至6月份),全市在册重度残疾救助对象1591人,发放生活救助金363万元;特殊残疾救助对象137人,发放生活救助金 25 万元。

### （五）灾害救助工作不断完善

灾害救助制度建设得到加强,2010 年成立了减灾委员会,制定出台《昆山市自然灾害救助应急预案》(昆政办发〔2010〕55 号),逐步建立健全防灾备灾、灾害应急响应、灾民救助、灾后恢复重建和社会应急动员为主要内容的城市灾害救助应急机制,形成信息畅通、协调有序、处置快捷、保障有力的灾害应急救助网络。防灾减灾宣教工作深入开展,每年"5·12"防灾减灾日期间,通过鸣放防空警报、印发宣传资料、悬挂宣传标语等方式开展广泛宣传,开展应急逃生自救演练、防灾避险知识竞赛、课堂教育等大型宣传活动,不断提高居民的防灾减灾意识。积极创建全国综合减灾示范社区,周市镇金威社区、千灯镇炎武社区先后被国家减灾委、民政部授予"全国综合减灾示范社区"称号。2011 年,为健全完善防灾减灾体系,减轻重大自然灾害和意外事故给人民群众造成的损失,出台《关于实施昆山市民生保险工程意见的通知》(昆政发〔2011〕40 号),实施民生保险工程,为全体昆山户籍居民投保人身伤害和房屋损失保险。

### 三、以做到"应保尽保"为目标,健全住房保障体系

2008 年 12 月,为适应住房保障工作形势需要,将原经济适用住房领导小组调整为住房保障工作领导小组,由市政府主要领导担任组长,市纪委书记和市政府分管领导担任副组长,住建局等十六个部门为成员单位。领导小组下设住房保障中心,全市各区镇及市区街道都设立了住房保障窗口,形成了各负其责、密切配合、联合推进的住房保障工作机制。

### （一）建章建制,完善规划政策体系

2005 年起,昆山先后出台经济适用住房出售管理、城镇低保收入家庭廉租住房保障等有关管理办法,开始建立住房保障政策体系。2008 年修订了《昆山市经济适用住房出售管理暂行办法》、《昆山市城镇低保收入家庭廉租住房保障暂行办法》,出台了《昆山市城镇低收入家庭住房保障暂行办法》,形成了较为完善的住房保障政策体系。2010 年 10 月,制定出台《昆山市实施住房保障城乡一体化暂行办法》,保障范围涵盖了本市城乡中等偏低收入

以下住房困难家庭,保障形式包括经济适用住房、廉租房、租赁补贴、租金减免等。该办法的出台,实现了住房保障两个"全覆盖":一是空间上做到"全覆盖",保障区域从原中心城区扩大到全市各区镇;二是对象上做到"全覆盖",保障对象由原中心城区城镇户口扩大到全市城乡居民。

**(二)落实措施,推进保障工作开展**

一是建设经济适用住房。1995年昆山规划建设第一个经济适用住房小区——汉浦小区,累计建造经济适用住房15万平方米,安置住房困难家庭1313户。2009年启动第二轮安居房建设——滇和苑小区。目前滇和苑已交付使用经济适用住房235套、廉租房41套。2011年9月昆山"十二五"期间第一个大规模建设的保障性住房小区娄汀苑又开工建设,该安居工程建成后可安置1324户住房困难户。二是开展廉租房实物配租。2009年1月,启动廉租住房实物配租工作,目前共有134户家庭入住政府廉租住房。三是发放困难家庭住房补贴。2006年4月开展这项工作以来,累计向住房困难家庭发放住房补贴518万元,408户家庭得到保障,其中低收入家庭184户、低保家庭224户、租金减免52户。四是加快老旧区和危房改造工作。近五年来全市共拆迁建筑面积956万平方米、3.3万户,竣工动迁房建筑面积1013万平方米、安置住宅9.2万套。五是保障性小区规范管理。昆山现有保障性住房小区管理有序,配套设施齐全。老的保障性住房小区——汉浦新村委托柏庐街道管理,财政补贴管理费用;新建保障性住房小区由物业公司管理,经济适用住房住户全额缴纳物业费,廉租住户只需缴纳20%的物业费,市财政补贴80%。

**(三)阳光操作,住房分配公开透明**

根据政务公开工作要求以及住建部《关于公开城镇保障性安居工程建设信息的通知》,为加大推进住房保障工作信息化建设,2011年我们在市住建局网站上增设了住房保障窗口,及时将住房保障政策、信息动态、工程建设、计划进度、申请情况等一一在网站上公开。每月按时在江苏省住房保障信息系统中上报建设等情况月报表。申请工作严格执行"三审两公示"制度,由社区预审、街道复审、保障中心、民政局复审,申请家庭名单在社区、《昆山日报》上进行"两公示",2011年再增加在市住建局网站上进行公示。分配抽签过程按照两次抽签方法,即先抽取序号再按序号抽取房号的方式进行,抽签过程邀请昆山市国信公证处进行全程监督公证,确保公开、公平、公正。同时,加强住房保障工作廉政风险防范。根据江苏省监察厅、苏州市监察局的工作部署,市监察局制定了《昆山市对 2011 年度保障性安居工程项目开展效能监察的方案》,根据方案各部门各司其职,组织开展了对全市 2011 年度保障性安居工程的专项效能监察工作。采用网上监察与实地检查相结合、专项督查和全面评估相结合、上级督查和群众监督相结合,公开效能投诉电话、信箱、网站等,受理群众投诉、举报,确保住房保障工作规范运行。

### (四)因地制宜,维护新昆山人权益

根据昆山外来人口较多的实际,通过多种方式,保障新昆山人住房权益,形成了具有昆山特色的外来人口公共租赁住房保障体系。一是建造蓝领中心(集中居住区)。引导民营企业、农村富民合作社等建造了一批蓝领中心(打工楼)、农民工集中居住区,目前全市已建造打工楼等 68 处,约 130 万平方米。二是建造人才公寓。为加大人才引进和人才储备,针对企业高级白领及管理人才的居住特点,2009 年开始,分别在昆山开发区、花桥经济开发区、科技教育园、昆山高新区和软件园建造 24 万平方米人才公寓,可为 6000 人才提供高品质居住服务。三是建造集体宿舍。支持大中型企业出资建设专门的员工宿舍楼,其中南亚电子建造了总建筑面积 3.24 万平方米的宿舍楼,约有 2800 名员工集中居住。目前全市共有外资、民资和国有企业宿舍楼 206 万平方米。四是提供建筑工地临时居住点。目前全市共有建筑工地临时居住点约 50 万平方米,解决了部分建筑务工人员居住问题。五是发展房屋租赁市场。鼓励居民通过出租房屋等形式来增收,私房出租的收入已占居民收入的相当比例,全市房屋租赁面积约 350 万平方米,为租房者提供了住房价格相对低廉的房源。

### (五)严格管理,确保住房质量安全

一是严格履行法定的基本建设程序。严格实行招标投标管理。保障性住房工程实行预选承包商制,在承包商名录中选择市场信誉好、施工能力强、管理水平高、工程质量安全有保证的施工企业,承接保障性住房工程。严格进行施工图设计文件审查。建设单位必须委托施工图审查机构进行施

工图审查,图审中心对保障性住房工程强化了质量安全技术的把关,严格按照国家和省工程建设强制性标准的要求,严格执行施工许可管理。对不依法委托监理、不办理质量安全监督手续、施工图未经审查合格的工程一律不予发放施工许可证,没有办理施工许可证的工程不得开工。二是规范参建主体各方质量行为。明确建设单位责任,加强施工单位管理,强化工程现场监理,着力提高勘察设计质量。三是加强施工过程质量管理。严把建筑原材料质量关,开展工程质量通病防治,加强结构实体质量检验,积极鼓励创优、创杯。2011年滇和苑交付使用的8栋保障性用房,其中6栋获得苏州市优质结构奖,1栋获得昆山市优质结构奖,提升了整个保障性住宅小区的质量品质。四是强化竣工验收管理。严格执行住宅工程分户验收制度,分户验收覆盖率保持在100%。明确责任人强化质量终身负责制,切实将质量终身责任制落实到实处。

昆山推进社会保障一体化,意义相当深远,特别是农村养老医疗保险与城镇职工社保医保并轨,真正实现了农村居民"老有所养、病有所医",为昆山率先实现城乡一体化目标奠定了坚实基础。

一是贯彻了党的政策,加快了"率先"进程。昆山全面推进社会保障一体化是惠及全市30多万农村居民的实事工程、民心工程和德政工程,是实践"三个代表"重要思想、贯彻党的十六大精神和科学发展观的集中体现,是执政为民的根本要求。昆山要争当"两个率先"的排头兵,就必须率先解决"三农"问题。因为没有农民的小康,没有农村的基本现代化,就没有全社会的小康和基本现代化。而推进社会保障一体化,是解决"三农"问题的重要一招,抓住并解决这个关键问题,顺应了当前形势发展的需要,推进了"两个率先"的进程。

二是提供了示范,起到了"率先"作用。昆山的做法是一个创新,保障水平在全国范围内领先,由五个方面可以借鉴:①实现了自愿型的农村医疗制度向统筹型的基本医疗保险制度的过渡,保障水平有了较大幅度提升;②实现了农村居民基本养老医疗保险与城镇职工基本养老医疗保险的并轨管理,加快了城乡一体化的进程;③实现了四级定点医疗服务管理体系(基层社区、镇医院、市医院、转外医院),极大方便了农村居民就医,同时资源也得到了合理利用；④实现了事实上的市级统筹管理机制、费用分担机制和风险平衡机制；⑤凸现了政府的职能，市、镇、村三级合计每人医保统筹贴补 400元，占人均统筹的 72.7%，高度体现了政府对市民的保障责任。

三是健全了医疗服务体系，净化了农村医疗市场。农村医保在为农村居民转化成市民铺就一条平坦道路的同时，也有力地促进了农村医疗服务体系的完善，并随着农村医疗保障水平的显著提高，农村医疗市场必将不断壮大，城乡医疗资源分布将进一步优化。当前，昆山有 100 多个农村社区卫生服务站，成为医保定点医疗机构，一个覆盖全市城乡的医保服务网络已经初步形成，"小病不出社区、大病不出镇、疑难病不出市"的就医目标基本实现。与此同时，社区卫生服务站以农村居民医疗保健需求为导向，将中医药、口腔保健等适宜技术引进社区，为农村居民提供从医疗、预防、康复、保健、健康教育到计划生育指导的"六位一体"服务，功能明显增强。另外，农村医保的实施有利于进一步规范医疗市场秩序，打击非法行医。

四是照顾了弱势群体，促进了社会和谐。昆山市一贯高度重视社会弱势群体，采取各种帮扶措施给予他们关怀照顾，出台和完善各项帮扶政策，让弱势群体真正得到实惠，让弱势群体更好地融入社会，共建和谐社会。特别是在住房保障方面，住房保障问题既是经济问题，又是民生问题，更是社会稳定和社会发展问题。昆山坚决贯彻落实国家、省和苏州市住房保障政策，以解决中低收入住房困难户、外来务工人员以及新就业人员住房问题为重点，不断强化制度保障、房源供应、资金筹措、政策支撑、信息公开，扎实推进住房保障城乡一体化，形成了经济适用房、廉租房、公共租赁房、动迁安置房、限价商品房、人才公寓、蓝领中心、集体宿舍等多类型保障性住房互为补充的格局，有效满足了多层次保障性住房需求，实现了住房保障市域范围、常住人口全覆盖，具有昆山特色的住房保障体系基本形成，有力促进了社会和谐。

# 吴江区：坚持城乡一体　建设乐居吴江

"江南何处好？乐居在吴江！"在科学发展观的正确指引下，这个与苏杭南北守望、与香港一般大小的吴越故地，以"两个率先"为己任，取得了一个又一个传奇式发展，不断焕发出现代城市文明的朝气和活力。近年来，吴江人牢牢确立建设乐居吴江的战略目标，坚持把城乡一体化发展作为率先基本实现现代化的战略举措来抓，力求城乡互动协调发展，加快产业向园区集中、人口向城镇集中、土地向规模经营集中，既展现江南水乡的优美田园风光，又呈现中等城市的现代文明气息。

## 一、坚持布局集中，不断升级城乡一体发展的目标定位

近年来，国内国际宏观环境发生了深刻变化，制约发展的因素越来越多，加快发展的要求越来越高，既要保证当代发展又要预留未来发展空间，这就必须在区域发展布局的统筹集中上做文章，以布局之和谐确保经济社会发展之和谐，突出表现在构建"四大片区"的发展实践上，大幅度提升城市向心力。

### （一）确立片区经济新理念

农业文明造就小城镇，乡镇工业催生小城镇辉煌，新型工业化和城市现代化需要更高水平资源配置平台，必然促使开发区、园区、片区经济大发展。正基于此，吴江确立了三大主战场，规划太湖保护区，升级片区经济新理念，形成沿沪、沿浙、沿苏、沿湖四大片区。

1. 找准区域定位

吴江是江苏的南大门，古时就有"吴头越尾"之称，东邻中国最具实力

的上海,南接中国最具活力的浙江,北靠中国最具成长性的苏州,西濒中国最具生态性的太湖。如此区域特色,全国独此一家,这成就了吴江最大的区位优势。因此,吴江对区域发展的总定位十分鲜明,始终把吴江的小布局放到长三角的大布局中去,定位在苏沪浙长三角经济圈中心体来发展。时任省委书记李源潮调研吴江时明确要求"借上海资源实力,取浙江机制活力,扬政府服务优势",近年来进一步提出了"同城苏州、融入上海"的八字方针,率先开启苏州太湖时代,做好上海虹桥副中心,比全国任何地方都有条件、有优势发挥"接轨效应",发展"四沿经济"。

2. 加快区域一体

历史上,在运河经济动脉作用下,吴江水乡古镇林立,形成七大镇三小镇。改革开放后,乡镇工业蓬勃发展,村村点火,处处冒烟,一村一品,一镇一业,一度也创造了县域发展的辉煌,是苏南模式、乡镇工业的典型代表。然而,吴江人很快意识到小而散、环境差、高消耗、低水平,无法实现可持续性。21 世纪以来,吴江加快并镇步伐,逐步升级形成"一二三四"一体化片区发展思路,即"一市双城三大主战场四大片区"。在微观层面上,农民进城集居步伐加快,规划控制总面积达到 418 平方公里,占市域面积 35.5%,统一实行农民动迁公寓房安置集中居住,现累计建成城镇公寓房面积 306 万平方米,目前在建 180 万平方米。

3. 放大区域特色

吴江"一核四片"格局与苏州"一核四城"异曲同工,是城乡一体化发展的结果,也是生产力布局优化的结果,有利于区域专业化、特色化、个性化发展。沿苏片区,以国家级吴江经济技术开发区为核心,加快推进国家级综合保税区建设,发展国家新型工业化产业示范基地,建设科技创新的先导区、新兴产业的集聚区、集约发展的样板区;沿沪片区,以省级汾湖经济开发区(2012 年 8 月获准更名汾湖高新区)为基础,建设上海"后花园",创建国家级高新技术产业园区;沿浙片区,以盛泽镇省级纺织产业高新园区为基础,建设国际纺织贸易第一城,进一步巩固扩大中国"第一布市"品牌地位;沿湖片区,以国家东太湖综合整治为契机,整合太湖 47 公里岸线资源,着力建设省级东太湖旅游度假区。2011 年,吴江经济技术开发区、汾湖高新区、盛泽镇、滨湖新城"四大片区"地区生产总值达862亿元,约占吴江地区生产总值的72%,财政贡献占镇(区)的80%以上。

**(二)创新区镇合一新机制**

1992年,吴江撤县设市,设18个镇5个乡,创设吴江经济开发区,进入区镇并存时代。后经数次撤并,至2012年初共设松陵、盛泽、同里、震泽、平望、桃源、七都、汾湖7个镇,另设1个国家级吴江经济技术开发区、1个省级汾湖高新区,创新四种"区镇合一"灵活高效模式。

1. 吴江经济技术开发区和同里镇"区镇合一"模式

突出规划统一,运行相对独立,实现了区域内高新技术产业和古镇保护开发比翼齐飞,传承和创新协调发展,开发区的竞争力和古镇的影响力持续提升。2011年,吴江经济技术开发区完成地区生产总值245亿元,占吴江总量的1/4左右,电子信息产业达到千亿规模,占开发区工业的近8成,在吴江和开发区都是第一大产业。当前,在继续做大做强电子信息产业的基础上,开发区正大力发展装备制造、新能源、新材料、生物医药和现代服务业,新兴产业的销售占比接近一半。同时,开发区正加快推进国家级综合保税区建设,努力成为区域经济国际化的"先行区"。

2. 汾湖高新区和汾湖镇"区镇合一"模式

突出发挥开发区(高新区)的体制机制优势,着力提高开放型经济、创新型经济发展水平,着力提升行政服务效率,快速增强综合实力。2012年,原省级汾湖经济开发区成功转为省级汾湖高新区。2011年,完成地区生产总值161亿元。汾湖高新区紧紧围绕"虹桥副中心"的发展定位,以争创国家级高新区为主要抓手,基本形成了装备制造、电子信息和新型食品加工三大主导产业,全力培育新能源、新材料和新医药三大新兴产业,并充分利用省级服务外包示范区和省级服务业集聚区的功能优势,确立了先进制造业和现代服务业并举的发展格局,大力建设"生态科贸城",加快进入国家级高新区行列。

3. 盛泽镇和东方丝绸市场、吴江高新技术产业园区(筹)"区镇合一"模式

突出以丝绸纺织产业为纽带,围绕转型升级和做大做强目标,把区域内的生产、贸易、创新等重要元素,通过相应载体,紧密结合起来,相互支撑,相

互促进,最大限度提升综合优势。盛泽镇是中国纺织业的重要生产、出口基地和产品集散地,2011年完成地区生产总值272亿元。中国东方丝绸市场连续多年居中国布料及纺织品市场交易量首位。以正在推进的"强镇扩权"行政管理体制改革全国试点为强大动力,盛泽不断加大产业调整力度,高起点规划建设省级高新技术产业园区,积极引导优势纺织企业瞄准世界一流,开展研发创新和市场拓展,加大集群内企业品牌创建和经营力度,努力建成世界级产销基地。

4. 滨湖新城和松陵镇、吴江东太湖生态旅游度假区"区镇合一"模式

2012年1月,将松陵镇、横扇镇合并成立滨湖新城党工委和管委会,滨湖新城作为行政区划正式登上历史舞台。突出城市化和现代服务业发展、生态文明建设的主线,聚焦重点,高效统筹区域内经济社会发展,打造吴江发展的新引擎。滨湖新城2011年实现地区生产总值183亿元。按照现有基础和未来规划,滨湖新城经济发展主要以服务业为支撑,2011年服务业增加值108.8亿元,占地区生产总值的近60%。2012年初,滨湖新城管委会成立,8月,省级吴江东太湖生态旅游度假区获批。目前,滨湖新城建设加速推进,将努力成为苏州最具综合优势的总部经济、文化创意等新兴产业集聚区,成为苏州南部最具竞争力的商贸商务、高端居住集中区,成为长三角乃至全国最具吸引力的休闲旅游度假区。

**(三)开拓滨湖新城新境界**

吴江拥有47公里太湖岸线,全境无山、港湾众多、曲折绵长,开发利用度极高。吴江是典型的运河城市,京杭大运河南北纵贯吴江,过去1100多年当属吴江的"运河时代"。吴江城区居运河与太湖之间狭窄地带,河湖相距最短不足2公里,亲湖而居始终是吴江人的城市梦想。新时期,在现代文明作用下,上级重大决策和市民千年梦想形成共振一致,推进吴江滨湖新城应运而生,开启了"太湖时代"的新千年。

1. 全力实施国家东太湖整治工程

2008年3月5日,胡锦涛总书记在参加十一届全国人大一次会议江苏代表团审议时要求,让太湖这颗江南明珠重现碧波美景。心怀湖居梦想的吴江人历来高度重视东太湖生态建设,早在2005年就着手编制东太湖综合

整治规划,2008年3月获水利部和省政府联合批准,次月获国务院批准立项。工程概算投入39.8亿元,中央补贴3.1亿元,其余吴江自筹。主要包括:退渔还湖、退垦还湖、生态清淤、生态修复和洪道疏浚五项工程。4年多,共退渔还湖5.9万亩、退垦还湖3.8万亩,配套建设动迁安置房134万平方米,生态清淤521.8万方,洪道疏浚20公里,全部工程现已基本完成,生态修复和堤线调整进入扫尾阶段,年内有望提前通过整体验收。这为吴江率先建成滨湖新城提供了重大宏观政策机遇。

2. 加快建设省级太湖旅游度假区

结合国家东太湖综合整治工程,吴江提出打造全国第一个"黄金湖岸",更高标准建设生态"碧波",更高水平共享旅游"美景",把东太湖旅游度假区建设作为东太湖综合整治的一项重要内容,作为东太湖生态建设的一个重要支撑,也提前呼应省委省政府作出环太湖风景路的决策部署。区内以温泉资源为龙头,核心区规划面积2.44平方公里,重点发展温泉度假酒店,建设滨湖湿地景观带和商务会展区、温泉度假区、田园养生区、生态休闲区和乡村体验区五大园区建设,建设稻香村、花田喜事、太湖绿洲、渔湾美食、田园养生、生态教育、格林公园、体育运动和酒文化等九大主题园,开发游艇俱乐部等旅游大项目。

3. 打造21世纪苏州城市最大亮点

2010年9月,省委常委、苏州市委书记蒋宏坤参加吴江市委常委会民主生活会,首次明确提出把滨湖新城建成21世纪苏州城市建设的最大亮点。随后,吴江市委、市政府正式确立"同城苏州,融入上海"的城市战略。与东太湖整治、旅游度假区建设同步,滨湖新城实行规划国际招标,先后编制了40余项详规。五年累计投入资金超过150亿元,实施工程项目400余项,以东太湖大桥为标志的主干道全面建成通车,投资120亿元的358米超高层地标综合体绿地中心加快建设,苏州轨道交通4号线开工建设,新城内部轨道交通也正抓紧规划推进,规划接轨上海地铁延伸工程,同步迈入"轨道时代"、"太湖时代",加速实现"同城苏州、融入上海"。

**二、坚持产业集群,不断夯实城乡一体发展的物质基础**

民营经济是推进城乡一体、建设乐居吴江的富源经济。吴江被誉为全省民营经济发展的"领头羊"。近年来,在外资、民资的两轮驱动下,吴江特色产业做大做强,由"堆"而"群"迅速升级成一大批集群产业基地,构成了区域经济发展的鲜明特色,推进制造业高端化、服务经济集群化、现代农业价值化,成为区域经济发展的响亮品牌。

**(一)传统产业高新化**

占吴江工业经济总量近九成的四大传统产业,是区域经济社会发展的重要基础,也是助推发展方式转变、实现地区经济能级提升的主要力量。电子信息业,是吴江第一大支柱产业。2011年实现工业产值1380亿元,占工业总产值37%。主要集中在吴江经济技术开发区,现形成多品种、专业化的生产格局,已成为电源供应器、网络数据机、打印机、背光板、键盘、笔记本电脑外壳全球最大的生产基地,发光二极管(LED)、冷阴极管(CCFL)等零组件产品的生产量位居国内前列。吴江经济技术开发区先后荣获江苏省电子信息产业基地、首批国家电子信息产业基地成员单位等称号。丝绸纺织业,是吴江传统优势产业。明清时期,盛泽镇与苏州、杭州、湖州并称中国四大绸都。如今苏杭湖丝业式微,但吴江纺丝技术世界先进、织造能力领先全国、科技水平和整体实力位于国内前列。2011年,吴江丝绸纺织业实现工业产值1230亿元,占工业总产值34%,拥有纺织企业约8000多家,是全国织造无梭化程度最高的地区,化纤产能占全国总量的1/8,真丝绸产销量占全国1/6,年产各类纺织品180亿米,当代纺织国际先进设备比例超过50%。始创1986年的中国东方丝绸市场已成为全国化纤薄型织物最大的集散地和价格形成中心,连续多年成为全国第一大纺织专业市场和全国十大工业品批发市场之一,是中国"第一布市"。光电缆产业,现有生产企业20多家,2011年实现产值320亿元,占工业总产值8.6%,通信电缆和光缆产量分占全国总量的1/3以上,成为全国通信光电缆生产密集区和重点生产基地、国家火炬计划光电缆产业基地,亨通、通鼎、永鼎等行业龙头企业均为全国通信电缆生产企业前10强。装备制造业,2011年实现产值250亿元,占全区工业产值的6.8%,形成电梯及部件、环保装备、输变电设备、缝纫机及零件、汽车零配件、纺织机械和工程机械等七大产业集群,其中电梯产量约占全国总量的1/4,缝纫机零部件约占全国市场的1/6,世界500强企业斗山机械和英格索兰相继进入吴江,带来工程机械的异军突起。

### (二)新兴产业规模化

新能源、新材料、生物医药和新型食品加工,是吴江重点发展的四大新兴产业,将成为引领吴江"十二五"经济社会发展的新动力和最强大的增长极。2011年,全区新兴产业实现产值1283亿元,占工业经济比重达到43%,规模效应突出,列苏州各县市之首。新能源:重点发展太阳能光伏产业,打造从原材料到应用产品生产的较为完整的产业链格局。至2011年底,有10家光伏相关企业,以硅片、晶硅电池、组件生产销售为主,基本形成了1100MW的年产能,建设中的光伏项目设计产能约1000MW。规模较大的企业主要有聚能硅业、旺能光电等,2011年实现产值78.6亿元。新材料:以新型平板显示和高性能特种纤维为主,年增长率保持在25%以上。2011年,实现产值840亿元,占全部工业的23%,占新兴产业的65%。新型平板显示保持强劲增势;超细纤维和PTT产量世界领先;光纤预制棒项目批量生产,2011年达到200吨规模;硅棒正加快释放产能;膜材料开始逐步产业化;新型电机配套绝缘材料产量和品种在全国领先。生物医药:尚处于起步阶段,产业规模较小。有生物及医药生产企业37家,主要聚集在吴江经济技术开发区和汾湖高新区。2011年,实现产值33亿元,同比增长25%。新型食品加工:现有食品加工企业150家,2011年实现产值50亿元。主要产品包括粮油、禽蛋、黄酒、调味品和旅游食品等。形成以佳禾食品等一批骨干企业为龙头的企业集群。随着康师傅正式投产和典发食品搬迁完成,整个产业将有较大提高。

### (三)服务经济集聚化

2011年,全区实现服务业增加值461.8亿元,服务业占比达40%,服务业投资连续多年占全社会固定资产半壁江山,拥有3个省级现代服务业集聚区、1个省级服务外包示范区,东太湖旅游度假区成为省级旅游度假(实验)区,太湖浦江源国家水利风景区正式挂牌。重点打造总部经济先导区,首批认定总部企业15家,其中预认定4家,已签约或落户的总部企业24家,滨湖新城180亩总部经济区全面启动,首批推出8幅地块。重点打造省级旅游度假区,丰富5A级景区古镇同里旅游文化内涵,推进滨湖新城温泉度假酒店等项目建设,支持丝博园、麻立坊等丝绸文化旅游项目扩大影响力,加快黎里古镇旅游开发,发展休闲旅游、生态养生、度假养老和会务美食,建设沿太湖绿色低碳走廊。重点打造服务经济中心区,提升纺织科技中心、电子商务信息中心、外贸咨询服务中心、知识产权服务中心、纺织产品检测中心和纺织专利展示交易中心等公共服务平台功能,推动发展担保公司、小额贷款公司等金融服务机构,培育发展会计师事务所、律师事务所等各类现代服务业企业,规划建设现代化商业综合体,推动传统市场转型升级。重点打造影视文化休闲区,宣传江南水乡文化、戏曲文化,打响"中国同里影视摄制基地"品牌,打造融影视摄制、后期制作、影视推介、影视体验和休闲度假等于一体的新型影视摄制和文化休闲基地。重点打造新兴产业孵化区,加快推进科创园项目建设,加快实现科技创新和产业孵化,有近百名海归博士入园创业,孵化项目超过 170 个,涉及生物质能源、膜材料、高端医药研发和太阳能等领域。重点打造现代物流功能区,形成吴江经济技术开发区、盛泽、汾湖高新区、平望四大物流构架,构筑综合保税、航空转运、商贸分销等功能各异的现代物流基地,吴江经济技术开发区商贸分销中心、汾湖新地物流和震泽长三角农产品批发市场有序推进,累计完成投资 2.6 亿元。重点打造服务外包示范区,重点发展汾湖省级国际服务外包示范区的金融 BPO、软件外包、动漫和创意四大产业,引入 19 家高水平外包企业。

### (四)现代农业园区化

近年来,吴江积极优化农业产业布局,大力推进农业产业结构调整,不断强化农业基础建设投入,努力拓展农业生态休闲功能,持续加快现代高效农业建设步伐,取得了较好成效。2011 年吴江全区农业总收入达到 54.38 亿元,增长 18.47%,增速位列苏州市第一。至 2011 年底,高效农渔业总面积达 44.04 万亩,设施农渔业总面积 9.54 万亩,都超额完成省市现代农业发展考核指标任务。国家级和省级农业龙头企业的数量、陆地森林覆盖率、水稻机插率和同里万亩水稻高产示范片平均亩产等,均位居苏州第一,后两者还在全省名列前茅。中央电视台七套科技栏目专题报道吴江"甬优 8 号"高产栽培典型经验和具体做法。拥有国家农产品地理标志登记 2 项,4 家公司通过了 GAP 认证,制定国家行业标准 1 项、省级地方标准 6 项,吴江市粮油加工集中区成为"首批江苏省省级农产品加工集中区"。同里农业科技示范园被认定为省级现代农业产业园,目前正全力争创国家级。横扇科技农业产业园被批准为省级现代农业科技园,目前推进生态旅游农业建设。七都特种水产示范园结合国家水利风景区全力打造太湖蟹养殖标准化建设。同时,按照统一规划,每个镇(区)根据产业特色,建设万亩以上的农业示范园区。

### 三、坚持资源集约,不断创新城乡一体发展的路径选择

吴江沿海而不靠海,沿江而不靠江,六分耕地四分水,是典型的江南水乡城市。这就决定了只能选择内涵型发展方式,在最大集约的资源利用中谋求最大效益的产出成果,坚定不移地推进资源节约型社会建设,促进人与自然和谐发展。

#### (一)金融完善强保障

吴江金融资源丰富,民间资本发达,凭借得天独厚的禀赋,吴江大力发展金融服务业,探索金融体制改革,创新金融产品和服务,努力打造环太湖"资金洼地"。2010年吴江获"省金融生态示范县"称号,成为苏州地区首家获评该称号的县级市。

1. 构建现代金融服务体系

吴江积极引入各类商业银行及保险、证券等金融服务机构,发展私募股权基金(PE),壮大创投、风投规模,加快引进东亚银行等外资金融机构,出台《关于鼓励设立外资投资机构的若干意见》,对在吴江设立的注册外资5000万美元以上的外资投资机构,根据其规模给予50万~100万人民币的补助,全面构建国际化的现代金融服务体系。目前辖区内共有银行类金融机构20家,至2011年末,辖内银行机构人民币各项贷款余额1213.33亿元,新增196.20亿元,增量增速列苏州县市第一。全区注册资本在1000万元以上的私募股权基金机构已达43家,其中在省发改委备案的创投机构达8家,数量走在全省县级单位前列。

2. 畅通中小微企业融资渠道

中小微企业具有支撑经济发展和社会民生的"稳定器"作用。吴江27000多家民企,绝大部分为中小微企业。对此,吴江创新推行中小企业"金

融顾问团",选派 60 名银行资深业务骨干定点结对 100 多家中小民营企业,帮助企业设计最优的金融解决方案。同时,创建中小企业信息服务系统,通过跨部门数据信息采集和汇总,为中小企业建立"信用档案",包括 22 大类共计 515 个数据项,信息采集量、查询功能全省最齐全,目前该系统已采集 2.7 万家企业信用信息。吴江还全面加速信贷资本流向中小微企业步伐,截至 2012 年 6 月底,吴江中小微企业贷款余额达 871.50 亿元,比年初增 141.74 亿元,占全部新增贷款的 94.03%,走在全省前列。

3. 金融惠民支持市民创业发展

现有 11 家农村小额贷款公司,在全省率先实现了农村小额贷款公司镇(区)全覆盖,小贷公司开业数、注册资本、贷款规模"三项指标"连续 3 年列全省县级市第一。各小贷公司积极开发特色信贷产品,其中苏南农村小额贷款公司联手国家级农业龙头企业——江苏众诚鸭业,向养殖户提供额度灵活、手续简便、利率优惠的贷款。与此同时,吴江大力激发青年创业活力,在苏南地区率先启动青年农民、大学生村官、自主创业的刚毕业大学生等"信用 + 征信评级 + 信贷"扶持试点工程,发放扶持贷款 5000 万元。吴江还在全省率先向妇女提供信贷资金扶持,累计向妇女发放创业优惠贷款 3886 万元,惠及妇女就业 826 人次。

**(二)土地增效强产出**

坚持最严格的耕地保护制度和最严格的节约用地制度,全面加快农民向居住小区集中、农田向规模经营集中、企业向工业园区集中步伐,提升区域系统功能和资源利用效率,探索出了一条解决经济发展用地需求与土地供应之间矛盾的新途径,有效化解了土地瓶颈,更提高了经济发展质量。

1. 落实耕地保护责任,提高基本农田标准质量

出台《吴江市镇(区)级耕地保护责任目标考核办法》,下达耕地保有量和基本农田永久保护线,镇长(或管委会主任)为第一责任人,确保全区 62.5863 万亩永久基本农田总量不减少、用途不改变、质量有提高。为此,吴江大力开展了土地整治,提高基本农田水利设施建设水平,2006 ~ 2010 年,吴江市共批准实施了 1 个国家投资土地整理项目、2 个省以上投资土地整理项目以及 1 个万顷良田建设工程土地整治项目,涉及 3 个镇(区)20 个行政村,

建设总规模达 3251.53 公顷,新增耕地 491.27 公顷,总投资 7278 万元。吴江还认真落实耕地占补平衡,着力缓解当前耕地补充压力,2001～2010 年,共实施完成耕地占补平衡补充耕地项目库项目 108 个,新增耕地 3.54 万亩。

2. 凸显综合效应,土地利用效益显著提高

较早提出并在各镇(区)落实亩均投入、税收榜单。在 2009 年以来盘活的 4560 亩土地上,引进了 34 个外资项目、35 个内资项目,每亩投资强度是原有企业投资强度的两倍。由于不需要利用新的增量土地,通过"腾笼换凤"引进的项目普遍到账快、开工快、投产快。在实践中,吴江采取分类措施,最优方案实施"腾笼"工作。针对建成后经营困难甚至停产的项目,以买断、租赁等方式把土地、厂房转让出去;针对征地入驻后迟迟不能开工建设且短时间内开工无望的项目土地,通过政府回购、企业间转让等方式,吸引投资强度大、科技含量高、附加值高的项目入驻;针对占地面积大而建筑面积小的项目,要求企业根据标准加大投入,提高土地利用率和产出率,或将多余地块转让给新的项目。

3. 着眼长远发展,促进开发利用良性互动

通过政府统一规划,盘活土地利用储备,制定鼓励存量土地再利用的激励机制,推进土地增量指标与存量盘活挂钩,对产业结构调整和存量土地利用工作突出的镇(区),在安排土地利用计划时给予倾斜。最为重要的是,吴江继续强化招商选资,避免出现二次"腾笼",在招商选资过程中,重产业结构调整、优化升级和产业链培育,重点引进资源节约型、科技创新型、产业带动型、生态环保型项目,力争工业项目不低于每亩 400 万人民币或 50 万美元。在土地再次利用时,吴江严格土地产出率、建筑容积率、建筑密度等标准,从土地利用、土地产出和土地效益各方面充分发挥土地在产业结构调整中的作用。

### (三)生态文明强环境

吴江水域面积占比达 22.7%,千亩以上湖泊 51 个,56 个湖泊被列入省保护名录。水是吴江的最大生态,也是最大制约。一直以来,吴江坚持把生态文明特别是水生态作为科学发展的核心指标,创造以铁的决心、铁的纪律、铁的手段、铁面无私、铁石心肠"五铁"精神,狠抓生态环保,先后荣获国家卫生

城市、国家园林城市、中国人居环境奖、中国最具幸福感城市等众多殊荣。

1. 围绕目标升级,建设生态城市

2004 年,吴江通过 10 年努力建成全国首个将非城区乡镇纳入考核的"国家环保模范城市"。次年启动全国生态市创建 5 年建成。针对 2010 年国家环保部提出的复核"国家环保模范城市"的新要求和创建新标准,不断巩固和提升创模工作成果,2011 年顺利通过国家环保部复核,正式成为国内首家通过复核、被重新授予"国家环保模范城市"称号的城市。2012 年再接再厉制订《关于推进吴江市生态文明建设的实施意见》,全面部署开展"612"生态文明建设推进行动,通过全面构建生态文明建设 6 大体系、重点推进 10 大生态文明建设专项行动、打造 20 个生态文明建设亮点工程,确保率先建成生态文明城市。

2. 围绕结构优化,实现绿色增长

编制实施了循环经济发展规划,明确循环经济试点、清洁生产审核企业每家分别奖励 10 万元、2 万～3 万元,循环经济企业达 40 余家,两个开发区分别建成和正在建设省级生态工业园区。根据本地产业发展特点,吴江勇于"壮士断腕",加快印染产业提档升级,制定染整落后设备淘汰计划,准备用 2010～2012 三年时间淘汰 20% 共 1400 台印染设备,减少印染排污量 10% 以上,已淘汰染色设备 934 台(套)。同时,吴江已连续 5 年开展化工生产企业专项整治,累计关停并转 158 家"小化工"企业,占全区化工企业总数的 45%。同时,创新开展环保联合执法,重点开展全区域"五铁一号"环保专项行动,重拳打击印染、喷织、小化工等企业的违法排污现象,共责令限期和停产整治近 500 家企业。

3. 围绕减排要求,提升环境质量

建成集中式污水处理厂 14 座,处理能力达 48.5 万吨／天,吴江还建立并坚持水质手机短信报告制度,水质监控点由 14 个增加到 28 个,监测结果实行短信日报制,形成合力治污局面。近年来,主要河流、湖泊始终保持在Ⅲ～Ⅳ类水质,东太湖常年保持一级空气二级水质,江浙交界断面王江泾Ⅰ级水质达到国家考核标准,环境质量综合指数达到 97 分,居苏州前列。2012 年,吴江持续推动村庄环境综合整治,提出 2 年任务 1 年完成,确保全区村庄环境整治达标率在96%以上。目前已整治完成村庄2383个,占总任务的90.78%,最新通报成绩居苏州第二。

### 四、坚持服务集成,不断强化城乡一体发展的支撑保障

当今时代,经济竞争某种意义就是政府服务的竞争。为此,吴江早在21世纪初就鲜明提出"借上海资源实力、取浙江机制活力、扬政府服务优势"三大法宝,坚持把政府服务作为城市的第一竞争力来抓,努力打造阳光式政府、保姆式服务,打响吴江政府无疆服务品牌。

#### (一)政策服务体系化

近年来,吴江紧盯国内外经济形势的变化发展,密切结合经济转型升级的进程,重点在科技服务、人才服务上做文章,努力建设促进创业创新的政务生态环境。2010～2011年,吴江连续两年在福布斯中国大陆创新城市排行榜蝉联县级市第一名,并荣获"2010中国十大投资创业城市"称号。

1. 优先支持科研发展

启动"高新技术企业培育计划",全社会研究与试验发展费用(R&D)占GDP比重达2.4%,计划至2015年新认定100家高新技术企业。目前拥有各类扶持科技企业创业投资机构达43家,注册资金达55.78亿元,累计投资12亿元。在积极落实税收政策优惠方面,吴江仅2011年企业研发费用加计扣除2.27亿元,相当于增加研发经费5600多万元,并为48家高新技术企业实际减免税达3.58亿元。深入推进校企合作,设立院士工作站4家,博士后科研工作(分)站16个、博士后创新实践(分)基地5个,为全国县级之冠。2011年全区专利申请量达28729件,同比增长47.56%,其中发明专利3850件,同比增长129.71%;专利授权量达30041件,同比增长104.39%,其中发明专利262件,同比增长127.83%。专利申请量和授权量均连续5年列全省县级市第一。

2. 突出强化人才支撑

实施"55352"人才创新创业工程。计划5年内投入5亿元,引进、培育300名能够突破关键技术、带动新兴产业的科技领军人才,500名创新型科技人才和2000名以上重点产业的紧缺人才。实施"科技领军人才计划",围

绕十大产业振兴计划,重点瞄准掌握核心技术的海归人才进行定向招揽,目前已经成功引进"科技领军人才计划"共计 200 名,其中入选国家"千人计划"11 名、省"双创人才"5 名、姑苏人才 16 名。在全国率先实施"985 引进培育计划",现有 300 多名来自"985"高校优秀毕业生进政府机关事业单位工作,近千人进入重点龙头企业工作,三年共资助选送 100 多人赴重点高校攻读学位。目前全区人才总量突破 15 万人,高层次人才 7800 多人,每万人拥有人才数达到 1878 人,人才总量和密度以每年 20% 以上的速度增加,高层次人才年均增速达 30%。

3. 助推企业转型升级

2011 年,吴江财政发放各类企业扶持资金近 10 亿元,向上争取各类项目资金和政策性资金 12.05 亿元,助企发展成效明显。重点抓好民营经济"超越计划",制订实施《关于促进开放型经济发展的若干措施》等政策。在培养小微企业方面,新出台实施了《进一步培育"小巨人"企业成长计划》,力争至"十二五"期末,全区新增年销售 10 亿元以上的企业 20 家,50 亿元以上的企业 4 家。在助推发展方面,出台《关于支持企业健康发展的若干政策意见》,对主营业务销售收入超 10 亿元的民营重点企业、重点行业"排头兵"企业,继续给予科技创新奖励和其他税收奖励。在鼓励企业上市方面,出台《关于培育和鼓励企业上市的若干意见》、《吴江市企业上市工作考核管理办法》等政策。吴江还深入实施了品牌战略,制订《加快总部经济发展的意见实施细则》及总部企业认定办法,认定总部企业 11 家,总部经济对地方税收增量贡献达到 15% 以上。

**(二)行政服务最优化**

吴江市在全省率先成立行政服务局,秉持"高效率行政,零差错服务"的宗旨,以科学发展观为指导,以创先争优活动为载体,不断深化行政审批制度改革,创新服务方式、提升服务效能、优化政务环境,截至 2011 年底,办理各种行政审批服务事项 50.7 万件,提前办结率 99% 以上;随机抽查服务对象满意率 99.86%。

1. 优化常态工作,创优服务效能

按照有重点、能量化、易考评原则,吴江在机关部门中全面推行 KPI 关键绩效指标考核,各个部门工作中与转变经济发展方式直接关联的内容全部包括其中,并向全社会公示,对其落实情况进行督查,年终对其完成情况进行考核评估。吴江还积极组织开展"企业评机关"、"乡镇评机关"等活动,全年实施二次综合测评,由各人大代表、政协委员及服务对象等对各部门履职能力、服务水平、勤政廉政进行综合评价。为了把工作真正落到实处,吴江持续强化效能建设监督检查,完善"办理高效、结果透明、答复到位"的效能投诉处理机制,构建广播、电视、网络、报纸"四位一体"的政风行风热线新模式,积极探索机关效能过错责任追究制度。机制的完善、考核的加强,使得领导干部挂钩企业、党员干部进万家等活动发挥了很好的服务企业、服务经济的作用,推动了经济的健康快速发展。

2. 强化重点工作,创优行政服务

吴江在全省率先实施行政服务"大部制"改革,打破以往按行政职能部门设置窗口的建制格局,将 20 多个入驻窗口整合成内资审批、外资审批、工程建设服务三个综合科室,通过归并职能,优化流程,共梳理进驻了 113 项事项,有 10% 的事项经科学归并,加快"流程再造",形成"一窗式"受理、"一站式"办结、"一条龙"服务的模式,实现全省审批项目最少、收费项目最低、办事流程最简、工作效率最高的目标。到目前为止,吴江已连续开展 12 轮大规模提速增效行动,累计对 399 项承诺事项的审批流程进行再造,承诺事项时限累计提速达 2584 个工作日。吴江还搭建行政服务"云"计算平台,提高审批过程的透明度和效率,使审批时限不断提速,网上审批率不断提高。吴江开通了"12345 便民服务热线",实行 24 小时全天候服务,办结率为 99.5%,电话回访市民满意率为 99.1%。在此基础上,吴江不断完善区镇村三级便民服务网络,基本实现全区 8 镇、2 开发区、250 个行政村和 60 个社区便民服务网络与"12345"的无缝对接,达到便民服务全覆盖。

3. 细化创新工作,创优服务品牌

吴江全面打造"无疆服务"品牌创建,通过品牌注册、品牌推介、品牌研讨等一系列活动,扩大品牌的影响力,提升品牌的美誉度,充实品牌的"含金量"。争创一流的服务环境、一流的服务形象、一流的服务水准的"三项争创"竞赛活动,在各服务窗口间形成不断创新的良好氛围,其中公安窗口采用"代办出国境证件邮政快递手续",极大地方便在外省市工作学习的吴江居民,此举被苏州市公安局评为 2011 年度第一个创意警务的"金点子"。吴江还加大与苏州大学、南京大学等高校挂钩结对,合作建立"地方服务型政府研究基地"和"创新型人才实践基地",加强对行政服务创新实践的理论研究,进一步拓展"无疆服务"品牌外延。在相对集中行政许可权省级试点基础上,吴江正全力争取全国试点工作,并努力争取成为全国 100 个开展政务公开和政务服务试点工作的县(市、区)之一,推动吴江行政服务成为行政体制改革试验田。

**(三)公共服务均等化**

注重城乡基本公共服务均等化,统筹推进城乡基础设施建设和社会事业发展,加快构建促进基本公共服务均等化的长效机制,成效显著。目前,吴江城乡公共服务体系全面覆盖,农村公共服务水平大幅提升,全体社会成员都能均等享受基本公共服务。

1. 突出功能完善,促进城乡公共基础设施共建共享

持续完善城镇体系规划,通过开展路、电、水、气、信息、环保等"六网"进村入户工程,让城乡居民共享同质化生活。城乡交通一体化基本实现,全区 250 个行政村实现村村通公路,村级以上公路总里程达 2300 公里,2011年年末民用汽车保有量 138045 辆,其中私人汽车保有量 118218 辆,每百户家庭拥有私家车 46.20 辆,超过苏州 40.67 辆的水平,各镇(开发区)均可10 分钟内上高速,实现公交运行全覆盖。近年来,吴江市共投入 40 多亿元完善了城乡一体的供电网络,日供水 53 万吨的区域供水工程运转顺畅,天然气管网已覆盖城镇规划区内的农民集中居住点,城乡水电气网一体基本建成。全区已拥有集中污水处理厂 13 家(年底前待建 5 家),城乡生活污水处理率已达到 96.9%,城镇污水处理机制基本建立。农村固定电话装机率和3G 无线网络覆盖率均达到 100%,宽带入户率超过 70%,城乡数字电视用户总数超 26.1 万户,居民入户率达 100%,信息服务网络全覆盖基本实现。

2. 突出民生重点,着力提升城乡公共服务水平

把义务教育、医疗卫生、社会保障等百姓关注热点,作为城乡公共服务均等化工作的重点领域切实推进。全面实施《全区免费义务教育暂行规定》,农村九年制义务教育普及率常年稳定在 100%,外来务工子弟义务教育入学

率达 100%,并率先基本实现教育现代化。公共文体设施和活动实现村村全覆盖,"区域文化联动"范围从原来的 10 镇(开发区)扩大到长三角、运河城市,成为全国首个荣获"文化部创新奖"的县级群众文化活动。医疗卫生服务体系全面覆盖,在全省率先建成"15 分钟"健康服务圈,全区人均期望寿命达 81.5 岁,本地婴儿死亡率 2.98‰,居民主要健康指标达到发达国家水平,得到国家卫生部部长陈竺、国务院医改办的充分肯定。城乡社会保障体系日益完善,全民医保多项标准已达到或超过国家 2015 年目标,2012 年实现"农保"、"土保"和"城保"的并轨。公共就业服务体系不断健全,新增就业岗位 4 万个以上,社会失业登记率控制在 3.5% 以内。

3. 突出资源整合,构建城乡公共服务均等化长效机制

通过全面动员和全方位规划实施,完善财政运行机制,重点支持民生实事项目,并且多方筹措,吸引民资、外资参与建设公共事业。吴江在全省率先从政策上扶持民营资本参与养老机构建设,对利用自有房开办的民办养老院、护理院,按床位类给予每张 5000 ~ 10000 元的建设资金补贴。充分利用省人民医院资源,吴江了建立全国首家镇级三级医院——江苏盛泽医院,委托省院管理,管办分离、多方投资,建在基层、服务基层的模式,开创全国先河。作为省首批实施基本药物制度试点市,吴江将基本药物报销全部纳入医保报销范围,推动基本药物平均价格下降 41%,门诊处方均次费用下降 21%,报销比例显著提高。吴江还创新公共服务方式,积极推行集社保卡、公交卡、银行卡等于一体的智能化"市民卡"工程,80 万城乡居民(含新吴江人)实现了"刷卡消费"。

### 五、坚持同城集合,不断开启城乡一体发展的崭新时代

2012 年 10 月 29 日,苏州市吴江区正式成立,这是吴江加快城乡一体、实现同城苏州的重要标志。站在新的历史起点上,苏州市委对吴江发展确立"四新"总定位,并在成立大会提出"加大投入促发展,转型创新增后劲,融入主城出形象,改革开放添活力,心系百姓惠民生,凝心聚力创大业"的六大要求。

### (一)全力打造南部现代新城区

以地处苏州城市地理中心的吴江滨湖新城为龙头,主动接受苏州辐射,

加快功能性设施建设,全力打造"五大特色",建成 21 世纪苏州城市建设最大亮点:一是滨湖生态特色,继续申报实施国家东太湖综合整治二期工程,先行开展北部湖区生态清淤,加快彰显滨湖生态优势;二是轨道交通特色,呼应苏州轨道交通 4 号线,同步建设吴江滨湖新城单轨交通工程;三是温泉资源特色,尽快启用温泉度假酒店,年内动工建设温泉生态养生园,打造国际一流温泉度假目的地;四是总部经济特色,加快在建 18 幢总部经济区大楼,规划 100 幢总部大楼的空间,全面打造具有全国影响的总部经济集聚区;五是商贸服务特色,大力引进建设大型现代商贸综合体,2013 年建成"太湖新时代"餐饮风光带。同时,将加快完善与苏州中心城市对接的通道,系统推进城市发展,全面加强城乡统筹,使新城古镇交相辉映,城市乡村共同繁荣。

**(二)全力打造优势产业新板块**

继续深入实施"4+4+1"产业振兴计划,以提高单位土地产出和贡献为导向,把发展追求落实到两个"全国领先"的目标上,每个产业都要实现影响力或市场占有率全国领先,每个产业中都要有企业实现综合实力或竞争力全国领先。将全力加大投入,主攻优质项目,提高投入产出效率和项目持续扩张能力。支持"地标型"企业更大发展,为苏州城区培育首家超千亿企业,加快培育销售达 50 亿元的"小巨人"企业集群。将继续聚焦"四大片区",不断提升载体能级,加快吴江经济技术开发区申报国家级综保区;争取汾湖高新区升级为国家级,高起点建设全国一流的生态科贸城,打造苏州城市接轨上海的"桥头堡"和"虹桥副中心";加快筹建以纺织业为特色的省级吴江高新技术产业园区;加快滨湖新城和省级东太湖生态旅游度假区建设。

**(三)全力打造开放创新新高地**

以经济国际化为鲜明导向,全面提升开放水平。加快推进外资企业转型升级,不断增强开放型经济的领先优势;更加注重提升民营经济的实力优势,加快推进民营企业现代企业制度建设,全力实施"百家企业上市行动计划",支持优势企业开展全球布局,更大步伐"走出去";更加注重引进央企和知名上市公司等优秀企业,增强经济支撑力。将以建设服务型政府为导向,以权力下放为深化改革的关键,认真总结提升盛泽"强镇扩权"全国试点的经验,加快推进镇级行政服务中心建设;充分发挥全省首家设立行政服务局的先发优势,争取在全国率先实现相对集中行政许可权试点;大幅度提高网上行政服务功能和数字化管理水平,最大限度地实现政务服务便民化;争取开展综合改革试验,充分结合县域活力优势和苏州中心城市功能优势,全力闯出一条新型城区发展之路。

### (四)全力打造和谐乐居新家园

继续突出富民利民,全力增加居民收入,进一步增强村级集体经济的发展活力,拓展增加群众多元化收入的渠道。在城乡三大保险已经全面完成并轨的基础上,不断提高保障水平。按照城乡一体的标准,继续加强理念创新和服务重心下移,加快民生实事工程建设,加强社会组织建设,为群众提供更加优质便捷的基本公共服务,让人民群众充分感受设区带来的实惠。继续加强文化建设,进一步提高市民的现代文明素养。提升生态环境建设品位,加强水环境特别是太湖环境保护,科学开发利用湖泊资源,高标准深化村庄环境整治,大手笔打造生态环境亮点,全力建设花园般的人居环境。继续加强社会管理创新,深化"党员干部进万家"活动,顺应群众所需所求所盼,确保社会和谐稳定;将创新开展的"察民情、察实绩、保进度、保增长"集中巡察工作制度化,提高执政为民能力,同心协力建设更高水平的"乐居吴江"。

# 吴中区：深化股份合作改革 构建富民长效机制

创新农村股份合作改革,壮大集体经济,促进农民增收,是城乡一体化发展的重要内容和基本路径。苏州市吴中区积极开展创新探索,遵照股份合作制原则,将集体经营性资产的部分或全部,按人口和劳动贡献等要素折股量化,按股分红,形成了一种民主管理、民主决策、独立核算、自主经营、风险共担、收益共享的新型农村合作经济组织。目前,全区累计组建各类农村合作经济组织 331 家,总资产超 120 亿元,各类合作社股金户均分红连续多年保持两位数以上的增幅。十年多来,全区农村合作改革创下了 10 个省级以上第一,走出了一条富民强区的发展之路。

## 一、吴中区农村股份合作改革的历程

加快农村经济发展改革,走股份合作化道路,是继我国家庭联产承包责任制改革后农村经济体制的又一次深刻变革。吴中区农村股份合作改革始于 2001 年上半年,主要经历了三个发展阶段:

### (一)酝酿试点阶段

世纪之交,在农村城市化、城镇化发展日趋加快的背景下,如何使集体资产保值增值,如何增拓农民的致富渠道,构建农民增收长效机制,如何引导传统农民向城市居民转化等问题,是吴中区各级领导重点关注的问题之一。2001 年 5 月中旬,当时的吴中区委农村工作部、木渎镇党委相关领导、金星村党委书记等召开了一个座谈会。座谈会的目的十分明确,就是根据区领导要求,探索农村改革发展新路子,给农民以实惠。经过座谈,大家达成了基本意向：在木渎镇金星村进行股份合作社试点。

同年 8 月召开的苏州市第九次党代会上，正式提出了推进农村"三大合作"改革的目标要求。刚上任的苏州市委书记在农村开展"三个代表"学习教育活动中，恰巧蹲点吴中区木渎镇金星村，对金星村探索股份合作改革给予了充分肯定和大力支持，提出要加快在体制上研究如何保障农民权利、加强民主管理。市委领导的肯定和重视，激励了吴中区各级干部进行改革的决心和信心。吴中区委下发了吴委发〔2001〕67 号文件《关于同意金星村股份合作社试点工作的实施意见》。8 月 26 日，金星村成立社区股份合作社，实现了农村合作改革零的突破。金星村社区股份合作制改革的启动，标志着吴中区农村"三大合作"改革正式拉开了序幕，金星村也成为全省第一家农村股份合作社。

时隔 4 个多月，相邻木渎的胥口镇成立全省第一家土地股份合作社。胥口镇把农民的土地承包权转化为长期股权，农民把土地经营权委托给合作社经营，按股权从土地收益中获取一定比例的分配。胥口土地股份合作社利用集体股货币和入股土地开发后转化的土地补偿金充入的货币资本依法进行开发经营，获得的利润和入股土地范围内项目开发每年新增镇级财力的 20% 用于合作社股金分配。为减少农民入股风险，合作社实行保底分配和按效益分配相结合的方式，保底分配每年每股 500 元，集体股三年内不参加分配。如果保底分配出现困难，由镇集体资产经营公司注入资金确保兑现。对于这个分配机制，当地农民举双手赞成。但是合作社成立刚几天，一盆冷水便淋头而下。合作社的成立，引起了媒体的跟踪关注，引发了一场关于改革的争论。问题的焦点集中在"变更土地使用性质"上。1360 亩农业用地改为非农业用地，确切说是建标准厂房。国土部门认为，这种做法违背了国家土地管理法，搞乱了土地补偿办法。媒体追踪报道这一改革过程中引起的争论，更是在全国引起了强烈反响。江苏省委高度重视，专门派调查组赴胥口调查。调查的结论是：胥口的土地股份合作制改革，农民欢迎，用地合法，创新值得提倡。省委、省政府的重视支持，媒体舆论的广泛认可，大大增强了吴中区农村改革者的信心决心，改革试点全面推进。

到 2003 年底，全区建立社区股份合作社 17 个，土地股份合作社 5 个，农村专业合作社 30 个,形成了首批农村新型合作经济组织。在随后几年间,全区各地积极探索,以富民增效为核心,扩大试点范围,积累了大量、有效的改革经验,为全面推进改革和提升发展水平奠定了坚实基础。到 2004 年底,三大合作改革在全区面上已经全面铺开。

**(二)推广完善阶段**

通过四年多的改革试点,吴中区广大干部群众已经在"三大合作"改革的成就和作用中尝到了甜头,农村合作改革已经被普遍认可,深入人心。2005 年初到 2007 年底,吴中区农村合作改革进入了全面推广和完善阶段。其主要标志为:

一是出台了一整套完善的改革政策文件。2005 年,吴中区先后出台了《关于农村社区股份合作社改革的实施意见》、《关于规范发展农民投资性股份合作社的意见》等一系列文件。文件规定了农民股份合作社的性质,即完全由本区域村民自愿投资入股组成的新型合作经济组织,是股份合作企业。对一些合作社还规定了入股户数和股本金占比。如物业股份合作社,必须由集体经济组织牵头,本区域内农民自愿入股组建,项目投资额在 300 万元以下的,农民入股户数不少于 100 户,农户股本金占比不少于 60%;项目投资额在 300 万元以上的,农民入股户数不少于 200 户,农户股本金占比不少于 60%。同时,文件明确要求,政府相关部门要加强指导,制定政策,明确前置条件和要求;村里在掌握政策的基础上,引导集体经济组织牵头,组织专门力量外出招商引资,确保先引进项目,后建造厂房,搞物业租赁;合作社按照规定办理有关手续,成立相应的资产管理机构,提高分红比例。这些文件的出台,为全区农村改革全面推进、规范实施提供了政策依据。

二是确立了合作经济组织的法人地位。为解决合作社市场身份不明、无法人资格、不能对外开展合法经营活动等问题,吴中区进行了努力的创新探索。吴中工商局在充分研究苏南地区农民投资性股份合作社特点和《公司法》、《企业法人登记管理条例》等登记法律法规的基础上,探索制定了《吴中工商局关于扶持发展投资性农民股份合作社的实施意见》。2005 年 3 月 12 日,吴中工商局向西山镇衙甪里村 38 位农民共同发起设立的苏州市吴中区西山衙甪里碧螺春茶叶股份合作社颁发了营业执照,全国首个取得法人地位的农村合作经济组织由此诞生。2006年3月,横泾上林土地股份合作社成为全国第一家农民承包土地经营权作价作为注册资本,并领取工商经营执照的土地股份合作社。此后,东山古尚锦碧螺春茶叶股份合作社、横泾上林村畜禽生态养殖股份合作社,以及木渎、长桥、甪直等地的物业股份合作社等纷纷办理了营业执照。基层的探索创新催生了更高层级的政策推行,2007年7月1日,《中华人民共和国农民专业合作社法》的颁布,正式明确农民合作经济组织都可以申领营业执照,取得市场主体资格,理直气壮地参与市场竞争,放开手脚开展生产经营。

三是落实了一系列扶持优惠政策。 为进一步发挥各类股份合作社壮大农村集体经济,促进农民持续增收的效能,吴中区大胆探索,尝试把农民投资的农产品股份合作社与一般的工商企业区别对待。规定凡农民以土地承包经营权入股,农民生产的农副产品提供给合作社统一加工、包装、销售的农产品股份合作社,可享受自产自销的免税政策,但免税的资金必须全额分配给农民。这项政策从2006年出台,距国家出台免税政策整整早了两年。相关部门也制定了具体扶持政策,以解决农民合作社发展中的实际困难。如工商部门减免了关于合作社发展的登记注册费,规定了农民投资性股份合作社兴办项目的规费原则上实行"零交费";税务部门制定税收奖励政策,明确地方税收留存部分以奖代补全额返还合作社;农民投资性合作社使用的集体土地所交纳的土地流转收益,80%返回合作社。同时,区委农办免费举办农村股份合作社会计培训,围绕农村合作社规范运作与管理、合作社台账管理等内容进行培训,对合作社的规范健康运作起到了重要的作用。到2007年底,全区累计组建各类农民合作经济组织184家,股本金总额达19.7亿元,惠及农户7.13万户,全区入股农民人均增收880元,特别是木渎镇香溪社区农民户均股金分红收入首次突破了1万元。

**(三)延展提升阶段**

2008年3月13日,苏州洞庭东(西)山碧螺春茶叶专业合作联社成为全国首批办理工商登记的茶叶专业合作联社,标志着吴中区农村股份合作改革进入了延展提升阶段。以往的单体合作社大多以村为单位,规模小品牌杂、产品标准单一,缺少专业的营销队伍,农产品价格上不去,合作社的品牌难以打响。为了使合作社的生产、供销体系适应快速发展的市场经济需要，吴中区东山、西山在经营模式上实现重大突破——组建镇级农村茶叶合作联社。联社的组建，使农村合作经济组织有了质的变化，不仅是体量的增大，更提升了品牌价值。联社成立当年，吴中区地产碧螺春的价格就提高了30%，大大提高了农户收益。

巨大的效益提升空间，让吴中区的改革者在抱团发展中找到了农民合作组织发展的方向。区内各地纷纷效仿，到2010年底，吴中区已在全省首次实现镇级合作联（总）社全覆盖。临湖镇湖桥村更是在合作经济组织抱团发展的道路上先行一步，开创了农民合作社集团化运作的先河，组建了全国首家依托农民合作社成立的集团公司。集团下设一个母公司和五个子公司，各公司严格依托《公司法》制定章程，成立董事会，聘请总经理，实行市场化运作。更值得一提的是，湖桥集团跳出了传统"农字头"经营范围，全面进入三产服务领域，有效推进了资源资产化、资产资本化、资本股份化、股份市场化。为进一步加快农村合作改革步伐，围绕"四轮驱动"发展战略，2011年7月，吴中区出台了《关于加快农村集体合作经济发展的若干意见》，明确了"十二五"期间全区农村合作改革的发展方向，并提出打造"三个一批"的目标任务，即打造一批总收入超亿元的旗舰型总社联社、集团公司，打造一批村级收入超3000万元的集体经济发展标兵村，打造一批标杆型、体量大、科技含量高、带动能力强的集体经济发展项目。与之相配套，出台了10多个政策实施办法和细则，为合作经济组织做大做强提供了全面的指导、扶持、助推等制度保障。

2011年5月21日，吴中区十家镇级集团同时建立，由镇、村合作组织共同出资组建的集体经济"航空母舰"宣告成立，将农民合作经济组织提升到了更高形态。到2011年底，吴中区已累计成立了镇级集团公司14家，累计注册资本13.7亿元，下设城乡一体化建设、房地产开发、现代农业、物业管理、生态旅游等全资子公司52个，由14个镇（街道）集体资产经营公司和128个村（社区）合作社共同出资，惠及农户11.8万户。至此，吴中区农村合作经济发展已初步走上了集团化运作、资本化经营、市场化开发、多元化发展之路，农村股份合作运行进入了全新阶段。

## 二、吴中区农村股份合作改革的做法

在推进农村股份合作改革进程中,吴中区注重加快体制机制创新,加强典型引路、财政扶持、规范运作、科学管理,全区农村股份合作改革得到持续、健康、有序发展,形成了一些相对成熟的做法,主要体现在以下几个方面。

### (一)构建制度框架

"十二五"以来,吴中区委、区政府提出了外资经济、民营经济、国有经济和集体经济"四轮驱动"发展战略,特别针对集体经济发展,成立了区级农村集体资产管理委员会,各镇(街道)也相应成立了集体资产管理委员会和集体资产管理办公室,各村(社区)建立了村(社区)集体资产管理站。区、镇、村农村集体资产三级管理体系全面构建,职责明确,分工落实,形成推动农村集体经济发展的强大合力,从战略高度和组织架构上为集体经济发展提供了坚实保障。区委、区政府相继出台了一系列鼓励扶持农村股份合作社发展的政策措施,对农村股份合作社在项目建设、税费减免、专项资金、贷款融资等方面予以支持。同时,建立了一系列考核制度,一方面,把推进农村股份合作改革列入全区农村重点工作考核内容,并列入乡镇国家干部目标责任制考核范围;另一方面,强化对合作社考核,每年对运作较好的合作社经考核后进行奖励。为规范股份合作社管理,区委、区政府下发了《吴中区农民投资性股份合作社规范管理办法》,每年组织合作社董事长、会计进行专题培训,并组织部分合作社负责人赴外地考察学习。这些扶持措施的落实到位,为全区农村股份合作社健康发展提供了强有力的组织和制度支撑。

### (二)推行政社分离

吴中区积极探索政社分离,2011年开始,在木渎镇天平村进行了试点工作,促进合作社逐步向市场化发展。主要做法是做到"四个分离":一是管理职能分离。村党委统抓决策全村的经济发展和行政社会各项事务,村委会和股份合作社在村党委的统一决策带领下,各有分工,各有侧重,相互支持,相互合作,保障行政管理和经济管理双轨运行。二是组织机构分离。村委会贯彻落实上级党委政府和村党委的决策,专职处理村务行政管理工作,村级重大事务均须通过村民代表大会表决。全村6个股份合作社制订规范章程,成立各自的董事会、监事会和社员(股东)代表大会。合作社重大投资建设项目均由社员(股东)代表大会表决通过才能实施。三是财务核算分离。分设七本账,即总村一本行政收付账和股份合作社六本经济账,各自独立核算,单独运行,资金往来相互轧账,互不混淆。总村行政管理费用由镇扎口核定,村书记和定工干部的工资报酬,由总村和各股份合作社按比例负担,社区卫生保洁、绿化管理、物业公司等社区工作人员的工资报酬由所在股份合作社负担。四是资产管理分离。建立了社区股份合作社和物业股份合作社两种合作经济组织,通过资产量化到户的社区股份合作社侧重于社区集体资产管理,物业股份合作社则侧重于引导农民运用闲散资金发展三产物业经济。在木渎镇天平村成功试点的基础上,下发了《吴中区村级行政职能与合作经济组织"政社分开"实施意见》,确定在全区各镇(街道)先行实施1个村(社区)"政社分离"模式改革试点工作,全区社区股份合作社在试点经验基础上逐步推开"政社分离"模式改革,理顺"政社分离"集体资产权属关系,推动农村经济管理体制机制创新发展,促进农村合作改革不断深化完善。

### (三)开展"五大合作"

吴中区大力推进农村股份合作改革外延拓展、内涵提升,合作规模从单个合作社到合作联社、总社,合作内容从社区资产到土地、物业、农产品、旅游农业等,从"三大合作"走向"五大合作",目前,331家合作社分属五大合作领域。一是组建社区股份合作社。积极组织农民,盘活了农村集体资产,建立农民合理分享集体经济发展成果的新机制。目前,全区132家社区股份合作社,入股农户11.8万户,量化集体净资产达37亿元。2012年全区社区股份合作社股金分配约6600万元。二是组建土地股份合作社。以土地承包经营权入股,组建土地股份合作社,可以让农民从合作经济组织取得的土地收益中获得长期利益,从而有效实现农民失地不失利。目前,全区8家土地股份合作社入股农户19620户,农民土地承包经营权入股面积4.53万亩,平均每亩分红800～1350元。三是组建物业股份合作社。引导农民运用闲散资金发展物业经济,进行载体建设,推动农村改革向纵深发展,扩大物业投资规模,加快合作经济转型升级。目前,全区64家物业股份合作社,入股农户2.21万户,吸纳农民闲散资金5.35亿元,建造标准厂房28万平方米、集宿楼和三产用房62万平方米,建成投用后年租金收入达1亿元。

四是组建农产品专业合作社。围绕全区"6＋1"特色农产品,发挥资源优势,组建农产品专业合作社,将分散的小规模农户联合起来,以相同或类似产品为纽带组建合作联社。目前,全区已组建农产品专业合作社108家,入股农户25906户,农民承包土地入股面积5.85万亩。五是组建旅游农业股份合作社。因地制宜,依托得天独厚的太湖山水资源、古村落、茶叶、太湖蟹等,抓住特色、旅游、文化三个重点,打造集休闲农业、观光农业为一体的旅游农业股份合作社。目前,全区组建旅游农业股份合作社6家,入股农户1373户。

### 三、吴中区农村股份合作改革的成效

吴中区始终坚持把推进农村股份合作改革作为促进农民持续增收的着力点来抓,至今已创下省级以上"十个第一",其中三个"全国第一":

——全省第一家社区股份合作社:2001年8月26日,木渎镇金星村社区股份合作社;

——全省第一家土地股份合作社:2002年1月8日,胥口镇土地股份合作社;

——全省第一个村村组建社区股份合作社的乡镇:2003年6月27日长桥街道15个行政村、13704名农民个个有股份,成为全省第一个村村组建社区股份合作社的乡镇;

——全省首家领取工商营业执照的农产品专业合作社:2005年1月8日,西山衙角里碧螺春茶叶股份合作社;

——全国第一家领取工商营业执照的土地股份合作社:2006年3月27日,横泾上林土地股份合作社;

——全省第一家村村有分社并工商登记的镇级股份合作总社:2007年9月,横泾街道物业合作总社;

——全国首批办理工商登记的茶叶专业合作联社:2008年3月,苏州洞庭东、西山碧螺春茶叶专业合作联社;

——全国首家依托农民合作社成立的集团公司:2010年11月23日,临湖镇湖桥集团;

——全省首次实现镇(街道)级合作联(总)社全覆盖:2010年12月29

日,吴中区;

——全省首批由镇、村合作经济组织共同出资组建的集体经济"航空母舰":2011年5月,吴中区十家镇级集团同时成立。

成绩和荣誉的背后,是集体经济、农民收益、农村面貌实实在在的改善和变化。

### (一)集体经济快速发展

自2001年率先推进农村股份合作改革以来,合作社规模从单体到联社、总社,直至组建集团公司,农民拥有股份从一村、一镇到覆盖全区,不断做大做强。农村集体经济发展方式实现了转型,从村村冒烟转变为集中建设工业区,从建造标准厂房转变为发展大体量三产综合用房,从小范围村级合作转变为推进镇级总社联社合作,从村域内发展转变为跨区域发展,从多年的原始积累转变到尝试资本运作,推进村级集体资产总量上台阶、上规模。全区合作经济载体建设得到快速发展,目前全区累计建有标准厂房432万平方米、"退二进三"项目107万平方米。通过积极创新探索,初步形成有利于城乡一体化发展的土地资源配置机制,有效提高土地集约利用水平。进一步充分发挥规划引领作用,通过"退二进三"、政府回购等途径,科学配置城乡资源,优化城乡产业布局,盘活存量建设用地,拓展新的发展空间。充分用足、用好、用活城乡建设用地增减挂钩政策,试点实施地区按时有序推进农户搬迁和土地复垦。同时,科学运作好农村集体资产、资金、资源"三资"监管平台,扩展土地流转交易平台功能,促进集体经济增值保值。2012年,吴中区村均稳定收入达846万元,超千万元村40个,农民户均分红超3500元,农村集体经济各项主要指标位居苏州大市前列。

### (二)农民收入稳步增长

"富民"是推进合作改革、加快城乡一体的根本落脚点。吴中区通过就业稳收、置业创收、政策助收、产业增收等途径,不断拓展农村居民增收渠道,实现城乡居民收入快速增长。2012年,全区农民人均纯收入20060元,同比增长16%。一是就业稳收。发挥各级劳动保障服务中心在促进农民就业等方面的重要作用,将促进就业的公共服务、扶持政策、技能培训等由城镇向村级延伸覆盖,强化技能培训,开展劳务合作,开发公益性就业岗位,拓宽就业渠道。2012年,全区农民工资性收入人均8900元,占全部收入的44.5%。二是置业创收。充分把握合作经济从量的扩张到质的提升的有利形势,加快合作联社总社和集团经济发展。鼓励农民投资兴业,引导农民广泛参与股份合作改革,构建合作经济与农民更为紧密的联结机制。2012年,全区农民财产性收入人均7600元,占比38%。三是政策助收。加大公共财政强农惠农政策落实力度,完善城乡社会保障统筹并轨,实现城乡就业保障、养老保障、医疗保障、最低保障、社会救助等"五个一体化"。2012年,全区农民政策性收入人均1320元,占比6.6%。四是产业增收。依托得天独厚的太湖山水资源,推进农业产业化"6+1"工程,提升产业效能,因地制宜实施果品产业结构调整,使茶果农收入增长15%以上。同时,积极发展以都市农业为主体的观光农业、乡村旅游和生态休闲旅游业,推进一产向二、三产业拓展延伸、融合发展,不仅增加农民来自土地和农业的增值收益,而且让农民从土地中解放出来,增加务工收入。

**(三)农村发展活力增强**

吴中区农村合作经济的改革发展,极大地激发了广大农民的积极性,彻底改变了祖辈们"面朝黄土背朝天"的生产生活方式,分享了改革开放带来的丰硕成果。一是城乡互动逐渐融合。农村工业企业加快向工业园区集中,农村居民加快向集中居住区集中,农业向规模经营集中,城乡发展呈现协调可持续态势。目前,吴中区集中居住率达47.5%,农业规模经营率达85%,工业企业园区集中率达94.5%。二是水乡风貌特色彰显。"诗画江南"特色风貌已深入人心,其核心是生态。吴中区在农村合作经济发展过程中,始终把握江南水乡、吴地文化这一特质,以生态和谐为主线,抓规划、搞整治,促进江南水乡环境和谐。村庄整治做到与社区服务设施配套相结合、与集体经济发展相结合、与发展三产旅游服务业相结合等"三个结合",集十大功能于一体的社区服务中心实现全覆盖,达到家园美化、道路硬化、路灯亮化、河塘净化、环境洁化等"五化"要求,形成了"小而精"、"大而全"、"自然生态"、"文化保护"等四种村庄整治特色,打造独具一格的生态人文兼具、居住旅游兼备的魅力乡村。三是基层自治日益加强。在发展合作经济、集体经济过程中,始终坚持经济效益与社会效益两手抓,让农民成为农村经济社会发展的真正主体,其参与社会管理的积极性明显增强,主动向现代社区管理服务有效转型。同时,重视发挥基层党组织的战斗堡垒作用,农村党组织成为推动科学发展、带领农民致富、密切联系群众、维护农村稳定的坚强领导核心。全区农村社会保持和谐稳定发展,已建成新农村省级示范村、先进村 13 个。

### 四、吴中区农村股份合作改革的启示

从开始的试点探索到后来的全面铺开,从最初的单打独斗到后来的抱团发展,再到组成"航空母舰",吴中区农村股份合作改革经历了一次次的"质变"。在这个质变的实践中,吴中人走出了一条自己的特色之路。各类农民股份合作社快速健康发展,从最初的困难重重到后来的健康发展,既得益于政府和有关部门的大力支持,又有赖于基层干部群众强烈的改革创新意识,更离不开合作社自身顺应市场规律的科学管理经营。

第一,政府搭台、政策扶持,是股份合作社的有力保障。股份合作社成立之初,还没有相关的法律法规支持,无法取得工商营业执照。没有市场主体资格,既不能签订合同,又不能申请商标,更不能申请贷款扩大生产,在市场竞争中举步维艰。正是有关部门充分体现了为民办实事的精神,与合作社及社员共商对策,在充分研究合作社特点和法律法规的基础上,突破传统企业登记模式,率先建立了"股份合作社"登记注册制度。《农民专业合作社法》出台后,全区依法及时办理专业合作社工商执照变更登记手续,为各类股份合作社健康发展提供了有力保障。

第二,管理民主、运行规范,是股份合作社的立身之本。通过近年来的探索实践,全区农民专业合作社从组建到管理,从发展到壮大已逐步走上规范化轨道。农户入社以自愿为原则,合作社社员在平等、自愿、民主的原则下制定章程,建立社员代表大会、董事会和监事会,分别按照章程规定行使权利,履行义务。社员代表大会行使决定合作社的经营方针和投资计划,决定董事、监事的选举,审议批准合作社年度财务预算方案等权利。董事会作为经营决策机构向社员代表大会负责;监事会履行对董事会的监督,负责监督财务运营等职责。合作社设立独立的财务账目和工作台账,定期公开社务,接受社员监督。

第三，打造品牌、树立形象，是股份合作社的增值之路。在踊跃闯市场的过程中，吴中区农产品专业合作社依托丰富的太湖山水生态资源，纷纷打造自己的专属品牌。目前全区拥有市级以上名牌农产品 62 个，其中国家级 2 个、省级 18 个、市级 42 个，获评种类涵盖全区种养业各类农产品。其中"玉品"牌碧螺春茶和"太湖"牌大闸蟹被评为中国名牌农产品；洞庭山碧螺春地理标志证明商标被国家认定为中国驰名商标；"庭山"牌碧螺春茶、"吴侬"牌碧螺春茶等 7 个品牌在获得省级以上名牌农产品称号的同时，获评江苏省著名商标；"吴侬"牌碧螺春还被评为"中国南北极考察特供产品"。这些品牌的打造，起到了较好的市场引领和示范作用，进一步提升了全区优质特色农产品的市场知名度和美誉度。充分发挥本区域内农业的独特资源优势，通过杨梅节、枇杷节、太湖开捕节、碧螺春茶文化旅游节等节庆造势，合理利用各类宣传媒介，形成声势。同时，组织农产品专业合作社赴各地参加各类农产品展销会，加大品牌宣传推介，提升市场知名度，发挥品牌、名牌效应，不断提高全区农产品的市场竞争力和合作社的经营收入。

第四，依托人才、科技创新，是股份合作社的重要基础。吴中区立足区域特色优势，围绕高效生态农业主题，注重以农产品专业合作社为载体，分工协作，发挥各类人才的作用，不断提升合作化农业生产效益。鼓励农技人员搞科研、上项目、重服务，对成绩突出的予以表彰奖励，目前全区奋斗在现代农业建设第一线的中高级职称农技人员近 200 名。同时，引导农民积极参与民主管理，促进合作经济规范健康发展。通过分工协作、通力合作，全区各类合作社市场份额不断扩大，生产效益不断提升，农民收入得到了增加。合作社还善借"外脑"，鼓励镇村集团公司聘请职业经理人进行专业化管理，全方位参与决策与经营。致力打造一流的招商洽谈、项目建设、财务管理等专业人才队伍，使集体经济组织充分适应和匹配市场经济的发展要求，尽快形成规模效应、集聚效应、产业效应，提升合作经济主体实力和市场竞争力，提高农民分红水平。依托院士工作站、博士后工作站和研究生工作站等，注重产学研联合，加强农村科技教育培训，加大农业科技人才的培养，加快传统农业技术更新和先进农业技术普及，大力实施农业新品种、新技术、新模式"三新工程"，促进农业科技成果的转化和应用，提升全区农业科技含量和水平。加强农村的教育培训工作,为现代农业发展和新农村建设提供强大的智力支持和人才保障。

# 相城区：以规划引领城乡一体化发展

　　相城区是以广大农村为腹地的新建区。建区前，经济基础较差，基础设施落后。建区以来，区委、区政府先后确立"水相城、绿相城"、"水城、花城、商城、最佳生态休闲人居城"建设理念和"一主两翼两核四镇"的区域发展重点，编制了《苏州市相城区分区规划暨城乡协调规划（2006～2020）》，着力推进各项开发建设，综合经济实力逐步增强，基础设施、公共服务日趋完善，居民生活水平日益提高，城乡经济社会的快速持续健康发展，为推进城乡一体化发展夯实了良好的基础条件。三届区委继往开来，审时度势，与时俱进，提出"增创后发优势，乘势快速崛起，全力开创相城科学发展新局面"的发展要求。一方面，以城乡一体化发展综合配套改革为契机，以加快城镇化进程为核心，以缩小城乡差距、改善民生为目的，以构建城乡统一的基础设施、公共服务体系为着力点，实现城乡在政策上的平等、产业发展上的互补、国民待遇上的一致，促进社会和谐；另一方面，推进经济社会后发崛起，仅仅依靠新增建设用地指标，很难满足未来经济社会发展正常用地需求，因此盘活利用好存量建设用地势在必行，而城乡一体化发展正好为盘活利用农村存量建设用地提供途径。

　　近年来，区委、区政府把加快城乡规划一体化作为推动城乡一体化发展的首要工作来抓，将全区496平方公里作为一个整体，打破城乡、区域、产业等界限，对城乡布局、产业发展、基础设施、公共服务等进行统筹规划，全区基本实现城镇建设规划、土地利用总体规划、镇村布局规划和产业发展规划"四规合一"，初步形成了城镇建设区、工业发展区、农业保护区等功能区域的合理布局,在全区推进城乡一体化发展的实践中起到了重要引领和指导作用。

**一、积极的探索创新**

区委、区政府充分认识到,城乡经济社会发展一体化新格局,是党的十七大对统筹城乡发展、构建新型城乡关系提出的新要求,是贯彻落实科学发展观的重大举措,也是构建社会主义和谐社会的重要基础,对实现经济社会又好又快发展、率先基本实现现代化具有十分重要的意义。推进城乡一体化发展综合配套改革,必须强调规划的引领作用。坚持把城乡作为一个整体,统筹协调,通盘考虑,优化资源配置。规划要先行,规划要高起点、高标准、高质量,对产业、人口、用地、城乡建设布局、公共服务设施等进行统筹规划,并强调城乡间的沟通与交流。科学制定计划和编制(修编)完善镇村布局规划,是推进城乡一体化发展综合配套改革工作的关键,是贯彻落实科学发展观、统筹城乡经济社会发展、促进改革有序实施的有力保障。坚持把各项规划放在优先位置,将全区 496 平方公里区域作为一个整体进行统盘考虑、统一规划,特别是结合"十二五"规划的编制,进一步完善空间布局规划。

**(一)丰富城乡规划内涵**

区委、区政府紧紧围绕市委"三区三城"、"一核四城"建设的总定位,坚持和丰富以生态为特色的"水相城、绿相城"和水城、花城、商城、最佳生态休闲人居城"四城"建设理念,开拓创新,科学规划,统筹发展,打破城乡规划分割局面,从推进"现代化、国际化、信息化"新城区建设的总目标来考虑城乡布局、生产力布局、要素和人口布局,统筹考虑主城区和高铁新城、开发区和苏相合作区、四个中心镇、沿阳澄湖地区四大板块联动发展,主城区、中心镇、村(社区)分层次推进,增创后发优势,乘势快速崛起,全力打造"苏州新门户、城市新家园、产业新高地",确立以"两区"为引领、"一主两翼两核四镇"的发展重点,建设"典型江南、非常新城"。"两区"引领:即以高铁新城引领全区的城市建设,完善城市空间功能布局,提升城市建设品质和管理水平,增强城市魅力和发展活力,加快使城市面貌焕然一新,其他板块将来逐步向高铁新城靠拢;以苏相合作区引领全区的产业发展,急起直追做大工业经济总量,形成支柱产业和现代产业体系,提高产业的竞争力。"一主":即主城区,包括元和、黄桥、开发区澄阳产业园。"两翼":即西北部工业物流翼,包括望亭、黄埭、北桥和渭塘、阳澄湖北部地区,以及漕湖产业园和望亭国际物流园;东部生态翼,主要包括阳澄湖休闲旅游度假区,以及阳澄西湖沿线部分区域。"两核"即高铁新城和三角嘴湿地公园、荷塘月色湿地公园、中国苏州花卉植物园组成的"生态大氧吧"。"四镇"即建设渭塘、黄埭、望亭、阳澄湖4个中心镇,按照城乡一体化发展要求,通过调整规划,进一步增强承载功能,优化镇村布局,合理确定村镇建设时序和分期实施计划,逐步引导工业企业向规划区集中、农业用地向规模经营集中、农民居住向新型社区集中,努力实现城乡发展规划、资源配置、产业布局、基础设施、公共服务、就业社保和社会管理一体化的新格局。

在此基础上,为适应城乡一体化发展的需要,相城区根据《苏州城乡一体化发展综合配套改革三年实施计划》要求,按照城乡一体化"三形态、三集中、三置换"的工作思路和要求,加快编制城乡一体化镇村布局规划和产业发展规划。2009年首先完成市级先导区渭塘镇、阳澄湖镇和开发区漕湖产业园城乡一体化改革发展镇村布局规划的编制,2010年完成其他7个板块城乡一体化发展镇村布局规划,并于2011年2月得到市政府正式批准。实现城乡一体化改革发展镇村布局规划对全区域的覆盖,形成全区城乡一体化统一规划、各大板块工作相互促进的"一盘棋"局面。同时,先导区渭塘镇和阳澄湖镇全面完成产业发展规划的编制,全区基本实现城镇建设规划、土地利用总体规划、镇村布局规划和产业发展规划"四规合一",初步形成了城镇建设区、工业发展区、农业保护区等功能区域的合理布局。

**(二)明确城乡规划目标**

通过城乡一体化规划,加快土地流转,把城市与乡村、城镇居民与农村居民作为一个整体,统筹规划、综合研究,改变城乡二元经济结构,促进城市化进程,建设基础设施配套齐全、功能分区明确、生态环境优美、经济持续发展、农民生活富裕的新城区。

1. 经济发展目标

城乡经济持续、快速、协调发展,综合经济实力显著增强,城乡居民收入持续增长,工业化、城镇化、农业现代化协调推进。到 2015 年,全区经济社会发展的主要奋斗目标是:地区生产总值年均增长 15% 以上,人均达到 2.9 万美元;全口径财政收入、公共财政预算收入年均增长 15% 以上;工业高新技术产值占比提高 7 个百分点;服务业增加值占 GDP 比重达到 50%,高效农业比重达到 65%。村级可支配收入年均增长 10% 左右,到 2016 年村均可支配收入超 1000 万元;农民人均纯收入年均增长 10% 以上,到 2016 年突破 2.5 万元,城乡居民收入差距控制在 2:1 以内,农民来自农村"三大合作"的股份分红水平年均增长 10% 以上,农民来自财产性收入占农民人均纯收入比例达 40% 以上。将惠民富民作为推进城乡一体化改革发展的出发点和落脚点,不断深化农村"三大合作"改革,以资产、资金变股份、股权的形式,确保农民土地流转和集中居住后利益不受损、收入有增长,着力构建起农民增收长效机制。规范村级社区股份合作社运行管理,完善股权结构,逐步提高股份分红水平。经济转型升级持续推进,到 2015 年初步建立起科技型、规模型、低碳型经济体系,三次产业协调发展。现代农业建设取得重大突破,2012 年农民承包土地 100% 实现流转,实行规模经营,完成高标准农田建设 3 万亩,高效农业面积占种养面积(不含粮油作物)比重达 60%,高效农业种养面积中亩均效益 5000 元以上的占 1/3,到 2015 年高效农业比重达 90% 以上。注重转变方式,不断加快现代农业发展步伐。以"高效农业规模化、农业发展园区化、农业经营产业化"为目标,大力发展现代生态高效农业,推进农业发展方式的转变。切实加强流转土地的集中经营管理,认真做好相城区现代农业园总体规划,2012 年 4 月通过了专家组论证。重点建设十大现代高科技休闲农业示范园区(基地):一是先导区阳澄湖镇重点推进的现代农业产业园,总规划区域面积 6 万亩,2009~2011 年完成 3.3 万亩农田标准化改造,总投入超 3.6 亿元,2012 年被命名为国家级现代农业示范园区;二是先导区渭塘镇重点推进的凤凰泾 5000 亩现代农业示范园;三是望亭万亩优质水稻示范区,结合实施省级万倾良田项目,实种水稻面积扩展到 6500 亩;四是黄埭新巷 5000 亩林果基地;五是望亭新埝 3000 亩蔬菜基地;六是开发区上浜 3000 亩花卉苗木基地;七是北桥漕湖 3000 亩农业科技园,2011 年启动蔬菜基地建设;八是北桥灵峰 2500 亩现代农业示范园;九是元和莫阳 2000 亩生态农业观光园;十是太平青漪 2000 亩生态农业科技示范园。其他镇、村都加大对流转土地的经营管理,搞好规划建设,着力打造"一村一品"特色农业发展,同时注重农产品质量建设和品牌建设,注重农产品的营销,注重一、三产业联动发展,推进农业经营产业化。根据市委、市政府《苏州市农村住宅置换商品房实施意见》,按照城乡建设用地增减挂钩政策,稳步推进"三个集中",到 2015 年农民集中居住率达 60% 以上,工业集中度、规模经营率均达 90% 以上。

2. 社会发展目标

强化基础设施规划建设,到 2015 年城乡基础设施基本完善。城区防洪达 100 年一遇标准,农村防洪达 50 年一遇标准,水资源、水环境有效保护,城乡饮水安全得到全面保障,城区生活污水处理率达到 95%,镇(街道)、开发区、度假区生活污水处理率达到 90%,沿太湖一级保护区和阳澄湖水质水源保护区农村生活污水全部收集,处理率达 95% 以上,其他地区农村生活污水处理率达 70%;城乡道路网络进一步完善,城乡公路通达率 100%;城乡公共服务均衡发展,城乡学校管理体制逐步统一,到 2015 年所有中小学校和 50% 以上的幼儿园由区教育局统一直接管理,教师和校长由区教育局统一调配,75% 以上幼儿园达江苏省优质幼儿园建设标准,95% 以上乡镇及以下小学、初中学校和成人教育中心校达到苏州市高水平现代化学校建设标准,基本消除双轨制小学,统一城乡学校规划布局,80% 以上外来务工人员子女就近入学;城乡医疗卫生服务体系不断完善,健全以区医院为龙头、区综合(专科)医院和社区卫生服务机构为基础、门诊部和诊所为补充的城乡一体的医疗卫生服务体系,按照所辖范围或每 3 万~ 10 万居民设置一个社区卫生服务中心、3000 ~ 5000 人口设置社区卫生服务站,实现社区卫生服务机构全覆盖,医疗服务水平明显提高;2012 年城乡社会保障制度基本并轨,保障水平稳步提高;城乡社区服务中心在覆盖的基础上进一步提高功能,城乡社会管理体系基本完善;农村基层组织建设全面加强,农民民主权利得到有效保障;经济与人口资源环境协调发展,农村生态环境和人居环境显著改善。

3. 体制机制建设目标

农村制度建设取得重大进展,到 2015 年基本建立城乡一体化发展的体制机制。一是创新土地使用制度。实行城乡建设用地增减挂钩制度,实现土地资源在城乡流动。探索建设农村集体留用地制度,按照中央提出的"逐步建立城乡统一的建设用地市场,对依法取得的农村集体经营性建设用地,必须通过统一有形的土地市场、以公开规范的方式转让土地使用权,在符合规划的前提下与国有土地享有平等权益"的要求,探索农村集体建设用地流转交易办法,建立农村建设用地流转交易市场,使农民共享土地增值收益。二是形成农民持续增收长效机制。转变工作理念,强化政策扶持,完善社会保障,巩固完善政策性收入,稳步提高工资性收入,不断增加投资财产性收入,促进农民持续增收。三是形成农村新型集体经济发展的动力机制。创新农村集体经济发展模式,加快农村合作经济发展,增强集体经济造血功能,强化集体经济组织发展活力,巩固党在农村的执政基础。四是形成协调发展和构建和谐社会的制度环境。进一步改革土地征使用、公共财政合理分配、基本统一的社会保障制度,理顺社会分配关系,注重发展成果的普惠性,建立城乡一体、逐步接轨政策和制度框架,促进城乡经济社会协调、和谐稳定。五是形成城乡公共服务均等化的运行体系。注重社会建设,强化社会管理职能,把生态文明建设放在突出位置,加强农村公共服务体系建设,扩大公共产品和公共服务的覆盖面,不断提高农村公共产品供给水平。

### (三)探索城乡规划模式

通过城乡一体化规划,加快土地流转,把农村和城市作为一个有机整体,明确分区功能定位,使城乡发展能够互相衔接,互相促进。通过体制改革和政策调整,促进城乡在规划建设、产业发展、市场信息、政策措施、生态环境保护、社会事业发展的一体化,改变长期形成的城乡二元经济结构,实现城乡在政策上的平等、产业发展上的互补、国民待遇上的一致,让农民享受到与城镇居民同样的文明和实惠,使整个城乡经济社会全面、协调、可持续发展。

相城区采用"由点到面、自下而上、自上而下、反复论证"的创新工作方法,将全区划分为 10 个单元,分别编制城乡一体化镇村布局规划。以编制单元为单位,科学合理地进行用地测算,得出结余用地指标;根据各单元自身发展需求,落实结余用地;剩余结余用地指标作为可调配用地,全区统筹落实。规划编制过程中,由区政府反复统筹、协调,做到既满足区级重点项目的用地需求,又能满足各单元的自身发展,实现双赢。

规划编制过程中,相城区注重坚持三个原则:一是坚持富民优先原则。尊重民意,以实现、维护及发展好广大农民群众的根本利益为规划的出发点和落脚点。切实保障和维护农民权益,让广大农民在改革发展中得到更多实惠。二是坚持集约发展原则。根据各镇、街道总体规划,从实际出发,统筹考虑当地自然条件,经济社会发展水平,提出"三集中"集约发展的原则,即农村人口向镇区集中、工业向工业区集中、农村土地向规模经营集中。三是坚持保护耕地原则。在耕地面积不减少、建设用地不增加、农民利益不受损、国土规章不违背的前提下,盘活存量乡村建设用地,优化土地资源配置,充分发挥土地经济效益。

### (四)保障城乡规划实施

一是建立了城乡一体化组织领导。成立了以区党政主要领导为组长、四套班子分管领导为副组长、有关职能部门为成员的城乡一体化发展综合配套改革试点工作领导小组,形成了城乡联动、整体推进、各负其责、协同配合的领导体制和工作机制,为城乡一体化发展提供了有力的组织保障。各镇(街道)、开发区、度假区均成立城乡一体化发展综合配套改革试点工作领导小组,负责协调本地区的改革试点工作,并组建专门工作班子,配强工作力量。建立考核监督机制,把改革任务落实到单位,落实到人,定时监督,年终考核。二是加强规划的编制和管理。严格按照规划前置的要求,充分做好同土地利用总体规划的衔接,进一步深化规划,制定相应的详细规划和实施计划。加大规划的宣传力度,提高公众的规划意识,鼓励公众参与规划编制、实施与监督,增加规划实施的透明度和公众参与程度,进行公示和举行听证会,并组织专家论证规划方案。三是建立沟通、协调机制,加强部门合作。在市委、市政府的统一领导下,建立固定的沟通机制,加强规划、国土、交通、文化、建设、水利等部门的沟通和协作配合,强化规划的公共政策属性,统筹城乡发展,推进城乡一体化进程。四是多渠道、多途径筹措置换资金。从2009年起,区财政当年安排城乡一体化建设专项资金,对城乡一体化改革发展重点项目实行"以奖代补"。区、镇两级分别成立城乡发展公司,搭建融资平台,建立起以财政资金为导向,国有资本、民间资本参与的多元投入机制。五是妥善搞好政策衔接,做好置换安置工作。对置换农户的安置补偿执行当地拆迁安置补偿标准。按照"安置用房先建后拆、挂钩指标先拆后得"的原则,做好农户的置换安置和土地复垦工作。六是用足用好相关优惠政策,维护改革单位集体利益。根据实际需要,挂钩指标专项优先用于安置房和相关基础设施建设。在建设用地不增加、基本农田不减少的前提下,置换后结余的建设用地可由本镇用于发展工业或经营性项目,或由区政府实施跨区域调剂使用,增加部分的收益按一定比例返还所在单位。七是深入进行调查研究,科学选好改革启动区。认真开展置换工作前期调研,算好置换安置成本和土地经营收益两本账,选择一个或若干个拟置换的农村居民点和安置新建区组成一个平衡项目,做好成本、收益测算,并按照先易后难的原则落实三年实施计划。八是奖励措施。市、区政府结合当年土地专项资金情况,对辖区内置换工作中的土地复垦整理项目,按通过有关部门验收建成耕地或其他农用地的实际面积给予项目承担单位一定的奖励。对于自愿用农村住宅置换商品房的农户,凡能够按照专项规划所规定的时间,积极配合镇落实置换措施,及时腾出原农村住宅的,也应给予适当的奖励。

## 二、初步的发展成效

通过近几年城乡一体化的实践,统一规划,统一布局,统一按规划建设,推动了先进生产要素向农村流动、基础设施向农村延伸、公共服务向农村覆盖、现代文明向农村传播,有效促进了区域内经济、社会、人口、资源、环境的科学统筹协调发展。

### (一)优化了城乡空间布局

通过城乡一体化镇村布局规划,城乡空间布局得到优化,农民集体居住区、城镇建设区、工业发展区、农业保护区等功能区域明晰。在此基础上,全区各板块全面修编完善了总体规划和控制性详细规划。先导区渭塘镇在全镇域38.56平方公里范围内推进改革,逐步形成"二中心、四片区"(镇区服务业发展中心、汽车零部件产业中心;东部沿盛泽湖休闲旅游区、南部沿高铁新城的人居后花园片区、西部沿漕湖产业园新型工业区、北部沿绕城高速公路的现代农业开发区）发展格局。先导区阳澄湖镇在全镇域 67.62 平方公里范围内逐步形成"一心二园"（中心镇区、阳澄产业园、现代农业产业园）区域功能分明的发展格局。黄埭镇在全镇域 53.2 平方公里范围内形成"两区、五园"（黄埭片区、东桥片区;潘阳工业园、国际物流园、生态农业示范园、现代农业园、万亩花果苗木产业园）发展格局。望亭镇在全镇域 37.84 平方公里范围内确立"繁荣新镇区、提升农林区、做强物流区"的产业发展战略。按照规划,稳步推进"三个集中"。截至 2011 年底,全区累计拆迁安置农户 39762 户,农民集中居住率 47.5%;累计建成安置房 610 万平方米,在建安置房 500 万平方米;累计入驻各类工业园（区）企业 5846 家,工业企业集中度 68.3%;农民承包土地全部实现流转,由集体或大户实行规模化经营,着力打造阳澄湖镇、望亭镇沿太湖、北桥街道沿漕湖三个万亩以上现代农业示范园区及黄埭新巷特色林果、望亭新埭蔬菜等 5 个千亩以上特色农业示范区（基地）。先导区阳澄湖镇自推进城乡一体化以来,已完成签约置换农户 2753 户、企业 17 家;拆除农户 2080 户,企业 17 家,125 万平方米安置房全面开工建设,8.7 万平方米已竣工,其余于 2012 年底主体竣工。拆旧区土地复垦已通过验收 1048 亩并取得建设用地指标,2012 年力争再完成复垦并通过验收 1000 多亩。

**（二）提升了城乡配套功能**

在规划制定、设施建设、产业发展、功能配套等方面加快了与苏州中心城区的全面对接。城市形象、居住、医疗、教育、文化、餐饮、交通等功能日趋完善,人流和物流加快汇聚。先后建成行政中心、市民活动中心等公共设施和创世纪大厦、德诚嘉元广场等商务楼宇,不断刷新城市高度。在水一方大酒店、相城商业街、采莲商业广场等商业设施相继建成,中国珍珠宝石城、蠡口国际家具城、中翔商贸城等专业市场不断壮大。中心商贸城开发建设成效明显,一大批高端住宅、城市综合体、酒店等商业项目加快建设,推动了全区居住、商贸水平的整体提升。京沪高铁苏州北站枢纽建成启用。中环百汇广场、百购商业广场等城市综合体主体落成,城区功能配套项目等加快推进。截至 2011 年底,全区累计建设道路 1000 多公里,是建区前总里程的 6.3 倍,全区基本构建了"九纵九横两联一环"的路网框架,各镇、街道实现

5分钟上高速,对接古城区的道路由建区时的1条增加到现在的6条,与苏州中心城区融为一体。建成客运站6个、公交首末站7个,开辟56条公交线路,设立公交候车亭508个,实现农村"村村通公交"、城区"路路通公交"。2011年城市化率达66.4%,比建区初提升近40个百分点。中心城区框架进一步拉大,面积由15平方公里扩展到50平方公里。

### (三)彰显了生态环境优势

城乡环境面貌不断优化。生态环境建设加快推进,湿地保护、生态公园、道路绿化、绿色长廊、村庄绿化等建设步伐不断加快。建区以来,相继建成各类公园125个,打造了苏州中国花卉植物园、荷塘月色湿地公园、盛泽湖月季公园、三角嘴湿地公园等一大批城市生态休闲精品,累计建成绿地面积超18万亩,城市绿化覆盖率从建区之初的7.8%提高到44%,2010年相城区成功步入国家生态区行列。高度重视水利工作。河道疏浚工作扎实开展,按照"农村村庄河道3～5年轮浚一遍、县乡河道5～10年轮浚一遍"的要求,对全区838条河道全面进行疏浚,建立了河道轮浚制度和河道长效管理制度。实施"污水处理三年工程",建成污水处理厂8座,全区日污水处理能力近20万吨,城镇生活污水集中处理率达87%。同步推进农村生活污水处理设施建设,累计完成93个农村居民点生活污水处理工程。深入开展村庄环境整治,对全区1000多个自然村庄,按照"拆除乱搭乱建、清除乱堆乱放、垃圾日产日清、屋前屋后植绿种花"的"四条标准"进行了环境综合整治。在此基础上,新农村建设示范村还进行了"刷新墙面、硬化路面、沟通下水道、整治村庄内杆线"等"八条标准"的整治工作,涌现了北桥灵峰村、元和朱泾村、黄桥生田村、望亭项路村、开发区上浜村等一大批新农村建设典型。建立村庄长效保洁机制,配备保洁员近3000名,全区农村环境面貌得到了根本改善。2012年,根据省、市统一部署,按照"六整治、六提升"的要求,全面启动新一轮的村庄环境整治,实现"两年任务一年完成",整治村庄1032个。

### (四)增强了城乡综合实力

2011年实现地区生产总值421.6亿元、工业总产值1230.2亿元、全口径财政收入154.1亿元、地方一般预算收入46.2亿元,分别是建区初的8

倍、8.3倍、40倍、23倍。产业发展在转型升级中不断提升。坚持产业立区、转型为先的理念,全面实施传统产业提升、新兴产业跨越、现代服务业腾飞、科技创新振兴等产业发展计划。新增超亿元企业13家。新兴产业产值增长18.8%,占规模以上工业产值比重达39.7%。工业重点新建项目和技改项目"双百工程"加快推进;科斯伍德油墨在深交所创业板成功上市;关闭"五小"企业46家。服务业占比提高1.5个百分点,红星美凯龙家居生活广场、苏州(中国)婚纱城、力宝广场等建成开业,成功举办旅游节、美食节、珠宝节等三大旅游节庆活动。现代农业快速发展,十大现代高科技休闲农业示范园区(基地)顺利推进,全区拥有省、市、区、镇四级现代农业园区(基地)23个,规模超过9.78万亩,拥有农业部水产健康养殖示范场3个、省级现代农业产业园区1个、省级农业标准化示范区1个、市级现代农业规模化示范区3个。2012年1月,相城区被农业部命名为国家级现代农业示范区,核心区阳澄湖现代农业产业园建成规模扩展3.3万亩。载体建设有新的突破,阳澄湖数字文化创意产业园成为国家数字出版基地,望亭国际物流园加快推进10个大型物流项目建设,中国汽车零部件(苏州)产业基地项目建设加速推进。不断增强自主创新能力,新增省级以上高新技术企业15家、授权专利1100件,建成市级以上企业技术中心和工程技术研究中心31家,新增院士、博士后工作站8个,相城科创园获省级认定,相城区获评市人才科技工作创新进步奖。

### (五)改善了城乡民生福祉

城乡居民劳有多得、学有优教、病有良医、老有颐养、住有宜居,实现共建共享品质生活。2011年全区实现村级可支配收入6.8亿元,村均达719万元,增长16.3%;村级社区股份合作社直接现金分红4636万元,增长42.9%,加上用于农民医保、社保补贴及各项福利分配2182万元,村级分配农户资金超1.3亿多元,占村级可支配收入的20%,全区农民人均得益400多元;农民人均纯收入达17033元,增长17.4%;鼓励发展农民专业合作社,全区累计组建各类农民专业合作社49家,2011年实现销售收入1.5亿元,带动社员创收2000多万元,社员二次分配500万元。组建农民投资性物业合作社12家,新组建农民物业合作联社2家。城乡公共服务均衡发展。统筹城乡就业社保。建立和完善城乡一体的就业服务体系,全面实施"充分就业三年工程",鼓励以创业带动就业,建立创业孵化基地 6 家。不断提高社会保障水平。实现城乡低保全面接轨,城乡低保标准统一提高到每人每月 500 元。全面推进城乡一体化医疗和养老保障,农村合作医疗保险与城镇居民医疗保险合并为城乡居民医疗保险,人均筹资标准 2012 年提高到 550 元,与城镇居民医疗保险全面接轨。2009 年底出台《苏州市相城区城乡一体化养老保障实施方案》。经过 3 年多时间的实施,在农民自愿的前提下,全区所有农民纳入保障范围,18 万余名劳动年龄段人员实现农保转城保,农民社会保障实现全覆盖。农民社会保障水平不断提高,被征地农民第四年龄段人员保养金从每人每月 400 元提高到 510 元。城乡公共服务和基层社会管理不断加强。推进城乡教育、医疗均衡发展,加快养老服务设施建设,社区网格化管理得到进一步加强。"十位一体"社区服务中心全覆盖,监控、联防、警务亭防控体系全覆盖,大防控、大调解、大信访、大服务、大社会机制更加完善。实施区域供水工程,所有行政村均通上太湖水。加强教育现代化建设力度,新建、改扩建中小学、幼儿园 35 所,完成农村薄弱村小学办学点的撤并。加强农村卫生服务标准化建设,新建区人民医院,改扩建镇级医院 7 家,建成社区卫生服务中心 10 个、社区卫生服务站 74 家,20 个村基本完成社区卫生服务站标准化建设任务,区、镇、村三级医疗卫生服务体系日益完善,基本形成"15 分钟医疗服务圈"。对全区 45 周岁以上的参保居民实施免费体检,为 34 万城乡居民建立个人电子健康档案。推进公共文体服务向农村(社区)延伸覆盖,加强"一村一站、一村一室、一人一册"文化设施建设,建成"农家书屋"101 家,初步实现基层文化建设"六个全覆盖",即评弹书场、特色文化场馆、广场文化、数字电影、村级图书室和信息共享点全覆盖,顺利通过"全国先进文化区"复查。统筹推进城镇社区和农村社区建设。建成镇(街道)级社区服务中心 8 个,城镇社区 39 个,农村社区服务中心 77 个,各类村(社区)居家养老服务站 37 家,残疾人托养服务机构 10 所、社区残疾人康复室 98 个。强化各村(社区)"五位一体"综治办建设。强化基层组织建设,顺利完成村(社区)党组织、村(居)民委员会换届选举,完善党务、村务、财务公开及民主管理制度,加强村(居)民小组长队伍建设,由区、镇财政给予报酬补偿。出台《关于进一步加强城乡社区建设管理的指导意见》。

### (六)增强了城乡改革发展的活力和动力

一是探索科学运作机制。推进城乡一体化发展综合配套改革试点工作,实现新型工业化、新型城镇化和现代农业协同发展,需要大量的资金投入。为此,相城区在探索中逐步建立了"政府推动、市场运作、镇村实施、群众参与"的科学运作机制。区、镇两级积极搭建公司化运作平台,区城乡发展投资有限公司作为区级城乡一体化发展的融资、投资、建设的平台,注册资本6.5亿元,各镇(街道)、开发区、度假区也组建投融资平台,实现公司化运作。二是建立生态补偿机制。2009年在苏州大市范围内首先制定出台了相城区生态补偿试行办法,对沿太湖、阳澄湖周边因水源水质保护经济发展受到制约的村给予一定的经济补助。2010年根据苏州市出台的统一政策,生态补偿机制进一步完善,补偿范围进一步拓展。三是创新集体经济发展机制。通过加强和规范农村"三资"(资金、资产、资源)管理,不断提高资产、资源收益率。针对城市化、工业化进程中,村级受规划、用地等因素的制约,创新和转变村级集体经济发展方式,鼓励和引导走村村联合、镇村联合抱团发展,形成了以元联置业有限公司为代表的村级联合发展新模式。四是完善干部激励机制。对村干部实行政策倾斜,提高村级岗位的吸引力,调动村级党员干部的积极性。在原有对村党组织书记实行人事关系挂靠代理、对村级主要干部退职后实行生活补助的基础上,先后出台实施《关于进一步完善村(社区)干部激励保障机制的补充意见》和《关于进一步完善对村级退职离任干部实行生活补助的实施意见》两个政策性文件,将退职离任的村级副职干部、条线干部全部纳入补助范围,区、镇、村三级每年拿出近千万元在经济上解除他们的后顾之忧。同时加大新农村建设带头人激励力度,明确享受副科级工资福利待遇,将现任村委会主任累计任职满15年的纳入人事关系挂靠代理。

### 三、有益的实践体会

在推进城乡一体化规划的实践过程中,我们体会到,随着城乡发展进入土地、资源、空间、生态、环境等多重约束发展阶段，城乡一体化规划是一个必然趋势。城乡一体化规划是一种比较新颖的规划类型，应具有系统性、创新性、前瞻性和可操作性。规划的科学合理固然重要，更重要的是建立城乡一体化的规划实施与管理机制。一是围绕城乡一体化规划，统筹谋划。要坚持以点带面，充分考虑城乡不同区域经济发展水平和资源条件，规划不同区域发展亮点，引导点上突破，带动全面发展。要坚持以城带乡，合理布局城市空间，扩大城市和农村功能、空间、文化、产业和生态的融合。要坚持以镇带村，加快村庄布点规划编制与审批，形成以产业布局规划为支撑，以基础设施规划为纽带，以中心镇、新村庄和集居点为节点，以公共服务规划为配套的科学规划体系。二是强化城乡一体化功能，聚集优势。要树立全域规划理念，实行国民经济和社会发展规划、土地利用规划、城市总体规划"三规"有机融合。要明确区域功能定位，坚持形态规划服从于功能规划。要保持地域特色优势，注重保持城乡个性、彰显城乡魅力，注重城乡建设的错位发展、注重村镇特色的充分彰显、注重历史文化的传承弘扬。三是坚持城乡一体化建设，分类推进。要分区建设。对永久性基本农田、湿地保护区、主要河流等区域，严禁开发建设；对具有生态意义、文化或景观价值的地区，严格限制建设；对规划期安排新增城市、城镇和村庄建设用地的主要区域，依照用地时序，实现有序建设。要分层组织。规划主城区、城郊带等不同地域圈层，在主城区大力推进新型城市化，城郊带突出搞好中心镇、新村庄和集居点建设。要分步实施。将规划与加快园区建设结合、与推进环境整治结合、与建设"资源节约型、环境友好型"社会结合、与实施重大项目结合，有计划、分步骤推进。四是实施城乡一体化管理，确保实效。要前瞻谋划，把解决当前现实问题与确立长远发展目标结合起来，把空间有序拓展与功能布局优化结合起来，把规划的前瞻性具体落实到城乡空间布局的谋划上、重大项目建设的把关上、重要基础设施的建设上。要注重操作，对规划实施的路径、建设的时序、环境的变化作出准确的判断，制定相关的实施规划，完善配套的技术标准，加大规划统筹协调力度；采用统一的规划管理技术体系，使用统一的规划结果依据图纸，确保发展目标的一致、建设时序的协调和城乡功能的融合。要强化权威，深化规划编制改革，建立完善区、镇、村三级城乡一体的规划体系;规范规划决策程序,对重大规划编制、重点项目落地、重要设施建设进行统一决策审批;加大规划实施的监管力度,维护规划的刚性和法定地位,强化规划的引导和约束功能。

# 姑苏区：城乡一体化进程中的古城保护与文化兴盛

近年来,平江、沧浪、金阊三个老城区紧紧抓住苏州作为省城乡一体化发展综合配套改革试点地区的难得机遇,以古城保护和文化兴盛为突破口,积极推进城市建设,增强城市功能,改善城市环境,努力发挥中心城市的影响力、辐射力,城市首位度进一步提高,居民生活进一步改善,走出了一条独具特色的城市现代化、城乡一体化发展之路。

## 一、保护古城、兴盛文化是苏州城乡一体化发展改革的现实要求

改革开放 30 多年来,苏州经济社会发展不断跃上新台阶,为全省、全国发展大局进行了率先探索,作出了重大贡献,苏州的发展经验和发展模式也在全省乃至全国产生了重要影响。当前,在全市范围内推进的城乡一体化改革发展,不仅要破除城乡二元分割体制,在城乡规划、基础设施、资源配置、产业布局、公共服务、就业和社会保障等方面实现一体化,而且要充分发挥中心城市的辐射带动作用,使城市更像城市,农村更像农村,实现城市与农村的联动发展、协调发展和可持续发展。苏州老城区作为中心城市的重要组成部分,历史悠久,文化灿烂,是首批中国历史文化名城之一。保护古城、兴盛文化,既是老城区自身发展的内在需求,更是在城乡一体化进程中保持中心城市影响力的时代要求。

### (一)保护古城、兴盛文化是苏州在城乡一体化进程中提升中心城市辐射带动作用的重要举措

近年来,苏州正在加快推进的城乡一体化发展,其目的就是通过工业反

哺农业,城市带动农村,打破城乡二元结构,实现城乡共同发展,城乡居民同享改革成果。这就要求苏州中心城区必须做大做强,加快推进城市发展以带动农村发展,充分发挥中心城市的带动力、辐射力和示范效应。然而,老城区由于古城保护的需要和体制机制的原因,在全市经济社会发展大局中的影响力还不够大,城市的首位度还不够高,还不能担当起城市带动农村发展的重任;在老城区,还有部分地方居民住房破旧、基础设施薄弱、市容环境脏乱、道路交通拥堵、违章搭建、安全隐患较多,群众的多项民生需求尚未得到满足,老城区迫切需要通过加快发展,适应城乡一体化发展的大好形势。同时,作为国家历史文化名城,苏州老城区的发展受到了诸多严格限制,这也要求我们必须立足老城区的实际,辩证分析老城区在城乡一体化发展中的优势与困难。丰富的历史文化资源,是老城区最大的特色、最大的优势、最大的财富,必须立足这一实际,充分放大历史文化的积极效应,在保护古城中兴盛文化,把文化作为老城区发展的最大动力源和最亮闪光点,进而增强中心城市的首位度,为苏州城乡一体化发展改革作出新贡献。

**(二)保护古城、兴盛文化是苏州在城乡一体化进程中彰显城市特色和个性的重要途径**

苏州古城已有 2500 多年,至今城址未变。悠久的历史,为古城留下了众多的文物古迹,现有各级文物保护单位 161 处,其中国家级 18 处、省级 34 处。从数量来说,在全国仅次于北京和西安,从文物密度来说,则是最高的城市。一大批代表不同时期的历史建筑和名人故居,以及大量古桥、古井、古寺、古塔、古树名木等,更增添了古城历史文化的厚重感。全市被列入非物质文化遗产项目的,世界级有古琴等 6 项,国家级有苏绣等 24 项,省级有 64 项,市级有 94 项,这既是历代苏州劳动人民的智慧结晶,也是苏州深厚文化底蕴的展示。吴门书画、戏曲艺术、小说诗歌等特色文化,浸润着古城生活的内涵,展示了传统文化的魅力。古城内的拙政园、留园、网师园等八处园林已列入世界文化遗产名录,昆曲是我国首批被联合国教科文组织列入"人类口述和非物质遗产代表作"的项目,成为世界文化艺术宝库中的珍品。在城乡一体化发展改革进程中,必须珍惜苏州的历史文化,利用好珍贵的历史资源,塑造好古城的城市个性,使苏州古城在城乡一体化发展改革的伟大实践中散发更加迷人的魅力。

**（三）保护古城、兴盛文化是古城居民共享城乡一体化改革发展成果的重要抓手**

老城区作为苏州市的商业、文化、教育、旅游中心，长期以来人流、车流、物流十分密集，给古城基础设施造成巨大压力，古城容量需求与古城保护之间存在很大矛盾。老城区有大量的控保建筑需要维护修缮，许多名人遗址需要修复重建，不少历史街区需要旧貌再现。保护工作事关城区的市政建设，又关联千家万户的切身利益，需要大量的资金投入和耐心细致的群众工作，任务相当繁重。另外，老城区还有相当数量的居民居住在古民居内，这些古民居不少年久失修，危房比例高，承重结构有部分腐烂及倒塌的危险，居住安全存在很大隐患，而且人均居住面积小，成套率低；屋内设施落后，无单独厨卫设备；阴暗潮湿，采光、保温隔热以及隔音性能较差，居民生活环境与现代化生活方式存在很大落差。我们正在进行的城乡一体化发展改革，不仅要使农村生活水平与城市接轨，也要让古城里的群众共享改革发展成果。在这一过程中，我们不仅要保护古城、彰显特色，不仅要兴盛文化、展示魅力，也要切实改善古城基础设施，提升古城居民生活品质，实现和谐发展。

## 二、工作成效

自苏州被国家确定为历史文化名城以来，老城区对古城保护和文化传承进行了多方面的积极探索和实践。20世纪80年代，搬迁古城内工厂，抢救古典园林并整治开放。90年代，先后设立了苏州高新区和苏州工业园区，推动古城内企业"退二进三"和工业向园区集中，并积极启动旧城整治试点。新世纪开始，实施了历史街区的保护性修复和环古城风貌保护工程，启动了平江、沧浪、金阊三个新城区的建设，特别是最近几年，古城保护在城乡一体化发展改革中协调稳步推进，并开展了大量实事工程、民生工程，古城保护取得了显著成绩。与此同时，苏州注重文化事业和文化产业的联动发展，文化的发展繁荣成为苏州城乡一体化发展改革的重要特色。

**（一）保护和传承了古城的独特风貌**

通过持之以恒、扎实有效的古城保护，特别是20世纪90年代的街坊改造,新世纪初山塘历史街区、平江历史街区等多个历史文化片区的保护性修复,近年来桃花坞历史文化片区保护利用、虎丘地区综合改造、古城墙修复保护、水环境治理、古宅名居修缮等重点工程的实施,再现了苏州古城造型轻巧、粉墙黛瓦的建筑风格,小桥流水、枕河人家的小巷风情,水陆并行、河街相邻的江南城市风貌。苏州古城修旧如旧,保持特色风貌的做法,得到多方好评。2004 年,第 28 届世界遗产大会在苏州成功举行,这也是世遗大会首次在中国召开。2010 年,苏州古城保护成功入选上海世博会"城市最佳实践区"之遗产保护与利用类展馆案例,成为全球 55 个申办成功案例之一,更是中国大陆地区唯一入选的地市级城市。苏州先后获得了迪拜国际改善人居环境最佳范例奖、中国人居环境范例奖、亚太文化遗产保护荣誉奖等奖项。平江历史街区获得了"亚太文化遗产保护荣誉奖",成为第一批"中国历史文化名街"。山塘街被誉为"一条活着的千年古街",并入选第二批"中国历史文化名街"。这些,也已经成为苏州城乡一体化改革发展的新特色新亮点。

**（二）拓展和提升了城市功能**

伴随着苏州城乡一体化发展改革的加快,苏州古城的保护与更新也在不断加快,老城区的城市基础设施不断改善,老城区内道路综合改造,建设城市高架、开建轨道交通等城市交通工程,进一步提升了老城区的通行能力。古宅民居的修缮、老新村的改造、改厕工程的实施、背街小巷的整治,进一步改善了老城区的居住条件。图书馆新馆、博物馆新馆、新三馆等一批公共文化设施的建设,提升了老城区的文化品位。观前、石路、南门三大商圈的改造,环古城河的整治,有力拓展了城市的商贸、休闲、旅游功能,更提升了老城区的影响力,目前人文旅游已成为老城区的一大特色。苏州先后被评为中国优秀旅游城市、最佳中国魅力城市、中国大陆最佳商业城市,多年来在中国城市竞争力排行榜中始终位居前列,成为中国国际知名度最高的城市之一,也成为中国最重要、旅游人数最多的旅游城市之一,苏州城乡一体化发展改革的巨大成就,也在苏州旅游发展中不断为海内外游客所深刻感受和传播。

**（三）改善和提高了居民生活水平**

城乡一体化发展改革实施以来,苏州加快了古城街坊改造和多个历史文化片区的保护与更新,老城区道路、供水、污水处理、供电等市政设施进一步得到建设和完善,对城市有污染的工业企业,实行了搬迁整治和严格监控,同时加强了城市景观设计,布置了街景小品,推进了老城区的绿化建设,增设了供市民和游客休闲活动的小游园、小公园,并为老城区社区配备了高标准社区活动用房和社区服务站,老城区居民的生活环境明显改善,生活质量不断提高。近年来,随着苏州城乡一体化改革发展向纵深推进,苏州市相继获得了中国环境保护模范城市、国家卫生城市、国家园林城市、全国文明城市等称号,城市居民生活质量也位居全国前列、江苏省第一,广大市民切实享受到了城乡一体化发展改革的成果。

### 三、主要做法

保护古城、兴盛文化,是老城区的历史重任,也是做大做强中心城市,提高中心城市首位度,增强中心城市在城乡改革发展中的影响力、辐射力、带动力的重要抓手。随着城市化、城乡一体化进程的加快,面临的情况更复杂,需要解决的问题更紧迫,古城保护的任务更繁重。老城区紧紧抓住全市深入推进城乡一体化综合配套改革的历史性机遇,明确目标,科学谋划,突出重点,敢于创新,大胆探索,又好又快地推进古城保护和文化发展的各项工作,切实让更多的历史文化遗存得到有效保护和传承发展。

#### (一)坚持科学谋划,有序推进

古城是苏州最为独特的不可替代的资源,是最具竞争力的资源。保护好苏州古城,使之"传之后世,永续利用",是历史赋予的使命。多年来,市委市政府和老城区坚持以科学发展观为指导,不断深化古城保护理念,科学规划,完善法规,确保古城保护和文化传承依法依规有序推进。

树立科学的保护与利用理念。一是全面保护的理念。苏州古城保存着自建城以来历代的城市遗址和众多的名园名宅、名胜古迹、老街古巷以及完整的历史风貌,同时还拥有极其丰富和灿烂的优秀地方文化艺术等非物质文化遗产。只有对这些物质的和非物质的文化遗产进行全面保护,才能留给后人一个完整、无价的历史苏州。严格控制老城区范围内的建设项目,保护古城的整体风貌,防止大拆大建、成片开发,既注重保护有形的传统建筑,又注重保护无形的非物质文化遗产。二是保护与利用并重的理念。保护是前提、利用是关键，要在保护古城传统风貌、视域空间、街巷肌理、人文遗产的同时，通过功能转换，促进古城保护与旅游开发、人居环境改善的有机统一，努力在保护中继承，在继承中创新，古城保护、文化传承与城市发展互动并进，使古城伴随城市发展水平的提高保持永恒的魅力。三是可持续保护的理念。保护好古城，目的就是要将历史文化传之后世、永续利用，为子孙后代创造一个生态环境良好、历史文化丰厚、创造力绵延不绝的发展条件。古城保护是一项长期而艰巨的工作，我们应有所为有所不为，应在满足现代功能要求、延续城市格局和传统风貌的前提下，能保则保、需拆则拆，重在体现当代人的认知水平、文化修养和技术能力，符合苏州古城的形象特征。健全和完善法规体系。为了保证古城保护与文化传承工作的顺利推进，加快改善历史街区的人居环境，我市根据国务院批准实施的《城市总体规划》要求，在1986年制定了《历史文化名城保护规划》，确定了古城保护的原则、内容和范围，以"全面保护"为总的指导思想和控制原则，强调古城保护的整体性、综合性，明确了一城（古城）、二线（上塘线、山塘线）、三片（虎丘片、枫桥镇寒山寺片和留园、西片）的综合保护框架。1996年，修编城市总体规划时重申了这些要求，详细划定了"一城二线三片"的范围，重点划出了四个不同类型的历史文化保护区（平江、拙政园、怡园、山塘街历史街区）和三个传统风貌地段保护区（盘门地区、观前街地区、十全街地区），并在古城街坊控规中确定了45个大小不等的历史地段作为古城风貌保护的重点。为了保证这些规划的实施，苏州又制定出台了一系列相应的地方性法规和规章。先后制定了《苏州市城市规划条例》、《苏州市历史文化名城名镇保护办法》、《苏州市古建筑保护条例》等地方性法规、规章和政策。截至目前，苏州已出台古城保护、文化遗产保护相关的地方性法规规章20余件，包括6项地方性法规、4项政府规章和10项规范性文件。内容涵盖古城古镇保护、古典园林保护、古建筑保护、河道水系保护、昆曲保护、古树名木保护、古村落保护、地下文物保护等方面，初步形成了与现行国家法律相配套的、符合苏州实际的较为完善的文化遗产保护地方性法规规章体系，并以此作为保护古城的刚性要求，认真加以执行。

高水平搞好规划。古城保护工作只能做好,否则就会愧对祖先、愧对子孙。古城保护又是一项难度大、技术要求高的工作。为此,市委市政府和老城区反复强调规划的重要性,高度重视规划工作,发挥规划的引领和规范作用。首先是建立了规划的专家咨询和面向社会公示的制度。设立了苏州古城保护与更新专家咨询委员会,邀请国内著名专家参与,重大规划方案都请他们论证,认真听取意见,确保规划的科学性。规划形成后在网上和固定地点公示,听取群众意见,进一步对规划进行修改和完善,力求做到居民、专家满意,经得起历史的检验。其次是建立了较完备的规划体系。古城的保护与更新,目前已经形成了 1 个城市总规,31 个专项规划,54 个街坊的控制性详规及修建性详规,将古城三个等级保护范围及相应的 65 处三类保护对象纳入其中。

严格依法依规实施。2003 年,我市率先出台了《苏州市城市紫线管理办法》,对一切需要保护控制的历史文化遗存划定保护范围,并接受社会监督。城市规划部门和老城区通过对传统建筑风格、表现艺术手法、空间尺度和形态的分析,明确了绝对保护区、建设控制地带、风貌过渡地带的范围;主次干道及水巷两侧的建筑高度、檐口高度、容量(容积率、建筑密度)、朝向、竖向等也都基本有了细化的指标,特殊地块还提出了特定的技术指标要求。目前在老城区范围内,楼层高度得到有效控制。老城区没有一幢高层建筑,建筑的楼层高,一般都在 24 米以下,极个别的民居也没有超过七层,商厦也不超过八层。现在在老城区登高,依旧可以看到虎丘塔、北寺塔、双塔、瑞光塔、方塔遥相呼应,空间轮廓线十分优美。建筑风格得到控制,黑、白、灰成为古城建筑的三种基调,不仅传统建筑修旧如旧,新建的公共设施,比如公交站台、城市路灯等都延续传统风格,体现古城的文化元素。

**(二)坚持项目带动,重点突破**

近年来,市委市政府和老城区在对古城历史文化资源进行常规性保护的同时,又根据居民群众的要求、专家学者的呼吁、古城的特点和城市整体发展的需要,在充分调查研究的基础上,集中力量、精心组织,实施了几大古城保护与更新工程。这些工程既为苏州古城的保护性利用增添了浓墨重彩的篇章,也是改善老城区综合环境、为民办实事办好事的民心工程。可以预见,随着这些工程的实施和完成,古城的保护与更新将会达到一个新的高度,古城的文化品位和居民群众的生活品质将会实现新的提升。

桃花坞历史文化片区综合整治保护利用工程。桃花坞名扬海内外,不仅因为她有着诗一般的名字,还因为她深厚的文化底蕴。这里既有风流才子唐伯虎的诸多遗迹,也有数量众多的以桃花坞木版年画为代表的非物质文化遗产。但目前,桃花坞片区内部分古建筑、传统民居、古街老巷都已年久失修,较多物质文化遗存缺乏有效保护,非物质文化遗存缺少展示基地,造成资源流失与浪费。2010年3月,市委、市政府正式启动桃花坞历史文化片区综合整治保护利用工程,对该地区进行综合改造,计划总投资37亿元。工程按照"整治环境、改善民生、传承文化、发展旅游"要求,以"整体性、原真性、多样性、可持续性"为保护利用原则,将桃花坞历史文化片区打造成为以泰伯文化、唐寅文化和其他众多非遗文化为核心,以生活居住、文化展示和休闲服务为主要功能的吴文化的重要窗口、非物质文化遗存的集中展示区和古城旅游的新亮点。整个历史文化片区重点打造唐寅故居文化区、非遗文化产业综合街区、泰伯及西街文化区等三大区域。唐寅故居文化区主要包括唐寅故居遗址、唐寅祠、文昌阁等;非遗文化产业综合街区主要是进行非物质文化的展示、销售、制作和表演;泰伯及西街文化区主要对泰伯庙进行复原整治,并与五峰园联合,将该地打造成为极具人气的休闲旅游特色街市。

虎丘地区综合改造工程。虎丘山、虎丘塔,留有许多历史遗存,也流传着许多传奇故事,令人向往,古往今来一直是苏州城市的标志之一。然而,作为古城苏州的标志,虎丘景区内山花烂漫景色迷人,景区外道路拥堵,甚至垃圾遍地。由于历史原因,虎丘景区周边渐渐成为基础设施落后,区域布局混乱,与景区形成鲜明的反差。2010年3月,作为苏州实施城乡一体化建设的重要任务和重大实践的虎丘地区综合改造工程正式启动。整个工程将在充分挖掘历史上虎丘、山塘地区书院文化、民俗文化、花文化、寺院文化等内涵的同时,按照"绿楔入城、轴带相连、一心多片、多面望山"的规划布局,实现山塘街、山塘河、虎丘景区与金鸡墩路、虎丘路周边的绿化、优美风景相映生辉,为整个苏州城市营造一种大写意的绿色生态环境。改造后的虎丘地区内,虎丘山风景区面积将扩大到 1092 亩,是现有核心景区面积的 2.5 倍,虎丘塔的核心地标将更为凸显。虎丘地区综合改造后,周边还将会形成旅游、休闲、居住、购物等多个功能区,整个地区将会成为吴文化的核心区域和苏州的"城市客厅"。苏州"历史人文首推之地、旅游休闲首访之地、生态宜居首选之地、城市品牌首席之地"也即将呈现。

古城墙修复工程。古城墙是历史文化名城苏州具有风貌特色和历史价值的标志性建筑之一,也是苏州人心目中的一个文化符号。由于历史原因,古城墙遭到严重毁坏,几成废墟。原本总长 15 公里的古城墙,目前保留较完整的仅剩盘门、金门等地不到 1.5 公里,约 10% 左右,另有 20% 到 30% 只剩下残垣断壁,即使这些残垣断壁,也因缺乏维护管理,不断遭受蚕食,危在旦夕。为此,苏州的一批专家、学者开始为城墙的保护修缮而奔走努力,市委市政府顺应民意,果断决策,决定启动古城墙修复工程,先选择有条件修缮的阊门北码头段、平门段、相门段三处试点,并从 2011 年 9 月正式实施。阊门北码头段,结合正在实施的桃花坞历史文化片区综合整治及保护利用工程,在增强桃花坞片区和阊门地段历史文化感的同时,打造保持和延续古城历史风貌的城墙文化新亮点。平门段城墙,位于苏州火车站的正对面,是苏州古城的北大门,也是苏州人流量最大的集散中心。修复城墙,重塑古城风貌,不仅能充分凸显古城苏州的窗口作用,也可以让更多人观瞻到苏州 2500 多年历史文化的景观,更好展示苏州历史文化名城和风景旅游城市的风采。相门段,结合平江历史街区的旅游环路,形成城墙、城河、平江路、平江河、耦园、东园、动物园的水陆旅游通道,通过全区域统筹规划,全方位整合旅游资源,构架出以平江历史街区为主的古城东部文化旅游新格局。经过一年的紧张施工,三段古城墙已于 2012 年 9 月修复完成,并对市民和游客开放。阊门北码头段、平门段、相门段三处修缮的城墙总长只有 1500 米,却实实在在地跨出了古城保护极具意义的一步,对于传承历史、发展旅游、保护生态、整治环境将会产生十分重要的影响。

天赐庄历史文化片区保护更新工程。天赐庄历史文化片区位于苏州古城东部,是苏州古城中西文化交汇最早、地方特色体现最浓的区域。区外,苏式风貌与民国风情相互交融、大学文化与城市文化相互融合、现代元素与传统风貌相互映衬,既有双塔、织造署旧址等千年古城文脉,也有圣约翰堂、东吴大学等带来的西学新风。区内,小桥、流水、人家的人居环境,菜场、集市齐聚的市井风情,崇文、重教的人文氛围,官太尉河两街夹一河的水巷风貌,形成了古城的独有风景。如何整合区域内的历史文化资源,保护和利用好这一历史馈赠,是苏州古城保护的又一重要内容。为此,市委市政府决定对该区域进行保护更新,努力将其打造成民国风情展示区、新兴服务业聚集区、苏大科技开发创新区、苏式生活深度体验区,力争两三年内取得阶段性成效。保护更新工程将在高起点规划的基础上,分区域开发,分阶段实施。首期启动的是望星桥以东十梓街沿线、官太尉河往东至苏州大学外围,占地面积 54078 平方米,通过借力苏州大学内外形态优美的民国建筑、螺丝浜精致典雅的苏式民居和河街并行的官太尉河三大优势资源,打造集民国风情、苏式风格和水巷风貌为一体的文化休闲旅游区,并在形态上着力构建星桥寻梦商务休闲广场、天赐首堂宗教文化区、博习文华主题酒店、东吴坊里商务公馆区、盛家水韵家居旅店区、官太尉河苏式风貌区等六大功能区。

**(三)坚持综合整治,整体保护**

历经岁月沧桑,具有苏州古城特色的小街小巷、古宅民居、小桥流水,有的道路坑洼,污水横流;有的墙体脱落,设施老化;有的水流不畅,河道黑臭,环境脏乱,居民生活环境比较差,与古城风貌很不协调。为切实改变老城区的环境面貌,使古城更加宜居。近年来,市委市政府和老城区本着既要保护古城,也要改善民生的工作理念,突出重点,加大投入,开展了一系列的环境综合整治。

水环境综合整治:让东方水城再现神韵。水是苏州城市最大的特性。河水质量、沿河环境不仅影响市民的生活质量,也直接影响到苏州的整体景观。近几年来,老城区和有关部门积极采取措施,一方面,努力提升老城区河道水质。2010 年,开展了市区河道杂船整治专项行动,对严重影响河道景观,污染河水的市区河道杂船进行了彻底清理。2012 年起又在古城"一城两线三片"范围内,通过"截污、清淤、畅流、保洁"四个环节,全面提升河道管理水平,使老城区水质、水景观明显改善,彻底消除河道黑臭现象。另一方面,加快推进老城区河道水系的恢复。2011 年 9 月,在平江区中张家巷南侧,启动了中张家河道恢复工程,打通了古城水系,给平江河自南往北增加一个流入点,增强了与外围护城河的沟通,既恢复了苏州古城"水陆并行,河街相邻"的水乡景观,又为在平江历史街区开通水上旅游线路带来了新的契机。不仅如此,今年市委市政府又下定决心,花大力气对环古城河、京杭大运河苏州段、胥江等"两河一江"的周边环境进行综合整治,提出环古城重点是提升河的文化品位,完善水上河岸上互动功能,合理配置旅游设施;京杭大运河苏州段和胥江重点是绿化提升、驳岸整治、道路交通、夜景灯光、桥梁美化等,力争用2年左右完成环境综合整治任务,5年左右完成区域内基础性开发建设,把"两河一江"建成生态的河、文化的河、繁荣的河、美丽的河,让东方水城再现神韵。

街巷综合整治:在完善生活设施中保护街巷风貌特色。千余条小巷犹如古城掌心中那阡陌纵横的脉络,绵延着苏州古老优雅的文化根基,保护好这些小巷的街容巷貌也是保护古城历史文化的重要内容。为恢复背街小巷往日粉墙黛瓦、青石小径、宁静淡雅的街容巷貌,切实改善老街巷居民的生活条件,从2007年起,三个老城区对千余条背街小巷进行了综合整治。在整治过程中,严格按照历史街区街巷、风貌特色街巷、普通街巷等分类原则,采取专家参与、一巷一案的做法,做到整治内容各有侧重,标准特色有所不同。街巷整治工作在保护历史的真实性、保持风貌的完整性、保障生活的延续性的同时,重点进行了道路整治、管路改造、市政设施维修和管线入地梳理,同时统筹开展了雨污管网、自来水、燃气、架空线路入地等单项工程,并通过增设游园小品、穿插点缀绿化等,改善了街巷、院落立面破落、线路杂乱、垃圾积存的状况。经过5年时间的努力,市、区两级财政已投资6.4亿元,对732条街巷进行了综合整治,惠及居民10.58万余户。街巷综合整治工作的开展,使古城在基础设施得到提升、居住环境得到改善,居民可享受方便舒适现代生活的同时,通过"修旧如旧",保护和重塑了一批具有浓郁人文气息的代表性节点,街巷风貌格局得到传承保护和有机更新。街巷综合整治这项实事工程、民心工程得到了广大居民群众的普遍认可。2007至2009年,街巷整治工作连续三年被市民投票评为"苏州市十大民心工程",2008年还获得了改革开放三十周年"30项民心工程"荣誉。

老新村综合整治：不换房也能有好环境。在老城区内，不仅有历史文化厚重的传统建筑，也有 20 世纪七八十年代建设的老住宅小区。随着岁月的流逝，小区内的配套设施不段老化，房屋、道路、绿化、雨污水排水系统和环境等问题比较突出，影响了居民的基本生活。为改善这些居民的生活环境，也为了使老住宅小区的环境面貌与苏州城市的发展相协调，从 2005 年开始，市委市政府和老城区按照"先试点，后推开"的原则，对老住宅小区开展综合整治，重点对老住宅小区进行道路、侧石、道板、围墙、垃圾房、公共绿地、停车场地等方面进行环境整治；对公用部位、下水管道、墙体屋面以及平顶房屋"平改坡"等方面进行房屋整治；对雨污水管道、路灯设施、防盗门，供电、电信、邮政、广电、燃气管线等方面进行专项整治，力求通过综合整治，达到"修缮房屋，延长使用寿命；完善配套，方便生活需要；改造道路，通畅小区交通；整修管线，保障居住安全；拆违增绿，净化美化环境；倡导物管，巩固整治成果"的目标要求。2005 年至今，已经实施了二轮老住小区综合整治，累计整治老住宅小区 94 个，整治房屋 2662 幢，建筑面积 649 万平方米，涉及居民 9 万余户。老住宅小区的综合整治，极大地提升了居民的居住条件和生活环境，有效地改善了老城区的城市面貌。

改厕："决不让居民拎着马桶进入现代化"。传统古民居是苏州老城区内重要的历史建筑遗存，但这些传统民居生活设施落后，无单独厨卫设备，自来水大都不能进户，更无污水管道，居民生活基本上还是原始的"三桶一炉"（马桶、水桶、浴桶和煤球炉），虽经多年的努力，至今仍有约 3 万只马桶在使用，涉及 2 万多户居民，这与苏州的城市地位和"人间天堂"的美誉不相称。为此，市委、市政府提出，"决不让居民拎着马桶进入现代化"。2010 年年底果断决定，从 2011 年开始实施城区居民家庭"改厕"工程，与解决住房困难相结合、与危旧房改造相结合、与疏解居住密度相结合、与历史文化传承相结合、与水环境综合整治相结合，用三到四年时间基本老城区解决马桶问题。根据市委市政府的工作部署，老城区积极行动，成片规划、一片多策、按片实施、整体推进，按"项目带动"、"危旧房改造"、"个案解决"三种类型推进"改厕"工程。所谓项目带动，就是通过"政府主导、居民参与、因地制宜、加快推进"的方式，结合重点实事项目、城中村改造、老住宅小区和街巷综合整治等城建项目,完成"改厕"工作。所谓危旧房改造,就是按照"街区论证、社区公示、规划把关、会办审批"的工作程序,对实施范围内成片危旧住宅房屋进行解危改造。所谓个案解决,就是对不能通过"项目带动"也暂不具备"危旧房改造"条件的居民家庭,按照"街区论证、居民配合、规划确认、会办审批"的原则,实行"一片一案"的个性化操作模式来实施"改厕"工作。通过一年半的努力,老城区居民家庭"改厕"工程,已计启动2万余户,完成1万多户,占三年总数的一半左右。现在古城民居通过"改厕",彻底扔掉了马桶,功能更完善、配套更齐全、特色更鲜明、居住更舒适,受到了居民群众的热烈欢迎。

**(四)坚持活态保护,综合利用**

古城的保护与利用是一个有机统一的整体,发挥古城资源最大的社会效益和经济效益,也是古城保护的根本目的和生命力所在。近年来,市委市政府和老城区高度重视古城资源的有效利用和资源整合,正确处理好保护与利用关系,把古城保护、开发和利用有机结合起来,充分发挥古城资源应有的作用。积极创新思路。古城保护、文化传承是政府义不容辞的责任,同时也是一项投资巨大、社会整体效益大于直接经济效益的浩大工程。为此,市委市政府和老城区开动脑筋,解放思想,创新思路,积极研究和探索古城保护和利用良性互动的方法和途径。在工作思路上,坚持政府主导、市场运作、全社会参与、多渠道投入,实行"谁主管谁负责"、"谁投资谁收益"和有偿使用原则,变原来依托财政资金支持的"死保"为充分利用、做出市场的"活保"。在政策措施上,先后出台了《加强历史文化名城名镇和文物保护工作的意见》、《苏州市区古建筑抢修贷款贴息和奖励办法》等文件,本着"不求所有、但求所在"的原则,鼓励有条件的单位和个人依法购买或者租用古建筑,在符合有关规定的前提下,使用好、维修好古建筑,充分发挥古建筑使用功能。并提出直管公房古民居转让,可以通过市场拍卖,也可以在不低于市场评估价格的前提下议价转让,原住居民或其他使用人在同等条件下享有优先受让权。在工作方法上,实行先试点再推广。比如老城区的老宅修缮,2011年市委、市政府决定,由苏州文旅集团对老城区老宅进行保护利用试点,首批试点老宅将包括潘世恩故居、德邻堂吴宅、潘镒芬故居、潘祖荫故居、钮家巷王宅、大儒巷丁宅、博习医院旧址、顾廷龙故居、岭南会馆、东齐会馆等12处,涉及1处省文保单位、1处市文保单位和10处控保建筑,建筑面积达4.16万平方米。

鼓励多元投入。首先是发挥好政府的主导作用,市委市政府和老城区多次针对古城保护与更新问题进行专题研究,除组织实施虎丘地区综合改造、古城墙修复保护、水环境治理、古宅名居修缮等重点工程项目外,市、区两级政府还从古城保护的长远出发,设立专项保护基金,列入每年财政预算,并随着财政收入的逐年增长而增加;根据保护与更新的需要,建立专项资助资金和项目引导资金,积极推进古城的保护与更新。其次是广泛吸引社会资本参加。比如,金阊区充分利用国有资本与社会资金多元化投资开展保护性修复,专门成立了山塘历史文化保护区发展有限责任公司,具体负责基础设施建设和历史文化建筑景点的管理、修复和开发,先后共筹措各方资金1.6多亿元进行渐进式保护和修复。2010年,将处于闲置状态的山塘街502号郁家祠堂,通过公司运作,与苏州亚细亚传媒娱乐有限公司合作,引进民营资本进行修缮和开发,将其改建为“苏州亚细亚影视基地”。又如,2007年由民营企业家出资修缮的阔家头巷6号的圆通寺,投资修缮者同时获得该寺院建筑13年的使用权,在圆通寺内创办了圆通美术馆,成立“苏州史前玉器研究会”、“苏州史前玉器博物馆”等。再比如,2002年,新沧浪房地产有限公司对位于盛家带31号的莳湄草堂进行修缮,并在上海拍卖,公开上市进行产权交易。

实行综合利用。针对过去修复后往往束之高阁、不闻不问的做法,近年来老城区积极探索保护利用的新路子、新方法,力求保护与利用互动,实现双赢。一是作为公益性场所。比如,位于西美巷内的况公祠,由政府修复后,现作为沧浪区文化活动中心对外开放;位于瓣莲巷的曹沧州祠堂,修复后成为道前社区办公地点;位于富郎中巷南侧的桃园,原为苏州东吴绸厂业主陶叔平私宅,2004年由市园林局、沧浪区建设局和南门街道共同修缮后,成为苏州民间工艺展藏馆、绣品馆;位于大儒巷的昭庆寺,由政府修复后,成为平江区文化中心。二是作为企业经营场所。2008年政府投资修复的瓣莲巷23-1号清微道院,修复后租赁给苏州市永源实业有限公司,用于油画、国画及书法作品等文化艺术品的展示与经营。又如，沧浪区实施"文化沧浪"战略，围绕本辖区内文化遗产的特点，多管齐下，修复一批古建筑，并实施有效的文化、商业开发，促进了区域综合发展。三是作为休闲旅游场所。如卫道观前的潘宅礼耕堂，作为会所使用；白塔东路的北半园，作为高端餐饮平江府使用；庆元坊听枫园，除国画院部分外，经营一家休闲茶馆；兰石小筑，作为SPA水疗会所使用；钮家巷的方宅现为平江客栈，平江路的汪氏义庄现为餐饮、茶室，山塘街的汀洲会馆、鲍传德庄祠现现均为会所，凤凰街吴氏故居为餐饮会所，大新桥巷庞宅为青年旅社，等等。

动员社会参与。一是设立古街区标志牌。在老城区内选择了42条古街巷，设置了古街巷标志牌。古街巷标志牌采用木质材料，古朴、典雅，中英对照。通过这个标志牌把中外游客引入小巷深处，去感触苏州的古老和沧桑。同时，还用银杏木制作了51块名人故居标志牌。二是发动市民寻找身边需要保护的物质遗产。全市有数百人参加了这项活动，年纪最大的年近90岁，最小的才12岁。通过这次寻宝活动，提供有价值的保护线索250多处，经过专家现场踏勘评估、认定，有16处被列为市保单位，50处被列为控制保护古建筑。三是组建古城保护志愿者队伍，充分发挥广大市民群众的积极作用。2005年，市文物局联合苏州电视台、民营企业，共同举办"苏州古城古井保护行动"，成立了古井保护志愿队，设立了古井保护基金，并对市民评出的"古城十大名井"实施保护工程。2006年，在庆祝国家首个"文化遗产日"、纪念苏州建城2520年之际，市文物局又面向社会，公开招募古城保护志愿者，得到了市民积极响应。此后，市文物局又联合苏州主要媒体、优秀民营企业，相继举办了"我身边的文化遗产"摄影大赛、"我为城墙捐块砖"等活动，广大市民甚至来苏旅游、办事的外地客人也热情参与。

### （五）坚持文旅融合，发展旅游

作为国家历史文化名城和风景旅游城市的苏州，老城区旅游资源十分丰富，既有古城景观、古典园林、历史街区、名人遗迹、工艺美术，也有戏曲艺术、传统工业、文化娱乐、商贸美食等内容，面对这些丰厚的文化遗产，保护管理的责任非常重大，同时利用好先辈留下的珍贵财富发展旅游业，对于更好地实现古城的保护与更新、文化的传承与发展同样具有重大意义。为此，市委市政府和老城区在不断加大古城保护力度、加快文化发展的过程中,按照"城市即旅游、旅游即城市"的理念,把古城作为一个整体的旅游景区来打造,在推进古城保护的过程中,逐步实施旅游化改造,完善老城区的旅游功能,提升古城的旅游形象。

同步进行旅游策划。根据苏州古城保护与更新情况,市委市政府和老城区及时对老城区的旅游资源进行系统梳理,对旅游发展方向进行科学定位,于2011年8月出台了《苏州古城旅游发展规划》,提出古城旅游要走出园林,延伸至历史街区,形成旅游特色片区、旅游特色街,推动苏州古城成片保护与旅游整体开发。在实施历史文化片区综合改造时,综合考虑片区的旅游功能,同步进行旅游方面的专项规划。如前几年进行保护与更新的平江历史街区,在项目规划中充分考虑旅游功能,取得了比较好的效果。按照规划,平江历史文化街区,一方面在对街区内古宅民居进行修缮、环境进行美化的同时,保持原来的古城格局和传统风貌,并保留街区居民原生态的生活习性。另一方面,完善街区周边3个停车场及停车诱导系统,开辟历史街区特色旅游参观点,以历史文化为特征的古城旅游产业得到快速发展,先后入选世界旅游组织典型案例,获评国家AAAA级旅游景区。再比如,在最近实施的桃花坞历史文化片区综合整治工程中,旅游局和原平江区对改片区的旅游发展进行了策划,提出要坚持文化传承与特色开发相融合,积极探索文化旅游产业发展新模式,着力打造吴源文化追溯片区、原真风貌展示片区、活力艺术创意片区、国际艺术中心片区等六大旅游功能片区,提升旅游功能,使之成为"带有苏州情感的国际化旅游新地标"。

完善旅游配套服务。老城区结合古城保护与更新,不断完善旅游配套功能,提升旅游服务水平,力求为游客提供食、住、行、娱、购、乐等全方位的优质服务。一是积极改善购物环境。经过多轮的改造与更新,观前、石路等老城区著名的商业区,名气越来越响,其商业功能、休闲功能更加完善,其琳琅满目的商品、良好的购物环境、细致周到的服务,已成为中外游客在苏州古城理想的购物场所。凤凰街、太监弄、十全街、东北街等古城大街小巷,特色小吃、民间工艺、丝绸服饰、茶楼、咖啡店、KTV、酒吧等,在充分展现姑苏地域传统文化的同时,也不失现代时尚,为游客在古今交融中感受苏州文化独特魅力提供了方便。二是积极改善住宿条件。目前老城区宾馆林立，既有满足高档消费的四星、五星级宾馆，也有适应大众消费的酒店、客栈，特别是最近几年，结合历史文化片区改造和古民居修缮，利用传统建筑开设了各种层次的宾馆酒店，如在平江历史街区内，香港刚毅集团的平江客栈、上海中筑投资有限公司的筑园建筑会所、明堂杭州国际青年旅舍平江店、加拿大籍客商投资的翰尔酒店等，以传统建筑风貌与现代居住条件完美相合，受到了中外游客的欢迎。三是积极提高服务水平。在老城区设立了游客集散中心、服务中心和咨询中心，及时了解游客的需求、帮助游客解决实际问题；开通了旅游巴士，使游客在景区之间通行更加方便。

积极拓展旅游内容。古典园林是苏州古城旅游乃至苏州旅游的核心，多年来一直成为吸引大量国内外游客前来观光旅游的重要景点。近年来，老城区通过对一些重要历史文化街区的改造、环城河的综合整治，不断加深古典园林与周边历史文化街区、历史古迹遗存景点的融合发展，扩大了古城旅游的范围和内容，古城旅游的产业链得到了有效延伸。比如，原平江区结合平江历史街区改造，积极整合平江历史文化街区、拙政园历史文化街区、观前传统风貌片区和北寺塔传统风貌片区等苏州古城四大最典型的文化旅游板块，打造平江古城休闲旅游区，做优做靓苏州古城旅游之核，使古城旅游产业的集聚度明显提升。比如，环古城河是古城的窗口，苏州历史文化的环形展示长廊，拥有众多历史文化要素，经过环古城风貌带保护工程的实施，建设了两岸绿化景观带，并对两岸的历史文化遗存进行了保护和更新，现在开通的古城河旅游项目，可以使游客白天游览园林、历史文化街区，晚上夜游古城河，增加了古城的旅游内容，延长了游客在苏州的停留时间，也让中外游客领略了苏州这座"东方水城"的水上风情。再比如，根据苏州深厚的历史文化底蕴，推出的人文旅游精品路线，可以让游客在苏州博物馆、苏州名人馆、苏州美术馆等尽情感受苏州的历史文化，让游客在文庙感受苏州"崇文"的历史渊源，在苏州昆曲博物馆感受作为世界非物质文化遗产和百戏之祖的昆曲的独特魅力，让游客在众多的名人故居感受苏州人才辈出的文化环境。

积极开展民俗节庆活动。在古城保护与文化传承中，苏州将吴地民俗节庆活动与发展旅游巧妙结合,既弘扬了传统文化,又放大了节庆活动的品牌效应,增强了苏州古城的旅游吸引力。一是举办中国苏州国际旅游节。这是古城节庆活动中的旗舰项目,从 1998 年至今已经成功举办了 15 届。旅游节以"东方水城"为主线,以吴文化为内涵,通过彩船巡游、水上情景表演等展示苏州作为东方水城的魅力景象,近年来又逐渐增加了旅游交易会、狂欢嘉年华,旅游专业服装展示及比赛等活动。目前,苏州旅游节已经成为苏州旅游产品结构调整、展示苏州形象、促进相关产业发展、促进文化交流传播等的重要平台,影响力十分深远。2012 年第 15 届苏州国际旅游节的彩船巡游活动共吸引了 24 个国家、地区和城市以及旅游企业,在旅游节期间吸引了超过 60 万的游客和市民,均为历届之最。二是举办传统民俗节庆活动。苏州是吴文化的发源地和集大成者,吴地风俗节庆活动灿烂多彩,比如每年正月初五接财神活动,正月十五的古胥门灯会,农历四月的轧神仙活动,吴地端午民俗文化节、寒山寺听钟声活动等,特别是轧神仙活动在苏州妇孺皆知,对周边地区也深有影响,每年可吸引上百万游客,成了苏州特色的狂欢节。三是举办各种园林文化活动。比如,每年都要举办的虎丘春节年会、虎丘春季花会、虎丘金秋庙会,拙政园"迎春精品花果盆景"展、杜鹃节、荷花旅游节,狮子林"迎春梅花展"、传统艺术插花展,网师园"古典夜花园",沧浪亭"兰花展"、"竹展"等,吸引了大批市民和游客前往参观欣赏。

**(六)坚持传承创新,繁荣文化**

现代社会,文化已成为城市可持续发展不可缺少的重要元素。具有开放兼容特点的吴文化,苏州是主要的发祥地,苏州老城区更是吴文化的精华和荟萃之地。面对人民群众对文化生活的日益需求,面对文化多元激荡的大背景,市委市政府和老城区坚定不移地呵护着沿袭了 2500 多年的姑苏文脉,并在保持个性的基础上,善于吸纳,巧于融合,适时顺变,与不同文化来源相互交流融会,努力实现经济与文化互动发展,传统文化与现代文明交相辉映,推进老城区文化的大发展、大繁荣。

建立完善文化设施。近年来,老城区在积极协助建设好苏州博物馆新馆、苏州演艺中心、苏州美术馆新馆、苏州市文化馆新馆、苏州名人馆等一批市级重点文化设施的同时,也从本区实际出发,建设了一批服务本地居民群众的文化设施。原金阊区投资 1.2 亿元,在西环高架边上的黄金地段中拿出 20 亩宝贵土地,建造了金阊区市民活动中心,中心高达 11 层,总建筑面积 29426 平方米,中心广场 2300 平方米,集市民教育、文体活动、行政服务等多项功能于一体,各项硬、软件水平堪称全市领先,它的投运也填补了苏城西部大型文化设施缺乏的空白。原平江区投资 2500 万元,建造了平江区市民科技文化活动中心,中心靠近临顿路、观前街,占地 7423 平方米,建筑面积 8000 平方米,户外活动广场 2000 多平方米,由平江区少年宫、平江区文化馆、平江区图书馆组成,是一个集科技、文化、艺术、体育于一身,面向辖区少年儿童、群众的多功能、综合性的公益性场馆。原沧浪区先后建成了苏州一流的少年宫,城区唯一的区级规划展示馆和姜昆收藏艺术馆等文化载体,目前均已成为文化活动的重要场所。这些重要的文化设施在引领城市文化品格,提升城市文化高度的同时,基层文化设施建设的大力推进让更多人感受公益服务的贴心。至三区合并前,三个老城区基本实现了区有两馆(图书馆、文化馆)、街道有一站(文化站)、社区有一室(文化活动室)的公共文化设施建设的总体布局,目前老城区人均公益性文化设施面积超过 0.12 平方米,三个区的区级两馆(图书馆、文化馆)面积均超过 2500 平方米,街道文化站(文化中心)面积均超过 1200 平方米,每个社区文化活动室面积也均超过 200 平方米。

扎实开展文化活动。在原沧浪区,"沧浪市民大舞台"活动通过越剧、沪剧、京剧、评弹等戏曲的群众竞技,每年在各社区广场举办数百场,为普通市民搭建了展示自我的舞台,活跃了群众文化。每年与沧浪居民如约而至的市民合唱音乐节、迎国庆文艺汇演、书画摄影展、"戏曲雅韵"百余场群众文化活动也为群众提供了丰盛的文化大餐。在原平江区,"戏曲周周演"、"平江书会"公益书场、"平江相声大会"等各类包括戏曲表演在内的公益性活动深受居民群众的欢迎。2010 年初,由该区 12 支"草根"民间艺术团组成的苏州市首个群众戏曲文化特色总团——萍花艺术团表演的《我们的好心情》、《姑苏十二娘》等节目先后获得 5 项国家级金奖。在原金阊区,各街道都成立了"手拉手"群众艺术团,街道社区的业余文体团队已经达到了 100 多支,丰富了社区居民的业余文化生活。"一个街道一个文化节"成为社区文体活动中的一大特色,白洋湾街道文化站挖掘特色山歌,虎丘街道举办山塘风情文化节,彩香街道开展趣味运动会、手工艺品义卖会等活动,石路街道举办"邻里节",等等,丰富的社区广场文化活动已经让越来越多的居民走出家门,尽享和谐邻里亲情。

大力发展文化产业。老城区依托丰厚的历史文化资源,以市场为导向,以科技为支撑,积极发展具有古城特点的文化产业。原金阊区围绕建设特色文化产业街区山塘街,石路演艺休闲集聚区、彩香健身娱乐集聚区、留园创意园艺集聚区、虎丘婚庆文化集聚区、白湾洋生态文化集聚区,重点发展文化旅游业、影视制作业、创意设计业、演艺娱乐业、工艺美术业、健身休闲业、会展广告业、数字动漫和印刷复制业等八大文化产业。如今,虎丘婚纱城、金阊区文化教育大厦、旭日家居文化创意产业园、西城永捷广场金逸影院、新苏德基福蓝海影院、山塘四期修复规划等作为重点发展的文化项目,总投资达到39.3亿元。旭日家居文化创意产业园一期工程项目正式开馆营业,目前已进驻53家企业;山塘街瑞富祥丝绸文化创意中心预计投资6000万,正进行相关的论证、洽谈;筹建中的苏州虎丘婚纱城将成为集定制、设计、加工、营销等功能于一体的婚庆时尚产业园区和婚庆产品集聚地。投资3000万元的山塘影视基地,集拍摄、展示、培训等于一体,已成为老城区文化产业发展的特色项目。原沧浪区通过整合挖掘老厂房(校舍)资源,建立了一批适合城区发展的文化产业园区,吸引了一批成长性强的优质文化企业,汇聚了一批优秀的文化创意专业人才。资料显示,在不足26平方公里的土地上,如今已集聚着大小14家设计院,234家各类设计企业,形成了沧浪科技创业园、苏大科技创业园、江南文化创意设计产业园、989文化创意产业园、双桥868创意文化产业园、金狮科技文化产业园等6家文化科技产业园。原平江区从桃花坞文化创意产业园的"一花独放",到如今博济科技创意园、苏州婚庆创意产业园等"竞相争艳",创意产业蓬勃兴起。

积极打造文化品牌。原沧浪区,以文化立区,充分发挥文化优势,助推经济发展,彰显城市特色,营造诗意栖居,构建幸福社区,呈现出经济社会与人居环境同步提升、产业发展与文化建设相得益彰、古代文化与现代文明交相辉映的良好态势。如今,"文化沧浪"因其崭新的发展理念和生动的探索实践,被誉为全国三大"文化立区"模式之一,成为苏州人推动城区科学发展的新品牌。原平江区,利用区内专业文艺院团及昆曲博物馆、苏州评弹博物馆、光裕书场、苏州开明大戏院等闻名全国的戏曲演出场馆,知名的业余戏曲团队比较集中的优势,每年举办"盛世观前"戏曲艺术节,积极开展文化活动,弘扬民族文化,惠及群众百姓。目前"盛世观前"已被苏州市列为品牌文化活动之一。原金阊区,以"我们的节日"主题活动为主线,上半年的"除夕寒山寺听钟声"、"初一西园寺烧头香"、"初五接财神"、"正月十五闹元宵"、"四月十四轧神仙"等传统节日,与下半年举办的"时尚石路青春艺术节"、"新年嘉年华"等时尚节日,交相辉映,形成了民俗文化与现代文化互补提升的鲜明特色。

## 四、启示

老城区在我市城乡一体化改革发展中,古城得到有效保护,文化得到繁荣发展,正在向世人展示着既古老又现代的苏州古城所具有的独特魅力。回顾这一实践与探索,我们有以下深刻体会。

必须把保护古城、兴盛文化与城市现代化、城乡一体化发展有机结合起来。城乡一体化改革发展,包含城市发展与农村发展两块内容,我们在具体实践中,不能只重农村发展而忽略城市发展,也不能只重城市发展而忽略农村发展,城市与农村,是一体化的两个方面,必须协调推进。对苏州中心城市而言,保护古城兴盛文化是永恒的主题,但在不同的发展时期,其侧重点是不同的,在城乡一体化发展改革的新时期,我们只有深入研究一体化改革发展的规律和实质,把古城保护兴盛文化作为城乡一体化改革发展的应有之义、重要组成内容,从城乡协调发展的角度去思考,才能真正准确把握古城保护与兴盛文化的战略重点、推进思路和发展目标。也正是因为把保护古城兴盛文化与苏州城乡一体化发展改革的紧密结合,我们的古城保护和兴盛文化才取得了突出成就,有力推进了一体化的深度融合。

必须把保护古城、兴盛文化与兼蓄并收、推陈出新有机结合起来。文化是城市之魂、城市之根。传承历史文化,建设现代文明,是展示苏州魅力和生命力的关键。这些年来,苏州在古城保护与更新中,始终注重历史文化资源的挖掘,大力弘扬苏州的建筑文化、园林文化、戏曲文化、民俗文化等传统文化。同时,苏州有关部门也深刻认识到,苏州作为全国第二大移民城市,有700万外来人口和数十万外籍人口,城市文化多元化现象十分突出,要深入推进城乡一体化发展改革和古城保护兴盛文化,就必须正确处理苏州传统文化与外来文化的关系问题,积极吸取外来文化的优秀成果,实现二者的融合发展。苏州也是全国率先发展地区,经济国际化、信息化水平在全国领先,又是国际新兴科技城市,用现代科技手段促进文化的发展繁荣,苏州有独特的优势。因此,苏州积极探索把传承历史文化与彰显现代文明结合起来,积极吸收外来文化的优秀成果,不断为古城充实新的文化元素,丰富文化内容,努力实现了文化与古城的有机融合,彰显古城的持续魅力。

必须把保护古城、兴盛文化与改善民生、塑造环境有机结合起来。人是城市的灵魂,失去人的活动,古城就会"空壳化"。城市,让生活更美好,城市的功能首先是宜居。在城乡一体化发展改革的新时期,城市又被赋予了更深的期待和要求。在苏州的城乡一体化发展改革过程中,始终坚持以人为本,千方百计改善老城区居民的生活条件、生活环境,满足居民群众多样化的精神文化需求,实施了一系列实事工程、惠民工程,使古城保护与更新的成果惠及所有居民,使广大居民从城乡一体化改革发展中得到了实惠,从而使苏州的古城保护与更新得到了老百姓的拥护和支持,城乡一体化改革发展取得了预定的效果。

必须把保护古城、兴盛文化与思路创新、方法创新有机结合起来。在城乡一体化改革发展中保护古城兴盛文化,是一个全新的课题,必须用新的思路、新的方法进行探索,用灵活的体制机制作保障。苏州在古城保护与更新的过程中,始终根据城乡一体化发展的时代特点,和人民群众不断变化的新期待,不断创新古城保护的思路,不断增强古城保护的投入能力、建设能力和利用水平,把"死保"变为"活保",使苏州古城保护不断推陈出新,不断创造新的亮点。

2012年9月,经国务院批准,苏州市沧浪区、平江区、金阊区三个老城区合并设立姑苏区。省政府也批复同意建立苏州国家历史文化名城保护区,与姑苏区行政区划范围一致。姑苏区政府与苏州国家历史文化名城保护区管委会合署办公,两块牌子一套班子,保护区管委会主要职责是负责古城保护方面的工作。姑苏区的成立,对老城区的发展是重大利好,可以对古城更好地统一资源整合、统一规划设计、统一资金筹措、统一政策标准、统一保护利用、统一建设管理,形成强有力的体制保障和协调机制,将给古城保护与文化兴盛带来更好的机遇。姑苏区将以历史文化保护示范区、高端服务经济集聚区、文旅融合发展创新区、和谐社会建设样板区的崭新面貌呈现在世人面前。可以预见,苏州古城将会在城市现代化、城乡一体化发展的历史进程中焕发更加迷人的魅力,将会在增强中心城市首位度,更好地带动和促进城乡经济社会一体化发展中发挥出更加重要的作用。

# 苏州工业园区：区镇一体化　迈向现代化

　　苏州工业园区在推进城乡一体化改革发展进程中,借鉴新加坡经验,结合自身特点,走出了一条独特的经济国际化、工业现代化、城乡一体化的发展新路,取得了率先发展、科学发展、和谐发展的累累硕果。十八年弹指一挥间,苏州工业园区实现了激情跨越,铸就了辉煌成就,从昔日的沼泽洼地发展成为跨国公司毗连成片、宽敞马路纵横成网、楼宇绿地映嵌成景、时尚住宅错落成群的现代化新城区。

　　十八年来,园区主要经济指标年均增长 30% 左右。2005 年率先高水平达到江苏省小康指标。2011 年,园区实现地区生产总值 1589.6 亿元,地方一般预算收入 164.3 亿元,完成进出口总额 770 亿美元,社会消费品零售总额 203 亿元。园区以占全市 3.4% 土地、5.2% 人口创造了 15% 左右的经济总量,名列"中国城市最具竞争力开发区"排序榜首,综合发展指数位居国家级开发区第二位,已经成为江苏、全国乃至在国际上都有重要影响的对外开放窗口,成为中外经济技术合作的成功典范之一。

## 一、引子:园区城市化发展的历程

　　建设开发区,从某种意义上讲,就是一场轰轰烈烈的"造城"运动。以往,人们通常是从人口城市化的角度,将"城市化"理解为"农村和农业人口向城市或城镇转移和集中的过程",俗称"减少农民、增加市民"。其实,城市化概念涉及的并非一个单一性的范畴,而是一个复合性的范畴,有着非常丰富的内涵。人口城市化固然是城市化发展最典型的表现形式和衡量城市化水平的重要标志,但还不足以反映城市化的本质内容。城市化是一个国家或地区现代化进程中所必然经历的,与国民经济的市场化、工业化相伴随的人口、社会生产力逐渐向城市转移和集聚的过程;是经济、社会和人口结构由传统向现代演化变迁的历史过程。城市化水平的提高是工业化发展的必然结果,是现代化的重要标志。

苏州工业园区是中国和新加坡两国政府间的重要合作项目,是中国继设立经济特区、兴办经济开发区、实施浦东开发开放之后对外开放的又一重要尝试。其发展走过的历程,就是苏南地区城市化、现代化、国际化历程的一个典型缩影。

根据 1994 年 2 月《国务院关于开发建设苏州工业园区有关问题的批复》,园区设在苏州市古城以东金鸡湖地区,中新合作首期开发建设 8 平方公里,规划发展面积 70 平方公里(后在 2006 年,经国务院批准,为促进园区的可持续发展,加快其开发建设,园区中新合作区扩大规划面积 10 平方公里)。这"70 平方公里"牵涉到苏州郊区和吴县的五个乡镇,沟沟坎坎,边边角角,很不好规划。如果控制不好,县(区)乡(镇)在工业园区 70 平方公里周围各自搞一些低水平重复建设的项目群,不利于园区项目的长远发展。因此省委集体研究决定,把这五个乡镇的 200 多平方公里一次性划归园区,统一规划管理。这并不意味着园区马上要动用这么多的土地,而是归园区集中管理、统一规划、滚动开发。实践证明,行政区划的及时调整,五个乡镇成建制地整体划交,有效地避免了国内不少开发区发展过程中出现的分散、重复、低水平开发现象,为苏州工业园区的长远发展奠定了基础,确保园区持续、健康、高速度、高水平地发展,最终成为苏州的现代化新城区。

1994 年 4 月 29 日,江苏省政府正式发文,将苏州市郊区的娄葑乡和吴县的斜塘镇、跨塘镇、胜浦镇、唯亭镇成建制划归市政府直接管辖。其后,根据城乡一体化发展需要,五个乡镇区划又经过几次调整,合并为娄葑镇、唯亭镇、胜浦镇,斜塘、跨塘二镇建制先后在调整中撤销。当时对于如何促进整个园区发展,存在着两种截然不同的意见。一种意见认为,应像国内其他开发区那样"先区内后区外",先应该集中财力、物力把中新合作区搞好,以后再来发展区外四个乡镇。另一种意见认为,设立苏州工业园区就是要借鉴新加坡经验实现协调发展,如果连区外五个乡镇都辐射带动不了,还谈得上什么借鉴?因此,必须坚持区内区外一个样,实现城乡一体化发展。这一目标确定之后,尽管园区领导换了一任又一任,但是坚持区镇联动、互动发展的思路从未改变。

十八年来,苏州工业园区认真贯彻落实改革开放基本国策,广泛借鉴新加坡等先进国家和地区的成功经验,遵循城市国际化发展规律,坚持以城市化为引领,工业化与城市化、基本现代化与城市国际化互动并进的发展路径,实现了农村形态向城市形态、工业化初期向后工业化阶段的巨大跨越(表1:苏州工业园区工业化进程示意),走过了相当于发达国家和地区30年甚至50年的现代化发展历程(表2:苏州工业园区和日本、新加坡现代化部分指标比较)。

#### 表1　苏州工业园区工业化进程示意

| 年份 | 人均GDP（美元） | 城市化率(%) | 非农增加值比重(%) | 非农就业比重(%) |
|---|---|---|---|---|
| 1994年 | 794 | 11.9 | 74 | 70 |
| 2004年 | 23578 | 90 | 99.4 | 88 |
| 2011年 | 34950 | 95.5 | 99.8 | 99.8 |
| 后工业化阶段国际公认标准 | 10000 | 80 | 95 | 90 |

#### 表2　苏州工业园区和日本、新加坡现代化部分指标比较

| 国家(地区) | 人均GDP(美元) | 城市化率(%) | R&D占GDP比重(%) | 劳动力人口中高等教育占比(%) |
|---|---|---|---|---|
| 日本(2000年) | 34620 | 65.2 | 3.04 | 35 |
| 新加坡(2007年) | 34640 | 100 | 2.61 | 23.7 |
| 苏州工业园(2011年) | 34950 | 95.53 | 3.21 | 33.8 |

苏州工业园区城市化历程大致可分为两个阶段。

第一阶段：基于新型工业化的农村城市化（1994～2004年）。在这一阶段，工业园区从首期8平方公里起步，2001年开始向二、三区东进开发，实施大动迁、大开发、大建设、大招商，原来的江南水乡田园的面貌彻底发生改变。至2004年底，全区累计动迁民房3.1万户，涉及动迁人口12.5万、动迁企业2000家，总共拆除各类建筑750万平方米，开工建设动迁房600万平方米，竣工交付使用520万平方米，累计安置动迁户28000余户，先后有11万动迁群众喜迁新居。同时，以世界五百强为代表的国际资本纷至沓来，一大批产品技术含量较高的外资企业进区发展，一大批以为跨国公司配套为主的民营企业成长壮大，工业发展实现大跨越，二、三产业增加值占GDP比重达到了99.4%，农业增加值占GDP比重不到1%。人均生产总值按常住人口计算近2.4万美元，城镇化率超过90%，均已全面达到或超过了国际公认的后工业化发展阶段水平，同时环金鸡湖周边城市建设加快推进，苏州东部新城雏形开始展现。

第二阶段：基于经济国际化的城市现代化（2005年至今）。在这一阶段，苏州工业园区在国内开发区中率先实施转型升级，相继制订实施了制造业升级、服务业倍增、科技创新跨越、生态优化、金鸡湖双百人才、金融产业三年翻番、纳米产业双倍增、文化繁荣、幸福社区等"九大行动计划"，城市发展从硬件建设转向软件与功能完善，东环路沿线、综合保税区两大门户提升工程东西呼应，环金鸡湖金融商贸区、独墅湖科教创新区、阳澄湖半岛旅游度假区三湖板块南北联动，总部经济、金融商业、旅游度假、物流会展、文化创意各大功能要素百花齐放，文化艺术中心、国际博览中心、李公堤商业水街、摩天轮主题公园、金鸡湖大桥等一批城市地标相继建成，向率先基本实现现代化的目标阔步迈进，金鸡湖畔的非凡城市传奇开始蜚声海内外。

## 二、理念：园区城市化发展的指引

发展理念深刻影响着一个地区的发展模式、发展方式，决定着其发展路径、发展成效。苏州工业园区在发展过程中，按照科学发展的要求，积极发挥中新合作优势，树立国际化视野和全球化眼光，高起点、高标准、严要求推进城乡建设,形成了符合国际潮流、具有中国特色、彰显苏州魅力的城市化、现代化、国际化发展理念。

理念之一:区镇一体。在工业园区 288 平方公里的行政版图上,80 平方公里的中新合作区位于区域中心,娄葑、唯亭、胜浦三个乡镇分布于周边。工业园区在高水平推进中新合作区开发建设的同时,摒弃传统乡镇发展模式,将三个乡镇定位为城市副中心,实行中新区与乡镇在城市规划、基础设施、产业布局等方面对接。按照"城乡一体化"的标准,把周边各镇纳入区域整体布局,高标准实现区镇基础设施对接,努力以规划一体化促进功能一体化,在更高层次上推进城市现代化和农村城市化进程。通过中新合作区的示范带动,促进周边乡镇小城镇建设、经济社会发展和居民生活改善,逐步缩小城乡差距,消除城乡二元结构。

理念之二:规划先行。与其他开发区"先开发区内、再向外拓区"的做法不同,工业园区从 1994 年建区一开始,就确立了"一步规划、分步实施"的开发原则和"先规划后建设、先地下后地上、先二产后三产、先基础设施开发后商业地产开发"的科学开发程序,将中新合作区与镇区统一规划,基础设施相互配套、协调,统一管理,形成了园区和区镇一体化建设的规划编制体系、技术理念体系、运作管理体系和法规制度体系,并形成了规划执行从严、违规执法从严的制度约束,较好地处理了"近期与长远、需要与可能、资源有效利用与生态环境保护"等一系列关系,确保了区镇一体化的建设和发展。

理念之三:产城融合。与一般开发区不同,工业园区从一开始就摒弃单一发展工业的模式。早期就明确提出了建设"具有国际竞争力的高科技工业园区和国际化、现代化、园林化的新城区"的发展目标。近年来,根据苏州中心城市发展新格局和工业园区城市发展新变化,又将发展目标进一步提升为建设"具有全球竞争力的国际化、现代化、信息化高科技园区和可持续发展的创新型、生态型、幸福型综合商务城区"。按照产城融合的发展理念,工业园区延伸苏州城市"东西轴向"布局形态,采用了带状组团式的城市开发模式:东西方向上,由西向东规划三个开发片区,依次滚动开发;南北方向上,商业区居于中心地带,由内向外依次是居住区和工业区。通过"以工业集聚带动人口集聚、以人口集聚促进商气繁荣",实现了生产、生活、生态有机结合。

理念之四:以人为本。按照"城市让生活更美好"的理念,高度重视人的发展,促进人与自然和谐、人与社会和谐,注重发展与惠民、富民与强区相结合,保持区镇居民收入合理增长。2011 年,园区城镇居民人均可支配收入和农村居民人均纯收入分别达到 3.97 万元、2.24 万元,分别增长 15.3% 和 16%。城乡居民收入之比为 1.77 :1,收入差距比大大低于全国平均水平。坚持民生优先,注重加强社会建设,创新社会管理,全面推进幸福社区行动计划,大力发展教育、文化、卫生、体育等各项社会事业,构建均等公共服务体系,努力将工业园区建设成为"老苏州人"、"新苏州人"、"洋苏州人"宜居创业、和谐共处的"新天堂"。

理念之五:亲商亲民。工业园区积极发挥中新合作优势,自主地、有选择性地学习借鉴包括新加坡在内的国内外先进管理经验,完善与国际惯例接轨、符合中国国情、适应园区发展需要的管理体制。新加坡政府特别注重政府、企业、人民相互之间的共生双赢。在借鉴新加坡"亲商"的实践过程中,园区把"亲商、富商"和"亲民、富民"有机结合起来,既亲外商,又亲内商,更亲本地百姓,不仅为投资商提供透明规范的投资前景和稳定可信的发展环境,更通过加快经济发展速度来提升园区居民的富裕程度,扩大了"亲商"的社会效益。如今,"借鉴、创新、圆融、共赢"的园区经验已成为苏州改革开放和现代化建设的三大法宝之一。

理念之六:可持续发展。工业园区从开发伊始,就致力于追求"绿色GDP",发展循环经济,狠抓节能减排,加强环境保护,争创资源节约型和环境友好型社会建设的示范区,在营造更加优良的生态环境的同时,努力实现人与人、人与社会、人与自然发展的和谐统一;推进城乡一体化发展,着力解决好群众最关心、最直接、最现实的利益问题,努力构建民主法治、公平正义、诚信友爱、充满活力、安定有序、人与自然和谐相处的"人间新天堂"。

这些理念对园区城乡一体化发展至关重要,决定着园区过去和今后发展的方向。

### 三、实践：区镇一体化的探索

十八年来,苏州工业园区在大力发展中新合作区的同时,积极带动区外各乡镇协同发展,基本形成了区镇发展规划、资源配置、产业布局、基础设施、公共服务、就业保障、社会管理等全面一体化。实践证明,区镇一体化是促进区内区外协调发展的关键。具体做法如下。

### (一)区内区外一个样——288平方公里规划全覆盖

城乡一体化怎么搞? 规划是龙头。

工业园区地处太湖平原,属阳澄淀泖地区。"点点轻帆来复往,田田渔火近还遐",元和唯亭志八景诗形象地描述了自古以来本地水网纵横、湖荡遍野的自然环境,但随着农耕时代结束以及工业时代开启,交通不便对经济社会发展的制约也日益显现。

对于这一状况,中外专家将国际先进的城市规划设计理念引入园区,并结合当地地形地貌特征,共同勾勒了国际化、现代化、园林化的新城区框架。联合编制的区域总体规划和详细规划,科学布局工业、商贸、居住等各项城市功能,此后又陆续制定和完善了300多项专业规划,形成了"执法从严"的规划管理制度。十八年来,区、镇两级领导虽然换了一任又一任,而城乡一体化发展的总体规划始终没变,坚持一步步推进,一年年发展。

在编制中新合作区规划时候,根据国务院批复关于"在建设工业园区的同时,要引导周边地区乡镇企业调整结构,发展现代化农村小城镇,促进社会经济的共同繁荣"的要求,园区管委会将乡镇规划放在整个行政区域的大背景下,打破区镇、镇域的局限,将周边乡镇规划定位为中新合作区的副中心,与中新合作区规划融为一体,按照城市化的标准统一对乡镇产业发展和教育、卫生、商业、文化、娱乐等社会事业资源进行优化整合和合理布局,建设现代化新镇区和新型农村社区,把小城镇建设目标转变为城区建设并与经济社会发展目标、地区可持续发展目标统一起来,使农村成为未来园区社会文明进步的有机整体。对镇区商业中心、工业区、住宅区等各项功能进行科学合理布局,确保形成优美城市形态。统筹园区和乡镇之间的道路建设,形成若干纵横交错、区镇环通的主次干道网,打破交通瓶颈,有效提升了周边乡镇接收园区辐射带动的能力。由于当时乡镇财力十分有限,为了加快提升乡镇的基础设施承载能力,管委会决定由区财政出资,加快区镇骨干基础设施对接,到2005年基本实现了乡镇"两水一气一路"(自来水、污水处理、燃气和主干通道)进村入户。树立"功能分区"、"项目分类"、"雨污分流"、"清洁能源"、"景观绿化"等生态环境保护理念,协调布局城市生产、生活和生态功能,实现了开发建设规划与环境保护规划的全覆盖。

园区乡镇大发展正赶上国内加快城市化的大潮,外来移民的大量增加促进了本地房地产业的兴盛,原来的乡野小镇迅速发展成富有现代化气息的小城镇。唯亭镇是一个傍依阳澄湖,簇拥青剑湖的湖滨新城,生态环境优美,十分适宜人居。从新世纪初房地产市场的逐渐起步,到现在青剑湖板块的兴起,国内众多颇具实力的一线开发商,包括招商地产、首开地产、中信地产、九龙仓等纷纷进驻,一大批中高档楼盘建设起来,不少"老苏州人"都跑到这"乡下"来买房子,小城镇迅速发展起来。胜浦镇曾经是一处无集镇的乡村,水网交错,交通不便,信息闭塞。农民长期以传统农业为主,经济和社会事业发展缓慢,发展水平在园区几个乡镇中最为落后。1996年,世界纸业十强之一的金光集团(APP)选址该镇投资上百亿元,建设现代化的大型造纸企业,这也成为早期落户园区的最大企业。大项目的落户,吸引了大量的产业工人,也带动了小镇的人气商气,胜浦小城镇建设从此走上快车道。特别是农民们的住房从分布田间的民房向城镇中心社区集聚,从平房向多层、高层、小高层转变。胜浦镇从之前偏僻落后的小乡镇发展成了交通便利、高楼林立的现代化城市副中心。娄葑、唯亭、胜浦,在行政建制上虽然是镇,而在空间形态上早就发展成为一个个城市副中心了。

**(二)产业规划配套成龙——"3+5"产业布局直接延伸到各镇**

城乡一体化怎么搞?产业是支撑。

园区产业采取"3+5"的结构布局,电子信息制造、机械制造、现代服务业"三驾马车"持续做大做强,另一方面积极发展纳米技术、生物医药、软件与创意、融合通信、生态环保等新兴产业。这些产业均采取产业链招商、上下游配套的方式,从中新合作区直接延伸到区外三个镇,通过规划引领配套协同发展。

园区首期8平方公里启动区是从原娄葑乡地块起步的,娄葑因此最直接地接受到了中新合作区的辐射。当时新加坡城市重建局的规划专家参与指导了娄葑乡的现代化小城镇规划,帮助设计出一套"一带两区"的发展规划,不但领导叫好,老百姓也亲切地形容为"一根扁担挑起两只金箩筐"。苏州古城以东、园区西部,绵延 7 公里的交通要津东环路,就是这条能把娄葑载向繁荣的金扁担;东环路南北两端,分别开辟两个工业小区(一个叫娄葑开发区、一个叫娄葑示范区),都具备快速发展的良好条件,称他们为两只"金箩筐",一点不为过。动迁后,139 家乡、村办工厂要向南、北两个工业区集中。乡里对规模小、产品档次低、经济效益差的企业动了"大手术",关掉了其中的 40%。乡里又借助工业园区开发的东风,大力招商引资,主动培育新的增长点,使原先落后、陈旧、劳动力密集的乡镇企业,经过动迁的洗礼,变换成了一个又一个技术密集或资金密集的合资合作企业。宝时得机械(中国)有限公司就是从该镇发展壮大起来的,最早的时候仅有十几个人,目前却拥有全球雇员近 4000 人,在国内外申请注册了超过 2300 项专利技术,年平均开发 150 多个新产品,在全球 84 个国家和地区申请注册了商标,客户遍及世界 100 多个国家和地区,年出口上亿美元。近年来,娄葑又发挥近城靠区优势,大力发展城市经济、商贸经济、楼宇经济、创意经济。目前,该镇投资 1000 万美元以上项目 80 多个,其中 3000 万美元以上项目 40 多个、上亿美元项目有 5 个,其中世界 500 强投资的项目有 10 多家。同时,充分利用近城靠区的优势,华东装饰城、红星美凯龙、大润发、家乐福等大市场、大商贸成为该镇的经济特色。鼓励发展民营经济,培育了金螳螂装饰、新海宜电信等一批优质企业上市。2011 年,该镇新增注册内资 184 亿元,位居苏州市乡镇第一;地区生产总值达 452 亿元,地方一般预算收入达 31.53 亿元,累计引进规模外资企业 860 多家、内资企业 7500 家,注册外资和实际利用外资居苏州市乡镇第一。

唯亭镇发挥交通临湖优势,以沪宁城铁、京沪高铁建设为契机,大力提升城市形象、产业能级和服务功能,加快建成现代化、生态型北部门户。该镇致力于以服务外包、新能源、智能电网等为重点的新兴产业的培育发展,"创新型与服务型经济"在该镇经济发展中占据较大份额,涌现了一大批"第一性和唯一性"的新兴产业、智能产业、科技产业项目,如全市乡镇第一个国家"千人计划"项目、全市乡镇中第一个区域总部及投资管理功能载体——青剑湖总部经济岛等。目前，集聚新兴产业项目累计超过 100 家，集聚投资管理及创投企业累计达到 53 家、管理资金达到 62 亿元，新兴产业逐步崛起为乡镇经济新的增长点。截至 2011 年底，全镇合计引进外资企业 830 家、注册外资 73 亿美元、实际利用外资 29 亿美元；引进内资企业 3500 家、注册内资 560 亿元，已经成为园区北部重要的城市副中心和核心功能区。

胜浦镇发挥园区、昆山双向辐射优势，推进呼叫中心特色产业基地和金光等重大项目建设，完善功能配套、产业配套和服务配套，加快建成规划科学、建设精致、环境优雅、配套完善的城市副中心。呼叫外包是该镇从无到有培育起来的特色产业。2008 年，胜浦镇与中国电信运营商合作，成立了中国电信苏州呼叫中心产业基地，首期项目利用现有厂房进行改造，2008 年底完成 10000 平方米载体改造并投入使用，完成软硬件投资近 3000 万元（地方投入载体改造、电信投入设备平台），基地内可容纳标准座席 1000 个，并拥有完善的综合配套设施。2009 年，胜浦联合苏州电信、建设银行、便民服务中心等市内多家知名呼叫中心单位共同发起成立了苏州市呼叫中心行业协会，推动基地及产业发展软环境的建设。2010 年 6 月，园区管委会投资建设的公共实训平台——园区呼叫中心人才实训基地在胜浦呼叫中心基地揭牌成立，为企业呼叫中心人员提供岗前与岗中培训服务，使产业走上规模化的发展道路。2011 年，胜浦镇完成地区生产总值 93.86 亿元，实现一般预算收入 7.38 亿元，新增注册内资 48.42 亿元，注册外资 2.42 亿美元，到账外资 1 亿美元，各项指标总量虽不大，但增幅均位列园区三镇第一。

**（三）社区规划层次分明——行政村全面撤村建居**

城乡一体化怎么搞？资源是关键。

工业园区启动之前，中新双方就一致确定，对 70 平方公里的中新合作区实施"空场开发"，意为即将开发的土地上必须无一建筑，以确保开发建设的高标准、高质量和基础设施建设的顺利进行。1994 年开始，为推进金鸡湖湖西的首期开发建设，动迁了当时娄葑乡所属的 11 个村 3227 户民房和 122 家企事业单位，总建筑面积约 80 万平方米。这是园区开发建设的第一轮大动迁。2002 年，园区奏响"东进序曲"，启动了新一轮大动迁，这次动迁涉及当时的斜塘、跨塘、胜浦、唯亭 4 镇的 18000 多户民房 69000 多人口,以及总建筑面积为 70 万平方米的 480 家企业事业单位。到 2009 年底,全区范围的一次动迁基本结束,累计动迁居民 5.36 万多户、涉及动迁人口近 15.5 万、动迁企业 4892 家,拆除各类建筑 1457 万平方米。

对动迁农民的支持和奉献,园区人始终抱有感恩之心,充满感情地将每一项实惠送给动迁农户。统一规划、高标准建设动迁小区,以与农民原住房实行产权交换的方式集中进行安置,让动迁农户迁入了新居,人均居住面积达 38 平方米,有力改善农村居民居住环境和居住质量。目前,园区 132 个行政村全面撤村建居,共建成 45 个农村动迁社区,实现了从农村行政村管理体制向城市社区管理体制的成功跨越。原来的农民,几乎是一夜之间告别了马桶、粪缸、土灶、河滩和水井,住进了令当时大多数城里人羡慕不已的新型住宅小区,人均住房面积超过了城市居民。各动迁社区按照较高标准建立了社区工作站、卫生服务站、党员服务中心、老年活动室、图书阅览室、便民商业、风俗宴会厅等公共配套设施,平均每千人公建配套面积达 818 平方米。动迁社区以原村管理人员为基础,设立了以社区党组织、社区居委会、社区物业组织(公司)为主体的社区管理构架,平稳实现了从村民委员会向社区居委会的组织过渡。目前,全区建成省级新农村建设先进村(社区)5 个、市级新农村建设示范区 34 个。

为了既节约用地、集约用地,又高标准地营造良好的人居环境,工业园区根据不同地段土地利用的不同经济和景观价值,设置相应的用地类型和住宅类型。住宅用地分为高密度、中密度、低密度三个层次,商业设施按城市级、分区级、邻里级三级配套。十八年来,区外三个镇按照"中新合作区—三镇副中心—新型社区"的规划体系,根据城市级标准不断配套建设商业设施,如今均已成为拥有繁华街区的城市副中心;而每个居住区均以邻里中心的方式集中设置社区主要的配套设施,集商业、文化、社区服务于一体;工业区以综合性便利中心的形式为外来务工人员设置集中宿舍区和商业便利服务设施。

**(四)专项规划互相配套——坚持区内区外标准统一、水平相当**

城乡一体化怎么搞?标准须统一。

　　园区规划的稳定性,首先在于规划的科学性。工业园区除了全覆盖的详细规划和城市设计外,还制定了大量专项规划。如地下空间利用规划,城市形态风貌规划、商业空间利用规划、城市综合交通规划、社区发展规划等,都做到了区内区外一个标准。

　　在城市综合交通规划中,园区注重完善立体道路交通设施及公共交通规划,深化公交规划,研究地铁、轻轨、出租车、公交车等出行比例,为工业园区今后实现立体交通网络系统打好了基础。在规划中,鼓励公交进居住区,公交与镇区商业、新镇中心及住宅组团紧密结合,地下与地面、地上交通衔接,完善公交、商住、停车等设施配套,减少平交,加大畅通度。在处理人流与车流的关系上,园区的主次干道功能截然不同,小区、学校、医院、商场等一切大型单位的出入,均不能在主干道上开口,都要绕一个弯,从旁边或背后的支路进出。这个看似"麻烦"的设计,使得园区的道路在经历了十八年发展,目前每百户居民拥有私家车达到55辆高密度的时候,依然不会大面积堵车。

　　园区积极鼓励在居住区、商业房、商住楼设计建造立体多层、高层停车库,可不计容积率。严格控制主要道路两侧用地,形成良好的都市景观带,并预留立交备用地。可以说,通过这样区内区外统一规划、城市乡镇全面覆盖,如今工业园区的288平方公里均已实现城市化。多年来,园区充分发挥规划对土地出让、开发强度和时序的控制作用,无论是工业用地、商住用地,还是公建配套设施用地,都严格按照规划用途使用,切实杜绝了开发建设的随意性和盲目性。

　　为了加强土地集约利用工作,园区确立了"工业向基地集中、人口向社区集中、住房向城镇"的建设理念,颁布实施了《关于全面提高建设用地集约利用水平的意见》,树立"惜土如金、尽善其用"的观念,尽量根据用途最佳、效率最高、效益最大的原则统筹安排各类建设用地。明确:保障发展前景好、无环境污染、占地少、高技术含量、高附加值产业项目供地,严格控制限制性产业项目供地。中新合作开发区对投资额低于1000万美元的项目原则上推荐进标准厂房。在周边乡镇,少于1公顷用地或低于5亿美元/平方公里的项目原则上不供地,一律推荐进标准厂房或多层厂房。鼓励各类建筑向高发展。根据土地稀缺的状况,适当提高各类建筑的容积率。商住用地平均容积率从最初的 1 提高到现在的 2.2 左右;中新合作区内二层以上标准厂房占到 80% 左右,乡镇占到 20% 以上,目前区内有的单位正在尝试建设 4～8 层的标准厂房。率先取消了农村宅基地审批,结合动迁安置,将原先占地 20 平方公里的宅基地和村庄用地集中到 6 平方公里以内的集镇社区,相当于节约农村生活占地约 14 平方公里。同时,园区鼓励农民动迁用房向高发展,并对农民入住小高层动迁房给予补贴奖励。2008 年后,各镇建设的安置小区住宅均是高层小高层建筑。

为提高土地利用率,工业园区集中建设生活配套设施。借鉴新加坡公共管理先进理念之一的邻里中心,集商业服务和社会服务于一身,将所有社区服务设施(如农贸市场、邮政所、银行、阅览室、卫生服务站、理发室、洗衣房、修理铺等)合理集中、组合发展,严禁破墙开店、无序发展社会商业,这样做不仅节约了土地资源,而且也实现了便民服务与区容区貌、城市交通、人居环境高度统一。

### (五)社区经济持续发展——所有社区可支配收入超 200 万元

城乡一体化怎么搞? 集体经济是基础。

园区在开发建设过程中,一方面将农村集体资产置换成标准厂房等优质资产,坚持"把根留住",让村委会改成社区居委会后依然可以发展社区经济,既解决社区公共开支来源,又对被征地农民分红;另一方面动员各镇在现有土地资源中配置不少于 20% 的土地用于富民载体建设,至今累计已建成各类富民载体约 250 万平方米,所有社区可支配收入超 200 万元,有些社区可支配收入已超过千万元。

为了切实保障被征地农民利益,并让他们共享发展成果,工业园区推进"三大合作"改革。全区 49 个社区全部完成股份合作社改革,另外还成立了 5 家富民公司、1 家大闸蟹专业合作社,累计参加"三大合作"组织的农村居民 67379 户,100% 的农村居民享受集体资产股份量化,人人拥有社区集体经济股份,30.3% 的农村居民投资加入富民合作社。2011 年,新型股份合作经济组织股红分配金额户均 5270 元,比上年增长 33.8%,合作经济已成为园区集体经济的重要组成部分。

　　例如,娄葑镇东景工业坊是由原斜塘 7 个社区的账面资产、土地补偿资金及拆迁补偿资金共 3.68 亿元置换而成的,其资产全部折股量化给原斜塘 33 个行政村的所有村民,并组建成立娄葑镇斜塘股份合作社。这个占地面积 650 亩、总建筑面积 42.5 万平米的工业坊,有标准厂房 70 栋、便利中心公寓楼及商用楼约 9 万平米,入驻企业约 80 多家,形成了以精密机械制造、电子电器以及信息技术、轻工为主的产业群。目前,东景工业坊的年物业收入超过 6300 万元,分红超过 2000 万元。

　　唯亭镇围绕"唯唯亭亭"阳澄湖大闸蟹品牌,对大闸蟹实施统一生产、统一包装、统一推销、统一运营,全力打造独具唯亭特色和优势的蟹产业。2006 年,唯亭镇成立了苏州市唯一的专业化螃蟹进出口公司——唯唯亭亭阳澄湖大闸蟹进出口公司,不仅批发正宗阳澄湖大闸蟹,同时销售各类进口海蟹,做到"出口与进口互补、湖蟹与海蟹共营"。2007 年 8 月份,唯亭成立了"唯唯亭亭"阳澄湖大闸蟹专业合作社,通过"公司 + 农户 + 养殖基地"的管理模式,实现产前、产中和产后一条龙服务,产销规模化。合作社还利用阳澄湖旅游与开发优势,开辟生态旅游项目,让观光者亲自体验生产、捕捉、品尝全过程,形成合作社生产、观光、销售等一体的经营与服务特色,实现产业多元化。

　　唯亭镇浦田社区由原浦田、渔业、朱家三个行政村合并而成,有农村居民 315 户、1008 人。该村村级收入从 2003 年并村时仅有 300 万元,至 2011 年增加到 2000 多万元。动迁时,他们及时进行了产权置换,将镇属 19700 平方米标准厂房作为拆除浦田村老厂房的补偿,并以此为基础,于 2004 年 5 月进行社区股份合作制改革,将村级集体资产折股 3100 股,量化给了农户。目前,浦田社区股份合作社拥有经营性净资产 3446 万元(其中标准厂房 13970 平方米、民营厂房 10621 平方米)。从 2004 年以来,每年每股分红达 250 元。在解决了集体经济的历史存量问题之后,浦田人并没有因此而自满,他们清醒地意识到,合作社每年每股 250 元的分红是不可能使农民致富的,新的课题再次摆在了他们面前,于是他们将发展的目光放到了富民合作社上。在上级部门支持下,浦田村以土地征用补偿款置换了镇里的 13200 平方米标准厂房,同时以优惠价格出租给了村里 24 亩建设土地。抓住这个机遇,成立了园区第一家投资性置业股份合作社——唯东富民专业合作社,合作社股本金2200万元。其中,集体股占36%,个人股占64%。按照每股2000元,每户不超过25股的标准,共吸纳301户村民入股,股金总额1408.8万元。

### (六)市民农民一个样——450余亿元打造社会形态

城乡一体化怎么搞?富民是核心。

许多专家学者认为,衡量一个地区的城市化水平、城乡一体化水平,既要看地标性建筑、道路交通等城市空间形态,也要看城乡经济结构和发展水平等经济形态,更要看城乡居民就业、收入、保障和基本公共服务等社会形态。

为了实现这些目标,工业园区累计投入450亿元资金,其中:用于动迁安置195.9亿元、基础设施建设179.6亿元、动迁社区改造13.9亿元、生态环境优化14.3亿元、社区公共服务24.5亿元、民生保障23.4亿元。三个镇合计投入316.67亿元,占70%。通过大开发、大拆迁、大发展、大投入,有力地促进了园区基本公共服务水平的大提升。

促进被征地农民就业,不仅有利于增加收入,更有利于其转换职业、融入社会。为此,工业园区先后出台了鼓励农村居民就业的一系列优惠政策,各镇始终把促进就业放在富民工作首位,各个社区也积极开展创建"充分就业社区"活动,对园区农村居民大中专毕业生、"40、50"就业困难人员实行帮扶,确保零就业家庭保持动态清零,确保农村居民就业率在95%以上。各镇突出"一社一品",全面推进充分就业示范社区创建。例如,紧抓当前新型家政服务业大发展的机遇,推广"家庭服务专业合作社"模式,形成了规模品牌效应,并通过倡导"均等服务、同等融和"服务理念,统一把外来务工人员的就业帮扶和援助工作列为常规工作来狠抓落实。娄葑镇泾园北社区、群力社区是荣获省、市级示范荣誉的社区,在成功创建的基础上,娄葑全镇35个社区全面开展"一社一品"活动,不但明显提升了全镇的劳动就业率,还促进了各社区科学创新的积极性,分别树立起自己的就业服务品牌。尤其围绕社区的就业困难群体,专门制定出具有针对性的解困方案。短短几年时间里,娄葑镇就涌现出像梅花社区"家政服务专业合作社"、莲花一社区"就业信息平台路路通"、车坊居委会"创业者之家"这样一批具有创新服务模式和特色的新型社区。品牌树立起来,也要辅以各类活动加以推广、经营。娄葑镇由人力资源和社会保障服务所牵头,加强了各类就业创业技能的培训,并依托镇人才市场为载体,实现了"周周有专场、月月有活动"。截至目前,已先后成功举办了"援助月"、"春风行动"、"三八"妇女招聘周、"民营企业招聘周"等一系列的主题活动,有效巩固发展了充分就业社区的创建成果;在活动中,一批集体和个人因出色表现受到了各类表彰,如泾园北社区被评为"江苏省充分就业示范社区",娄葑镇人力所被评为"江苏省就业先进单位"。

一人创业可以带动本地多名农民就业。"给钱给物不如给致富门路",对于失地农民来说,他们从来都不缺勤劳,缺的是致富门路。为此,工业园区以及各镇、各社区都将创建创业孵化基地、发展民营经济,放到突出位置。园区出台了鼓励创业的一系列优惠政策,包括免费技能培训、创业培训、小额担保贷款贴息、困难人员认定、灵活就业公积金补贴等。各镇各社区也拿出设施最全的厂房、市口最好的店面,作为被征地农民自主创业的孵化基地。其中,胜浦镇"维修一条街"等五个孵化基地已被评为首批"创业孵化基地"。唯亭镇制定了"扶持本地居民赴外地创业的优惠政策",以现金奖励等形式,积极鼓励和引导在征地动迁中的失地农民和上岸渔民赴外地承包农田、林场、养殖水面,帮助他们实现致富。与此同时,唯亭镇还不断推动养殖户、销售户向产业户、经纪人转型,从最大程度上发挥富民效应。目前,全镇外出创业种养户超过 600 户,承包的农田、林场、养殖水面超过 5 万亩,户均年增收达 5 万元以上。截至 2011 年末,全区共有民营企业 16800 多家,个体工商户 18000 多户,远远高于全市平均水平。

### (七)实现城乡社保并轨——被征地农民每月养老金已达 770 元

城乡一体化怎么搞? 民生是根本。

近年来,园区公共服务体系不断完善,加快城乡并轨,实现区镇一体。

2004 年,园区农村基本养老保险制度开始实施,将从事农业生产的农民纳入养老保险。2005 年,园区进一步完善农保制度,将政策性"农转非"等历史遗留问题人员纳入了农保制度,并将农村基本养老保险制度更名为城乡社区(农村)基本养老保险制度。2008 年,园区出台《关于完善被征地农民社会保障的意见》,将园区开发建设以来产生的被征地农民就业年龄段人员纳入公积金养老体系,惠及了全区9万群众。2009年12月,园区又出台《关于完善历史遗留问题人员社会保障的意见》,将历史遗留问题人员纳入公积金制度,惠及7000多人。并将城乡社区(农村)基本养老保险制度与公积金制度并轨,在全区范围内实施统一的社会养老保险制度——园区公积金制度。累计已有15万被征地农民纳入基本生活保障体系。目前,园区被征地农民每月养老金待遇已达770元。同时,在全市率先实现城乡最低生活保障并轨。

社区服务中心全覆盖,被征地农民足不出村(社区),就能享受到高度发达的城市社区公共服务,包括水电维修、卫生保洁、环境治理、治安防卫、帮困解难、职业指导、就业援助、计生服务、信息咨询、医保服务、养老保障、邻里互助等服务内容。

基础教育全面升级。园区成立以来,共撤并了80多所乡村小学和教育点,完成了对所有中小学校舍的新建、改扩建。近年又实施了中小学校管理体制升级工程,在全市率先实现了区级直管。这样既减轻了镇财政的压力,又便于区里统一配置教育资源,加大中新区教师与乡镇教师的交流力度,加快提升乡镇的教育水平。

积极推进镇级医院升级改造和设施完善,拥有二级综合医院1家,一级综合医院3家,社区卫生服务机构46家,农村居民的健康水平和主要健康指标逐年提高。

积极开展"一镇一品、一镇多品"特色文化活动,建立健全以镇文化站为龙头的社区文化服务网络,定期开展各类文化活动,积极培养农村居民文化队伍,大力开展喜闻乐见的群众性娱乐活动。大力推进"农民变市民"的宣传教育,使广大农民从职业、居住、户籍,到思想、文化、生活方式等全面融入城市化。

### 四、展望:区域一体化的未来

2012年12月25日,苏州工业园区举行了娄葑、斜塘、唯亭、胜浦街道成立大会,经省政府批复同意,撤销娄葑镇分设娄葑街道和斜塘街道,撤消唯亭镇设唯亭街道,撤消胜浦镇设胜浦街道,这也宣告了园区乡镇历史的结束。撤镇建街道,有利于在全区范围内更好地优化配置资源,促进中新合作区和周边区域的统一建设与管理;有利于园区在更大范围内优化产业布局,增强高端产业的集聚、辐射、引领和带动功能,进一步促进转型升级、提升园区的整体形象。

"十二五"时期是园区转型升级的关键时期。苏州工业园区将在科学发展观指引下,按照"新理念、新目标、新形态"和"新产业、新城市、新人才"的要求,突出"两大方向"(服务型经济和创新型经济),努力实现"四个转变"(即从资源依赖向创新驱动转变、从人口红利向人才红利转变、从制造业为主向服务型经济转变、从外向型经济向创新型经济转变),加快建设具有全球竞争力的国际化、现代化、信息化高科技园区和可持续发展的创新型、生态型、幸福型综合商务城区。

十八年前,苏州城东的这片水田产出的是鸡头米和莲藕;而如今,这里已经崛起了一座令世人瞩目的新城!美丽的金鸡湖畔,恐怕从未有哪个十八年发生过如此巨变。这是中新合作开发的辉煌成果,也是区镇一体化、区域城市化发展的必然结果。路,还在延伸;园区,还在前进!

# 苏州高新区：在城乡一体化进程中推进社区"四化"建设

近年来，苏州高新区紧扣社区建设实际，在现代化新城区建设中，努力推进和谐社区建设，全区的社区建设以前所未有的速度大力推进，2009 年，全区社区建设实现了"全覆盖"，基本实现城乡一体化。目前全区共有各类社区 76 个，其中城市社区 42 个、农村社区 34 个，根据区域特点、人员属性、管理模式等又可分为农村社区、动迁安置社区、市镇社区、商品房开发社区四大类。全区各社区累计获得各种荣誉 419 项，其中国家、省市级以上荣誉 85 项。狮山街道被评为国家级和谐社区建设示范街道，枫津社区等 8 个社区被评为江苏省和谐示范社区，华通（组团式）社区等 15 个社区被评为苏州市和谐示范社区。近年来社区建设围绕"建设网络化、管理人性化、服务精细化、队伍专业化"的创新管理模式，服务效能得到提升。

## 一、社区建设网络化

高新区的社区建设始终紧扣开发区、现代化新城区的要求，适应农民变市民的需要；适应从农村管理到城市管理的需要；适应老乡、老板、老外多层次的需要。围绕和谐幸福新区的总目标，以社区为载体，做优、做美开发区的外部环境，把高新区建设成为管理有序、服务完善、环境优美、文明祥和的现代化新城区；成为中外客商理想的投资场所和人民安居乐业的新天堂。

### （一）强化组织领导，加大社区建设投入

区工委、管委会成立了"苏州高新区、虎丘区社区建设工作领导小组"，由区分管领导亲自挂帅，各镇、街道成立了社区党工委和社区管理服务中

心,在全区上下形成了"一级抓一级、层层抓落实"的组织领导体系,切实保障了社区建设资金的投入,社区建设与城市化进程同步,开展和谐幸福社区创建活动,促进社区服务水平的提高。以社区为载体,把"富民为先"作为落脚点,扩大服务内涵,塑造开发区更加美好的外部环境。

1. 加快社区硬件建设。从 2007 年起,新建社区(含农村社区)用房装修、办公设备购置等费用全部列入区、镇(街道、浒墅关开发区)年度财政预算。每建设一个社区,区财政还通过以奖代补形式一次性给予 30 万元资金。各镇、街道也逐年加大社区建设的投入,狮山和枫桥街道每年财政预算投入社区建设经费达 1000 万元以上。

2. 加大日常运行经费投入。所有社区(农村社区除外)日常办公、活动等运行经费按照每千名居民 2 万元的标准列入镇(街道、浒墅关开发区)年度财政预算。区层面社区建设管理经费每年 600 万元,列入区年度财政预算,并按每年 10% 予以递增。

3. 确保专项活动经费。对于经上级部门批准需要落实到社区开展的各类专项工作,严格按照"费随事转、权随责走、事费配套"的原则落实相关费用。

4. 建立社区工作人员待遇增长机制。根据当年考核结果,原则上确保社区工作人员待遇不低于上年度城镇职工平均工资水平。目前,我区城市社区工作人员年度收入约为 60000 元／年,农村社区工作人员年度收入约为 45000 元／年。

**(二)结合自身实际,健全社区管理机制**

近年来,我们积极探索社区体制建设的新途径,将居民自治组织延伸到单元、覆盖到户、落实到人。

一是探索体制机制创新,有效推进社区管理

1. 全面推行社区党组织、社区居委会、社区服务中心"三位一体、选聘结合"的社区管理模式。实现社会管理社区化、社区管理社会化,实现政府行政管理和基层群众自治的有效衔接和良性互动。

2. 建立在社区党组织领导下的社区管理中心、社区居委会、居民小组、楼道长四级居民自治组织网络体系。按人口比例,合理确定社区工作人员职数,引进一批大学生,打造本地化和知识化相结合的社区管理队伍。全区四级居民自治组织网络体系基本落实到位。

3. 充分发挥党员引领服务群众、反映群众诉求、化解社会矛盾的先锋模范作用。通过出台扶持政策、降低登记门槛、简化审批流程、实施购买服务等多种形式,培育社区社会组织,建立和完善社区志愿者队伍,提高社区群众的组织水平,实现自我教育、自我管理、自我服务、自我监督,增强社区群众的认同感和归属感,使社区成为管理有序、服务完善、文明和谐的社会生活共同体。

4. 居委会管理网格化。一个居委会属地平均划分为 9 大块,居委会的管理和服务责任到人,分工到户。把为民解困、为民服务,救助弱势群体,促进公平做在最基层。

5. 实行"村官"机关轮换制度,有效提高大学生"村官"综合技能。居委会的大学生"村官"轮流到区民政局工作两个月,一是学习和熟悉上级的政策法规,边学习边应用;二是能够使上级的政策法规、办事程序更加贴近基层,更好地得到落实,执行政策不走样;三是能够使安全系统、保障幸福系统、社会事务综合运用系统在社区有效运行。

二是加强服务平台建设,广泛开展结对共建

1. 加强社区服务平台建设。加大投入力度,整合社区资源,按照功能完善、充满活力、作用明显、群众满意的要求,以社区服务中心为载体,建设以社区党员服务、养老服务、法律服务、就业服务、卫生医疗服务、困难群众帮扶服务等为内容的服务平台,形成"一站式"、"一条龙"的规范化服务体系,夯实基层社区管理的平台基础。

2. 有效提升社区服务内涵。创建省、市和谐示范社区,打造精品,彰显亮点。狮山街道获得国家民政部"全国和谐社区建设示范街道"的表彰,全区已建成省级和谐示范社区 5 个、市级和谐示范社区 11 个。推进社区信息化建设,建成与市联网的区、街道、社区老年人信息平台,枫桥街道和横塘街道石湖社区、狮山街道横山、新狮等 6 个社区进行了有益的偿试。

3. 广泛开展结对共建。全区共建成镇(街道、浒墅关开发区)党员服务中心 42 个,村(社区)党员服务站 152 个,选派了 138 名机关干部到社区担任党建工作指导员,指导社区居委会依法履行组织、管理、监督等职能。

**(三)明确建设目标,完善创建工作**

明确目标,推进社区建设上新水平。以创建省、全国示范城区为目标,在以后的3～5年内,社区建设努力实现"三个跨越",推进"文明和谐幸福"社区建设。

1. 第一个"目标"是针对我区社区规模过大,人口过多的状况,用3年的时间对已建成的社区(城中村的开发建设和后建的商品房)进行社区区划的局部调整,使社区资源得到合理配置,社区规模合理配置在便于管理的3000户和10000人以内。以路、河为界适度调整社区范围,使自然环境更加合理、科学,体现高新区现代新城区的社区建设特色,提高社会管理水平。第二个"目标"是围绕文明幸福社区的创建活动,立足于人,坚持以人为本,以关爱人、服务人、教育人、凝聚人为核心内容,提高社区居民幸福指数。第三个"目标"是着重在软件建设上加强内功,做优、优美、做强,三年内力争有2/3以上的社区建成市级以上和谐示范社区。

2. 创建"文明和谐幸福"社区的目的就是让全体社会成员的生活水平和生活质量随着社会经济的发展得到同步提高,引导教育广大居民群众感恩社会、回报社会。

3. 推进社区思想道德建设,提高居民文明素质。一是引导居民爱祖国、爱城市、爱社区,齐心协力共建美好家园;二是在社区内形成助人为乐、团结友善、扶贫济困的新型人际关系和良好道德风尚,形成科学、文明、健康的生活观念和生活方式;三是自娱自乐积极参与社区秧歌队、舞蹈队、健身队等文体活动队伍开展健康有益的文体活动;四是结合"八荣八耻"组织社区居民进行"树立社会主义荣辱观、建设和谐社会"和贯彻落实《公民道德建设实施纲要》,深入开展科学文化知识教育;五是针对动迁后新城市居民的实际,引进评弹、书场进社区,居民免费听书、看戏;六是引导居民走下"麻将台"融入"文明和谐幸福"社区创建大舞台。

4. 打造精品,推进"文明和谐幸福"社区建设。进一步增加服务项目、完善服务功能,提升社区建设内涵、质量和水平;提升社区基础设施和居民生活环境,最大限度地满足居民群众的生活需求。认真落实市委、市政府《关于进一步加快推进城乡和谐社区建设的若干意见》，以"建设幸福社区、打造温馨家园"为目标，建设社会稳定、管理有序、服务完善、环境优美、文明祥和的现代化新城区。

**（四）加大服务设施建设，筑牢社会管理阵地**

科学规划社区服务设施的数量、规模、选址布点、功能设计和建设方式，建立以社区综合服务设施为主体、专项服务设施为配套、服务网点为补充的社区服务设施网络，着力打造功能完备、设施齐全、运转有效、人气聚集的社区公共管理服务中心、社区居民活动中心和社区组织办公场所。

1. 全面保障社区用房的落实。区规划局、国土局把开发商按照楼盘总建筑面积的千分之五无偿提供社区用房作为拍卖土地的前置条件，会审房地产开发详规时，房产、民政局把社区用房的面积、位置，作为楼盘验收的重要内容。全区 76 个社区和 7 个城市社区服务中心，最小的社区用房面积都在 500 平方米以上，平均达到 1200 平方米，基本满足了社区居委会办公和社区居民活动的需要。

2. 明确职责，建立长效管理机制。将新建、改扩建、购置合并、调剂置换与开发预备等方式结合起来，将老旧社区、城中村社区、城乡结合部社区的设施改造与新建小区的设施配套结合起来，扩大社区服务设施覆盖面。加强对社区服务、活动用房建设的审验、监督和管理，做到"同步规划、同步设计、同步施工、同步验收"。通过"建、买、供、捐、借"等多项举措改善社区用房，一是利用老镇区改造，合理建设社区用房；二是由开发商按总建筑面积千分之五的标准提供社区用房，或由开发商上交社区用房统筹基金，由镇、街道统一按标准建造；三是本着"以人为本、服务居民、资源共享、共驻共建"的原则，接受辖区单位宽裕办公场地的捐赠或转让。

3. 农民动迁小区规划论证确定的社区用房，不挪作他用，妥善处理好社区居委会用房和物业、商业用房的关系。居委会用房力求从服务功能、服务内容、社区管理角度来设计建设，避免商业化倾向。近年来又对老社区的环境、广场、居民活动场所进行了新一轮的改造和提升，使社区的资源更加优化。

4. 按照一室多能的原则，整合管理职能和服务资源，各类服务设施都应设在社区服务综合性设施之中，提高社区服务设施综合利用率，在空间布局上,要尽量缩小办公面积,尽量扩大居民活动空间,使社区居民用得上。在功能设置上,优先为老年人、残疾人和青少年儿童服务。

5. 加大对社区服务设施建设和维护经费的投入,研究制定社区服务设施管理运行办法,使社区服务设施有人维护、有钱维护、有章维护,让社区居民用得好,增加社区服务设施的可及性。力争到"十二五"期末,社区综合服务设施覆盖率达到90%,初步建立起较为完善的城乡社区服务设施网络。

**(五)推进政务平台建设,提高社会管理效率**

逐步整合基层管理服务资源,规范社区信息的采集、开发和应用,建设覆盖社区全部管理服务功能的综合信息平台,实现数据一次收集、资源多方共享。

1. 加强人口、房屋、车辆、场所、组织等社区基础信息采集,建立居民家庭、社会组织、驻区单位、社区活动特别是社区困难群体、特殊群体电子档案,推动社区服务机构、服务人员、服务对象信息数字化,促进社区服务供给与社区居民需求有效对接,为社区无缝隙管理服务提供有力支撑。

2. 建设功能集成的社区网站或管理服务门户,权威、准确、快速地发布公共新闻、政务信息和社区消息,在政府部门、社区组织与社区居民之间建立联系纽带和沟通桥梁,正确引导社区舆论,及时反映社情民意。

3. 整合各类社区信息资源共享,加快《社区信息通》和社区信息网等公益性信息服务设施覆盖,有效打破社区管理服务的时间、空间界限,为社区居民提供全方位、全天候、全覆盖的社区服务。

4. 逐步改善社区居民委员会信息技术装备条件,积极推进社区居民委员会内部管理数字化,提高社区居民信息技术运用能力,切实提高社区管理服务效率。

## 二、社区管理人性化

### (一)搭建载体平台,丰富社区服务内涵

坚持"把最小的空间留给自己办公,把最方便的空间留给村(居)民办事,把最大的空间留给村(居)民娱乐和活动"的理念,实现了以社区党员服务、养老服务、法律服务、就业服务、卫生医疗服务、困难群众帮扶服务等为

内容的"一站式"服务平台的全覆盖。

1. 全区社区服务中心的办公和活动用房面积平均达到1200～1800平方米,保证有1处300平方米左右的室内活动场所和1000平方米以上的室外活动场地。切实加大了城乡社区公共服务保障力度,形成了包括民政优扶、社会福利、医疗卫生、计划生育、法律维权、文体娱乐等八大类72个项目的服务体系,初步建立了"15分钟便民服务圈"。通过政府购买服务方式,每年举办"送戏下乡"、"社区文化艺术节"、"文明欢乐行"、"社区广场晚会"、"社区评弹书场"和"社区图书馆"等公益性文化活动。与中国移动苏州分公司合作,40个社区建立开通了《社区信息通》和社区网络信息化管理系统。积极开展居家养老服务试点,今年选择5个社区有重点、分项目进行家政服务、上门巡视、日间照料等居家养老服务试点。充分发挥民间组织促进社区体制创新、提高社区自治水平、服务居民群众、承接政府职能的作用,大力发展服务类、慈善类、活动类社区民间组织。

2. 社区服务植根于基层性、群众性和社会参与,社会参与力的提高标志着社区管理达到了新的水平。近年来高新区社会参与率逐年提高,社区志愿者队伍不断增加,700多支志愿者队伍活跃在社区的各个角落,居民的参与率越来越高。驻区单位参与社区建设,已形成共识。社区单位参与率达到95%以上,外资企业参与社区献爱心活动和社会捐助活动,共驻共建,积极参与成为我区社区建设的一大特色。

3. 驻区科技学院利用有专门的社会学系优势,积极参加社区建设,组织开展社工职业资格培训;社会组织和民间团体积极参与"文明幸福社区"创建活动,民间文艺团队为居民群众带来喜闻乐见的精神文化,一个关心和积极参与社会工作的良好氛围正在全区形成。

**(二)精心打造特色社区,创建社区"一社一品"**

巩固和发展省、市和谐示范社区创建工作,充分发掘、提炼各个社区的不同特色,有针对性地增加社区服务项目,完善服务功能,提升建设内涵,在最大限度满足居民群众生活需求的同时,围绕"建设幸福社区、打造温馨家园"的宗旨,彰显出符合每个社区历史传统、地域特色、人文习俗的特色品牌,使之成为高新区社区建设工作的新亮点。

1. 枫桥街道的枫津社区在为社区居民提供服务、提升居民幸福感的同时,大力探索和践行品牌建设,形成了具有"枫津特色"的社区工作模式。文明论坛讲师团、红色枫津123等特色服务品牌,便民、利民、惠民的服务宗旨提升了居民对社区的认同感、归属感和幸福感。

2. 枫津社区的"四个创新",让辖区居民"住在枫津、乐在枫津"。一是创新宣传方式。发挥社区党建品牌文明论坛讲师团18位讲师的作用,用身边人讲身边事,每月组织一次"文明幸福社区"创建活动的宣传讲座。二是创新服务方式。通过新枫桥人服务队、在职党员服务队开展为民服务活动。新枫桥人服务队为外来务工人员提供就业、住房、子女入学等免费服务。在职党员服务队将每月第四周的周六固定形成为"志愿者服务日",走访困难户、义务量血压、社区环境维护等。三是创新活动载体。社区通过"三台"让党组织和居民零距离接触,并且让居民积极参与基层党组织的建设中来。信息大平台:建立短信群呼台、QQ群、微博和"枫津美"邮箱,为辖区居民积极搭建各类互动交流平台。文明大舞台:由具有特长的党员志愿者带头,成立社区歌咏舞蹈队、书画沙龙、乒乓球俱乐部等文体队伍,丰富居民文化生活。爱心服务台:为社区爱心人士搭建爱心救助平台,将党员爱心基金、特殊党费、各类专项捐助物资,以及结对意向信息等全部纳入此平台,并确保爱心账户的信息公开。今年,通过此平台帮助弱势群体、困难家庭的受益者已超1000人次。

3. 楼道长"温情传递"促和谐。狮山社区的楼道长"一份倡议书、一次小活动、一张联系卡、一份实公约、一本记事本",凝聚社会组织、社会团体和志愿者,发挥各自的特长、优势,有效推进"项目化培育组织、自治化管理团队、互动化提升功能、开放化服务居民"的自我管理、自我教育、自我监督、自我服务模式,促进了社区和谐,凝聚了民心。

4. "新主城"是横山社区唯一的动迁农民高层住宅,以提高高层公寓居民生活质量和提高社区文明水平为宗旨,以管理和服务为龙头,以社区党委、居委会为主体,以居民小组、楼道长、志愿者队伍做精细化服务为落脚点,建立健全"社区党委核心力、自治组织推动力、舆论宣传导向力、居民群众参与力、邻里之间亲和力"的"五力"高层公寓住宅群管理服务新体系,促进动迁居民"生活习惯的转变,思想观念的转变,行为规范的转变"成为横山社区的品牌特色。让"新主城"的居民共同享受开发建设成果;让"新主城"的居民共同感受幸福;让"新主城"居民共同感恩社会、感恩新区。

**(三)推进服务体系建设,提升社会管理能力**

把加强和创新社会管理同提高社区服务水平和服务质量紧密结合起来,寓管理于服务之中,把完善服务作为社会建设的根本任务,让社区居民切实感受到权益受到维护、需求得到满足,从而自觉接受管理、主动配合管理、积极参与管理。

1. 促进政府公共服务、居民志愿互助服务、商业性便民利民服务向社区覆盖,逐步建立面向全体社区居民,主体多元、设施配套、功能完善、队伍健全、机制合理的城乡社区服务体系,居民群众在社区服务体系中得到实惠。

2. 提高社区服务精细化水平,根据社区居民不同职业、不同年龄、不同文化层次、不同兴趣爱好的个性需求,开展多层次、多样化的社区服务,努力将社区公共服务、便民利民服务、志愿互助服务覆盖到社区全体居民,重点发展面向社区老年群体的日间照料、"老年餐桌"服务,面向社区青少年群体的犯罪预防、"四点半课堂"服务,面向社区残疾人和优抚对象的康复治疗、餐饮递送服务,面向社区困难家庭的就业培训服务等,提高社区服务的针对性和实效性。

3. 特别注意掌握社区流动人口、刑释解教人员、社区矫正人员、有不良行为的青少年、容易肇事肇祸的精神病人等特殊人群的利益诉求和服务需求,帮助他们更好地融入社区、融入社会,并能够回报社会。

4. 健全社区服务标准体系,制定和完善社区服务设施标准、服务质量标准、服务管理标准和服务监督标准,明确了服务范围、服务内容、服务程序和服务要求,建立涵盖申请、办理、提供、反馈全程的社区服务质量评估机制和社区居民满意度反馈机制,提高社区管理服务的规范化、标准化水平。

## 三、社区服务精细化

**(一)转变工作理念,创新社区管理模式**

结合区域内社区居住人群移民多、农民多、流动人口多的特点,积极探索和创新社区管理手段。

1. 启动社区司法服务站活动,在全区建立 33 个社区司法服务站,为居民提供"一站式"司法服务。

2. 进一步做精社区警务,在全市率先实现社区民警进"两委"班子全覆盖。

3. 根据不同社区特点,继续推进"一社一品"建设,着力打造各具特色的社区建设品牌。更加注重以人为本,坚持从社区居民的实际需求出发,进一步推进社区管理体制机制的创新。

**(二)加强协作配合,提高社区工作效率**

加强部门协作,合力推进社区建设。社区建设涉及组织、宣传、政法、民政、科技、教育、安全、文化、卫生以及规划、建设、管理等诸多方面,需要相关部门齐抓共管。

1. 进一步发挥区社区建设工作领导小组的协调作用,建立健全联席会议制度,进一步加强各地、各部门的分工协作,形成社区建设的强大合力。

2. 掌握民情。社区工作人员定期或不定期地深入走访居民,了解和听取群众的意见和建议。结合社区"民情 365"的创建品牌,撰写民情日记,及时掌握居民情况动态信息,并对自己所管辖工作片的档案定期和及时完善。

3. "线块结合"。有居民诉求,按照"首问责任受理、内部协调解决"的原则落实。根据居民反映的问题,分为三种情况分别不同方式进行处理:属于社区职责范围内的单一问题,由分管的社区工作人员或网格工作片长处理,由社区党委书记、居委会主任敦促和检查限期落实;如反映的问题涉及居民共同利益或重大事件,由"党员议事会"、"居民议事会"召集社区党员、居民代表共同专题协商解决;如果属于街道和职能部门的则协助街道或职能部门办理,或由社区牵头邀请有关部门协商解决。

4. 明确职责。进一步理顺社区管理运行体制,整合社区内部的人力资源,形成人人都是多面手的工作局面,社区管理服务更加到位,避免工作"盲区"和"真空";社区网格化管理机制的建立,更加明确社区干部工作任务和职责,社区基本信息资料更祥实,社区居民的诉求渠道更畅通,居民办事更方便,社区"两委"应急管理能力进一步提高。

### （三）完善社区就业制度、深化社保服务功能

不断完善社区就业、社保服务功能,逐步提升社区居民的就业创业能力,确保居民收入稳步增长;通过社会保障政策的不断完善,确保居民老有所养、病有所医,解决居民后顾之忧。一是继续大力推进充分就业社区的创建工作,通过就业帮扶活动,确保社区内90%以上有劳动能力和就业愿望的登记失业人员实现各种形式的就业。二是加强社区公益性岗位开发与管理。建立公益性岗位信息库,实现各地公益性岗位及时入库、及时发布。大力开发社区"三保"(保洁、保绿、保安)、"三托"(托老、托幼、托病)、"三服务"(物业管理、车辆管理、公共管理)三类岗位,增强社区就业吸纳能力。三是扶持社区就业服务基地建设。鼓励和扶持有条件的社区利用闲置的物业设立工作坊,承办企业工序简单的来料加工业务,重点吸纳本社区一些大龄的、行动不便的、需要就近照顾家庭等本地失业人员。四是开展社区人力资源信息服务。在条件成熟的社区设立信息服务点,负责辖区内各类用工信息的收集和分析,并报送上级人力资源服务机构,为当地群众提供人力资源信息服务。五是开展社区退休人员社会化管理服务。对新退休的人员及时进行上门走访、发放联系卡,建立人员信息台账;定时走访了解退休人员生活状况,对亡故、重病人员及时上门慰问;安排退休人员进行免费健康体检等。

### （四）推进居民自治,创新社会管理机制

推进社区居民自治制度建设是加强和创新社会管理的基础,是实现社区居民的自我管理、自我服务和自我教育,促进政府行政管理和居民自我管理的有效衔接和良性互动的重要途径。

1. 健全基层党组织领导下充满活力的基层群众自治机制,深入开展以居民会议、议事协商、民主听证等形式的自治活动,积极探索社区网上论坛、民情恳谈、社区对话等有效方式,鼓励社区居民和驻区单位广泛参与,切实保障社区居民对社区重要事务的知情权、参与权、决策权、监督权。社区可以由社区居民自己管理的事务、自行决定的事项,包括社区居民活动的场所、设施都要交给社区群众,通过组成相应的社会组织实行自我管理和服务,在社区中形成老帮小、强带弱、富帮贫、我帮你、你帮我的社区文化和社区价值,全面提高广大人民群众的生活质量和文明素质。

2. 适应社区管理扁平化的趋势,加快转变基层政府职能和作风,优化管理结构,减少管理层次,降低管理成本,采取有效措施整合基层资源、强化基础工作,建立健全把更多的人力、财力、物力投向基层的体制机制。

3. 积极推广社区管理网格化的经验,建立健全以社区党组织为核心、以社区自治组织为主体、以社区专业性服务机构为依托、社区群团组织、社会组织和驻社区单位密切配合、社区居民广泛参与的新型社区管理体系。

4. 将"访遍弱势群体促和谐,努力建设幸福新家园"作为社区开展活动的立足点。以走访弱势群体为重点,走访形式多样,涉及群众广泛。社区完善"民意调查方案",通过多种调研走访形式,与社区居民密切联系,提升了党组织的凝聚力,保障了居民的知情权、参与权、表达权、监督权。一是"干群连心卡",逐户发给社区居民,加强干群联系,便于干群沟通。二是设立社情民意收集点。为了广泛听取群众呼声,我们通过市民信箱、民情服务电话、定期召开"民意恳谈会"等方式收集社情民意,特别是收集低保户、残疾人、上访群众名单,确定重点走访对象。干部利用晚上、周末等时间深入居民家中通过拉家常、促膝交谈、发放调查问卷等方式,真正了解群众所思、所想、所急、所盼,记好每天的"民情日记",建好"民情档案",广泛听取群众对改革、发展、稳定、民生等各个领域工作的意见和建议。三是建立满意度评价卡。对来社区办事的居民发放评价卡,邀请群众对社区窗口服务人员进行评价,对社区党员干部进行满意度测评。每月对评价结果进行统计,并在社区宣传栏中进行公示,督促和改进社区工作人员的工作效能。四是设立信访接待点。明确挂钩干部接待日,随时接待上访群众,及时了解群众思想动态,消除上访群众的怨气,化解各种社会矛盾。五是开辟网络沟通渠道。我们通过建立居民联络 QQ 群、社区电子邮箱、社区服务网、以及社区官方微博等网络渠道,听取辖区的居民特别是困难居民的建议和意见。

### 四、社工队伍专业化

#### (一)配齐配优配强,优化社区队伍建设

通过公开招聘、组织选任、大学生村官等多样化形式,打造了一支"政治坚定、业务精通、作风优良、群众满意、结构合理"的社区工作者队伍。

1. 社区居委会的干部是开展社区服务的组织者，要把居委会建成居民群众信得过的组织，善为居民办事、会为居民办事、能为居民办事，不断提高社区干部的素质十分重要。一是选好、配好社区居委会班子。按人口1‰～2‰的比例，合理确定社区工作人员职数。社区居委会工作人员，通过公开招聘和民主选举的办法，让年纪轻、文化高、综合素质好、有服务观念、有爱心的人到居委会工作，使社区居委会建设得到加强。二是加强社区干部的梯队建设。陆续向社会公开招聘大学生，加入社区工作者队伍，目前，全区已有170多名社区工作者拥有大学本科以上学历。三是加强培训。全区所有的社区工作者，都进行了系统规范的培训；已累计培训社区工作者916名，其中获得社工职业水平中级的359名、初级的83名。积极鼓励社区工作人员参加国家社会工作人员职业水平考试，对取得助理社会工作师、社会工作师、高级社会工作师资格的社区工作人员，报销所有考试费用并进行一次性奖励。四是优化工作理念。各镇、街道还就工作理念进行有针对性的培训。不少新上任的居委会干部从不会干、无事干、不知道怎么干，逐步走向找事干、学会干，把各种服务送上门。各社区在较短的时间内，加强各项制度建设，主动、积极地开展社区的各项创建活动，社区面貌焕然一新，一个创建"文明和谐幸福社区"的浓厚氛围全面形成。

2. 加强居（村）务民主管理和居民自治，是规范基层制度建设，巩固社会管理的基础。去年6月份我区全面完成了第九届村委会和第四届社区居委会换届选举工作，新当选居（村）干部的年龄结构、文化层次、工作能力等综合素质都有了大幅度优化提升。目前对新当选的村、居干部的培训工作陆续开展。专门组织编印了《高新区社区管理制度集》、《居（村）务公开制度》、《社区便民服务手册》等下发到基层，进一步健全了居（村）务公开民主管理的各项制度，完善了居（村）务公开栏，基层日常管理工作得到进一步规范，增强了居（村）民认知度和认同感。社区建立了物业服务管理规范化考评制度，畅通物业投诉，强化居民对物业管理的监督。各社区结合自身特色，积极参与自主创新工作，形成社区组织与居民的良性互动。

**（二）推进组织建设，壮大社会管理力量**

着力健全以社区党组织为核心的社区组织体系，推进社区党组织和社区自治组织全覆盖,加快城乡结合部、城中村、企业所在地、新建住宅区、流动人口聚居地的社区党组织和社区自治组织组建工作,实现对社区居民的全员管理和无缝隙管理。

1. 以当前正在开展的镇、街道社区党组织和党员创先争优活动为契机,发挥社区党组织推动发展、服务群众、凝聚人心、促进和谐的坚强战斗堡垒作用。

2. 发展社区工、青、妇等群团组织,培育社区服务性、公益性、互助性社会组织,发挥其在反映诉求、规范行为、提供服务方面的作用。依章依法选齐配强社区"两委"班子成员,按照专业化、职业化要求配齐社区专职工作人员,改进社区管理服务理念和方式,体现柔性化、人性化、多样化管理和服务。鼓励高校毕业生、复转军人等社会优秀人才到社区工作,不断扩大社区工作人员的来源渠道。

3. 制定社区工作者培训计划,开展经常性、专业性教育培训活动,不断提高社区工作者依法办事、服务群众的能力。

4. 逐步扩大社会工作师和助理社会工作师在社区工作人员中的比例,鼓励在社区设立专业社工机构,发挥社工的专业技能和特长。

5. 积极推行社区志愿者注册登记制度,大力培育志愿者服务组织,扩大社区志愿者队伍,为志愿者工作提供场地和物质支持,进一步调动社区居民参与社区管理和服务的积极性。

推进社会管理创新,是一项长期而艰巨的任务,事关经济持续健康发展和社会长治久安。我们将以党的十八大精神为指导,进一步拓宽思路,注重在"理论、制度、实践"三个方面的创新,努力推进社区"四化"建设向深层次发展,努力打造高新区的特色品牌。

典型案例篇

编者按：苏州城乡一体化改革发展的"主战场"在 60 个镇（街道）和 1000 多个村的广阔领域中。我们从中选择了 24 个典型代表，具体而生动地显现了这一场伟大改革的实践与探索。

从中可以看到，苏州农村的各级领导和广大农民群众，在这场具有历史意义的"第三次跨越"的改革实践中，科学整合各方资源，创造新型集体经济，重视现代农业发展，保护水乡生态环境，改革分配体制机制，构建和谐幸福社区等方面的开拓创新。这一系列的改革实践体现了他们正在踏踏实实地落实科学发展观的战略方针。

在大力推进城镇化、现代化的进程中，他们还探索出一条镇、村共融的城镇化之路，或可叫新农村建设之路，如湖桥、蒋巷、永联、渭西、灵峰等村的改革发展实践。

党的十八大把推进城乡发展一体化和城镇化，提高到我国经济社会进一步发展的重要战略部署的新高度。苏州的率先探索实践，对贯彻落实中央的这一重要战略部署，提供了有益的借鉴和启示。

# "突出重围"天地宽

## ——吴中区木渎镇坚持科学发展、转型升级的经验和启示

一

苏州新型合作经济发源地的吴中区木渎镇,也最早迈开城乡一体化改革发展步伐,是苏州23个城乡一体化综合配套改革先导区之一,镇、村两级集体资产近百亿元,城镇化率超过65%。2012年,木渎镇与所有乡镇一样,面临国际国内金融危机和宏观调控造成的招商引资乏力、企业效益下滑、土地财政剧减等困难。在重重困难面前,木渎镇党委、政府继续遵循科学发展观的方针,坚定地沿着城乡一体化发展的道路,一步一个脚印地加快转变经济发展方式,逐步形成在全市甚至全省、全国同行业中名列前茅的八大产业,取得了喜人的实绩。这个只有8.3万人、64平方公里的小镇,2012年完成全口径财政收入24.15亿元,地方一般预算收入14.13亿元,同比增长均超过17%。其人均、地均完成财政收入位列全市、全省前茅。突破了金融危机、宏观调控造成的种种困难包围的重围,形成了经济蓬勃向上,人民安居乐业的可贵发展趋势。可贵之一,这些实绩是在整合原有资产资源的基础上取得的,基本告别了主要依靠消耗土地资源求发展的粗放之路;可贵之二,这个实绩是在弥补了因回购279家落后企业而致使减少的2亿多元年上交税源的缺口后取得的;可贵之三,目前形成的八大领先行业,吸引了数以千计的有经济实力、有科技含量、有先进人才、有发展前途的企业涌向木渎,其中不乏国内工商及文化界巨鳄,显现了光辉灿烂的发展前景;可贵之四,培养锻炼了一批敬业奉献、脚踏实地、懂经济、善经营的党员领导干部,以及数百名招商管理人才,为木渎科学发展的可持续性起到了关键的组织保证和人

才保证。

## 二

2012 年年初头两个月,势头凶猛的新的金融危机风暴及越发严峻的宏观调控,使木渎镇财政收入出现了从来没有过的负增长。镇党委一班人认真学习,深刻领会科学发展观的真谛,认识到这是形势倒逼着他们立足科技创新、切实转变经济发展方式。只有突破思想上依赖粗放发展的"重围",才能突破经济发展困难包围的"重围"。因而他们既没有惊慌失措,也没有低价抛售土地饮鸩止渴,而是采取切实措施,立足本地挖掘潜力,寻找"宝藏"。

深入各个领域调查研究,全面找出各方薄弱环节。全面盘查各个板块的经营状况:全镇 600 万平方米工业厂房中,入驻企业 3000 多家,60% 以上为低效益低税源企业,急需调整,其中约有 20 万平米厂房因种种原因造成空置;有 30 万平方米写字楼,入驻企业 1000 多家,其中有 60% 效益低下;有 6 个专业市场,也是良莠不齐,好的年交税上亿元,差的仅几百万元,最差的为镇中心的木渎商城占地 100 亩,税源仅几十万元;古镇旅游资源丰厚,虽已取得相当成绩,尚有巨大发展空间;公墓业脏乱差的状况虽有所改变,也还有很多经营范畴可开拓;藏书地区 1 万多亩苗木花卉经营水平低下,急需转型提高;羊肉美食虽已成品牌,也有很大提升空间……不查不知道,自己总以为木渎成绩不小,已经不错了,一查吓一跳,原来问题还真不少。从而进一步坚定了他们坚持科学发展,转变经济发展方式的信心和决心。

依托国内外行家里手,制订转型升级科技创新的规划蓝图。木渎镇党委一班人并没有就事说事,小打小闹搞转型升级,而是结合已回购企业、城中村拆迁所得的 6000 多亩土地资源,整体谋划高水平的科技创新战略宏图。自身水平不够不要紧,虚心寻师访友,请教专家、学者,聘请高级顾问,寻访一流企业。他们北上北京、天津,南下深圳、广州、上海、杭州,以及新加坡、日本、香港等地,延请了中国规划设计院、美国毕博公司、新加坡邦城公司、香港戴德梁行、日本日建公司等国内国际一流专业企业,对木渎的空间发展、产业定位进行整体科学规划。这批行家里手遵循木渎镇提出的立足依托木渎本地资源、瞄准一流前卫产业空间布局、严格保护生态环境的总要求,与木渎镇一同谋划了充分利用两条轨道交通,两条高架快速通道经过木渎,以及紧邻苏州市区和太湖的地理条件,制订了异于、优于工业园区、高新区和其他市区产业的以八大产业为引领的规划蓝图。与此同时,他们还联络、结交了一批国内外知名企业关注木渎。

组织培训一支招商引资队伍,实行科学的招商政策和团队管理。全镇逐步组织培训了400多人的招商大军,分成15个营运单位,每个营运单位都做到定目标、定核算、定政策(招商)、定考核。以租金及地税优惠和优质服务为手段,招进了1000多家质优税源多的企业,淘汰了一批污染重、效益差的企业,为一批企业提升了技术档次。随着招商的深入及整体规划的推进,更多的优质企业正在涌向木渎,八大产业引领的经济正健康阔步、充满活力地发展在木渎大地上。

由八大产业引领形成的独具优势的城市综合体及经济实体,在木渎土地上逐步形成。其中有以文化产业为内涵的"销品茂",以电子商贸产业为内涵的"销品茂",以汽车主题产业为内涵的"销品茂",以专业市场为内涵的"销品茂",以及古镇旅游、花卉苗木、美食羊肉、山陵文化也以各自的特色形成发展商圈。有别于市区内其它城市综合体和经济实体,以其独特的优势吸引了国内外众多的商贸巨贾,一批大型合作项目正在紧锣密鼓地进行中。在此同时,20多家创投、风投、小贷等金融企业入驻木渎,也有力地推动了全镇的产业结构调整。

三

木渎目前已经形成以下八大产业。

以影视文化、广告设计为主的文化产业。由三大主力项目入驻。一为苏州国际影视娱乐城,由苏州广电总台投资20亿元,集4D电影、环幕电影、球幕电影等为一体的各类特种电影为核心内容,由电影城、儿童城、演艺剧场三大主题文化项目构成。为苏州目前最大的文化商业综合体,将于2013年底建成。二为金枫广告产业园,一期示范先导园入驻企业46家,已于2012年11月30日成功开园,并被国家工商总局批准为"省级广告产业园"。世界最大的独立媒介公司"传立媒体",以及国内专业权威媒体《中国广告》

杂志社办事处也落户园区。这一集会展、影视、文化出版、动漫衍生授权等门类,通过打造苏州品牌设计推广平台、媒体交换平台、数字营销平台、工业设计平台建设的广告产业园,企业进驻势头正猛,预计明年一季度入驻企业将突破 400 家,将申报进入"国家级广告产业园"。三为集文化、生态、生活、商业、智能等多项功能为一体的东润设计文化产业园,将以建筑设计、景观设计、装饰设计、家居设计、智能化设计为主导产业,打造苏州最大的设计产业中心。

以金枫路创新创意产业街区为核心的电子商务产业。重点发展电子商务、电子信息、多媒体制作、动漫衍生品、工业品设计、软件开发等创新创意产业,2012 年 5 月被商务部授牌"国家电子商务示范基地",成为苏州唯一的国家级电子商务产业基地。这一产业包括与著名的武汉东湖科技园投资创办的东创科技园,与同济大学合作的博济科技园,以及与区科技创业园合作的苏州金枫电子商务产业园,目前已有 120 余家包括阿里巴巴诚信通等信息服务企业进驻,实现了从孵化器到加速器产业的第一次跨越,正在依托IDC 数据中心公共服务平台、投融资服务平台等一系列平台,向第二次跨越发展。

以汽车商贸为特色的汽车主题产业。目前拥有 37 家汽车 4S 店、40 多个国内外主流汽车品牌的凯马广场,至今已累计销售汽车突破 20 万辆,销售额达 360 亿元,占苏州市区汽车销售的半壁江山。正在打造除整车制造外的全系列、各环节的汽车相关产业,形成集商贸(包括二手车及零部件市场)、产业(零部件、装饰品制造)、检测、租赁、物流研发、金融服务、汽车文化、旅游、娱乐于一体的综合产业商圈,加快产业的升级和聚集。

专业市场产业。目前已成功建成并运营了江南汽配市场、华夏五金机电城、凯马汽车用品公司等专业市场,年成交额近 10 亿元。已洽谈成功的红星美凯龙、宜家家居等知名品牌,也即将启动。一个集专业商贸、现代物流、创意文化、高等教育(苏州科技学院天平分院也座落其中)、和谐居住五位一体的功能复合型商圈的雏形已经形成。

古镇旅游产业。已成功打造"中国园林古镇"、"乾隆六次到过的地方"、"姑苏十二娘"等旅游品牌,被评为"国家历史文化名镇"、"中国最好玩的地方"。每年接待中外游客200余万人次。目前正在重点打造以"姑苏十二娘"风情园为代表的吴文化展示区,以园林MALL中心的商务功能区、十二坊传统手工艺体验区、以南街廊桥为代表的艺文生活区,以及智慧苏州文旅商服创意产业区等五大功能区。基于藏书片区丰富的生态资源,未来将立足生态保护与发展,整体打造农业景观,发展现代农业与休闲农业,构建气候友好型发展架构,打造以田园休闲、养生度假为主要功能的农业旅游综合体,建设"美丽木渎",致富当地百姓。还将依托木渎春秋故城遗址,充分挖掘"吴文化之根",推动形成旅游产业文化更深、规模更大、风貌更美、特色更彰显的新格局。

花卉苗木产业。以藏书片区为基地的花卉苗木业已成为苏州最大的花卉苗木生产销售产业。通过扩建市场设立花木协会平台,建设花卉网站,吸引园林景观设计公司入驻,联动涉农高校、科研院所与花卉龙头企业、科技企业联合创办研发中心等举措,将花卉苗木产业从简单粗放的生产销售,过渡到"产学研销"一体化多元化发展。目前正在进一步做大规模、做强企业、延伸产业链,打造集花木交易、园林设计、农业观光、休闲度假、餐饮娱乐为一体的花卉苗木产业体系,创造"生态藏书"新品牌。

羊肉美食产业。有着400多年历史的藏书羊肉,目前在江浙的商家达1600多家,从业人员6500多人,年销售收入逾6亿元,并被列为苏州非物质文化遗产。目前木渎镇依托新建的2.3万平方米的山羊交易市场,制定了"保片、提质、连锁、上市"的品牌发展战略,于2012年6月联姻苏州明鑫科技集团,通过连锁经营模式,使"藏书羊肉"品牌从区域性推向全国性,将藏书羊肉逐步扩大到羊产业,并将羊产业与旅游业相结合,从单一化餐饮经营向多元化产业链发展,探索一条绿色农业发展新路。

山陵文化产业。整合全镇13个分散、凌乱的公墓区,统一规划、建章立制、整治环境、培训人员、延伸服务,探索"养老养生中心"、"临终关怀服务"、"送行服务中心"等项目,打造集旅游休闲、生态与殡葬文化于一体的山陵文化产业。2012年销售额突破1亿元,为整治初期的3倍多。其良性循环发展刚开了个头。

八大产业的崛起与发展,促使"山水木渎,人居天堂、投资福地"的品牌日趋凸显,一个融合"山水、人文、人居、科技、商贸"五大主题于一体,充满活力的崭新木渎,必将成为苏州西部一道最亮的风景。

## 四

木渎镇开拓创新,突出重围的实践,具有深刻的现实意义和启示。

①转型升级、科技创新并不是高不可攀的大难事,只要解放思想,从实际出发就能开拓前进,收到成效。木渎镇领导首先突破思想上旧的发展模式的"重围",看到了身边的差距、潜力和前景,深感资源丰富,宝藏多多。于是空置的写字楼乃至回购企业中暂不拆除的办公楼及厂房,都成为吸引优质科技企业孵化创业的平台,很快形成苏州首家国家级电子商务产业和最大的广告文化产业群。甚至连不起眼的公墓,也向山陵文化进而向文化山陵产业拓进。党的十八大报告指出"解放思想、实事求是、与时俱进、求真务实,是科学发展观最鲜明的精神实质",木渎镇的实践体现了这一精神。

②一个地区的转型升级、科学发展一定要起点高、眼光远、定位准、谋划全。木渎镇早在被列为城乡一体化改革先导区时,就在市、区两级领导的关心支持下,实施了"退二进三"的大战略,抓住两次金融危机的契机,大手笔回购高污染、高能耗、低产出的劳动密集型企业,大手笔拆迁"城中村",得到了数千亩建设用地的宝贵资源,为转型升级科学发展提供了资源保障。对此他们十分珍惜,再困难也没有低价抛出 1 亩地。而是作为全镇战略调整、科技创新发展的最大筹码,保证了整体合理科学规划。他们立足木渎实际,瞄准苏州、江苏乃至全国先进目标,着眼"空缺行业",谋求长远利益,起到了从根本上带动转型升级科学发展的实效。

③切实保障和改善民生,是科学发展、转型升级的根本目的,也保证了这一战略的健康顺利推行。木渎镇是我市农村新型集体经济合作组织的发源地,率先创建了农民增收的长效机制。在"突出重围"的战役中,镇党委同时率领他们一起转型升级。一是组成木渎集团,增强抗风险能力,并惠及边远薄弱村。二是帮助参与多元化及更高层次的经营,优先享有城镇化发展的权益,促使集体资产取得长足发展。2012 年镇村两级集体资产达 93 亿元(不包括 6000 亩土地预期收益),其中 10 个村(街道)超过 25 亿元。预

计村均年收益 2100 万元,最差的原藏书地区并入的 3 个纯农村,两个超过 1000 万元,一个超过 600 万元。全镇农民人均年纯收入可达 2.4375 万元,城镇居民人均年可支配收入为 3.505 万元,城乡人民收入比为 1.44:1,大大低于全国的 3.13:1,以及全市的 1.9:1。

与此同时,面对并村后村范围扩大的实际情况,木渎镇还强化党的基层组织,各村党委下面,分设 3 个片(各设党支部),15 个组(各设党小组),每组服务管理 30 户至 50 户,最基层工作人员每人年由镇财政补贴 3 万元。村、片、组工作人员还有一个重要任务是帮助解决因病、因灾等造成的困难户的困难(约占 5% 左右)。

镇村科学发展,人民安居乐业。木渎镇社会定安,人心向党,也保证了全镇经济社会的健康平稳发展。近年来,木渎镇一直保持零上访的记录。在 2012 年如此困难的情况下,全镇还拆迁城中村 800 多户(近几年拆迁总户数超过 5000 户),均得到被拆迁农民的支持。

④一个发扬开拓创新、艰苦奋斗精神,提高科学执政水平的领导班子,是转型升级、科学创新的根本关键。在被列为苏州市城乡一体化改革先导区以后,尤其在今年面临严峻考验的形势下,木渎镇党委一班人在科学发展观指导下,虚心好学,求真务实,不断解放思想,开拓思路,提高水平,脚踏实地求发展。八大产业的形成,数以千计企业的进进出出,数亿元新税源的产生,数百家落后企业的回购,数千户农民的拆迁安置,数千亩宝贵资源的艰辛回购,93 亿元集体资产的宝贵积累……无一不是"一班人"率领全镇两级干部一步一个脚印、坚韧不拔地干出来的。

近三年中,尤其是 2012 年以来,木渎的干部真正做到"星期六保证不休息,星期天休息不保证"。镇四套班子领导清晨开经济分析会,深夜开拆迁现场会是常事。党委、政府主要负责人既出谋划策、谋划全局,又身体力行、身先士卒,起到了很好的科学执政的表率带头作用。

在他们的带领培养下,一批敬业奉献、开拓进取、求真务实的党员干部茁壮成长。他们中有八大产业的领军人("方面军司令");15 个招商营运队伍的负责人("纵队司令");还有一个"总参谋部":木渎镇经济委员会,起到了市里的发改委、经贸委、研究室的作用,当好书记、镇长的重要参谋作用,大多是 30 岁左右的年青人；还有领导城镇建设、拆迁安置、三大合作组织为主的木渎集团等领域的"方面军司令"。他们还领导了 10 个村（社区）的转型升级，木渎村均集体资产达到 2 亿元以上，今年有 6 个村（社区）的党委书记、村长新老更替。他们至少也是"纵队司令"。总之，在这次"突出重围"的战役中，木渎除了物质上的收获外，所有党员干部都受到了"战斗洗礼"，涌现了一批新生力量，则是另一方面的宝贵收获。

# 打造城乡一体"湖桥模式"的领头人
## ——记吴中区临湖镇湖桥村党委书记徐顺兴

2013年新年的第一场雪,把吴中大地装扮得银装素裹,分外妖娆。瑞雪初霁,笔者从苏城驱车沿着东山大道,半个多小时即达近年遐迩闻名的"姑苏第一村"湖桥。这里果然名不虚传:宽畅的中心大道两旁新楼幢幢,厂房栉比;造型美观的路灯,白雪点缀的绿化带,古色古香的民居,现代化的文化中心,令人目不暇接;清澈的村河,生机盎然的现代农场紧连着碧波荡漾的东太湖。美丽的景色和村民们一张张舒放的笑脸,交融辉映出一幅现代"桃花源",令人信服地感到村荣誉室的数百张荣誉匾牌名副其实:国家生态村、全国民主法治示范村、江苏省文明村、江苏省新农村建设先进村……村会计递上的"成绩报告单"更是喜人:2012年全村工业销售20亿元,缴税6000万元,集体资产8亿元,村级收入8000万元,农民人均纯收入2.58万元。

令人难以置信的是:七年前的湖桥是个"工商不活,农业不兴,公路不通,看病不易"脏乱差的村,村级收入仅100万元,历史欠债却超过400万元。

巨变的原因在哪里?湖桥的农民都说:"多亏来了个好书记徐顺兴。"徐顺兴对笔者说:"多亏城乡一体化的好政策。"

2012年12月26日,江苏省委常委、苏州市委书记蒋宏坤赴湖桥调研时说:"湖桥村是具有江南水乡特色和田园风貌的美丽乡村,是新型集体经济发展的样板,现代化新农村建设的典范,探索形成了城乡一体化发展的'湖桥模式'"。

"湖桥模式"是怎样形成的?

## 苏南模式的创新 科学发展之必然

改革开放以后,苏州地区广大农民和农村干部探索开拓了一条经济社会发展的路子,被经济学家们总结为苏南模式。实践证明,苏南模式的核心是发展,精髓是创新,活力是走市场经济之路,苏州因之有了农村工业化和经济国际化的两大跨越。

湖桥地处偏离中心城区的历史上经济欠发达的横浦渡地区(指吴中区原来的横泾、浦庄、渡村三个乡镇),错失了这两大跨越的先机,留下了两个摇摇欲坠的企业,其中一个电镀厂在 2005 年由于污染问题引发了一场较大的群体性闹事。镇党委分派时任党委副书记的徐顺兴处理这一事件,调停处理完毕,谁也不愿意当这个连办公室也没有的村党委书记。

20 世纪 70 年代当过湖桥村书记的徐顺兴,毅然请缨,兼任湖桥村党委书记。镇党委书记对他说:"先把局面稳定下来,培养好接班人,半年后就可以回到镇上的。"对湖桥乡亲,对农村有着深厚感情的徐顺兴却不这样想,看到自己的家乡变成这个样子他心痛,想实实在在为建设新农村做些事。

改变湖桥村的面貌,徐顺兴心中有底气。他担任过浦庄乡工业公司经理,经联委副主任,东山镇农工商公司副总经理、总经理,东山镇党委副书记、镇长等职,2003 年调任浦庄镇(后为临湖镇)党委副书记,经历了苏南模式的两大跨越,深谙农村发展、创新之道;他看到党的十七大以后,中央提出了科学发展观以及构建和谐社会的伟大战略,随后又相继提出了建设新农村、城乡统筹、城乡一体化等改革发展举措,对三农问题越来越重视。徐顺兴深有感触:三农问题不解决,8 亿农民不富裕,社会怎么会和谐,中国怎么实现现代化! 他敏锐地感到:农村新一轮的历史性发展已经展开。他决心把知根知底的湖桥,作为贯彻落实中央战略和方针的平台。

20 多年的实践积累告诉徐顺兴,湖桥村要翻身,第一位还是发展经济,要治穷。然而外人认为这"一穷二白"的湖桥,凭什么发展? 徐顺兴却认为,湖桥有宝贵的资源:近万亩的土地和水面。苏州两个跨越其实都是在土地上做文章,依靠土地基本功能的变化,由生产功能(农业用地)转为承载功能(工业用地),以及空间资源功能(城市化、现代化建用地)。

于是徐顺兴立足科学整合利用这一宝贵资源,不断优化提高其产出效果。先后在 2006 年和 2008 年抓住新一轮农村土地规划调整和城乡一体化综合配套改革试验区相关政策出台的机遇,实施了湖桥工业园和配套商业一条街的建设,先后建造了 30 万平方米的标准厂房及配套用房,以及 6.6 万平方米的三产用房,至今已成功地引进产销两旺的近百家企业,使 350 多亩土地由生产功能向承载及空间资源功能转变,每年除了向国家、区镇上交 6000 万元税收(村级没有地方留存)外,村里年收入 5500 万元,并使"三集中"后的剩余劳力获得了充分就业。

当然,农村还得在"农"字上做主要文章,徐顺兴大手笔将全村 8000 多亩承包地全部流转到"鱼米之乡"生态农业股份合作社,通过"三集中、三置换",使地块上的农户搬迁到新村社区,3500 多块祖坟搬迁到公益墓地,拆除了家禽家畜养殖棚 5 万平方米,整合复垦出土地 2000 亩之多。这中间他们投资 6000 多万元,建造了 3.5 万平方米现代化大棚,引租给一个台商搞花卉,年收租金 500 万元。又引进一个福建老板组建"稼泰丰农业科技发展有限公司",承租了 6000 亩耕地,在中国农科院和江苏省农科院的支持帮助下,正在打造中国农科院农业信息研究所的示范基地,以及江苏省农科院的科研、推广、生产基地,其中包括优质水稻、特色蔬菜种植和特种水产养殖等。每亩每年的租金 3000 元,一订 17 年。他们还复垦了砖瓦厂的 350 亩挖废地,整合成生态园,开发果树采摘、生态休闲,以每亩 4000 元出租。就这样,在徐顺兴的策划动作下,这一原先年收益仅 500 万元左右的传统农业区,成为年收益 3000 万元的现代农业的"聚宝盆"。

面对累累硕果,徐顺兴又在想,标准厂房不可能再建造,较高水平的现代农业收益不可能年年往上冒,农民的收益、集体的积累可不能停滞不前啊!于是,2010 年,他又率先组建村级"湖桥集团",由土地、资产、物业三大合作社分别出资 3000 万元、1600 万元、1000 万元,抱团发展。下设房地产开发、建设、物流、绿化景点、文化旅游等 5 家子公司,参与方兴未艾的城镇化建设,如今已初见成效,2012 年盈利 3000 万元,资产扩大到 2 亿元,成为湖桥村一棵枝繁叶茂的摇钱树。

聚宝盆与摇钱树为湖桥村带来连年翻番的财富,2005 年以来的 7 年湖桥村的集体资产从 1000 多万元翻到 8 亿元,村级收入从 100 多万元翻到

8000万元,均增长了80倍。

徐顺兴促使湖桥巨变的根本经验,就是有效地推进了"资源资产化、资产资本化、资本股份化、股份市场化",这是苏州城乡一体化改革发展中的真经。

## 共享改革成果 构建和谐社会

为迎接党的十八大召开的宣传活动中,中央电视台在《焦点访谈》节目中专题介绍了苏州城乡一体化改革发展的实践,其中主要拍摄了湖桥村的典型事例。国务院发展研究中心副主任、著名的三农问题专家韩俊作了高度评价,他说:"湖桥和苏州的实践充分证明,统筹城乡发展,推进城乡经济社会一体化的重大战略决策部署是完全正确的。"他认为:"我们国家现代化建设必须是城镇化和新农村建设双轮驱动,让农民平等地参与现代化进程,公平分享经济社会发展成果。"当电视莹屏上出现美丽的湖桥村新貌和湖桥农民的幸福生活镜头时,徐顺兴禁不住心潮澎湃。他深刻地领悟到,中央这一战略决策的伟大正确之处,就是确立了农民的主体地位,能"让农民平等地参与现代化进程,公平分享经济社会的发展成果"。

共同富裕,是苏南模式的根本精华,是发展生产力的根本目的;以民为本,民生为重,是我们党的执政理念。徐顺兴在发展经济的同时,坚定不移地把改善民生工程放在首位。

一方面是开源,搭建各种平台,让湖桥人充分发挥自身的聪明才智和潜力创造财富。一是搭建创业平台,村里为村民创业提供必要的帮助和扶持,如办企业可向村里借用启动资金,采用免息和免税企业用房租金等措施。7年来共扶持培育了100多个私营老板。"一个老板可以带动一大片人就业"徐顺兴说,"还可引导人们走勤劳致富之路。"稼泰丰现代渔业养殖公司承包1300亩水面,村里帮公司请来水产专家辅助提高养殖水平,既增加了经济效益,又安排了近百名村民在公司就业。

二是搭建就业平台。徐顺兴在招商时作了硬性规定:每家企业必须有10%的劳力用湖桥人。并创办"社区教育学校",举办各种培训班,帮助湖桥人提高就业能力。现代农业园区中使用的劳力,基本上都是湖桥农民。随着"三业"的发展,湖桥劳动力的就业率达98.6%,可以说,愿意就业的劳力全部可以就业。《焦点访谈》专题片中拍摄了农民朱小兴的例子。朱小兴从农业园区拆迁,原住房 246 平米,分到 344 平米的 3 套新房,及家中"值钱不值钱的东西的赔偿金 30 万元",他对此十分满意。自己到农业园区打工、月工资 2000 多元(其实还有 900 元 / 亩的流转费没算),儿媳在工厂上班月工资 2000 多元,儿子被一私营企业聘为厂长,年收入超 10 万元,自己还有养老金每月 700 多元,全家看病有医保。从全家人吃丰盛的晚餐时一张张欢乐的笑脸中,可以看出他们生活得多么满足。中央台主持人说,"失地农民就业"这一全国性的难题,在湖桥就这么解决了,而且都是在家门口就业的。

另一方面是公平享受经济社会发展的成果,在共同富裕中发挥了积极有效的调节作用。在三大合作组织中全体村民都能享有股权,每年都按股份合作社《章程》规定兑现股红。在集体经济收益中,强化普惠性的政策性补助和社会公益事业建设,前者包括支付社会保障中的村民自负部分、常见病的全部诊疗费、大病补助、扶贫帮困、数字电视的安装费和收视费、村域内的通话费及尊老金等。对因病因灾致贫的 64 户特困家庭设立救助资金每年达 200 万元;2012 年兑现股民的股红分配以及村民的政策性、福利性补贴总额达 1713 万元,户均享受 14541 元,包括新建球场、书场、图书馆、农民公园等设施的文体活动中心。

再一方面是着力抓好村庄整治,保护生态环境,这是农民共享的幸福指数,也是提升湖桥的魅力所在。几年来,他们投了 2 亿多元搞了通路、架桥、清河、驳岸、亮灯、绿化、污水及垃圾处理、改厕、水电气的贯通等,硬是将一个脏乱差的村建成了"道路硬化、路灯亮化、村庄绿化、住房美化、河塘清洁化、污水处理管网化"的美丽湖桥。

徐顺兴领悟到,城乡一体化改革发展中,让农民得到平等和公平待遇,不仅体现在物质上,还要体现在精神上、政治上。这是让农民真正幸福、构建和谐社会的关键。因此,他在抓经济发展的同时,花大力气抓了村民自治,以协商共治、建章立制予以确保。从党内到党外,从经济到政治,湖桥先后制订了党员代表大会制度、党委会议事制度、党建工作制度、村民代表大会制度、股份合作社运行章程、党务村务财务公开制度、建房监管制度、扶贫帮困制度等,还订了村规民约和村民文明公约。湖桥还建成了保障群众经济、政治、文化、权益的四大公共服务体系,具体为:党员服务中心、行政办事中心、商贸服务中心、医疗保障中心、治安综合中心、文体活动中心等"七大中心","进门办事一个家,对外服务为千家"。

更可贵的是这些制度都能落到实处,真正贯彻执行,这些中心都能优质服务。比如村里的大事都要由村民大会通过才能办,件件不能遗漏。村里大规模的土地流转和整治,村民代表大会了解了原委,反复认真讨论后通过了。期间的农房拆迁,自留地树木处理,乃至3500只祖坟的搬迁,都没有一家"钉子户",也没有人告状、闹事。这既显示了村民自治的力量,也显现了村领导在群众中的威信。徐顺兴对笔者说:"拆迁住房、搬迁祖坟都是大事,让农民知道这是发展经济、增加收入的大好事,他们就能赞成、拥护。当然,我们也进行了慎重的人性化处置,拆迁补助要到位;祖坟也要搬迁好,我们找到了一家环境优美的公益性墓园,400万元费用是村里出的。"

村里的新型集体资产到了相当规模,湖桥集团更是走向市场。徐顺兴不仅让各公司坚决实行现代企业管理,强化监事会作用,还成立集体资产监督委员会,由32名村民小组长和6名片长组成,对重大发展决策以及工程招投标等重大经营活动进行监督,实行双层监督。他认为过去乡镇企业之所以要转制,是因为产权不明晰、监督不健全,城乡一体化中发展的新型集体经济,一定要强化这两方面的工作,才能健康、持续发展。

凡此种种,使湖桥农民"工作生活有保障、生老病残有人帮,科教文化有平台,公平公正事透亮",形成了"办事有规矩、说话讲诚信、处事守底线"的好风气。在过去的6年里,湖桥村做到了"六无":无重大安全事故、无重大刑事案件,无重大民事纠纷,无违章搭建,无计划外生育,无群体性上访。

城乡一体化使湖桥浴火重生、凤凰涅槃!

### "义工"无私奉献 再绘宏伟蓝图

凡是了解湖桥发展变化的人,都会产生同一种看法:徐顺兴确实有思路、有水平,到底当过镇长,能力不一般。这话粗听有道理,你看吴仁宝当过县委书记,眼界、水平就不一般,所以华西村才会成典范。其实,徐顺兴身上还有两条可贵之处:无私奉献精神和与时俱进的精神。就像吴仁宝身上也闪烁着某些精神一样。

今年59岁的徐顺兴有一个幸福的家在苏州城里,儿子媳妇都是公务员,曾经办过企业的老伴,如今在家带孙子。他可以在机关工作,并享天伦之乐。然而他一人甘心住在乡下,风里来雨里去,自己照顾自己,热天衣服还是自己洗。他拿镇机关的工资,不拿湖桥的报酬,他亲手创造的湖桥丰厚的福利待遇,他一分都不享用,在某种角度看,他好象湖桥村的"义工"。对此,他没有一点失落感,却充满了成就感和幸福感。他已完全融入湖桥这个大家庭,想湖桥人所想,急湖桥人所急。在万事开头难的初创时期,造标准厂房缺资金,他说服办厂的老伴借出120万元,11名村干部也每人凑出10万元,这230万元成了村里的启动资金。如今,徐顺兴殚精竭虑栽好了摇钱树,他自己不参一分股。

徐顺兴有痛风病,每当发作时,疼得没法走路。为了湖桥,他再痛也坚持跑项目、下工地,只要有重大在建工程,每天早中晚最少跑三趟。2009年冬天,苏州遇到特大雪灾,正逢他痛风发作,连续两个晚上,他忍着巨痛,不顾天寒地冻,硬是深一脚浅一脚、一拐一拐地和村干部一起扫雪,一起巡看。

无私才能无畏,徐顺兴深刻领会政策精神,大胆进行改革,是因为他完全出于公心,才勇于开拓前进。

然而要做到善于开拓前进,就要与时俱进。与时俱进不是跟大帮,而是要认真刻苦地学习上级和中央伟大战略部署的精神,结合湖桥的实际,才能做出一个个前无古人的成功之举。他虽然有20多年的农村工作积累,但是城乡一体化改革发展是全新的改革,那"资源资产化、资产资本化、资本股份化、股份市场化"的真经,没有刻苦的学习,不懈的探索,是想不出也做不像的。那个首创的湖桥集团,没有相当的市场经济的理论,没有现代企业管理知识,也是想不出办不成的。

村级新型集体经济从风险不大的"收租",到进入风浪汹涌的市场竞争,关键是要有一支善于搏击的"弄潮儿"。徐顺兴敞开门户,广招人才。他既欢迎从湖桥出去的大学生回家乡共建新农村,也欢迎更多的行家里手、专家学者参加湖桥的现代化建设。其中先后招回和招聘100多名大学生,到集团公司工作。同时还将一批湖桥青年送到相关学校培训,首批50人评上了工程师和助工的技术职称,走上了大小项目经理的岗位。对子公司实行竞聘制和责任制管理,促使 3 家公司很快上马,取得初步成效,2 家公司也即将开展业务。

老百姓心中有杆秤,湖桥人民记住了徐顺兴的好。2010 年 5 月湖桥村党委换届,实行"无候选人直选"村党委书记,徐顺兴全票当选。老百姓说,徐书记搞发展有办法,还没有私心,一心为大家,当然要选他!他们纷纷给党员代表捎口讯,一定要徐书记继续当选,一定不能让他走。对此,徐顺兴犹如考试得了个满分般地满心喜悦,也满心感动,唯有再接再厉,打造更新更美的湖桥,才能报答乡亲们的信任和关爱。

他拿出一本厚厚的精美规划书,对笔者侃侃而谈:湖桥过去是穷乡僻壤,随着邻近几条现代化交通干线的贯通,已成为滨临太湖、紧邻湖滨新城,与东山、石湖、木渎等景区相呼应的一块宝地。党的十八大又进一步强调城乡一体化和城镇化的战略部署,我们决心把湖桥打造成生态、活力、宜居的现代化湖滨新农村。

规划中的六个片区中,有两类骨干(或支撑)片区至关重要,一是现代农业的 3 个片区,占地 6.57 平方公里,是湖桥的主体,既有高等级的现代种植业和水产养殖业,又有农业观光旅游功能。二是科技研发片区,虽占地仅 0.6 平方公里,却是湖桥产业不断转型升级、提高科技含金量的坚强保障,是建设现代化湖滨新农村的坚强保障。

在苏州实现了两个历史性跨越后,有人担心,苏州的农业不行了,苏州的农村不美了,苏州的农民收入不如从前了。苏州推行城乡一体化改革发展以后,人们对这些方面的担心逐渐减少。看看现在的湖桥,展望将来的湖桥,现代农业水平更高了,村庄环境更美了,农民收入突飞猛进了。2012 年苏州全市城乡居民收入比为 1.9:1,大大低于全国 3.13:1,湖桥 4608 名农民人均纯收入达 2.58 万元,与临湖镇居民人均可支配收入几乎没有多大差别。

湖桥的规划目标是:新农村建设的明星、城乡一体化发展的样本、成就田园"百年湖桥"。这使笔者心头一亮:城镇化是要让一些农村土地变为城镇,因而必然要失掉这部分农田、庄稼,湖桥这样仍然保持水乡农村的生态风貌,以打造现代农业为基础的"田园'百年湖桥'",或者叫"新市村",这难道不也是实现城镇化吗？这使笔者想起了苏州当年的"碧溪之路"中的几句名言：离土不离乡，进厂不进城，建设小城镇。真有异曲同工之妙，显现了苏州农村干部群众在不同的历史时期，总是能与时俱进地创造新的经验。面对中国如此之多的农民，如此广阔的农村，湖桥的"新市村"模式，难道不是实现城镇化的一个有益的探索吗？

临分别，徐顺兴对笔者说：作为农村基层党员，能在最基层为实现中央的战略部署，为农民、农业、农村尽自己的力，作些贡献，是最有劲的事，我赶上了中国农村新一轮发展的历史机遇，真是越干越有劲！

这就是苏州农村最基层的党员干部的心声。

# "美丽蒋巷"的缔造者

## ——记常熟市支塘镇蒋巷村党委书记常德盛

江南水乡常熟的农民们都晓得,支塘镇蒋巷村党委书记常德盛治理蒋巷村46年,把这个当年出名的穷村子建设成为"生产发展、生活宽裕、乡风文明、村容整洁、管理民主"的"全国文明村"、"全国民主法治示范村"、"国家级生态村",与中央对"社会主义新农村"的要求一模一样。

如今蒋巷村成为令人羡慕的幸福家园、文明新村。从中央到地方,各级领导来到常熟,看到了蒋巷村的发展,都说在蒋巷村可以看到物质文明、生态文明的建设成果,也可以看到精神文明的建设成果。蒋巷村走的这条路,是中国特色社会主义农村发展之路,也是科学发展之路。蒋巷已成为名副其实的"美丽蒋巷",常德盛当了46年蒋巷的书记,是"美丽蒋巷"的名副其实的缔造者。党和人民没有忘记他的辛劳与功绩,他是党的十六大、十八大代表,是全国劳动模范。

一

走进蒋巷村,立即感受到它的美丽与富足。

良田成方,绿树成荫,远处是掩隐在树丛中的成排别墅,田园风光和现代文明被调和得如此美妙,日本友人俞彭年前几年来到蒋巷村,就被眼前的美景迷倒了。他连连称赞:"怎么也想不到,经济这么发达的村庄,生态环境如此宜人。"长廊迂回、碧水亭台的农民休闲公园一侧,186幢别墅洋楼在阳光下熠熠生辉。绿荫浓郁的生态园,又是另外一番景致。这里集都市时尚和乡村淳朴于一体,满目青翠,花果竞姿,竹制长廊绵延曲折,荡漾着浓郁的农家风味,30多间竹子搭建的农家商肆里,具有乡村特色的手工艺品和土特产吸引着各地游客。园中有一条绿色的长廊贯通,长廊的两旁是占地500多亩的果园和竹园,园内鲜果满树,鸡、鸭、鹅、鸽子在嬉戏啄食,这对于久居都市的游客来说,是一份多么不同寻常的恬静和享受。

常德盛今年69岁,个子不高,面容和善,乍一看与一般农村干部没啥区别。多一些接触后,发现他跟人讲话时眼神真诚,言语坦率干脆,很有亲和力。

在常德盛多年致力生态建设的努力下,蒋巷已被打造成一座“村民新家园、生态种养园、农民蔬菜园、蒋巷产业园、无公害优质粮食生产基地相互配套、和谐发展的天然大公园”。记者在蒋巷采访,天天看到上海的旅游大巴,载着满车游客来感受这里的好生态。村民告诉记者,过去上海人看不起这块穷地方,常书记立志要把蒋巷建得能吸引上海人,如今真的实现了。

近几十年,有的苏南乡村虽然工业迅猛发展,可是锦绣江南迷人的田野风貌却渐渐消失。而蒋巷村,却依然是“芦花放,稻谷香,岸柳成行”,保存着鱼米之乡的优美风景。在“生态文明”、“城乡一体化”这些新理念流行开来之后,乡亲们不得不佩服常德盛的超前眼力。他们说,常书记真是蒋巷村眼光最远的总规划师。

支撑蒋巷村经济的最大支柱是工业。这个村的“常盛”牌轻、重钢构件及轻质建材系列产品是江苏同行业唯一的名牌产品。2012年蒋巷村完成社会总产值超过14.2亿元,同比增长12%,村民人均收入达2.89万元,同比增长13.3%。农民66%的收入来自工业,其他收入的一大半来自四家改制企业上交村集体的股金分红。可是,身为“全国乡镇企业家”的常德盛却说:“只会在农村搞工业不算本事。既发展工业,又不污染环境,不蚕食农田,还要能长期反哺农业,这才是真本事。”

记者发现,蒋巷村的村民们对“农民”这个身份非常自豪,尽管他们的物质生活水平已经超过了多数城里人。在常德盛的带领下,他们建设了1000多亩无公害优质粮油生产基地,全部实行集约化经营、机械化耕作、标准化生产、生态化种植。他们还在自己的村庄大搞农业旅游,建成开放了村史展览馆、江南农家民俗馆、农艺馆、度假村、钓鱼台、采摘区、游乐区、动物观赏区、学生社会实践基地。2012年,这个“全国农业旅游示范点”共接待游客

18.3 万人次,旅游总收入超过 2000 万元,分别同比增长 11% 和 6.8%,旅游业已经成为蒋巷村的重要支柱产业。

常德盛说:"我要的是村民安居乐业,要的是蒋巷村人对一个老党员的理解和认同,要的是乡亲们都说改革开放好、社会主义好、共产党好。"

## 二

把蒋巷村从远近闻名的穷村建成了全国社会主义新农村的示范村。常德盛说,成功经验就是一句话:艰苦不艰苦,都要创业!

他特意说明,有人说只有在饥寒、劳累、伤病的情况下创业,才叫"艰苦创业",其实不然!尤其是在解决温饱、达到小康之后,与过去相比似乎不艰苦了,其实不是不艰苦,而是换成了另外的"艰苦"。作为农民的带头人,一定要防止因为"不艰苦了"而满足现状、小富即安。不断寻找新的艰苦、克服新的艰苦,创造新的业绩,蒋巷村才有了今天。

家家有本难念的经。对一个 800 多口人的大家庭来说,这本经就更难念。在长达 44 年的岁月里,作为一个总是吃苦在前的当家人,常德盛经历的苦难数也数不清。他认准一个死理:为了让农民过上好日子,啥"苦"挡路就吃啥"苦"!

早先,为了温饱搞农业,常德盛吃够了"筋骨之苦"。从 1968 年到 1992 年的 20 多年时间里,常德盛带领村民共平整土地 1200 多亩、填浜造田 70 亩、筑坝 20 多座,累计投入劳力 7 万人工,完成土石 50 多万方,肩挑背扛,挑断了多少扁担、磨破了多少双鞋,根本无法算清楚,造就了田成方、树成行、渠成网、路宽敞的旱涝保收高产田。实现了"天不能改,地一定要换"的豪言壮语。

20 世纪 90 年代摸索搞工业,没有任何经验的常德盛不管是找项目还是跑市场,总是带队亲力亲为。一次遇上车祸,常德盛的左眼被撞瘪,整口牙齿错位,膝盖骨折,当场晕倒。身体刚刚可以自由行动,他又马不停蹄地跑市场去了。最伤心的是,一次村办企业被一个"能人"骗了,损失 200 万元,把他急得放声大哭……

后来,为提高村民文化素质,常德盛又吃尽了"心智之苦"。他还记得,为改变"农民种地不靠书"的旧观念,他经常睡不着觉,着急上火,搞得喉咙嘶哑,嘴边生起一溜溜小泡。终于想出了不少好办法,比如建设"文明村民学校"、成立"村民读书会"。为激励村民读书热情,常德盛倡议全村举行读书笔记有奖竞赛,甚至还想出了向经济条件较差的家庭免费赠送书橱的点子。

在常德盛的努力下,蒋巷村百姓富了口袋,也富了脑袋。如今,为了未来的发展,他又在吃着"远虑之苦"了。"条件好了,却心里老觉得还有事没做好。"常德盛说,党的十七大为农村画出了节约能源资源、建设生态文明的美好图景,也触发了他发展农村旅游的灵感。如今,蒋巷村每年已能吸引10多万游客。常德盛说:"为了村里的发展,我老常再吃20年苦也值得!"

每天清晨,在田间劳作的村民总能见到常书记的身影,问庄稼长势、了解工程进展。早晨步行绕村一周,是常德盛每天的规定动作。一圈下来一身汗,换身衣服再上班。"只要对得起老百姓,对得起集体,多大的苦我都能吃。"常德盛说。

不怕吃苦的常德盛,几十年来不断为"艰苦创业"注入新的内容,也练就了"化苦为乐"的本领。2004年,为激发村集体企业常盛集团的发展活力,常德盛决定对它进行股份制改革。可作为村经济主要支柱的常盛集团转制后,村里的集体资金哪里来?扶持"弱势"村民的钱从哪里出?这个富起来才会产生的问题,像大山一样压在常德盛心坎上。最终,身为常盛集团最重要的创始人,又是常盛集团的董事长、总经理,常德盛却放弃了本应由他获得的全部股份。作为交换条件,是改制后的4家企业每年向村集体分别上交150万元股金分红。一般人认为,常德盛"让股于民"是吃了大亏,但他却因为此举为党组织争了光,凝聚了人心,感到了极大的快乐。

常德盛有个著名的"三不原则"。早先,刚当上书记的常德盛知道自己"位子"高,会有人想走后门,为此,他给自己定下了"三不原则"——不受礼、不吃请、不徇私。后来,村子发展了,他又更新了"三不原则"——不拿全村最高的工资、不住全村最好的房子、不坐高档车子。进入新世纪以来,上了年纪的他再次发展了自己的"三不原则"——职务不搞终身制、职位不搞世袭制、厂班子不搞家族制。

有人问常德盛,这样"变着法子自讨苦吃"是为了什么?他说:"人都有私心,我也有,可是干部要是搞起了特权,村民的人心还怎么聚,村里的事业还怎么干?"

村里人最不忍心的是,家家都住上了只花12万元的"福利别墅",倾力操劳的常书记却没有份,住在镇上的公寓房。早在20世纪90年代,县委就任命他为任阳乡党委副书记(兼村书记),他爱人是知青,也安排在镇上工作。"我们都不是蒋巷户口,不应该享受蒋巷的福利。"常德盛死认这个理,而且至今还是拿的镇上工资。他当蒋巷书记犹如做义工。这位"义工书记"在蒋巷的威信比天高。

## 三

在许多人看来,"民主政治"是城里人的事情,与农民关系不大,然而在蒋巷村,村民们说,他们之所以称常德盛为"农村的政治家",很大程度上是由于常书记在推行民主管理方面下了大工夫。

常德盛说,他多年来的一个目标,就是要让蒋巷村的村民明白,可以不用面红耳赤地去通过吵架实现各自的"心愿",而应该通过遵守村规民约来约束别人和自己,保护大家的合法权益;不仅可以通过遵纪守法获得别人的认可与尊重,还可以通过体体面面地参与村里的民主管理实现各自的"政治抱负"。

在常德盛的倡导下,蒋巷村形成了村民处处讲究政治权利的风气,大事小情不能只由干部说了算。多年来,凡是关乎村里发展、涉及农民利益的事,都要经村民大会、村民代表会讨论决定,群众怎么想、"两委"怎么干,大家心里都不含糊。

2009年,村里的水稻产量不太理想,尤其是香粳米产量更低,加上人工成本上涨等因素,水稻利润微乎其微。村民蒋建明为此建议村里给予种植户适当补助。获知这一消息后,常德盛立即带人了解水稻长势和市场行情,很快作出给予种植户每公斤6分钱补贴的决定。蒋建明高兴地说:"老书记把村民的意见当成大事儿,我们心里自然舒坦。"

几个月前,有村民反映,村里的门户网站对旅游资源推介不够,应充分利用互联网优势,多挂一些村里旅游方面的介绍,以吸引游客。建议一经提出,常德盛就督促工作人员加强网站内容维护,同时发动本村网民利用各自网络资源,推介蒋巷村的旅游事业。

2006年以来,蒋巷村每年年底都要向全体村民征求对村两委的意见和建议,"能解决的合理解决,不能解决的合理解释",及时给村民回复,进一步理顺了村民的心气神。据统计,2011年度村民对"两委"的"满意"率达91.4%,"基本满意"率为8.34%。

走进蒋巷村,随处看到的村民们,他们脸上都洋溢着幸福的喜悦。

"新农村要靠新农民"、"没有新思想算不得新农民",这是常德盛经常挂在嘴边的话。这个只上过农业中学的老"村官",早在十几年前,在蒋巷村的村民生活逐步宽裕,不再为温饱发愁的时候,就谋划着给他们"换脑子"。

常德盛没念过多少书,但他认定,民风就像空气,如果没有新鲜纯净的空气,再怎么浇水施肥也开不出鲜艳的花朵。因此,他将农民文化建设与净化民风相结合,以新民风塑造新农民,收到了显著成效。他也因此获得了"农民思想家"的雅号。

几年前,为激发村民学习热情,村里向每户赠送5份报刊。按照常德盛的习惯,做一件事就必须见效。送报刊上门后,就必须让村民真正拿起报纸刊物来看。经过几个不眠之夜,最后他还是采用了最有效的老办法:率先示范。无论工作多忙,他都会在下午安排2小时读报时间,不认识的字就查字典,还不时用笔在报纸上勾画。"书记经常拿出事先准备好的报纸,把有用的内容一字一句地读给我们听。"村民蔡利兵说。

榜样的作用很明显,在常德盛的带动下,蒋巷村民读书读报热情高涨,并开展了读书心得有奖竞赛活动。40多岁的戴永林去年获得了1000元奖金和800元奖品,他自豪地说:"现在我家里也有500多本藏书了。"

结婚办宴、孩子生日、老人做寿是江南农家的大事,为了款待宾朋,主人往往在家门口摆上几十桌宴席,聘请大厨现场烹制。几天酒席下来,杯盘狼藉、噪音扰邻。为解决这一问题,常德盛将村民宴请统一到村农家乐餐厅举行,餐厅免费提供场地和桌椅,既改善了就餐环境,又减少了对村容村貌的破坏。"小细节体现大变化。"苏州大学政治公共管理学院教授方世南说,常德盛用人文精神和开放意识改造着蒋巷村,同时也描绘出社会主义新农村未来的文明图景。

在今天蒋巷村的村民图书馆,有3000多册藏书、8台可以上网的电脑,来此学习的村民很多。不过更多的村民还是在家里读书看报上网,因为这些文化用品已经完全普及了。头脑充实起来的农民们,开始自觉思考村里的发展、参与村务的管理,在有了"新环境、新房舍、新道路"后,"新风尚"又成为蒋巷村的一道新风景。

参加完党的十八大,从北京回到村里的常德盛给记者展示了自己的最新思考要点:大力发展高效农业,提高农民收入水平;节约土地资源,为后人留下发展空间;完善保障体系,让村民生活更加幸福。"我们的目标是建设'五个蒋巷'——绿色蒋巷、优美蒋巷、整洁蒋巷、和谐蒋巷、幸福蒋巷。"他说,未来的蒋巷村,要让城里人到蒋巷村感觉羡慕,农民住在家里要舒服,外国人到蒋巷村看了要信服!常德盛将此定义为蒋巷村率先基本实现现代化的必由之路,"我们把农村也要建设得像欧洲,这是体现中国共产党执政能力,体现农村城市化和基本现代化"。

常德盛说:"十八大明确了中国特色社会主义'五位一体'总体布局,这为蒋巷村今后的发展指明了方向,我们一定要沿着这条正确的道路,把蒋巷村建设得更加美好。"

# 城乡一体化的永联回答

## ——张家港市南丰镇永联村纪事

城乡一体化是苏州现代化的必由之路。推进城乡一体化,必须因地制宜解决好各种难点问题。如在城乡一体化中,如何尊重农民主体地位?如何提升农业现代化水平?农民的居住条件和生活环境怎样改善?怎样在土地承包经营权流转中保证农民的最大收益?农民离开了土地,到哪里去就业?农民住进了高楼,他们的生活成本问题如何来消化?

面对这份试卷,永联村党委以"农村更美好,农民更幸福"为指挥棒,以公共资源配置城乡均等化为落脚点,以"农民赞成不赞成、拥护不拥护"为检验尺,探索化解了一个个发展难题。

经过多年奋斗,全村96%的村民实现了集中居住,全村96%的土地实现了集中流转,全村96%的富余劳动力实现了就地转移就业,全村96%的农民享受到了比城市居民更优越的生活保障。永联人用自己的决心和智慧,在这片10.5平方公里的热土上,绘出了一幅"小镇水乡、花园工厂、现代农庄、文明风尚"的中国农村现代画。

"城市里有的,我们永联都有;城市里没有的,我们永联也有。"永联村党委书记、江苏永钢集团董事长吴栋材自豪地说,"这四个96%的实现,让永联村民提前享受到了城乡一体化的实惠"。

**问题 1:房子怎么拆,怎么建?**

**永联答案:拆迁改造,要当农民福利来做**

城乡一体化,首先不可回避的就是农民世世代代居住方式的改变。集中居住,拆房建房难以避免。关键是怎么拆、怎么建?

永联村抓住国务院关于"城镇建设用地增加与农村建设用地减少指标挂钩"的试点机会,投资 15 亿元,把散落田间地头的近 3000 户农户住宅拆掉,集中归并宅基地 1140 亩,征用其中 600 亩建设集中居住区——永联小镇。以超过城市的标准配套建设了两条农民生活街、一条商业休闲街和农贸市场、超市、污水处理厂等公共设施,极大地改善了农民的居住环境和生活设施。

拆与建,这一对矛盾在永联村却得到了近乎完美的化解。究其原因,永联并不是简单地将宅基地换成产权房,一换了之。而是通过拆迁改造,把房子当做一种福利,进行了二次分配,老百姓享受了实实在在的好处。

首先,60 周岁以上的村民,只需交押金,就可免费入住一套 100 平方米左右的电梯公寓房。门窗、浴缸、卫生间都装修好了,拎包即可入住。老人去世后,公寓归还村集体,押金还给村民。

其次,安置房设施与商品房均等,而且房美价廉。永联小镇里绿地公园、智能系统等一应俱全,建筑墙体、屋面全部采用保温材料,蒸汽管道 24 小时供应热水,房型基本上是 140 平方米的大套房。算下来,光住宅的建筑成本就高达 1200 元 / 平方米,这还不包含规划设计、公共设施、景观绿化等成本,而卖给村民的平均价格仅为 500 元 / 平方米。

第三,采取"按户分房",保障村民居住权,让人安了心。村民的楼房拆迁按照 450 元 / 平方米的标准补偿。不论拆迁面积多少,一个家庭里,除老人可住老年公寓外,已婚男村民可以按照 500 元 / 平方米左右的价格购买安置房;未婚男村民待成家立户后,凭结婚证也可按照相同价格购买安置房。

60 多岁的顾阿姨,原来 250 多平方米的楼房拆迁补偿 11 万多元,老两口交了 24000 元押金,免费住进 101 平方米的老年公寓,大儿子用 81000 多元买了一套 140 平方米的大房子,"小儿子结婚后,同样只需要这么多钱就能再买一套房,比自己盖省多了。"

借着城乡一体化的东风,永联村民过上了城里人都羡慕的生活。集中居住节约出来的 540 亩土地,为永钢集团提供了新的发展空间。

**问题 2 :土地如何流转,如何经营?**

**永联答案 :现代农业为抓手,让农民分享土地增值效益**

"住进高楼后,不能让农民扛着锄头爬 20 层。"生产方式必须变化,农民要向产业工人转变,农业要向现代化转变。

发展现代农业,首先就是进行规模化、集约化、市场化经营,以谋求土地效益的最大化。"一定要让农民分享到土地的增值效益。"吴栋材说。深思熟虑之后,永联村党委放弃了发展种植大户和引进外来资本,"这些模式虽然能实现土地高产出,但土地产生的高效益与农民隔了一层甚至无关,农民往往还是低收入。"

永联村的办法是以公司制推进现代农业。通过张家港市南丰镇永联土地股份专业合作社,让 2417 户村民以总计 5870 亩的承包土地入股,并成立 5 家农业公司 :永联园林工程有限公司,以苗木基地为主体,发展生态农业 ;永联现代粮食基地有限公司,以粮食基地为主体,发展现代农业 ;永联现代农业发展有限公司,以鲜切花基地为主体,发展设施农业 ;永联特种水产养殖场,以"长江三鲜"为主体,发展长江水产养殖业 ;苏州江南农耕文化园有限公司,以旅游开发为主体,发展休闲农业。

吴栋材说 :"要用工业的文明、工业的模式,来建设发展现代农业,让农业实现工业化、标准化。"五个公司的成立,让永联农业发生了令人刮目相看的巨变。

在永联现代粮食基地,田间水位可以自动调节,全天候保持在 30 ~ 50 毫米 ;引进农田激光整平系统,全部田地的高低差不超过 5 厘米 ;自动化控制、智能化灌溉以及机械化生产,4 名技术员和 6 名管理人员就可管好 2000 多亩地。"鼠标就是我们最重要的农具。"基地负责人刘中锋笑着说。在鲜切花基地,设施农业带来的高效益开始显现。每亩投入标准高达 10 万元,但产出同样可观,百合花亩产值可达 12 ~ 14 万元,白菊花亩产值可达 8 万元,两个品种的亩均利润都达到了 3 万元左右。江南农耕文化园,在"十一"黄金周中,一天就迎来数千游客。

每年每亩 1300 元的土地承包经营权流转费,让农民享受到旱涝保收的好处。"自己种地,即便大丰收,一亩地一年顶多赚个七八百。"村民陆美琴说,同时,还可按股比及农业公司的盈余额享受分红,享受在土地上的发展权益。

**问题 3:农民怎么转移,怎么就业?**

**永联答案:就地转移就业,"抓大不放小,进优不汰劣"**

土地规模化、集约化经营,大量农民从土地上解放出来,这些剩余劳动力怎么办?永联村的办法是,就地转移就业。

永联依托村企的优势,几乎保证每个村民都有一只"铁饭碗","只要不挑不拣,不出村就能就业"。依托永钢集团,他们通过"抓大不放小,进优不汰劣"的策略千方百计扩大村民就业渠道。"抓大"就是抓好集团主业,为村级财力提供稳定支撑;"不放小"就是拉长产业链,集团下属企业即使利润少一些、规模小一些,只要能提供就业岗位,也支持鼓励;"进优"就是不断更新设备、引进人才,提高企业的自主创新能力和市场竞争能力;"不汰劣"就是从解决村民就业、为社会减负的角度考虑,发展劳动密集型企业。"赚钱多的当然要做,赚钱少甚至不赚钱但能解决村民就业的行当,我们也要做。"永钢集团有关负责人说。永钢炼钢、轧钢"大生意"做得红红火火,拉丝厂、制钉厂等"小生意"也不放过。目前,在永钢集团及下属企业就业的村民达到 1750 人。

为了帮助困难群体就业,永联村成立了劳务公司,把永钢集团的生产服务性劳动岗位剥离出来,将企业的劳务支出转化成村民的劳务收入。目前劳务公司有 530 人,主要从事废钢分拣、搬运、包装等杂活,去年村民劳务收入超过 500 万元。

此外,永联村还建起个私工业园,鼓励有创业能力的村民办小企业,目前已有 24 家企业进驻,提供了 400 多个就业岗位;为有种养经验的村民开辟农副业生产基地,目前已有专业户 10 多家;大力发展服务业,引导村民从事保洁、绿管等工作。

永联村重金打造的苏州江南农耕文化园,在发展休闲农业、提升农业层次的同时,也为村民提供了大量就业机会,其票务、导游、保洁等工作人员,几乎都由永联自己人担当。村民小李摇身一变,从一个农民成了专业导游,

"身为永联人感到非常幸运,没想到在家门口就找到了这么好的工作。"

**问题 4 :生活水平怎样提上去,生活成本如何降下来?**

**永联答案 :工资加股份,农民收入多元化 ;社保加补贴,农民致富可持续**

不用种地的农民,每天衣服干干净净,粗糙的双手也渐渐变得细腻。"打打太极拳,跳跳健身舞,感觉每天都像在过年。"村民顾阿姨说。

生活方式改变了,生活水平提高了,但随之而来的是生活成本增加了,"最基本的,原来自家种的粮和菜,现在都要到市场上花钱买。""如果农民住着公寓楼,却没有足够的收入保障,这不叫城乡一体化。"吴栋材说。农民需要更多增收渠道,把生活水平提上去 ;也需要更多保障措施,把生活成本降下来。要把农民富起来作为城乡一体化的核心,实现农民收入方式多元化,保证可持续致富。

永联村构建的多元化收入方式包括 :村民通过上班,有劳务性收入 ;通过土地流转,有权益性收入 ;通过创业,有经营性收入 ;通过出租房子,有财产性收入 ;困难居民还有补助性收入。

永联村民的总体收入中,福利占了相当大比重。"去年村集体就拿出6529 多万元用于福利分配,村民人均获益 6832 元。"这么优越的福利保障,一切都要归功于村党委,特别是吴栋材当初硬是给集体留出了 25% 永钢股权,让永联 10400 个村民集体持股。正是这 25% 集体股权,确保了永联村民可以永远享受工业发展的成果。

永联村建集中居住区后,节约出来的 540 亩地用于永钢新一轮技改升级。"企业由此产生的新利润通过股权纽带,最终受益的还是村民。"吴栋材说,"最近通过村委财务抽样统计了 7 个村民小组,实际的人均收入 25238元,村民增收幅度比较明显"。

依托强大的集体经济,永联村民的生活成本甚至在下降。"去年村里给我和老伴一共发了近 2 万元的补助,这些钱日常开支足够了,退休工资根本就不需动用",村民商茂坤告诉记者。上有老、下有小的 33 岁村民陆女士同样感觉很轻松,"上边老人不用担心,下边小孩也不用操心"。她的父母每人每月发放 600 元,上小学的儿子每年发放 500 元,她自己每月还享受 200 元的生活补助费。

永联村民的医疗保险费用由集体全部买单,并且在医疗费用报销的基础上,村里再报销 20%,使得村民的报销比例可达 70%。

如今,永联全村 96% 的农民享受到了比城市居民更优越的生活保障。对此,吴栋材解释说,这个"更"字可以从两方面来体现:首先,相对于城市居民来讲,永联村民多了一份集体资产的保障;其次,由于依然保留大量田地,还多了一份田园风光。

# 一个永葆本色的共产党员
## ——记相城区渭塘镇渭西村党委书记邹宝如

在苏州城北 15 公里处有一个占地 6 平方公里的美丽乡村,村里不仅大部分户籍农民都住进了舒适小区,而且近万名外来工也住上了洁净优雅的公寓楼,其中技术和管理骨干还住进了白领公寓。全村 1550 户农民拥有私人汽车 1300 多辆,家家用上太阳能,户户喝上自来水,污水集中处理,商业街、公园、幼儿园、社区服务中心等俱全。2012 年,全村实现工业销售 35 亿元,贡献税收 1.8 亿元,集体净资产近 5 亿元,村级可支配收入 7815 万元,村民人均纯收入 3 万元。

这就是相城区渭塘镇渭西村的一幅现状图,带领渭西人描绘这张美丽乡村图画的是有着 38 年党龄的老共产党员、全国劳动模范邹宝如。

### 退伍不褪色:全国优秀退伍军人

1978 年,共产党员邹宝如从部队退伍回到家乡渭西村。因为在部队因公负伤并有伤残证,县里安排他进县办厂工作。当时的县办厂可不是乡镇企业,县办厂工人是许多人梦寐以求的"铁饭碗"。然而,他面前的渭西村是个 85% 以上农户是透支户的贫困村,唯一的村办企业星火五金厂工资发不出,还背上了几十万元债务。村党支部对邹宝如知根知底,希望他能挽救这个厂,帮助村里脱贫。

捧着县里的进厂通知书,邹宝如好几个晚上思来想去没有睡安稳。他想到了"铁饭碗"固然可以使自己家立即过上好日子,可是共产党员的崇高责任使他不能对乡亲们的贫困不顾。他毅然决然压下了通知书,挑上了挽救濒临倒闭的村办厂的重任。

他发扬部队的拼搏精神,对内抓管理搞培训,对外搞横向联合,寻可靠后台,终于当上著名的"长城"、"骆驼"电扇的配套厂,生产电扇网罩,使星火厂成功地"站在巨人的肩膀上",不断攀高,发展成拥有自主出口权的省级集团企业。

1990年,时任厂长的邹宝如又挑上了村党总支书的重任,他"升官"没有撂担子,兼任起厂长,并在以后还兼任江苏渭西集团董事长,在抓好全村工作的同时,继续为渭西的"摇钱树"跑市场找业务,出谋划策。渭西村率先跃上"亿元村"宝座,成为"吴县第一村"。

1994年,国家民政部授予邹宝如全国优秀退伍军人的崇高荣誉。

### "第一村"30年不褪色:全国劳动模范

20世纪90年代后期,苏州乡镇企业先后转制。作为渭西集团掌门人,邹宝如呕心沥血培育了这棵大树,理所当然成为第一转制人;然而,作为村党组织的负责人,他更有重任在肩。前者,他可以很快成为"亿万富翁",后者,他需带领全村农民共奔小康。他面临退伍时的同样抉择:为小家还是为大家?他又一次毅然决然地服从党组织的要求,放弃做转制后的董事长,当好率领全村农民共同奔小康的领头人。

邹宝如认识到转制是为了调动各方积极性,打破大锅饭,发展经济更好地为大家谋利益。因此,虽然他不当老板,但他为了渭西的经济社会发展,努力扶持渭西的"老板群体"。他和村干部们确定了"保姆"的角色,鼓励村里的能人贤士投资创业,吸引外地的企业家落户渭西。村里对新创办的企业办证、办照实行全过程、全方位一条龙服务,对本村农民租赁土地、厂房、店面开办企业,实行七折租金优惠,并减免用电入网费。对一些融资有困难的初创型或成长型企业,直接注资入股扶持,待企业做大做强后再退出。村里还建立贷款担保制,为发展前景好、生产经营正常而一时碰到资金困难的企业提供贷款担保服务,帮助企业解决成长中的烦恼。

有件事让眼下年收入超过3000万元的渭西染整厂老板杨永新永记在心,当年他靠着10万元创业时正是"举步维艰",是邹宝如借出自己的工资卡帮他应付日常开销，这一借就是 3 年。另一位目前拥有 1000 多万元资产的弘轶自行车零件厂的老板毛轶强清晰地记得，几年前从古城区搬到渭西村时，手头紧得连企业正常开门都受到影响，是邹书记东拼西凑了 60 万元帮他渡过了难关。这样的事情在渭西举不胜举。

2001 年 11 月，随着天气转冷，渭西村企业的用气进入高峰，呈现供不应求的危险。这天早晨，邹宝如放弃预约治病，召集 11 家用气企业的老板商量错峰用气方案。半途，胃痛得支撑不住的邹宝如突然栽倒，大家赶紧把他送到苏州医院，诊断是严重胃出血。医生说，如果再迟些时候到医院，就有生命危险。老板们一个个感动得流下了眼泪。

经过几年的扶持，渭西村涌现了一个让人惊喜的"老板群体"，至 2012 年底，全村办起了数百家民营企业，加上个体工商户，900 多老渭西农户中 70% 是"老板家庭"，他们在渭西托起到富有竞争力的"老板经济"，不断做大村级经济盘子，使渭西人都有就业机会，还吸引了 1 万多名"新渭西人"来渭西就业，又带动和繁荣了渭西的发展，成为富甲一方的"相城第一村"。

从"吴县第一村"到"相城第一村"，30 年渭西的先进光环一直没褪色，2005 年邹宝如光荣地当上了全国劳动模范。

### 再让渭西20年不落后：永不褪色的共产党员

长时间的超负荷工作，使邹宝如身患多种疾病，由于他"不善于"看病，一时间使他身体衰弱得几乎走不动路，右耳也突然聋掉。在被通知到北京参加全国劳模领奖大会时，医生要他住院治疗，绝对不能出差。在市委召开的赴京前的座谈会上，邹宝如热泪盈眶地表示一定要去北京，"再看一看天安门、人民大会堂"，听得人心里酸酸的。他的病引起组织上的高度关心，北京回来，立即组织专家会诊，原来主要是糖尿病没治好的并发症，便对症下药积极治疗。随着病情的稳定和好转，邹宝如的共产党员激情又一次被激活！

在科学发展观指引下，邹宝如与时俱进积极推进城乡一体化改革发展实践，提出再创新渭西 20 年不落后。他聘请清华大学清洁生产与循环经济研究中心专家组制订了《渭西村新农村循环经济产业圈概念规划》，着力构建生态产业链，同时对工艺落后、污染严重的企业关停并转，促进大型印染企业产品升级和附加值提高。一年淘汰 13 只高能耗低效益项目,取而代之的是 15 只能源节约、高效益项目。

与此同时,循环经济产业链已在渭西成形:五金企业的大量废弃铁丝、钢丝成为金鑫氧化铁燃料公司的原料;氧化铁燃料公司的酸性污水与印染企业的碱性污水中和,降低了污水处理成本;污水处理产生的污泥,被浦健环保煤公司有效利用;脱硫率 95% 的环保煤,供给印染企业使用,基本解决二氧化硫的排放问题。

邹宝如在培育高新技术企业上也下足了功夫:星火粉末有限公司的产品与西门子、惠而浦、三星、LG 等 15 家"世界 500 强"企业配套,还出口欧美、东南亚等 30 多个国家和地区;联胜化学有限公司组建了一个省级研发机构,引进高端人才开发尖端纺织印染助剂,成为国内最大的软片生产商,纺织用硅油柔软剂生产商之一,大陆唯一提供全面高浓助剂的"纺织助剂专家",被世界誉为"中国纺织助剂研发、生产、销售、服务龙头企业"。2012 年,渭西村在没有增加一分用地的情况下取得了工业销售、上交税收分别增长16.6%、12.5% 的好成绩,科学发展的势头越来越猛!

在发展经济的同时,邹宝如始终把以富民为主的民生工程作为第一导向,让农民真正享有城乡一体化改革发展带来的实惠。原有渭西村的 550 多户早已进入小康,2001 年、2004 年、2010 年先后有 3 个相对经济薄弱村并入渭西。对新并入的 1000 多农户,邹宝如一视同仁,叫响了"人人动手找项目,个个投资当老板"的全民创业口号,同样给予优惠扶持。同时为村民开辟了"就业增收、参股增收、贴补增收"三条致富渠道。并成立了"三大合作"组织,农民来自"三大合作"的经济效益达 800 多万元。全村农民的大病医疗保险、社保、自来水等费用全由村集体承担。向 60 岁以上老人和退休老党员、老干部每年发放 3000 元补贴。对因病等困难户拨出 60 万元专项补助,使困难家庭户均收入不低于 3 万元。

作为苏州市新农村建设示范点,邹宝如作出大胆规划,把全村 900 多户村民从老宅基地迁到新型公寓小区,把分散农户出租屋中近万名外来工搬进公寓楼,让新老渭西人和谐居住在一个家园中。

邹宝如提出新家园要 20 年不落后。他聘请了清华大学、苏州科技大学、相城区规划局等专家们,对全村详细规划设计。总投资近亿元,总面积22.8万平方米,首期已建成12.8万平方米。居住区全部实施"屋顶阳光"计划,安装太阳能综合利用系统,成为苏州首个村级"生态节能小区"。已交付使用的外来职工公寓楼总投资7000万元,总面积6.8万平方米,8幢公寓楼和5幢白领公寓,配套花园、网吧、健身房、超市、食堂、浴室、理发室等,设施齐全,租金优惠,受到欢迎。还有400多户后期并入的农户,以及部分租住在农户家中的外来工,在二期工程中可获解决。

渭西的新农村建设不仅让渭西农民真正进入了"城",还腾出近2000亩土地,拓展了渭西的发展空间。在邹宝如的规划蓝图中,渭西1公里长的珍珠街即将成为一条繁华的商业街,他还要紧紧抓住苏州工业园区和相城区合作,以及附近高铁新城建设的重大历史机遇,建设30层高、5万平方米的渭西经贸大楼,打造村级经济发展新平台。

邹宝如心中盘算,5年后渭西的工业销售可达50亿元,村集体资产力争翻一番,村民人均纯收入超过5万元。

邹宝如告诉笔者,其实村里农民真正的收入大大超过上报数。他们村一半以上农户是大小老板,村党委定下的统计收入口径是:年收入30万～50万元的小老板户均一律算5万元;年收入100万元左右的中老板户均收入算10万～15万元;年收入500万元以上的大老板,户均收入一律算30万元。这样村党委才不会"被数字冲昏头脑"。

"其实,共产党的根本宗旨是要让人民过上好日子,这是我们永远不能懈怠的总目标!"邹宝如对笔者说,"还有精神文明也要搞好,一个包括影剧院、培训中心的现代化的文化教育中心的建设也要很快开始启动"。

# 奏出和谐交响乐

## ——相城区灵峰村新农村建设样本解读

在绿带相拥的广济路北端,有一个美丽如画的村庄,一幢幢粉墙黛瓦的农舍和联排别墅隐掩在绿树丛中,宽阔的柏油路沿着两侧盛开的鲜花通向千家万户。

这个苏州城区最北端的村就是相城区北桥街道灵峰村,是个9年前由灵峰、谈埂、庄浜、凡店、姚浜5个村合并组成的新行政村。这几年,灵峰村用富民灵峰、惠民灵峰、民主灵峰的崭新形象,写出了全国创建文明村镇工作先进村、江苏省文明村标兵、江苏省新农村建设示范村、江苏省民主法治示范村、苏州市村级经济发展标兵村的辉煌篇章,奏出了新农村建设的和谐交响乐。

### 第一乐章:富民灵峰

新农村和城乡一体化建设的核心是富民强村,而富民必先强村。

2003年并村伊始,灵峰村党委书记高兴元就在全村推行了"资产统一管理、资金统一使用、建设统一规划、收费统一标准、福利统一享受、用地统一调配"。村里利用整合起来的土地资源设立了锦峰工业园,9年来先后引进了200多个项目,其中22个项目投资规模超过5000万元。村里还建立了资产管理台帐,投入1295万元对原灵峰、姚浜、凡店、庄浜等区域的抵贷资产进行回购,优质资产继续租赁发包。

这几年,灵峰村在加快推进工业集中小区建设的同时,对原有的工业项目和土地利用进行梳理,先后拆除31109平方米破旧厂房及原办公用房,新增用地150亩,并实施"二次开发",用于建造标准厂房,提高土地资源的利用率和产出率,增加村级收入。2012年,又通过调整规划和方案,拆除灵峰老厂区厂房,新增工业用地80.3亩,上半年,全村零土地招商项目15个,总投资近8000万元。

"命脉型"的产业掌握在村级集体手里,是灵峰村强村的又一高招。灵峰村从增加村级收入和减少企业负担两个层面考虑,村级资金有意识投向污水处理、工业净水、电力设施等一些产出型基础设施项目,主动为企业提供配套服务,在优化服务中与企业实施"借位发展",形成"企业盈利村得益、企业发展村壮大"的良性互动。几年来,村里累计投入3200万元,新建了2万吨的净水厂、日处理1.1万吨的污水处理厂、每小时供汽50吨的供汽站,新增工业专变25台。一年下来,这些基础设施项目产出给村级带来收入800万元。

灵峰村还积极探索村级经济发展新模式。2011年,在高兴元的提议下,灵峰人跳出灵峰求发展,尝试参与土地市场拍卖,实施跨区域项目开发建设,以1.278亿元取得了北桥街道河海路南碑泾路71亩商业用地的开发使用权,规划建设80米高的城市商业综合体项目,把这个项目建成灵峰村民的摇钱树,为城市化进程中的村级经济发展和农民增收探索出一条全新的路径。村里还委托浙江大学设计规划了2500亩的现代农业示范园,其中水稻耕作区1000亩,特种种植区500亩,特种养殖区500亩,旅游观光休闲区500亩。这个项目实行市场化运作,200亩中心区域与日本投资商进行合作开发,打造江南田园式又略带日本风情的农场。

依托迅速发展的村级经济,灵峰村在增加村民收入上展开了一系列动作。为增加村民的工资性收入,从2004年开始,灵峰村每年都要与企业约定优先录用本村劳动力就业,全村3000多名农民先后在村域范围内的企业里获得了就业岗位;为增加村民的经营性收入,灵峰村制定了鼓励创业的优惠政策,本村农民租赁土地、厂房、店面等集体资产收费按70%减免;为增加村民的资产性收入,灵峰村在2005年12月进行了社区股份合作制改革,将1600多万元村级经营性净资产量化到了4700多名村民,全村农民因此每年人均增收近160元。去年,灵峰村把鼓励创业的触角伸向了城市化,投资

3000 余万元建设集农贸、超市、餐饮、购物、维修于一体的村级商贸中心,既有利于村级经济的结构调整,又为村民就业、创业提供了平台。

9 年来,灵峰的家底一天天做厚做实,村级可支配收入从 2003 年的 393 万元增加到 2011 年的 4128 万元,平均每年增长 1 倍多;村民人均纯收入从 2003 年的 6396 元提高到 2011 年的 17800 元,平均每年增收超过 1000 元。2012 年,完成工业销售 33 亿元,同比增长 18%;上交国地两税 9500 万元,同比增长 9.1%;村级可支配收入 6083 万元,同比增长 26%;农民人均纯收入 2.3 万元,同比增长 29%。

## 第二乐章:惠民灵峰

新农村和城乡一体化建设的立足点是让村民在发展中得到更多实惠。灵峰村始终把握这根主线,实事实办,利民优先,致力提升村民生活质量。

近几年来,灵峰村先后投入 700 万元实现了自然村道路的刚性化,投入 560 万元疏浚了全村河道,投入 520 万元实施了自然村改水改厕和有线电视入户工程,投入 140 万元新建了全市一流的社区医疗卫生服务站,投入 450 万元新建了区内一流的幼儿园,投入 270 万元新建了农贸市场商贸区,投入近 100 万元,增设了警务站、添置了巡逻车,还为全村农户免费安装了防窃报警器。2010 年起,灵峰村又在全省第一个实现了农村生活污水集中处理,被称为"环保第一村"。

2006 年 3 月,灵峰村委托苏州规划设计院设计制定了新农村建设详规,中心区域定位为功能服务区,两侧为居民住宅区,广济北路沿线打造为工业区,东部区域打造为农业示范区。依据规划,村里投资 9500 万元建成了灵峰村社区服务中心,设置社区活动中心、乐寿中心、商贸中心、社区管理中心五个功能区域。社区活动中心设有文化书场、图书室、绿色网吧、健身房、乒乓室、篮球场等休闲娱乐场所,还有法治文化园、人口文化园和健康教育园等宣传教育阵地;商贸中心设有农贸市场、大型超市、移动营业厅、银行自助服务点等各类商业网点;乐寿中心即养老院共设 150 张床位,分为自养区、助养区、残疾人托养区、寄养区四个区域;社区管理中心是个一站式服务大厅,设有计生、民政、社会保障、便民服务等 8 个窗口,基本涵盖向村民服务的方方面面，还设有"五位一体"综治办、社区医疗服务站、社区幼儿园、农业综合服务站、残疾人康复室。

农民公园是灵峰新农村建设中的又一个大手笔。公园所在地原来是一片废水潭和荒滩涂，前几年灵峰村疏浚河道，用清出来的淤泥把这里填成了平地，为建造农民公园打好了基础。去年起，村里投资1000万元，在填平的废潭荒滩上垒起了假山，开挖了小河，种上了花草，建起了广场、喷泉和篮球场，还造起了影视厅、书画室、棋牌室，昔日的废潭荒滩打造成了丰富多彩的农民公园。

灵峰村还十分重视困难群众的帮扶工作，不仅设立了村级扶贫帮困基金、慈善基金会，而且还逐年加大了扶贫帮困力度，9年累计投入村级财力近200万元，并通过下发补助、解决就业等办法，帮助8户家庭走出了低保线，全村低保家庭由2002年的近40户锐减到2011年的7户。在最近开展的学习实践科学发展观活动中。12名村干部与5名贫困学生、7户贫困家庭建立了一对一帮扶关系，把党的温暖、集体的关怀及时送到弱势群体的心里。

灵峰村在帮助弱势群体排忧解难上历来舍得花钱。年近80岁的26组村民虞仁发儿子病逝、媳妇改嫁后独立抚养孙子，可孙子到了成家的年龄了，家里仅存的3间平房由于年久失修成了危房难做新房。村里了解情况后，出资帮助虞家翻建了4间新房，虞仁发老人感激万分，托人做了一面锦旗送给村部。

这几年，灵峰村逐步建立和完善社会保障体系。基本完成了村民农保置换城保工作，在规定享受城保置换年限的基础上，村再补贴交费至社保局规定能享受城保金最低标准，将其作为村级一项基本福利。村里每年投入375万元，实行义务教育费、自来水定量免费和大病医疗保险补贴、城保补贴，人均减免、补贴近1000元。2011年年底，经村民代表大会表决，灵峰村又对村民新增了4项福利待遇：村集体出资为每户购买一份保险金额为80元的家庭财产保险，高清网络电视增加的收视费每户每月8元由村承担，220元的新型农村合作医疗保险费及人身意外伤害保险费由村全额承担，社区股份合作社股红分配自2012年起每股增加至500元。

村民虞仁发老人说，"生活在灵峰村是份福气"，这由衷感叹说出了村民们的共同心声,是对灵峰村造福于民的最大褒扬。

### 第三乐章:民主灵峰

村级经济不断发展,村民的生活质量不断提高,但灵峰村党委一班人并没有"知足"。他们认为,新农村文明和谐和城乡一体化建设,很重要的一条,体现在村民的知情权、决策权有多少。

2003年起,完成并村的灵峰村在加强党组织建设、充分发挥党组织战斗堡垒和党员先锋模范作用的前提下,全面推行村务公开。高兴元亲自动手,带领一班人边学习边实践,建立以民主管理为主的"四民主、全公开"制度,针对自然村分散、人口分散的情况,在村部以及合并过来的谈埭、姚浜、庄浜原村部建立了公开栏,实行村党务、村务全公开。对涉及村级收支预决算、村级重大基建项目、实事工程等村级事务,除了在公开栏公开外,还通过召开党员大会、村民代表大会共商共议,特别是在重大建设项目及实事工程项目上,成立了村建设项目招投标小组,对全村的建设项目实行招投标,同时在预决算及审计时,邀请村民代表到现场进行监督,及时向村民公开有关情况,接受全体村民监督。

灵峰村有个不成文的规定:村里的大小事务都要由村民来决策、管理。为在村务管理上实现村民自治,村里公推公选产生了由20名党员和30名村民代表组成的议事委员会、20名村民组成的监事会,成立了由7名老干部、老党员、村民代表及熟悉财会的村民组成的民主理财小组,3000元以上的非生产性开支要3人会签,每笔支出必须经过民主理财小组审核后方可入账;5万元以上的基建项目全部实行招投标和预决算,并由民主理财小组审核。2011年又建立了灵峰村村务监督委员会,设主任1名,委员6名。在村民代表大会上,通过村民代表酝酿、讨论,选举产生了7名村务监督委员会成员,分管纪检的村党委副书记任主任,6位村民代表为委员,村务监督委员会单独设立办公场所,各项制度、组织网络全部上墙,专项负责村务监督事宜,强化群众对村委会各项工作的监督。

在推行村民自治工作中,灵峰村坚持做到工作敢让村民"评"、干部敢让村民"选"、决策敢让村民"定"、财务敢让村民"理"。全体党员、村民代表每年对村两委会成员德、能、勤、绩、廉等五方面进行两次民主测评,测评成绩同年终工资挂钩;对村民小组长采取百分考核,涉及村拆迁安置、违章建造、计划生育、村级福利发放等十项考核内容,考核采取自评、互评、群众评议、村委会审核等程序。从历年民主评议反映情况看,村两委会成员及村民组长在群众中的信任度、满意度相当高。

按照村民代表会议制度,灵峰村委会每年至少召开三次村民代表大会。社会事业和实事工程以及与村民切身利益相关的事项,首先由村两委会讨论研究提出具体意见和建议,然后提交村民代表大会进行讨论、审议、表决通过。每年年初,村民享受的社会福利事业和村所需实施的实事工程都要提交村民代表大会讨论,然后在村民代表大会上表决通过。并村9年来,灵峰村召开了近30次村民代表大会审议村里的实事工程,先后有道路建设、养殖租赁等多个方案被否决,村民真正成了新农村建设的主人。

从村务公开到村民自治,灵峰的村民们获得了广泛的知情权,真正当家做了主人,开创了基层民主建设的新局面。

## 交响乐指挥:党委书记高兴元

灵峰的四乡八邻都知道,奏出"灵峰和谐交响乐"的关键,是他们有个好指挥:党委书记高兴元。

高兴元早先是村办企业的创业者,接任村书记后,因后任厂长接业务有困难,他仍然在关键时候为企业跑业务。企业转制时,他坚决服从组织的要求,放弃转制当老板的机会,继续当书记,因为当时村里还不富裕。

上级领导的眼光没有错,高兴元是个勇立潮头,谋划发展总能"抢先一步"的好带头人。2003年他就率先推行"五统一"创办锦丰工业园,2006年他对村里的劣质资产科学整合二次开发,率先迈开转型升级步伐,如今这些都成了灵峰的"聚宝盆";他在转制时将厂房、供电、供水、治污等"命脉性"资产掌控为村集体资产,成为灵峰的"摇钱树"。以后,他与时俱进地率领灵峰人不断培育新的"聚宝盆"和"摇钱树",使灵峰很快跃为苏州农村一个熠熠发光的明星村。

在灵峰的众多企业中高兴元有口皆碑。他亲手培育出的老村办企业转制后,每一次业务拓展都离不开他的支持和帮助,这一帮就是近十年,直到企业完全自立为止;新落户灵峰的企业,有困难找高书记从来没有碰过壁。有一次两家企业缺少滚动资金,高兴元将自己的住房抵押贷款 40 万元帮助企业解燃眉之急,请评估抵押的费用 3000 元是他自掏腰包付掉的。这样的故事在灵峰举不胜举。

在灵峰农民眼中,高兴元更是一座丰碑。高兴元认为发展经济的目的是要让农民过上幸福生活,不是一部分、大部分,而是 100% 的农民;不只是物质生活好,而且还要有好的精神生活和政治生活。他认为村民的知情权、决策权、自主权是幸福生活的重要组成部分,因此,灵峰不仅是经济发展的明星,还是民生工程的典范,惠民灵峰、民主灵峰的优美乐章,就是高兴元精心作曲、倾力指挥出来的!

在党的十八大精神指引下,高兴元正在殚尽竭虑地指挥出美丽灵峰村的新乐章。

# 96家合作农场集聚15万亩"黄金地"

太仓从2010年初开始探索发展以村集体经营为主体的合作农场,近三年来,合作农场规模不断扩大,经营内容日趋丰富,已从单一的生产经营粮食作物为主,扩展为蔬菜、林果种植和水产养殖等多种经营。目前,96家合作农场已集聚15万亩"黄金地",机械化耕作、规模化经营、标准化生产,大大提升了农业现代化水平,推进了农业转型升级。

## "四动"引导合作农场健康发展

坚持统筹城乡一体化发展的总体思路,围绕建设现代化田园城市的既定目标,太仓为引导合作农场健康发展,把着力点具体落实到"四动"上,

宣传发动。在深入调研的基础上,太仓市委、市政府出台了《创新发展合作农场的工作意见》,并在条件相对成熟的部分村先行先试。市政府先后召开发展合作农场的动员会、座谈会、推进会,在全市农村组织开展了"服务好每个农民、管理好每块土地"的大讨论活动,强调村级要牢牢掌控集体资源,推进农村土地规范有序流转,大力发展合作农场。

政策驱动。《创新发展合作农场的工作意见》明确规定了发展合作农场的方法和形式、基本原则,组建合作农场的基本条件、程序及主要政策措施。其中五条政策措施说得非常透彻:一是积极引导兴办合作农场,各级各部门要采取各种方式,向广大基层干部和群众做好宣传和知识普及工作,积极引导,加强指导,增加广大干部群众参与合作的自觉性和积极性。二是加大财政、信贷扶持力度,市财政每年安排一定数额资金,作为贷款贴息,并在土地

整治、农业基础设施、高标准农田建设等方面扶持合作农场发展。合作农场经营所上缴的税金中地方留成部分实行全额奖励。种植水稻面积 200 亩以上,由本地户籍人员经营的合作农场,由财政下拨专项资金进行扶持,扶持金额为每亩每年 300 元。对合作农场购置农机具给予优先扶持,农业银行、农村商业银行等金融机构要积极为合作农场提供信贷支持。三是依法减免合作农场税收,税务部门要按照财政部、国家税务总局的有关规定,对合作农场(参照专业合作社)享受国家规定的对农业生产、加工、流通、服务和其他涉农经济活动相应的税收优惠。四是支持合作农场参与粮食和农资经营,合作农场可开展化肥、农膜、农药等自用农业生产资料的购销业务。经批准后还可接受农业产业化龙头企业委托,向本组织成员农户代购粮食,所兴办的粮食加工企业,可为成员代加工自用粮食,并对自建粮食烘干设施给予财政补贴。五是保障合作农场建设用地。

示范带动。选择城厢镇东林村、电站村、沙溪镇半泾村、双凤镇勤力村作为市级试点村,每个镇再选一个镇级试点村。市镇二级干部重心下移,问计于民,反复探索实践,逐步形成了粮食合作农场的东林模式,园艺蔬菜合作农场的半泾模式,林果合作农场的电站模式和水产合作农场的勤力模式,为全市树立了一批成功典范。

上下联动。合作农场建设工作由市委农工办扎口管理。在组建合作农场时,采取自上而下指导、自下而上申报,上下联动,规范操作。合作农场首先由村集体经济组织发起,农民参股实现合作经营,通过依法组建并经工商登记具有独立的法人资格。组建合作农场遵循稳定和完善农村基本经营制度、坚持农民自愿、坚持合作制分配和坚持紧密利益关系等四项基本原则,必须具备有明确的发起人和一定数量的成员,有共同的专业生产经营项目和具体的合作内容,有比较规范的合作农场章程,有一定的经营要素基础。在操作程序上接受市委农工办具体业务指导,由村提出申请,经镇人民政府审核,报市委农工办审批后,到工商行政管理部门办理登记手续(参照农民专业合作社登记),颁发营业执照,取得法人资格。经批准登记的合作农场,凭营业执照,到经营所在地税务部门办理税务登记。依法组建并经工商登记成立的合作农场,其生产经营活动及财产收益受法律保护,并以自有资产承担全部民事责任。组建时的操作到位,为组建后的规范运作奠定了基础。

## "五大优势"让农民看好合作农场

太仓市的合作农场虽然创办时间不长,但近三年来实践中不断显现出的"五大优势",不仅让合作农场焕发出强劲生命力,而且越来越被广大农民看好。

优势之一:农村集体土地资源管理得到加强。合作农场的组建,较好解决了农民进城、进镇、进社区集中居住后,农村集体土地经营管理问题;解决了长期以来农田分散,农业基础设施薄弱,高标准农田建设滞后于工业化、城市化进程等历史性欠债问题;解决了耕地后备资源不足的问题。组建合作农场后,能把集体的土地资源掌控好、经营好、管理好,有利于整合土地资源、统一规划布局、形成连片种植、提高经营效益。城厢镇电站村通过平整土地,整理坡地,复垦宅基地,合理配置河道用地,耕地从3080亩增加到3983亩,增加近30%,并做到了田成方、路成网、树成行、渠相连、河畅通,一幅美丽的田园风光画,展现在了人们面前。

优势之二:农村土地规模经营得到提升。合作农场的兴建,有力地促进了农村土地承包经营权规范有序流转。太仓市已经组建的96家合作农场中,经营土地面积达15.1万亩,占全市确权发证土地面积的43%,其中经营面积超1000亩的有61家,500亩以上1000亩以下的29家,200亩以上500亩以下的有6家。经营规模最大的新区小桥合作农场,经营土地面积达4400亩,城厢镇的海丰、众欣、乐胜及浏河镇的稻花香4家合作农场,均超过3500亩,96家合作农场平均经营面积达1500亩。形成了规模化经营、标准化生产、机械化耕作,提升了现代农业发展水平。

优势之三:农业现代化水平得到提高。合作农场具有集体经营和合作经营的"双重性"。农业基础设施建设、高标准农田建设、农田水利建设、农业机械购置由村集体经济组织投入,农业基础更牢。合作农场内部完善落实生产经营责任制,定产量、定成本、定报酬、定奖赔,使得农业经营体制机制更活。合作农场一般选配年龄较轻、有文化、懂技术、会经营、善管理的本村农民负责生产经营,一批大学生村官相继走上了合作农场场长岗位。合作农场实行统一种籽、统一肥药、统一机耕、统一管理、统一收割、统一销售，让"更少的农民种更多的地"变为现实，使得种田农民队伍更优。东林村选配18名年龄相对较轻、有文化、懂技术、善管理的本地农民负责生产经营1800亩耕地，为培育现代职业农民搭建了新的载体和平台

优势之四：农民务农收入渠道得到拓宽。农民土地入社拿租金，太仓全市平均下来每亩有800元；劳动力入社拿薪金，实际参与合作农场生产经营的成员1470多人，人均管理土地近100亩，按每亩管理费275元计算，人均2.7万元；资金入社拿股金分红，一般可按入股额的10%保底分红。到年终分配时，合作农场扣除成本及上述三项基本开支外，超产或降本的还有奖励，盈余部分在提取公积金、公益金后还能进行二次分配。去年城厢镇东林村来自合作农场的二次分配人均有200元，共计60万元。

优势之五：村级集体经济得到壮大。兴办合作农场，为发展壮大村级集体经济开辟了新的路径。通过高标准农田建设，村土地资源变多了，一般每个村可增加20%的耕地，村集体土地等资源性资产能获得与农民等值收益；生产成本变低了，灌溉用水节约了50%，管水员减少了80%，农药、化肥节约了10%，连片种植机耕、机收省油10%；产量质量变高了，平均提高产量一般在10%以上，引进新品种，农产品销售收入增加值更加明显。据对太仓全市合作农场经营收益的初步统计，夏秋两熟每亩产出的收入扣除各项生产成本、管理费用和土地有偿流转费（租金、保底分红）后，纯收益在360元左右（不含各项补贴），仅此一项，全市96个合作农场就为村级经济增加5100万元，村均增收50万元。

## 合作农场的成功实践带来"四点启示"

合作农场在太仓的成功实践，至少给我们带来了"四点启示"。

启示一：农村土地流转后经营的主体可以是集体、个人、工商企业，但最有效的主体应该是能兼顾集体利益和个人利益，能促使经济效益、社会效益、生态效益有机统一。当前，有些地方把流转土地发包给个人或企业进行经营，流出土地的农民只能得到较少的流转费，经营土地的个人或企业因发展高效农业而获得了大部分的土地经营收益，农民和集体是省心、省力、省

事了，但失去了农民持续增收和村级集体经济发展的活力，失去了稳定粮食生产和保障市场供给的能力，失去了改善农业基础设施和农村生态环境的动力。而太仓市合作农场走出的土地由村集体统一经营，保障粮食生产和市场供应，改善农业基础设施和农村生态环境，土地经营所有收益由村集体和农民共享的路子，促进了农民的长效增收和村级集体经济健康发展。

启示二：在坚持稳定农村基本经营制度的前提下，农业经营方式可以是家庭经营、"公司＋农户"合作经营、农民专业合作经营、村集体合作农场经营，但最有效的经营机制应该是能够充分调动所有者、生产者、经营者的积极性，发挥最大的经济、社会和生态效益。前三种经营方式较难实现农业规模经营。如果仅仅是由集体统一经营，没有好的经营机制和运行模式，必然会"穿新鞋、走老路"。太仓市合作农场在经营管理上采用"大承包、小包干"和"成本核算、绩效挂钩"的方法，不仅消除了人们对合作农场是否会吃"大锅饭"的担忧，而且充分调动了各方的生产积极性，单位面积产量增 10% 以上，各项农业生产成本降 10% 以上，经济效益增 30% 以上。

启示三：农业科技进步的措施有新品种、新装备、新肥药、新农艺，但最有效的手段是能使各项措施下得了地。近年来，农业科技进步成果层出不穷，但真正转化成生产力的寥寥无几，究其原因，主要是农业经营主体老化弱化兼业化。太仓市的合作农场依托村集体经济实力，引进科技项目，实施科技富民工程。东林合作农场引进富硒技术生产大米，亩均效益是常规种植的 12 倍；电站合作农场引进江南大学食品加工技术和上海理工大学冷链物流配送模式，亩均效益是常规种植的 10 倍；勤力水产合作社引进江苏省淡水水产研究所龙虾青虾套养技术，亩均效益是常规养殖的 8 倍。农业科技的进步，大大提高了资源利用率、土地产出率和劳动生产率。

启示四：农民增收可以拓宽农业、就业、创业、物业等多种渠道，但最有效的方法应该合理配置人力资源，让各个年龄段的农民都能各得其所，享有改革的成果。工业化、城市化给农村转移富裕劳动力提供了千载难逢的机遇，也为农民进入二、三产业创业提供了广阔天地。然而，中老年农民就业和创业由于受到年龄、知识、技能的制约，困难重重。让人们眼前一亮的是，太仓市的合作农场，吸纳了大量的中老年农民就业，让参与粮食生产的农民人均可获得年薪 2 万～ 3 万元,参与水产、蔬菜、林果生产型合作农场的农民人均年薪 1.5 万元,担任合作农场场长的农民年薪在 6 万元以上。市、镇、村还为合作农场工作人员购买了人身意外险,最多可赔 20 万元。

# 现代农业新标杆　富民惠民新平台
## ——城乡一体化促进常熟国家农业科技园区健康发展

　　江苏常熟国家农业科技园区是科技部、农业部等 6 个部门确定试点建设的全国首批国家农业科技园区之一,2009 年通过国家 6 部委的综合评议与验收,成为江苏省第一个经正式批准的国家农业科技园区。自设立以来,园区紧紧围绕党中央、国务院对"三农"工作的新精神,结合当地社会经济发展要求及"三农"工作的特点,借助城乡一体化改革发展的东风,不断创新思路、创新工作、创新机制,在农业产业升级、加快农业科技成果转化、构建农业创新体系、加快农业现代化进程、增加农民收入等方面取得了显著成效,初步建成了具有区域特色、格局特色、产业特色、技术特色、机制特色,并代表长三角经济发达地区水平的现代农业科技园区。

　　2012 年,园区核心区、示范区实现销售收入突破 200 亿元,出口创汇 7851 万美元,其中 2.55 万亩核心区实现农业增加值 48.2 亿元,同比增长 14.6%;园区农民人均纯收入达 2.13 万元,比 2001 年建园初翻了两翻多,比同期全省农民人均纯收入高出 70%,有力地推进了当地农业现代化进程。

### 坚持高点定位,科学规划优化功能布局

　　常熟市委、市政府高度重视农业科技园区建设,明确指出:国家农业科技园区要按照城乡一体化的要求来规划,既要成为引领农业现代化的样板,更要成为农业现代化的主角。按照规划,核心区面积 2.55 万亩,示范区面积 15.37 万亩,辐射区面积 45.08 万亩。在明确园区发展定位的基础上,不断优化园区生产布局,突出优势主导产业的做精、做大、做强,先后累计投入

资金37.5亿元,其中政府政财投入达14.6亿元,逐步形成了"一中心、二园区、多基地"的园区创新发展模式。

"一中心"就是园区核心区,位于虞山镇大义小山村周边,总面积约1.32万亩,现已投入资金1.3亿元。以现有常熟市农科所为基础,建成4000多平方米的科研综合大楼,重点建有农业部长江流域稻作技术创新中心常熟分中心、国家杂交稻工程技术研究中心常熟分中心、江苏省杂交晚粳工程技术中心等多个分中心,常熟理工——端木银熙水稻育种研究推广中心正式启动运行,国家"二花脸"猪保种区顺利迁入启动运行,设施蔬菜、特种水产创新区启动建设,园区核心区一流的硬件设施,高起点的平台建设,受到了各级领导和专家的高度肯定。

"二园区"就是位于董浜镇的常熟现代农业产业园区及位于沙家浜镇的常熟现代渔业产业园区。常熟现代农业产业园区总面积5.2万亩,重点发展设施精品蔬菜产业、农产品加工物流、生态循环养殖、特色休闲观光等产业。目前已投入1.2亿元,建成1.5万亩设施大棚、3.9万亩喷灌滴灌、3万平方米育苗中心,建成覆盖全区域的先进智能设施、远程喷滴灌监控系统、蔬菜冷链配送中心、技术指导中心、投入品供应中心等。常熟现代渔业产业园区总面积1.04万亩,现已投入1.3亿元,建成投入运行的面积为5300亩,产业布局为4300亩高效生态水产养殖区、200亩科技培训休闲区、800亩大闸蟹健康养殖示范区及河网水利生态带等,配套设施水产产业培训中心、水产投入品物流中心、水产投入品管理中心、大闸蟹交易市场等已建成投用。

"多基地"就是古里现代水稻产业基地、海虞水稻种业产业基地、梅李超市蔬菜产业基地等12个各具区域特色的产业基地。上述基地聘请省农科院、南农大、浙江大学等院校专家实地勘测和资料分析,并进行了规划评审,明确建设主体、发展定位、发展方向,为常熟农业科技研发成果提供转化、孵化、示范应用的平台。

"一中心、二园区、多基地"的创新发展模式的打造,扩大了国家农业科技园区的影响范围,提升了园区吸引人才、吸引资金、吸引技术的能力,发挥出了国家农业科技园科技引领、示范、带动作用。

### 强化科技支撑，产业提升增强综合效益

按照率先实现农业基本现代化的目标，以及加快推进城乡一体化步伐的要求，园区不断创新工作，在高起点规划建设的同时，强调示范辐射带动作用的发挥。建园以来，先后承担国家、省、市级农业科技与开发项目509项，其中国家级基础项目4项、省级项目130项、苏州市级项目65项、常熟市级项目285项，获得国家、省、市科研经费支持3800多万元。园区目前累计引进新技术136项、国内外优良新品种398个，获得苏州市级以上农业科技成果40项，成果推广的社会经济效益达37亿元，成为农业科技集成示范平台。园区通过高新技术和先进实用技术的引进、组装和成果示范推广，显著提升了适应地方农业急需的技术开发应用能力，并拓展了农业生态等功能。

提升了优质品牌稻米产业。近年来，常熟市农科所在端木银熙的带领下先后育成了"太湖粳系列"、"常农粳系列"及"常优系列"等18个新品种（组合）及不育系，累计推广面积达3650万亩，最高亩产达到910.8公斤，平均亩产623公斤，累计增加产量超过10亿公斤，增加社会经济效益达10多亿元。2011年园区成立国家杂交水稻工程技术研究中心常熟分中心，袁隆平院士专程来常熟参加揭牌投用仪式。园区成功打响了"田娘"、"金龙"稻米品牌，成为最受苏州市民欢迎的"金奖大米"。

提升了高效设施蔬菜产业。园区坚持"整体规划、适度超前、分步推进、突出特色、错位发展"原则，加快建设蔬菜信息化大棚、智能化育苗中心，实现了大棚管理智能化、远程信息化，通过增加防虫网室、大棚、喷滴灌设施，高效设施化比重由40%提高至70%，钢架大棚面积增至4.2万亩，节水灌溉面积超6万亩，防虫网栽面积1.7万亩。园区联合南京理工大学率先开展远程监控系统信息化技术在节水农业中的应用研究，建成目前国内领先的董浜节水灌溉远程监控中心，监控全区80个节水灌溉泵房及3.9万亩菜地，直接受益农户1.1万户。园区目前每年向市场提供80万吨优质蔬菜，成为苏州市最大的"菜篮子"基地。

提升了优质特种水产产业。围绕地方特种水产（虾、蟹）产业的升级转型，园区组织实施了3万亩特种水产（虾、蟹）高效生态养殖技术集成示范、质量安全控制技术研究与开发等科技项目，强化了科技对产业发展的支撑

与引领功能。建立了河蟹与对虾池塘无公害健康养殖技术体系,推广河蟹无公害生态养殖面积 2.35 万亩,亩均效益 2354 元;推广南美白对虾无公害健康养殖面积 1.11 万亩,亩均效益达 3000 元左右。成功打响"沙家浜"水产品牌,阳澄湖大闸蟹等产品享誉中国,远销海内外。

在园区主导产业提升发展的同时,园区又从当地经济社会城乡一体化协调发展出发,拓展设施花卉与瓜果产业面积 1.2 万多亩、农业休闲观光产业面积 1.5 万多亩,既提高了农业的效益,增加了农民的收入,又提升了农村的环境和品位。

### 注重机制创新,强化保障促进持续发展

按照城乡一体化要求,园区要以核心区为重点,示范区为纽带,坚持经济效益、社会效益、生态效益并举,创新机制保障园区持续、高效、健康运行和发展。

一是建立起政府搭台、企业参与、社会联动的园区经营管理体系。园区专门成立了由市委分管副书记任组长、市政府分管副市长任副组长的常熟国家农业科技园区协调领导小组,加强对园区规划建设工作的组织领导和监督指导,负责资金、人才政策及土地租赁、流转政策的制订,并做好沟通上下、协调各方的相关工作。领导小组下设办公室,负责园区日常工作。由常熟市级职能部门负责人及省农科院专家组成园区管理委员会,负责园区的统一规划、基础建设、项目执行和具体实施。常熟市委、市政府出台了《关于加快江苏常熟国家农业科技园区建设的若干意见》,明确了 10 条措施,为园区建设和园区龙头企业的发展提供优惠政策,吸引科技人员、企业家入园创新创业。园区先后入驻企业 71 家,其中规模超过 1000 万元的 36 家、超5000 万元的 18 家、超亿元的 10 家,累计吸纳就业人员 1.74 万人。

二是建立起科技集聚和扩散专家服务体系。依托省农科院、南京农业大学、扬州大学等高等院校、科研机构,围绕园区主导产业发展,先后聘请 12位省内知名专家,建成 5 个机制灵活、富有实效的"专家大院"。"专家大院"按照"六个一"要求,构建"专家＋农技推广机构＋农民"、"专家＋基地＋龙头企业"等运作模式,采取课题研发、新品引进、联合攻关等支撑机制,为常

熟农业现代化发展搭建起了研究、示范、推广、培训和产业开发的平台,为农村产业结构调整和农民增收提供了强有力的科技支撑。

三是建成科技成果示范推广培训体系。园区每年推广应用一批新农机、新品种、新技术、新农艺,扎实开展科技入户工程、农民培训工程,举办各类农民实用技术培训班和专家科技现场咨询活动,受益群众每年达5万人。通过培训,极大地提高了农民的种养技术水平,目前所有专业大户及村级农技员均达到了中等专业技术水平,有1.4万名职业农民持有绿色证书(专业上岗证书),有306人经评审成为具有职称的农村专业实用人才,有效提高了农民科技素质和经营能力,使大量农民从种养环节转移到营销服务等环节,仅园区企业直接吸纳就业已累计超过12万人次,有效拓展了农民增收致富的空间。

# 鱼腥虾蟹爬上高科技塔尖

## ——探秘相城区国家现代农业产业园

在"中国阳澄湖清水大闸蟹之乡",相城区阳澄湖镇东北部的阳澄湖北部湾,建起了一个规划面积5万亩的现代农业产业园,以"特种水产养殖、花木培植、果蔬生产"为特色,以高科技为抓手,打造"生态为体、田园为衣"的科技农业、旅游农业。

不久前,以阳澄湖现代农业产业园为核心,相城区跨入了国家级现代农业示范区,阳澄湖现代农业产业园里的高科技,越来越吸引人们的眼球。

## 生态养殖养有机大闸蟹

走进已经完成基础设施建设的阳澄湖现代农业产业园4000亩启动区,展现在眼前的是巨大的生态养殖网,一条条流淌着清水的渠道纵横交织,分割成一块块20来亩大小的标准化蟹塘,塘岸上栽上了枣树、梨树、桃树、梅树、板栗树、枇杷树、石榴树、柿子树。

作为苏州市城乡一体化综合配套改革先导区的重要板块,阳澄湖现代农业产业园自2009年3月启动建设以来,坚持以"科技农业、旅游农业"为目标,以"特种水产养殖"为特色,以"规模化、集约化"为理念,以"高科技、高投入、高产出"为定位,加快建设。产业园按照"一次规划、分步实施"的方式,聘请江苏省工程咨询中心编制了五年发展规划:2009年,启动一期5000亩建设,建成了高效生态渔业区、农耕体验、休闲垂钓区和农业科技研发区"四大功能区";2010年,启动二期1万亩建设,建成名特优水产品养殖基地、智能型工厂化养殖基地、阳澄湖大闸蟹良种繁育生产基地和F1代青虾良种繁育生产基地"四大基地";2011年,启动三期1.8万亩建设,建成高效生态养殖基地和优质水稻种植基地"两大板块",其中水稻区已于当年投产,养殖区2012年成功组建94家小型农民专业合作社,以现代农场模式开展生产养殖。

如今,高效生态渔业区已被列为全国水产健康养殖示范场和省农业标准化示范区,而标准化蟹塘组成的3000亩蟹塘,是同苏州市水产技术推广站合建的中华绒毛蟹种质资源保护基地。据了解,蟹塘是2009年冬季断水清淤后由一些二、三亩的小鱼塘改造而成的。每只塘在20到30亩之间,清淤后塘里几乎不含重金属和农药残留,并配备了高科技的增氧设施和尾水净化设备。3000亩蟹塘分成4个区域,每个区域建立独立的进排水系统和尾水消毒净化区,安装了水质在线监测系统和病害远程治疗系统。区内应用了循环水养殖模式,养殖尾水先排入一级净化池,通过水生植物进行生态净化,然后排入二级净化池,通过从美国引进的"阿科蔓生态基"进行二次净化,不仅降低了养殖尾水的氨氮、总氮、总磷,提高了养殖的质量和产量,还缓解了阳澄湖水的富营养压力。阳澄湖人创造的这一改造经验,被省海洋与渔业局在全省推广。

标准化蟹塘里爬满了螺丝,塘中还长着一簇簇水草。据蟹农介绍,这些都是大闸蟹的"美食"。除了这些生态饲料,养殖区定点使用进口绿色饲料和一些没有农药残留成份的粗饲料,并将自己配制的生物制剂和中草药混合到粗饲料中,定期对大闸蟹进行病害预防。蟹塘里还套养了F1代太湖青虾和少量鳜鱼,既改善水质,又增加经济效益。

高科技养殖提高了阳澄湖现代农业产业园高效生态养殖区的产品品质,拥有的"菊花"牌阳澄湖清水大闸蟹、鳜鱼、青虾通过了国家绿色食品认证,荣获"江苏名牌农产品"、"苏州名牌产品"、"苏州市十大农产品"。2012年,每亩蟹塘不仅出产80公斤大闸蟹,还出产30公斤左右的青虾和5公斤左右的鳜鱼,亩均产出8500元。

## 5000平方米温室年创收1.5亿元

作为高效渔业示范区,阳澄湖现代农业产业园与省淡水水产研究所、中国水产科学研究院淡水渔业研究中心、中科院南京土壤研究所、中国海洋大学、苏州大学建立了产学研合作关系,并聘请了中国海洋大学雷霁霖院士及其团队、中国水产科学研究院淡水渔业研究中心主任徐跑、省淡水水产研究所教授周刚等多名技术顾问,被省海洋与渔业局列为"渔业科技成果转化基地"。

在阳澄湖现代农业产业园的西北角,有一个5000平方米的智能型工厂化养殖基地,引进美国技术,养殖金斑鱼、宝石鲈、太阳鱼、鲥鱼。智能型工厂化养殖基地形成规模后,一年的创收可以超过1.5亿元,每平方米达3万元。

在金斑鱼养殖区里,一只只养殖池中放养着蝌蚪般的美国金斑鱼等名贵水产品。每天相同的时段,老师傅们一边敲打着饲料碗一边把细细的饲料撒进养殖池,而蝌蚪般的金斑鱼好像长着耳朵,听见敲碗声便从四面八方游向老师傅的身边。据了解,这是国内唯一的美国金斑鱼工厂化养殖育种基地。1条金斑鱼种鱼价值1.2万元,阳澄湖现代农业产业园引进了22条。2010年,育种基地育出了5万尾金斑鱼,2011年形成200万尾规模。产业园打算在向周边地区提供种苗的同时,自己养殖10万尾。养大的金斑鱼80%出口,产业园将在出口创汇上实现突破。

阳澄湖现代农业产业园十分注重借智发展,先后与中国水科院淡水渔业研究中心、江苏省淡水水产研究所和苏州大学等科研院校建立产学研合作,成功引进金斑鱼、鲥鱼、花鲈、太阳鱼、宝石鲈等9个名特优水产新品种,研发应用海水鱼类淡化养殖、名特优鱼类人工繁育、水质在线实时监测技术等6项新技术。在优质健康种植技术方面,还与江苏省农业科学院、南京农业大学和扬州大学等科研院校建立产学研合作,引进南粳46号、苏香粳3号、低糖W3660等新品种,添置了全自动播种、收割、烘干、轧米、包装一体化设备,实现了稻麦全程机械化生产。

阳澄湖现代农业产业园通过组建科研团队、成立研发中心、建设实验基地,重点加强水产品良种自主研发与推广工作,目前已建成"江苏省省级青虾苗种繁育基地"。产业园先后与中国海洋大学共建雷霁霖院士企业工作站,重点突破海水鱼类淡化育苗和养殖核心技术;与美国孟菲斯大学共同投资,重点研发淡水鲥鱼、苏眉等名特优水产品苗种繁育技术;与常熟理工学院开展产学研合作,研发当地名贵鱼类塘鳢鱼的苗种繁育及养殖;与湖南师范大学共建刘筠院士企业工作站,重点开展四大家鱼的苗种繁育技术研发与推广。

江苏省农委 2010 年统计数据显示,在已建成的 2.9 万亩高效渔业养殖基地中,阳澄湖现代农业产业园纳米微孔增氧设备覆盖率、自动饵料投喂机覆盖率均达 100%,渔业机械化、设施化、科技化水平位均列全省首位。特别是在渔业物联网信息系统建设方面,产业园综合应用水质在线实时监测、远程红外监控和病害远程诊疗等系统,确保养殖生产安全。

## 三个原种基地计划打包上市

阳澄湖现代农业产业园虽然建办时间不长,但已经拥有"池塘溶氧比色测定计"等专利和"连片池塘运用综合技术培育出口大闸蟹"、"重要海洋鲆鲽鱼类繁殖生理调控研究"等技术成果,承担了科技部星火计划项目,成为苏州市十佳现代农业示范园区、农业部中华绒螯蟹青虾标准化示范区和水产健康养殖示范场、江苏省渔业科技成果转化基地和农业标准化示范区、国家现代农业示范区。

围绕"高效生态渔业区",阳澄湖现代农业产业园配套建立了工厂化养殖区、水产批发交易区、农业科技研发区、农产品加工区、生态休闲农业区 5 大功能区。工厂化养殖区是与中科院南京土壤研究所及锡华口美公司合作建立的,水产批发交易区涵盖仓储运输、加工包装、批发零售等多个功能,农业科技研发区承担水产技术研发、水质及农产品检测、技术人员培训,农产品加工区引进阳澄湖"湖八鲜"等农产品深加工企业,生态休闲农业区包括休闲垂钓、农耕体验等。这 5 大功能区在阳澄湖畔形成了一条特色产业链,带动着农业转型、产业升级、农民增收。

产业园按照"自主积累、滚动发展、规范管理、高效运作"发展模式,吸引民间资本组建公司投资,协助老百姓组建农民专业合作社入股经营,投资 2.5 亿元成立"苏州市阳澄湖现代农业发展有限公司",下设特种水产养殖、渔业科技中心、依科曼生物农业和农耕俱乐部等八个子公司,具体负责产业园的建设、生产和管理工作。截至 2011 年底,产业园社会资本投资的入园农业企业 7 家,其中省级龙头企业 1 家,市级龙头企业 3 家,注册资金合计

8250 万元；现有入园农民专业合作社 4 家，其中省级"五好"农民专业合作社 1 家，市级农业龙头企业 1 家，注册资金合计 975.5 万元。

几年来，阳澄湖现代农业产业园带动周边 3000 多户农户增收致富，农户除了以资金方式入股合作社享受 14% 保底分红外，还可以劳动力方式参与合作社经营，获得每月 1500 元的保底工资，人均收入比传统生产养殖增加约 10%。产业园的阳澄湖现代农业发展有限公司当选了江苏省河蟹产业技术创新战略联盟理事长，入选国家"千人计划"，并通过了 ISO9001:2000 质量管理体系认证。

作为"全国水产健康养殖示范场"，阳澄湖现代农业产业园的高效生态渔业区现在是与苏州市水产技术推广站合作的中华绒毛蟹种质资源保护基地、苏州市 F1 代太湖青虾原种基地、国内唯一的美国金斑鱼工厂化养殖育种基地。产业园有一个大胆的构想，以美国金斑鱼工厂化养殖育种基地为主体，3 个原种基地结合园内其他产业打包上市，使现代农业跃上新的发展平台。

# 务农不再艰辛  农业也能强村
## ——常熟市董浜镇发展现代农业推进城乡一体化的探索

近年来，董浜镇以统筹城乡发展为主线，以增加农民收入为目标，在加快工业化、城镇化的同时，积极探索"农业强村"新路子，大力发展现代农业，坚定依靠科技进步和体制创新提高农业产出效益、农民收入水平和农村发展能力，农业向现代化、规模化、生态化、品牌化方向不断拓展，不仅壮大了村级财力、增加了农民收入，也促进了镇村社会事业发展，农民幸福指数不断提升。如今的董浜，传统农业观念被颠覆，粗放农业方式被转变，广大农民尝到了"轻松、清洁、高效"农业的甜头，农业劳动不再是"苦难劳作"、"低效职业"，而是有效益、有尊严、有乐趣的体面劳动。目前，全镇基本形成了3.9万亩蔬果、1.24万亩水稻为主的农业产业格局，并逐步实现了农产品从良种选培、种苗培育、田间生产、初加工、物流配送、市场营销的完整产业链。2012年常熟（董浜）农业园区完成总产值30132万元，年亩均效益9230元。

在大力推进经济转型升级的今天，如何推进农业转型升级，优化农业产业结构，提高土地产出率，实现强农富民，无疑是乡镇领导必须认真调研和践行的重要课题。常熟市董浜镇对这一课题进行了有益的探索与积极的实践。近年来，董浜镇以现代农业园区建设为载体，积极探索"设施、科技、生态、规模"的现代农业之路，注重提高农民组织化程度，搭建农产品现代营销平台，构建起了以政府为主导、合作社为主体、农民广泛参与的现代农业经营模式，农业综合效益不断提高，农民种田积极性、种田收益显著提升，农业园区也被命名为省级现代农业产业园区。

### 一、大力发展设施农业——高投入高产出提升综合效益

在上级政策的扶持下,董浜镇注重加强道路、沟渠以及节水灌溉、钢架大棚等农业基础设施的投入和改造,自 2007 年 5 月至今,董浜镇已累计投入资金 2.75 亿元用于农业设施建设和环境改造,目前全镇农业园区设施化水平大幅提升,农业生产条件大幅改善,综合效益明显提高。和露地种植相比,设施栽培具有种植周期更长、附加值更高的的特点。以董浜镇常规蔬菜种植为例,露地栽培年亩产值普遍在 6000 元左右,除去成本,净收入在 3500 元左右;而采用标准单体大棚,年亩产值一般在 1.5 万~1.8 万元,净收入可达 0.8 万~1 万元。为了鼓励农民通过发展设施农业提高种植收入,董浜镇每年都会根据上级文件要求拟定奖励政策,逐步加大对大棚、防虫网栽、农资、农机等农业装备的补贴力度,提高了农民发展设施栽培种田的积极性。目前园区拥有智能温室大棚 2.5 万平方米、钢质大棚 8000 亩、连栋防虫网室 1000 亩。园区节水灌溉远程监控服务中心、种苗培育中心、农产品冷链配送交易中心等园区十大中心为农业企业、农民合作组织及农户提供全方位社会化服务。

### 二、大力发展节水农业——轻松收获三大效益

水利是农业的基础和命脉,改善农业生产条件必须首先改善灌溉条件。自 2002 年开始,董浜镇在水利部门的大力支持下,着力建设农田微观水利工程。目前,园区建成高效节水灌溉基地 80 座,总覆盖面积 3.9 万亩。节水灌溉设施直接通往农户地头,灌溉费用低,农民只需拧开喷头就能轻松灌溉。为实现对节水灌溉泵站的智能监控和管理,董浜镇又投资建设了现代化的节水灌溉监控服务中心,实现了对每座节水灌溉泵站的实时视频监控。高效节水灌溉技术的运用彻底改变了过去挑水灌溉的传统方式,具有良好的经济效益、社会效益和生态效益,不仅提高了农业生产效益,减少了农业面源污染,降低了劳动强度和劳动成本,还能使农田亩均增收 1000 元以上,受到了广大农户的欢迎。

### 三、大力发展智能农业——"一部手机"搞定科学种田

"摆弄摆弄手机,就把种菜的事搞定了",这是时下董浜镇智能农业发展的真实写照。2010年10月,董浜镇政府与中国电信常熟公司、南京理工大学等单位合作,开发国内领先的基于物联网的一体化智能管理平台,打造全新物联农业。目前,董浜镇现代农业产业园区的设施农业大棚已全部安装了智能化灌溉系统,农户只需在家轻击手机屏幕,就可以操控远在数公里之外蔬菜大棚内的遥控水管、施肥、二氧化碳、水泵、风机及补光灯的开关。同时,大棚内安装了传感器系统,农户只需通过电脑或3G手机登录平台,随时随地均可远程监控温室大棚内的农作物。通过3G技术和物联网的应用,蔬菜大棚的监控管理不再受到时空局限,智能化的蔬菜种植方式令人耳目一新,董浜的农民由此也过上了现实版的"开心农场"生活。

### 四、大力发展品牌农业——金字招牌促进销售

农业发展最困扰农户的是"卖难"问题。过去,农业比较效益不高,一个突出原因是农业生产处于产业链低端,农民只会生产不会市场营销。董浜镇坚持以市场为导向,有意识地用企业理念管理农业,实现"种"与"销"的无缝对接,搭建了"农超对接、农网对接、农企对接、农校对接"四大营销平台,并按照"集体带头、农民参与"的原则,因地制宜构建"一村一品"发展模式,扩大规模经营面积,多渠道、多形式开展优质产品,拓展销售渠道。2010年,董浜镇依托常熟市实施村企挂钩政策的机遇,多方投资建起了面积6820平方米的曹家桥农副产品交易中心冷链配送中心,利用常客隆连锁超市的强大网络,辐射带动周边农户种植无公害绿色蔬菜,集中打出"曹家桥"品牌。

在巩固以往销售渠道的同时,近年来董浜镇又探索发展"农批对接"、"农市对接"。目前园区已与苏合集团、苏报集团、苏州大学、苏州科技学院、苏州国税等机构建立配送关系,直接让"菜园子"对接"菜篮子",保障农民种田收益。2012年,董浜蔬菜在上级部门的支持下成功进驻苏州南环桥蔬菜交易市场,开展地产农产品的批发、配送业务,日配送量60吨以上,使更多的苏州市民吃到新鲜、优质、安全的本地农产品。如今,董浜镇"曹家桥"

蔬菜、"乐百姓"大米、"徐市"葡萄等农产品影响力不断扩大,种田农户为自己手中拥有"名牌"而增强了务农的劲头。

### 五、大力发展规模农业——"集体经营"壮大农村经济

在农业生产经营模式方面,董浜镇引导农民由家庭分散经营向专业化的规模集体经营转变,既传承"农户——基地——经纪人"的组织模式,又探索建立新的集体组织载体,通过"合作社+农户"的经营模式,依托规模抱团优势,提高劳动产出水平,实现农民、集体双赢。该镇积极鼓励和发展农民合作经济组织,以多种形式,进行土地流转,流转的土地由各专业合作社集体经营,依托规模抱团优势,统一农资购买、统一种苗、统一生产管理、统一品牌、统一销售,提高劳动产出水平,保障种田收益,实现农民、集体双赢。目前全镇已经成立蔬菜专业合作联社、稻米专业合作联社等农村合作经济组织 55 家。各蔬菜专业合作社种植了包括芹菜、华王青菜、毛白菜、辣椒、甜椒、茄子、豇豆、黄瓜、包菜、花椰菜、西兰花、生菜在内的多种无公害蔬菜。出让土地经营使用权的农户除土地使用权出让费收益外,还可到合作社基地或其他单位打工,增加劳务工资性收入。

规模化产销有利农业投入品的管理及农产品质量安全控制,提高了土地产出率,扩大了规模优势,有利于农产品品牌化运作,提升了合作社经营能力。同时合作社加强同大专院校、科研单位的联合,提高园区科研开发能力,提高新品种、新技术、新农机、新材料运用能力。

董浜镇对有强烈种植愿望的农户,加大政策扶持力度,培育种植大户,发展职业农民,鼓励他们扩大经营面积,提高土地产出效率,增加自身收入。近几年来,全镇村级平均可用财力年均增长 22.2%,农民人均纯收入年均增长 13%,2012 年达到 21194 元。

董浜镇的探索有以下几点启示:

**第一,发展现代农业必须坚持政府主导。**董浜镇领导深刻认识到,农业不仅具有"保供给、稳天下"的基础地位,也具有增加就业、改善民生、优化生态、促进文明的功能。因此,在城乡一体化改革实践中,必须把现代农业建设放在十分重要的地位来抓紧抓实抓好。发展现代农业、推进城乡一体化,

首先要坚持以政府主导,加大政府对农业的政策扶持和财政支农力度,摈弃"重工轻农"意识,带领农民发展现代农业,转变农业发展方式。董浜现代农业发展模式就是以政府为主导、合作社为主体,农民广泛参与的农业发展模式,镇政府每年都出台促进现代农业发展的鼓励政策,持续加大基础设施的投入和建设力度,首先改善农业生产条件,带领农民发展现代农业,广大农民的种田积极性不断提高。"农业发展难,党委政府重视就不难",农民由衷之言,反映了董浜农业发展确实有着强劲的政府带动力、农民内生力。

第二,发展现代农业必须坚持普惠农民。农民是发展农业的主体,发展现代农业不仅需要政府推动、组织创新,更需要作为主体的农民群众的积极参与。只有充分调动广大农民的种田积极性、让农民广泛参与才能真正实现农村、农业的可持续发展。为此,必须健全强农惠农的普惠机制,通过政府政策、资金的引导,加大基础设施的投入力度,提高农业基础装备水平,变"弱势农业"为"强势农业",形成"争产、争效、争先、争优"的农业考核激励指标体系,为农民科学种田创造良好条件,带动农民回归农田、扎根农田,使广大农民可以种、愿意种、科学种、种了赚,提高农业产出率、科技贡献率、生态修复率、农民满意率。

第三,发展现代农业必须坚持现代理念。一是变"露天作业"为"车间作业",有效推进科技武装农业、设施装备农业、人才支撑农业、信息支持农业。二是变"苦累、脏穷"农业为"轻松、快乐"农业,坚持走"生产发展、生活改善、生态优化"的农业发展道路,让农民直接尝到"轻松、清洁、高效农业"的甜头。三是变"传统农民"为"新型农民",加强政府引导、各方配合,全力解决农民在农业发展中的"不想种"、"不会种"、"不敢种"、"不会卖"的问题;以效益吸引农民、以科技提高农民、以组织集聚农民、以设施轻松农民、以文化改变农民,从整体上提升农民的科技文化素质,用质量优势、规模优势、组织优势、品牌优势参与市场竞争,使农民真正成为"会种田、会营销、会致富"的现代农民。

经过积极探索,目前董浜镇已初步走出了一条转变农业发展方式、实现农业转型升级的实践新路,不仅收获了现代高效农业发展的成果,而且闯出了工业发达地区农业发展的新路径,极大地改变了"农业短腿"、"农业旱中

晚"的副业现象,优化了乡镇投资发展格局,展现出一副"强农强村又富民"、
"工业农业同步走"的新农村建设新局面。

# 生态空间就是发展空间

## ——昆山花桥"万顷良田"促进土地资源集约高效利用

花桥,天福村。沪宁城铁列车呼啸而过,如果列车开得慢一点,乘客透过车窗会发现,这里有良田万顷,满目田园风光。

2011年7月19日,花桥经济开发区的"万顷良田"顺利通过江苏省国土资源厅专家组验收,成为全省第一个通过验收的万顷良田项目。

在现代化进程中,昆山并未让鳞次栉比的高楼成为这座城市唯一的风景,而是以一种经济建设与生态文明和谐共进、传统文明与现代文明交相辉映的方式,诠释着科学发展的大命题。

### 一块绿色田地,多个发展空间

花桥地处苏沪交界,素有"江苏东大门,上海后花园"之称。

花桥经济开发区是全国唯一的以现代服务业为主导产业的省级开发区。作为江苏省现代服务业的集聚区和示范区,按照"融入上海、面向世界、服务江苏"的总定位,全力打造国际商务城,发展金融服务外包、企业总部区域、展览展示、现代商贸等现代服务业。近年来,花桥荣获了中国10大最佳服务外包园区、全国商务开发区最具投资价值品牌、全国金融外包服务客户满意最佳典范品牌等一系列称号。

2011年,全区地区生产总值突破百亿元,尤其是服务业增加值保持强劲增势,达67亿元,增长34.03%。在现代服务业风生水起的经济开发区,为什么要花大力气建万顷良田?

花桥经济开发区有关负责人表示,随着经济快速发展,土地资源的瓶颈制约越来越明显,而实施"万顷良田"工程,是促进农业由分散经营向规模经营转变,传统农业向现代农业转变的具体举措,是实现土地资源集约高效利用的有效手段。"万顷良田"的建设,至少赢得了三个发展空间。

其一是拓宽了城市发展空间。实施"万顷良田"工程,在解决城市发展土地瓶颈的同时,通过对农村建设用地的控制和减少,来增加城市建设用地指标,缓解了城市建设用地矛盾,跳出了城市发展依赖外延扩张的传统发展模式,有效集约、节约了土地资源,是非常好的用地制度设计和用地制度创新,腾出了城市发展的空间。

其二是拓宽了农业发展空间。实施"万顷良田"工程,彻底打破了传统的一家一户分散的经营模式。建成后的7000多亩农田集中成片,有利于发展现代农业和高效农业。都市农业和旅游观光农业,有利于提高农业发展水平和产出效益,有效提高规模经营水平,有利于加快农业现代化进程,拓展了农业现代化的发展空间。

其三是拓宽了农民增收空间。实施"万顷良田"工程,农民把土地流转村土地股份合作社统一经营管理。农民得到土地流转费每亩每年600元,这样有了一笔保底收入。实际上,近年来,花桥离地农民实际人均收入远远超过全区的平均水平。

## 以三个"双"破解三个发展难题

"万顷良田"位于花桥经济开发区北部,涉及天福村、新胡村和蓬善村三个行政村。项目总面积为7006.79亩,进行整治后新增耕地面积565.18亩,整治后的土地全部达到基本农田建设标准。

曾经零星分散的小块农田、穿插于地头田间的零散农居、随意铺展的自然村庄以及街头巷尾边边角角的闲散土地,经全面整治连成一片,在新建的沟渠、桥梁、涵洞以及众多机耕路的勾勒下,变成网格状的标准农田。

花桥也是苏州市城乡一体化发展综合配套改革先导区之一。花桥城乡一体化建设的破题之举就是"万顷良田"建设,该区以三个"双"破解三大发展难题。

一是通过"双置换",解决农民自身利益问题。全面落实村级集体留用地政策,组建土地股份合作社,鼓励农户委托集体统一流转土地承包经营权,并将搬迁农户统一到安置集中居住区,逐步实现从土地承包经营权向土地股份合作社股份、从农村住房所有权向城镇住房所有权的转变。

天福村农民邓维新所动迁的住房是1984年建造的,总面积248平方米,现在动迁安置到镇天福苑小区,得到了三套住房。他说:"现在不但危房变新房,还净增资产60万元以上。"他家年均资产性收入可增加1万元以上。和邓维新一样动迁后得到妥善安置的农民,户均资产增值达100万元。在"万顷良田"建设过程中,昆山引导农民把土地承包经营权让渡给村土地股份合作社经营,实行土地换社保,确保了农民离地留权得保障,实现了被动迁农民利益的最大化。

二是通过"双集中",解决村级集体经济发展问题。集中使用村级预留土地,集中投入村级资产动迁补偿资金,由政府统一建设载体项目,将资产产权统一量化到各村,有政府统一经营管理,将经营收益按比例分配到各村。

三是通过"双调整"解决基层行政村管理体制问题。调整社区区域划分和管理范畴,实行撤村建居;调整村级集体资产管理办法,变分散管理为集中管理,推动农村向社区、农民向市民的转型。

### 创新发展模式,让农民幸福"上楼"

以人为本造福于民,科学规划不留遗憾。打造"万顷良田",昆山有针对性地选择在经济基础相对较好,第二、三产业较为发达,建设用地需求较旺的花桥国际商务城附近,工程建设所涉及的天福、新胡、蓬善三个行政村原有农田、村庄的改造又较为迫切,可谓众望所归,建成后的"万顷良田"又划入永久性基本农田保护区,这就不会给以后的规划留下遗憾。

在规划动迁农民安置房建设,特别是农民集中居住区的选址上,昆山征求、聆听了有关领导和专家的意见、建议,把城镇最好的地段留给农民建造动迁房,农民的动迁房建造做到了"三靠近",靠近城镇、靠近产业园、靠近市场,这样就大大方便进城后的农民就业、创业,同时更有利于带动增加农民的资产性收入。"万顷良田"建设项目区内涉及农户676户,企业23家,涉及城乡增减挂钩面积464.09亩,所涉农户全部搬迁到规划的新区公寓集中居住,搬迁企业统一安置进入工业小区,拆旧区现场全部复垦为农田。

"万顷良田"工程建设,涉及离地农民流转土地 6676 亩,每亩土地每年流转费 600 元,总计达 4000 多万元,对此昆山市、花桥经济开发区两级政府提供的坚强资金后盾,对工程的推进起到了关键作用。农民在流转土地的同时,拿到了土地流转费,就像是吃上了一颗定心丸。与此同时,政府确保了离地农民人人有工作、收入保增长,全面做到了离地农民 100% 有社保、100% 有医保。为帮助离地农民多渠道就业,政府免费开办各类提高农民劳动技能的培训班,帮助农民提高就业率。现在花桥离地农民的收入由四个方面组成:土地流转费;动迁安置后得到的资产性年收入户均 1.2 万元以上;来自村社区合作社的年度分红户均 1000 元以上;农民离地后再就业增加的工资性收益人均年收入在 3 万元以上。

昆山市国土局有关负责人说,"万顷良田"工程规划建设做到了四个有机结合:一是整个建设与推进城乡一体化发展有机结合;二是高效农业的规划与花桥国际商务城建设有机结合;三是土地股份合作社的经营与高效农业区规划相结合;四是富民合作社的经营项目与国际商务城的发展有机结合,体现了"万顷良田"工程鲜明的独特价值。

# 让动迁农民的"钱袋子"鼓起来

## ——苏州工业园区唯亭镇纪事

失了地却不失业,补偿金还能不断增收,各种能力的人都有施展自己才能的平台,这就是苏州工业园区唯亭镇近年来为动迁农民增收殚尽竭虑考虑的事。由于苏州工业园区的迅速发展,唯亭镇农民几乎100%失掉土地。唯亭镇始终把"率先发展"与"富民惠民"相结合,构建了一个具唯亭特色的居民长效增收机制,使城乡一体化改革发展的成果最大化地惠及全镇人民。统计数据显示:目前,全镇户籍居民中,实际劳动力就业率保持在98%以上;拥有创业、物业及投资性收入的户籍家庭占总户数近80%;2012年农村居民人均纯收入2.57万元,同比增长16.5%。

唯亭农民多年来憧憬的现代化城市生活,正在他们脚下这片熟悉的土地上逐步成为现实。

## 4000多公益性岗位让弱势群体定心

城市化进程中,就业是增收之本。由于文化层次较低、年龄偏大又缺乏专业技能等诸多因素,失地农民的就业问题一直是个全国性难题。但农民成为市民不能靠"生拉硬拽",必须让农民进了城有技能、有事做。为此,唯亭镇提出了"人人有技能、个个有岗位、家家有就业"的工作目标,不断加大就业市场和就业队伍的建设力度,努力为各种类型、各种层次、各种需求的失地农民构建了多元化的就业保障体系,确保了全镇动迁农民失地不失业、失地不失利。

该镇浦田社区位于园区最东边,东临昆山市正仪镇,北傍阳澄湖,辖区总面积约 5 平方公里。"民不富心不安、村不强心不甘",这几年,浦田社区以产业发展为突破,以民生改善为重点,以组织建设为保障,以构建和谐为目标,团结带领广大干部群众迎难而上、拼搏奋进,在发展村级经济解决农民就业方面做出了一番成绩。

在园区星湖街北端阳澄湖畔,浦田社区开发建设的浦田有机生态农业园就位于此处。这是园区仅有的 600 亩农地,对于习惯了都市现代生活的人们来说,这里是一处别样的风景:田里放养着鸭子,种着各色时令水果,最吸引人的是那个"阳光餐厅",数十棵大树矗立在餐厅内,每一道菜肴、食材都取自生态园内。开业短短一年时间,这里经常人气爆棚,周末节假日时更有人驱车几十公里从周边城市慕名而来,享受这里的现代农业休闲时光。

以浦田有机生态农业园为代表,浦田社区以集体带动农民入股形式创办了园区首家村级富民合作社——唯东打工楼富民专业合作社、唯亭镇首家获得资质的村级物业公司——唯亭唯东富民物业管理有限公司以及唯亭镇首家村级餐饮企业——浦田之星餐饮管理有限公司三大经济实体。2011年度,浦田各个经济实体实现营业收入 2200 多万元,红红火火的经营形势催生了旺盛的用人需求,浦田社区本着本地失地农民就业优先的原则,解决本地 40～50 年龄段劳动力达 200 多人。

在基本解决适龄劳动力就业的基础上,唯亭镇更加注重为"4050 年龄段动迁居民"和文化水平较低、劳动技能较差的动迁居民提供合适的就业岗位。全镇先后组建和完善了"物业公司、农服中心、环卫站"等三大镇级物业服务单位,将城市化发展中急需的保洁、绿化、保安等各类公益岗位,优先配置给"4050 年龄段"以及各类的弱势群体家庭。同时,近几年唯亭镇将"政府控制物业岗位、优先配置给弱势群体"的模式推广至全镇动迁社区,将全镇社区物业由之前的外包管理转变为社区自我管理,先后建立了 13 支社区物业公司,让社区在居民就业中发挥重大作用。通过三大镇级物业公司和 13 支社区物业公司,近年来唯亭镇已经累计为全镇弱势群体动迁居民提供各类公益性物业岗位超过 4000 个,基本上保证了全镇每户弱势家庭中至少有一人拥有适合的公益性就业岗位。

此外,唯亭还充分利用人力资源市场推动居民进企业工作。在充分调研各类企业用工需求的基础上,唯亭镇建设了 5000 平方米的人力资源市场,集"培训、就业、推荐、管理"于一体,引进了 30 家品牌型的就业中介服务机构,固定联系全镇 100 家左右劳动密集型的大型制造业企业,成为目前苏州全市乡镇中规模最大、设施最全、信息最广泛的综合型就业服务平台。唯亭人力资源市场根据镇内企业的用工需要,对全镇具有年龄优势和技能基础的动迁群众定期开展大规模的技能培训和上岗推荐,近年来全镇每年免费培训动迁居民超过 3000 人次、每年推荐企业上岗超过 2000 人次,基本解决好全镇适龄动迁居民的上岗就业问题。

唯亭镇精心打造的"就业市场和就业平台"两大体系,释放出强大的"海绵效应",成为解除农民对土地依附最好的"去粘剂"。目前,全镇超过一半的动迁社区已经成功创建为"苏州市充分就业社区",唯亭农民进城的脚步由此更加轻盈。

## 46家富民组织覆盖九成户籍居民

和绝大多数失地动迁农民一样,唯亭百姓面临着同样的幸福和烦恼:幸福的是,在农村动迁安置中,动迁农民都能获得一定的补偿收入;烦恼的是,由于农民个人能力有限,自己投资,多数人没能力,更担不起风险,动迁补偿资产很难发挥最人的增收效应。

为破解这对矛盾,唯亭加快构建独具特色的富民合作组织平台,推动全镇 18 个社区完成股份制改革,并积极组建各类富民合作组织,努力为居民资金保值增值开辟一条安全可靠的投资渠道,在苏州全市范围内率先进行了探索:2004 年,唯亭镇富民合作社成为苏州市第一个镇级富民合作社,目前已参股股民 4000 多户、吸纳股金 1.6 亿元、建成各类富民载体 22 万平方米,成为苏州市单个规模最大的富民合作组织;2011 年,唯亭镇新娄社区合作社成为苏州市第一个通过市场招拍挂获得土地建设富民载体的社区富民合作组织。目前,唯亭镇各类富民合作组织累计达 46 家,这些富民合作组织帮农民投资理财,推动动迁居民财产既保值增值,实实在在地成为农民最稳定可靠的"取款机"。

唯亭全镇富民合作组织在"组织个数、载体规模、股民人数、股金总量"

等方面均在全市乡镇处于领先地位：截至目前，46 家各类合作组织共吸纳股金 3.1 亿元，入股股民 1.3 万户、占总户数超 60%，预计 2～3 年内，全镇90% 的户籍居民将拥有股份收入，基本实现股份增收全覆盖。

富民组织在带动动迁农民增收的同时，也让勤劳的唯亭百姓思考是否还有更大的富民空间。作为经济组织的一种形式，富民合作组织也有提档升级、转型发展的过程，尤其是随着苏州及园区的经济转型升级不断深入推进，原来单个的社区富民公司、专业合作社普遍遇到了问题，比如投资建设富民载体、商业厂房改扩建等面临土地资源瓶颈，在富民载体定位招商上也应逐渐向高端化、第三产业等方向提升……唯亭人意识到，这一系列的问题都不是单个公司或者富民组织能够应对的，必须因时因势而动，突破原有富民组织规模小且分散、各社区发展不均衡的"小打小闹"局面，逐渐形成一批带动能力更强、辐射范围更广、富民效应更好的龙头项目和产业实体，从而实现富民组织和富民产业可持续发展，不断增加居民财产投资性收入，让百姓"钱袋子"鼓起来。

在这样的背景下，富民集团应运而生。2012 年初，唯亭镇对全镇富民产业和富民组织进行了大规模优化重组，由全镇 14 个社区股份合作社、18 个社区富民投资公司、镇集体资产经营公司、唯唯亭亭阳澄湖大闸蟹专业合作社共 34 个单位，共同出资成立园区第一家规模型的富民实体——唯亭富民集团，总注册资本 19 亿元，成为目前苏州市总体规模最大的富民发展实体。

作为合作社的升级版，富民集团通过整合镇、社区两级资源、资产、资金，抱团集约化发展，统筹经营运作和管理，避免了资源分散、小规模发展的局限，深入推进了资源资产化、资产资本化、资本股份化和股份市场化，实现了股份合作经济的转型升级和提质增效。它像一艘"航空母舰"，在富民集团的带领下，不仅可以推动富民大项目的建设，还能带动各社区富民组织不断成长，实现"两条腿"走路。一方面，富民集团能有效整合全镇富民资源，集中力量办大事，将富民资源统一布局，扩充规模、加快发展、提高意识，打破制约发展的瓶颈；另一方面，作为按照现代企业制度建立的集团公司，将规范管理、用人、考核以及财务等制度，建立董监事会制度，同时利用信息、资源等优势服务社区富民公司、专业合作社，以市场的力量监督、指导、规范、推动它们的发展。

所以,富民集团甫一成立就起到了立竿见影的效果:成立几个月就投资建设了三大富民载体(星华产业园、新镇商贸中心、富民科技园),培育本镇经营性创业户达到300多家、带动本地就业800多人,充分发挥了公司在全镇居民就业创业和股份增收中生力军与领头羊作用。

接下来,唯亭富民集团将积极参与唯亭城市开发和产业转型,重点投资建设"科技创新、商贸服务业、现代农业"等三类重点载体,力争3年内各类载体年均租金收入超过1亿元,形成一批具有带动效应的现代产业基地,待条件成熟时申请上市,力争成为苏州富民实体第一股。

## 一二三产业齐上培育众多的创业群体

如果说,"充分就业"可以保证动迁居民基本生活无忧,那么,"促进创业"则是缩小城乡收入差距的有力举措。

唯亭镇决策层认为,促进动迁居民创业更应该因地制宜、因人而异。在具体工作中,唯亭镇根据动迁居民的劳作传统、技能特点和产业基础,坚持"宜工则工、宜农则农、宜副则副、宜商则商"的原则,量体裁衣地为动迁居民搭建起一系列创业平台与载体,从而满足了不同人群的创业增收需求。

"一产转移"培育外出种养创业群体。对农村动迁居民而言,从事种植养殖依然是他们最基本的技能。针对"征地动迁中失去生产资料的失地农民和上岸渔民",唯亭镇制定和出台了《扶持本地居民赴外创业的优惠政策》,为赴外种养居民提供了"信息服务、产品销售服务和资金奖励"等一揽子的保障服务政策,积极鼓励和引导当年的种植大户和养殖能手带领群众赴外地从事规模化的承包种养,有效促进动迁居民从"本土就业"向"外出创业"的快速转型。2006年唯亭镇浦田社区组织10多户养殖大户到镇江句容承包5000亩林地,拉开了唯亭外出种养创业的大幕;到2011年年底,全镇已经有11个动迁社区共710户失地居民和上岸渔民实现了外出种养创业,累计在苏北、浙江等地承包各类农田、林地、养殖水面合计达到3.6万亩,每户年均收入达到6.5万元以上,同时也有效带动本地农业就业人数超过1000人。

"二产配套"盘活家庭作坊创业群体。唯亭镇以前存在一定规模的手工作坊群体,在动迁安置中这些传统作坊户均失去了生产场所。近年来,唯亭镇结合全镇工业化进程,推动全镇"传统作坊产业"向"工业配套产业"转型,先后规划建设了10万平方米的富民作坊创业园,以优惠的租金提供给传统的作坊户设立加工制作、工业配套等生产场所。目前全镇培育手工制作及五金加工等家庭作坊创业户达到350家、户均年收入达到10万元,已经成为唯亭最具特色最具活力的创业群体。政府的强力扶持和有效推动,也让唯亭镇传统作坊产业乘着新型工业化的春风,迅速焕发了新的生机与活力,近年来全镇已经有30多家作坊户已经从小小的作坊园中跃出龙门,发展成为初具规模的特色工业企业,其中更有2家企业已经成为唯亭镇企业赴创业板上市的后备力量,小小的作坊产业园已经开创了唯亭居民创大业做大事的大天地。

"三产繁荣"壮大个体经营创业群体。近年来,唯亭镇以及下属各社区先后建设了装饰市场、农贸市场、商业广场、美食餐饮街等商贸富民载体80多万平方米。在此过程中,唯亭镇充分利用各类富民载体的创业带动效应,发挥阳澄湖大闸蟹等资源优势,大力引导和扶持本镇居民从事餐饮、商品零售、运输等本镇个体经营,不断壮大经营型创业群体。其中最典型的是唯亭阳澄湖大闸蟹产业,仅一个2万平方米的"唯唯亭亭阳澄湖大闸蟹交易市场",就培育大闸蟹养殖户及专卖户450户、经纪人150名、个体运输户100人,实实在在地发挥了良好的创业带动效应。目前,特色资源和商贸载体这些创业流水线,源源不断地孵化出庞大的创业经营群体,各类工商经营户累计接近3500户、占全镇总户数达到30%、户均年收入超过10万元。

富民无止境,民生永优先。如今,唯亭镇已明确,将进一步把"城乡一体化改革发展"融入"全镇率先基本实现现代化"的工作实践中,确保2012年底前全镇经济社会发展各项指标均达到基本实现现代化的总体考核目标,让全镇农村居民生活得更加幸福美好。

# "金千灯"的现代化之路

千灯作为苏州市城乡综合配套改革 23 个先导区之一，近年来在产业发展、城乡建设、农民增收等方面走在了苏州乃至全省前列，成为昆山展示城乡一体化建设成果的"窗口"乡镇。

伟大思想家、爱国学者顾炎武的故乡，"百戏之祖"昆曲创始人顾坚的诞生地——拥有 2500 多年悠久历史的古镇千灯，自古物阜民丰、人文荟萃。

千灯又有"金千灯"美誉，不仅因为深厚历史文化，在经济发展大潮中，她也始终勇立潮头。早在 20 世纪 50 年代，这个镇的西宿乡两年就合作化了，被毛主席赞扬为"群众中蕴藏了一种极大的社会主义积极性"。如今，身处昆山这个全国改革开放 18 个典型地区之一的"先行军"队伍，千灯的各项事业可圈可点。

率先基本实现现代化，是昆山继全面小康之后的又一宏伟发展蓝图。千灯以现代化目标为动力，以城乡一体化建设为抓手，探索出一条从传统农村向现代化农村转型的成功实践之路，经济综合实力跻身全国千强镇之一。

2012 年，预计全镇可完成地区生产总值 128 亿元，工业总产值 440 亿元，公共财政预算收入 11.8 亿元，农民人均纯收入达 24500 元，城乡收入比缩小到 1.6∶1，经济社会继续保持又好又快发展。

**农业现代化是个啥模样：规模经营，田块方正，机械耕作**

千灯是旅游重镇，一年游客 150 多万人次。不少游客来了之后，总忘不

503

了要看一看千灯的农业:生态园的万顷良田,花博园的百紫千红,农博园的热带风情,古村落的原始风貌,再尝尝鳄鱼谷的"鳄鱼宴",石浦的羊肉……

千灯区域面积78.42平方公里,耕地面积3万亩。改革开放以来,在经济快速发展的同时,该镇不断加大农业基础设施投入,立足国家农业示范园区的高平台,重点建设了大唐生态园、高效设施农业、特色渔业三大基地,成功走出一条产业化、规模化、园区化的现代农业发展之路。

统一规划之后,千灯开展了田块方正、路渠站闸配套以及绿化综合整治,把原来田块高低不平、小块凌乱的耕地,改造成适应机械化操作的标准田块。以大唐1.5万亩的农业生态园为例,2005年以来,先后投入3亿元资金,分期实施建设标准化农田,其中一二期为设施农业和观光农业,三四期为优质高效农业,五期为现代特色渔业基地,六期为优质粮油基地。同时,生态园还对接古镇旅游,延伸观光农业产业链,实现经济效益、社会效益双提升。

耕地田块方正化,为实现规模经营打下了基础。千灯镇根据农民自愿原则,加大家庭承包土地流转力度,全镇耕地流转率达到99.68%,并组建了24个土地股份合作社实行统一经营。镇里将土地发包给245个农业大户,给予承包大户购置农具、免费供应农药等相关补贴。有了这些大力扶持,一个个国家级、苏州市级农业龙头企业从这里走出,如三维园艺、大唐生态园、正鑫鳄鱼、虹越花卉等等。通过规模经营,一方面使农业多余劳动力从事二三产业,增加了农民收入;另一方面规模经营户的经营效益也不断提高。据统计,经营100亩左右的承包大户,年纯收入在10万元左右,而一些高附加值项目,业主收入甚至高达百万元,人们喜称"农业效益工厂化"。

为进一步提高农业生产效益,千灯致力于提供农业机械化水平。2011年,该镇共有各类现代化农业机械158台套,基本满足了全镇农业生产需要。据统计,2012年该镇机耕面积、机灌和机收面积达到了100%和96%以上。

### 打破城乡二元结构,建设新型现代化农村

过去描述农村现代化,叫"楼上楼下,电灯电话","点灯不用油,耕地不用牛",这个景象早已实现。当今时代的现代化农村,则是要打破城乡二元

结构,整治小型、分散布局的传统农村,在保留和改造具有鲜明特色的古村落的同时,建设城乡一体、信息网络畅通的新农村。

千灯紧紧抓住城乡一体化的重大机遇,加快城市基础设施向农村延伸、城市公共服务向农村覆盖、城市现代文化向农村传播、城市生活要素向农村辐射的步伐。

农民居住社区化是千灯城乡一体化中的一大亮点。从一开始,该镇就坚持"把最好的地块留给农民,把最大的利益留给农民"的理念,加快推进农户拆迁和动迁房建设,让发展成果惠民与共享。近5年来,该镇共拆迁8000多农户,投入30多亿元新建了180万平方米的农民动迁小区,形成了炎武、锦景、淞南、马路桥、华强、秦峰等农民集中居住的新型社区,城镇化率达80%以上。这些地处最好地段的新颖社区,现代化公共设施完善,都有便民服务中心、医疗服务中心、健身文体中心、婚丧喜事公共服务中心等,而且大多已建成园林式社区,生态环境优美。今后两三年内,千灯将再拆迁2000户,新建动迁社区房80万平方米,届时城镇化率将达90%以上。

城乡一体化的内涵之一,就是城市公共服务向农村覆盖。千灯尤其注重民生投入。教育方面,对全镇4所小学进行升级改造,并扩建炎武小学,新建淞南幼儿园,现代化教育设施日臻完善,教育环境大为改善。交通方面,累计新建和改造道路100多公里,形成"五纵五横"的镇域道路框架。文化方面,该镇自2000年以来,连续举办8届文化旅游节、6届群众文化艺术节,极大地丰富了群众文化生活。影剧院、图书馆、农家书屋、市民学校一应俱全,通过这些公共设施的投入,服务水平大幅提升,让居民迅速融入了"社区主人"角色,真正意义上实现农民变市民。

千灯是个"老板孵化基地",这里的农民就业门路广,创业热情高。据不完全统计,全镇创业的业主老板占总农户的15%以上。百万元户、千万元户比比皆是,甚至有亿元户,成为这个镇农村现代化的一道靓丽风景。该镇以创业就业的多样化举措,提升所有人的幸福指数。一是通过古镇旅游、新城开发带来的机遇,为能人创业提供新的机遇和载体,通过提供小额贷款,惠及创业户211户。二是发挥三大合作组织作用,实现入股富民。全镇21个行政村都建起了"富民合作社、社区股份合作社、土地股份合作社"三大合作组织,2011年三大股份合作社分红总额达948万元,比上年增长30%。三是加快农业结构调整,实现政策富民,通过提供2000多个公益岗位,帮助农村"5060"群体就业。四是推动村级经济抱团发展,实现增益富民。各村参股,以村级集体资产经营管理公司这一平台抱团发展,投资2.5亿元,建设9.7万平方米的邻里中心,同时投资3000万元建设小微型企业创业中心,这样,既解决了偏僻村无发展门路的困难,又实现了强村带动弱村发展。2011年,千灯镇村级集体经济总收入达1.06亿元,平均每个村442万元,其中4个村超500万元,大唐村达3700万元。

### 农民过上"三化"生活 :生活城市化,环境田园化,社会关系乡情化

机场路和尚书路交界处,新落成的大润发超市客流如潮。漫步千灯街头,国美电器、肯德基、海澜之家、两岸咖啡等品牌早已"抢滩登陆",让人完全感觉不到身在农村,这个江南小镇释放出前所未有的繁荣和活力。

现如今的千灯人,生活是一种什么状态? 有一个形象的总结,就是 :生活城市化、环境田园化、社会关系乡情化。"三化"生活让千灯人更幸福。

农民收入不断提高,给了千灯人幸福的底气。千灯镇在经济持续发展的同时,千方百计增加农民收入,已连续10多年实现两位数增长。2011年,全镇9949户农户,人均纯收入21249元,预计2012年可超2.5万元。农户收入结构发生了较大变化,有原来的低中高的倒宝塔型转变为两头小、中间大的橄榄型。据该镇经服中心调查统计,全镇户均收入6万至8万元的较低收入户占总农户的24.1%,户均收入8万至10万元的中等收入户占50.85%,户均收入10万元以上的较高收入户占25.05%。

社会保障不断提高,是千灯人过上幸福生活的"贴心小棉袄"。近年来,千灯十分关注民生福祉,不断扩大社保范围,构筑了城乡统一标准的基本养老、基本医疗、最低生活保障"三道防线",为解决农民后顾之忧筑起了挡风墙。农保通过与城保全年并轨,城乡实现保险均等化,2011年,全镇享有城保的参保人数占应保人数的91.7%。最低生活保障2008年实现全面并轨,保障水平由515元提高到如今的590元,不仅如此,2009年起还分别由市镇两级政府对低保户发放干股,每户1万元,至2012年增加为每户2万元,年

分红一般在 8% 左右。医保也实现了城乡全面并轨,2012 年千灯全镇参加城镇医疗保险人数占年龄段参保人数 90% 以上,居民医疗保险参保率 100%。

农民素质不断提升,为幸福生活营造良好氛围。"富了口袋富脑袋",近年来,千灯通过经济社会发展、各项制度建设、民主法制宣传、教育文化引导等一系列举措,在潜移默化中提高农民素质。尤其是用顾炎武、顾坚、卫泾等历代先贤留下的精神财富,滋养新一代千灯人,造就昂扬向上的现代精神文明,凝聚起现代社会必备的道德力量。

# 做大盘子　抱团发展

## ——苏州高新区枫桥街道政经分设促进股份合作社持续发展

### 昔日农民喜领6000万元"贺岁红包"

在城市化进程中,农民变成了居民,农村变成了城市。那么,当初那块村级资产,是卖了、分了呢,还是像老母鸡那样"养"起来,分享它的鸡蛋呢? 苏州高新区枫桥街道的做法是:悉心养好"老母鸡",鸡生蛋,蛋再孵鸡,让"母鸡永续生蛋",将资产不断做大。让昔日的农民及其子孙,也能分享到那块"村级资产"发展所带来的"收益蛋糕"。

让我们看看枫桥农民拿到了多大的"收益蛋糕"。"24 个村、4 万人、64 万股,人均 16 股……"这是苏州高新区枫桥街道股份合作社的一组最基础数据。2012 年的 1 月的一天,枫桥街道联港村股份合作社,正举行 2011 年股红兑现大会,1813 名股民高兴地分享了 194 万元的红利,其中最高一户分到了 7772 元。

67 岁的唐泉男告诉记者,"今年拿的每股股红又创新高了,每股涨到 67 元,全家一共领到 6197.5 元。蛮好蛮好!"他喜滋滋说,除了参加村股份合作社外,他还拿出 9 万元加入了枫桥街道的民发富民合作社,也能给他带来近 8000 元的红利。"这样,过个滋润年,已不成问题了!"

2011 年枫桥街道共向股民派发红利近 6000 万元,比上一年增加 1708 万元,增长了 40.6%,户均分红达 5600 元。其中,村级经济实现总收入 5183 万元,发放股红 3508 万元;民发富民合作社兑现股红 2405 万元,分红率达 9%。2011 年枫桥街道农民人均纯收入达到了 21703 元,比推行农村社区股份合作制改革试点时的 2005 年翻了一番。而枫桥街道还在努力着实现他们的"富民新蓝图":到 2015 年,实现全辖区农民人均纯收入超过 3.5 万元。

"每个动迁农民家庭都希望股红年年节节高,这对我们街道来说既是一种压力,更是一种责任。事实上,要实现每年都要有所增加,并非易事;它需要创新体制、机制,需我们去做大蛋糕,这样老百姓才能更多得到实惠。"枫桥街道党委书记潘宜顺向记者表示。

## "政经分设"让"村级资产"得到发展壮大

关键是实行了"政经分社"的改革创新。

枫桥位于苏州的城西,原有 24 个行政村,10741 户农户。经过近 10 多年开发建设,现已有近 90% 农户实现了动迁,集中入住进了马浜、康佳、东浜等 7 个动迁小区。而村级资产,经动迁后,也全部由实物变为了货币。

"随着城市化发展,农民的生产方式、居住方式都在转变。如何确保集体资产保值增值、促进被征地农民持续增收、让农民安心融入城市等,一直在考验着我们。"潘宜顺说。

从 2005 年 10 月枫该道开始推行农村社区股份合作制改革试点,到 2006 年 10 月全面完成 24 个村改革,再到现在的努力经营,该街道始终在积极探索与创新运行的管理方式与发展模式。

首先,他们将 24 个村行政职能划交 7 个社区管理,经济职能由改制后的 24 个社区股份合作社管理,社会管理职责则由街道、居委会负责,社区行政开支全部由街道财政承担。为加强对村股份合作社的统一管理,街道设立了村股份合作社管理中心,具体负责村股份合作社的管理和协调工作。管理中心对各村股份合作社管理人员实行集中办公、统一考核、统一管理,有效地提高了管理效率,减少了管理成本。

其次,在改制后,街道从稳定大局出发,合理处理好了当时 218 名村干部的"饭碗",并对 139 名村级用工人员进行分流。其中,一些干部进了社区、一些干部进了街道、一些干部进了街道的经济组织。村级人员的分流,大大地减轻了村股份合作社经济负担,仅人员费用一项,每年就减少 1120 万元。

再者,街道出台了"关于改制后村级福利项目享受的处理意见",按"核定项目、统一标准、扎口管理、分级承担"的原则,将原由村承担的 18 个福利费用项目逐项分类进行清理和调整,明确了由街道财政、村股份合作社承担和取消的项目,这都为村股份合作社轻装上阵奠定了物质基础。

"改革后,枫桥保留下来的村级股份合作社大大减少了管理成本与费用支出,也使得社员股金分配年年有增加。在改革后的 6 年中,共累计分红达 1.67 亿元,户均 1.6 万元。"枫桥街道副主任姚人民向记者介绍,"事实证明,通过发展经济、分流村级人员、理顺村级费用,进一步理顺了分配关系,也促进了村股份合作社的健康发展与当地农村社会的稳定。"

## "红包"鼓起来的背后是体制机制创新

在"做大盘子"的同时,他们让全街道合作社"拧绳经营",参与市场竞争,已成为他们促进股份合作社持续发展的制胜法宝。在枫桥,他们着力做大村集体资产盘子,将各村股份合作社存量资金、资产、资源进行了有效整合,并通过政府扶持做大资产规模、缩小各村之间差距;又通过合作联社,参与街道的"城中村"改造等开发建设,在"抱团经营"中改变着传统资产经营模式,进一步提升了股份合作社的市场竞争力。

"这些年,我们股份合作社的发展,主要是抓了三件大事。"潘宜顺告诉记者。

一是注重标准厂房建设,以招商引租来增加合作社收入。"我们借开发建设有利时机,在规划区征地 4000 多亩建立两个创业园区,按统一规划、统一建设、统一招商、统一管理、资产相对独立的'四统一、一独立'模式,鼓励各村将动迁补偿资金投入两个工业园的开发建设,统一建造标准厂房,为股份合作社发展物业经济创造了平台。"

二是加快打工楼建设,做优富民合作社。2007 年,枫桥街道又成立了高新区第一家富民合作社——枫桥民发富民合作社,现累计已吸纳农民入股 3.19 亿元。"一方面通过原村级资产市场化运作来为原村民分红,另一方面,也通过原村民现金入股形式来取得投资收益。"姚人民说。像富民合作社成立后,就用入股资金兴建了"景山公寓"打工楼等。从 2007 年至 2011 年,该民发富民合作社连续五年分红率达 9%,分配股红超过 5800 万元,这为原村民增收作出了贡献。

　　三是为提高抗风险能力"拧绳经营"——将 24 个股份合作社建成合作联社。为进一步做大资产规模为富民再添后劲。2011 年 11 月,街道正式成立了由 24 个股份合作社投资组建的富民载体——枫桥联枫建设发展有限公司。联枫公司董事长张永明向记者表示:"以股份合作联社形式发起建立公司,是一种新的尝试,因为每个村的村资产较零碎,这样找项目、寻投资,都显得较难。由政府引导成立的联枫公司,采取'拧绳经营'的方式,可把资产集中,做强原村股份合作社,争取为原动迁农民带来更大的经营性收益。"

　　2012 年,联枫公司已先后从苏州市土地储备中心拍得 3 幅商贸用地,土地价达 3.8 亿元,拍得土地主要用于商业设施的开发建设。目前联枫公司正在进行项目的规划设计,2012 年年底或 2013 年上半年将先后启动项目建设,预计总投资达 8 亿元。"只有通过不断抚育好'母鸡',让村级的股份更厚实了,才能达到富民的根本目的。"潘宜顺说。

　　六年来,高新区枫桥街道通过股份合作社与富民合作社两大富民载体已经向股民兑现股红 2.25 亿元,户均分红达到了 2.13 万元。

# 城乡一体催生崭新滨江城
## ——张家港市金港镇剪影

2012 年完成地区生产总值 553 亿元,同比增长 10.3%;公共财政收入
32 亿元,同比增长 13%;农民人均纯收入 2.2388 万元,同比增长 23.98%;安
置房新开工建设 78.49 万平方米,竣工交付 45.68 万平方米,均创历史之最;
总投资 9.22 亿元的 13 条道路工程顺利推进,香山"一湖两路"工程全面启
动……在过去的 2012 年,作为苏州市 23 个城乡一体化发展综合配套改革
试点工作先导区之一,金港镇再次亮出了一份闪亮的成绩单。

在推进城乡一体化建设中,金港镇依托强大的经济实力,合理布局,形
成与老城板块、园区板块分工合理、功能互补的发展格局。把金港镇打造成
以港口物流、先进加工制造业、高新技术产业、商贸办公等功能为一体、居住
与就业兼顾、二产与三产互动的现代化港口新城,香山景区、双山岛生态与
滨江风貌交相辉映,形成新的休闲旅游目的地。一个崭新的滨江新城跃然
眼前。

## 城乡一盘棋,三次产业协调发展

金港镇始终坚持"三集中"的原则和方向,尤其是通过推进农民集中居
住,完成分散土地资源的整理和基础设施的配套,统筹安排工业、农业、三
产和居住等功能区建设,逐步构建起以先进制造业为支撑、现代服务业为主
体、现代农业为基础的现代产业体系。

以农民得实惠为目标,大力推进现代农业。金港镇以农业增效、农民增
收为核心,深入推进农业向二三产业拓展、延伸、融合。累计完成高效农业

11000 余亩、设施农业 6000 余亩,大棚栽培种植达 4000 余亩,立体种养殖面积累计达 1200 亩,浅水养殖总面积达 5000 亩。目前全镇 91.79% 的耕地实现规模经营。3.53 万亩水稻全面实施减量使用化学农药工程,累计申报认定无公害农产品 23 只,绿色食品 21 只,有机食品 3 只。组建富民专业合作社 21 家、农村专业协会 61 个,形成了规模化种养、区域化布局、标准化生产、集约化经营的现代农业发展新格局。

以产业集聚区为载体,重点打造特色园区。金港镇着眼于延伸产业链、搞好产业配套、培育产业集群,重点打造了有机硅、锂电池、烯烃、储能及电子新材料、新型装备制造业五大特色产业集聚区。与此同时,依托业已形成的张家港保税港区、化工园区、段山(长山)装备工业区、环保新材料产业园、资源再生示范园这"五大园区",集中力量在领军人才、核心技术、创新平台、拳头产品上重点突破,大力发展具有临港特色的新材料、新能源、新医药、新装备和新环保五大战略性新兴产业。2011 年,区(镇)新兴产业投入 77.6 亿元,占工业投入总量的 82%,实现产值 518 亿元。

以现代服务业为主导,加快发展第三产业。金港镇以香山、双山山水资源为依托,大力发展休闲观光、文化娱乐、农事体验等旅游产业,逐步形成多元化、特色化、生态型的旅游发展格局;以纺织原料、名贵木材、高端消费品、红酒等一批进口商品交易市场建设为抓手,促进进口交易的集聚化,便利化,壮大楼宇经济;以保税港区、张家港港、江南建材城等为依托,培育了一批集市场信息、仓储、配送、展示、交易等于一体的现代物流企业;以完善化工品、纺织、粮油等电子交易平台为突破口,打造全方位电子商务服务平台,集聚经济发展新税源,2011 年,作为保税区现代物流窗口的江苏化工品交易所成交额 360 亿元,上缴税收 2.5 亿元。

## 城乡一个样,基础设施全面覆盖

金港镇在推进集中居住的同时,更加注重满足群众对生活质量的更高要求,不断提升设计理念,完善配套设施,使农村社区无论是建筑质量还是整体环境,都能代表金港作为城市副中心应有的形象,确保动迁居民住有所居、居有所安。农民集中居住区内休闲广场、健身路径、社区服务、医疗卫生、文化设施等一应俱全,并按照"管理自治化、服务全面化、文化团队化、教育现代化"的要求提升档次和品位。

至 2011 年底,金港镇先后投入 72 亿元,规划建设了 29 个设计新颖、设施配套、环境优美的农民集中居住点,总建筑面积达 439.6 万平米,集中居住户达 26000 余户,集中居住率达 56.3%。培育了元丰、德丰、新塍等一批远近闻名的文明示范社区,打造了福民家园、长江幸福家园、长山怡馨园等一批高档精品小区。

3 年来,共投入 6000 多万元,新增各类绿地、林地 1.2 万亩,森林覆盖率由原来的 26% 提升到 36%,建成绿化示范村庄、合格村庄 24 个,绿色金港更具特色内涵。始终树立生态理念,实施雨污分流,推动环境基础设施建设向村庄延伸。3 年来累计建成湿地式污水处理系统 14 家、有动力地埋式生活污水处理装置 13 套,日处理能力达 3492 吨,覆盖农户 10104 家 34524 人,有效解决了保留村庄生活污水的出路问题。积极探索和建立农村居民自我管理的村庄保洁机制,加强了"户分类、组保洁、村收集、镇运转、市处理"的垃圾清运体系建设,3 年来共投入 1500 万元用于推进城乡卫生基础设施建设,城乡环境卫生管理逐步纳入科学化、规范化轨道,2010 年成功创建成首批苏州市十佳国家卫生镇,并作为全省唯一的乡镇代表,在大连召开的"国际健康城市市长论坛"上作了交流发言。

## 城乡一条杠,就业、保障一视同仁

近年来,金港镇通过制度设计、政策扶持、优化服务等多项举措,加快推进了城乡就业、社会保障一体化进程,加速构建了"城乡一体、平台到村、联系到户、服务到人"的创业就业服务体系。

金港镇将城镇失业人员、新成长劳动力、被征地农民和农村富余劳动力统一纳入城乡充分就业范畴,设立了求职登记、岗位培训、家政服务、信息收发、就业援助、法律咨询为一体的多功能综合服务中心。3 年来,先后为全镇5786 人办理《就业失业登记证》,认定了 2544 人享受灵活就业补贴申请,合理开发公益性岗位 928 个,562 名列入就业援助计划的特困家庭劳动力全部实现就业。通过用工洽谈会、电子显示屏推介、建立就业服务网专项平台和创业孵化基地等举措,提供各类就业岗位近 4 万余个,推荐介绍 3.8 万人次,意向达成 2.8 万人次。

金港镇在调整完善农民养老保险和老年农民养老补贴政策、大力实施城保和住房公积金扩面的基础上,加快被征地农民纳入城保的衔接工作。从 2010 年 4 月起全面启动城乡养老、医保并轨工作。3 年来,镇财政累计拨付 4160.21 万元,为 285463(人次)居民办理了基本医疗保险。截至 2011 年,全镇累计完成城保扩面 2.6 万人、住房公积金扩面 1.26 万人;将 7308 名超龄人员及 948 名四类困难人员(低保、低保边缘、重度残疾、三类大病)全部纳入城保体系,21268 人纳入社会化管理,全镇社会保险综合参保率达 99%以上,老年农民养老补贴发放率达 99.86% 以上。

金港镇逐步建立完善以城乡低保为核心,"帮困助学"、"帮困助医"、"帮困建房"救助工程为配套,专项救助、临时救助和社会帮扶为补充的城乡一体的社会救助体系。3 年来,累计发放低保及低保边缘保障金 2747.42 万元,切实保障了 7518 人(次)困难群众的基本生活;发放临时救济金 4186 户(次)计 490.01 万元,及时解决各类困难人群的基本生活问题;大力开展春秋两季贫困残疾人子女的助学工作,共发放助学金 43.74 万元;开展党员干部结对帮扶贫困户活动,409 名两级干部结对帮扶特困户。

## 城乡一张网,公共服务高位均等

金港镇着力构建"覆盖城乡、功能完善、分布合理、管理有效"的基本公共服务体系,加快政府社会管理职能向农村延伸,建立城乡一体、权责一致、运转高效的社会管理体系,逐步实现城乡基本公共服务均等化,完善农村社区管理体制,实行城乡统一的行政管理制度。

城乡一体,教育抓起。3 年来,金港镇先后投入 2.1 亿元,实施校舍的扩、改、建和教学设施的现代化建设。开展了优秀教师农村支教活动,流动人口子女学校——蓝天学校和白云学校被评为"张家港市常规管理先进学校",促进了城乡教育均衡优质公平发展。创建"苏州市示范社区卫生服务站"15 家,在卫生部"全国高血压社区规范化管理项目"工作中被评为 2011 年度"优秀社区卫生服务中心"。3 年来,镇财政补贴 8320.42 余万元,惠及门诊群众 140.75 万人次,辖区居民的满意率均达到 98% 以上。

推行城乡公共文化均等化。全镇村、社区普遍实现文化设施"十个一"标准,全民健身工程(点)覆盖全镇所有村(社区),全民健身月活动、香山文化艺术节、金港地区全民运动会等品牌文体活动开展得有声有色,逐步形成了惠及全民、较为完备的公共文化体育服务体系。

金港镇实行城乡统一的行政管理制度,城管、卫生、防疫、安全、消防等各个方面都直接延伸到农村。各村(社区)都建设了高标准服务大厅,融行政办事、文化体育、便民服务、社会治安等功能于一体。加强了社会治安综合治理,进一步完善群防群治防控体系,42 个村(社区)创建成苏州市"五位一体"示范综治办。

以"平安金港"创建为抓手,充分发挥村(社区)治保委、民调委作用,深入开展大防控、大调解工作。完善了镇区和动迁小区技防网络,让技防设施走进千家万户,做到家家有技防、户户有保障、人人有安全,构建起了城乡一体的治安防控网络。按照管理单元最小化、管理服务最优化的原则,重点实施精细化的网格全覆盖,将全镇 43 个村(社区)合理划分为 188 个服务管理责任网格,每个网格设网格长 1 名,综治协管员 1 名,民情信息员若干名,对网格内发生的事关经济发展、民生民计和社会稳定的大小事件,及时反馈与妥善处理,实现管理服务结构由条状向网状转变,构建起"人性化、网格化、信息化"的社会服务管理新模式。

# 古韵今风喜相融

## ——吴江区同里镇城乡一体展新颜

GDP3 年扩大 1.5 倍,一般预算收入 3 年增长 1.8 倍,城乡居民收入年均递增 11%……近年来,作为苏州城乡一体化综合配套改革先导区的同里镇,创新体制机制,加快城乡融合步伐,优化城乡资源配置,走出了一条符合同里实际、体现古镇特色的城乡一体化发展道路。

### 因地制宜科学整合,一二三产业协调联动

提起同里,首先想到的,肯定是它的古镇,明清历史遗存在这里散发出特有的韵味。其实,同里的美,还在于北联的万顷良田,肖甸湖的千亩湿地。

在城乡一体化改革实践过程中,同里镇始终围绕古镇特色,把城镇与乡村、居民与农民作为一个整体来进行统筹规划和综合研究,最终确立了以古镇保护为核心,以"古镇—肖甸湖"生态旅游为轴线,以北部重点发展绿色生态农业、南部重点发展现代商务旅游及传统产业为两翼的"一个轴心,两翼发展"的城乡发展总体规划。

中部古镇旅游保护区,重点打造环同里湖高星级酒店群、"同里湖—南星湖"生态旅游度假圈,形成同里湖—肖甸湖商务旅游轴线;北部农业区重点打造 3.22 万亩同里农业科技示范园,利用成片农田比较集中的优势,推进土地集中规模经营,发展现代绿色生态农业及乡村生态旅游观光;南部工业集中区包含了同里科技产业园和邱舍工业小区,重点集中整合全镇的工业企业。

发展服务业,依托同里旅游品牌的影响力和镇郊优越的生态资源,突出

品牌打造,融合农业休闲、度假、旅游、观光、科技、文化等元素,深度开发探索现代旅游业发展新模式。目前,同里镇已形成古镇游、生态游、休闲游、农业游四轮齐动的良好格局,并于2010年4月成功创建为国家5A级旅游景区。

发展工业产业,积极整合全镇零散工业企业,进园区集中集聚发展,引进低污染、高技术、高产出、高附加值企业,加快工业企业的提档升级,目前已形成汽车配件、新型建材、电子资讯、五金机械等四大支柱产业,2011年实现工业总产值86.96亿元。

发展现代农业,依托同里镇区位优势和产业特色,发挥同里科技农业示范园和肖甸湖森林湿地公园的载体作用,坚持把发展现代农业作为城乡一体化推进的产业基础,大力推进同里科技农业示范园建设。目前,园区引进了台湾农业园、日本农业园、五月田有机农业等特色农业项目和企业,引导农业生产向基地化经营,车间化生产方向发展,并与古镇游互动,打造一批高水准的农业旅游观光点,使古镇——农业科技示范园——肖甸湖森林公园形成纵深旅游覆盖面,构建"以旅促农,以城带乡"的良性互动格局。在省级现代农业产业园区的基础上,争取用1～2年,建成国家级现代农业示范园。

遵循"做大做强旅游服务业、调优调高工业产业、创新创特农业产业"的发展思路,同里镇致力于在城镇和农村形成一个统一的经济系统,促进城乡之间生产要素的合理流动和优化组合,实现一二三产业的协调联动,以旅促农、以工哺农,构建城乡产业经济互为联结、互相依靠、效益共享的利益共同体,拓展城乡一体化发展空间。

## 深化"三大合作"改革,抱团发展集体经济

"发展现代农业,就是要让更多农民从中受益,一起过上好日子。但是,以家庭为单位的种植方式,效率低,成本高,很难抵御市场风险。只有通过合作社抱团发展,才是出路。"说起合作社的好,今年57岁的北联村民庞木根深有体会。庞木根告诉记者,他家共有五亩七分地,以前种水稻,一年收入也就2000多元。土地流转后,他去年光是土地入股分红就拿了4500多元,股权分红还有1.4万元。现在,他还在粮油合作社打工,一年工资2.8万元,

这样算来,年收入近 5 万元,比种田增加了 20 多倍。

近年来,同里镇通过不断深化农村"三大合作"改革,创新现代农业发展机制,积极探索农村集体经济发展新路径,化解城乡一体化发展中的瓶颈问题,积极推进城乡融合发展,增强城乡一体化的发展活力。

2007 年,同里镇 12 个行政村全部成立社区股份合作社,并积极试点开展村社分账改革,逐步增加合作社按股分红比例和分红面;加快推进土地流转入股,组建土地股份合作社 10 家,土地流转入股面积达到 2.92 万亩,占全镇耕地总面积的 80%;农民专业合作社基本覆盖了全镇所有农业产业,并探索发展劳务合作、富民合作等农村新型合作经济,总数达到 22 家,极大促进了全镇农业的产业化、规模化发展。

同时,同里镇还积极探索校企合作模式,加强农业科技支撑,加快农业高新项目的引进落地。目前,同里科技农业示范园已与华南农业大学、国家信息农业工程技术中心、上海交通大学农学院、浙江大学等单位开展合作,并引进了苏州冠鼎生态农业有限公司等 8 家现代高科技农业企业。其中苏州市神农科技有限公司和日本 SALAD COSMO 株式会社的投资项目都将突破亿元,园区农业正向着深加工、高科技、高附加值等业态发展转型。

抱团发展也是同里镇积极探索农村集体经济发展的新路径之一。2007年,由各村投资入股组建了同里农村投资建设有限公司,并以此为平台充分整合镇村各类资源资产资金,集中在城镇区、工业开发区建设标准厂房、集宿楼、综合楼等,同时紧抓城乡融合和各类商务项目中发展机遇,参与城镇综合体、农村小额贷款公司的投资发展。目前已建成各类经营性物业近 8.38万平方米,年净利 1500 余万元。

### 环境整治成效显著,社会保障全面覆盖

同里镇是传统旅游文化名镇,营造整洁优美的生态环境直接关系同里镇可持续发展和城乡统筹发展大局,是造福全镇居民的实事工程。

近年来,同里镇在古镇区 4.7 公里长的河流上建设了 6 座景观水闸和 1座泵站;铺设了 26.67 公里污水管网,对居民生活污水进行集中处理,实现古镇区雨污分流管网全覆盖;建立健全了 146 条河道的保洁长效管理机制,

完成了同里湖水环境综合整治工程;开展了村容村貌整治和农村绿化工程,对同周公路、苏同黎公路、松库公路等同里段实施了景观绿化工程;开展了绿色学校、绿色社区、绿色示范村的创建工作。2011年,同里镇顺利通过国家爱卫办的卫生镇复审。

2012年,同里镇又结合村庄环境整治活动,不仅设立村庄环境整治资金账户,首批拨款3000万元,还专门委托设计单位,按照"六整治、六提升"的标准,对申报创建三星级康居乡村的肖甸湖村和沐庄自然村,以及公路沿线和二星级创建村进行了整体设计,编制了详细的环境整治方案,提升村庄环境整治的整体效果。

此外,为促进城乡一体化改革发展进程,同里镇在城乡基础设施、社会服务管理、就业养老保障等方面加大建设力度,促进城镇各类优质资源向农村延伸,加速城乡各类要素资源的融合。

在基础设施建设方面,重点围绕城镇化和农民集居点建设,加快推进水、电、路、气、生态环保、信息化等基础设施进区进村。目前,全镇已全面实现农村区域供水全覆盖、农村公交全覆盖和社区服务中心全覆盖;逐步建成覆盖城乡的生活污水处理系统管网。

在社会保障方面,开展"农村剩余劳动力充分转移镇村"活动,加大城乡居民就业保障力度,农村剩余劳动力转移就业率达到80%以上,社会登记失业率控制在2.5%以内;2011年,同里镇全镇企业职工参保率达90.1%,农村养老、居民医疗参保率达99%,城乡居民看病实现同医同药同价,居民最低生活保障水平持续提高,农村老年居民享受基本养老待遇全覆盖。

在社会服务管理方面,农民办事实现八个"不出村",在社区服务中心形成了包括社会福利、医疗卫生、计划生育、法律维权、文体娱乐等"八位一体"的服务体系;开展民警进社区、党员进社区活动,社区民警直接担任副书记、副主任,直接处理各类突发事件。

为加快农村居民向城镇社区集中,并同步推进新农村建设,同里镇积极完善镇村布局规划,现已形成"一镇、一片、多点"的镇村布局结构,在农业用地规划区确定农民居住规划点13个,其中集居点8个,保留点5个;通过大力实施"换股进城、换保进城、换房进城"等城乡置换政策,加快农民进城集居步伐,现已建成农民安置公寓房 12 万平方米,并在安置小区探索社会化管理,成立物业管理公司和业主委员会。到 2012 年底,同里镇农民集中居住率将达 49%。

# 镇容展新颜 生活更和美

## ——张家港市大新镇城乡一体化改革发展纪事

大新镇地处张家港市"两区一园"（张家港保税区、张家港经济技术开发区、扬子江冶金工业园）的几何中心，根据张家港市委、市政府关于全力打造成"两区一园"后花园的发展定位，大新镇确定了"以完善镇总体规划为先导，以加强镇村基础设施建设为重点，以推进农业产业化为发展方向，以改善民生为出发点和落脚点"的城乡一体化发展思路。

### 破解资金难题，"新镇"现芳容，"老镇"换新颜

推进城乡一体建设，资金短缺是最大的难题。"我们通过大新镇建设综合开发公司等平台，向银行争取贷款额度；抓好城镇经营，通过加快推进农户宅基地复耕，置换土地，近两年先后拍卖了龙湖湾、富华佳园、宏宝一号等地块，共筹得资金1.79亿元。"大新镇负责人说，作为一个小镇，大新镇通过创新机制，加速搭建融资平台，有效解决了资金短缺的矛盾。

在城乡一体化建设中，该镇坚持规划先行的原则，通过与张家港市规划、国土、建设等部门的沟通协调，完成了镇土地利用总体规划调整，确立了大新镇镇村布局规划"1+1"新模式，委托苏州城市规划设计院编制了大新镇城乡一体化镇村布局规划。

据有关负责人介绍，在总体规划的基础上，高点定位，全力优化三项规划：一是优化城乡一体化规划，按照"1+1"的模式，根据"力争三年，确保五年全面完成城乡一体化"的目标，迅速调整完善大新镇城乡一体规划；二是优化集镇建设规划，按照打造"两区一园生活中心和消费中心"的发展定位，

调优了新东社区建设方案,由原先建造多层住宅优化为开发建设小高层安置房;三是委托深圳城市空间设计有限公司优化完成了新镇区2.21平方公里规划编制。

2011年4月份,大新镇新南社区一期安置房开工奠基,拉开了大新镇2.21平方公里的滨江新镇建设框架。按照将新镇区打造成"和谐生态宜居区、新江南水乡风貌展示区、城乡一体建设示范区"的目标和早建成、出形象的思路,2012年,大新镇加快了滨江新镇的建设速度,新丰路、海坝路南延已建成通车,新湖北路、南路、国泰路北延正在紧张施工中,海坝路至港城大道污水管网接管工程全面竣工。新南社区一期27万平方米安置房中11.89万平方米主体已全面竣工,二期26万平方米安置房正进行外立面装饰施工,三期9万平方米安置房正进行桩基工程建设。新湖开挖正全力推进,年底可见雏形。

新镇区建设如火如荼,老镇区改造也在加快推进。2012年前,投资2350万元的府前路综合改造工程完工,宏宝新村、园艺新村老住宅区立面、雨污水管网和永凝路街景改造也已完工,大力实施绿化提档工程,融入文化元素,改造城镇节点绿化景观,提升城镇品位。同时,镇消防大楼、便民服务中心大楼、公共卫生大楼等公益设施配备齐全,集贸商城、生猪屠宰场等易地新建。扩建污水处理厂,在镇区分别新建污水提升泵站2座,有动力地埋式污水处理装置4只,镇区生活污水处理率达85%,镇区绿化覆盖率达35.6%。与此同时,下大力整治村埭,通过大力实施"碧水绿岸"工程,在全市率先完成了拆坝建桥,使全镇的水系更加通畅。大新镇还在张家港市第一个100%完成村庄整治,其中新凯村日字圩埭、龙潭村朝东埭达到三星级康居示范乡村标准,其余一星级村庄整治全面达标。

### 突出改善民生,既要做大"蛋糕",还要分好"蛋糕"

城乡一体化改革发展的最终目的在于改善民生、造福百姓。大新镇始终把改善民生摆在更加突出的位置,坚持做大"蛋糕"与分好"蛋糕"并重,在不断提高农村生产力发展水平的基础上,切实抓好以改善民生为重点的社会建设,着力解决好人民群众最关心、最直接和最现实的利益问题,努力使全镇人民学有优教、劳有多得、病有良医、老有善养、住有宜居。

推进城乡一体化,不仅需要加快提升城镇品位,更需要加速壮大村级经济,增加农民收入。2011年,大新镇10个行政村每个村出资100万元,联合成立了新联村镇建设投资有限公司。该公司结合滨江新镇的开发建设,积极参与新镇区商业开发和三产服务业,通过建造标准商务楼宇、沿街门面、农贸市场等,采用市场手段,通过招商拍租,实现收益共享。同时,大新镇还积极鼓励村级经济向一产要效益。2012年,该镇成立了张家港市首家以镇为经营主体的土地股份专业合作社——大新金桥土地股份专业合作社,通过规模经营来提高土地产出效益,合作社社员以土地入股,镇、村以前期投入参股,有了收益后全部归村里所有,镇里不拿分红,以此来增加村级财力,目前龙潭村和桥头村的2000多亩土地已经入股。

大新镇还通过开展创建充分就业镇、村(社区)活动,全面落实就业扶持政策,已创建成苏州市农村劳动力充分转移乡镇,10个村、1个社区分别创建成苏州市农村劳动力充分就业(转移)村和充分就业社区。2010年以来,共举办各类培训班32期,累计培训达4000余人次。其中推荐市免费技能培训281人,创业培训164人,高技能人才培养1220人。通过建立创业孵化基地,对符合条件的创业人员发放小额贷款、社保补贴、创业补贴等扎实有效的措施,鼓励城乡劳动者自主创业、带动就业。

2012年,大新镇还专门制定措施,对不属于低保和低保边缘户的这部分家庭在患大重病时进行补助,以减轻他们的生活压力。

变化总在人们不经意间悄然来临。在打造城乡一体化先行区的大新镇,农业、农村、农民每天都发生着变化,城乡一体化的过程让人们深刻感受到生产方式、生活方式、资源配置方式熔炼与裂变的真实质感。

在大新镇,如今越来越多的农民开始享受与城里人一样的生活和待遇,这种改变就渗透在寻常百姓柴米油盐的生活细节中。和土地打了一辈子交道的盛明荣,7年前,盛明荣家的田地被征用,他所在的新海坝村拆迁后集中居住在大新社区阳光家园,家里分到了3套公寓房,一个小套老两口住,一个大套儿子儿媳和孙女住,另外一套出租。土地被征后,老两口每月可领到1200多元土地补偿金和养老保险金,因为参加了医疗保险,看病也可报销不少钱,家里自来水、抽水马桶、管道煤气一应俱全,垃圾收集、物业管理也有专人负责。"现在我们除了身份还是农民,生活与城里人其实已没什么两样了。"盛明荣笑着说。如今,他和老伴每天早晚都要在小区内散步、健身,日子过得别提有多开心。

盛明荣的幸福生活也映照出大新镇农村的巨变,折射出大新镇农民在城乡一体化过程中的幸福体会。

### 提升幸福指数,不仅要富"口袋",更要富"脑袋"

随着城乡一体化的深入推进,围绕加强社会建设管理与服务,大新镇积极实施农村干部素质提升工程,加快向社区干部转型升级,并全面推行"网格化管理、组团式服务",以"老娘舅"为主体创设的社会管理中心户队伍日益凸显为维护社会稳定的"减压阀"和"避震器",以网格文化员为主导的公共文化服务更成为打造群众精神文化幸福家园的有力推手。

如今,在大新镇村每一个广场,每晚都聚集着众多村民,集体舞、太极拳……内容多姿多彩,编排有板有眼。唱着歌曲、听着戏曲、扭着秧歌、拉着二胡,大新百姓的幸福生活浸透着浓浓的文化味儿。先进文化之花盛开在大新每一个角落,公共文化服务提升着广大群众的"幸福指数"。

人新人民能幸福地享受着先进文化,主要得益于近年来大新镇不断加大投入、完善设施、密织群众文化服务网络。总投资约6500万元、占地17亩、建筑面积7200平方米的大新镇科文中心,目前正在紧张地进行内部装修,预计年内将投入使用;长丰村正式搬入新建社区,文化阵地得到改善;新闸村对原有活动阵地进行了装修拓展;龙潭村的文体活动室也正在规划设计之中。

此外,在文化阵地建设中,该镇拥有体育健身路径28套,健身场所125处,公共体育场设施面积123562平方米。各行政村均顺利通过了公共文化设施"八个一"工程的验收,农家书屋、村图书室和文化共享工程基层服务点"三位一体"的综合信息服务站建设不断加强;村村建起了文化广场,同时积极培养特色文体团队,为满足群众多样化的文化需求提供了有力的保障;建起了镇、村、社区三级网格公共文化服务体系,16个大网格36个小网格把全镇所有人口均纳入了公共文化服务体系的服务范畴,实现了文化服务全方位覆盖。

"生活小康了,老百姓迫切需求的是文化,未来区域之间的竞争也在文化。"基于对文化建设认识的提高,大新镇党委、政府按照建设"滨江新镇、和美大新"的总体发展思路,将文化建设纳入整个经济社会发展的大坐标中。

在大新镇新城休闲广场,现在几乎每晚都会聚集大批广场舞爱好者,从最初的十几人,到目前有近200人的规模,舞曲声、欢歌笑语交织成一片。大新镇新城休闲广场直接见证了大新居民文化生活的精彩,而广大群众是公共文化服务体系建设的最终受益者。文化,如春风化雨,滋润着百姓的生活,也滋养出一方的文明新风。

与此同时,大新还在不断更新"10分钟体育健身圈"的电子地图。通过规划建设文化活动主阵地、提升基层文化阵地建设水平、完善文化设施网络体系,大新镇正在努力拓展居民的文体活动阵地,让尽可能多的居民享受公共文化服务。

# 强村富民的淀山湖样本

在昆山这片热土上,作为南部一个生态环境优美的乡镇,淀山湖积蓄了强劲的后发优势。然而也正因如此,一直以来,农村集体经济发展和农民收入增速相对不高。新时期,如何破解这一难题,摆在了该镇领导面前。

2010 年,淀山湖强村联合发展有限公司的成立,开启了淀山湖村级经济发展的全新篇章。

## 民本理念,为客户省本,为百姓赚钱

2010 年 4 月 23 日,淀山湖镇 11 个村(现已合并为 10 个村)共同注册资金 3000 万元,成立了淀山湖强村联合发展有限公司,旗下和之然、悦之然、泰之然、礼智信四家子公司同时挂牌,在管理政府部分民生项目的同时,开拓增收渠道。

强村公司从淀山湖镇政府获得的第一个重要项目是代建该镇民生工程——淀山湖花园。在具体管理中,强村公司不仅通过规划审核、方案设计等环节,为政府节约成本超过 7000 万元。

原本依托政府扶持、管理一些民生工程的强村公司,在实践中发现了新商机:政府和市场的工程服务需求,就是公司的发展方向。强村公司迅速重新定位,董事长顾永元表示,强村公司既不同于普通的民营经济,也不同于传统的集体经济,它是代表淀山湖镇 2.5 万老百姓共同利益的集体股份制企业,是一种创新型的民本经济。强村公司喊出了自己的口号:为政府做更多的事,为百姓赚更多的钱!

小政府，大市场。"淀山湖政府需要市场提供更多的服务，跳出'全能政府'的误区"，淀山湖镇党委书记徐敏中说，尝试建管分离一直是淀山湖着力推动的事情。政府功能有限，向市场购买服务本身就是一种趋势，而强村公司形成的成熟的工程全程管理模式，是市场上提供单项服务的公司不可比拟的。强村公司为自己的服务项目列出了低于市场价的收费标准，代表全镇老百姓参与政府民生工程管理，可以让工程做得更加精心，资金更加节约。短短两年，强村公司就显示了强大的生命力，走出了一条多村联合、资源整合、优势整合、抱团发展的强村新路子。2011 年，强村公司为 10 个村集体经济增加收入 1682 万元，增长 75%。2012 年，强村公司将再次与政府签订 12 个民生项目的代建、代管、代理协议，总投资达 20.6 亿元。

### 创新机制和管理，推动可持续发展

强村公司的建立，是对传统村级经济发展模式的一种全新突破。

首先，企业性质的创新。强村公司的企业性质区别于普通的民营企业和传统意义上的集体经济，是代表淀山湖两万五千农民共同利益的集体股份制企业，是完全代表老百姓利益的"民本经济"。正如徐敏中所说，"强村公司不仅为村级经济可持续增长找到了一条全新道路，同时政府在职能转变、公共财政支出百姓监督等很多方面带来了全新的实践，民生理念主导下的这一'民本经济'，正展示蓬勃的生命力。"

其次，经营方式的突破。从个体农民入股的富民合作社变为集体资产入股的强村公司，从仅限于建造打工楼、邻里中心的经营项目发展成房地产代建代管、市政建设、绿化工程、文化传媒的综合股份制有限公司，既集中了发展资金也整合了发展资源。

在管理方面，强村公司以"管理"为抓手，打造精品工程。如今，公司已经建立的一整套工程全程管理模式，"三方八联"到"六方联防"，从当初的管理品牌演变成一系列创新理念的集成："六方联防"模式下，工地设立唯一的出入通道，进行网络化管理，安装摄像监控系统和快速对讲系统，16 名保安 24 小时不间断巡逻，确保各类安全隐患及突发事件在第一时间被发现并有效消除；"六方联检"模式下，强村公司每月一次组织地毯式检查和专家组抽查，保证了建设工程安全、质量、形象等障点的及时发现与整改；以"报平安、除障点、领任务"为主题的逐月"联席会议"，不仅回顾梳理前阶段工作，布置落实后阶段任务，更将隐患消除、障点整改等落到实处；"四位一体报告"模拟数字化城市管理模式，将几十万平方米的施工现场实施网格化定位管理，工程师们面对纷繁复杂的施工现场，方向更明确，思路更清晰，工作质量和效率显著提高。此外，关系管理、签证管理、零成本管理等模式，均融进了工程项目管理创新的理念。

这套管理模式也显示出了自身的优势：在不影响质量和外观的前提下，2011 年在代建淀山湖花园项目中，强村公司通过规划审核、方案设计等环节，为政府节约成本超过 7000 万元。同时，强村公司努力挖掘一切可以挖掘的价值资源，利用淀山湖花园建设期闲散地段，为客户投资 20 万元种植苗木，不仅 3 年后投资方可获利 60 万元，而且还美化了施工现场环境。

## "民本经济"铺就富民新通路

为百姓挣钱，强村公司不负众望。

"2009 年，我们双护村的村级经济仅 112 万元，干什么事情都捉襟见肘。强村公司成立时，我们以 180 万元入股，第一年拿到了 18 万元分红，第二年拿到了 97 万元分红。"双护村前任村书记朱惠英说。因为有了强村公司，村干部得以从过去一边抓经济一边抓稳定的忙碌中跳出来，专心为村民服务。同时，因为有了稳定的村级经济来源，村容村貌迅速得以改观。停车场建好了，危桥修复了，道路硬化了，干部的压力减轻了。

时任安上村党总支书记、强村公司总经理张明告诉记者，2011 年安上村的村级可支配收入比 2010 年增长了 109%，达到了 396 万元，其中 201 万元来自于镇强村公司的股份分红。

顾永元说，为客户最有效地节约资源，为百姓最大程度地谋求利益，是强村公司存在的价值，也是强村公司能健康、迅猛发展的根本所在。强村公司的创新实践，为强村富民提供了新的通路和思路。

2011 年，强村公司共实现产值 2 亿元，可分配利润为 1682 万元。2012

年,强村公司共承接动迁房建设、道路建设等大型代建代管项目近 10 个,总投资 20.56 亿元,实现产值达 3.2 亿元,可分配利润也有了相应的增长。

# 村庄环境整治整出"大景区"

## ——吴中区东山镇"蝶变"记

当烟波浩渺的太湖风光邂逅错落素雅的自然村落,是怎样美不胜收的画面?

随着东山环岛公路的建成、村庄环境整治的推进,这样的画面已不再只存在于我们的想象之中。粉墙黛瓦、木格窗、小檐口……吴中区东山镇已然是个大景区,一步一景,醉了无数游人。

### "美丽项链"串联自然村落

总投入 8.7 亿元,2007 年开始勘探设计,2008 年 5 月正式启动建设,2010 年 12 月底完成黑色路面浇筑,途经莫厘、杨湾、潦里等 7 个行政村,全长 26.2 公里,其中新建公路 16.2 公里,改造利用老公路 10 公里,新建大型桥梁 3 座、一般桥梁 43 座。道路宽 11.5 米至 16.5 米,按二级公路标准设计建设,山区段设计车速为每小时 40 公里,平原段为每小时 60 公里。东山环岛路的建成,无疑是近年来东山人最引以为傲的大事之一。

环岛路建成了,沿线民居的立面改造工作也随之启动。2011 年 8 月以来。当地对东山宾馆至陆巷村 345 户民居,全部按照苏式建筑风格进行立面改造,并对整个环岛沿线 330 多只破旧蟹棚、1200 平方米低矮房屋、53 条废弃杂船等进行全面整治清理,恢复江南村落粉墙黛瓦的传统风貌,一改以往杂乱无章的沿湖面貌。

2011 年 10 月份,环岛路亮化、绿化、三线入地工程正式启动。先后投入 4.4 亿元,完成沿线二期 500 户民房立面改造、4.5 公里夜景照明提升,以及亮化、绿化、景观、候车亭、"三线入地"等配套工程。

如今的东山环岛路，犹如一条美丽的项链，不仅串联了烟波浩渺的太湖风光，更使错落有致的自然村落和水乡风情得到尽情展示。

### 因地制宜实施综合整治

东山镇共 12 个行政村，其中 107 个自然村需在今年完成整治，涉农户数 11628 家。

今年 5 月份启动村庄环境整治工作前，东山在全镇范围内进行了摸底。摸底中，当地还发现，作为中国历史文化名镇、国家 4A 级旅游景区，东山镇还拥有大量的历史建筑及文物古迹，光国家级文物保护单位就有 4 处 6 个，省级文物保护单位 6 处，市级文保单位 11 处，市控保建筑 33 处，其他明清古建筑 100 多处。根据这一摸底情况，当地成立了村庄整治工作小组，对 107 个村庄进行了系统梳理，制定了详细的时间表，并提出要依托东山镇自然生态山村资源和历史人文资源，打造了一批有文化底蕴、体现自然生态风貌的三星级村庄。

环境综合整治的开展，与当地农民的日常生活息息相关，开展整治前期，东山镇通过开展悬挂宣传标语、列席镇村干部会、发放告村民通知书等形式，进行宣传村庄环境整治知识，普及相关政策法规。尽可能多形式、多渠道的在全镇范围内进行了宣传村庄整治的好处，确保群众对村庄环境整治工作的知晓率达 95% 以上，使整治工作得到村民的理解和支持。

在完工时间节点上，当地将全年任务按月分化，截至目前，当地已验收了 97 个村庄，完成率达 91%。各村分别从立面改造、绿化整治、道路硬化、污水管网等十个方面进行了细化，做到督查工作有据可依，各责任单位倒排工作计划，把任务逐项落实到每周、每天，保证周周有进展，天天有变化。据统计，截至目前，全镇已累计完成了 112 万平方米的立面改造，14 万平方米道路硬化工程，新增绿化 10 万平方米，新增路灯 657 盏，疏浚河道 3 万米。

如今，如果你车行在蜿蜒的环岛路上看村落，红绿琉璃瓦已全部换成了传统的小青瓦，各种颜色的外墙统一刷成了白色粉墙，金属门窗则换成了木格花窗，连空调外机都穿上了"木头外衣"，青色山林，浩渺太湖，粉墙黛瓦的江南民居点缀其间,浑然一体,恰似一幅江南水墨。

"在村庄整治中,东山形成了自己鲜明的特点,根据村庄原有的特点,'大而全'、'小而精'、自然生态、文化保护四个类型的村落特色鲜明,一个村落就是一个景区,东山整体则是一个大景区。"东山镇相关负责人介绍说。

## "十好"标准促成长效管理

村庄整治完成了,基础设施完善了,世代生活的村子焕发出了新的生机。不过,东山的农民发现,整治带来的好处可远不止如此——村庄变美了,游客增加了,农民的腰包也鼓了不少。

严斌华是东山镇的一户普通农户,经营农家乐有 5 年时间了。"村里的绿化多了,河水干净了,各方面看起来很整齐,反正都是耳目一新的感觉",严斌华说。他所在村的村民都是瓜果种植户,靠种杨梅、枇杷、枣子维持生计。今年由于村庄环境的改善,尽管不是著名的旅游村,游客却也越来越多了。"主要还是村庄周围环境的改善,农家乐生意也一天比一天好,今年的客流起码能增加三分之一吧。"

整治结束了,如何保持好这来之不易的整治成果,让农民长期受益?东山的长效管理工作早已启动。"对于长效管理,我们制定了'十好'的标准,避免以前的老习惯、老风貌'回潮'。"该负责人介绍说。

"十好"中前五个好是基础,即:村庄整治好,做到村庄出入口立面出新率达 100%,积极推进农村危房改造工作,确保村内无破败房屋、乱堆乱放、乱涂乱贴、违章搭建等现象发生;道路硬化好,村庄内道路硬化率达 100%,无障碍无破损、无坑洼积水,排水顺畅;垃圾收集好,做到农户生活垃圾采用袋装化,有保洁员负责收集,做到垃圾日产日清;河道保洁好,经常对河道进行卫生保洁,及时打捞河面漂浮物,清除河道两岸各种垃圾;管理机制好,各村要制定长效管理考核机制,村规民约公布上墙,保洁员配备到位,公共设施好使用,管理台账资料齐全。

在做好以上"五好"的基础上,三星、二星级村庄还需做好另外"五好",即:要村庄绿化好,做好绿化、草坪养护工作,及时防病除虫,清理死树枯枝,搞好补植补种工作;要公厕管理好,做到村里有专人负责对公厕进行打扫清理,确保公厕内外无污水横溢,臭气熏天现象;要路灯亮化好,做到村庄保持路灯完好,做到路灯无损坏、无遮挡;要污水处理好,健全雨污水巡查制度,发现管道堵塞情况,请专业人员清淤补缺,以确保雨污水排水畅通;要文体设施好,做到村庄内公共服务设施功能正常发挥,文化活动中心,电子阅览室由专人管理。

# 千年水村姜杭焕发新活力

　　昆山张浦镇姜杭村,环潭而建,形如太极,貌似八卦,总人口 1670 人,面积 3.07 平方公里。村内文化古迹众多,保留着 800 多年历史的东嶽庙和 6000 多年前的马家浜文化遗址。以往默默无闻的古老村庄,通过社会主义新农村建设,渐渐揭开了朦胧的"面纱",一个集江南水乡之美、道教之灵、农村之朴、农家之乐、民俗之趣、民风之纯、民歌之萃的特色生态文化旅游水村展示在人们眼前。

　　沿着江浦路南延段行驶,姜杭村入口——太极八卦广场便于眼前。其实,现在的姜杭村,是 2001 年 8 月由姜里村、杭上村合并而成。姜杭是一个名符其实的水村,全村 50% 的面积被水覆盖。姜杭形似太极八卦,村里的大小道路有 200 多条。曾经有小偷潜入村子行窃,结果摸不着北,出不了村。自此,这个有着千年历史的村庄更是添上了几分神秘色彩。

## 小村"故事"多

　　姜杭村党支部村书记瞿桃林说,姜杭村拥有丰富的人文历史资源,而其中东嶽庙、响铃桥、凤凰墩等八景最为著名。但现如今除了东嶽庙、响铃桥这两处古迹经多次重建尚能看到外,其他古迹都随着历史变迁而消失殆尽。

　　东嶽庙,姜杭们村民喜欢称它为"老庙",庙处姜里村西,为张华港、大直港、大慈港等 9 条江水的汇合口,称为"九龙口"。据传,东嶽庙始建于宋乾道九年(1173 年),由道士瞿守真所建。据说,庙内早年有硕大无花果树一棵,有道士居住,设有主持,供奉东嶽大帝,名声赫赫,为江南道教圣地之一。历史上的东岳庙几经毁建,但至民国初年,东嶽庙仍颇具规模,其占地 1400 余平方米,栋梁画廊雕刻精美,气宇轩昂。"文革"前后被全部毁坏。1998 年 12 月,昆山重建东嶽庙。2011 年 8 月,姜杭村投入 50 万元,对其围墙、山门等进行了修缮,如今的东嶽庙依然香火鼎盛。

响铃桥坐落于原姜里村的中心,横跨姜里潭,如今的响铃桥和普通水泥桥无异,走在上面自然不会发生铃响。"响铃桥的名字缘何而来,响铃桥曾经真的能发出铃响声吗?"面对记者的疑问,村中老人杨汉生向记者娓娓道出了响铃桥的故事。老人说,据传响铃桥是由东嶽庙佛徒们集资而建,初建于清乾隆年间中期(1765 年前后),没有建桥时,姜里村中村和后村两个自然村之间通行需要借助小船,建桥后交通方便了,但小偷也多了起来。为此,村里人也想了不少办法,如安排人夜间巡逻等,但收效甚微。终于有一天,一位过路人得知情况后,在他的建议下,设计建造了这座中国造桥史上史无前例的响铃桥。据说,响铃桥设计十分精妙,桥面中间略高,两头低,正是这种巧妙的石板和桥梁构架,使两者能撞击发出声响。大到牛马,小到猫狗,只要有物走过,都能发声,石板敲击的声音传播到河面,便变成了起伏不一、悦耳动听的响声,宛若铃声,响铃桥也因此得名。响铃桥的建成给村民们带来了平安,它的响声不管在寒冬还是烈日,不管在白天还是晚上,都提醒着人们,有人出入本村。历经多少年岁月的洗礼,原本的响铃桥已不复存在,原桥石材已落入深深的姜里潭之中。1978 年,人们利用响铃桥原有的石墩改造了一座 20 米长的水泥桥延用至今,虽然铃声不再响起,但连接两岸的水泥桥,还在默默传递着响铃桥曾经发生过的故事。

## 新农村建设带来新发展

走进姜杭村,这是一个与水相融的村庄,入村没走几步,一大片开阔的水面映入眼帘,瞿桃林说,这就是姜里潭。姜杭的民宅依水而建,想必姜杭村的村民每晚都能枕着水波的拍打声入眠。姜杭村的村间道路并不宽阔,却蜿蜒灵动,干净整洁水泥小路弯弯曲曲通过四面八方,路边的绿化、盛开着山茶花又为村庄多了几分秀丽。

事实上,过去的姜杭村和现在相比,有如天壤之别。当时的姜杭,村庄环境脏、乱、差,是一个交通闭塞的经济薄弱村,但就在这短短几年的时间里,姜杭发生了翻天覆地的变化,新农村建设的春风"吹"进了村,薄弱村的"帽子"彻底摘掉,曾经的纯农业村已走上了乡村旅游之路,东嶽庙、响铃桥、凤凰墩遗址……渐渐被人淡忘的姜杭人文历史资源得到进一步挖掘、保护,这一切都让姜杭的百姓高兴不已。

由于地理位置偏僻、交通不便等诸多原因,姜杭村一直以来都是一个纯农业村,土地未征用,拆迁轮不上、空房没人租,村级经济薄弱,发展滞后,2006年村级经济仅为35万元。为了改变这一情况,从2007年开始,该村积极探索村级经济发展新模式,通过出租厂房等增加经济收入,当年村级可支配收入首次超过50万元;2008年,通过对停种、停养田块重新调整发包,建立标准厂房等,姜杭村村级可支配收入达151.8万元。随着江浦路南延路段从姜杭穿村而过,姜杭从一个交通闭塞的村庄一跃成为交通便利村,各项事业发展也随之驶入快车道。

近年来,姜杭村共计投入1000多万元,扎实推进新农村环境整治,先后获得江苏省卫生村、江苏省特色示范村、江苏省生态村、江苏省康居示范村等荣誉称号,2012年还获得江苏省首批三星级康居示范村的荣誉称号。

## 打造特色生态文化水村

姜杭村拥有着众多古迹、遗址,像东嶽庙、钓渚桥、响铃桥等,据史料记载,都有上千年的历史了,但这些除了本地人之外,鲜为人知。为此,这两年村里邀请了对姜杭历史颇有研究的有识之士,收集、整理、挖掘姜杭的人文历史,希望将姜杭尘封已久的故事展露在世人前面。

姜杭村还常被人们称为太极水村,除了东嶽庙坐落于此,使之与道教文化有着不解的渊源之外,村庄布局形似太极八卦也是一个重要原因。原姜里村所属的中村、后村、南巷三个自然村落中,中村居中,两水环抱,水面开阔,俗称姜里潭。北面隔河为后村,南面隔河为南巷,两水中有小岛,为自然冲击而成,从空中俯视姜里三村,如同天然的八卦形状,姜杭民宅环绕姜里潭而建,形如太极,村中道路弯曲似迷宫,整个村庄犹如一幅八卦图,姜杭太极水村由此得名。

得天独厚的生态环境,丰富的历史人文资源使姜杭显得如此与众不同,成为发展乡村旅游的宝贵资源。近年来,姜杭村投入巨资,重点开发水村文化休闲旅游项目,通过对生产、生活、生态文化等的调整,对村庄布局进行优化。利用得天独厚的水居环境资源和江浦南路开通的有利优势,适度开发投资建设农家乐项目,吸引游客住农家院、吃农家饭、享农家乐。发挥农业优势,以"农户+基地+公司"形式规划蓝莓种植基地,使游客在休闲观光旅游的同时,享受采摘的乐趣,感受自在休闲的田园氛围。科学规划水上旅游项目,带动相关农副业发展,使得村民在土地流转和为旅游业服务等方面增加收入。充分挖掘自身的历史文化脉络,使已有 800 年历史的东嶽庙、具有传说色彩的凤凰墩、响铃桥、东嶽义渡等,得到重点开发利用,逐步将姜杭村建设成为极具历史人文特色的生态文化水村。

2012 年 4 月 1 日,《昆山市保留村庄规划建设意见》正式施行,该市一批有历史、有文化、有特色的村庄列入保护对象。在昆山 1193 个自然村中,共有 120 个村被列入保留村庄名单,涉及 53 个行政村,农户 17854 户,人口 62393 人。姜杭村也在其中。

按照该《意见》,所有保留村庄将做到一村一规划,既保护村庄原来风貌、乡土文化等特色,同时也将以道路建设为重点,配套供排水、公共停车场等公建设施,根据服务半径和村庄规模,综合配套文化、体育、卫生等公共服务设施,提升村庄现代化水平。千年水村又将迎来崭新的明天。

# 一个用爱筑起的幸福社区

## ——苏州工业园区湖西社区

2011年7月1日,在庆祝中国共产党成立90周年大会上,苏州工业园区湖西社区党委被授予"全国先进基层党组织"称号,这是党中央对基层党组织的最高褒奖。

"这个荣誉,坚定了我们探索党建带动社会管理创新的信心。"湖西社区党委书记田太促如是说。这几年,湖西社区通过实施"触爱行动",用爱的力量创新社区管理手段、拓展居民自治途径、探索社区建设方法。目前,湖西社区党委共有直管党员926名,下辖1个机关党支部、1个社区党委、6个社区党总支、10个社区党支部。同时,湖西社区党委还与多家党政机关、制造企业、商务楼宇的党组织建立合作共建关系,实现信息共享、资源共享、服务共享,有效扩大党组织的工作扇面,做到"党员在哪里,组织就建到哪里,服务就跟到哪里",基本实现了党建全覆盖。

## "触爱行动"发起社区"爱心总动员"

每天中午11点左右,家住湖西社区的吕一文老人就提着空饭盒和保温桶,赶往社区内的星都酒家,来取一份由酒店大厨"量身定做"的特殊午饭,这也成了他的生活内容之一。

园区是个新城区,居民文化层次比较高,大多在外资企业里工作,白领们往往无暇照顾老人。为缓解社区空巢老人、高龄老人普遍存在的"吃饭难"问题,湖西社区组织辖区餐饮企业组建了一个"爱心餐厅联盟",引导辖区内商家参与到关爱老人的行列中,为社区老人提供平价三餐。17家园区餐饮企业响应社区号召,向 60 周岁以上老人推出爱心就餐卡、优惠卡、敬老关爱金卡、银卡……如今,湖西的受惠老人已超过千人,发放爱心就餐卡 2300 多张。

湖西社区是一个成立仅十多年的年轻社区,现辖 35 个居民住宅小区,常住居民 6.8 万人。与传统社区相比,湖西社区特色鲜明,60% 以上是互不相识的"新苏州"、"洋苏州",即使是"老苏州",也大多是从苏州市区或周边迁来的,邻里之间没有了以血缘关系和地缘关系为支撑的社会交往网络,可以说是一个典型的"陌生人社会"。

2006 年,湖西社区发起了"邻里互助"行动,组织自愿参加互助行动的家庭,将自己的姓名、地址、电话,以楼道为单元,登记在"邻里互助卡"上,通过一张小小的"邻里互助卡",同住一个小区的居民可以相互认识,一个楼道的邻居能够互相帮助。

2009 年 6 月,在"邻里互助"基础上,湖西社区以新加坡志愿者工作模式为蓝本又启动了"触爱行动",倡导居民手携手凝聚爱、手牵手奉献爱、手拉手传递爱、手挽手享受爱、手握手感恩爱,携手共建温馨和谐的爱心大家庭。"触爱行动"开展三年来,以往的"都市冷漠症"逐渐被打破,社区内邻里相助、和气融洽。"触爱行动"还吸引了社会各界和境外人士的参与,他们的爱心也正跨越着地区、跨越着国界,传播到各个角落,整个湖西也成了爱的海洋。例如,新城社区居民为节约水资源制作的节水宝,师惠社区"凝爱"俱乐部举办志愿者服务日活动,湖左岸社区联合台湾慈济基金会举办的每周定点旧物回收,天域社区的跳蚤市场……"触爱行动"通过一系列活动,发起了"爱心总动员",各个社区推出了针对自身实际情况的特色爱心活动,整个社区涌动着持续不断的爱心热潮。

为积极发挥社区党员先锋模范作用,湖西社区党委还开展了"在职党员进社区"、"党员亮身份"等系列活动,组织在职党员结对社区空巢老人、帮扶困难家庭、参选小区业委会、担任居民代表、参与社区志愿等,着力提升社区党员影响力,引导党员在社区服务、社区管理、民主自治等方面争做表率。目前,湖西 30 个业委会 310 名委员中,党员有 105 人,占比达 33.9%。

作为考核的重要内容之一,走访居民一直是湖西社区居委会人员工作内容的重头戏。每人每月走访 10 户居民,收集居民信息,了解居民需求,为社区开展工作提供第一手资料,切实将"进百家门、知百家情、解百家忧、暖百家心"的"四百活动"落到实处,做到"真诚倾听民声、真实反映民意、真挚汇聚民智、真心排除民忧、真情化解民怨、真正赢得民心"。

### 居委会成了多国居民的"贴身管家"

说起在苏州的社区生活,爱尔兰人吉米感到很幸福。第一天搬到园区湖左岸的公寓,他便收到了社区发来的一封用英、日、韩三种语言写成的便民提醒信件,信件详细提供了日常生活涉及的水、电、煤气、家政,以及车票购买等服务机构电话与联系方式,吉米颇感意外也深受感动。

不仅如此,得知吉米爱好音乐,社区还支持他和来自欧美各国的外籍人士组成了一支乐队。如今,社区每次举行大型活动,吉米都要带着他的"多国乐队"现场助阵,为居民们表演。吉米也成了"触爱行动"中无人不晓的洋义工。

"社区就像是管家",这不仅是吉米,也是湖西社区所有居民的共同感受。5 月份的社区文化艺术节、6 月份的全民健身周、9 月份的"中秋月明社区情"系列活动、10 月份的趣味运动会……从繁琐社区工作中解放出来的居委会,尽心为居民们搭建一个个交流平台,发掘出一批批"草根明星"。目前,湖西组建有各类文体团队 131 支,成为"触爱行动"的忠实追随者。

变身"贴身管家",这是体制优势的结果。园区在社会建设与管理上,不为传统理念和经验所束缚,而是学习借鉴新加坡等国际先进经验,在创新体制机制上下功夫、求突破。湖西社工委是苏州工业园区中新合作区内第一个按照"精简、高效"原则设立的基层行政管理机构。在此模式下,社工委作为基层社区建设的主体,承担协调、管理、服务工作职能,并实行"一委一站"、"一站多居"的工作模式。社区工作站作为社区服务窗口,配强、配足职业社工,协助政府开展管理工作和公共事务服务工作,而社区居委会主要承担组织居民文体活动、协调矛盾、反映居民诉求等工作。这样,工作站就承担了政务、事务性工作,让居委会从原先繁重的事务工作中得以脱身而致力于居民自治。居委会和工作站实行"朝九晚八"、双休日正常上班的工作制度,为居民提供贴心服务。

园区工委、管委会积极创新人事管理体制,建立专业化社工管理制度,实行乙类社工、甲类社工、行政编制人员等分级管理制度,畅通不同层级工作人员的晋升渠道,调动每个工作人员的积极性。目前,湖西社工委共有工作人员 28 人,平均年龄 32 岁,100% 具有大专以上学历,彻底改善了社工的年龄结构、知识结构和技能结构。

在创新人事管理体制的同时,为了融合互补,湖西社工委还积极创新服务管理体制。通过与相关职能部门、辖区单位合作,采取提供服务场地、统一管理进驻人员模式,将法律援助、车管业务办理、私房出租代开发票、个体工商户办税服务等社会服务引入一站式服务中心,为社区居民提供"一站多能"周到服务。

### 去管理化激发"新苏州"主人翁意识

夜间小区防盗、外来车辆进入小区的管理、邻里中心的菜价、宠物狗进菜场、卫生服务中心近期服务水平……每月 9 日举行的"民情恳谈日"上,湖西各社区为发生在居民身边的生活难题"当场开药方"。

设立"民情联系人"是湖西社区保障民情的"一线"举措。社工委通过定人定点方式,将 17 名工作人员确定为 17 个社区的民情联系人,要求他们对所联系社区做到"社区情况要熟悉、社区资源要掌握、社区问题要清楚、社区困难要帮扶、社区矛盾要化解、社区亮点要培育"。

为了能深入"一线"了解民情,湖西社工委还变"居民上访"为"社区下访"。在"民情恳谈日"上,民情联系人和社区居委会一起邀请物业公司、业委会、社区民警、人大代表和政协委员,与居民进行面对面座谈,借助民情恳谈会的形式,及时发现社区建设中存在的问题,并联合相关职能部门予以解决落实。截至 2012 年 10 月,共召开民情恳谈会 588 场次,收到各类居民意见、建议 845 条,共解决群众各类问题 612 件。

建立自治型社区,最大的难度在于,作为社区主体的居民,对和谐社区建设要求高而参与度低。"老苏州"、"新苏州"、"洋苏州"共处一区造就其人员构成的多元化,先进制造业、商务楼宇、居民住宅的多元融合造就其社会组织的多样化。针对这些特殊的情况,在上级党委、政府的支持下,湖西社工委建立伊始就剥离了经济管理职能,专注于社会建设与管理,则促使其管理职能更显专业化、人性化,探索出了一条具有时代特征、苏州特点、园区特色的"幸福社区"建设之路。

针对移民化特点浓厚的"新苏州",湖西社工委则创新对外来人员的管理和服务,变"防范治理"为"服务关怀",做到"居民化对待、亲情化服务、人性化管理"。社工委还提出了"今相邻"的理念——无论你昨天来自何方,无论你明天去向哪里,今天我们都是一家人。他们率先成立了"今相邻"志愿者服务团队,为流动人员提供文体娱乐、法律咨询与援助、技能培训、计划生育等一系列服务;社区健身房、乒乓球室、棋牌室、阅览室等文体活动平台的免费开放,一系列特色活动的积极组织也极大地丰富了流动人员的业余生活,为他们营造了一个"不流动的温暖之家"。

前来考察的社会管理专家指出,"触爱行动"的实质是"淡化管理、强化合作;淡化治理、强化服务",让居民在献爱心过程中,激发出参与管理社区的主动性和积极性。在"触爱行动"的倡导下,湖西全区现已成立各具特色的志愿者服务团队 47 个,在册志愿者 8800 名,爱心成员单位 160 家。

## 多元文化交融让社区生活更和谐

作为一个典型的国际化、多元化、移民化社区,湖西社区居住着来自 61 个国家和地区的 7000 余名境外人士。而要让初来乍到的"老外"、"新苏州"顺利融入中国人的社区生活,其实并不容易。把文化建设放在突出位置,致力营造多元文化和谐交融的社区大家庭,湖西社工委是这么想的,更是这么做的。

作为社区的灵动之泉,文化活动一直是社区建设的重要载体和抓手。为积极引导和组建社区文艺团队,湖西社工委充分挖掘区内文化资源,发掘社区文艺"草根明星"。迄今为止,湖西已组建有江南美模特队、联新艺术团、康乐柔力球队、乐爱合唱团等各类文体团队 131 支,这些团队不但在全国性比赛中屡获大奖,更得机会赴台湾、日本等地,将灵动活泼的湖西风采带出园区,走向世界。同时,为了活跃社区文化,湖西社工委每年都会举办社区文化艺术节、全民健身周、"中秋月明社区情"系列活动、趣味运动会等文化活动,并通过"阳光假日快乐营地"、百姓讲坛、乐龄学校、馨湖书苑等特色载体对社区各类教育文化资源进行整合利用,促进社区文化与社区建设的相互融合。

除了文化项目和文化载体的充分开发,湖西社工委还积极培育文化特色,鼓励和引导社区文化"百花齐放",注重加强对各社区文化品牌的扶持和培育,引导社区建设以社区理念、社区 LOGO、社区刊物、社区之歌、社区品牌文体团队为内涵的特色文化品牌,充分展示社区建设风采,目前,新加社区等 14 个社区先后创建出自己的社区期刊,新城社区等 7 个社区设计出各具特色的社区标识,都市社区等 4 个社区谱出社区之歌,"一社一品"、"一居一特"的社区文化建设格局正在逐步形成。

一个个爱心之举汇集而成的"触爱行动",已经"发酵"出社区自治的"精神之核"。湖西社区在社会管理创新上的成功经验,吸引了日本伦理研究所的专家来此取经,苏州大学也在这里设立了公共管理实践基地,就地取材培养高校公共管理人才。在"触爱行动"的带动下,湖西社区居民主体意识增强,社会环境也日益和谐,先后获得了"全国和谐社区示范建设街道"、"全国青年文明社区"、"江苏省精神文明建设工作先进单位"、"江苏省社区建设示范单位"、"苏州市文明单位"及苏州市"'十佳'社区党建工作品牌"等荣誉。

用爱心助力社区建设与管理,这种幸福创建方式正在湖西社区得到实践的验证。随着以"志愿、奉献"为核心,以"手携手凝聚爱、手牵手奉献爱、手拉手传递爱、手挽手享受爱、手握手感恩爱"为主题的"触爱行动"不断深化,积极倡导社区成员"爱自己、爱家庭、爱岗位、爱他人、爱社区、爱社会",用爱的力量创新社区管理手段、拓展居民自治途径、探索社区建设方法,增强广大社区成员归属感、荣誉感、幸福感,提升社区的凝聚力、影响力和号召力,塑造具有园区特点、湖西特色的社区文化品牌。

# 农产品质量安全的"吴江模式"

民以食为天,食以安为先。近年来,吴江始终贯彻安全为本、质量第一的理念,强化原产地标准、标准化生产、投入品保障、农产品认证、农产品检测、农产品追溯、农产品监管七大体系建设,构建长效监管机制,真正实现了从田头到餐桌的全程监管,确保市民吃上本地安全农产品。

为了保障市民的餐桌安全,吴江通过依靠科技发展农业、加大投入装备农业、实施标准化战略规范农业,在农产品质量安全建设上,形成了检测中心荣获国际奖项、标准化示范区建设成效显著、动物标识及疫病可追溯体系试点成功、特种水产品深受国内外客商青睐、精确农业示范吸引10位院士光临等五大鲜明特色。

2011年12月9日,吴江农委会获得了"全国食品安全制度创新最佳事例奖"。农业部农产品质量监管局副局长金发忠在吴江考察时充分肯定了吴江在农产品质量标准化体系建设中取得的显著成效,对于构建农产品质量安全体系建设给予了高度评价,并总结为"吴江模式"。金发忠认为,"作为全国十佳事例奖中唯一的农业部门以及唯一的县级部门,吴江的经验可以在经济发达地区大力推广"。中国科学院法学所教授周汉华对吴江"以人为本,强化农业劳动者的管理,加大农民培训、指导、引导力度"的做法,也给予了高度评价,他认为"这种做法,抓住了农产品质量安全的立足点和关键点"。

### 原产地标准体系:确保产地土壤水质安全

为确保农产品源头的安全管控,吴江通过加强原产地标准体系建设,提升原产地辨识,提高吴江本土农产品的安全认可度,取得了良好的成效。

为保证吴江农产品生产安全,近几年,吴江累计检测土样3600多只,涵盖面积达65万亩。检测结果表明,吴江的土壤环境质量总体良好,有95%的土壤符合无公害农产品生产环境要求。同时,吴江先后对与农产品质量有直接影响的农田灌溉水质逐个采样分析,覆盖吴江23条主要农田灌溉水源河、荡,经检测,全部符合国家规定的农业灌溉水要求,特别是东太湖作为主要的灌溉水源,水质常年保持在3类水标准。水产、水利等部门常年紧密合作,实时监控各断面、内外塘生态环境,确保养殖水质优良。

目前全区整体认定的无公害农产品基地达到了89个,总面积达58.68万亩,占食用农产品面积的82.6%。对不适合食用农产品生产的耕地,划出了禁止生产区,调整种植结构,发展花卉苗木等产业,真正把污染杜绝在了源头。

**标准化生产体系:把不安全因素降到最低**

标准化生产可以将农产品不安全因素降到最低,是农产品质量安全的重要保证。目前为止,全区已经制定了国家行业标准1项、省级地方标准6项、苏州市级地方标准44项、地方及企业标准101项,收集、整理国家级、省级各类标准146项,农业标准化生产体系走在了全省前列。

近年来,吴江大力推进农业产业园区建设,2011年,吴江完成了国家农业标准化示范区"水稻生产全程机械化标准化示范区"和国家级畜禽、水产品、水果、蔬菜标准化示范县建设,并顺利通过验收。同里农业科技示范园积极打造花卉、青虾、水稻良种三个繁育中心,建设设施园艺、特种水产、生态休闲、优质粮油四个板块,被省政府认定为江苏省现代农业产业园。太湖绿洲生态农业园建成"五区一村一带"格局,被批准为省级现代农业科技园。七都"浦江源万亩太湖蟹生态示范区"完成设计规划,核心示范区建设即将启动。

**投入品保障体系:确保农药饲料安全有效**

用药安全是农产品安全管理的重中之重。以往,农药经营市场存在定价混乱、假药充斥等问题,给农产品安全带来了安全隐患。为从源头上保证农产品的质量安全,吴江在全区范围内全面实施农药集中配送体系建设,采取"零差价"定点销售,主渠道供应。不仅让农民享受到实惠,同时也杜绝了伪劣、违禁农药的使用,有效保障了全区农产品的安全。

近年来,吴江在全区范围内建立起农药、兽药、饲料及饲料添加剂等农业投入品合理使用制度,全面规范农业投入品使用,全区共设立18家肥药供应点,各类农业投入品采取统一配送、定点销售、主渠道供应等措施,保证了投入品的安全可靠。

### 农产品认证体系:让市民吃上放心农产品

近年来,吴江紧紧围绕传统优势,积极打造特色产业,初步形成了西南部的苗木、苗禽,沿太湖的水产、蔬菜、果品,中西部的蚕桑、花卉,东北部的特种养殖等一批区域特点明显、产业特色鲜明、具有一定规模的产业板块,涌现了七都太湖蟹、桃源樱桃谷鸭、松陵蛋品、平望花卉、横扇柑橘、同里菜鹅等一大批特色镇、专业村。在此基础上,积极培育农业品牌,提升农产品质量安全水平和市场信誉。

到目前为止,全区已认证无公害农产品115个,绿色食品86个,有机食品89个。"吴江香青菜"成为全省首批、苏州市第一个国家农产品地理标志登记保护的农产品。吴江万顷太湖蟹养殖有限公司、吴江水产养殖有限公司等4家企业通过了良好农业规范(GAP)认证。

同时,进一步强化市场观念,增强农产品生产企业、合作社、大户争创名牌农产品的意识,通过争创名牌农产品、注明商标促进全区农产品质量升级,提高产品竞争力。目前,全区获得省级以上名牌产品称号的有5个,苏州市名牌产品19个。全区已拥有中国驰名商标4个,江苏省著名商标7个,苏州市知名商标14个。

### 农产品检测体系:实现农产品安全网全覆盖

10月29日,位于滨湖新城(松陵镇)的吴江第一个乡镇农产品快速检测室正式启用,该检测室共分为检测区、样品区及办公区三大块。检测人员将定期对当地生产的农产品农药残留情况进行抽查,确保市民吃上本地放心菜。据了解,快速检测室对农药残留进行检测,整个检测过程不到30分钟,我区其他8个镇(区)农产品快速检测室也将陆续投入使用。镇(区)农产品快速检测室的成立是吴江农产品检测迈出的重要一步,标志着吴江的农产品安全网真正实现了全覆盖。

近年来,吴江从实际出发,在农产品安全检测领域以标准化、科学化为引领,取得了突出成绩。2004年12月,原吴江市农产品检测中心正式授牌成立,2005年11月通过江苏省质量技术监督局计量认证,同年12月经江苏省农产品检测中心考核被授予江苏省农产品质量检验测试吴江中心,2006年6月通过农业部农产品质量安全中心的考核,被授予无公害农产品及农业产地环境定点检测机构,2009年9月正式通过国家实验室认可。

近年来,检测中心着眼实际需求,添置仪器设备。在原有设备的基础上,不断增添新仪器以满足日益提高的检测要求。目前实验室拥有的大型仪器主要有气质联用仪1台、气相色谱仪3台、液相色谱4台,原子吸收光谱仪2台,总投入达900多万元。新设备的添置和部分仪器设备的升级,使得检测中心的检测能力有了大幅提高。主要体现在使农兽药残留检测参数中部分参数的检出限提高了一个数量级,保障了检测结果的精确度。

2011年10月,吴江农产品检测中心顺利通过省质监局的复评审,取得新计量认证证书,具备涵盖农产品、兽产品、水产品、农业投入品(肥料、饲料、农/兽药产品)、农业(渔业)环境五大类产品的检测能力,包括136项产品和162个不重复参数。这标志着吴江农产品检测中心、水产品检测中心正式整合为一个综合性的检测机构,检测项目更全面,检测能力更强,能更好地为吴江乃至整个苏州地区的农产品质量安全服务。对于检测过程,中心始终严格实施内部质控,从接受任务、合同评审到采样、分析,直到检测报告的发出,实施了全过程质控措施,包括室内平行分析、加标回收分析等,确保了检测结果的准确可靠。

检测中心定期开展农业环境检测和农产品质量安全抽检工作,依托农产品检测中心的技术平台,认真做好农产品质量安全月检、月测、月报,对农产品的产前、产中、产后实行全程质量监控。近年来,检测中心年均完成各类抽样检测 3500 多批次。今年还重点加强了生猪瘦肉精和甲鱼孔雀石绿的抽检。

在提升检测硬件水平的同时,吴江还大力加强农产品检测队伍建设,农产品检测中心积极参加上级检测机构组织实施的能力验证活动,验证了检测技术和能力,对于检测队伍的建设和中心自身建设有着非常重要的意义。省农业委员会与省海洋渔业局于 2011 年 9 月联合举办了全省农产品质量安全检测技术人员大比武活动,检测中心派遣了陶利明、王陈园 2 名同志加入苏州队参与比赛。经过激烈的角逐,分获兽药残留快速检测个人一等奖和水产品药物残留定量检测个人二等奖。11 月 25 日,陶利明同志入选省队,参加农业部在北京举办的首届农产品质量安全基层检测技术人员大比武活动总决赛,荣获个人二等奖。

### 农产品追溯体系:从田头到餐桌的全程管控

农产品质量安全少不了追溯机制,近年来,吴江投入大量人力、物力、财力,开展农产品追溯体系建设。经过几年的努力,目前,全区在蔬菜水果、畜禽产品、水产品三个方面已经基本实现了从餐桌到田头的可追溯。

目前,全区所有农业"三品"(主要是蔬菜、水果)均可实现质量安全可追溯,生产基地按要求做好各项生产、销售记录及档案记录管理等工作,同时,生产的农产品全部贴上"电子身份证"后进入市场,记录了该产品的产地、生产单位、生产记录等信息,一旦在销售或消费环节发现问题,有关部门和消费者可根据编码迅速查找到相关生产者。对叶菜类蔬菜实行快速检测,根据检测结果进入市场;其他蔬菜及水果在上市前实行抽检制度,凭实验室检测报告进入市场。

2007 年,吴江开始进行动物标识及疫病可追溯体系建设试点工作,从饲养管理、疫病防治、免疫监测、检疫、屠宰加工、包装上市等全过程实现了信息的有效记录、链接、传输和监督追溯,实现动物及其产品"从农场到市场"的全程安全监管和有效追溯,为百姓餐桌增添了一道安全保障。

现在,吴江已经实现了太湖蟹苗种培育到成蟹养殖进行全程电子系统监控,采用条型码追溯系统,出口产品采取二维码追溯系统,市场运销和出口的全过程实现网络、短信或语音查询。下一步,吴江将继续加大投入,以信息化为手段,建立完善一套从农场到市场,从田头到餐桌的完整农产品追溯体系建设。

**农产品监管体系：对农产品违法"零容忍"**

目前,吴江已经建立了区镇两级的农产品监管网络,基本形成了农产品监管体系的全覆盖。监管体系的形成,使得农产品安全执法水平得到了有效提升,近年来,吴江在农业投入品和农产品违法领域的打击力度不断加大。

2010年,吴江共组织开展各类专项治理行动9次,出动执法人员200多人次,整顿市场6个次,检查农资生产经营企业56家次,检查种植基地23家次、养殖企业359家次。开展了"护渔2010"等专项整治活动3次,查处各种渔业违法案件89起。2011年,吴江集中对全区的30家兽药和76家渔药经销商和动物诊疗所进行拉网式检查,查获了30多个品种的假兽药;开展农资打假专项整治挥动,抽检了46个批次、123万公斤水稻种子;开展非法使用"孔雀石绿"等违禁药物专项整治活动,查处了3起使用"孔雀石绿"养殖甲鱼的案件,一共处理了12047只甲鱼,总重量1743.6公斤

2010年,吴江共受理举报案件15个,立案查处各类违法违规案件19起,查获假冒伪劣农资746.5公斤、问题饲料445公斤,货值16.56万元,为农民挽回经济损失80余万元。2011年,立案查处了各类农业行政违法案件25起,其中经营假兽药案件15起,兽医监督方面案件5起,非法使用国家禁用药物孔雀石绿和销售含有违禁药物的甲鱼案件3起,经营劣质农药、毁绿案件各一起,其中有3名当事人被移交公安处理。查处了1起使用"瘦肉精"案件,涉及生猪118头。

一个个案件的查处有力地震慑了违法犯罪分子,对保障吴江农产品的安全可靠起到了至关重要的作用,也赢得了群众的一致肯定。

# 引进"双元制"教育模式 实现本土化发展之路

## ——太仓市创出职业教育"四新"路

太仓市委市政府牢牢抓住德资企业集群发展的地方优势和沿江沿沪的区位优势,积极引进德国基础教育和技能教育"双元制"教育模式,走国际教育经验本土化的发展之路,收到了发展地方职业教育、服务地方经济发展、促进城乡居民就业增收的显著成效。

今日太仓,已被商务部和德国经济部联合授予中德企业合作示范基地,被工信部设立为中德(太仓)中小企业合作示范区。太仓城乡职业教育的"四个新",得到了德国工商总会、国家教育部、江苏省及苏州市领导的首肯。

### 确立城乡职业教育一体化发展新理念

"十二五"是太仓率先基本实现现代化,加快转变经济发展方式的关键时期。确立城乡职业教育一体化统筹发展、优先发展的新理念,对城乡职业教育的发展起着十分重要的作用。

太仓的实践,一是实施优先发展战略。市委、市政府始终坚持城乡职业教育优先发展战略,以创建江苏省职业教育创新发展实验区为契机,以省太仓中专创建国家中等职业教育发展改革示范学校为抓手,优先职业教育经费保障,抢抓新一轮发展机遇,提升太仓职业院校的办学水平,确保城乡职业教育健康、可持续发展。

二是统筹城乡职业教育发展规划,以区域共生和"一盘棋"的发展理念,对未来一定时期太仓城乡职业教育发展进行整体部署,使其与地方区域经济社会和教育结构相吻合,促进城乡职业教育良性互动,实现办学效益最大化。

三是把握城乡职业教育发展规律,正确把握城乡职业教育的发展方向和重点,使城乡职业教育能够随着经济发展方式转变而动,跟着产业结构调整而走,围绕企业人才需要而转,适应社会与市场而变。

这样,就使得太仓的职业教育紧紧围绕太仓经济社会发展目标任务,调整专业结构,优化学校布局,不断增强城乡职业教育服务经济社会发展的针对性和有效性。

## 完善现代城乡职业教育新体系

努力构建适应经济发展方式转变和产业结构调整要求,体现终身教育理念,与市场需求和劳动就业紧密结合,中等和高等职业教育协调发展的现代城乡职业教育体系。

优化学校布局。太仓市委市政府制定了教育的中长期发展规划纲要,按照每30万人口设置一所职业学校的基本原则,对太仓市城乡职业教育进行新一轮的布局调整和优化。目前全市建有中等职业学校1所,即江苏省太仓中等专业学校,该校为国家首批重点中等职业学校和省首批四星级中等职业学校。太仓市政府于2004年投资9亿元,创办了第一所公办全日制普通高校——健雄职业技术学院,该院已跻身省级高等职业技术示范学院行列,从而形成了中、高职一体化优质发展的新格局。

调整专业结构。根据太仓产业布局,加强专业规划,统筹专业分工,改造调整了20多个专业,建设了生物医药、港口物流、服务外包等新兴专业,打造品牌专业和特色专业,省太仓中专目前有国家财政资助建设基地1个(数控),省级示范专业3个,苏州市级4个;健雄学院有省级精品课程3个、正式出版教材67部,机电一体化技术专业是省级特色专业,形成了与本地产业结构相吻合的专业结构。

探索中高职贯通机制。积极争取上级部门的政策支持,设立中职毕业生注册进入健雄学院、在苏高职院校继续学习制度,探索建设中职和高职互通的学籍管理制度与平台,促进中高职相互衔接、协调发展,建设人才成长的"立交桥"。

做优职业培训。进一步做优做亮太仓市退役士兵职业技能培训这张全国"双拥"名片,彰显太仓市双拥工作时代特征和地方特色。充分利用职教资源,面向高层次人才、生产服务一线人员和企业职工广泛开展有梯度的职业教育与技能培训,为企业和职工发展提供后继动力。强化农村劳动力转移培训,推进社会主义新农村建设,在各乡镇建设专门的培训基地,落实专项经费,完善管理制度,加强就业培训信息的沟通与交流,有效提升对农村青壮年进行岗位技能免费培训的水平,以就业上岗为目标,促进农村群众就业增收。以健雄学院为基地,建立太仓市创业公共实训基地,集大学生创业培训、创业指导、创业推介、创业孵化等为一体,为大学生提供就业、创业发展的平台。

深化校企合作。太仓市职业教育联席会议办公室协调各成员单位,加大与行业企业的交流与合作,鼓励更多行业企业深度参与职业院校人才培养过程,创新校企合作体制机制,推行校企一体化办学。太仓市成立了机械制造、电子信息、生物医药、文化创意产业、化纤产业等二批共9个校企联盟。

## 打造"双元制"本土化特色新品牌

自从太仓新区管委会、太仓中专、德资企业克恩·里伯斯、慧鱼公司2001年合作成立第一个"太仓德资企业专业工人培训中心"以来,太仓职业教育走上了"双元制"本土化实践的探索之路,精心打造出了"政府引领,双元参与,合同执行,成本分担"的双元制本土化教育新模式,形成了"政府搭台、学校唱戏、校企合作"的良性互动局面,实现了"政府、企业、学校、学生"四方共赢,成为职业教育的"太仓样板"。

特色成果不断彰显。太仓成功引进德国"双元制"教育模式,校企合作新模式堪称"全国样板",有关经验在国务院发展研究中心专题研讨会上进行交流发言,被认为在全国具有一定的推广价值。太仓职教以"太仓德资企业专业工人培训中心"和"AHK-上海、健雄职业技术学院专业技术工人培训中心"为龙头,建设了一批高效的教学工厂,运作模式成为校企合作"无缝对接"的范例。近十年来已培养职业技能人才1万多名,为地方经济发展、服务地方百姓作出了突出贡献。"双元制"教育,已经成为太仓市招商引资的一张名片。工信部新批准设立的"中德(太仓)中小企业合作示范区",将打造中德科技合作示范园、中德中小企业创新创业孵化中心,深化中德职教合作示范基地建设,成为中国职业教育改革先行示范基地和具有浓郁德国风格的工业设计和文化创意产业发展之地。

人才培养模式更加多元。太仓十分注重对德国"双元制"教育模式的实践与研究,在德国专家的指导下,经过多年运作,在德国工商行会、省内外及周边德企中产生了较大影响。2004年,省太仓中专与世界500强舍弗勒集团合作成立了"舍弗勒(中国)培训中心";2007年与在太12家欧美企业合作成立了"太仓欧美企业专业工人培训中心";2008年,与德国PPP项目结成合作伙伴,成立了"乐客精工专业工人培训中心",形成了创新性的股东合作式、企业订单式、企业参与式、学校参与式四种"双元制"本土化人才培养模式。健雄学院进一步发挥高职院校的理论优势与资源优势,构建了"定岗双元"的人才培养理论与人才培养模式,形成了政产学研"四位一体"的办学机制,该项成果获得江苏省高等教育教学成果特等奖,与德国工商行会上海代表处联合创办的"中德培训中心"是江苏省人才培养模式实验创新基地,也是我国最大的"德国职业资格"考试和培训基地。

办学途径更为广阔。太仓职教积极开展与央企、外企、民企各类现代制造企业的合作,与科技创业园、软件园、LOFT工业园和国际服务外包园等现代服务业载体的合作,加大与国内、国际名校的办学合作,探索多种形式的工学交替办学模式。积极组织实施"203002"工程(即每个专业每学期要与20个企事业单位建立密切的伙伴关系,与30名技术人员建立良好的互动关系,与企业合作完成2件有创新性、开拓性的工作)。大力开展校企合作"七结合"(与课程改革、教师下企业实践、订单招生、学生就业推荐、专业辅导员建设、社会培训、职教大赛相结合),创造性开展与企事业单位共建"培训中心"或"培训基地"、从企事业单位聘请"专业辅导员"、从企业引进生产线或生产课题、组织学生"企业研修"等,不断拓宽双元合作办学途径。

实践范围更加全面。为进一步扩大"双元制"本土化实践范围,太仓一方面不断扩大与各类企业合作,另一方面不断扩大职业学校实训中心建设,投资近3亿元建设5万平方米健雄学院中德培训中心、服务外包人才培训中心、外语培训中心和配套服务中心,成为太仓高层次应用型人才培养和科技创新服务的新平台和新亮点。在太仓中专学校建设以专业专门化方向为单元的教学工厂，建成了数控、服务外包、艺术、机电、电控、物流、汽修等教学工厂。各类教学实训基地凸显"企业氛围"、凸显"模块化教学"，实行经理负责制。太仓的职业院校不断推进本土化实践的深度与广度，继续引进和消化德国职业教育课程体系和质量认证标准，吸收世界职业教育先进教育思想、教学方法和教学理念，"双元制"本土化实践显得更全面深入、更富有太仓特色。

实践内涵不断深入。太仓城乡职业教育借鉴德国职业资格标准和专业标准，结合行业和企业的岗位需求，按照职业素质、职业技能、职业发展的总体思想，建设符合学生职业发展的课程体系，以能力为本位、以项目为载体，在学校、企业二元之间，大胆实践模块化教学，实现做中学、做中教，做到学用一致、理论实践一体。借鉴国外先进教学经验，设计符合课程和项目的教学方法，发挥学生的主动性，达成能力培养和提升的总体目标。通过提供岗位实践、专项课题研究、与德国专家共同开发课程、定期举行课程改革沙龙或论坛、组织教师下企业等为广大教师搭建成长的平台，教师的专业素养和服务经济发展的能力明显提升。

## 提升服务区域经济发展新活力

太仓不断加大城乡职业教育经费投入力度，加快职业教育事业发展步伐，打造双元制本土化实践品牌，提升城乡职业教育办学质量和办学水平，服务区域经济发展能力不断增强，对地方经济的贡献度不断加大，社会、行业企业、百姓家庭和学生的满意度也不断提高。

与区域发展"同频共振"。太仓市委、市政府始终将城乡职业教育融入到区域经济总体发展中来谋划，确保职业教育与产业发展高度吻合，以此集聚城市转型升级的创新发展之力。根据产业发展要求，太仓统筹省太中专、健雄学院一体化发展新格局，满足社会对多层次技能人才的需求；瞄准产业设专业，建好专业促产业。积极开展职业教育专业结构和产业结构吻合度的调研，围绕石油化工、纺织化纤服装、精密机械、金属加工和电力制造五大传统产业，优化机电、模具等老专业，根据"十二五"发展规划，及时调整专业方向,设置了港口物流、生物医药、服务外包等新专业,新专业数净增3倍。

与企业"无缝对接"。太仓的校企合作从物质、人力、教学三个层面全面构建、层层推进,并把教学层面的合作视为最有效、可持续的、最具实质意义的校企合作方式。校企双方共同构建了校企合作的管理制度、实施制度和评价制度,有效地规范了合作双方的职责和行为,同时有效保障合作双方的利益。以省太中专为例,目前,与该校有紧密合作关系的企业就有128家,合作企业212家,吸引企业设备投入1190多万元,合作技术人员353人,专业辅导员100多人,拥有专利产品2个,生产产品3个,建设融教学、实习、生产于一体的校企合作培训中心10个,技术服务多家企业。

与区域创新"融合互动"。太仓市委、市政府充分挖掘健雄学院的高职院资源优势,通过政府"搭桥",促进高校和企业深度合作。去年7月,太仓市政府、著名高校和企业联合共建的健雄联合研究院在太仓揭牌,创造性地将校企合作从中职、高职、高专延伸到研究生层次。至目前共建院校由最初的8家增至10多家,已有MPA、MBA、工程管理等7个专业的220多名研究生入学。借助研究生院平台,结合太仓五大战略新兴产业,大力引进领军人才及研发团队,合作建设研究机构,现建有国家技术转移联盟太仓工作站,将建国家中小企业监测服务平台,集聚科研力量为太仓转型升级服务。同时,健雄学院不断健全自身的产学研管理制度,鼓励教师投身科学研究和区域科技服务。目前,建立校企科技研发中心4个,建有近200名企业能工巧匠、著名高校教授组成的兼职教师队伍,与企事业单位横向合作科研项目15项,获得省市级各类科研课题95项,国家级课题1项,获得知识产权26项。完成多家单位委托的产业调研、规划编制等30多个项目。

与毕业生就业"零距离"。目前,接受职业教育的学生大多数来自农村和城市低收入家庭,通过推进城乡职业教育创新发展、提高教育教学质量,使他们掌握一定的专业技术,对已经毕业但未就业的大学生,提供就业前职业技能免费培训,帮助百姓子女实现顺利就业、体面劳动、尊严生活,有力促进社会公平与和谐,提高人民群众的幸福感和满意度。太仓市的职业院校毕业生,职业技能水平和职业素养较好、专业吻合度较高、深受企业特别是德资企业的青睐,多年来呈现毕业生供不应求的局面,部分用人单位甚至愿意出培养费,提前"购买"太仓职业院校的学生。目前我市毕业生"双证"合格率不低于 98%,当年就业率不低于 98%,专业对口率不低于 80%,学生就业满意率不低于 95%。

# 自建融资平台 助推"城乡一体"
## ——苏州农发集团成为"三农"可靠后盾

苏州在推进城乡一体化建设过程中,十分注重创新农业支持和保护制度。为此,专门成立了国资性质的苏州市农业发展集团有限公司,作为政府支农惠农的平台。持续加大对"三农"的投入力度,通过发展以农业担保、小额贷款、融资租赁、创业投资为主线的农村金融产业链,以及以高效农业、农产品加工、农产品交易、集体资产产权交易为主要投资方向的农村实业产业链的"一个中心、两根链条"战略,全力助推苏州城乡一体化改革发展。

## 农业担保架起"金色桥梁"

农民、农企、农村贷款难,大银行、小银行不贷款,这是农村金融的一对突出矛盾,其中一个很大原因在于,金融机构和农村之间有一条无法跨越的"河","河"的名字叫担保。

为此,苏州市委市政府于 2007 年 6 月在全国率先成立全资国有、面向三农、市场化运营的专业农业担保公司,并一次性注资人民币 2 亿元,在金融机构和农村之间架起了一座金色的桥梁。

农业担保公司隶属农发集团,作为联系银行和农村的纽带,通过杠杆机制,发挥了政府财政资金乘数效应,引导金融资本投向农村,从而使民间资本、工商资本、外资向农业产业积聚。同时,也增强了农民、农企、农村自身的"造血"功能,推进社会主义新农村建设和农业产业化进程,有效实现农业增效、农民增收、农村发展。

目前,农业担保已签约合作的内资金融机构达 32 家,总授信额度超过

100 亿元,累计为 1771 户的农户、农业企业、农村合作经济组织和其他中小企业提供了 3662 笔融资担保,累计担保金额达 169 亿元,其中涉农类担保户数及金额占比分别达到 93% 和 73%。目前在保余额 60.88 亿元。

经过多年发展,一个体现农业担保错位经营特色、立体服务的农业担保方式与产品体系已初步形成:与苏州信托有限公司打造的具有苏州特色的新农村建设融资新品种——"农利丰",通过吸引社会资金来支持苏州三农发展,目前,"农利丰"已累计发行 10 期,发生额逾 10 亿元,范围涉及昆山、太仓、园区、相城、高新区的十多个乡镇;与国家开发银行江苏省分行合作"金色计划",在苏州开创了对农业企业统借统贷的担保新模式,加大了对农业产业化经营和农业龙头企业的扶持力度,首批放贷 3400 万元已全部顺利解保;与中国银行等金融机构合作开发了支持农村集体经济发展的村保银贷新产品"农贷通",该产品已经累计为 105 个村级集体经济组织提供贷款担保 6.27 亿元,很好地解决了村级经济发展中的资金短缺问题;与农商行创新推出新农村建设农民安居房按揭贷款担保业务"农民安居房按揭担保",为常熟、太仓等地乡镇拆迁农户累计担保 1.7 亿元,共有 1144 余户农民通过安居房贷款担保筹措到资金建起了新房;与常熟农商行联合推出了满足农户融资需求的新产品"农户集中授信",不仅最大限度地满足农户购头种子、农机、农药、肥料等方面合理的资金需求,同时在费率上采取优惠措施,三年累计担保贷款 2000 余万元。

如今的苏州农业担保已经成为江苏省内信用等级最高、在保余额最大的融资类担保公司之一,在全国农业类担保机构中更是遥遥领先。

### 全力参与城乡一体化实业建设

支农惠农,需要全方位的参与介入。在做优做强担保主业的基础上,农发集团陆续开展小额贷款、农业投资等业务,不断完善农村金融与农业产业链,努力促进苏州农村经济的发展。

按照苏州城乡一体化发展的整体要求,农发集团积极探索城乡一体化建设的市场运作模式,主动参与相城区阳澄湖镇综合开发建设。通过参股形式,成立了市、镇两级合作的苏州市阳澄湖城乡一体化建设发展有限公司,首期注册资本金 3 个亿,共同合作负责乡镇拆迁、安置及农民集中居住房建设,参与对阳澄湖工业园的配套设施建设等。

这种主动参与农村实业建设的做法,为地方发展解决了资金需求,提供了全方位保障。从该公司成立之初,作为第二大股东的农发集团,就向其注资 1.47 亿元,基本解决了启动资金的初始需求。截至目前,通过集团及其下属企业的金融支持,融资规模近 30 亿元,保障了阳澄湖镇一体化建设进程的顺利推进。

提供资金保障的同时,还加强业务指导,提升技术支持。为辅助城乡一体化公司建立现代企业管理模式,开展企业化运作,农发集团提供了人力资源和管理制度等多方面的支持。并整合集团优势,通过深入分析研究国家、省、市各级政府发布的城乡一体化相关政策,对公司城乡一体化建设进行多层次指导,正确引导公司朝着健康有序的方向发展。

目前,苏州阳澄湖城乡一体化建设发展有限公司作为阳澄湖镇城乡一体化开发建设的主体,按照阳澄湖镇城乡一体化发展规划循序渐进地开展工作,使阳澄湖镇的村镇拆迁安置、农民保障、城镇建设,以及工业产业化、农业现代化等城乡一体化建设取得了阶段性成效。

与此同时,农发集团还注重发挥政策优势,进一步扩大一体化建设资金规模。落实《省政府关于支持苏州城乡发展一体化综合配套改革的若干政策意见》文件精神,在市财政局的支持下,农发集团大胆进行金融创新,探索利用投资引导基金这一新兴融资模式,为苏州城乡一体化建设事业筹措资金。

经市委市政府同意,设立了苏州城乡一体化发展投资中心。基金以全力支持苏州市城乡一体化发展为宗旨,引导社会资金流向城乡一体化建设项目,以促进苏州市城乡经济协调增长、城乡社会均衡发展。整个基金采取母、子基金双层体制实施。母基金由农发集团在苏州市级层面发起设立,再由母基金与各地在县(区)层面投资设立各县(区)的城乡一体化建设基金;母、子基金均采用有限合伙制模式,总规模达到 100 亿元。自 2012 年 6 月 15 日母基金成立后,子基金的设立工作正在积极推进中,不少县(区)的城乡一体化改革试点乡镇对通过设立子基金创新融资渠道表现出浓厚兴趣,并表达了合作意向。

## 在破解中小微企业融资难题中更好服务"三农"

农发集团在汲取传统担保理念的基础上,更加注重培养"敢为天下先"的创新精神,通过市场细分,瞄准目标客户群体,充分发挥政策导向作用,联合各级政府部门和金融机构共同推出标准化的创新担保融资产品,为政府鼓励扶持的各类产业企业打通了融资渠道,为新能源和文化产业注入了资金活力。

"采购通"。以中标后形成的政府采购应收账款进行质押,手续灵活简便,提高了广大中小微企业如约履行政府采购合同的能力,增强了中小微企业参与政府招投标的积极性。

"文贷通"。为切实解决文化产业企业融资担保难的问题,由苏州市文广新局、苏州市财政局和苏州农业担保共同出资建立"文化产业担保基金",通过"拨改投"方式,推出了面向文化产业企业的专项担保业务产品"文贷通"。2011年,苏州农业担保会同市文广新局对有融资需求的文化产业企业实地走访,实行金融服务上门,目前,已经为近十家文化产业企业提供了1.4亿元的融资担保。

"节能通"。2011年,在市经信委的大力支持下,苏州农业担保成功推出了"节能通"产品,重点支持循环经济项目、节能环保工程、环保设备生产企业、污水处理企业等,用金融创新服务苏州经济转型升级,获得了客户和社会各界的好评。

"服务通"。在市发改委、市财政局的引导下,苏州农业担保针对现代服务业企业,共同推出了由政府专项基金和苏州农业担保承担融资风险的"服务通"产品,一举打破了服务业企业轻资产、无抵押、融资难的困境,为64户服务业企业提供了逾10亿元的融资担保,行业分布公共交通、医疗卫生、教育、商贸、物流、餐饮、旅游等多个领域。

这种创新,不仅为破解中小微企业融资难题作出贡献,而且,通过新市场的开拓,进一步壮大农发集团的实力,进而更好地为"三农"提供服务。与此同时,在这些面广量大的中小微企业中,本身就有不少是与"三农"直接相关的。可谓一举多得,一举多赢。

此外,为进一步延伸农村金融链,为苏州"三农"提供全方位的融资服务,2009年底,农发集团发起成立了省内唯一纯国有背景的苏州市平江区鑫鑫农村小额贷款有限公司,按照立足三农、繁荣经济、城乡兼顾、小额优先的宗旨,鑫鑫小贷成立以来累计为苏州城乡一体化先导区发放贷款5亿元。

# 苏州市率先基本实现现代化指标体系

| 分类 | 序号 | 指标名称 | | 单位 | 目标值 | 权重 |
|---|---|---|---|---|---|---|
| （一）经济现代化 | 1 | ★人均地区生产总值 | | 美元／人 | 20000 | 5 |
| | 2 | 服务业增加值占 GDP 比重 | | % | 53 | 3 |
| | 3 | 消费对经济增长贡献率 | | % | 53 | 3 |
| | 4 | 高技术产业发展水平 | ▲新兴产业产值占规模以上工业产值比重 | % | 50 | 2 |
| | | | 高新技术产业产值占规模以上工业产值比重 | % | 45 | 2 |
| | 5 | ★城市化水平 | | % | 73 | 2.5 |
| | 6 | 现代农业发展水平 | | % | 90 | 2.5 |
| （二）科教现代化 | 7 | ★研发经费支出占 GDP 比重 | | % | 3 | 3 |
| | 8 | 自主品牌企业增加值占 GDP 比重 | | % | 15 | 3 |
| | 9 | 创新发展水平 | ▲科技进步贡献率 | % | 60 | 3 |
| | | | ▲人才贡献率 | % | 45 | |
| | 10 | 万人发明专利拥有量 | | 件 | 12 | 2 |
| | 11 | 主要劳动年龄人口平均受教育年限 | | 年 | 12.2 | 5 |
| | 12 | 人力资源水平 | 每万劳动力中研发人员数 | 人年 | 100 | 2 |
| | | | 每万劳动力中高技能人员数 | 人 | 600 | 2 |
| （三）社会现代化 | 13 | 基尼系数 | | － | ＜0.4 | 2 |
| | 14 | 每千人拥有医生数 | | 人 | 2.3 | 2 |
| | 15 | 每千名老人拥有机构养老床位数 | | 张 | 30 | 1 |
| | 16 | 文化产业增加值占 GDP 比重 | | % | 6 | 2 |
| | 17 | 人均拥有公共文化体育设施面积 | | 平方米 | 2.8 | 2 |
| | 18 | ▲城乡公共服务支出占财政支出的比重 | | % | 72 | 2 |
| | 19 | 法治平安建设水平 | 法治建设满意度 | % | 90 | 3 |
| | | | 公众安全感 | % | 90 | |
| | 20 | 和谐社会建设水平 | 城市和谐社区建设达标率 | % | 98 | 4 |
| | | | 农村和谐社区建设达标率 | % | 95 | |
| | 21 | 党风廉政建设满意度 | | % | 80 | 2 |

| 分类 | 序号 | 指标名称 | | 单位 | 目标值 | 权重 |
|---|---|---|---|---|---|---|
| （四）生态现代化 | 22 | 单位GDP能耗 | | 吨标煤/万元 | ＜0.5 | 4.5 |
| | 23 | 主要污染物排放强度 | 单位GDP化学需氧量排放强度 | 千克/万元 | ＜2.0 | 4.5 |
| | | | 单位GDP二氧化硫排放强度 | 千克/万元 | ＜1.2 | |
| | | | 单位GDP氨氮排放强度 | 千克/万元 | ＜0.2 | |
| | | | 单位GDP氮氧化物排放强度 | 千克/万元 | ＜1.5 | |
| | 24 | 空气质量优良天数比例 | | % | 95 | 3 |
| | 25 | Ⅲ类以上地表水比例 | | % | 60 | 3 |
| | 26 | 绿化水平 | 林木覆盖率 | % | 23 | 3 |
| | | | 城镇绿化覆盖率 | % | 40 | |
| | 27 | 村庄环境整治达标率 | | % | 95 | 2 |
| （五）民生现代化 | 28 | 居民收入水平 | 城镇居民人均可支配收入 | 元 | 55000 | 5 |
| | | | ★农村居民人均纯收入 | 元 | 28000 | |
| | 29 | 城镇保障性住房供给率 | | % | 98 | 1 |
| | 30 | 城乡基本社会保障覆盖率 | | % | 99 | 3 |
| | 31 | ★人均预期寿命 | | 岁 | 80 | 3 |
| | 32 | 居民住房水平 | 城镇家庭住房成套比例 | % | 95 | 3 |
| | | | 农村家庭住房成套比例 | % | 80 | |
| | 33 | 公共交通服务水平 | 城镇居民公交出行分担率 | % | 26 | 3 |
| | | | 镇村公共交通开通率 | % | 100 | |
| | 34 | 每千人国际互联网用户 | | 个/千人 | 1000 | 2 |
| 评判指标 | | 人民群众对基本现代化建设成果满意度 | | % | 70 | |

注：①涉及价格变化的指标，目标值均为2010年价。

②涉及人均的指标，按常住人口计算。

③标"▲"指标是在江苏省指标体系基础上新增的苏州特色指标。

④标"★"指标为苏州优势指标，目标值高于省定目标值。

# 附录二

# 苏州市城乡一体化测评指标体系研究

在中国城乡一体化的逐步推进过程中,苏州城乡一体化正在成为极富生命力和创造力的新品牌,初步形成了既借鉴国际经验,又体现中国特色,同时还充分发挥了苏州地方优势的城乡一体化发展的"苏州模式",在全国城乡一体化格局中占据了重要地位,形成了广泛影响。如何科学构建一套指标体系,对苏州城乡一体化状态和进程进行定量测评,就成为需要回答的一个理论和实践问题。为此,我们对苏州市城乡一体化指标体系开展了专题研究。参照国际城乡一体化理论研究成果,结合国家层面以及成都、嘉兴等地评价指标体系,立足苏州自身的发展特点,初步提出了苏州市城乡一体化测评指标体系并对苏州的城乡一体化发展状况进行了初步评价。

## 一、测评指标体系的功能和设计原则

### (1)指标体系的功能

苏州城乡一体化测评指标体系的功能有三个方面:①描述和反映一定时期内城乡一体化发展的水平和状况;②评价和监测一定时期内城乡一体化发展的趋势和速度;③综合衡量城乡一体化发展在各领域和区域之间的协调程度。因此,测评指标体系可为政府提供城乡一体化发展现状、趋势以及各因素之间的协调程度的信息,便于政府作出城乡一体化发展的正确决策。

### (2)指导思想

"十二五"是苏州城乡一体化改革发展全面突破、整体推进的重要时期,按照城乡一体化的发展目标和任务,城乡一体化测评指标体系要着力体现苏州在富民优先、科学规划、以制度创新、以转型升级方面的突破和进展。因此,在制定指标体系过程中,着眼于"四个突出":一是突出一体化发展能力的提升,强调富民强村,夯实一体化发展的微观基础;二是强调发展红利的共享,优化一体化发展的结构;三是突出苏州发展阶段性和地域性特征,兼顾普适性指标和特色性指标;四是突出借鉴与创新,广泛吸收已有测评指标体系的合理成分,扩充反映新进展和新特点的指标,同时与苏州市"十二五"规划目标进行衔接。

**(3)设计原则**

在指标体系的设计过程中,主要遵循以下三条原则:一是代表性,围绕苏州城乡一体化发展的根本和典型特征,选取有代表性的关键指标;二是可操作性,在指标选择上,充分考虑统计资料的可获取性,使指标可采集、可量化、可对比;三是科学性,指标体系参考了国内外有关城乡一体化的研究成果,力求入选指标具备内在的逻辑关系,体现发展财富共享这一核心思想。

## 二、测评指标体系

### (1)指标层次和具体指标

目前国内城乡一体化发展测评指标体系大多是按照社会发展一体化、经济发展一体化、环境生态一体化、基础设施一体化等来设置指标体系。在选择具体指标时又过于宽泛,评价地区现代化的指标换个名称就变成了城乡一体化发展的评价指标,导致城乡一体化发展评价的准确性受到影响。根据指导思想和设计原则,苏州城乡一体化测评指标体系初步设定为4个一级指标和32个具体指标。4个一级指标为:城乡一体化能力指数、城乡一体化结构指数、城乡一体化效率指数和城乡一体化质量指数。

①城乡一体化能力指数。城乡一体化能力指数反应了城市与乡村对各类发展红利的获取能力,尤其反应了农村内生发展能力的状态。农村地区的内生发展能力构成城乡一体化发展的微观基础,是城乡一体化发展的动力。选取的指标有:农民平均受教育年限、财产投资性收入占比、高效农业占比、村均集体收入、农业用地规模经营率、微型金融累计发放贷款额、持股农户覆盖率、农业龙头企业发育水平。这8项指标分别从农民、农村、城市

和城乡整体的角度考察城乡一体化发展能力。

②城乡一体化结构指数。城乡一体化结构指数反应了发展红利分配的结构和机制状态。分配结构的公平合理决定了城乡一体化制度的先进性程度,也影响着城乡一体化的质量和红利获取的可持续性。结构指数之间的合理比例和有机联动,会减弱城乡的对立,促进城乡的和谐发展。选取了新型股份合作经济组织年户均分红、二元经济结构系数、城乡居民收入比、公共财政对"三农"投入比、R&D占比、城市化水平、服务业增加值占GDP比重、城乡公共服务支出占财政支出比重、文化产业增加值占GDP比重等9项指标。

③城乡一体化效率指数。城乡一体化效率指数反映了发展红利的获取和分配效率,实质体现了城乡一体化资源配置效率。资源配置效率既是发展红利结构合理的支撑,又是一体化质量的保障。主要选取了农民集中居住率、基本农田保护率、(自然)生态用地占比、农村生活污水处理率、古村落保护率、经济密度、农业科技贡献率等7项指标。

④城乡一体化发展质量指数。城乡一体化发展质量指数反映了城乡一体化的绩效,既是城乡一体化发展结果的体现,又是进一步发展的基础。选取了城乡社会保障并轨程度和水平、村庄环境综合整治率、环境质量综合指数、农村恩格尔系数、高等教育毛入学率、人均预期寿命、公共服务均等化程度指数、农民人均纯收入等8项指标。

**(2)指标赋值和权重**

①指标参照值的设定。各指标值的确定尽量体现国际通用标准,特别是一些核心指标原则上以21世纪初中等发达国家的水平作为设定的依据,对部分指标特别是经济、科技发展指标,在参考国内外有关数据的同时,更加注重苏州发展的自身特点。

②指标权重。城乡一体化是一个全面一体化的概念,指标体系的权重设置采用等分原则,4大类指标权重保持基本平衡,具体指标见附表1。

**(3)指数测评**

根据4个一级指标和32项具体指标的实际值和权重,分别计算了苏州市2005年到2010年的城乡一体化发展指数,见附表2。

## 附表 1　苏州市城乡一体化发展测评指标体系

| 一级指标 | 二级指标 | 单位 | 权重 | 2010 年 | 发达国家水平 |
|---|---|---|---|---|---|
| 城乡一体化能力指数（25） | 农民平均受教育年限 | 年 | 2 | 13.10 | >14 |
| | 财产投资性收入占比 | % | 5 | 35.00 | >50 |
| | 高效农业占比 | % | 3 | 55.00 | 80 |
| | 村均集体收入 | 万元 | 5 | 448.00 | —— |
| | 农业用地规模经营率 | % | 3 | 60.10 | 80 |
| | 微型金融累计发放贷款额 | 亿元 | 3 | 130.10 | 10 |
| | 持股农户覆盖率 | % | 2 | 92.00 | 80 |
| | 农业龙头企业发育水平 | | 2 | 3.57 | 4 |
| 城乡一体化结构指数（25） | 新型股份合作经济组织年户均分红 | 元 | 4 | 3124 | 5000 |
| | 二元经济结构系数 | | 2 | 0.03 | 0.02 |
| | 城乡居民收入比 | | 4 | 2.04 | <1.5 |
| | 公共财政对"三农"投入比 | % | 3 | 6.68 | >7.5 |
| | R&D 占比 | % | 2 | 2.30 | 5 |
| | 城市化水平 | % | 2 | 66.60 | 80 |
| | 服务业增加值占 GDP 比重 | % | 3 | 40.56 | 60 |
| | 城乡公共服务支出占财政支出比重 | % | 2 | 38.75 | 40 |
| | 文化产业增加值占 GDP 比重 | % | 3 | 3.85 | —— |
| 城乡一体化效率指数（25） | 农民集中居住率 | % | 4 | 38.00 | 50 |
| | 基本农田保护率 | % | 3 | 100.00 | 100 |
| | （自然）生态用地占比 | % | 3 | 50.37 | 55 |
| | 农村生活污水处理率 | % | 4 | 50.00 | 100 |
| | 古村落保护率 | % | 4 | 100.00 | 100 |
| | 经济密度 | 亿元/KM² | 3 | 1.21 | 4 |
| | 农业科技贡献率 | % | 4 | 65.58 | 80 |
| 城乡一体化质量指数（25） | 城乡社会保障并轨程度和水平 | % | 2 | 77.42 | 100 |
| | 村庄环境综合整治率 | % | 5 | 5.34 | 100 |
| | 环境质量综合指数 | 分 | 2 | 91.30 | 95 |
| | 农村恩格尔系数 | % | 2 | 33.90 | 30 |
| | 高等教育毛入学率 | % | 2 | 65.20 | 100 |
| | 人均预期寿命 | 岁 | 2 | 81.27 | 82 |
| | 公共服务均等化程度指数 | % | 5 | 88.00 | 100 |
| | 农民人均纯收入 | 元 | 5 | 14657 | >30000 |

### 附表 2　苏州城乡一体化发展指数变化情况

| 一级指标 | 2005年 | 2006年 | 2007年 | 2008年 | 2009年 | 2010年 |
|---|---|---|---|---|---|---|
| 一体化能力指数 | 44.4 | 48.4 | 59.6 | 66 | 70.4 | 79.2 |
| 一体化结构指数 | 61.6 | 61.6 | 68 | 72.8 | 74.8 | 76.8 |
| 一体化效率指数 | 67.6 | 68 | 72.4 | 71.2 | 77.6 | 83.6 |
| 一体化质量指数 | 61.2 | 61.2 | 69.2 | 73.2 | 81.6 | 82.8 |
| 一体化发展指数 | 58.7 | 59.8 | 67.3 | 70.8 | 76.1 | 80.6 |

### 三、测评结果

#### （1）苏州城乡一体化发展处于"提升优化阶段"

区域城乡一体化发展大体可以划分为五个阶段：①二元结构阶段，城乡一体化发展指数小于 40 分；②起步发展阶段，城乡一体化发展指数在 40 ～ 60 分之间；③初步发展阶段，城乡一体化发展指数在 60 ～ 80 分之间；④提升优化阶段，城乡一体化发展指数在 80 ～ 90 分之间；⑤协调发展阶段，城乡一体化发展指数在 90 ～ 100 分之间。2010 年苏州城乡一体化综合得分达到 80.6 分，刚刚进入提升优化阶段。该阶段的重要特点有：长期经济快速增长所带来的结构失衡越来越显著，传统经济增长方式越来越难以维系，人口红利和制度变革所带来的增长效应越来越趋于平衡，快速城镇化也面临着拐点提前到来的威胁等因素，解决经济社会发展中的深层次问题，实现以区域协调、社会和谐、资源节约、环境友好为目标的城乡一体化，由于涉及一系列体制机制改革的深化，关系到众多利益集团关系的调整和相关配套措施的整体落实，难度会愈来愈大。

#### （2）形成了城乡一体化发展的基础动力

通过富民强村策略，提升了农村的内生动力，激发了村集体的活力，夯实了城乡一体化的微观基础和能力。突出表现在农村"三大合作"改革持续深化，就业创业渠道不断开辟，农民持续增收空间进一步拓宽，收入结构发生根本性变化。2010 年全市农村"三大合作"经济组织累计达到 3043 家，持股农户比例达 92%；农村集体总资产突破 900 亿元，村均收入达到 448 万元,比"十一五"初期增长2倍;村集体经济收入增长率达到15.17%;高效农业占比由2005年的35.4%增长到2010年的48.1%。苏州注重培育适应"三农"需要的各类新型金融组织,积极探索政策性保险金融对农业发展的支持力度,加强财税政策与农村金融政策的有效衔接,引导更多信贷资金投向了"三农",2010年苏州微型金融贷款总额达到130亿元,农村金融改革走在了全国前列。

**(3)实现了发展主体的统筹兼顾**

苏州城乡一体化发展过程中,初步实现了发展主体的统筹兼顾。加强对农村公共物品供给及公共服务投入上的力度;探索"资源资产化、资产资本化、资本股份化"发展模式,在生产性收入、政策性收入、工资性收入、财产性收入等方面建立合理公平的收益共享机制,实现经济权利的均衡化;加强城乡公共服务事业一体化发展,均衡配置公共资源,实现公共服务的均等化;建立城乡社会保障制度一体化制度,实现保障的均等化。苏州的农民平均受教育年限从2005年的7.8年变为2010年的11.1年,提高了自身教育水平和竞争能力;持股农户覆盖率2010年达到92%,实现了"家家是股东,人人有分红";城乡居民收入稳步提高,居民收入比一直在2:1低位运行;2010年全市88%的农村劳动力实现稳定非农就业;新型股份合作经济组织股份分红增长率2010年为20.6%;公共财政对"三农"投入比2010年为6.68%;城乡公共服务支出占财政支出比重由2005年的25.57%上升为2010年的38.75%;城乡社会保障并轨程度2010年达到77.42%。

**(4)优化了城乡资源配置机制**

城乡资源配置由单纯向农村补贴机制转向建立农村良好的基础设施环境,吸引资源和生产要素留在农村和流向农村,增强了农村财富积累能力,拓展了农村经济发展空间。建立了生态补偿机制,逐步对饮用水水源地保护区、自然保护区、重要生态功能区实行生态补偿,基本农田保有率从2005年到2010年一直保持在100%;(自然)生态用地占比一直稳定在50%左右;城乡环境质量综合指数从2005年的84.45%提高到2010年的91.57%,处于全国领先水平。全市75%的农村工业企业进入工业园,60%的承包耕地实现规模经营,41%的农户迁入集中居住点。

当然,从指标体系测评中也反映了苏州城乡一体化发展中存在着不容忽视的问题,主要有土地红利的跨期分配问题尚未引起足够重视,外来人口权益保障和固化的政策尚不明晰等。

总体来看,苏州城乡一体化发展构建的长效机制极具长远战略眼光——"根植苏州,体现国情,接轨国际"的特色设计和以城乡一体化带动经济发展转型——试图在国家"两型社会建设"中实现经济持续长久增长,达到经济与政治的互动共赢。

# 参考文献

[1] 费孝通. 论中国小城镇的发展. 中国农村经济,1996(3)

[2] 陈锡文. 农村社会转型与面临的新课题. 中国发展观察,2009(12)

[3] 陈锡文. 推动城乡发展一体化. 求是,2012(23)

[4] 罗志军. 落实"六个注重",实施"八项工程",又好又快推进"两个率先". 群众,2011(5)

[5] 罗志军. 把"两个率先"蓝图变为现实. 求是,2013(2)

[6] 罗志军. 在新的起点上开创"三农"发展新局面. 江苏农村经济,2013(2)

[7] 王荣,韩俊,徐建明. 苏州农村改革30年. 上海:上海远东出版社,2007

[8] 蒋宏坤. 坚持科学发展,建设"三区三城",为率先基本实现现代化而努力奋斗. 江南论坛,2011(11)

[9] 蒋宏坤. 让苏州科学发展再上新水平. 求是,2010(13)

[10] 蒋宏坤. 加快改革创新,促进城乡融合——苏州推进城乡发展一体化的实践与体会. 群众,2011(3)

[11] 韩俊. 调查中国农村. 北京:中国发展出版社,2009

[12] 韩俊. 加快破除城乡二元结构,推动城乡发展一体化. 理论视野,2013(1)

[13] 韩俊. 中国农业现代化六大路径. 上海农村经济,2012(11)

[14] 韩俊. 统筹城乡发展的目标任务和本质要求. 理论参考,

2010（12）

[15] 国务院发展研究中心课题组,韩俊．"十二五"时期我国农村改革发展的政策框架与基本思路．改革,2010(5)

[16] 韩俊．进一步深化我国农村改革的方向和重点．中国集体经济,2009(22)

[17] 沈石声．苏南模式在苏州的实践．北京:人民日报出版社,2010

[18] 徐建明．股份合作制彰显苏南模式新活力．人民日报,2011 年 06 月 03 日

[19] 徐建明．坚持城乡一体发展,加快两个率先进程．群众,2012(2)

[20] 苏州市城乡一体化办公室,苏州市行政管理学会．城乡一体化建设:苏州的实践与探索．北京:红旗出版社,2011

[21] 曲福田．以破除城乡二元结构为突破口,加快形成城乡发展一体化新格局．群众,2011(3)

[22] 中国(海南)改革发展研究院．"十二五":城乡一体化的趋势与挑战．北京:中国长安出版社,2010

[23] 汪光焘．以科学发展观和正确政绩观重新审视城乡规划工作．城市规划.2004(03)

[24] 李志杰．我国城乡一体化评价体系设计及实证分析——基于时间序列数据和截面数据的综合考察．经济与管理研究,2009（12）

[25] 顾益康,许勇军．城乡一体化评估指标体系研究．浙江社会科学,2004（6）

[26] 焦必方,林娣,彭婧妮．城乡一体化评价体系的全新构建及其应用——长三角地区城乡一体化评价．复旦学报(社会科学版),2011（4）

[27] 聚焦《城乡规划法》:中国进入城乡规划一体时代．城市住宅,2007(11)

[28] 顾朝林．长江三角洲城市化未来可能出现的问题．城市问题,2008(01)

[29] 林琳,顾春．我国城镇化率突破 50%.人民日报,2012 年 11 月 04 日

[30] 赵燕菁. 城市化驶入敏感区域. 金融经济,2012（3）

[31] 董醇良. 城乡供水一体化建设对解决农村饮水安全的启示. 南水北调与水利科技,2009(21)

[32] 何雄. 城乡交通一体化实施矛盾和对策分析. 交通企业管理,2008(7)

[33] 王栓军,孙贵珍,李亚青. 中国农村信息化建设战略探析. 中国农学通报,2009(18)

[34] 周林洁. 城乡统筹视角下的村环境基础设建设. 城市发展研究,2009(7)

[35] 徐增辉. 制约城乡基本公共服务均等化的深层原因. 经济纵横,2012(2)

[36] 蔡昉. 推动政府职能向提供基本公共服务转变. 人民日报,2010年12月01日

# 后　记

　　《城乡一体化的苏州实践与创新》一书是国务院发展研究中心和中共苏州市委、苏州市政府合作研究的成果,也是苏州城乡一体化改革发展的最新成果展示。

　　中共江苏省委常委、苏州市委书记蒋宏坤和国务院发展研究中心副主任韩俊是该项目的总主持人,负责领导确定研究思路、制定专著大纲和专著终审。苏州市委副书记陈振一、苏州市人大副主任周玉龙、苏州市政府副市长徐明、陆留生受蒋宏坤书记委托,负责具体组织课题研究和专著的撰写工作。

　　为了开展好项目调研和专著编写工作,成立了专著编委会和编委会办公室。编委会办公室由苏州市委副秘书长兼保密局局长王国荣担任主任,苏州市委副秘书长高晓东、苏州市委农办主任顾杰担任副主任,并特邀苏州大学邢建国教授、中国城乡建设经济研究所沈石声研究员、苏州城乡一体化研究院任晓明副研究员为顾问,参加编委会办公室工作,参与专著的编撰。苏州市委办公室、市政府办公室专门下发了"关于印发《〈城乡一体化的苏州实践与创新〉编著项目方案》的通知",部署有关调研和撰写工作。

　　各篇章的具体分工情况如下。

　　第一篇　综合篇,共十章。

　　第一章,总论:城乡发展一体化的苏州经验。由国务院发展研究中心牵头负责,苏州市委办公室、市政府办公室等协同配合。

　　第二章,四化同步:发展现代农业。由市农委牵头负责,市委农办、市发改委、科技局、旅游局等协同配合。

第三章，四业并举：促进农民持续增收。由市委农办牵头负责，发改委、公安局、民政局、人社局、住建局、规划局、商务局、统计局等协同配合。

第四章，三大合作：增强农村发展活力。由市委农办牵头负责，国土局、规划局、国税局、地税局、工商局等部门协同配合。

第五章，三大并轨：城乡社保制度一体化。由市人社局牵头负责，市委农办、民政局、财政局、卫生局、残联、地税局等部门协同配合。

第六章，普惠一体：城乡基本公共服务均等化。由市政府办公室牵头负责，教育局、财政局、人社局、交通局、文广新局、卫生局、体育局、人口计生委等部门协同配合。

第七章，双轮驱动：打造人文宜居新天堂。由市发改委牵头负责，市委农办、市经信委、财政局、国土局、住建局、市容市政管理局、交通局、水利局、农委、环保局、园林局、供销社等部门协同配合。

第八章，四规融合：统筹城乡规划。由市规划局牵头负责，发改委、经信委、国土局、住建局、农委、文广新局、环保局、旅游局、园林局、土地储备中心等协同配合。

第九章，五位一体：加强和创新社会管理。由市民政局牵头负责，市委组织部、政法委、农办（一体办）、市公安局、司法局、民宗局、信访局、总工会、团市委、妇联、科协、红十字会等部门协同配合。

第十章，三区三城：率先基本实现现代化。由城乡一体化研究院牵头负责，市委农办、市发改委、统计局等部门协同配合。

第二篇　县区特色篇。分别由张家港市、常熟市、太仓市、昆山市、吴江区、吴中区、相城区、姑苏区、苏州工业园区、苏州高新区成立工作班子，负责本地区内容的组稿与撰写。

第三篇　典型案例篇。由中国城乡建设经济研究所沈石声研究员牵头负责，各市、区及苏州日报社协同配合。

附录一　苏州市率先基本实现现代化指标体系。由市发改委负责。

附录二　苏州市城乡一体化测评指标体系研究。由城乡一体化研究院负责。

本书是参与项目调研和编写工作的同志群策群力、精诚合作的结果，是集体智慧的结晶。2011 年 10 月编写工作启动以来,国务院发展研究中心副主任韩俊先后五次带领团队专程来苏州,深入基层调研,与苏州市委、市政府领导共同商定编写方案。韩俊副主任不仅为专著的整体编撰工作尽心尽力,而且还专门向时任中共中央政治局委员、国务院副总理回良玉同志汇报,得到回良玉副总理的肯定和支持。在《城乡一体化的苏州实践与创新》专著出版之际,韩俊副主任又向回良玉同志汇报并请求作序,回良玉同志欣然作序,为本书的出版更增添了厚重份量。韩俊同志还将本书的主要内容和他亲自执笔总结的第一章总论,以《城乡发展一体化的苏州经验》专论的形式,上报国务院领导,以及分送中农办、江苏省委等部门,得到重视和肯定。江苏省委、省政府决定在全省推广苏州经验,以推动全省城乡一体化的改革发展。韩俊副主任的工作和努力,为本书的出版更是增光添彩。

苏州市委副书记陈振一、市人大副主任周玉龙、市政府副市长徐明多次听取情况汇报,并召开专题会议布置落实任务。承担编写任务的各市、区和相关部门都成立党委、政府分管领导挂帅的工作班子,组建编写队伍,明确专人负责。编委会办公室多次组织专家顾问等对拟定的撰写大纲反复讨论,于 2012 年 7 月初确定最终写作大纲。从 7 月中旬开始,各地各部门根据大纲,开展补充调研,收集资料,并于 10 月底完成了各个部分初稿。韩俊、陈振一、周玉龙、徐明、土国荣、尚晓东、顾杰以及邢建国、沈石声、任晓明等负责对全书进行了统稿工作。在书稿基本成型后,编委会办公室还征求了苏州市已经离退休的老领导和现在职的苏州市有关领导的意见和建议,苏州市人大常委会原副主任孟焕民、市委副秘书长、市委研究室主任陈楚九等同志对本书写作提出了许多宝贵的具体修改意见。在书稿的最后修改定稿期间,有关部门和单位高度重视,很多同志放弃了正常的节假日休息,夜以继日地开展工作。对他们的辛勤付出表示衷心感谢。

在本书出版之际,我们不由得想起苏州市委原副书记徐建明同志。徐建明同志长期分管苏州城乡一体化改革发展工作,是他与韩俊副主任共同建议对近几年苏州城乡一体化改革发展的创新经验进行系统总结,对苏州农村改革面临的问题进行全面剖析,共同撰写专著,作为推进城乡一体化发展的案例研究。这一动议得到双方组织和领导的认同和支持。徐建明同志因突然罹患重病而未能参与编撰工作,但他在病重住院期间依然牵挂本书的撰写工作,他的精神一直激励着我们。

城乡一体化是一项全新的工作,许多方面尚在探索中,本课题的研究成果还是初步的,加之各篇章编写来自不同的部门,立足点不完全一致,各篇章之间在内容上存在重复、交叉,虽然我们在审稿中尽力做了协调统稿工作,疏漏之处恐仍难免,欢迎广大读者批评指正。

中国发展出版社为本书的出版提供了大力支持,在最短的时间完成了书稿的编排和出版工作,在本书出版之际,特此表示感谢。

编者

2013 年 6 月

图书在版编目（CIP）数据

城乡一体化的苏州实践与创新 / 蒋宏坤，韩俊主编 . — 北京：中国发展出版社，2013.8

ISBN 978-7-80234-984-1

Ⅰ.①城… Ⅱ.①蒋… ②韩… Ⅲ.①城乡一体化—研究—苏州市 Ⅳ.① F299.275.33

中国版本图书馆 CIP 数据核字 (2013) 第 186990 号

书　　　　名 :城乡一体化的苏州实践与创新
著作责任者 :蒋宏坤　　韩　俊
出 版 发 行 :中国发展出版社
　　　　　　（北京市西城区百万庄大街 16 号 8 层 100037）
标 准 书 号 :ISBN 978-7-80234-984-1
经　销　者 :各地新华书店
印　刷　者 :苏州印刷总厂有限公司
开　　　本 :787mm × 1092mm　1/16
印　　　张 :37.125
字　　　数 :550 千字
版　　　次 :2013 年 8 月第 1 版
印　　　次 :2013 年 8 月第 1 次印刷
印　　　数 :1—11000 册
定　　　价 :88.00 元
联 系 电 话 :（010）68990630 68990692
购 书 热 线 :（010）68990682 68990686
网 络 订 购 :http://zgfzcbs.tmall.com//
网 络 电 话 :（010）88333349 68990639
本 社 网 址 :http://www.develpress.com.cn
电 子 邮 件 :bianjibu16@vip.sohu.com